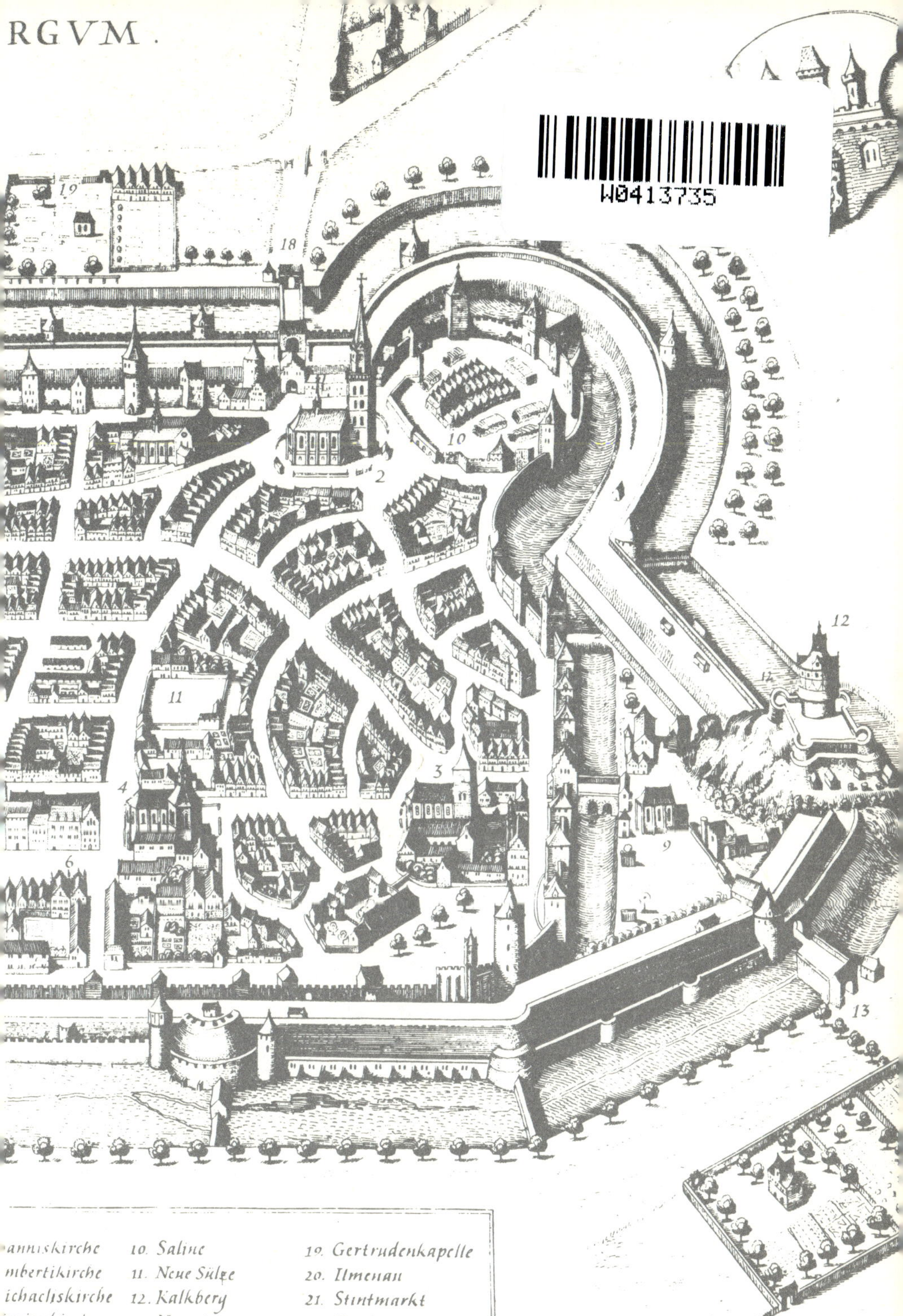

anniskirche
mbertikirche
ichaeliskirche
arienkirche
thaus
rzogshaus
colaikirche
iligenthal
riakskirche

10. Saline
11. Neue Sülze
12. Kalkberg
13. Neuetor
14. Bardewikertor
15. Lünertor
16. Altenbrückertor
17. Rotestor
18. Sülztor

19. Gertrudenkapelle
20. Ilmenau
21. Stintmarkt
22. Fischmarkt
23. Warburg
24. Antonikapelle
25. Auf der Hude
26. Am Sande
27. Bauhof

Magdalene Stange-Freerks · Auf der alten Salzstraße

MAGDALENE STANGE-FREERKS

Auf der alten Salzstraße

EIN ROMAN AUS DER HANSEZEIT

ERNST KABEL VERLAG

3. Auflage 1981

Vertrieb durch Ernst Kabel Verlag GmbH, Hamburg
Umschlaggestaltung: Andreas Brylka
Gesamtherstellung: Clausen & Bosse, Leck
ISBN 3-921909-11-2

I

Der junge Ratsherr

Die Wahl

„Hinrich, ich glaube, sie sind soweit."

Die junge Frau sagte es leise. Sie saß auf dem Schemel unter dem Rollhandtuch und pflegte ihre kleine Tochter, die erst wenige Wochen alt war und die Ilsabe hieß wie sie auch.

„Hörst du?" Sie tauchte den Schwamm in das warme Wasser. „Es läutet vom Johannisturm. Das muß die große Sonntagsglocke sein."

Hinrich war bei seinem steten Hin- und Hergehen in der Stube mit seinen Gedanken ins Wandern gekommen. Jetzt blieb er stehen, und über das Geklingel der schweren belgischen Pferde hinweg, die im Augenblick an seinem Hause vorbeistampften, lauschte er auf das Geläute.

Das war die große Glocke von Sankt Johannis, auf deren metallischer Wandung der Täufer schwebte, in seinem langen, schuppigen Flickenmantel. Er kannte die Glocke von Angesicht zu Angesicht. Er war Schüler gewesen in der Sankt Johannis-Kirchenschule und hatte oftmals auf dem Querholz gestanden und die große Glocke ins Schwingen gebracht.

Nicht zufällig war Hinrich an diesem Morgen in der getäfelten Stube bei seiner Frau. Man hatte ihm von Rates wegen bedeutet, heute nicht auf die Sülze zu gehen.

Auf dem Lüneburger Rathaus war man mit einer wichtigen Angelegenheit beschäftigt. Der Anfang des Jahres hatte Lücken in die Reihen der Ratsherren gerissen. Bald nach Neujahr war der Ratsherr Töbing an einer hitzigen Lunge erkrankt und nach wenigen Tagen verstorben; etliche Wochen später auf der großen Sülfmeisterköst fiel der Bürgermeister Garlop von der Bank. Er hatte dem gebackenen Karpfen, dem Wildschwein- und Rehbraten, auch dem in einer Petersilientunke schwimmenden Schöpsenfleisch gut zugesprochen, hatte sich an Käse, Honig, Kuchen und Aniskonfekt gelabt, auch den Wein nicht geschont. – Ja, er war von der Bank gefallen zum großen Schrecken der Sülfmeister, die um ihn herumstanden, während er seinen Geist aufgab.

So war denn der Ratmann Daniel Rogge auf die Bürgermeisterbank gekommen. Sein Platz mußte neu besetzt werden und auch der Ratsstuhl, den Konrad Töbing fünfzehn Jahre innegehabt hatte.

Die vier Bürgermeister der Stadt hatten die Absicht, den Sülfmeister Hinrich Lange trotz seiner Jugend ins Gestühl zu bringen.

Auf dem Rathaus war man zum Ziel gekommen. Die große Sonntagsglocke der Täuferkirche schwang und sang und verkündete es der ganzen Stadt. Aber nun mischte sich eine andere Kirche ins Geläute. Die schnellen Klänge, die jetzt von Westen her über die Dächer kamen, stammten von der Glocke, mit der die Lambertikirche das fleißige Sülzvolk zur Arbeit rief. Jetzt setzte die Nikolaikirche mit ihrem Geläute ein, sie, die das Wasserviertel der Stadt beherrschte und Schiffer und Fischer in ihrem so sehr hochgebauten Mittelschiff versammelte.

„Willst du nicht hinuntergehen? Wenn die Wahl auf dich gefallen ist, müssen sie gleich kommen." Ilsabe stand auf, legte ihr Töchterchen in die Wiege und schnürte das Wiegenband über dem Deckbett hin und her. Hinrich lächelte. Er kannte seine Frau; wie eine scheue Taube war sie, die sich am liebsten im dichten Genist der Tannen versteckt. Sie ging den Menschen gern aus dem Wege.

„So eilig haben wir es nicht; kommen sie, so wollen wir sie hier empfangen. Vielleicht hat man sich auf dem Rathaus eines anderen besonnen. Sorge du nur auf alle Fälle für eine kleine Leibesstärkung!"

„Ich habe vorgesorgt."

Nicht lange darauf hörten sie Stimmen. Sie klangen von draußen am Hause herauf. Auf der Treppe zwischen den hohen Beischlagwangen wurde gesprochen, und da fiel der Türklopfer. Das waren Bekes Holzpantoffeln, die über die Fliesen der Diele hinklapperten. Sie öffnete die Tür. Dann hörten sie eine Weile nichts. Hatten sie sich getäuscht? Aber da kam jemand die Treppe herauf, und nun steckte die Magd ihren blonden Kopf durch die Tür, sagte:

„Es sind zwei Herren vom Rat da. Sollen sie nach oben kommen?"

„Ja", sagte Hinrich, „führe sie herauf!"

Als die Tür sich hinter Beke geschlossen hatte, ging Ilsabe zu ihrem Mann, legte ihre beiden Arme um seinen Hals und sagte:

„Also bist du es doch geworden."

„Freut es dich?" Sie nickte.

„Wirst vielleicht noch manchmal Ursache haben, darüber bekümmert zu sein. Mußt nun öfter als sonst allein bleiben. Ein junger Ratmann muß viel hin und her."

„Wenn es dir nur nach Wunsche ist. Bist du zufrieden, so bin ich es auch." Er küßte sie und ließ sie los.

Da klopfte es auch schon an die Tür.

Und nun kamen sie herein, trotz des Frühlingswetters in pelzverbrämten Schauben. Zuerst Herr Elvers, hinter ihm der junge Ratsherr von Wietzendorff, der in seinem Wappen die beiden gekreuzten Heuharken hatte. Herr Elvers tat im Namen des Worthaltenden Bürgermeisters der Stadt und an seiner Stelle Herrn Hinrich Lange und seiner Frau Ilsabe kund, daß Hinrich zum Ratsherrn der Stadt erwählt sei. Er forderte ihn auf, mit ihm aufs Rathaus zu kommen; Hinrich sollte noch an diesem Morgen die Hand auf den Bürgereidkristall legen, um sich mit Leib und Leben der Stadt Lüneburg zuzuschwören.

Hinrich nötigte die beiden auf die mit Kissen belegte Wandbank. Und indes er ging, um seinen Hausrock abzutun und sich ein ein wenig hochzeitlicheres Gewand anzulegen, holte Ilsabe die gefüllte Krudeschale aus dem Wandschrank und stellte Silberbecher auf den Tisch und eine Kanne mit Klarett. Eine Viertelstunde später brachen die Männer auf. Hinrich ging zwischen den beiden Ratsherren, und Ilsabe, die ihnen vom Fenster aus auf unauffällige Weise nachgesehen hatte, stand noch an gleicher Stelle, als sie die Tür hinter sich knarren hörte.

Hinrichs Mutter kam in die Stube; sie, die man in ihrer Jugend die schöne Jutta von der Leine nannte. Die alte Frau Lange hatte Gertraudis, Hinrichs ältestes Kind, an der Hand. Sie stellte sie, um ihr ein wenig Augenweide zu bieten, auf einen niedrigen Sitz unter dem Fenster und wirklich, sie hatte Unterhaltung genug; denn die Straße zu ihren Füßen war in Wahrheit eine Weltstraße. Wagen aus allen Städten des Reiches, dazu aus Dänemark, Brabant und Flandern klingelten zu Zeiten zu den Fenstern des Hauses herauf.

Gertraudis sah einem Wagen nach, der mit schönem, schneeweißem Salz beladen von der Sülze kam, während die alte Frau mit einem nicht ganz zufriedenen Gesicht dabeistand.

„Diese Wahl", begann sie nach einer Weile, „ist ja eine Ehre, aber auch eine schwere Bürde. Da hat Hinrich nun das Nikolaistift auf dem Hals, trägt es auf seiner einen Hand mit den vierzig bresthaften alten Männlein und Weiblein, mit Pfarrer, Organist und Küster, mit allem, was zu der Hofmeisterei gehört, dazu die große Landwirtschaft! Er muß für alles sorgen. Da hat er auf der anderen Hand sein eigenes Haus mit den Kindern, dazu die Sülze, die Salzpfannen, die ihm seine Pfannenherren anvertraut haben, und seine eigenen. Und nun ist er noch Ratmann geworden. Ich weiß es, die jungen Ratsherren werden herangenommen und meistens zuerst in die Kämmerei gesteckt. Da haben sie ihre Plage und wissen bald vor Rechnungen und Schoßrollen und wer weiß was für Papieren sonst noch nicht mehr aus noch ein. – Da wird es wohl mit der Arbeit langen. So leicht wird ihm ja nichts zuviel. Er wird wohl alles schaffen; und der Tag hat ja auch noch eine Nacht, die man zu Hilfe nehmen kann. Schon als Kind war er erst ganz zufrieden, wenn er sich plagen durfte. Ich sehe ihn noch vor mir; etwas über ein Jahr mochte er gewesen sein. Da kam er zu uns in die Küche, unter jedem Arm eine Henne. Und seine Augen lachten."

Sie sah über Gertraudis dunkelbraune Locken hinweg aus dem Fenster. Nein,

von ihrem Sohn war natürlich nichts mehr zu erblicken. Aber etwas anderes fesselte die alte Frau. Und nun rief sie:
„Ilsabe, ist das nicht Herr Johann, der daherkommt? Johann Springintgud. Er geht zwischen Stoeterrogge und Albert van der Molen. Ist Johann vielleicht auch in den Rat gewählt?"
„Doch wohl, es waren ja zwei Ratssitze freigeworden."
„Dann ist auch auf den Springintgud die Wahl gefallen. Seltsam, in der Schule haben sie auf der gleichen Bank gesessen, bekamen am gleichen Tag die Sülfmeisterschaft und kommen nun gleichzeitig ins Gestühl. Und ist doch noch niemals die rechte Eintracht zwischen ihnen gewesen. Aber das ist wohl auch kaum möglich. Da, schau dir nur den Springintgud an."
Ilsabe warf einen Blick auf den stattlichen Mann, der in diesem Augenblick jenseits der Straße an der Treppe der Ratsapotheke vorbeikam.
„Da geht er zwischen dem Stoeterrogge und van der Molen hin, herausstaffiert — man muß es schon sagen — wie eine römische Neun. Nein, wie hat er sich aufgemacht! Er steckt in Scharlach und Gold; es ist, als käme Kaiser Sigismund daher in all seiner Pracht und Herrlichkeit. Er treibt's zu weit. Die Freude am Aufwand hat ihn ganz und gar. Es ist ja, als wollte er alles, was im Ratsgestühl sitzt, überscheinen, von Hinrich ganz zu schweigen, der, wie es mir scheint, nach der anderen Seite übers Ziel schießt. Als ich kürzlich den Springintgud und Hinrich durch die Bäckerstraße kommen sah, schien es mir, als seien der reiche Mann und der arme Lazarus miteinander unterwegs."
„Aber Mutter! Hinrich und der arme Lazarus? Aber alles in allem. Besser der arme Lazarus als der reiche Mann. Nein, ich will nicht unzufrieden sein mit deinem Vergleich. Weiß ich doch, daß die Engel den armen Lazarus in Abrahams Schoß trugen, aber der reiche Mann kam an einen unguten Ort."
„Ja, Ilsabe, tröste dich nur damit. Es würde mir auch nicht passen, wollte Hinrich auftreten wie der Springintgud. Aber soviel ist richtig: Den alten violenbraunen Hoiken, mit dem Hinrich auf die Sülze geht, sollte er jetzt ablegen. Der hat seine Dienste getan."

Auf dem Nikolaihof

„Die Hofmeisterin vom Nikolaihof ist dagewesen" sagte Ilsabe. Hinrich war gerade vom Rathaus zurück und zog seinen Hoiken aus.
„Sie war mit Butter und Eiern zum Markt gefahren!"
„Und was hatte die Hofmeisterin denn auf dem Herzen?"
„Es ist etwas mit der Kirche. Die Südwand ist stark gerissen, vielleicht gar versackt."

„Etwas Ähnliches habe ich schon immer erwartet."
„Der Pfarrer läßt sagen, es ist jetzt soweit, daß er die alten Männer und Frauen und die Hofleute zur Messe nicht mehr in die Kirche lassen kann. Die Balkendecke könnte herunterkommen. Aber das ist doch wohl nicht möglich."
„Das ist wohl möglich. Die Kirche ist alt. Unter ihren Kopfsteinen hat man schon die Aussätzigen begraben."
„Der Hofmeister meint, man müsse wohl eine neue Südwand ziehen."
„Eine Mauer bauen? Vielleicht genügt es, wenn wir die Decke mit Balken unterfangen. Es lohnt sich nicht, noch viel in das alte baufällige Gebäude hineinzustecken. Das beste ist, wir reißen die Kirche sobald wie möglich ab und bauen eine neue auf einer anderen Stelle, mehr nach dem Frauenhaus hin und auf einem besser befestigten Grund. Wieviel haben wir in den letzten zwanzig Jahren an der alten Kirche herumgeflickt und -gestückt."
„Sie würden auf dem Nikolaihof gern sehen", begann Ilsabe noch einmal, „wenn du noch heute kämst."
„Gut, ich reite."
So war Hinrich denn einige Stunden später nach dem Nikolaihof hin unterwegs. Er ritt durch den Wald, der zwischen Lüneburg und Bardowick lag. Bardowick war einst eine große und angesehene Stadt gewesen. Bis dann Heinrich der Löwe eines Tages mit Heeresmacht vor ihren Wällen erschien, ihre Kirchen und Klöster zerstörte, ihre Häuser verbrannte und ihre Stadtmauern umriß. Nur der neuerbaute Dom war stehengeblieben.
Das Nikolaistift lag nicht weit von der ehemaligen Bardowicker Stadtmauer. Auf einzelnen Weiden des Stiftes, die früher Bardowicker Bürgern gehört haben mochten, lagen immer noch Trümmer von der ehemaligen Stadtbefestigung. Die Kühe grasten um sie herum.
Wie oft war Hinrich diesen Weg geritten, gegangen, gefahren! Fünfzehnjährig war er gewesen, als der Sülfmeister Reese ihn zuerst mit auf die Reise genommen hatte, vielleicht, weil es für ihn kurzweiliger war, vielleicht, weil er seines Alters und der unruhigen Zeiten wegen nicht gern allein nach dem Nikolaihof hinüberritt. Unter Reeses Anleitung hatte Hinrich es gelernt, die Bücher des reichbegüterten Armenstiftes zu führen. Er hatte auch in jenen Jahren, wenn im Sommer zur Zeit der Ernte die Arbeitskräfte knapp wurden, selbst die Sense oder eine Heuharke in die Hand genommen, und manches Fuder Heu war von ihm um den Eichenkamp gelenkt und auf die Hofmeisterei gebracht worden.
„Nach meinem Tode mußt du den Nikolaihof verwalten. Es weiß niemand dort Bescheid wie du." Das hatte Johann Reese in späteren Jahren oftmals zu Hinrich gesagt.
„Aber zu deinen Zeiten", hatte er dann jedesmal hinzugesetzt, „muß das

Stift eine neue Kirche kriegen. Ich hätte sie schon bauen sollen, aber ich bin nicht dazu gekommen. Und nun mag ich nicht mehr. Unser Leben bleibt Stückwerk."

Wenn der Nikolaihof auch ein Armenstift war, das alten, bresthaften Leuten Nahrung, Unterkunft und Kleidung gab, so war doch die Hofmeisterei der Kern des ganzen Gutes. Ein Bauernhaus war es, gewaltig groß und umfangreich, wie nur selten hier im Lande der großen Bauernhäuser eins gefunden wird. Es hatte ein mächtiges Strohdach, unter dem man eine Welt von Heu und Korngarben verstauen konnte. Pferde und Kühe, an den Stallbäumen angebunden, schauten auf die Diele, auf der die Hühner hin- und herliefen und die Enten herumwatschelten, die von der raschen Hofmeisterin gefüttert wurden.

Der Nikolaihof war nicht immer eine Heimat für alte, alleinstehende Menschen gewesen, und er hatte auch nicht immer so viele Wiesen, Äcker und Weiden sein eigen genannt. Aus kleinen Anfängen war er entstanden: aus einer strohgedeckten Kate. Man hatte sie für die Kranken errichtet, die mit Aussatz beladen, von den Kreuzzügen oder von ihren Pilgerfahrten heimkehrten, oder die sich mit dieser ekelerregenden Krankheit hier im Land angesteckt hatten. Diese strohgedeckte Kate gab es nicht mehr. Die alten Leute wohnten und schliefen in zwei steinernen, fast städtischen Häusern, und das eine von ihnen, das Frauenhaus, hatte ein seltsames, in grauen Stein gehauenes Schmuckstück über dem gläsernen Türsturz: das Haupt der Meduse von Schlangen umflattert.

Die alten Leute waren heut der Sonne wegen aus ihren Häusern gekommen. Die Frauen saßen auf den Beischlägen und auf den Stufen der Treppe. Als sie Hufschläge hörten, hoben sie ihre Köpfe.

„Es ist Herr Hinrich Lange", sagten sie untereinander.

„Wir müssen ihm Glück wünschen", rief eine von ihnen, stand auf und kam die Treppe herunter. Sie war entsetzlich groß und dürr, braun im Gesicht, und es sah aus, als hätte ein Windstoß all ihre vielen Falten umeinandergewirbelt. Und in diesem Faltengewirbel lagen ein paar schwarze, funkelnde Augen. Wiesche hieß sie, Wiesche Sötbeer. Man nannte sie nur Wiesche.

Hinrich stieg vom Pferd, und nun ging sie ihm entgegen. Andere Frauen drängten sich durch die Tür und kamen die Treppe herunter, und alle führte die lange, dürre Wiesche an. Sie umringten Hinrich und sein Pferd. Sie gaben ihm die Hand, und Wiesche sprach für sich und die anderen, wie sie immer Wortführerin des ganzen Frauenhauses war. Sie wünschte ihm Glück und Gottes Segen und alles, was man einem Menschen, der im Leben einen Preis errungen hat, Gutes wünschen mag.

Zuletzt kam Lieschen Rehbeen.

Liesdien Rehbeen war eine kleine, kröpelige Person. Sie war noch nicht alt.

Ihrer Bresthaftigkeit wegen war sie schon in jüngeren Jahren ins Nikolaistift gekommen. – Da stand sie mit ihrem großen Gesicht und dem engen Brüstlein in der Haustür. Sie hatte Blumen in der Hand, Maililien, Goldlack und weiße Narzissen. Mit diesen Blumen kam sie die Treppe herunter. Alle machten ihr Platz. Keiner hatte etwas gegen Lieschen Rehbeen.
Auch die Männer waren bei diesem schönen Wetter nicht in ihrem Hause geblieben. Auch sie hatten auf den Beischlägen, auf den Treppenstufen gesessen und sich von der Sonne wärmen lassen. Sie hatten den Hufschlag gehört und schon von weitem Hinrichs Pferd erkannt. Aber ihre Aufmerksamkeit war mehr den Frauen als dem neuen Ratmann der Stadt Lüneburg zuteil geworden. Sie hatten ihr Gehabe und Getue mit Blicken und Worten verfolgt und hatten ihr Gelächter und ihren Spaß an der Wichtigtuerei der alten Weiblein gehabt, wie sie überhaupt selten mit ihnen einer Meinung waren. Es gab viel Streit und Zank zwischen denen vom Männerhaus und den Frauen.
Als aber nun Lieschen Rehbeen in der Tür erschien, schwiegen sie. Als die kleine duttige Person mit ihren großen Sträußen die Treppe herunterkam, als sie ihre vielen Blumen mit einem Knicks dem neuen Ratsherrn überreichte, lächelten einige von ihnen.
Nein, gegen Lieschen Rehbeen hatten auch die Männer nichts.
Nun tauchte ein großer blonder Junge auf. Barfuß, in Holzklotzen, die moosgrüne Zipfelmütze auf dem Kopf, dammelte er daher, Peter, der älteste Junge aus der Hofmeisterei. Er nahm Hinrich den Blauschimmel ab. Da hielten die Männer ihre Zeit für gekommen. Einzeln kamen sie die Treppe herab, und Hinrich, der ihre Zurückhaltung sah, ging ihnen entgegen. Nun drängte sich ein kleines Männchen vor. Balthasar mit Namen; er war der Wortführer der Männer.
„Hab' ich es euch nicht gesagt damals vor zwanzig Jahren, daß es so kommen müßte!" rief er aus.
Ein altes greisenhaftes Menschlein war es, das vor Hinrich stand. Es war, als raschelte die Haut um ihn herum wie braunes, zerknittertes Pergament. „Und ist es nun nicht so gekommen, wie ich es gesagt habe?" fuhr er fort. „Es müssen fast auf den Tag zwanzig Jahre her sein", beteuerte er. „Wißt ihr anderen es nicht mehr?"
Er blickte sich im Kreise um, wie um Zeugen zu suchen, für das, was damals gewesen war. Aber er fand niemand. Sie waren alle gestorben, die damals hier mit ihm gelebt hatten. Sie lagen auf dem kleinen Friedhof hinter der Kirche. Er aber fuhr fort und sprach leise und so, als sähe er ein Gesicht:
„Ja, Ihr rittet neben dem alten Herrn Reese her, der schon weniger geworden war und anfing, in sich hineinzukriechen. Ihr aber saßet da, groß und stark, mit breiten Schultern. Eine Kappe hattet Ihr nicht auf dem Kopf, nur all das

viele blonde Haar, das Euch wie eine Kappe kleidete, es ging mir damals durch den Sinn: Der muß einmal einen feinen Ratsherrn abgeben! Und als Ihr später vom Pferde stiegt und uns die Hand gabt, und ich hörte, Ihr würdet nun immer mitkommen, sprach ich, ich weiß es noch heut, auf diesen Tag: Es ist recht, daß du dem alten Mann beispringst, aber das sage ich dir, Junge, du wirst mehr werden als er, du wirst noch eines Tages in das Ratsgestühl kommen! Habt Ihr das alles vergessen?"

Ganz und gar unzufrieden war er, daß Hinrich sich auf diese Prophezeiung nicht mehr besinnen konnte.

Nun ergriff ein alter Salzfahrer, der Hinrich von der Sülze her kannte, seine Rechte, und da die eine nicht genügte, nahm er die Linke auch dazu und drückte dem neuen Ratsherrn die beiden Hände so kräftig, wie eben ein Salzfahrer sie einem Menschen zu drücken vermag.

„Aber ich", bekannte er dabei ehrlich, „habe an dergleichen nicht gedacht und hätte doch Gelegenheit genug dazu gehabt, auf solche Gedanken zu kommen. Hab' ich Euch doch oft gesehen, damals, als Ihr das Siedehandwerk lerntet im Einhorn (es war der Name der Siedehütte). Wenn ich morgens um fünf Uhr kam, um das Salz abzufahren, dann standet Ihr angetan mit blauem Buscherum und schwarzer Lederschürze vor dem Feuer und klopftet die bleierne Siedepfanne wieder gerade, — sie verbeult nach jedem Brande —" setzte er hinzu, zu den Umstehenden gewandt, die sich in der Sülze nicht so gut auskannten wie Hinrich und er. „Ja, Herr Hinrich, ich hab' damals immer gern auf Euch geschaut und gemeint, Euer Pinkepank klänge lustiger und ganz anders als das der übrigen Lehrjungen. Aber lügen würde ich, wenn ich sagen wollte, ich hätte damals schon gewußt, daß Ihr noch einmal in den Ratsstuhl kämt und noch dazu in so jungen Jahren. Ja, würde ich so sprechen, es wäre eine Lüge."

Der Sturm auf Flensburg

War Ilsabe, Hinrich Langes Ehefrau, die mit Vaternamen Tzerstede hieß, in eine ungute Zeit hineingeboren? In den ersten Jahren ihrer Ehe hörte sie, wenn von den Dingen der großen Welt die Rede war, nur von Krieg und wieder von Krieg.

Standen jenseits vom Rhein Franzosen und Engländer einander gegenüber in einem schon lange währenden, erbitterten Kampf, so brachten die böhmischen Ketzer mit ihren Heerscharen über die südlichen Gebiete Deutschlands Unruhe, Mord und Brand. Frankreich sowie Böhmen und die ihnen benachbarten Länder waren weit weg. Aber der Krieg im Norden, den die Schauen-

burger Grafen seit Jahren mit der Krone Dänemark führten, rührte an den Saum ihres Kleides. Denn die Schauenburger Grafen waren mit den Hansestädten verbündet.
„Denke an meine Worte, Ilsabe! Wenn es Frühling wird, geht es wieder los." So hatte Hinrichs Mutter, die ehemals so schöne Jutta von der Leine, gesprochen. „Da führen sie Jahr um Jahr Krieg; und ich weiß, wie alles kommt: Die jüngsten Ratsherren müssen den Lüneburger Rotten voranreiten. Sie müssen die Suppe für die anderen auslöffeln. Aber die jüngsten Ratsherren sind der Springintgud und Hinrich."
Hinrichs Mutter hatte das Frühjahr nicht mehr erlebt. Sie war noch gar nicht so alt gewesen. Sie war auch gar nicht sehr krank gewesen damals im Februar. Sie hatte Fieber gehabt und ein wenig gehustet. Und an einem Morgen hatte sie dann tot im Bett gelegen, die gefalteten Hände auf der Decke. Es war wohl ein Herzschlag gewesen, der ihrem Leben ein Ende gemacht hatte.
Hinrichs Mutter sollte recht behalten. Schon im März bereiteten sich die Lüneburger auf den Krieg vor. Und im Mai war es dann soweit.
„Es ist mir gar nicht recht, daß ich dich alleinlassen muß", sagte Hinrich an einem Abend zu seiner Frau. „Wenn unsere Mutter noch lebte, wäre alles anders. – Aber das weißt du ja, wo Lübeck das Schwert zieht, da muß Lüneburg ihm an die Seite treten. Es gibt kaum zwei Städte in der Hanse, die so wenig ohne einander fertig werden können wie Lübeck und unsere Stadt. Denn die Lübecker segeln in alle Welt, nach Brügge und Danzig, nach Schonen und Bergen, und überall handeln sie mit unserem Salz. Kommen sie aber nach Ostpreußen und Nowgorod, wo so recht ihr Glück blüht, da wird gleich gefragt:
Habt ihr Lüneburger Salz auf euren Schiffen mitgebracht?
Und erst wenn es heißt: Ja, ihr könnt kaufen!, bekommen die Lübecker die Pelze zu sehen, nach denen ihnen der Sinn steht. Denn der Pelzhandel ist es, der die Lübecker zu Männern gemacht hat.
Du siehst, wir müssen zusammenhalten, auch in schlimmen Zeiten."
„Aber Hinrich, der Kaiser Sigismund hat den Schauenburgern und den Städten verboten, mit König Erich von Dänemark, Schweden und Norwegen Krieg zu führen. Der Kaiser hat bestimmt: Schleswig kommt für immer an die Krone Dänemark."
„Ganz recht, aber die mit Eiden einander verbundenen Städte haben erklärt: Die holsteinischen Grafen bekommen ihr Herzogtum Schleswig zurück. Und mag auch der Kaiser den Städten den Krieg mit Dänemark untersagt haben, sie stehen den Schauenburgern trotzdem bei. Wir hier in Lüneburg haben uns noch niemals aus der Eintracht der Städte gezogen. Wir tun es auch diesmal nicht. Wir halten auch dafür, daß der Kaiser Sigismund

in diesem Handel nichts bestimmen und nichts verbieten kann. Kaiser Sigismund und König Erich sind Vettern, Bruder- und Schwesterkinder, also leibliche Verwandte. Der. Richterspruch des Kaisers hat darum keine Gültigkeit. Und ist es nicht auch eine gute Sache, um die wir ins Feld müssen? Ich gehe gern mit, wenn die drei Brüder um das Ihre kämpfen. Man weiß doch, was die Schwarze Margret ihrer Mutter angetan hat.
Die alten Leute auf dem Nikolaihof, die jung waren, als die Schwarze Margret die Krone der drei Königreiche trug, erzählen oftmals, wie sie jagte und ritt, allzeit von einer Meute Hunde umgeben, und so bei den Unterhaltungen der Männer allein auf ihre Kosten kam. Sie hat wohl niemals wie andere Frauen im Häuslichen das Ihre gesucht. Für die Alten da draußen in Bardowick ist die Schwarze Margret eine böse Fee, die schlimme Königin aus dem Märchen. Und gegen die arme Herzogin von Schleswig hat sie sich auch wohl wie eine solche Königin betragen. – Aber sie war auch eine große Regentin. Sie hat die drei nordischen Reiche zusammengeschmiedet, und wie sie hoffte, für alle Zeiten. Sie hat den Danebrog so recht obenauf gebracht. Sie war nicht unbedacht und ungestüm wie ihr Vater, der vor bald siebzig Jahren, als unsere Großväter im Regimente saßen, zu Wasser und zu Lande mit den Städten kämpfte und ihnen unterlag. Sie trat mit Vorsicht auf. Sie wußte wohl ihre Gelegenheit wahrzunehmen. Ihre Herrschbegier kam im Samtmantel daher. Und in diesem Samtmantel näherte sie sich der Herzogin von Schleswig, als die in ihrer größten Not saß. Du weißt ja, Ilsabe, wie es ihr ergangen war."
Ilsabe nickte. In ihrer Kindheit hatte man oftmals von der Frau erzählt, die in Gottorp in ihrem Glück gesessen, von der Herzogin Elisabeth, die eine Tochter von dem König der Lüneburger Heide war, wie man in den nordischen Reichen die Herzöge von Braunschweig nannte. In Gottorp hatte sie sich an ihren drei Kindern gefreut, bis man ihr den Gemahl mit aufgespaltenem Haupt ins Haus brachte.
„Sie war wohl halb von Sinnen, als sie Witwe wurde", fuhr Hinrich fort, „und erst dann, als ihr drittes Söhnchen geboren wurde und fast gleichzeitig der Bruder ihres Mannes mit Rittern und Söldnern in Holstein einfiel, um ihr und ihren Söhnen das Land zu nehmen. Du weißt wohl, Ilsabe, in der Welt geht es nun mal so her: Wo der Zaun am tiefsten ist, springen die Hunde rüber. Die arme Herzogin konnte keinen hohen Zaun errichten um sich, ihre Kinder und ihr Reich.
Da muß sie nun Krieg führen und hat kein Geld. Aber die Schwarze Margret, die zu dieser Stunde bei ihr einkehrt, hat Geld im Überfluß, und sie füllt der unerfahrenen Frau die Hände mit Goldgulden. Sie hat auch noch soviel Gold, um die Vormünder der drei Knaben zu bestechen, die der Vater für sie eingesetzt hat. Und diese ungetreuen Vormünder reden der

Witwe zu, der Schwarzen Margret die Schlösser und Burgen von Schleswig zu verpfänden und die Stadt Flensburg auch. So drängt die dänische Königin sie Schritt für Schritt aus ihrem Herzogtum, und als der Frau die Augen aufgingen, war es zu spät. Denn da gingen schon auf den Mauern und in den Wehrgängen der Städte die dänischen Gehelmten auf und ab, und in den festen Schlössern des Herzogtums lagen dänische Mannschaften. Bald hat die Witwe im ganzen Herzogtum Schleswig keine Stelle mehr, auf die sie ihren Fuß setzen kann und sprechen darf: Dies Land ist mein.
Das ist nun viele Jahre her. Die Königin Margret von Dänemark ist tot und die Herzogin von Schleswig auch. Aber kannst du es ihren drei Söhnen verdenken, daß sie Krieg führen, um das Land wiederzugewinnen, was die Schwarze Margret einstmals ihrer Mutter aus der Hand gespielt hat?"
„Man sagt von den schauenburgischen Brüdern", begann Ilsabe, „daß sie besonders gut zusammenhalten."
Hinrich antwortete: „Es ist wohl so. Wo Vater und Mutter fehlen oder eines von ihnen beiden, vertragen sich die Kinder oftmals besser als in den Häusern, wo beide Eltern ihnen den vollen Kranz ihrer Liebe reichen können. War es mit dir und Brand nicht ebenso, nachdem eure Mutter starb? Den Söhnen der Herzogin erging es nicht anders. Da saßen sie in Gottorp. Sie mußten sich aneinander festhalten. Kein Vaterarm war da, der sie schützte, der sie leitete. So wuchs ihre Geschwisterliebe auf wie ein Baum. Und wo die Nöte ihrer Jugend sie noch nicht ganz einig gemacht hatten, da tat es der gemeinsame Kampf um ihr Erbe.
Der Älteste aber, Ilsabe, du sahst ihn. Er ritt vor etlichen Wochen durch die Bäckerstraße. Er kam von Braunschweig."
„Von seiner Braut. – Er sah dir ähnlich", setzte Ilsabe leise hinzu.
„Meinst du", Hinrich lächelte flüchtig. „Aber das ist nicht wichtig. Von ihm weiß man, daß er durch die Verantwortung, die er in jungen Jahren für die Seinen tragen mußte, über sich selbst hinausgewachsen ist. Wie die Sonne zieht er vor seinen Brüdern, vor der ganzen kämpfenden Mannschaft her. Verstehst du, daß ich ihm gern helfe? – Er ist, wie man sagt, ein geborener Kriegsmann und darin seinem Großvater ähnlich, den alle Welt ‚Isern Hinnerk' nannte. Nun, ein Draufgänger und Neunmalgewaltiger, wie dieser eiserne Heinrich es war, ist er nicht. Der war nur des Kampfes wegen auf der Welt und suchte den Kampf, mußte er auch deshalb außer Landes gehen. Drüben, jenseits vom Rhein, hat er in englischen Diensten gestanden und hat in der Schlacht von Crecy den französischen König Philipp an seiner Goldkette gepackt und ihn nach den englischen Linien hinübergezogen, dabei noch etliche feindliche Reiter aus dem Weg geschlagen. Nein, so über alles Maß mußt du dir den älteren Bruder der beiden jungen Grafen nicht denken. Aber unerschrocken ist er und unter Waffen aufgewachsen, wie es

sich für einen Mann ziemt, der ein großes Ziel vor Augen hat. Ein Vorbild ist er für seine Brüder und die jungen Ritter in seiner Haltung und ist, wie man sagt, aller Völlerei und auch den Unsitten des Trunkes abhold."
Ilsabe aber dachte: Er hat eine schöne Braut. Sollte er auf seinen gefährlichen Wegen umkommen, so ist auch ihr Leben dahin. Denn er ist ihr Vetter, und sie kennt und liebt ihn von ihrer Kindheit her.

Veit Sneebart, der Türmer von Sankt Johannis, machte seinem Namen wenig Ehre. Er war durchaus nicht weißbärtig, vielmehr noch ein junger Mann und erst seit einem Jahr vermählt. Er war auf den Tag so alt wie Hinrich, der im Juni des Jahres 1395 geboren war.
Am letzten Sonnabend hatte sich der Türmer von Sankt Johannis im Bürgermeisterhaus eingefunden, um wie allwöchentlich seinen Lohn in Empfang zu nehmen. Da hatte Hinrich zu ihm gesagt: „Veit, du mußt blasen, bevor wir abrücken, aber erst, wenn auf dem Sande alles beisammen ist: das Sülzvolk, das mitzieht, die Handwerker, die Reitendiener und Schützen, die Karren mit den großen Stücken, die Wagen mit den Pulverfässern und Steinkugeln für die Stücke, — dazu die Wagen mit der Fourage für Pferde und Menschen. — Wir schwenken die große rote Täuferfahne, wenn wir zum Aufbruch bereit sind. Dann erst bläst du. Was du blasen sollst? — Den großen Lobgesang, den du bläst, wenn das Sülzvolk auf die Scharnebecker Reise geht: 'Großer Gott, wir loben dich.' Erst wenn du drei Verse durchgeblasen hast, rücken wir ab."
Und heute am Dienstag war nun der Tag. Sechshundert Geharnischte auf Pferden mußten die Lüneburger zum Kampfe stellen. So war es auf dem letzten Städtetag in Rostock vereinbart worden.
Wohl hatte die Stadt vierzig geharnischte Reitendiener, die sich im Waffenhandwerk auskannten. Sie hatte Schützen in festem Sold, die die Lüneburger Bürger im Stechen und Armbrustschießen ausbildeten. Aber die Hauptmasse der in den Kampf ziehenden Männer waren die Sülfmeister mit ihren Siedern, Salzfahrern und Sodeskumpanen; waren junge Handwerker, von den Zünften ausgesucht und von ihnen mit dem nötigen Harnisch ausgerüstet.
An zwei Stellen der Stadt versammelten sich die abrückenden Reiter. Auf dem Platz vor dem Rathause fand sich alles ein, was in der Altstadt wohnte und in der Nähe des Marktes; auch was im Wasserviertel sein Zuhause hatte und in der Nikolaikirche die Messe hörte, trat hier zusammen, allen voran die Geharnischten, die die Ämter der Fischer, Schiffer und Krankinder stellten.
Und hier auf dem Marktplatz, zwischen dem weinumrankten Garbraderhäuschen und dem plätschernden Marktbrunnen, hielt der Springintgud auf seinem schwarzen Hengst.

Auf verschiedenen Wegen wollte man an die Elbe. Die Truppe, die sich jetzt auf dem Marktplatz unter den fünf schlanken Türmen der Rathausfront zum Zuge ordnete, sollte bei Artlenburg den Strom erreichen, um sich daselbst mit ihren Pferden und Wagen über das Wasser setzen zu lassen. Sie wollten auf der Salzstraße bleiben und über Mölln und Ratzeburg Lübeck erreichen, von da teils zu Schiff, teils auf dem Landweg weiter nach Flensburg. Die Stadt Flensburg war ihr Ziel. Die Stadt Flensburg sollte erstürmt werden. Das war der Plan.

Die bewaffneten Mannschaften, die sich auf dem Sande im Schatten der Täuferkirche zu Rotten ordneten, mußten über Scharnebeck reiten und im Angesicht von Schloß und Stadt Lauenburg über die Elbe gehen.

Hier auf dem Sande wartete man noch auf die zweihundert Helme, die der Herzog von Braunschweig dem Verlobten seiner Tochter zugesagt hatte. Diese zweihundert Mann hatten in Uelzen übernachtet.

Endlich waren sie heran. Nicht lange danach konnte einer der Reitendiener die große Täuferfahne schwenken. Aus dem grünspanhellen Turmhelm kam das goldene Geröhre einer Drommete hervor, von einem roten Fahnentuch umflattert. Alles, was am Sande wohnte, lauschte mit den bewaffneten Mannschaften auf den Lobgesang, den Veit Sneebart auf Stadt und Sand herniederblies.

Bald darauf hatte Hinrichs Truppe den Mauerring erreicht. Die Pulverwagen knarrten über die Ilmenaubrücke. Veit Sneebart sah den Mannschaften von der Höhe des Turmes nach. Er sah ein Meer von schwarzblauen Eisenhüten in dem maiengrünen Land. Er sah die Wimpel unter den hochgehaltenen Lanzenspitzen, die blauen, die gelben, die roten, die sich im Frühlingswind ringelten. Und er seufzte. Veit Sneebart kannte einige junge Meister von den Ämtern der Grapengießer und Knochenhauer, die unter den sich schlängelnden Wimpeln hinritten. Gar zu gern wäre er mit ihnen unterwegs. Aber Veit hat von seinem Vater das Bläserhandwerk gelernt, er hat von ihm den Türmerposten geerbt. Und das ist ein gutes Brot.

Für die Zurückbleibenden waren Stadt und Haus leer geworden. Und für Ilsabe Lange auch. An der Dielenwand stand Ilsabens Hochzeitstruhe, ziegelrot angemalt, mit zwei großen, glückverheißenden Vierpassen auf dem flachen Deckel. Aber über der Truhe hing jahraus, jahrein Hinrichs ritterliche Ausrüstung: Schild und Lanze, Schwert und Topfhelm, Brustharnisch und Beinschienen, alles eingerahmt von vielen kleinen braunen, ledernen Feuereimern, die immer zur Hand sein mußten. Jetzt rahmten diese Feuereimer ein großes Stück der gekalkten Wand ein mitsamt dem starken Haken, der in der Mitte herausstak und an dem noch vor einigen Tagen Hinrichs

Schild gehangen hatte mit dem halben laufenden Bären, rot auf silbernem Grund. Es waren die Farben der Hanse.

Nein, an diesen leeren Fleck im Kranze der Feuereimer konnte Ilsabe sich nicht gewöhnen, und an dem grob herausstehenden Schildhaken sah sie sich jedesmal fest, wenn sie auf die Galerie trat, wenn sie die Treppe herunterkam.

Hinrichs Schild. Ob er ihn im Augenblick auf dem Oberarm trug, die lederne Schildfessel am Halse? Ob Peter Wollermann ihn hinter sich auf dem Pferde hatte? Peter Wollermann, der Eiderstedter Bauernsohn, war ihrem Manne besonders zugetan. Er war der jüngere Sohn eines größeren Bauernhofes und hatte in seiner Heimat nicht recht zu Brot kommen können. Ilsabens Blick haftete immer noch an dem leeren Schildnagel; es war ihr ein Traum eingefallen, den sie in der Nacht gehabt hatte. Sie sah es wieder vor sich, das Pferd, das Traumpferd, auf dem sie gesessen. Breitbrüstig war es wie der belgische Blauschimmel, den Hinrich ritt, wenn es nach dem Nikolaihof hinausging. Aber dunkler war das Pferd in ihrem Traum gewesen, eisengrau und groß, ja, recht eigentlich gewaltig. Alles in jener Nacht war größer, war mächtiger gewesen. Auch Hinrich. Und er hatte hinter ihr gesessen, denn sie war mit auf dem Pferd gewesen. Vor sich auf der Satteldecke hatte sie ein Kind gehabt; nicht Gertraudis oder die kleine Ilsabe. Nein, einen jüngeren Bruder hielt sie in ihren Armen, der an der Bräune starb. Er war noch nicht drei Jahre alt gewesen. Damals lebte ihre Mutter noch. Dieser Bruder, an den sie kaum noch dachte, hatte mit auf dem Pferd gesessen.

So stand Ilsabe auf der Treppe, verloren an den Traum der Nacht; bis plötzlich die hintere Dielentür aufflog. Gertraudis, ihr ältestes Kind, stürmte auf die Diele, braunlockig, ein rotes Band im Haar.

„Mutter", rief sie, „ich hab' Blumen!" und sie hielt ein paar blaue Veilchen im fest zusammengepreßten Fäustchen zu Ilsabe hinauf; ergriff gleichzeitig eine Rockfalte am Kleide ihrer Mutter und zog Ilsabe stürmisch über die Diele, aus der Tür und auf den schmalen Hof hinter dem Haus.

Abends war Ilsabe allein in der getäfelten Stube. Sie strickte an einem blauen Strumpf für Gertraudis' dickes Bein. Auf dem Tisch standen die Veilchen, die das Kind am Morgen gepflückt hatte. Sie dufteten zu Ilsabe herüber, und dieser leise Wohlgeruch war ihre einzige Gesellschaft.

Ilsabe sah über ihre Nadeln weg zu ihnen hinüber.

„Ihr seid schön", flüsterte sie, „alle miteinander seid ihr schön."

Veilchen waren ihr vertraut. Hinter dem Hause an der Techt, in dem Garten ihrer Eltern, hatte es immer so viele von ihnen gegeben.

Dahinten bei der Michaeliskirche, überlegte sie, ist mehr Frühling als hier.

Und er ist dort auch zeitiger auf den Beinen als in unserer sonnenarmen Bäckerstraße.
In dem Garten ihrer Eltern gab es eine immer etwas klebrige Lindenlaube. Wenn man in der Laube saß, konnte man den Kalkberg sehen.
Der Kalkberg! Der Berg der Stadt! Einst hatte auf seiner Höhe das Schloß Heinrich des Löwen gestanden. Es war nicht mehr. Nicht einmal Trümmer von dem Schloß fanden sich im Gras und zwischen dem Gesträuch. Aber wieviel konnte man von dem hohen Berg aus überblicken! Bis zur Elbe konnte man sehen und noch weiter.
„Und die Engel des Herrn kamen und dieneten ihm", flüsterte sie vor sich hin. Sie lachte ganz leicht auf. Ja, richtig, so war es gewesen. Dieser Spruch war ihr, als sie ein ganz junges Mädchen war, oftmals eingefallen, wenn sie in der Lindenlaube saß und den Berg erblickte. Dieser Spruch gehörte zu seinem hellen Geklüft, zu den weißen Wolken, die über ihn hinwegzogen.
Die Techt war nur eine schmale Twiete. Am Eingang zu dieser Twiete lag ihr Elternhaus. Die Tzerstedes stammten aus Flandern. Der Urgroßvater, ein Brügger Gewandschneider, dunkeläugig und romanischen Geblüts, hatte mit seinen flandrischen Tuchen die Märkte bereist. Er war auch nach Lüneburg gekommen, und in der schmalen Techt, in der heute noch am Michaelismarkt die Gewandschneider von überallher ihre Waren zeigen, hatte auch er seine Stoffe aufgebaut. Da war sein Auge auf eine hellblonde Lüneburgerin gefallen. Er hatte sie liebgewonnen, wie ja die Anziehung zwischen hell- und dunkelblütigen Menschen immer groß ist und braune und helle Augen fast immer viel Gefallen aneinander finden.
Der Urgroßvater ehelichte das Mädchen. Er blieb in der Salzstadt. Sein Sohn, Ilsabens Großvater, erwarb das Grundstück an der Techt; und weil es ein Eckgrundstück war, lag ein Teil der Fenster nach dem Kirchplatz von Sankt Michael. So hatte man von diesen Fenstern aus eine Augenweide, besonders an den Sonn- und Festtagen, wenn die Bürger der Stadt mit Frau und Kindern im Festgewand über den Kirchplatz kamen.
Ilsabe war als Kind oftmals allein in der großen Kirche gewesen, und immer hatte sie die kleine Kapelle aufgesucht, in der ein anspruchsloser Altarschrein stand. Es war ein Schrein, den Kinder mögen, denn er war nur klein. Ja, er war, die gemalten Seitenflügel eingerechnet, nicht breiter, als sie damals mit ihren ausgestreckten Ärmchen reichen konnte. Auch war das geschnitzte Bildwerk in dem Schrein leicht zu übersehen. Da war die goldene Bettdecke. Da war die Jungfrau Maria, die hoch im Bett aufsaß, pralle, buntgesäumte Kissen hinter sich im Rücken. Von rechts kam der gute Josef daher. Das Grauhaar hing ihm in den Nacken. Er trug einen dreifüßigen Grapen, in dem das Süppchen war, das er für Maria gekocht hatte.
Dieses einfache Bildwerk war Ilsabe viel wert gewesen, und manchmal hatte

sie Veilchen oder andere Blumen an dem Bett der Gottesmutter niedergelegt oder auch einen Kuchen, den sie gern selbst gegessen hätte.
Auf diese Weise dachte Ilsabe an ihre Kinderzeit. Aber dann erschrak sie. Was war da unten auf der Diele? Es polterte an der Haustür, und nun fiel der Klopfer. Ilsabe verließ das Zimmer und schaute über die Brüstung der Galerie. Gesa öffnete die Haustür. Aber was für ein stattliches Frauenbild kam da herein? Die Frau nahm das rot und gelbgestreifte Seidentuch vom Kopf, drückte mit den Händen ihren Scheitel an, nahm ein dunkles Regentuch ab, legte es auf das Geländer der Treppe, und nun erst erkannte Ilsabe sie. Es war die Mutter des Springintgud, die man in Lüneburg um ihrer Kleiderpracht willen die Königin von Saba nannte. Und richtig, sie schob Gesa ein wenig beiseite und stieg die Treppe zur Galerie hinauf.
Das war unerwarteter Besuch! Ilsabe brachte Frau Springintgud in die getäfelte Stube.

Drei Wochen später kehrten die Lüneburger zurück. Sie hatten die Stadt Flensburg nicht erobert.
Hinrich war nun wieder im Hause. Am Abend des zweiten Tages hatte Ilsabe noch längere Zeit bei den Kindern zu tun, und Hinrich griff nach einem kleinen Buch, das neben ihrem Nähkorb lag. Ein Stundenbuch war es, von einem flämischen Maler gemalt. Hinrich hatte das Buch von einem Paternostermacher gekauft, der Jahr für Jahr zum Michaelismarkt nach Lüneburg kam und seine Bude nicht weit von der Brauttüre der Michaeliskirche aufschlug. Hinrich hatte Ilsabe das Buch in ihrer Verlobungszeit geschenkt. Es enthielt zwölf Monatsbilder, alle auf das schönste ausgestattet. Auf den Winterbildern hackten die Bauern ihr Holz, schlachteten ihr Schwein, fuhren Schlitten und wärmten sich an den Flammen ihres Herdes. Aber auf den Sommerbildern arbeiteten sie auf den Feldern und waren fleißig.
Jedes Bild hatte neben sich eine Seite mit einer Kalendereinteilung. Da hatte jeder Tag sein leeres Fach, in dem nur der Name des Heiligen stand, dem dieser Tag geweiht war.
Als Ilsabe in die Wohnstube zurückkam und die Tür hinter sich ins Schloß gezogen hatte, sagte Hinrich:
„Ilsabe, was bedeutet das? Auf der Seite rechts von dem Maibild stehen zwei schwarze Kreuze, und ein rotes Kreuz hast du auf das Kalenderblatt des Juni gesetzt, hast ihm ein M an die Seite gegeben. Aber die schwarzen Kreuze haben beide ein D neben sich."
„Ach Hinrich, was soll ich dir darauf antworten. Da bist du nun hinter meine Heimlichkeiten gekommen. Ich will es dir nur sagen, die beiden von mir schwarz angekreuzten Tage waren von allen Tagen in der letzten Zeit die

am wenigsten guten. Hinrich, ich weiß es ja, es ist kindisch, daß ich die beiden Buchstaben dahinsetzte, weiß selbst nicht recht, wie ich dazu kam. Du bist so anders als ich, Hinrich. Dir ist immer alles gleich lieb, Dinge wie Menschen, wenn es nicht gerade wir sind. Für dich ist immer ein Wochentag wie der andere. Ich dagegen, daß ich es dir nur bekenne, habe sogar unter den Wochentagen meine Lieblinge, und der Mittwoch ist von jeher mein Glücks- und Goldtag gewesen. Damals schon, als wir anfingen, aneinander zu denken, und am Mittwoch warst du manchmal bei den Vigilien in Sankt Michaelis."

„Was blieb mir anderes übrig? Da ich nun mal die Absicht hatte, mich dir zu nähern, mußte ich wohl ab und an von der Täuferkirche in die Kirche der Benediktiner hinüberwechseln."

„Und manchmal sprachen wir dann ein paar Worte zusammen. Aber wenn du mich auch nur grüßtest, so war das schon so viel und schön, daß ich mein Glücksschloß so recht luftig in die Höhe bauen konnte, und es hielt auch einige Tage stand. Und dann haben wir uns an einem Mittwoch verlobt. Und war es nicht auch ein Mittwoch, als ihr vor zwei Tagen zurückkamt?"

„Aber Ilsabe, das war für uns kein Glücks- und Goldtag."

„Doch für mich", sagte sie leise, „siehst du das nicht ein?"

„Aber nun, Ilsabe, zu dem kleinen schwarzen D."

„Das D steht für den Dienstag. Der Tag hat mir noch nie viel Gutes gebracht, und ein Dienstag war es, an dem ihr abrücktet."

„Und den Tag hast du schwarz angekreuzt?"

Ilsabe nickte.

„Und der zweite Dienstag?"

„An dem Tag kam des Springintguds Mutter zu uns zu Besuch."

„Und das mußte ebenfalls schwarz angekreuzt werden?"

„Ja, Hinrich, höre mich an! – Der Tag war anfänglich wie jeder andere, vielleicht fing er noch etwas besser an. Gertraudis hatte am Morgen Veilchen gefunden zwischen den Stachelbeeren an Bäcker Engelkes geteerter Planke. Die hatte ich abends vor mir stehen. Du weißt wohl, daß die Veilchen auf unserm Hof von der Techt stammen. Ich hatte im ersten Jahre unserer Ehe ein paar Ranken von da mitgebracht. Und wie sie nun so zu mir herüberdufteten, dachte ich an den Garten meiner Eltern und wie der Kalkberg immer zu uns in die Lindenlaube gesehen hatte. Ja, ich strickte an diesem Abend. Und dann kam Frau Springintgud. Hinrich, du hättest sehen sollen, wie sie in unserer getäfelten Stube am Fenster saß, mit den Augen, die so dunkel sind und so merkwürdig glänzen, ich möchte fast sagen ‚glühen'. Sie streckte ihre Füße vor, und ich sah die Granaten auf den Silberschnallen ihrer grünen Schnabelschuhe. Auf den Schultern hatte sie einen Hermelinkragen, weiß, mit viel schwarzen Schwanzstippeln, und über diesem Pelzkragen schaukelten ihre Ohrringe; lange Goldgeschmeide mit roten Korallen. Wirklich, Hinrich, es war mir, als sei die Schwarze Margret bei mir auf Besuch gekommen."

„Na, na . . ."

„Schöner konnte auch sie nicht angezogen gewesen sein, als sie damals in Gottorp bei der Witwe des Herzogs einkehrte.

Ich rückte die Kissen auf der Wandbank zurecht und merkte bald: Sie war in Not, trotz all ihrer Kleiderpracht. Sie betupfte sich mit ihrem Taschentuch ein wenig die rötlichen Lider, fing von Johann an, von ihrem Sohn, dem Springintgud. Nein, Johann hatte nicht geschrieben, ob ich vielleicht einen Brief bekommen hätte.

Ja, von Kiel.

Ja, von Kiel aus hatte Johann ihr auch geschrieben, aber nun hätten sie schon die Zelte um die Stadt Flensburg gerückt.

„Die großen Wurfmaschinen, die schweren Stücke sind zwar noch nicht heran. Aber sie haben die Stadt schon in einem ziemlich engen Ring umschlossen." Und dann griff sie in die Tasche, und da war ihr Kummer scheinbar wie weggeblasen. Sie legte einen rheinischen Goldgulden auf den Tisch, sagte: „Ilsabe, sieh, das ist Flensburg."

Oh, ich habe meine Lektion bei des Springintguds Mutter wohl gelernt. Ich weiß, wo die Schauenburger Grafen und die Mannschaften der Städte im Ringe um Flensburg ihre Zelte hatten, und daß man bei der Hanse in der Schlacht die Rangordnung so gut innehielt wie auf den Städtetagen. Denn gleich darauf schob sie von Nordwesten einen dünnen Silberwitten gegen den rheinischen Goldgulden, sprach: „Hier liegen die Holsten", und ich begriff, daß dieses Silberstück die Zelte der schauenburgischen Brüder vorstellen sollte und die der ihnen getreuen Ritter.

Sie wußte alles. Ein Flensburger Salzhändler war bei den Springintguds zu Gast gewesen, und nun saß sie da bei mir am Tisch, als hätte sie die ganze Belagerung zu leiten und als wäre sie der Schauenburger selbst, der ja jedem seinen Platz anzuweisen hatte.

„Und hier im Osten", und sie legte eine Kupfermünze in die letzte noch freie Lücke, „liegen die Mannschaften aus den Ostseestädten, aus Wismar, Rostock und Stralsund."

Aber nun hob sie den Kopf, die goldenen Ohrringe schaukelten über ihrem Hermelinkragen; und nun kam sie hoch, und ihre schwarzen Augen glänzten unheimlich, ja fast schrecklich, während sie ausrief:

„Und übermorgen geht es zum Sturm!"

Zum Sturm? Ich sah euch mit den Hakenleitern laufen, mir wurde schwindlig, ich mußte den Kopf gegen das Rollhandtuch legen.

„Ja, zum Sturm!" rief sie noch einmal.

„Mein Gott, und Hinrich dabei!“ entfuhr es mir.
Aber das war nun ganz und gar verkehrt, denn sie sagte:
„Und mein Sohn erst? Und ist er nicht der Hauptanführer der Lüneburger? Er muß als erster an der Leiter mit den großen Haken hinauf, das Schwert in der Hand oder im Mund, und oben stehen die Dänen, schießen und stechen mit ihren Lanzen die stürmenden Männer von der Leiter herunter. Und oftmals gießen sie den Anstürmenden siedendes Pech auf die Köpfe, und tollkühn ist Johann, ein Draufgänger, und weicht nirgends zurück.“ Ruhelos ging sie in der Stube hin und her, blieb vor mir stehen und rief: „Wenn sie nur nicht die eisernen Armbrüste hätten, die großen, die mit Maschinen abgeschossen werden. Oh, ich weiß wohl, sie stehen zwischen den Zinnen der Türme und Mauern, wenn es zum Sturm geht. Ihre Pfeile gehen durch Topfhelme und Brustharnisch, und jeder findet seinen Mann.“
Sie tupfte sich die Augen. Sie legte die Hand auf den Türdrücker. Sie sagte jetzt wieder ruhiger: „Laß uns austauschen, Ilsabe. Wenn du einen Brief bekommst von Hinrich mit Nachrichten von Flensburg, schicke Gesa zu mir, du kannst ja nicht gut von den Kindern weg. Und wenn ich etwas höre von Johann und unserer Lüneburger Mannschaft, stelle ich mich wieder ein.“
„Ja“, sagte Hinrich, „sie ist eine aufgeregte Frau!“
„Als sie gegangen war, sah ich mein Unglück so recht vor Augen. Dir geht's, dachte ich mir, wie der Mutter der drei Brüder, der sie den Gemahl tot ins Haus brachten. Du hast mir ja immer gefehlt, Hinrich, die ganze Zeit. Wenn du da bist, dann ist es, als schiene die Sonne auf die Diele und als sängen in unserem Hause allüberall unsichtbare Vögel. Aber nun war es mir klar, es kann ja nicht gut ausgehen, er kommt niemals wieder, dein Glück liegt in Scherben.
Ich ging dann und riegelte die Haustür ab, sah in der Küche nach, ob die Glut auch unter der Asche lag, und spritzte einen Tropfenkreis um sie, wie ich es von deiner Mutter gelernt habe und wußte kaum, daß ich das alles tat. Ich bin wohl sehr spät eingeschlafen. Als ich am Morgen aufwachte, erlebte ich etwas Seltsames. Ich erschrak, als ich die Augen auftat, denn im gleichen Augenblick flüsterte mir eine Stimme etwas ins Ohr. Ja, mir war, als hätte die flüsternde Stimme neben mir auf dem Kopfkissen gelegen und auf mein Aufwachen gewartet, um mir gleich den Spruch ins Ohr zu sagen, denn es war ein Spruch.“
„Und wie lautete dieser Spruch, Ilsabe?“
„Und die Engel kamen und dieneten ihm.“
„Es ist der Schlußsatz der Versuchungsgeschichte.“
„Der Spruch war mir nicht unbekannt. Wenn ich als größeres Mädchen in unserem Garten war und meine Augen auf die steilen und so hellen Abstürze des Kalkberges fielen, war immer dieser Spruch auch da. Denn den

Kalkberg brachte ich immer mit der Versuchungsgeschichte in Zusammenhang."
„Der Kalkberg ist ja auch der größte Berg weit und breit, und du kanntest keinen anderen."
„Auch später als junges Mädchen habe ich den Spruch immer ganz besonders liebgehabt. Ich habe ihn oftmals in der Hand gehalten und ihn betrachtet, wie man ein Schmuckstück betrachten mag. Jetzt kam er zu mir zurück."
„Und die Engel kamen und dieneten ihm."
„Ich saß im Bett auf und grübelte."
‚Die Faust leicht an den Mund gedrückt', dachte Hinrich mit einem Lächeln.
„Ich sagte mir, wenn die Engel früher zwischen Himmel und Erde auf- und abstiegen, warum sollte es nicht auch heute noch so sein? Und dann dachte ich, vielleicht können sie auch heute noch zur Stelle sein, wenn jemand in Not ist. Vielleicht könnten sie auch dich beschützen, ich will beten, daß sie es tun. Denn du bist doch unser Nächstes und Bestes. Ich will beten. Ich will in der Michaeliskirche beten in der kleinen Kapelle, in der ich als Kind so oft gekniet habe. Vor dem goldenen Bett der Maria will ich die Wünsche meines Herzens niederlegen. Vielleicht, daß sie mir hilft.
Abends, als die Kinder schliefen, machte ich mich auf den Weg. Schon unter den Linden vor der Kirche hörte ich Gesang und Orgelspiel."
„Eine Vigilie?"
„Nein, eine Totenmesse. Ich gesellte mich nicht zu den Andächtigen, hielt mich im Seitenschiff und ging wie früher als Kind, um nicht zu stören, auf den Zehenspitzen über die Fliesen. Ich sah die Benediktiner, wohl zwanzig und mehr. Sie standen im Mittelschiff an der Gruft der Herzöge; auch viele, Männer und Frauen, die weltliches Gewand trugen, waren gekommen. Man hatte den großen Messingleuchter an die Gruft getragen, und alle sieben Kerzen flammten auf seinen Armen. Und da sah ich Boldewin, den Abt, in einem Rauchmantel, hellblau und golddurchwirkt. Er las die Seelenmesse."
„Dann feierten sie wohl eine Totenmesse für einen der Herzöge, die in Sankt Michael beigesetzt sind?"
„Ja, für den Herzog Johann."
„Der starb zur Maienzeit. Das ist lange her. Er starb auf seinem Dahlenburger Schloß. Seine Ritter waren ihm so zugetan, daß sie es sich nicht nehmen ließen, die Totenlade mit ihrem verstorbenen Herrn selbst nach Lüneburg zu bringen. Sie trugen ihn den weiten Weg auf ihren Schultern durch all die maigrünen Wälder. Sie wechselten miteinander ab. Sie brauchten einen ganzen Tag dazu. Aber erzähle weiter."
„Du kennst die Kapelle, in die ich wollte; die erste im Chorumgang, wenn man aus dem rechten Seitenschiff kommt?"
„Doch, Ilsabe."

„Ihr Altarbild ist schlicht. Aber für mich war der kleine Schrein immer viel schöner als die goldene Tafel am Hauptaltar, die alle anschauen. Hier unter dem goldenen Bett der Gottesmutter hab ich mich als Kind immer wohlgefühlt. Und hier betete ich. Für dich zu allermeist. Aber auch für uns drei; denn all unser Glück steht und fällt ja mit dir. Und sieh, während des Betens an dem altvertrauten Platz wurde ich ruhig. Ich blieb noch ein wenig, um die Messe nicht zu stören, saß auf der Altarstufe, hörte das Singen der Chorschüler vor der Gruft inmitten der Kirche und fühlte mich geborgen.
Als ich dann glaubte, man sei mit der Totenmesse fertig, ging ich zurück. Ich stellte mich zu einigen Frauen, die am ersten Pfeiler warteten.
Da kam der Zug der Mönche schon von der Gruft der Herzöge her, voran Boldewin, der Abt. Er sah uns und blieb stehen. Er lächelte, hob sein Goldkreuz und segnete uns. Er sah auch noch einmal zu mir herüber, so schien es mir, und er lächelte wieder, aber nur mit den Augen."
„Wer weiß, wie lange Abt Boldewin noch bei uns bleibt. Der Abt soll Erzbischof von Bremen werden. Der Papst hält große Stücke auf ihn."
„Davon erzählte auch Brand, als er vor etlichen Tagen bei mir war."
„Bei uns auf der Laube sieht man es gern, wenn er als Erzbischof nach Bremen kommt. Der Erzbischof von Bremen steht für die Masse der Prälaten, für all die vielen Äbte, Domherren, die etwas bei uns auf der Sülze haben. Er nimmt einmal im Jahr für sie alle auf dem Rathause die Sülzabrechnung entgegen. Darum ist es nicht verkehrt, wenn auf dem Bremer Stuhl ein Mann sitzt, der uns gut kennt und uns gewogen ist. Es ist nur etwas dabei: Er muß das Pallium kaufen. Der Bremer Stuhl ist so sehr mit Schulden beladen. Aber Boldewin, der gute Mensch, hat noch niemals in seinem Leben Reichtümer angesammelt. All sein Geld und Gut gab er den Armen. Da müssen wir Lüneburger das Geld für das Pallium aufbringen."
„Und ist es viel?"
„Man könnte wohl fünfmal ein Erbe wie das Bürgermeisterhaus dafür kaufen. Wir können es wohl schaffen. Das Geld bringen wir wohl zusammen. Es ist ja auch ein Glück für viele, wenn ein Mann wie Boldewin Erzbischof von Bremen wird. – Aber sprich du weiter."
„Was soll ich noch erzählen? Vielleicht nur das eine: Als ich aus der Kirche kam, war mir ganz anders zumute. Hatte Boldewins Segen bei mir Gutes bewirkt? War es der Augenblick vor dem kleinen Bildwerk aus meiner Kinderzeit gewesen? Ich weiß es nicht. Aber ich war ruhig. Ich glaubte fest, du würdest behütet werden."
„Und da nahmst du das Stundenbuch hervor und machtest deine kleinen Eintragungen?"
„Ach nein, so war es nicht. Schon bald, nachdem du fort warst, war das kleine Buch aus der Truhe gekommen. Ich betrachtete manchmal am Abend die

Bilder. Der Kinder wegen legte ich es meistens auf das hohe Wandbord. Als Brand vor zwei Tagen um die Mittagsstunde kam und mir sagte, Hinrich kommt, er kommt bald; sie sind schon gelandet. Hinrich hat noch zu tun; in zwei Stunden kann er im Bürgermeisterhaus sein; da griff ich in der Freude meines Herzens nach dem Buch und zeichnete die Tage an."
„Machtest die beiden schwarzen Kreuze bei den schlimmen Dienstagen, denen du, wie es mir scheint, heut noch nicht über den Weg traust, und das rote bei deinem Glücks- und Goldtag."
„Und war's nicht auch ein Mittwoch, an dem du wieder auf der Diele standest und wir dein Waffenwerk aufhängen konnten? Aber Hinrich, vergib mir dieses Spiel mit den Wochentagen. Aberglaube ist's und im Grunde Frevel, wenn's auch immer hinkommt. Ja, es ist kindisch und heidnisch und geht dicht am Irrglauben vorbei, und neben dem, was in Flensburg war, ist es so klein."
Bald darauf traten sie Arm in Arm auf die Galerie hinaus und begaben sich zur Ruhe.
Aber in dieser Nacht wollte kein Schlaf in ihre Augen kommen. Die letzte Vergangenheit war zu übermächtig in ihnen beiden. Sie mußten sich immer wieder in ihren Gedanken mit dem beschäftigen, was hinter ihnen lag. Schließlich sagte Hinrich:
„Ilsabe, du schläfst nicht: dann können wir auch noch etwas sprechen. Ich möchte dir wohl von dem erzählen, was ich erlebte.

Brand hat dir wohl gesagt, daß Hogeherte mit unserem Salzschiff vor Lauenburg lag, als wir mit den Verbündeten dort anlangten. Hogeherte war am Tage zuvor von Lübeck gekommen, und das Schiff war so gut wie leer. Da ließ ich den Schiffsraum mit Stroh auslegen, und wir brachten die Verwundeten, die auf der hügeligen Salzstraße genug gelitten hatten, auf den Ewer. Ich fuhr mit ihnen in den Abendstunden bis Hoopte, und wir blieben vor der Schleuse liegen. Am nächsten Tag ging's die Ilmenau hinauf. Am frühen Nachmittag, als das hohe Mittelschiff der Nikolaikirche über den Flußwiesen hochschwamm, dachte ich an euch. An dich, Ilsabe. Wir haben eine sehr schlimme Nacht vor Flensburg erlebt. Denn es war noch Nacht, als alles losbrach. Und bei dem Blick auf das hohe Schiff von Sankt Nikolaus nahm ich mir vor, dir von jener Nacht nichts zu erzählen. Aber ich möchte nun doch einmal davon sprechen. Es ist uns auf diesem Feldzug so manches verquer gegangen. Von Anfang an gab es nicht die rechte Einmütigkeit zwischen den Holsteinern und den Städten, und besonders die Lübecker waren unzufrieden. Es paßte den Lübeckern nicht, bis in den Juni hinein mit ihren Bürgern und Söldnern im Felde zu liegen. Als wir den Ring um Flensburg schon geschlossen hatten und die groben Stücke und Wurfmaschinen, die vom Herzog nach Flensburg beordert waren, immer noch nicht eintrafen, wurden sie regelrecht ungehalten. Da waren ihre beiden Handelsflotten, die ihnen im Sinn lagen. Die Baienflotte mit den Schiffen aus Spanien, Frankreich und Flandern und die Weichselflotte mit Weizen von Danzig und Pelzen von Nowgorod. Die Lübecker mußten die Schiffe dieser beiden Flotten vor König Erichs Zugriff bewahren. Der Baienflotte mußten sie zuerst mit ihren Kriegsschiffen entgegen, um sie sicher durch den Sund zu geleiten, dann war die Weichselflotte in den Hafen zu bringen. Und danach mußten sie nach Schonen hinüber, nicht nur zum Heringsfang, auch des großen Marktes wegen, der Jahr für Jahr bei den Heringsvitten abgehalten wird. Und das wissen wir ja, daß drüben auf Schonen mehr gehandelt und verkauft wird als in Lübeck selbst. Du verstehst, mit welcher Ungeduld die Lübecker auf die Wurfmaschinen warteten: Als endlich die Blidenmeister mit ihren Geschützen eintrafen, wurde im Rate der Anführer beschlossen: Am nächsten Donnerstag stürmen wir, und dabei blieb es.

Die alte Frau Springintgud hat dir nichts Verkehrtes gesagt. Als sich der Ring um Flensburg schloß, waren wir Lüneburger von Westen her in die Lücke gerückt, die Holsten und Lübecker freigelassen hatten. Springintguds Leute errichteten ihre Zelte in der Nähe der Lübecker. Wir von Sand und Sülze hatten die Holsten als Nachbarn. Mein Zelt lag gar nicht so weit entfernt von einem stattlichen, goldbeknopften Zelt, das dem mittleren der Schauenburger Brüder gehörte. Er heißt Alf wie so viele von seinen Vorfahren. Er ist ein stiller Mensch. Auch nicht so schön von Gestalt und Angesicht wie sein älterer Bruder Heinrich. Ich kenne ihn und auch seinen Bruder Gerhard, den dritten und jüngsten. Sie waren einmal bei uns in Lüneburg und wollten bei der Gelegenheit die Sülze sehen. Da habe ich sie geführt und ihnen das Quellenhaus mit dem Sod gezeigt, das Gießhaus und die Siedekate zum Abt, in der das Lübecker Domkapitel seine Pfannen stehen hat. Ich entsinne mich noch, daß es in der Nacht, bevor wir stürmen wollten, so besonders kalt war. Von der Förde her wehte ein eisiger Wind und drang durch die Ritzen der Leinwand zu mir ins Zelt. Ich konnte nicht schlafen und stand auf, um nach den Wachen zu sehen. Vor den Lagerfeuern, die zu meinem Abschnitt gehörten, patrouillierte Peter Wollermann, den wir vor fünf Jahren in Eiderstedt als Sülzarbeiter anwarben. Der Wietzendorff und ich waren damals zu diesem Zweck nach Dithmarschen gereist. Du weißt es wohl noch. Wir hatten uns gerade verlobt. Es ist ja nun so, daß an der Nordsee ganz besonders große und starke Mannsbilder heranwachsen, wie wir sie im Sodhaus gut gebrauchen können. In jener Nacht blieb ich bei Peter Wollermann stehen. Wir sprachen ein paar Worte zusammen. Wir standen dann noch einen Augenblick mit zwei anderen, wachehaltenden Sülzleuten an einem erlöschenden Lagerfeuer. Dann ging ich zu der großen Schafweide hinüber, auf der einige holsteinische Ritter ihre Zelte hatten und auch Alfs Zelt stand. Ich sah die beiden großen grünen Nesselblätter auf dem blauen Leinen des Zeltdaches. Der Mond stand zwischen dem Zelt und einer Eiche. Sein Anblick ergriff mich. Ich wußte nicht, warum."

„Er schien auch in jener Nacht zu mir in die Stube", sagte Ilsabe.

„Das ist es wohl gewesen, was mich so eigentümlich berührte. Auf dem Nikolaihof, sagte ich mir, steht er nächtlicherweile neben dem Haus, das das Medusenhaupt überm Türsturz hat; und wenn du in Lüneburg nachts an das Fenster eurer Schlafkammer trittst, dann schwebt er über der alten Bauhofseiche und ist immer der gleiche Mond. Und dann dachte ich: Morgen wird gestürmt, vielleicht siehst du ihn heut zum letzten Mal. Ja, mir war, als sei nun alles für immer vorbei, auch das abendliche Auskleiden beim Anblick des Mondes, der Blick auf die schlummernden Kinder vorm Zubettgehen, und, Ilsabe, erst in diesem Augenblick wußte ich richtig, wie gut dies alles gewesen ist.

Dann wurde es plötzlich dunkler um mich. Ein dichtes Gewölk war herangekommen und hatte sich über den Mond geschoben. Es war überhaupt in jener Nacht ein ständiges Kommen und Gehen von Wolken. Es war einmal hell und dann wieder fast finster. Ich ging dann noch einmal zu Peter Wollermann hinüber. Er stand vor meinem Zelt, die Helmbarte in der Hand. Die Kesselhaube hatte er neben sich ins Gras gelegt. Der Nachtwind wehte mit seinem hellen Haar. Wir warteten, bis die schwere Wolke vom Mond heruntergeglitten war und die Stadt Flensburg hell wurde. Wir sahen die Mauern der Stadt, die kleinen Wachttürme, die auf der Ringmauer hockten, die höheren Türme über den Stadttoren. Wir erkannten auch das starke Bollwerk vor dem Festungsring mit seinen niedrigeren Mauern und den Pallisadenzäunen über diesen Mauern. Man sah kein Licht. Es war, als läge da drüben alles in friedlichem Schlaf. Auch bei den Zelten der Lübecker rührte sich nichts, und nur ihre Wachen gingen zwischen den Zelten und den Lagerfeuern mit den schlafenden Mannschaften hin und her. Aber im Lager der Hamburger war man, wie es schien, noch munter."

„Die Hamburger kommen wohl in dieser Nacht nicht mehr zur Ruhe", sagte Peter Wollermann und wies mit der Hellebarde nach den Fackeln, die drüben durch die Nacht getragen wurden und nach einem hochlodernden Feuer, das mit seinem rötlichen Licht eine kleine Wolke von unten herauf beschien. „Ihr Hauptmann, der Bürgermeister Kletzke", sagte mir Peter, „hat ein Faß Bier für seine Leute anstecken lassen. Nun machen sie die Nacht zum Tag."

Die Hamburger waren guter Dinge und lärmten.

„Laß sie lustig sein", beruhigte ich meinen Eiderstädter, „wenn sie nur morgen ihren Mann stehen.

Wenn du etwas Außergewöhnliches bemerkst, rufst du mich." Und damit ging ich zu meinem Zelt hinüber. Ich weiß nicht, wie lange ich geschlafen habe. Als ich aufwachte, sah ich den Wollermann, die Kesselhaube auf dem Kopf, die Helmbarte in der Rechten, zu mir ins Zelt stürmen. Ich sprang auf, und während ich nach meinem Brustharnisch langte, fragte ich: „Was gibt's, was ist los, ist es denn schon Zeit zum Stürmen? Oder machen die Dänen von sich aus einen Ausfall?"
„Die Dänen? Nein, wir sind am Werke. Pfeile mit brennenden Pechkränzen fliegen über die Mauern, fallen auf die Dächer der Häuser, der Kirchen. Die Pfeile kommen von den Zelten der Hamburger."
„Ist denn zum Sturm geblasen worden?"
„Wir haben nichts gehört."
„Ja, machen denn die Hamburger auf eigene Hand Krieg?" sagte ich und nahm den Topfhelm, den mir Peter Wollermann reichte, und Schwert und Schild. Ich sah noch, wie die beiden Sülfmeister, die zwei jungen Grapengießer, die bei mir im Zelt schliefen, hochkamen und nach ihren Waffen griffen. Dann machte ich, daß ich nach draußen kam. Ich lief einem Boten in die Arme, den mir der Springintgud geschickt hatte. Zum Herzog solle ich reiten, ihn fragen, was unter diesen Umständen zu tun, was zu lassen sei. Der Springintgud wolle inzwischen auch meine Mannschaften kommandieren.
„Bleib du hier", rief ich Peter Wollermann zu, „die Rotten sollen sich ordnen, ich bin gleich zurück." Ich warf noch einen Blick nach Flensburg hinüber; die Stadt brannte an mehreren Stellen, auch ein Kirchendach mußte Feuer gefangen haben; hoch schlugen die Flammen heraus. Da flog wieder ein brennender Pechkranz über die Stadtmauer gerade an dem roten Danbrog vorbei, den die Dänen inzwischen aufgezogen hatten. Er flatterte über dem südlichen Torturm. Ich sah ihn in dem Licht der Fackeln, die jetzt überall auf den Mauern loderten. Die Dänen waren bereit, uns zu empfangen.
Ich lief zu der Schafweide hinüber nach dem Zelt mit den Nesselblättern auf dem Dach.
„Wo ist Graf Alf", fragte ich die Wache.
„Er ist zu seinem Bruder hinübergeritten", hieß es. Auf der Weide graste ein angepflocktes Pferd. Ich bat es mir aus. Es gehörte der Wache. „Ich bringe es gleich wieder zurück, ich komme hier wieder vorbei", sagte ich und saß schon im Sattel.
Im Lager war alles in Bewegung. Von der Höhe der Fouragewagen krähten die Hähne; sie glaubten, der Morgen sei angebrochen, und dann sah ich auch schon Herrn Heinrichs Zelt, das mit den großen, grünen Nesselblättern dem Zelte seines Bruders glich. Sein Junge, Kai Rumohr, stand am Eingang. Ich fragte nach dem Herzog.
„Der Herzog?" antwortete er. „Er ist dahinten unter den Mauern der Stadt.

Es lief hier einer vorbei. Es ist noch nicht lange her. Der rief: Die Hamburger stürmen!
Da rannte ich in das Zelt, gleich an das untere Ende von des Herzogs Lager, wo die nackten Füße unter der grauen Decke hervorstanden. Ich zog ihn am rechten Fuß und rief: „Auf, auf Herr! Die Städter stürmen! Die Städter erobern Flensburg!"
Da war er auch schon hoch, rief:
„Was, was schreist du, du Schalk? Die Städter stürmen? Stürmen sie denn auf eigene Hand? Schande über Holstein, Schande über unser Geschlecht, wenn die Städter Flensburg allein bezwingen."
Und er rannte schon quer durch das Zelt nach der Zeltstange, wo seine ledernen Stiefelhosen und sein Brustharnisch an einem Zapfen der Stange hingen.
Jetzt ist er schon eine Zeit lang unterwegs. Zwei Ahlefelds hatte er bei sich, den alten und den jungen, und einen Poggwisch. Er hat auch ihre Leute mitgenommen. Sie haben Leitern und Mauerhaken bei sich. Sie wollen das Bollwerk vor der Stadtmauer erstürmen und sich dort festsetzen. Seht ihr es? Sie ziehen auf dem Bollwerk gerade den Danebrog auf." Die letzten Worte rief er mir noch nach. Ich war schon unterwegs nach dem Bollwerk. Ja, sie stürmten die Stadt und wie mir schien, auch die Lübecker. Sie stürmten, ohne daß die Stücke und Wurfmaschinen ihr Werk getan hatten. Vielleicht stürmten die Lüneburger auch schon. Sollte ich umkehren und mich an die Spitze meiner Leute stellen? Und ich verwünschte die tollkühnen und unbedachten Menschen, die uns alle vor der Zeit in diesen Aufruhr hineingetrieben hatten.
In diesem Augenblick gewahrte ich einen Zug. Langsam kam er daher und befand sich wohl auf der Mitte des Weges, der von den Zelten nach dem dänischen Bollwerk führte.
Vier Männer hatten auf der Schulter eine mit Eisen beschlagene, mit starken Eisenhaken versehene Festungsleiter. Sie trugen sie wie eine Bahre, vorsichtig, sie hatten einen verwundeten Krieger darauf gebettet. Es sah aus, als sei es eine Totenbahre. Auf seine Füße hatte man einen Schild gelegt, und auf diesem Schild erkannte ich jetzt das Nesselblatt, und da wußte ich, daß es einer der Schauenburger Brüder war, den sie trugen, und dann sah ich den älteren Ahlefeld. Er ging hinter den beiden Trägern her, die hinten unter der Leiter gingen; er hatte einen Topfhelm in der Hand; da wußte ich: Es mußte der Herzog sein, den sie trugen. Denn die beiden Ahlefelds waren immer in seiner Begleitung, und sie schliefen auch mit ihm in einem Zelt.
Jetzt erkannte ich ihn auch. Da lag er, das Angesicht aschfahl, die Augen geschlossen.
Ich springe vom Pferd, geb' einem jungen Sülfmeister, der mir nachgefolgt

war, die Zügel in die Hand. Schon will ich mich der Bahre nähern, da schreit einer der Männer, die die Leiter trugen: „Achtung das Pferd!"
Wahrhaftig ein Schimmel, ganz weiß, springend, mit leerem Sattel und hängenden Zügeln, geblendet von dem Feuerschein, von den Fackeln, aufgereizt von dem Lärm und Geschrei hinter uns im Lager, raste heran, von der langen Mähne umflattert und umwogt. Hatten die dänischen Armbrustschützen von den Zinnen der Stadt her seinen Herrn aus dem Sattel geschossen? War es von dem Lärm und Feuerschein scheu geworden? Jedenfalls sprengte es, als sei es von Sinnen, geradewegs auf den Zug mit dem verwundeten Herzog los. Uns allen stand der Atem still. Und als wir noch dastanden, starr vor Schrecken, stutzte es; und schwenkte in der letzten Sekunde herum.
Aber da geschah schon das Unglück. Hatte der hintere Träger, der rechter Hand ging, eine rasche Bewegung gemacht, um den verwundeten Leib seines Herrn vor dem Zusammenprall mit dem Pferd zu schützen? War der Träger gestrauchelt, weil ihm der Schreck in die Glieder gefahren war? Ich weiß es nicht. Jedenfalls, er fiel zu Boden. Im Fallen rutschte ihm die Leiter von der linken Schulter. Im gleichen Augenblick stürzte der verwundete Herzog von der Leiter, und die schwere Festungsleiter schlug auf ihn nieder. Sie riß den zweiten Träger mit, der nun mit seinem schweren Harnisch auch noch auf die Leiter stürzte und den Herzog vollends erdrückte.
In diesem Augenblick stand plötzlich der mittlere der drei schauenburgischen Brüder, der stille Alf, da. Die Träger waren auf die Füße gekommen, und sie und Ahlefeld hoben die Leiter auf und legten sie ins Gras. Ich indes schnitt die Stricke durch, die einen Mantel zusammenhielten, der vorn auf dem Sattel des geliehenen Pferdes festgebunden war. Ich breitete den Mantel aus und legte ihn auf die Leiter. Der Herzog lebte noch. Er hatte, als er im Gras lag, seine Augen einmal geöffnet, dann wieder geschlossen. Seine Brustwunde blutete. Seine Leute standen in einiger Entfernung von ihm; sie getrauten sich nicht, ihn aufzuheben; keiner mochte ihn anrühren. Da raffte ich mich auf. Ich trat von hinten an den von der Leiter so schlimm gequetschten Mann heran. Ich schob meine Hände vorsichtig unter seine Achseln, da hatte sich auch Alf wieder gefunden. Er bückte sich über die Füße seines Bruders, und von dem älteren Ahlefeld unterstützt, der den Leib seines Herrn hob und trug, legten wir ihn auf die Leiter zurück. Den Mantelkragen schlug ich um und bettete seinen Kopf in das Pelzfutter. Als ich dann aufsah, stand Alf vor mir. Er erkannte mich, nickte ein wenig und dankte mir mit einem Blick seiner Augen.
In einiger Entfernung vom Wege stand ein Schafstall. Dahin brachten wir den Herzog. Und der junge Ahlefeld ritt, um einen Wagen mit Stroh zu holen, auf den man den Verwundeten nach seinem Zelt fahren mochte.
Beim Abschied sagte der ältere Ahlefeld zu mir: „Sollte er sterben, bin ich

vielleicht mit schuld an seinem Tode und hab' es doch so gut gemeint. Denn als wir da hinten am Bollwerk waren und er so ungestüm als erster die Leiter hinaufstürmte, rief ich ihm zu: „Nicht so hitzig, Herr! Was soll werden, wenn Ihr fallt." Vielleicht hat das ein Däne gehört. Denn gleich darauf fuhr der Speer, der ihn so schwer verwundete, durch die Pallisaden."

Ich ritt zu meinen Leuten hinüber. Der Herzog war wenig später in seinem Zelt gestorben. Die Kunde von seinem Tode breitete sich rasch unter den Kämpfenden aus. Da hatte keiner mehr Lust, die Stadt Flensburg zu erobern. Alf bat am folgenden Tag die Städte, doch bei ihm auszuharren, ihm zu helfen, Herr über die Stadt zu werden. Aber die Städter mochten nicht mehr. Sie hatten wohl keinen Glauben mehr an ihr Glück. Am nächsten Tag schon brachen die Hamburger und Lübecker ihre Zelte ab.

„Hier in der Stadt", begann Ilsabe, „erzählt man sich, wäre die schwere Leiter nicht so unglücklich über den Herzog gefallen, hätte seine Wunde wohl noch ausheilen können."

„Wer kann das wissen! Vielleicht hat die starke Quetschung ja wirklich den raschen Tod des Herzogs verursacht. Aber wer kann da irgend jemandem die Schuld geben? Die vier, die die Leiter trugen, zwei Leute vom Ahlefeld und zwei Schildträger des Herzogs, waren gesetzte Männer. Aber, Ilsabe, wenn du das Pferd gesehen hättest! Es ist kein Wunder, daß der eine strauchelte, daß er fiel, und es war nicht nur die flatternde Mähne des wild gewordenen Pferdes, sein schwingender Schweif, die fliegenden Steigbügel des herrenlosen Tieres, was uns so entsetzte, mehr war es seine Weiße, die uns aus der Dunkelheit entgegenleuchtete. Du magst lächeln, Ilsabe, aber ich habe das weiße Tier immer wieder vor Augen. Wie soll ich es dir beschreiben? Du kennst die weißen Narzissen, die draußen auf dem Nikolaihof durch die Nacht leuchten; so weiß leuchtend stürmte das Tier heran. Dazu die großen schwarzen, aufgerissenen Augen. Das alles hatte den Träger aus der Fassung gebracht und uns alle mit."

„Ilsabe", fing Hinrich nach einer Weile wieder an, „was ist der Mensch? Ich habe seine Gebrechlichkeit gesehen. Es ist nur ein kleiner Schritt vom Leben zum Tode.

Aber daß gerade er sterben mußte, dieser junge Mann, von seinen Rittern geliebt, von den Holsten und den Städtern in Ehren gehalten wie von seinen eigenen Räten, die auf ihn sahen wie auf den kommenden Glanz ihres Landes. Ich hab ihn gesehen auf den Feldzügen zwischen seinen Kriegern. Er war der schlichteste von allen. Ich sah ihn auf den Städtetagen. Die Abgesandten aller Städte blickten ihm nach, wenn er durch den Saal ging, nicht weil er der Graf von Holstein und Herzog von Schleswig war, nein, weil sein Gehen und Stehen, sein Sprechen und Schweigen allen so wohlgefiel. Seinen Brüdern war er die Sonne, hinter der sie mutig herzogen; sie

taten in allen Stücken wie er. – Nun muß Graf Alf den Herzogsmantel tragen. Er hat ihn nicht begehrt. Er steht ihm auch nicht so an wie seinem Bruder."
Dann weinte das jüngste Töchterchen. Ilsabe stand auf, deckte es zu, rührte die Wiege, bis es wieder einschlummerte. Als sie dann wieder unter ihren grünen Wolldecken lag und schon glaubte, daß Hinrich schlief, sagte er: „Dies aber möchte ich wissen, Ilsabe, und danach möchte ich dich fragen: Wenn es das gibt, daß wirklich immer noch Engel zwischen Himmel und Erde auf- und absteigen, um an den verschiedensten Stellen des Erdkreises zu raten, zu helfen, dann möchte ich wohl wissen: Warum schickte Gott nicht einen von ihnen nach dem Innenwinkel der Förde. Warum sandte er nicht einen nach der Stadt Flensburg, um deren Mauern in jenem Augenblick so viele goldbeknopfte Zelte errichtet waren, warum konnte nicht einer den Schild über unseren armen Herzog halten?"
„Ach Hinrich, wer kennt sich da aus!" sagte Ilsabe und setzte sich in ihrem Bett auf und schlang ihre Arme um ihre Knie. „Was soll ich dir darauf sagen? Nein, darauf weiß auch ich keine Antwort. Nur eines vielleicht. Ganz allein können die Engel auch nicht viel ausrichten. Man muß aufmerken. Man muß achtsam sein. Man muß ihnen einen Schritt entgegenkommen, wenn sie auf dem Wege sind. Aber meinst du, daß dieser junge, hochgesinnte Mann sich von einem Engel hätte mahnen lassen, wenn er glaubte, daß Ehr' und Ansehen seines Landes und seines Geschlechtes auf dem Spiele stehen?"

Der Schauwagen

Man kam aus den Ängsten nicht heraus! Wenn auch zur Zeit der Nordische Krieg nicht die Hauptsorge der Lüneburger war. Zwar war Flensburg noch immer nicht erobert. Aber die Dänen hatten auch keine weiteren Erfolge gehabt. In der Mark Schleswig war alles in der Schwebe geblieben.
Angst und Alpdruck kamen im Augenblick zur Hauptsache von den Hussiten her. Sie zogen im Reich hin und her. Es war fast, als sei Deutschland für sie ein großer Kuchen und die süßen Rosinen in diesem Kuchen die reichen Städte, auf die sie es besonders abgesehen hatten.
Kaiser Sigismund war immer noch nicht Herr geworden über die Kelchbrüder, wie man die böhmischen Ketzer nannte, obwohl er im Kampf mit ihnen doch nicht allein stand. Alle Länder der Christenheit waren ihm zu Hilfe gekommen. Die Engländer, die seit Jahren damit zu tun hatten, Frankreich zu erobern und aus diesem Grunde ihre bewaffneten Mannschaften selbst brauchten, hatten es sich nicht nehmen lassen, mit etlichen tausend Mann zum Kreuzheer zu stoßen. – Erich der Pommer, der nordische König

mit den drei Kronen, der Widersacher der Holsten und der verbündeten Städte, hatte mit seinen Dänen geholfen, mit Norwegern und Schweden. Und Seite an Seite mit den Männern aus den nordischen Ländern kämpften die Ritter aus dem sonnigen Süden, die Gefolgsleute des portugiesischen Prinzen, der Heinrich hieß und den man später den Seefahrer nannte.

Die Hussiten! – Da zogen sie nun durch Schlesien und Thüringen, durch Ungarn und Bayern und verbreiteten Schrecken und Angst. Und nun waren sie bis zu der Stadt Nürnberg vorgedrungen, hatten ihre spitzen Zelte rings um die Stadt aufgerichtet, hatten ihre befestigten und bestückten Lagerwagen zu Bastionen zusammengefahren.

In Nürnberg zitterte man. Denn die Böhmischen Brüder führten in ihren Heeren Mörser mit sich, die in Deutschland wie in den außerdeutschen Ländern nicht ihresgleichen hatten. Überall in der Welt erregten die Erzählungen von ihnen Staunen und Verwunderung. Im norddeutschen Flachland sprach man in den Rathäusern wie auf den Straßen immer wieder von den Hussiten und ihren alles zermalmenden Geschützen. Dazu war es lautbar geworden, daß sich eine größere Heeresabteilung der Kelchbrüder, einem Volke schwärmender Bienen gleich, vom Hauptheere gelöst hatte. Nach Norden waren sie gezogen, hatten an der rechten Seite des Elbstromes geplündert und gemordet. Und man fragte sich in der Salzstadt: Wohin geht ihr Weg? Was mögen sie vorhaben? So war es kein Wunder, daß Hinrich mit Sorge an diesen abgesprengten Heerhaufen dachte, als er eines Morgens in der Bäckerstraße unterwegs war und gleich darauf den Marktplatz erreichte. Sieben Uhr schlug es von dem mittleren der fünf schlanken Türme, die in einer Reihe über der Rathausfront standen. Es hatten sich zu der frühen Stunde schon ziemlich viele Menschen auf dem Platz eingefunden. Nicht weit von der Wandelhalle des Rathauses, in der wie allmorgendlich die Wandschneider flandrische Tuche und Goldbrokat, Wiegendecken aus Nürnberg und Leinen, Sammet, Goldlitzen und Goldquasten für Bahrtücher auf ihren Tischen aufbauten, war ein Menschengedränge. Wie es schien, waren es Schaulustige, die einen Käfig umlagerten. Denn über den Köpfen der Leute ragten dunkle Eisenstangen auf. Ja, richtig, ein Käfigwagen war es, in dem das fahrende Volk seine Bären und Löwen, Schlangen und Krokodile durch die Welt fuhr und auf die Märkte brachte.

Als Hinrich aus einiger Entfernung Ausschau hielt nach dem braunen Petz, den er hinter den Wagentraljen vermutete, blickte er in die großen, dunklen und unglücklichen Augen eines Menschen, der aufrecht im Käfig stand, beide Hände an den Gitterstäben, um den Kopf ein unordentliches, wirres schwarzes Haar.

Und dann schrien etliche Frauen auf. Ein Apfel war in den Käfig geflogen, dem armen Gefangenen gerade an den Kopf. Der drehte sich um, und da sich die Menge gleichzeitig ein wenig auseinander schob, sah Hinrich, daß der Mann ein merkwürdiges Gewand anhatte. Auf seinem dunklen Rock war ein Bildwerk zu sehen, das vom Kragen bis zum Saum reichte, und als Hinrich ein wenig näher herantrat, erkannte er in dem Bild einen mächtigen Baum mit weitschattenden Zweigen. In der Mitte dieses Baumes saß Maria, saß wie in einer Laube, den Sohn auf dem Schoß. Und Könige mit goldenen Kronen hockten rechts und links wie Vögel im Gezweige und sahen auf die Mutter und das freundliche Kind.

Es war der Stammbaum Christi, wie man ihn auf einer Prozessionsfahne, einer Altardecke oder der Dalmatika eines Priesters erblicken mochte, und da dem Käfigmann dieses Bildwerk auf den Rock genäht worden war, mußte er wohl einer von den böhmischen Ketzern sein.

Hinrich hatte das Rathaus betreten. Er öffnete die Tür zur Kanzlei, in der einige Schreiber an ihren Pulten tätig waren, auch Dirik Schaper, der zugereiste bucklige Mann.

Johann Springintgud kam Hinrich entgegen und sagte laut und ein wenig polterig:

„Hast du auch den Kerl im Käfig gesehn? Ein Hussit ist's. Einer von den Kelchbrüdern. Die fahrenden Leute haben ihn den kaiserlichen Truppen abgekauft. Versteht sich, seines Rockes wegen. Und wenn es auch bei den böhmischen Mordbrennern Brauch ist, sich aus Rauchmänteln und Altardecken Kleider zu machen, so wird doch nicht leicht ein Rock mit einem so auffallenden Bildwerk gefunden."

„Mag sein", sagte Hinrich und hängte seine Kappe an einen Wandhaken. „Aber ich denke, es verstößt gegen alle guten Sitten, mit einem Menschen auf diese Weise durch die Welt zu fahren."

„Er ist ein Ketzer und Hussit."

„Nun ja. Aber doch auch ein Mensch! Gott schuf den Menschen sich zum Bilde, so steht es in der Heiligen Schrift."

„Ein Hussit und Gottes Ebenbild? Hinrich, hast du denn ganz und gar . . ." den Verstand verloren, wollte er sagen. „Ich wundre mich, daß du diese Ketzer noch verteidigen magst."

„Wissen möchte ich nur", begann Hinrich, „wie dieser Wagen in die Stadt gekommen ist. Wer mag dem fahrenden Volk die Erlaubnis gegeben haben, die arme Kreatur hier im Angesicht des Rathauses zur Schau zu stellen? Aber komm!" fügte er leiser hinzu, „laß uns in die Laube gehen."

Sie schlossen die Tür der Kanzlei hinter sich und blieben vor dem Laubenpfeiler stehen.

„Ich war am Roten Tor, als die Wagen der Fahrenden in die Stadt wollten. Ich hab' ihnen den Einlaß nicht verwehrt."

In diesem Augenblick kam Herr Cord Schellepeper, der Worthaltende Bür-

germeister, durch die Tür. Er brachte drei andere Ratsherren mit. „Und ich mein'", fuhr der Springintgud fort, „ich habe recht getan. Man weiß doch, wie die Leute, die hinter der Monstranz hergehen, in Böhmen und Mähren hausten. Wollen sie sich ein Nachtmahl kochen, zünden sie eine Kirche an. Die fromme Brüderschaft nennen sie sich; Frauenschänder und Priesterwürger sind sie, und meinst du, daß der da unten im Wagen andere Saiten aufgezogen hat? Hat wohl auch erst den amtierenden Priester erstochen, bevor er sich aus seinem Rauchmantel einen Leibrock machte."
„Im Krieg", entgegnete ihm Hinrich, „ist eine Liebe immer der anderen wert. Sie haben sich wohl gegenseitig nicht viel vorzuwerfen. Und wenn die Böhmischen Brüder die Deutschen und ihre Frauen in gepichte Fässer steckten und diese Fässer anzündeten, so weißt du auch, daß Leute vom Kreuzheer hinwiederum die Frauen der Kelchbrüder in ihre brennenden Häuser zurücktrieben, ja, sie mit eigenen Händen in die Flammen warfen."
„Du verteidigst sie noch und hast Erbarmen mit dem Hund da auf dem Markt?"
„Wer redet von Erbarmen? Erbarmen hin, Erbarmen her. Es geht ja kaum um das, kaum um den Mann, der wohl auch sein gerütteltes Maß von Sünden auf dem Buckel hat. Um uns geht's. Um unsere Ehre. Um unser Ansehen. Eine Schaustellung wie diese im Angesicht des Rathauses! Wie können wir da mittun, ja, so etwas auch nur dulden."
Die Laube füllte sich. Und bald darauf saßen Bürgermeister und Ratsherren im Gehege zusammen. Und wenn sich auch einige der Ratsherren auf die Seite des Springintgud schlugen, so dachte doch der größere Teil wie Hinrich Lange.
„Hätten sie sich irgendwo auf der Altstadt oder im Wasserviertel mit ihrem böhmischen Mann aufgetan, wir könnten ein Auge zudrücken", sagte Cord Schellepeper, der erste auf der Bürgermeisterbank. „Schauen ist eine Lust und nicht nur für den einfachen Mann auf der Straße. Um einen waschechten Hussiten in einem solchen Kleideraufwand zu sehen, läßt manch einer alles stehen und liegen. Aber hier unter den Fenstern unseres Rathauses können wir eine solche Schaustellung nicht dulden. Es ist auch noch nicht aller Tage Abend. Wer weiß, welche Stücke die Hussiten, sollten sie unsere Stadt erreichen, wie es immerhin möglich ist, uns selbst noch einmal auf dem Marktplatz aufspielen. Wir wollen nichts heraufbeschwören", setzte er leise hinzu, sagte dann lauter: „Wir müssen eingreifen."
Man rief den Ratsschenk, der hinter dem kurzen Pfeiler auf- und abpatroullierte, eines Auftrages gewärtig. Er mußte stehenden Fußes mit einigen Reitendienern auf den Marktplatz, mußte den fahrenden Leuten bedeuten, daß sie so schnell wie möglich die Stadt zu verlassen hätten; und nicht lange darauf rollte der Käfigwagen mit dem armen Kelchbruder, von einem

Teil der Lüneburger Bevölkerung umringt, aus dem Tor, den Städten Bardowick und Winsen entgegen.
Durch diese Schaustellung auf dem Marktplatz war im Gestühl einmal wieder die Unterhaltung über die Hussiten und die erfolglosen Kreuzzüge des Kaisers in Gang gekommen. Und wie so oft, warf man die Frage auf: Was soll aus Lüneburg werden, wenn die hussitischen Heere in den Norden vordringen? Wenn sie über die Elbe gehen?
„Sie werden nicht zu uns kommen!" rief Johann Springintgud.
„Das möchten wir hoffen. Aber ausgetrommelt ist es noch nicht", hielt ihm Wietzendorff entgegen, ein Ratsmann, dessen Väter von den Allerwiesen stammten und der aus diesen Grunde zwei gekreuzte Heuharken als Wappenbild hatte. „In Meißen", fuhr er fort, „haben sie gehaust. Wer will sie hindern, weiter an der Elbe entlang zu ziehen, und vielleicht an den reichen Seestädten des deutschen Nordens ihre Weide zu finden? Haben die Nürnberger es sich träumen lassen, daß sie einmal von den Wehrgängen ihrer Befestigung aus den Rauch der hussitischen Lagerfeuer sehen würden? Dazu Zelt bei Zelt und einen gepanzerten, wohlbefestigten Lagerwagen neben dem anderen. Wird sich die Stadt Nürnberg behaupten können? Was soll werden, wenn Veit Sneebart uns einmal im Morgengrauen durch sein Blasen aufstört, weil er von der Höhe der Täuferkirche aus die anrückenden Scharen der Ketzer gewahrt? Lösen sie ihre Stücke, fällt unsere schwache Stadtmauer in sich zusammen."
Da sagte der junge Vischkulen:
„Gott mag wissen, wo sie diese mörderischen, diese alles zertrümmernden Mörser her haben, die die Welt bis heute nicht gesehen hat. In Italien sollen sie gegossen sein. Wir müssen ganz neu aufbauen, wenn unsere Stadt diesen Kartaunen standhalten soll. Wälle müssen wir auffahren, Tortürme aufrichten, die dem Dannenberger Turm an der Elbe gleichen; Mauern bauen, die so dick sind, daß man mit Pferd und Wagen auf ihnen hin- und herfahren kann."
„Ganz recht", der alte Herr Schellepeper nickte. Er strich das schüttere, weiße Haar aus der Stirn, auf der sich Schweißperlen zeigten, „ich weiß wohl, daß wir dies alles brauchen. Aber ist einem der Herren bekannt, wie man diese Mauern und Türme, die zu bauen, diese Wälle, die aufzurichten sind, bezahlen soll? Ich bin alt, verlangt nicht von mir, daß ich denen, die nach mir kommen, Bergeslasten von Schulden aufbürde."

Einige Wochen später kam die Kunde: Nürnberg ist gefallen! Ausgeraubt, geplündert, die reiche Stadt, die schöngebaute Stadt, die doch immerhin leidlich gut befestigt war!

Und so stand es auch in dem Brief, den der Worthaltende erhalten hatte. Ein Bote war gekommen von dem Celler Schloß auf der grünen Allerinsel, wo der Herzog von Land Lüneburg wohnte und regierte. Er hatte an den Rat geschrieben, und er hatte auch von Nürnberg geschrieben. Als der alte Herr Schellepeper im Gehege aus dem Brief vorlas, der die Not der Stadt kundtat, zitterte ihm die Hand.

„Und die böhmischen Ketzer haben Nürnberg den Rücken gekehrt?" fragte man im Gehege.

„Die Nürnberger haben sich mit Gut und Geld und all den Kostbarkeiten der reichen Stadt Leben und Freiheit erkauft", antwortete Cord Schellepeper. „Der Bote erzählte von den vielen Beutewagen, auf denen die Hussiten alles wegbrachten. Ja, einige Wagen, die gar zu schwer beladen waren mit Gold und Silber, mußten von vierzig Ochsen gezogen werden, wollte er wissen.

„Wir sind wie ein Haus, das zwischen drei Bränden steht", fuhr Cord Schellepeper fort, „und wenn der Nordische Krieg uns auch nicht mehr allzu sehr bedroht, wenn die Flammen über dem brennenden Frankreich unser Haus wohl nicht versehren werden, aber können wir unsere Stadt vor den Hussiten bewahren? Ich glaube es nicht mehr. Sie sind ja noch weitab", er legte das Briefblatt aus der Hand, „aber sie haben viel Zulauf, und der Schwarm, der die Elbe herunterkommt, kann bei uns genug anrichten. Welchen Schutz aber können wir unseren Bürgern bieten?"

„Wir kommen nicht darum herum", begann Herr Schomaker, ein Graukopf schon, aber noch rüstig und wagemutig. Er saß neben Cord Schellepeper auf der Bürgermeisterbank und war ihm im Range der Nächste.

„Wir müssen uns der neuen Zeit und ihren Geschützen anpassen. Nicht allein, um gegen die Hussiten gerüstet zu sein. Mögen die schweren Mörser heut allein bei den Kelchbrüdern zu finden sein, morgen haben unsere Herzöge in Braunschweig und auf der Allerinsel sie vielleicht auch schon, und in nicht allzu langer Zeit führen die Heere aller Länder diese Stücke mit sich und wir vom Städtebund wohl auch. Darum müssen wir ganze Arbeit machen. Wir müssen einen wirklich starken Festungsring um Lüneburg ziehen und am besten, wir fangen gleich morgen an. Wir sind nicht die einzigen, die diesen schweren Weg vor sich haben. In Halberstadt und Goslar, in Hildesheim und Braunschweig, in Celle und Uelzen, ja, in allen mitteldeutschen Städten sind sie am Werk, brennen Ziegel, karren Erde und Steine und türmen sie zu Bergen auf, und so muß es auch bei uns werden."

Cord Schellepeper nickte: „Es bleibt uns nichts anderes übrig. Aber im Augenblick habe ich noch eine Sorge, die mir den Schlaf raubt. Haben wir, wenn Kriegsnot über uns kommt, wenn aller Verkehr stockt, genug Vorräte, um unsere Lüneburger Bevölkerung eine Zeit lang über Wasser zu halten? Wie steht es mit den Roggen- und Weizenbeständen, die auf den Rathausböden, die auf den Böden des Glockenhauses lagern ... lagern sollten? Johann und Hinrich", wandte er sich an seine beiden Kämmerer, sah aber dabei Hinrich Lange an, „ich weiß, daß man sich auf euer Wort verlassen kann, aber meine Augen möchten selbst sehen. Es ist noch eine Stunde bis Mittag, und ich denke, wir nützen sie und steigen zuerst zu den Rathausböden hinauf."

Aber sie kamen nicht dazu, diesen Vorsatz gleich auszuführen, denn bevor der alte Herr Schellepeper von der Bürgermeisterbank aufstehen konnte, wurde die Laubentür aufgerissen. Brand Tzerstede, Hinrich Langes Schwager, den man erst vor kurzem in den Rat gewählt hatte, trat mit schnellen Schritten ein, blieb bei dem kurzen Pfeiler stehen, grad neben der Nische mit der Heiligen Ursula, und rief zu den Ratsherren hinüber:

„Bauern mit Vieh und Korn, mit Truhen, Betten und allerlei Hausgerät sind die Dahlenburger Landstraße heruntergekommen. Im Augenblick stehen sie vor dem Altenbrücker Tor. Sie möchten die Stadt durchfahren. Sie möchten sich im Schatten der Häuser ein wenig ausruhen. Sie möchten sich am Marktbrunnen mit Wasser versehen und ihre Kühe tränken. Sie haben einen heißen und staubigen Weg hinter sich. Können wir ihnen die Durchfahrt erlauben?" Der alte Herr Schellepeper hob seinen Kopf:

„Tzerstede, hast du mit einigen von ihnen gesprochen?"

„Ja, es sind, wie es scheint, ordentliche Leute."

„Woher kommen sie?"

„Aus dem Brandenburgischen. Sie sind vor den Ketzern geflohen."

„So ist der Schwarm der Böhmischen Brüder, der sich vom Hauptheer abzweigte, schon in der Mark?"

„Mit fliegenden Fahnen ziehen sie nach Berlin, sagte man mir. Auf dem Wege dahin haben sie die Bauern, die vor den Toren unserer Stadt stehen, aufgestört, den Hunden gleich, die die Rebhuhnvölker in den Feldern aufbringen."

„Brand, hast du die Wagen gezählt?"

„Es sind an die vierzig, aber es kommen wohl noch mehr."

„Ich meine", Cord Schellepeper sah die Herren vom Rat an, „wir können den Bauern ihre Bitte nicht abschlagen. Zudem ist es bald Mittag. In allen Häusern wird gekocht. Man kann den armen Leuten leicht eine Schüssel Suppe reichen, und die meisten Hausfrauen werden es sich wohl nicht nehmen lassen, das zu tun. Besser die armen Flüchtlinge speisen und tränken, als selbst als Flüchtling auf der Straße zu liegen."

Mit diesem Bescheide zufrieden, verließ Brand Tzerstede die Laube. Der Bürgermeister aber stieg, von seinen beiden Kämmerern begleitet, die leiterähnlichen Stiegen zu den Ratsböden hinauf.

Hinrich Lange führte den alten Herrn um den in gezimmerten Buchten lagernden Roggen herum, den er in den Geestdörfern aufgekauft hatte. Und sie besahen die Gerste, die auch von dort gekommen war und aus der man das tägliche Bier brauen mochte. Zuletzt zeigten die beiden Kämmerer ihrem Worthaltenden die lagernden Weizenvorräte, die mit den Salzkähnen aus Lübeck gekommen waren und aus Fehmarn stammten. Sie überschlugen gemeinsam, wie lange die Bürger der Stadt in Tagen der Not von dem hier lagernden Korn leben konnten, und kamen zu einem guten Schluß.
Und dann sollte es zum Glockenhaus hinübergehen, das in diesen kriegerischen Zeiten seinen Namen wohl nicht ganz mit Recht trug, denn im Augenblick wurden in dem mächtigen, hochbedachten Gebäude mehr Geschütze als Glocken gegossen.
Als die drei das Rathaus verließen, rollten die ersten Bauernwagen auf den Markt. Die Männer strängten die Pferde ab und liefen mit ihren Stalleimern. Die Frauen eilten mit Krügen und Töpfen zum Marktbrunnen. In der Bäckerstraße kamen den drei Ratsherren Kasten- und Leiterwagen entgegen, und neben den Wagen schritten die Bauern, die noch Krume von ihren brandenburgischen Ackerböden unter ihren Sohlen haben mochten und jetzt für wer weiß wie lange von der heimatlichen Scholle verbannt waren. Die Männer sahen nicht rechts, nicht links; sie hielten die Leinen und leiteten die Pferde oder die Ochsen, die vor den Wagen gingen. Und diese Wagen enthielten alles, was ihnen noch an Heimat verblieben war. Sie brachten es daher mit Hahn und Huhn, die auf Backtrögen und Waschbalgen hockten; mit Gans und Gänsin, die im Stroh saßen oder hinter den Gespannen herwatschelten; mit den Kühen, die, an der letzten Wagensprosse angebunden, dahinwankten, mit mageren, eingefallenen Flanken und faltenreichen, vergrämten Häuptern, die Füße mit allerlei Lumpen und Leinenlappen verbunden, in denen das Blut hochstieg. Die Straßen hatten ihren Hufen übel mitgespielt.
Als sich die Herren vom Rat dem Bürgermeisterhaus näherten, stutzte Hinrich. Auf der untersten Stufe seiner Treppe saß eine Frau. Sie hatte Kinder bei sich. Das älteste Mädchen mochte vierjährig sein, wie Gertraudis. Ihre Augen, die sie zu Hinrich aufhob, waren mit dem unschuldigsten Himmelblau angefüllt. Einen wohl zweijährigen Jungen hatte die Frau auf dem Schoß. Ein kleines Mädchen drückte sich wie ein Küchlein an ihre rechte Seite. Und daß ihr bald ein viertes Kind geschenkt werden würde, sah Hinrich auf den ersten Blick.
Hinrich fragte sie nach dem Woher und erfuhr, daß sie in einem Dorf an der Spree eine kleine Katenstelle gehabt und daß ein Nachbar sie aus Barmherzigkeit mitgenommen habe.
„Und habt ihr denn keinen Mann?"

Da erzählte sie ihm, daß ihr Mann von den Hussiten erschlagen worden war. Und nun hatte sie den Nachbarn, der sie mitgenommen, auch aus den Augen verloren.
„Wir haben in einem Ort jenseits der Elbe übernachtet", berichtete sie. „Man hat uns dort gut aufgenommen. Die Kinder haben in Betten geschlafen. Und gespeist hat man uns auch. Und als ich mich am andern Morgen mit den Kindern am Elbufer aufstellte, hörte ich, daß der Nachbar mit seinem Wagen schon über die Elbe gesetzt worden war. Als man aber mich nach Stunden über den Strom gerudert hatte, war er bereits weggefahren."
In diesem Augenblick öffnete sich die Tür des Hauses. Ilsabe trat auf die Schwelle, einen Topf mit Milch in der Hand, am Arm einen Korb mit allerlei Eßwaren. Sie hatte die kleine Gruppe vom Fenster aus beobachtet, aber erst als sie die Treppe hinunterkam, erkannte sie, daß die Frau schwanger war. Da sahen die Eheleute sich an, und als Ilsabe nickte, sagte Hinrich: „Am besten, Ilsabe, du nimmst die Frau und die Kinder mit auf die Diele. Im Hause können sie sich abkühlen, und du kannst sie dort ein wenig bewirten."
Und er ging eilig und hatte seinen alten Herrn, den Worthaltenden Bürgermeister und Johann Springintgud schon erreicht, bevor die beiden in die schmale Twiete einbogen, an der das langgestreckte Glockenhaus lag.
Ilsabe aber nahm die Flüchtlingsfrau aus der Mark mit ins Haus, und sie blieb im Bürgermeisterhaus.
Als sechs Wochen vergangen waren, hatte die kleine dunkeläugige Flüchtlingsfrau ihr viertes Kind im Arm, und da Ilsabe sie fragte, wie es denn nun mit dem Namen werden solle, und ob sie schon darüber nachgedacht habe, da nickte sie und sprach:
„Ich möchte sie am liebsten Gertrude rufen und möchte, daß die Heilige Gertrud ihre Schutzpatronin wird. Denn seht, als ich auf und davon mußte und später auf dem Wagen saß mit meinen drei vaterlosen Kindern und dem noch Ungeborenen in meinem Schoß, da habe ich mich in meinen Gebeten an die Heilige Gertrud gewandt, die die Reisenden und die Pilger schützt. Vielleicht ist sie es gewesen, die mich, ich möcht' sagen, an ihrer Hand an eure Treppe geführt hat."
So erhielt das Kind, als es getauft wurde, den Namen Gertrude. Ilsabe war ihre Taufpatin und auch Frau Engelke, die Bäckersfrau von nebenan.
Der Sommer ging zu Ende. Und nun sollte es wirklich etwas mit der neuen Stadtbefestigung werden. Auch die Älterleute der Zünfte, die man des großen Entschlusses wegen befragt hatte, sagten ja und amen dazu. Und noch im September fing man an, Erde zu fahren und sie in Bergen aufzutürmen. Die Bauern aus den benachbarten Dörfern halfen den Lüneburgern mit Hand- und Spanndiensten. Auf diese Weise kam ein Bauer aus einem

kleinen Anwesen, das gar nicht weit von Lüneburg lag, öfter ins Bürgermeisterhaus, um dort das Geld für seine Dienste in Empfang zu nehmen. Auf der Diele des Hauses lernte er die Flüchtlingsfrau kennen, und da er Witwer war und noch nicht so sehr alt, sprach er mit Hinrich, fragte, was er wohl dazu meine, er möchte die Frau wohl freien. Das Ende vom Liede war, daß die Flüchtlingsfrau aus der Mark dem kleinen lüneburgischen Bauern ihre Hand reichte, und die vier Kinder hatten einen Vater.

Das Mädchen von Domremy

„An Schmied Rosenmeyer für das geschnittene Laub zum Schmuck der Haupttüre 5,– M. Hast du es, Hinrich?
An Schmied Sturmnagel von Bardowick für den großen Kirchenschlüssel mit dem krausen Bart 2,– M."
Ilsabe schlug ein Blatt in der Rechnungskladde um. Alle Posten auf der nächsten Seite hatten den Bau der Kirche zum Ziel, die zur Zeit auf dem Nikolaihof neu errichtet wurde.
„An Meister Bornemann für die beiden gemalten Prozessionsfahnen . . ."
„Das laß, Ilsabe! Das gehört nicht hierher. Die beiden Fahnen wollen wir dem Nikolaistift schenken. Aber die Ausgaben für den Fahnenschrank müssen mit im Rechnungsbuch stehen."
Also diktierte Ilsabe weiter. „An Schreiner Schlichtkrull für den Fahnenschrank in der Sakristei der Stiftskirche 10,– M."
Es ging noch eine ganze Weile so weiter. Als sie mit dem Schreiben und Diktieren fertig waren, sagte Hinrich:
„Dies hier ist heute abend nicht unsere einzige Arbeit." Er hatte den Türgriff schon in der Hand und war im Begriff, mit Büchern und Papieren in die Schreibstube hinunterzugehen.
Zu vorgerückter Stunde kam er wieder in die Wohnstube.
„Ilsabe", rief er, „nimm das Laken vom Tisch! Wir haben heute das Geld aus dem Opferstock auf der Kaufhausbrücke genommen. Du weißt ja, er gehört dem Nikolaihof." Damit schüttete Hinrich den Inhalt eines gar nicht kleinen Geldbeutels auf die Platte.
Ilsabe hielt ihre immer bereiten Hände einmal hierhin, einmal dorthin, wo immer nur eine Münze im Begriff war, von der Tischplatte zu rollen. Dabei sagte sie: „Das viele Kupfergeld stammt sicher von den Frauen, die auf dem Stintmarkt einkaufen. Und haben sie einen guten Lachs, ein besonders frisches Stück Stör in ihrem Korb, wollen sie den armen Prövnern draußen in Bardowick auch ein Gutes tun, und sie sondern einen Kupferscherf von dem Wechselgeld ab, gehen die paar Schritte auf die Brücke und stecken die

Münze in den Schlitz, nach den Worten der Heiligen Schrift, die uns gebieten: „Wohlzutun und mitzuteilen vergesset nicht, denn diese Dinge ..." Rasch griff Ilsabe in die Münzen hinein, hielt ihre Faust hoch und rief: „Was hab ich hier in meiner Hand?"
„Nun, Kupferscherfe und Silberwitten liegen ja genug auf dem Tisch. Dann muß es wohl ein Goldgulden sein."
„Richtig! Aber in welcher Stadt wurde er geprägt, und welches Münzbild glänzt von seinem Gold?"
„Sicherlich nicht der Täufer in seinem schuppigen Flickenkleid, wie er als Münzbild aus unserem lüneburgischen Prägstöcken kommt. Vielleicht ist der lübsche Adler drauf zu sehen."
„Richtig geraten!" Ilsabe legte das Goldstück wieder auf den Tisch.
„Ganz schwer ist es wohl nicht gewesen, das herauszufinden. Denn ein solches Stück bringt wohl nur ein Mann zum Opfer, der nach langer, mühseliger und gefährlicher Reise mit prallem Beutel in unsere Stadt kommt. Unser Opferstock auf der Brücke wird aber wohl nur von Kaufleuten bedacht, die durch das Lüner Tor rollen oder reiten und am Kaufhaus vorbeikommen. Und die kommen alle von jenseits der Elbe. Im Dänischen aber, in Schleswig und Holstein, wird viel mit lübschem Geld gehandelt."
„Es könnte ja auch ein Mann aus unserer Stadt das große Geldstück hineingelegt haben."
„Ja, vielleicht ein Schiffer oder Fischer, der von einem Krankenbett aufgestanden ist, das leicht sein Sterbebett hätte werden können."
„Oder", sagte Ilsabe, „ein junger Vater, der einen Sohn in der Wiege hat. Hinrich, darf ich dich etwas fragen?"
„Nun?"
„Was willst du mit dem vielen Geld machen?"
„Da möchte ich zuvor mit einer anderen Frage kommen. Ilsabe, wenn du am Christfest in die Täuferkirche gehst, tust du dir dann deinen besten Hoiken um?"
„Das weißt du ja."
„Aber was für Schuhwerk tust du an deine Füße? Nimmst du vielleicht das alltägliche Zeug, mit dem du werktags so rasch unsere Treppe hinauf- und hinabläufst?"
„Nun, meine besten, wenn auch nicht gerade die dünnsten Schuhe, da es in der Christnacht oftmals naß und kalt ist. Aber doch solche, die sich zu meinem besten Hoiken schicken."
„Das wollte ich hören. Nun komme ich zur Sache. Da wollen wir im Frühling auf dem Nikolaihof den neuen Kirchenbau zu einer rechten Kirche machen. Aber ganz und gar gegen den Strich würde es uns gehen, sollten wir in dies neue Gehäuse das alte Gestühl setzen, das versplittert ist und ab-

genutzt und auf dem die armen Aussätzigen, die vor Jahrhunderten die Messe hörten, schon gehockt haben.
Wir alle, Pfarrer und Organist, Küster und Hofmeister denken, wie zu einem neuen Kleid kein schlechtes Schuhwerk gehört, so paßt in eine neue Kirche kein gebrauchtes Gestühl. Aber sieh, Ilsabe, es soll in das neue Kirchenhaus auch nicht solch ein roh zusammengeschlagenes Zeug hinein, als wollte man sagen: Das ist gerade gut genug für die Alten. Nein, wir wollen uns auch mit dem Gestühl Mühe geben, und die Bankwangen sollen eine bescheidene Schnitzerei bekommen wie es in Sankt Lamberti ist, in der Täuferkirche und in anderen Kirchen der Stadt. Geld dafür habe ich gesammelt, und dieses Geld soll auch dazu helfen."
„Aber wer soll das Bildwerk an dem Gestühl schnitzen?"
„Als ich vor etlichen Monaten aus Lübeck zurückkam, erzählte ich dir doch von dem Bildschnitzer Cord; ich war in seiner Werkstatt und sah eine Muttergottes, die mir so ausnehmend gut gefiel. Ich möchte wohl, daß er die Schnitzerei an den Bankwangen macht."
„Aber er ist in Lübeck."
„Vielleicht kommt er zu diesem Zweck eine Zeitlang zu uns nach Lüneburg."
Indessen hatte Ilsabe das Kupfer- und Silbergeld abgezählt und zu kleinen Türmchen aufgesetzt; hatte auch noch zwei andere Goldgulden gefunden und auf die Seite gelegt. Hinrich schnitt glänzend blaues Papier zurecht und schlug die einzelnen Geldrollen darin ein. Als er die Geldsummen auf die fertigen Rollen schrieb, fiel der Klopfer auf die Tür. Sie hörten Gesa, die Magd, über die Diele gehen, und gleich darauf kam sie zu ihnen in die Stube. Es war Besuch gekommen.
„Wer mag das sein? Wer kommt noch so spät zu uns?" sagte Hinrich, während er die Geldrollen in ein Säckchen stopfte.
„Wenn es ein Fremder ist oder ein Herr vom Rat, bringe ihn bitte nicht hier herauf!"
„Immer noch ängstlich, Ilsabe?" fragte Hinrich, der das Geld im Wandschrank verschloß.
„Ach, Hinrich, du weißt ja, ich mag es nicht gern, wenn die große Welt zu mir in die Stube kommt. Du weißt ja, wie es mir geht. Hab' mich schon als junges Mädchen gewundert, wie du das Deine immer beisammen hast und immer der gleiche bist, mag kommen wer will. Ich dagegen! Wenn der großmächtige Herr Springintgud zu uns hereinkommt . . ."
„In seiner scharlachroten, goldgestickten Schaube . . ."
„Ja, vielleicht, und dann noch einen Bürgermeister von Lübeck mitbringt oder ein paar Ratsherren aus einer anderen uns mit Eiden verwandten Stadt, geht mir alles durcheinander, und ich weiß manchmal nicht mehr, was rechts und links ist."

Hinrich hatte sich dem Handfäßchen zugewandt, drehte das Kränlein auf und wusch sich unter dem Wasserstrahl die Hände.
„Es ist so, Hinrich", fuhr sie fort, „was die Sicherheit anbetrifft, da muß ich von dir leben."
„Dafür bist du in den inwendigen Dingen um so sicherer und mußt mir zu Zeiten davon abgeben. Und das ist mehr", sagte Hinrich, während er sich, ein wenig von seiner Hausfrau abgewandt, am Rollhandtuch die Hände abtrocknete. Und dann ging er aus der Tür.
Ilsabe horchte, während er die Treppe hinunterstieg. Nun sprach er mit dem Gast. Aber die Stimme, die ihm antwortete, kannte Ilsabe nicht.
„Dirik Schaper ist da, der neue Schreiber", begann Hinrich, als er wieder bei Ilsabe in der Stube war.
„Unser Worthaltender hat ihn geschickt. Es muß sich wohl etwas ereignet haben, was ganz aus der Kehr ist, wenn der alte Herr Schellepeper sich noch zu dieser Stunde auf dem Rathaus eingefunden hat. Ich muß sogleich zu ihm kommen. Es kann lange dauern. Es ist wohl am besten, du gehst schlafen. Ich nehme den Hausschlüssel mit."
Es störte Ilsabe, daß Hinrich mit dem neuen Schreiber jetzt zur Nachtzeit durch die Bäckerstraße ging. Für sie hatte dieser erst vor Jahresfrist zugereiste Mann etwas schier Unheimliches. Er stammte aus einer braunschweigischen Ratsfamilie. Sein Bruder, Ulrich Schaper, der vor zehn Jahren zugewandert war, hatte in Lüneburg Bürgerrechte erworben und einen Heringshandel angefangen. Er stand mit Wismarer und Stralsunder Kaufleuten in Verbindung, von denen er die Salzfische erwarb. An einem Tag im Dezember, der in Stürmen und Hagelschauern einherging, schneite ihm sein Bruder Dirik, der jetzige Ratsschreiber, ins Haus, arm und windverweht, fast verkommen und völlig mittellos. Er war in Goslar Ratsschreiber gewesen, hatte sich mit dem dortigen Rat veruneinigt, und der hatte ihn kurzerhand vor die Tür gesetzt.
Als eine Woche später in der Lüneburger Kanzlei ein Schreiber krank wurde und bald darauf starb, meldete sich dieser Dirik Schaper für den vakant gewordenen Posten. Der herzogliche Vogt und Hans von Dahlenburg, des Herzogs Zöllner, die beide mit dem Heringshändler aus Braunschweig befreundet waren, gaben sich alle Mühe, Dirik Schaper in die Kanzlei zu bringen.
Man konnte sich auf dem Rathaus nicht so recht dazu entschließen. Als aber dann eines Tages ein Brief aus dem Schloß auf der grünen Allerinsel eintraf, ein Brief, in dem der Herzog von Lüneburg selbst den Rat darum ersuchte, Dirik Schaper den freigewordenen Platz in der Kanzlei zu überlassen, sagte Schellepeper, der Worthaltende: „Wir können ja einen Versuch machen. Wir könnten ihn probeweise anstellen. Er hat auf geistlich studiert und alle

Weihen empfangen, wie Johann von Minden, der auch einmal unser Stadtschreiber gewesen ist. Wir müssen den freigewordenen Posten in der Kanzlei so bald wie möglich besetzen. Denn gleich nach Neujahr kommen die Lüneburger Bürger aufs Rathaus, um das Schoßgeld zu entrichten, und dann ist jede Hand, die hilft, willkommen. Ich denke, es ist am besten, wenn er gleich morgen bei uns anfängt, damit er ein wenig eingearbeitet ist, wenn es im Januar das große Gedränge um die Schoßkiste gibt."

So war Dirik Schaper aufs Rathaus gekommen, und er war geblieben. Man war nicht unzufrieden mit ihm. Denn er war anstellig und rührig, und nie wurde ihm etwas zu viel.

Ilsabe hatte ihn im letzten Jahr ab und an gesehen, wenn sie mit ihren beiden Töchtern an das Fenster getreten war, um die Kinder, die in der trüben Zeit wenig nach draußen kamen, ein wenig mit dem Leben auf der Straße zu unterhalten.

Der Schaper ging oftmals drüben an der Ratsapotheke vorbei. Denn bei dem herzoglichen Vogt Nyebur, der ein Freund seines Bruders war, ging er bald aus und ein. Der herzogliche Vogt wohnte schräg gegenüber, gleich neben der Ratsapotheke in einem auffallend schmalen Haus, das so kantig und knochig war von seinen Balken und Ständern, daß man es vielleicht auch aus diesem Grunde den Hölzernen Herrgott nannte.

Auf der Treppe dieses Hauses hatte der Schreiber gestanden, als Ilsabe vor etlichen Wochen in die Apotheke ging, um ein wenig Fenchel für den kleinen Boldewin zu kaufen. Er hatte den kurzhaarigen, schwarz-weiß gefleckten Hund der Vögtin Nyebur an kurzer Leine neben sich. Nein, dieser Mann war nicht angenehm. Er hatte Ilsabe angesehen, als sei es sein gutes Recht dazustehen und sie anzuschauen. Dabei hatte Ilsabe bemerkt, daß er grünliche Augen hatte. Hinrich lachte darüber und bestritt es. „Seine Augen sind blau", sagte er, „habsüchtig blau und scharf und hell. Er ist ein Kröpel", setzte er hinzu, „und das stört dich."

Dirik Schaper hatte auch wirklich keine für sich einnehmende Gestalt. Er hatte unmenschlich lange, starke Arme und Beine. Dazwischen das Körperlein, bucklig, klein und gedrungen.

„Hinrich, es ist nicht, weil er verwachsen ist. Nein, darum ist er mir nicht so ganz und gar gegen die Natur. Lieschen Rehbeen auf dem Nikolaihof hat doch auch ein grausam verwachsenes Körperlein. Und sie ist uns allen trotzdem lieb und wert."

Ilsabe war ans Fenster getreten. Dunkel stand der Giebel der Ratsapotheke da. Aber von der vergoldeten Theriakbüchse, die über der Treppe schwebte, sah man nichts. Drüben im Hölzernen Herrgott waren noch alle Fenster hell. Im Hause des herzoglichen Vogts wurde viel gefeiert. Der Wind trieb den Regen gegen die Scheiben; Feuchtigkeit und Kälte drangen ins Zimmer.

Ilsabe nahm sich ein Tuch um die Schultern und ging die Treppe hinunter. Aus den Fenstern der Küche, die nach der Diele hin lagen, kam ein wenig Licht. Ein Öllämpchen brannte in der Leuchte über dem Küchentisch. Ilsabe schürte die Glut auf dem Herde auf, und mit Sprick und Tannenzapfen brachte sie das Feuer zum Brennen. Sie füllte den irdenen, apfelgrünen Topf mit Wasser und stellte ihn auf den Dreifuß, um den die Flammen schlugen. Als das Wasser kochte, tat sie Rotwein dazu, Zimt und ein paar Nelken, süßte das Getränk mit etwas Honig und schürte wieder die Asche über die Glut. Sie tat auch Brot, Wurst und etwas Fleisch auf einen Holzteller, setzte sich dann auf den Küchenstuhl und wartete, das Tuch um sich herumgenommen, auf ihren Mann.

Spät war es, als sie Hinrichs Schritte auf der Treppe hörte.

„Du bist noch auf?" rief er ihr entgegen. „Du hättest wohl doch nicht geschlafen. Und nun ist es gut, daß du noch da bist. Ilsabe, es geschehen seltsame Dinge zwischen Himmel und Erde. Aber was mir heut' auf dem Rathaus offenbart wurde, ist so wundersam, daß man nur den Kopf schütteln kann. Man möchte meinen, daß Gott wieder einmal auf eine fast erschreckende Weise seine Hand in unserm menschlichen Spiel hat."

Er ging in der Küche auf und ab. Ilsabe sah ihm nach. Und wenn sein Gesicht auch ruhig blieb, so waren seine Augen in dieser Stunde groß und hatten einen stahlblauen Glanz wie immer, wenn er erregt war, oder wenn ihm etwas begegnet war, das seine Anteilnahme ganz in Anspruch nahm.

„Ilsabe", begann er nach einer Weile, „ist es nicht gut acht Tage her, daß ein Rottenführer der englischen Truppen mit etlichen Leuten bei uns nächtigte?"

„Ja. Gestern, also am Mittwoch, vor einer Woche. Wir hatten unsern Waschtag und mußten alles stehen und liegen lassen, um ihnen eine gute Mahlzeit zu kochen; und hinterher hatten wir alle Hände voll zu tun, um die Kammern am Hof, wo die Frau aus der Mark mit ihren Kindern gewohnt hat, zu säubern und die Betten herzurichten."

„Stehen die Schlafstätten noch in den Kammern am Hof? Ja? Dann laß alles, wie es ist. Sie kommen nämlich wieder zurück und schon in wenig Tagen."

„Die Engländer sollten doch zu dem Kreuzheer stoßen, mit dem der Kaiser Sigismund die böhmischen Ketzer bekriegen will."

„Ja, das sollten sie. Aber jetzt sollen sie es nicht mehr. Sie hatten den Befehl, sich nördlich von Goslar ein Lager zu errichten und auf Botschaft vom Kaiser zu warten. Die fünftausend Engländer, die in Bardowick, Winsen und Lüneburg kürzlich einen Tag und eine Nacht blieben, hat der König von England zurückgefordert. So hat uns der junge englische Oberst soeben auf dem Rathaus gesagt. Man hofft in England, daß sie noch am Harz sind. Der König von England hat sich anders besonnen. Es sind in Frankreich große

Veränderungen eingetreten, und der König braucht seine Truppen selbst. Die englische Truppe soll nach Hamburg reisen und von da mit Schiffen nach Calais fahren. „In Frankreich ist der Teufel los", sagte uns der junge Engländer.
Die englischen Truppen in Frankreich sind im Augenblick wohl wirklich in großer Bedrängnis, sie gehen überall zurück. Sie verlieren ein Dorf nach dem anderen, eine Stadt nach der anderen. Und ein Mädchen soll an dem allen schuld sein. Ein Kind von siebzehn Jahren hat in die Speichen von Englands Glücksrad gegriffen."
„Wie soll ich das verstehen, Hinrich. Aber erst trink ein wenig, du bist ja ganz weiß im Gesicht."
„Ja, gib her, wenn du was Warmes hast, mir ist kalt."
„Und gib du mir deinen Mantel, ich will ihn über die Herdstange hängen. Er muß naß sein. Und nun sag mir: Was für ein Mädchen ist es, das das Kriegsglück der Engländer zum Wanken brachte?"
„Ein halbes Kind, wie ich dir schon sagte. Die Tochter guter Bauersleute, die nicht viel mehr gelernt hat als das Vaterunser, und den Englischen Gruß. Sie hat die Schafe ihres Vaters gehütet wie weiland David und ist auch sonst im Hause und auf den Feldern fleißig gewesen. Sie kann die feinste Wolle spinnen, heißt es. Ihr Dorf soll nicht weit von der lothringischen Grenze liegen. So haben etliche französische Gefangene es den Engländern erzählt. Ihr Heimatdorf ist wie viele andere Dörfer auch. Aber hinter den Häusern des Dorfes zwischen den Hügeln liegt ein grüner Anger mit einer heiligen Quelle und einem Feenbaum, und bei Quelle und Feenbaum ist sie groß geworden. Unter diesem Wunderbaum sind ihr die Heiligen erschienen und die Mutter Gottes auch, und sie haben sie aufgerufen, Frankreich zu retten. So reitet das Mädchen seit kurzem den französischen Soldaten voran."
Hinrich sah an Ilsabe vorbei. Denn in diesem Augenblick merkte er, daß er sich die Jungfrau aus dem Bauerndorf unter dem Bilde seiner Frau vorgestellt hatte. Ja, wangenschön, wie Ilsabe, mit bräunlichem Gelock, die Lilienfahne in der Hand, so hatte das französische Mädchen, die Retterin Frankreichs, vor seinen Augen auf dem Pferde gesessen, während die beiden Engländer in einer abgelegenen Trinkstube des Rathauses von ihr erzählten. Und warum sollte er sich auch nicht das Mädchen von Domremy unter Ilsabens Bild vorstellen? Trug Ilsabe doch auch hier bei ihm im Bürgermeisterhaus die Fahne voran, wenn sie es auch selbst nicht wußte, die Fahne, von der zuzeiten der Glanz himmlischer Mächte herabschien.
Er schwieg, fuhr sich mit der Hand von oben her leicht über das Gesicht und begann mit halber Stimme:
„Die Jungfrau aus dem Dorfe Domremy, die Engländer wußten ihren Namen

nicht, trägt eine Fahne. Die hat sie sich vom König erbeten. Sie wollte wohl lieber eine Fahne in die Hand nehmen als das Schwert. Und so bekam sie ihre Fahne, aus schneeweißer Seide gefertigt. Goldene Lilien hatte man auf das Tuch sticken müssen. Und zwischen den Lilien ist Gott Vater zu sehen, der die Weltenkugel in der Hand hält. Aber über Gott Vater prangen in Goldbuchstaben die Namen Jesus und Maria und scheinen von der weißen Seide herab. So wollte sie ihre Fahne. Und so trägt sie sie den Franzosen voran.

Diese Fahne ist nun so recht das Unglück der Engländer. Denn wo die bewaffneten Männer aus dem Inselreich einen Zipfel von diesem weißgoldenen Tuch sehen, packt sie das Grauen, und es geht in wilder Flucht zurück. Ja, keinen Geharnischten bringt man dazu, diesem weißgoldenen Tuch entgegenzureiten. Nun aber die Franzosen! Für sie ist diese Fahne der Inbegriff ihrer Siegeszuversicht. Sie reiten hinter ihr her, und es gibt kein Zurück. Ja, sie glauben, wenn sie die weißgoldene Fahne sehen, die Mutter Gottes ist mit im Zug, und weht die Fahne im Wind, so sehen sie das Kleid der Gottesmutter sich bauschen, ihre weißen Falten flattern. Sie gehen drauf los! Ihnen kann nichts geschehen! Es ist wie ein Traum."

„Aber der König im Land? Wie denkt der über dieses mutige Kind?"

„Den König hat das Mädchen ganz für sich gewonnen. Er hat sie über alle seine Heerführer gesetzt. König Karl ist ja noch gar nicht König. Er ist noch nicht gekrönt. Er ist noch immer Dauphin. Aber das Dorfmädchen hat versprochen, ihn nach Reims zu bringen; in Reims soll er gekrönt werden. Der König glaubt an sie. Und die beiden Engländer auf dem Rathaus glauben, daß sie ihr Versprechen wahr macht. Denn ihre Zeltlager am rechten Ufer der Loire haben die Engländer schon aufgeben müssen. Und über der Festung Orleans wehen Frankreichs Farben.

Du staunst, Ilsabe, und wunderst dich und denkst, du hörst Märchen; aber glaube mir, unser Worthaltender, Herr Schellepeper, schüttelte auch manchmal den Kopf und unser zweiter Bürgermeister, der auch zur Stelle war, mit Wietzendorff und mir, wir alle wußten nicht, ob wir unseren Ohren trauen konnten. Doch den jungen Engländern war weiß Gott nicht danach zu Mute, uns Märchen zu erzählen. Und als sie fertig waren und uns von ihren vielen Niederlagen berichtet hatten, hieb der Jüngste seine Faust auf den Tisch und schrie: „Der Teufel kutschiert mit uns. Er fährt mit uns in die Hölle! Unsern ersten Heerführer hat er schon ins Grab gebracht."

„Und was soll nun werden?" begann Ilsabe nach einer Weile.

„Ich muß weg, gleich morgen."

„Du?"

„Der Springintgud, dem solche Reise immer zupaß kommt, liegt mit Schiffen des Städtebundes vor der Hafeneinfahrt von Kopenhagen. Wietzendorff

und ich tragen die Last. Wir sind dazu ausersehen, mit etlichen Reitendienern den Engländern bis Goslar das Geleit zu geben. Vielleicht kehren wir in einer Woche zurück. Die beiden Engländer haben große Eile. Sie wollen nur diese Nacht in Lüneburg bleiben. Morgen früh geht es weiter."
„Also müssen wir heute abend alles rüsten."
„Wir haben die beiden Männer aus England in den Verdener Hof gebracht und versprochen, morgen früh, wenn es vom Rathausturm sieben Uhr schlägt, mit den Reitendienern auf dem Marktplatz zu sein. Ich möchte das Waffenwerk wohl gleich jetzt abnehmen und nachsehen, ob alles in Ordnung ist."
„Laß mich, Hinrich, ich komme schneller aus meinen Schuhen." Und schon stand Ilsabe in weißen Strümpfen auf den roten, glückverheißenden Vierpassen ihrer Hochzeitstruhe und nahm von dem groben Haken den Eschenschild mit dem halben laufenden Bären. Sie reichte ihn ihrem Mann zu und die anderen Waffen auch.

Der Wismarer Heringshändler

Man hatte einen Wismarer Heringshändler auf „Ummefahrt" erwischt. Dieser Mann war mit einem Wagen voll Salzheringen über die Elbe gekommen. Er wollte die Fische in Uelzen verkaufen. Nun ist es zwischen dem Grafen von Schwerin und dem Herzog von Lüneburg und der Stadt Lüneburg abgesprochen und ist verbrieft und besiegelt, daß alle Wagenzüge aus Mecklenburg, die über die Elbe gesetzt werden, durch die Stadt Lüneburg fahren müssen; durch die Bäckerstraße, um dort am herzoglichen Zollhause ihre Abgaben zu entrichten. Aber der Wismarer Heringshändler hatte sich nicht um diese besiegelte Abmachung gekümmert. Er wollte den Zoll sparen. Und so jagte er in wilder Fahrt quer durch die Heide. Es gab Fahrrinnen, eingezeichnet in das dunkle Heidekraut, die von den Wagen solcher Übeltäter herstammten. Eine solche Wagenspur hatte der Wismarer auch benutzt. Da hatte ihn der Stadthauptmann, Bernd von Mandelsloh, mit drei geharnischten Reitendienern geschnappt. Sie hatten das Fahrzeug wie eine Seeräuberkogge aufgebracht. Die Fässer mit den Salzheringen verkaufte man an Ulrich Schaper, den Bruder des Stadtschreibers. Er bekam sie, wenn auch nicht zu einem Spottpreis, so doch recht günstig. Der Wismarer durfte daraufhin mit seinem leeren Wagen wieder in seine Seestadt fahren.
Heute hatte man in der Kanzlei des Rathauses einen Schlußstrich unter die Geschichte gemacht. Ulrich Schaper hatte das Geld für die erworbenen Salzfische bezahlt. Von diesem Gelde erhielt der herzogliche Zöllner, Hans von Dahlenburg, den Zollanteil, den der Wismarer sparen wollte.

Während Dirik Schaper alles zu Papier brachte, teilte Hinrich das nachgebliebene Geld in zwei ganz gleiche Teile. Das eine Häufchen tat er in die Stadtkasse, das andere, das, wie es vereinbart war, dem Grafen von Schwerin zustand, dem Landesherrn des Wismarer Händlers, verschloß er in einem Wandschrank der Kanzlei.

Bald darauf waren sie zu viert aus dem Rathaus gekommen; waren der mailichen Wärme wegen durch die Wandelhalle gegangen, die unter den fünf schlanken Türmen der Rathausfront lag. Auf dem Marktplatz blieben sie noch eine Weile stehen, beratschlagten, wie der Graf von Schwerin auf die schnellste und sicherste Weise zu seinem Gelde kommen könne.
Unterdes zog der Schreiber Dirik Schaper seinen Handschuh an, ließ bei diesem Geschäft den anderen fallen, und da lag er nun auf einer Granitplatte. Alle vier blickten auf das schmucke Ding, das von hechtgrauer Seide geschnitten und auf den Fingern mit rosa Korallen benäht war. Während Dirik sich nach dem eitlen Stück bückte, rief Hinrich:
„Aber warum müssen wir grad an dieser Stelle stehen? Laßt uns ein wenig beiseite treten."
„Und darf man fragen", sagte Hans von Dahlenburg, „was euch die Granitplatte getan hat, daß ihr nicht auf ihr verweilen mögt?"
„Auf dieser Granitplatte wurde der Raubritter Hartmut von Saldern gerichtet", sagte Hinrich, während alle vier die Plätze wechselten. Er war ein schlimmer Räuber, trieb sein Unwesen in dem großen Walde, der die Raubkammer heißt und überfiel die Kaufleute, die die Celler Straße zogen. Ihr seid von auswärts und habt wohl nicht viel davon gehört", wandte er sich an die beiden Schaperbrüder. „Jedenfalls in der Raubkammer fingen ihn die Lüneburger und brachten ihn hierher. Ich war ein Junge, eben zwölf Jahre alt und sah zum erstenmal einer Exekution zu. Der Ritter kniete auf der Granitplatte just an der Stelle, wo wir eben standen. Ich weiß auch nicht, wie ich in den Kreis der gesetzten Bürger geraten war, die der Hinrichtung zusahen. Ich stand ganz vorn. Ich war dem Ritter so nah, daß ich die Feder erkennen konnte, die der Raubritter wohl im Walde aufgelesen und sich hinter das Hutband gesteckt hatte. Es war eine Feder vom Eichelhäher. Noch heute sehe ich ihren hellblauen Schmelz vor mir. Diesen alten, von der Sonne verschossenen Filzhut hielt im Augenblick der „Weiße Mönch", der ihm auf dem schweren Gange beigestanden hatte und hielt ihn auch noch, als der Scharfrichter dem Ritter die dunkle Lederkappe über den Kopf zog, die auch die Augen verdeckte. Als der Büttel ausholte, sah ich auf die Seite; und da ich wieder hinschaute, stand auf der Steinplatte eine Blutlache. In dem Blut lag der Kopf des Ritters, noch von der dunklen Lederkappe umschlossen, lag gerad an der Stelle, wo wir eben standen. Seit der Zeit mache ich gern

einen Umweg um den Stein, auf dem wohl schon mancher seine letzte Angst ausgestanden hat. Schließlich weiß keiner von uns, wie seine letzte Stunde aussieht."

Danach trennten sich die Herren. Da ergab es sich, daß Hinrich und der Ratsschreiber den gleichen Weg hatten. Sie wollten zur Garbraterei hinüber. Sie wollten beide für den Sonntag einkaufen, auch Dirik Schaper, obgleich er nicht beweibt war und keine Familie hatte wie Hinrich. Die Garbraterei war in einem nicht sehr großen Hause untergebracht. Mitten auf dem Marktplatz stand sie und nicht weit von dem allzeit rinnenden Brunnen. Das kleine Haus war über und über mit Wein berankt.

„Begreifst du das?" sagte der Heringshändler etwas später zu Hans von Dahlenburg. Sie hatten bis zum herzoglichen Zollhaus den gleichen Weg. „Wie sagte Hinrich Lange doch? Ich stehe nicht gern auf der Stelle, wo ein Mensch seine letzte Angst bestand. Es ist nicht zu verstehen. Ein Mann wie ein Eichbaum und dabei zimperlich wie eine Jungfer."

„Und ob ich es begreife!" entgegnete ihm der herzogliche Zöllner. „Einem Ratmann unserer Tage können wohl die Gräsen über den Rücken laufen, wenn er über die Stelle weg muß, an dem der Büttel sein Richtschwert handhabt. Wenn es auch vor kurzem noch schlimmer in den Städten war, besonders in dem Jahr, als den Hanseleuten alles schief ging. Da war zuerst der unglückliche Sturm auf Flensburg, als der Däne durch die Pallisaden nach dem Herzog stach und die Verbündeten ihren besten Mann aus dem Gefecht tragen mußten. Na, die Stadt Hamburg hat den Heimkehrern denn ja wirklich keinen guten Empfang bereitet. Und um die aufgeregte Bürgerschaft zu beschwichtigen, hat man den Bürgermeister Kletzke, der zur Unzeit zum Sturm blasen ließ, auch gleich aufs Streckbett gelegt. Nein, er hat keine Mitschuldigen genannt, aber hingerichtet wurde er doch. Mit einem Bürgermeister geht es in den augenblicklichen Zeiten manchmal rasch vom Leben zum Tode."

„Und wär's dem lübschen Bürgermeister Tiedemann nicht um ein Haar genauso ergangen wie dem Hamburger? Da sollte er etliche Monate später mit den Dänen um die heimkehrende Baienflotte der Hansestädte kämpfen. Sollte! Er tat's aber nicht. Er stellte sich den Dänen nicht zum Kampf, ja, er wich dem königlichen Schiff, auf dem er hochstehende Persönlichkeiten vermutete, geradezu aus, zum Ärger von manchem braven Hansemann. Nein, er führte seine Schiffe nicht ins Gefecht, und das Ende vom Lied war, daß fast die ganze große Baienflotte den Dänen in die Hände fiel. Mochte auch der einzelne Kaufmann auf seinem Schiff noch so tapfer um Gut und Leben kämpfen, es nützte ihm nichts, die Dänen brachten fast sämtliche Schiffe der Baienflotte in ihren Hafen. Und ging die große Weichselflotte später nicht den gleichen Weg? Kein Wunder, daß man in Lübeck und in den

Ostsee-Städten tobte. Der Tiedemann kam in den Turm und sitzt noch heute drin. Und hätte sich der Bischof von Lübeck nicht ins Mittel gelegt, wär auch sein Kopf von der Klinge gesprungen. Man kann wohl verstehen, daß die Ratsherren von heute zuzeiten ungute Träume haben."

„Und wie wars vor Jahresfrist", begann Ulrich; – die beiden waren inzwischen durch die Bäckerstraße gekommen und standen vor dem herzoglichen Zollhaus, – „wie wars, als die Bündischen mit ihren Schiffen vor der Kopenhagener Hafeneinfahrt lagen und die dänische Flotte gefangen saß wie die Maus in der Falle? Da wollten die Bündischen von der See aus die Festung am Öresund, wo man ihnen den neuen Sundzoll abforderte, stürmen und schleifen."

„Ja", begann der herzogliche Zöllner, „das wollten sie. Und es war alles fein eingefädelt und ging doch verkehrt. Da hatten sie ein Floß gebaut, ihren Schiffen zum Schutz und hatten Stücke draufmontiert, und sie ballerten drauf los. Die Dänen zurück. Es waren manchmal zweihundert Stücke gleichzeitig im Gang. Passieren tat nicht viel. Die meisten Büchsensteine, die sie herausfeuerten, plumpsten ins Wasser, als hätten die Dänen und die Deutschen es so miteinander abgesprochen. Aber hinter dem Geballere kamen die blinden Schiffe heran, und man kappte ihre Masten und bohrte sie an, sie, die voll waren von Kalk, Sand und Steinen. Jede Stadt versenkte die ihr zugehörigen Schiffe. Immer der Quere nach, wie sichs gehört. Die Wismarer nicht. War es ein Schildbürgerstreich? Waren sie von den Dänen bestochen? Keiner wird das jemals herausbekommen. Jedenfalls, sie legten ihre Schiffe der Länge nach an den Grund. So blieb eine Rinne, und die Dänen nahmen ihre Gelegenheit wahr und kamen auch glücklich aus ihrer Mausefalle heraus. Sie fuhren gleich hinter der Bündischen Flotte her. Da konnten die Hanseleute es nicht wagen, das Schloß am Sund zu stürmen und zu schleifen, und Helsingör steht heute noch. Um auf ihre Kosten zu kommen, haben die vom Städtebund dann noch die nordischen Küsten abgegrast. Geraubt und gebrannt, alles Dinge, bei denen der Springintgud, der mit unseren Schiffen unterwegs war, gerne mittut."

„Man sagt, er ist lieber auf den Schiffen als in der Kanzlei."

„Er paßt auch besser dahin, meint man im Gestühl.

Aber die Wismarer Ratsherren trauten sich nicht nach Hause. Und taten wohl daran. In Wismar hieß es: Die spielen mit den Dänen unter einer Decke. Und wer weiß, ob die Bürger von Wismar nicht im Recht sind. Keinem ist heutzutage zu trauen. Und jeder sieht nur, wo sein eigener Vorteil liegt. Wer im Ratsgestühl sitzt, hat alles in der Hand. Wer weiß, was bei uns in Lüneburg gespielt wird. Dein Bruder Dirik bekommt wohl einiges zu sehen. Aber die letzten Feinheiten machen die Ratsherren unter sich aus und mit den Abgesandten der Städte, die ebenfalls alle vom Rate sind. Von diesen Dingen kommt nichts zu Papier. Wir tappen im Dunkeln. Aber du kannst mir glauben, daß bei solchen Abmachungen jeder zuerst sein Schäfchen ins Trockene bringt." Hans von Dahlenburg lächelte. Es war kein angenehmes Lächeln. Man sah auch all seine vielen Zähne; sie standen ihm unregelmäßig im Mund, waren gewachsen wie Kraut und Rüben.

Indessen hatten Hinrich Lange und der Ratsschreiber die kleine Diele des Garbraterhauses betreten. Gebratene Hähnchen, die gerade aus dem Ofen kamen, wurden auf eine lange Tafel gelegt, auf der die leckersten Dinge zur Schau gestellt waren: gebackene Wildschweinschulter, eine am Spieß gebratene Rehkeule, Enten, die in brauner Tunke schwammen, und anderes mehr. Während Hinrich einen gespickten und gebratenen Hasen, ein paar gebackene Tauben auswählte, hatte der bucklige Stadtschreiber eine Kalbsbrust, schön gebräunt, aufs Korn genommen, und mit leiser Stimme gab er Anweisung, in welches Haus das Fleisch geschickt werden sollte. Aber der Stadtschreiber nannte nicht seine Wohnung. Er ließ das Fleisch in die Altstadt schicken, in die Straße, in der die wandelbaren Frauen wohnten. Hinrich hatte es wohl verstanden. Auf dem Rathaus wußte man: Dirik Schaper wilderte in der Altstadt.
Die Frau des Garbraters hatte ein Rhabarberblatt in einen Spankorb gelegt und tat den Hasen in den Korb, legte die gebackenen Tauben rechts und links von dem Braten und bedeckte alles mit grünen Weinblättern. Hinrich hatte die Absicht, seine Einkäufe mitzunehmen. Die Herren beglichen, was zu begleichen war und wandten sich zum Ausgang. Sie hätten ja noch zusammen weitergehen können. Die Glockenstraße, in der der Stadtschreiber wohnte, bog bald hinter dem Bürgermeisterhaus von der Bäckerstraße ab. Aber der Stadtschreiber verabschiedete sich. Er strebte anderen Zielen zu. Und Hinrich sah, wie er gleich darauf in eine Straße bog. Ein Windstoß kam ihm entgegen. Der wehte ihm das taftene Schultermäntelchen hoch und zerrte an der grünen Federpracht seines Hutes. Dirik Schaper drückte sich den Seidenfilz fester auf den Kopf. „Der Stadtschreiber weiß was aus sich zu machen", denkt Hinrich. „Darin steht er dem Springintgud nicht nach." Mit einem Lächeln sah er hinter der Kleiderpracht seines Schreibers her.
Im Augenblick konnte kaum etwas seine gute Laune stören. In diesem Frühjahr fiel Weihnachten und Pfingsten für ihn allzeit auf einen Tag. Denn die Feste Flensburg war gefallen. Endlich! Früh im Jahr, im Märzmonat. Der Springintgud war dabei gewesen. Er hatte die Lüneburger Rotten geführt. Wie alle erzählten, war es eigentlich gar nichts gewesen. Sie hatten ein wenig aus ihren neuen Stücken geschossen. Sie hatten ein wenig gestürmt. Und da waren sie schon in der Stadt. Die vielen Deutschen, die in Flensburg lebten — müde des dänischen Regimentes — hatten wohl von innen geholfen.

Und nun war es nicht mehr weit bis zum Frieden mit Dänemark.
Dazu war man im Bürgermeisterhaus im Augenblick noch besonders froh. Sie hatten wieder einen jungen Sohn in der Wiege. Den zweiten. Älardus hatten sie ihn genannt. Er hatte es seiner Mutter schwer gemacht. Aber nun war alles überstanden. Älardus war hellblond von Haar und rundherum ein Lange.
Und zum Dritten:
Auf dem Nikolaihof war das kleine Kirchengebäude fertig geworden, und man war dabei, mit Altarschrein, Taufbecken, gläsernen Fensterbildern und geschnitztem Gestühl aus dem bislang noch kahlen Gebäude eine rechte Kirche zu machen. Ja, sogar eine Orgel war zur Stelle. Hinrich hatte ein altes Orgelwerk, das in der Täuferkirche nicht mehr gebraucht wurde, erworben und hatte es für die Kirche auf dem Nikolaihof umarbeiten und frisch vergolden lassen.

Der Kelch

Als Hinrich den gebratenen Hasen und die Täublein für die Kinder in der Küche abgeliefert hatte, sagte Ilsabe zu ihm:
„Der Organist von Sankt Johannis war hier. Sie haben die Orgel aus der Täuferkirche eingebaut und sind fast fertig. Sie möchten wohl, daß du dir das Ganze einmal ansiehst. Sie wollen auch darauf spielen, der Organist von Sankt Johannis und der vom Nikolaihof. Der Küster der Täuferkirche möchte mit dir hinausreiten, er kommt um vier Uhr hier vorbei."
„Heute kannst du nicht aufbleiben", hatte Hinrich gesagt, als der Organist auf seinem Pferde schon vor dem Bürgermeisterhaus hielt. Du weißt, wie auf dem Nikolaihof die Zeit vergeht. Und wenn ich wieder zurück bin, muß ich mit dem Springintgud in die Türme und auf die Mauer, um die Wachen zu kontrollieren. Der Worthaltende hat uns beide in einer geheimen Order dazu bestimmt. Bis wir um die ganze Stadt herum sind, in allen Tortürmen vorgesprochen haben, kann es Mitternacht werden. Schließe die Haustür nach der Bäckerstraße hin zu, und laß die Glastür nach dem Hof offen! Den Schlüssel zum Bauhof nehme ich mit."
Ilsabe schlief wirklich schon, als Hinrich in der Nacht nach Hause kam. Vorsichtig machte er die Kammertür auf, um vor allem Älardus nicht zu stören, dessen Wiege im Schlafzimmer der Eheleute stand.
Hinrich trat an den kleinen Schläfer heran. Der gesunde Junge mit dem dichten Blondhaar auf dem fast quadratischen Schädel hatte einen Zipfel seines Kopfkissens in der Faust; er dachte nicht an Aufwachen.
Der Mond schien. Es war fast taghell in der Stube. Er schien auch auf Ilsabe.

Hinrich stand am Fußende des Bettes und betrachtete sie. Sie hatte die rechte Hand unter der Backe, und so lag ihr Gesicht auf dem Kissen, wangenschön, von dunklen Locken umrahmt.

„Schönes Mädchen von Domremy", flüsterte Hinrich, und er sah Ilsabe auf dem Pferde sitzen, die weiße Fahne mit Gottvater und den Lilien in der Hand. „Armes Mädchen von Domremy", dachte er im nächsten Augenblick im Hinblick auf die kühne Retterin Frankreichs, von der er wußte, daß sie kürzlich in englische Gefangenschaft geraten war. Ein Gewürzkrämer von Flandern, der mit Pfeffer, Zimt und flandrischem Tuch unterwegs war und in der Bäckerstraße hielt, hatte ihm diese böse Nachricht übermittelt. Der Mann wollte nach Nowgorod am Ilmensee, wollte dort Pelze und Felle kaufen.

Da bewegte Ilsabe schon ihre langen Wimpern, lächelte im Schlaf, und nun tat sie die Augen auf. „Bist du schon lange hier?"

„Grad eben gekommen."

„Ist es spät?"

„Ein Uhr schlug es von der Täuferkirche, als ich über den Bauhof ging."

„Ich bin erst vor kurzem eingeschlafen."

„Und warum konntest du nicht schlafen?"

„Die Nachtigall sang so laut."

Hinrich trat ans Fenster, öffnete eine Klappe und sah zu der großen Bauhofseiche hinüber, die die Nachtigall in früheren Jahren oftmals zu ihrem Singplatz erwählt hatte.

„Jetzt ist sie still. Sie ist wohl schon zum Nest geflogen. Ich will jetzt auch schlafen gehen." Aber dann setzte er sich doch noch auf die Bettkante und nahm Ilsabes Hand.

„Es hat lange mit euch gedauert", begann sie.

„Ist ein weiter Weg um die ganze Stadt, und hier muß man verweilen und da."

„War auf der Mauer und in den Türmen denn alles wie es sein sollte?"

„Wir haben keinen Mann schlafend angetroffen, nicht schlafend und nicht drusselnd. Und wenn einer gewesen, der in einem Mauerwinkel ein wenig eingenickt wär, wir hätten es beide nicht gesehen. Morgen ist Pfingsten, und das Sülzvolk geht auf die Scharnebecker Reise. Und da sollen alle Lüneburger guter Dinge sein, soweit es in unserer Macht steht. Darin denkt Johann Springintgud wie ich.

Ilsabe, wenn ich nur ein wenig mehr Zeit hätte, müßten wir einmal mit den Kindern auf den Lindenberg gehen. Unter den Bäumen müssen unglaublich viele Maiglöckchen stehen. Als wir auf der Mauer hinter der Sülze waren, trieb der Wind ihre Düfte nur immer so über uns hin in die Stadt."

„So hat ein Gang in der stillen Nacht um die Stadt auch sein Schönes", sagte Ilsabe.
„Ja. Der Mond lief immer mit uns und beleuchtete die stillen Straßen und Plätze, machte das weite Land außerhalb der Mauern hell und beschien die dunklen Wälder. Schade, Ilsabe, daß man dich nicht einmal mitnehmen kann."
„Und wie weit sind sie da draußen mit der Orgel?"
„Sie sind mit dem Einbauen fertig. Sie wird jetzt vergoldet."
„Klang sie gut, als der Organist der Täuferkirche darauf spielte?"
„Für meine Ohren ja. Aber was will das viel sagen. Ich bin kein großer Musikant. Die beiden Organisten waren zufrieden. Wir hatten noch andere Gäste, die sich das Spiel der beiden Küster anhörten. Viele von den alten Frauen hatten sich eingefunden, saßen auf der Schwelle und standen an den Wänden. Der Kirchenbau ist nun mal für die alten Prövner eine Haupt- und Staatsaktion. Sie haben in dieser Zeit wie seit langem nicht ihre Unterhaltung gehabt. Und kamen die Männer auf ihre Kosten, als die Grundsteine gelegt, als die Balken gesetzt wurden, als man die Gerüste baute, Kalk rührte, Sand durchs Sieb warf und Mörtel mischte, als endlich die Mauern langsam hochkamen, so sind jetzt, wo aus dem rohen Bau allmählich eine Kirche wird, die Frauen dran. Die Frauen betrachten diese Orgel fast als ein persönliches Geschenk. Lieschen Rehbeens Augen strahlten. Ilsabe, es ist mir doch nicht ganz recht, wie jetzt alles geworden ist. Wir mußten ja, da wir die Kirche vergrößerten, mit dem Chor so weit an das Haus der Frauen heran. Nach der entgegengesetzten Seite hin konnten wir nicht ausweichen, weil da der Untergrund nicht recht trägt. Auf dem Papier war es noch ganz passabel. Und als wir den Grund absteckten, hab ich mir nicht viel dabei gedacht. Aber nun, da die Mauern stehen, wirkt ihre Nähe doch fast bedrohlich. Jetzt sieht man erst, daß die Passage zwischen Kirche und Frauenhaus recht schmal ist. Vor allem ist mir eins recht fatal. Der hohe Chor verdunkelt die Zimmer der Frauen zu sehr, er hält die Sonne ab, und die alten Weiblein brauchen nun mal Sonne und Wärme. Wenn auch Lieschen Rehbeen, die alte Prövnerin mit dem engen Brüstlein und dem schweren Haupt recht zufrieden damit ist, du kennst sie doch, Ilsabe?"
„Ich soll doch wohl Lieschen Rehbeen kennen."
„Nun, Lieschen Rehbeen, das gute Ding, das sich aus all und jedem ihren Honig saugt, ist recht erfreut, daß der Chor der Kirche ihren Fenstern so nahe gerückt ist. Sie malt sich schon aus, wie es ist, wenn sie im Winter wieder ihren schlimmen Husten hat und sie nicht aus dem Hause darf, wie sie dann vom Bett aus Orgelspiel und Gesang hören kann, und wenn irgendwo nur ein Kläppchen aufsteht, auch etwas von der Predigt des Pfarrers.

Lieschen Rehbeen hat mich gefragt, ob auch bunte Glasbilder in die leeren Fensterhöhlen kommen."

„Und da hast du ihr gesagt, daß sie in das große Chorfenster den heiligen Nikolaus bekommen."

„Ja, mit hoher Inful und goldener Krummstabkrümme. Hab' ihr und den anderen Frauen, die im Kreis um mich herum waren, geschildert, wie er auf einer grünen Insel steht, von Seevögeln umflogen, zu seinen Füßen die Fische des Meeres, die aus dem Wasser so freundlich zu ihm hinaufschnappen.

Eins ist mir klar geworden. Es bleibt uns nichts anderes übrig. Wir müssen das Kirchlein zu einem Bilderbuch machen, woran die alten Leute ihre Kurzweil haben."

„Wann wird einmal alles fertig sein?"

„Bis zum Winter wohl kaum. Aber ich denke, in einem Jahr um diese Zeit kann die Kirche geweiht werden. Johann von Atzelt, der Bischof von Verden, wird dazu herüberkommen. Er hat es mir versprochen. Der Nikolaihof bekommt ja auch sein heiliges Öl von Verden. Es muß ein Fest werden für alle. Und du mußt auch dabei sein. Du ziehst das braune Samtkleid an und tust den kleinen goldenen Reifen ins Haar. Ich will Staat machen mit meiner jungen Frau." Er küßte sie.

Aber dann hob Ilsabe den Kopf.

„Singt die Nachtigall wieder?"

Sie lauschten beide. Ja, wirklich, die Nachtigall, die am Wasser der Ilmenau in den Gärten der „Weißen Mönche" brütete, war noch einmal über die Giebel geflogen und sang nun wieder in der großen Bauhofseiche.

„Ich höre sie dieses Jahr zum erstenmal", sagte Hinrich. „Doch wenn wir heute noch etwas Schlaf bekommen wollen, wird es Zeit, daß ich aus meinen Kleidern komme."

Aber sie kamen doch nicht so recht in den Schlaf. War das Singen des kleinen Vogels daran schuld? Sie mußten immer darauf hören. Und dann griff Ilsabe noch einmal nach der Hand ihres Mannes und flüsterte:

„Hinrich, glaubst du, daß es Menschen gibt, die glücklicher sein können als wir?"

Hinrich schwieg. Aber er drückte Ilsabe die Hand. Und so wußte sie wohl, daß er eines Sinnes mit ihr war. Nach einer Weile begann sie noch einmal:

„Hinrich, die goldene Kette, die der Vater mir am Hochzeitsmorgen um den Hals gab, ich möchte wohl, daß wir sie Meister Lafferde bringen, damit er einen Kelch daraus schmiedet für den Altar unserer kleinen Kirche draußen auf dem Nikolaihof. Wenn es dir recht wär, Hinrich?"

„Warum sollte es mir nicht recht sein? Wenn du es möchtest und wenn es dein Gemüt beruhigt und du meinst, du mußt es tun, laß es nur so machen."

„Ja, Hinrich, ich möcht' es. Und nicht erst seit heute. Hab' schon lange daran gedacht." Und dann kam es fast wie ein Hauch von ihren Lippen: „Vielleicht, daß dann alles so bleibt."

Mit dem Zottelhans nach Bardowick

Groß und flach und viereckig sind die bleiernen Pfannen auf den Feuern der Siedeöfen. In ihnen wird die Sole gesotten, die dem Sülzquell entquoll. Blei ist ein weiches Metall, und wenn das Wasser in der Pfanne verdampft ist und das schöne schneeweiße Salz hervorschimmert, wenn die Pfanne für diesmal das Höllenfeuer des Siedeofens bestand, ist sie verbeult, und der Sieder muß sie mit Pink und Pank wieder gerade klopfen und kann dann erst wieder die frische Sole in sie hineinfüllen. Tag und Nacht lodern die Siedefeuer. Es ist ein wahres Höllenleben, was eine arme Sülzpfanne auszustehen hat. Kein Wunder, daß sie leicht verschleißt, und in vier Wochen ist es mit ihr aus und vorbei. Man fährt sie ins Gießhaus, das etwas seitab liegt, aber immer noch auf dem mauerumringten Gebiet der Sülze. Im Gießhaus werden die verbrauchten Siedepfannen eingeschmolzen, und aus dem flüssigen Blei werden neue Pfannen gegossen, die sich wiederum vier Wochen auf den Flammen der Siedeöfen behaupten.
Jeder auf der Sülze kennt das kleine Gefährt, das die abgebrauchten Siedepfannen zum Gießhaus bringt und die neuen nach den Siedekaten zurückträgt.
Jahrelang war ein struppiges Pferd vor dem Wagen gegangen, ein Isländer Pony. Es wurde angetrieben von einem älteren Sieder, der in den Siedehütten nicht mehr recht schaffen konnte. Schließlich paßte er nicht mehr in das stürmische Getriebe auf der Sülze. Auch Wagen und Pferd taugten nicht mehr recht dafür. Der Sodemeister sah sich nach einem anderen Pferd um und kaufte einen neuen Wagen. Den abgedankten Fuhrmann, den ehemaligen Sieder, übernahm Hinrich Lange, und Wagen und Pferd kaufte er für einen billigen Preis dazu. So blieben die drei Getreuen beisammen. Jürgen, der Sieder, der keinen Anhang hatte, kam im Bürgermeisterhaus aufs Altenteil. Er erhielt seine Kammer und sein tägliches Brot, und dafür machte er sich im Hause nützlich, spaltete Holz, fütterte und tränkte Hinrichs Reitpferd, den Blauschimmel. Den Wagen hatte Hinrich ausbessern lassen, und Jürgen, der Sieder, hatte ihn mit einer kornblumenblauen Farbe angestrichen. Wenn es aber nun galt, Obst und Gemüse von dem Garten zu holen, den Hinrich sich auf dem Nikolaihof erworben hatte, dann spannte der alte Sieder das kleine zottelige Pferd vor den blauen Wagen. Die Kinder

im Hause hatten das Pferdlein besonders gern, und weil es so rauh war, nannten sie es Zottelhans. Wenn er nun angeschirrt vor dem blauen Wagen stand, kamen alle vier Kinder aus dem Hause, stellten sich auf der Treppe auf, sahen zu, wie Gesa, die junge Magd, die leeren Körbe aus dem Hause trug und auf das Wagenbrett stellte. Gesa setzte sich zu den leeren Körben. Sie mußte mitfahren, sie mußte im Garten nach dem Rechten sehen, Gemüse ernten und Kirschen und Stachelbeeren pflücken. Die vier Kinder warteten, bis Jürgen, der Sieder, in seinem guten Rock aus dem Hause kam. Er sammelte die Brotschnitten ein, die die Kinder in der Hand hatten, und sie sahen zu, wie er sie an den alten Hans verfütterte.
Und dann knallte er mit der Peitsche, ließ noch einmal seine Augen über alle vier Kinder hingehen. Die kamen die Treppe herunter und zuckelten ein wenig traurig hinter dem Wagen her, kehrten dann ins Haus zurück, und Gertraudis sagte, wenn die Mutter ihr entgegen kam:
„Warum dürfen wir nicht auch mit Zottelhans fahren?"
„Einmal fahren wir alle zusammen nach Bardowick", tröstete Ilsabe ihre Kleinen, „und dann kommt der Vater mit und reitet neben unserem Wagen her."

Und an einem Nachmittag im Herbst hatte Hinrich wirklich einmal Zeit. Aber da wollte es das Unglück, daß die beiden Jungen nicht zu Hause waren. Tante Tzerstede hatte sie am Vormittag geholt, sie sollten im Garten an der Techt spielen.
So saß Ilsabe mit ihren beiden Töchtern allein auf dem Wagenbänkchen, als das Gefährt am frühen Nachmittag aus dem Bardowicker Tor rollte. Gertraudis und Ilsabe ließen kein Auge von dem Vater, der so mächtig und groß auf seinem breitbrüstigen Blauschimmel saß. Einmal ritt er voran und dann war er wieder neben ihnen, und sie winkten ihm zu.
Langsam ging es mit dem alten Zottelhans. Er konnte nicht so dahindonnern wie die schweren belgischen Pferde, die die Lastwagen durch die Bäckerstraße zogen. Und manchmal blieb er wahrhaftig ganz stehen und besonders, wenn der Weg bedrohlich vor ihm aufstieg.
Lüneburg liegt im Talkessel der Ilmenau, und so ging es zuerst öfter bergauf. Also blieb er oftmals stehen, verschnaufte und sammelte Kräfte, und Jürgen, der Sieder, ließ ihn gewähren. Aber dann zog er die Leinen stramm, warf die Beine und brauste nach oben, und die Kinder jauchzten und freuten sich über ihren guten Hans.
Am Wege standen Birken, und hinter ihnen breitete sich die Heide aus. Sie blühte noch. Sie duftete um ihren Wagen. Auch Gertraudis hob zuweilen ihre Nase und schnupperte hinter dem süßen Honigduft her, und dann waren sie im Walde. Wie kühl fiel der Schatten der Bäume auf ihre heißen

Arme! Da hob der Vater seine kleinen Töchter vom Wagen, und die Mutter stieg auch aus. Gertraudis und Ilsabe bückten sich, sahen unter das Bickbeerkraut, suchten nach den blauen Beeren, die sie am Anfang des Sommers einmal draußen im Walde gepflückt hatten. Aber sie fanden keine mehr. Die Mutter sah nach den Pfifferlingen; sie hockten am Fuß der Birken im grünen Waldgras. Indes brach Jürgen, der Sieder, kleine Zweiglein von den Birken, steckte sie dem Hans hinter das Zaumzeug, in die Ösen seines Geschirrs. Er putzte seinen Hans heraus. Er tat es nicht aus Eitelkeit; er tat es, damit das gute Tier nicht soviel Last mit den Fliegen hätte.
Sie saßen wieder auf dem Wagen, die Mutter und die Kinder. Gertraudis und die kleine Ilsabe waren schon etwas müde. Und auch Zottelhans beeilte sich nicht. Langsam kam das kleine Gefährt aus dem Walde. Da lag die neu erbaute Kirche vom Nikolaihof vor ihnen, und der vergoldete Knopf über ihrem Dachreiter glänzte in der Sonne.
Musik und Orgelspiel kamen aus der Kirche. Und Zottelhans blieb vor den offenen Türen stehen. „Wir wollen aussteigen", sagte Ilsabe zu den beiden Mädchen. Und als Hinrich heranritt, bat sie:
„Laß uns doch einmal mit den Kindern in die Kirche gehen."
Hinrich hatte nichts dagegen. Und da Peter, der älteste Sohn der Hofmeistersleute zur Stelle war, gab er ihm die Zügel des Blauschimmels in die Hand.
Beklommen gingen die beiden Kleinen an der Hand der Eltern über die Schwelle. Sie hörten Musik. Und es war doch kein Drommeter zur Stelle, kein Mann, der die Flöte spielte. Von oben kam die Musik, ja recht wie aus dem Himmel. Ilsabe drückte sich an ihren Vater heran, und der nahm sie auf den Arm und ging mit ihr zwischen den Bänken dem Altar entgegen. Etwas langsamer folgte Ilsabe, die Gertraudis an der Hand hielt. Vor dem Altar blieben sie stehen.
Zu Füßen des großen Kreuzes stand der Kelch, den Meister Lafferde aus Ilsabens Goldkette geschmiedet hatte. Johann von Atzelt, der Verdener Bischof, hatte ihn vor mehr als einem Jahr geweiht, an jenem Maitag, an dem auch die neue Kirche von ihm geweiht wurde. Hinrich und Ilsabe sahen auf den Kelch, danach sahen sich die beiden Eheleute an und lächelten.
Aber nun flüsterte das jüngste Töchterchen, die kleine dunkelhaarige Ilsabe, die auf des Vaters Arm saß:
„Wer ist der Mann?"
Sie sah zu dem Glasbild auf, das aus dem Chorfenster leuchtete.
„Es ist der Heilige Nikolaus."
„Der Nikolaus, der uns vor Weihnachten Äpfel, Nüsse und Krude in die Schuhe legt?"
„Doch wohl der."
Das Kind wunderte sich, dachte: und hier in dieser Kirche wohnt er?

Sie war noch immer in dem Alter, wo Bild und Wirklichkeit in eins verschwimmen und man sie nicht auseinanderhalten kann. Sie sah zu dem kirschroten Mantel des alten Mannes auf, zu seiner hohen Bischofsmütze. Und wie er da so freundlich auf der grünen Insel stand, indes die Fische in dem blauen Meer zu ihm aufschnappten. Ja, hier in der Kirche war es seltsam.

Aber nun stellte Hinrich seine kleine Tochter Ilsabe wieder auf die Füße, nahm seine beiden Mädchen an die Hand und zeigte ihnen die geschnitzten Tiere an den Stuhlwangen der Prövner und der Hofleute. Alles Getier, das auf dem Nikolaihof beheimatet war und in seiner Nähe lebte, war an diesem Gestühl zu finden. So hatte Hinrich es gewünscht. Und Pfarrer, Organist und die Hofmeisterleute waren damit zufrieden.

Hier war ein Pferd. Nicht so ein struppiges wie ihr Zottelhans, nein, ein junges, glattes, wie sie manchmal über die Ilmenauwiesen galoppierten. Und Hinrich zeigte den Kindern Schaf und Lämmlein, den geschnitzten Storch, der sich am Ufer der Ilmenau nach Fröschen umsieht; zeigte ihnen Marder und Eichhörnchen, die drüben im Eichenkamp in den alten Bäumen hausen, und auch den putzigen Igel, der tagsüber im Holzschuppen unter einem großen Reisigbündel schläft, seine Jungen zu beiden Seiten. An den Bankwangen an der Frauenseite fanden sie Hahn und Huhn, Küchlein, Ente, Specht und Kuckuck und den Eichelhäher mit seiner gesträubten Kopffeder. Die beiden Mädchen hüpften wie die Böcklein von einer Stuhlwange zur andern und konnten sich nicht sattsehen an dem Bildwerk, das der Lübecker Bildschnitzer vor Jahren im Festsaal des Bürgermeisterhauses gemacht, denn in diesem langen und schmalen Saal hatte er sich mit seinen Hölzern und seinen Schnitzmessern eingerichtet. Hinrich und Ilsabe waren oftmals nach Feierabend hinaufgegangen und hatten ihm zugesehen.

Als sie aus der Kirche kamen, wahrhaftig, kein Zottelhans war da, kein blauer Wagen. Nun eilte die rasche Hofmeisterin über den Platz mit ihren roten Backen und den schnellen, schwarzen Augen. Die schwarzen Löckchen, die ihr in die Stirn fielen, kringelten durcheinander. Sie gab allen die Hand und sagte:

„Ihr habt euch wohl gewundert, daß euer Wagen weggefahren ist. Als Peter den Blauschimmel ins Haus brachte, war der kleine Isländer nicht mehr zu halten gewesen. Er mußte mit." Sie führte ihre Gäste auf die Diele des großen Strohdachhauses. Und richtig, da fanden sie ihren Zottelhans wieder. Angebunden an einen der vielen Stallbäume, fraß er in Gemütsruhe das Gras, das Peter für ihn gemäht hatte. Und der Blauschimmel neben ihm tat sich auch an dem Grün gütlich.

Im Flett war der Tisch schon gedeckt. Mit Schinkenbroten und Milch wurden sie bewirtet. Aber es hielt sie nicht lange bei der gastlichen Frau. Es war

viel zu beschicken. Bohnen und Äpfel, Birnen und Pflaumen mußten gepflückt werden. Die Hofmeisterin schickte zwei Mägde mit Körben in den Garten. Ja, alles half mit. Die Mutter pflückte Bohnen, der Vater nahm Äpfel ab. Und Gertraudis und Ilsabe sammelten das heruntergefallene Obst auf. Schließlich waren sie mit allem fertig. Die Körbe mit den Pflaumen und frühen Birnen, mit Wurzeln und Bohnen standen schon auf dem Wagen. Aber dann mußte der Vater noch mit dem Hofmeister sprechen und auch mit dem Kuhhirten, der einen so besonders unbändigen Stier in seiner Herde hatte. Die Mutter aber wollte einen Klumpen Ziegenbutter, den sie bestellt hatte, in der Schäferkate abholen. Da trennten sich die Eltern. Ilsabe schob ihre Hand in die ihres Vaters. Gertraudis blieb bei der Mutter. Die beiden gingen unter den alten Eichen hin, erblickten den Entenpfuhl, der schwarz und rund unter den Bäumen lag. Junge Entlein schwammen und tauchten auf dem Wasser, und einige von den kleinen watschelten durchs Gras. Aber wer saß denn da am Rand des kleinen Kolkes auf einem Stein, einen Stock in der Hand, im schwarzen Beiderwandrock? Gertraudis drückte sich an ihre Mutter und flüsterte: „Mutter, ist das eine Hexe?"
„Eine Hexe? Gertraudis, das ist doch die gute Großmutter vom Peter." Die Mutter begrüßte die alte Frau, und auch Gertraudis gab ihr nach einigem Zögern die Hand.
„Frau Lange", begann das alte Weiblein jetzt, „jeder ist noch zu etwas nütze, und mag er noch so alt sein. Ich sitze hier und habe meine Plage mit den Krähen. Seht Ihr sie?" Sie legte den Kopf zurück und zeigte mit dem Stock hinauf in das Gezweig der alten Eiche. Das schwarze Vogelvolk saß in einem rechten Gewimmel in dem Baum.
„Sie warten nur, daß ich gehen soll. Dann sind sie flugs unten, hacken den kleinen Enten mit ihren Schnäbeln die Schädel ein und schneiden den Hals vom Rumpf ab. Wir haben schon öfter ein kleines Entenküken so zugerichtet am Rande des Wassers gefunden. – Seht Ihr die schwarze da drüben im grünen Gras sitzen?" Sie zeigte mit dem Stock über den dunklen Kolk weg. „Sie ist schon heruntergeflogen, um gleich zur Hand zu sein. Wenn ich den Rücken wende, fliegt sie gleich hierher."
„Wie gut, daß Ihr aufpaßt. Aber erkältet Euch nur nicht!" sagte Ilsabe. „Es hat gestern geregnet, und der Boden ist noch feucht." Die Alte zeigte auf das Kissen, auf dem sie saß. Ilsabe zog ein Stück Würzzucker aus der Tasche; sie weiß, daß alte Leute gern Süßigkeiten mögen. Die Großmutter lächelte zum Dank, so daß man den einen Zahn sah, der ihr noch im Munde saß. Sie sah Ilsabe und dem Kind nach, die jetzt einer kleinen Kate entgegengingen.

Als Zottelhans schon wieder angeschirrt war, als der blaue Wagen, mit Körben bepackt, zur Abfahrt bereit auf dem Hofplatz stand, gab es noch einen kleinen Aufenthalt. Denn wie damals, als Hinrich Ratsherr wurde, so waren auch heut die vielen alten Frauen und Männer aus ihren Kammern und Stuben gekommen. Die alten Weiblein saßen auf den Beischlägen, auf der oberen Stufe der Treppe. Ja, einige hatten den Wagen umkreist, und Jürgen, der Sieder, der die Peitsche schon in der Hand hielt, trat zurück. Etliche von denen, die damals ihre Glückwünsche dargebracht hatten, waren inzwischen verstorben, aber Wiesche, die lange magere Wiesche, mit den braunen Faltenwirbeln im Gesicht, aus denen die schwarzen Augen funkelten, sie, die sich soviel mit den alten Leuten aus dem Männerhaus herumstritt, lebte noch, und sie stand am Wagen. In dem Augenblick, als Hinrich, die beiden Mädchen an den Händen, die Schwelle der Hofmeisterei überschritt, trat Lieschen Rehbeen aus dem Hause, Lieschen Rehbeen, mit dem großen Gesicht und dem engen Brüstlein, verweilte einen Augenblick unter dem Medusenhaupt, kam dann die Treppe herunter. Jetzt stand sie den beiden Kindern gegenüber, und Gertraudis sah ihr frank und frei entgegen. Ilsabe aber drückte sich, erschreckt von dem seltsamen Aussehen des alten Weibleins, in die Falten des väterlichen Rockes. Lieschen Rehbeen teilte an die Kinder aus. Rote, gestrickte Müffchen bekamen sie in die eine Hand und in die andere einen großen rotbackigen Frühapfel. Die beiden Kinder waren voller Freude. Diese letzte liebevolle Begegnung hatte ihrem Glück die Krone aufgesetzt. Und als sie etwas später auf dem Bänklein saßen und unter den Eichen dahinfuhren, die schönen Geschenke von Lieschen Rehbeen im Schoß, da legte Gertraudis ihren Kopf an den Arm der Mutter, und Ilsabe an der anderen Seite schmiegte sich in ihren Mantel. So sah Hinrich, der neben dem Wagen herritt, seine beiden Töchter und hatte seine väterliche Freude. Und jetzt, ja, richtig, sie sangen. Lieder? Ach nein, Lieder sangen sie nicht. Sie sangen abgerissene Worte, sie sangen, wie der Wind in den Birken singt, wie die Bek, wenn sie durch die grüne Wiese rauscht. Sie mußten singen, weil sie so glücklich waren, und die Mutter sah nicht minder glücklich aus und schaute abwechselnd einmal auf Ilsabens dunkles Köpfchen und dann wieder auf Gertraudis' braune Locken.

Hinrich ritt neben dem Wagen her. Und über die Wagenleiter weg sah er ihnen zu. Eine Traurigkeit kam über ihn, wie sie ihn manchmal als Kind befallen hatte, wenn ein glücklicher Tag sich seinem Ende zuneigte. War er traurig darüber, daß einem alles zwischen den Fingern dahinrinnt, daß man keinen Tag halten kann, und sei er noch so schön, oder rührte eine Ahnung von kommenden schweren Stunden sein Herz an?

Er konnte das Glück von Mutter und Kind nicht länger mit ansehen. So ritt er denn voraus. Aber die Kinder schwiegen nicht. Sie hatten noch viele Lieder

in sich und manchmal erreichte ihr kindliches Liedgestammel sein Ohr. Einmal hörte er aus dem Singsang die Worte:
„Wir fahren mit Zottelhans durch den Wald."
Nach einer Weile war das Singen verstummt, und er hörte nur noch das Knarren der Räder. Da hielt er sein Pferd an und wartete im Farnkraut am Wegrand, bis der Wagen heran war. Es dauerte eine Weile. Jürgen, der Sieder, saß vorn auf dem Wagenbrett, ließ die Beine baumeln und griff nicht nach der Peitsche, und Zottelhans ließ sich Zeit. Ilsabe aber, als das Gefährt ihn erreicht hatte, hob den Kopf und rief leise über Gertraudis' Scheitel hinweg ihrem Manne zu: „Sie sind beide eingeschlafen."
Ja, sie schliefen. Gertraudis im rechten Arm, Ilsabe im linken Arm der Mutter. Sie hatten sich an sie geschmiegt und ihre Gesichter in die Falten ihres braunen Mantels gesteckt. Die Eltern sprachen ab und an mit leisen Stimmen über ihre schlafenden Kinder hinweg. Einmal sagte Ilsabe: „Wie der Wald duftet! Ganz anders noch heut abend als am Tage."
„Der Duft kommt von der Heide herüber", antwortete Hinrich. „Die Heide honigt in diesem Jahr so stark."
„Aber es ist nicht allein der süße Honigduft, den ich spüre."
„Du hast ganz recht, er ist vermischt mit dem Geruch der Kiefern. Die Bäume atmen am Abend stärker aus."
Danach sprachen sie nicht mehr. Und da tat sich der Wald auf. Der Wagen knarrte an der Bank vorbei, die nicht weit vom Holzkreuz stand. Sie sahen Lüneburg in der Tiefe liegen, umbraut von den weißen Nebeln, die von den Ilmenauwiesen aufstiegen. Erste Lichter schienen aus Dunst und Dunkelheit zu ihnen herauf. Rascher ging es auf dem abschüssigen Weg. Aber die Kinder wachten nicht auf. Sie schliefen noch, als der blaue Wagen vorm Bürgermeisterhaus hielt. Hinrich war schnell vom Pferde herunter. Der alte Sieder nahm den Blauschimmel, führte ihn durch die schmale Twiete, um ihn in den Bauhofstall zu bringen. Die Mutter reichte ihrem Mann die schlafende Ilsabe vom Wagen. Sie erwachte, sah für einen Augenblick zum dunkel gewordenen Himmel auf. „Sterne", flüsterte sie, „liebe Sterne."
Als Hinrich sie auf die Diele brachte, war sie schon wieder eingeschlafen.

Wenn wir doch eine Mutter im Hause hätten

Oktober war es, als der Sodmeister starb. Auf der Sülze hatte ihn der Schlag gerührt.
Da hatte man Hinrich mitten im Jahr zum Sodmeister gewählt. Nun war er der Herr der Sülzquelle, ja, der ganzen Sülze und hatte nun noch immer mehr zu tun. So war Ilsabe an den trüben Tagen des November viel allein. Denn

wenn Hinrich nicht auf der Sülze war, wo die Feuer der Siedeöfen Tag und Nacht brannten, so war er im Rathaus; oder er mußte nach dem Nikolaihof hinüberreiten. Und oftmals fand sich noch am späten Abend ein Geistlicher ein, der unten in der Schreibstube auf ihn wartete. Denn Patronatsherr von der Täuferkirche war er auch.

Aber an einem Sonnabend war er zeitig nach Hause gekommen, und sie gingen früh zur Ruhe. Sie hatten die blauweißen Leinenvorhänge, die von den hohen geschnitzten Bettpfosten getragen wurden, nicht zugezogen, und der Mond schien auf die grüne Kamelotdecke, auf das weiße Laken, das am oberen Ende über diese Decke geschlagen worden war. Vielleicht war das Mondlicht daran schuld, daß sie nicht schlafen konnten. „Ilsabe", begann Hinrich nach einer Weile; er sprach leise, um Älardus nicht zu stören, der mit roten Backen nicht weit von ihnen in seinem Bett schlief, „ich mache mir manchmal Gedanken. Ich muß dich so oft allein lassen. Aber da ist so viel zu tun, im Sodhaus, in den Siedehäusern, auf der Kanzlei. Wir haben doch immer die rechte Freude aneinander gehabt, und jede Stunde, in der wir zusammensein können, ist uns viel wert. Diese Stunden werden immer seltener. Aber kann man etwas daran ändern?"

„Ach, Hinrich, sorg dich nicht! Am Tag hab' auch ich meine Arbeit. Solange die Kinder die Augen offen haben, kommt man nicht zur Besinnung. Und wenn sie zur Ruhe sind, gibt es zu nähen und zu stopfen. Es war ja immer gut, wenn du mit einer Schreibarbeit dabei saßest. Aber bist du nicht da, hab ich zu denken. Ich denk auch immer gern an die letzte Fahrt im Herbst zurück. Ja, Hinrich, wenn ich es genau sagen soll, so ist es mir immer, als seien all die vielen schönen Tage meines Lebens in diesem einen beschlossen. Wie man ja auch aus tausend Rosen einen Tropfen Rosenöl preßt. Und dieser Tag ist nun mal mein Tropfen Rosenöl. Ja, wenn ich an unsere Reise nach dem Nikolaihof denke, so stell ich mir alles, was gewesen, wieder vor Augen. Aber weißt du, wer von den Menschen da draußen mir am meisten im Sinn liegt?"

„Die Hofmeisterin ist es wohl nicht", antwortete Hinrich, „und Lieschen Rehbeen auch nicht."

„Es ist Meyers Mutter aus der Schäferkate. Wirklich, Hinrich, ich glaube bestimmt, einer besseren Frau bin ich im Leben noch nicht begegnet. Ich war an jenem Tag im Herbst doch noch bei ihr."

„Du holtest deine Ziegenbutter von ihr, als wir im Garten fertig waren."

„Ja, du hattest noch mit dem Hofmeister zu tun. Der große Stier, der sich immer so ungeschickt benahm, sollte an einen Schlachter in Lüneburg verkauft werden, und ihr wolltet den Verkauf besprechen. Du weißt wohl noch, ich ging indes in die Schäferkate."

Hinrich erinnerte sich noch genau, wie es gewesen war.

„Meyers Mutter war nicht zu Hause. Die Tür war zu. Ich warf einen Blick auf ihren Blumengarten, in dem Levkojen blühten, Verbenen und Löwenmaul. Wir wollten schon gehen, da kam sie doch noch um die Ecke, barbeinig in Holzklotzen, in einer blauen Leinenjacke, ein helles Kopftuch um das frische Gesicht gebunden. Sie winkte uns zu. Sie lachte. Sie freute sich, als sie uns sah. Sie brachte den Korb mit den Runkelblättern in den Schweinestall, und als sie herauskam, da kam die Glucke mit ihren zwölf Küken daher. Sie bat uns noch, ein wenig zu warten, lief nach dem kleinen Verschlag, öffnete die Tür, und während die Küken eins hinter dem andern her über die Schwelle hüpften, sagte sie:
„Es ist ja spät im Jahr für die Küken. Aber was sollten wir machen? Die Glucke hat sich selbst gesetzt. Eines Tages kam sie mit dem ganzen Schwarm bei uns an."
Inzwischen waren alle im Ställchen. Nur die Glucke zögerte noch an der Schwelle, ein großes Tier mit schwarzschillernden Federn. Schließlich wurde Meyers Mutter die Zeit lang, und sie ermunterte sie und sagte — paß genau auf, Hinrich —: „Gah rin, Kluksch, häst di nu nog mit jüm aftowt."
„Das sagte sie", lachte Hinrich, „na, ich muß sagen, recht hat sie. Ich hätte auch nicht Lust mit zwölf Jungen, wie unser Älardus einer ist, den ganzen Tag unterwegs zu sein. Nein, das Tagewerk einer Glucke ist sicher kein leichtes, aber wer bedenkt das, und wer wird dem gerecht?"
„Ja, nicht wahr? Wer wird dem gerecht? Wo gibt es einen Menschen, der so redlich mit dem Getier verfährt, daß er das einsieht. Ich mußte Gertraudis es auch erklären, die mich fragte. Und ich sagte ihr, wie sie ihre Küchlein nun zum Wasser leiten muß, und dann muß sie sie unter die Flügel nehmen und sie wärmen, und dann kommt ein böser Habicht angeflogen, und sie muß für sie kämpfen und muß dabei alle zwölf im Kopf haben. Denn sie kann doch nicht zählen. Und eine Glucke, die ein Küken verliert, so was gibts ja gar nicht. Aber Hinrich, es geht noch weiter. Die Schäfersfrau verschwand hinter der Tür der kleinen Kate, kam aber gleich darauf wieder. Sie hatte ein Fußbänkchen mitgebracht, sie nötigte Gertraudis, sich auf das Bänkchen zu setzen. Sie wußte wohl, daß sie den ganzen Tag herumgesprungen war und ihr ein wenig Ruhe not tat. Sie gab ihr ein Stück Kuchen in die Hand und setzte ein Schälchen mit Eierpflaumen auf ihren Schoß. So aß sie, und ich trat an das kleine Blumenviereck unter dem Fenster heran. Da hättest du sehen sollen, wie Sorgsamkeit und Liebe auf diesem kleinen Fleck Erde gewaltet hatten. Denn die Nelken, die so schwer an ihren Blüten tragen, waren angebunden und hatten eine Stütze bekommen, und um Verbenen, Astern und Löwenmaul war das Erdreich aufgelockert. Ja, jede Blume stand da, als sei sie Meyers Mutters liebstes Kind.
Sie nahm mich mit in ihren kleinen Erdkeller, den der verstorbene Schäfer

gebaut hat. Sie gab mir dort die Ziegenbutter, sauber in ein Rhabarberblatt gewickelt. Auf einem der Borde lag eine Henne, schon gerupft. Ich blickte zu ihr hinüber. Da sagte die Frau: „Ich sah gestern, wie sie eine Feder verlor, und da sie doch weg sollte, dachte ich, nun ist es Zeit, sonst kommt sie noch ganz in die Mauser. Ich hätte sie wohl gern morgen auf dem Lüneburger Markt verkauft, aber nun fährt niemand vom Nikolaihof nach Lüneburg hinüber."

„Wenn es das ist", sagte ich zu ihr, „die Henne hätte ich auch gern gehabt. Dann habe ich doch zum Sonntag ein Essen, das auch die Kinder mögen."

„Oh", sagte sie, als wir nach oben kamen, „nun habe ich sie doch wohl etwas zu spät geschlachtet. Ich hab sie gestern abend beim Kienspan gerupft, und nun sehe ich, daß die schwarzen Posen doch schon in die Haut geschossen sind. Ein anderes Huhn kann ich nun nicht mehr schlachten. Sie sind ja noch alle unterwegs."

Ich aber wollte die Henne so gern haben. Da hat die gute Frau ihre Arbeit liegen lassen und hat mit mir zusammen wohl eine Viertelstunde versucht, Herr zu werden über die sprossenden Federn, das schwarze Zeug.

Hinrich hatte aufmerksam zugehört. Er dachte bei sich: Warum erzählt Ilsabe mir das alles? Und es ist sicher nur ein Anfang. Und fast, als hätte sie seine Gedanken erraten, fuhr sie fort:

„Hinrich, du wunderst dich wohl, daß mich dies alles noch nach Monaten so bewegt. Aber, Hinrich, es ist wohl so, wie du sagst: Ich bin viel allein. Wenn ich dann sitze und stricke, denke ich viel an meine Mutter. Sie starb so früh, und ich denke manchmal, ich muß es einmal sagen, es könnte mir auch so gehen."

„Nun . . ."

„Sie war noch so jung. Sie kamen beide in ein Grab, die kleine Schwester, der sie das Leben nicht mehr geben konnte, und sie. Das steht mir öfter vor Augen."

Ilsabe setzte sich im Bette auf. Die schwarze, lockige Flechte fiel über ihre Schulter weg auf die grüne Decke. Sie aber drückte die Faust gegen den Mund und grübelte auf die Decke hinunter. Schließlich sagte sie:

„Hinrich, ich sollte dies alles gar nicht herkriegen. Aber ich muß einmal darüber sprechen. Wenn wir doch eine Mutter im Hause hätten! Das ist es, was ich immer denke. Wenn du im Hause bist, sind wir geborgen. Aber du bist ja leider so wenig im Hause. Und in fast allen Häusern haben sie noch eine Mutter. Die junge Frau von der Molen, die in der „Goldenen Treppe" wohnt, kann gut einmal krank sein. Dann kocht ihre Mutter und sorgt für die Kinder. Aber wer sorgt für euch, wenn ich nicht kann? Gesa ist noch zu jung, und Tante Tzerstede, die uns oftmals aushilft, kann sich nicht mehr recht auf ihre Gesundheit verlassen. Und nun ist es mir manchmal ein Trost,

wenn ich an Meyers Mutter denke. Ich male mir manchmal aus, wie sie auf unserer Diele sitzt, all unsere Kinder um ihren dunklen Rock."
Ilsabe machte eine Pause und wartete. Als ihr Mann schwieg, fuhr sie fort: „Ich meine ja, wir sollten danach trachten, Meyers Mutter ins Haus zu bekommen. Du findest nicht leicht eine Frau, die so gut zu Mensch und Tier ist wie sie; die immer nur darauf bedacht ist, daß jedes sein Recht bekommt. Und ist es nun nicht so, als kämen die äußeren Umstände meinen Wünschen zu Hilfe? Da ist nun ihr Mann, der alte Schäfer, im letzten Winter gestorben. Der Sohn geht jetzt mit den Schafen. Aber der Sohn hat um Michaelis gefreit. Da wird es eng in dem Haus. Und es ist nicht immer so, daß es sich verträgt, wenn eine junge Frau da ist. Ja, Hinrich, nun sage, was meinst du dazu?" Sie sprach ganz leise. Der kleine Älardus hatte sich im Bett herumgeworfen.
„Ilsabe, ich kann mir nicht so recht einen Vers daraus machen. Ich sehe Meyers Mutter vor mir, wie sie lebt, immer unter freiem Himmel, zwischen Hühnern und Küken, zwischen Ziegen und Lämmern. Meinst du denn, daß sie sich in der Stadt wohlfühlen wird?"
„Wir müßten ihr die Kammer am Hof geben, in der die Frau aus der Mark mit ihren Kindern wohnte, die damals vor den Hussiten floh. Ein Herd ist drin, Grapen und Töpfe stehen auf dem Bord, und eine Holzkiste ist auch vorhanden. Und siehst du, das müßte alles darin bleiben, so daß sie sich auch einmal einen Grapen-Essen kochen kann, wenn sie es lustig ist oder wenn ihre Tochter sie besucht. Sie hat ja eine Tochter in der Stadt. Du weißt ja, sie hat einen Sieder gefreit und wohnt in der Nähe der Sülze. Ohne Anhang ist sie hier nicht. Ja, die Kammer mit der Feuerstelle müßte sie haben. Und wenn sie aus der Tür tritt, ist sie auf dem Hof mit seinen Holztürmen, und ich meine, die müßten sie anheimeln. Denn die stehen auch um ihre Kate, und für die Hühner müßte sie sorgen. Ich denke immer: so müßte es gehen."
„Ilsabe", begann Hinrich, „es ist vielleicht nicht ganz verkehrt, aber heute wollen wir nichts entscheiden. Ich muß es mir in Ruhe überlegen!"
„Tue es, ja, tue es! Aber das sag ich, wenn Meyers Mutter ins Haus käme, wie könnt ich ruhig sein!"
Wie könnt ich ruhig sein! Wie das klang? Was war mit Ilsabe? Und er dachte an die Heimfahrt vom Nikolaihof vor etlichen Wochen, als sie im Walde waren unter den Bäumen, als er in der Dämmerung neben dem blauen Wagen herritt. Da saß sie zwischen den singenden Kindern. Und eine Angst war über Hinrich gekommen, daß es eine Zeit geben könnte, in der Ilsabe nicht war.
In den folgenden Wochen sprachen sie nicht viel von Ilsabens Plänen, aber beide lebten sich in die Vorstellung hinein, daß die Frau aus der Schäferkate vielleicht bald ihre Hausgenossin würde.

Und eines Tages, kurz vor Weihnachten, kam Hinrich nach Hause und sagte: „Heute ist mir die Schäfersfrau in den Weg gelaufen."
„Wirklich?"
„Sie wollte ihre Tochter besuchen, sie kommt auch noch zu dir. Sie will dir einen Klumpen Ziegenbutter bringen. Und wenn du willst, so frage sie nur."
Das tat Ilsabe. Und wenn die ältere Frau auch in der Schäferkate nicht mehr so nötig gebraucht wurde, so konnte sie sich doch nicht dazu entschließen, ja zu sagen. Auch als der hinzukommende Hausherr Ilsabe zu Hilfe kam, blieb sie bei ihrer Ablehnung. Und ihre Bescheidenheit wehrte die Bitten der beiden immer wieder mit den Worten ab:
„Ich kleide nicht bei euch. Und ich kleide nicht bei den Menschen in der Stadt."
Aber als es gegen den Frühling ging, änderte sie ihren Entschluß. Sei es, daß der Raum im Hause knapp wurde oder das Geld im Holzbecher auf dem Küchenbord zusammenschmolz und die junge Frau gerne Töpfe und Näpfe, Schüsseln und Pfannen nach ihrem Sinn anschaffen wollte. Genug, als Hinrich im Frühling in der Schäferkate vorsprach, meinte der Sohn, sie hätten sich alles recht überlegt, und wär es ihnen mit ihrem Anerbieten damals ernst gewesen und hätte sich nicht schon jemand anders gefunden, so wolle die Mutter wohl zu ihnen kommen.
So zog die Frau aus der Schäferkate ins Bürgermeisterhaus. Und als sie die kleine Kammer betrat, die nach dem Hof lag, als sie die bescheidene Feuerstelle sah, die Holzscheite erblickte, den Dreifuß mit dem Grapen, lächelte sie. Ach ja, hier mochte sie wohl sein.

Ilsabe

Tante Tzerstede von der Techt ist klein und so dunkel wie eine Kaffeebohne. Sie hat auch nur ein kleines Köpfchen. Aber das prangt! Rote Bäckchen, schwarze Augen, blank und wie poliert; schwarze Löckchen in der Stirn. Tante Tzerstede ist die Schwester von Ilsabens Vater, und sie ist zeitlebens in dem Hause an der Techt gewesen.
Im Juni, am Tage Johannis des Täufers, stellte sie sich frühmorgens im Bürgermeisterhause ein, und Hinrich brachte sie gleich in die schmale Schreibstube, die an der Diele lag.
Nein, es ging Ilsabe nicht gut.
„Sie hat sich ins Bett gelegt", sagte Hinrich.
„Dann ist es wohl am besten, ich nehme Boldewin und Älardus für ein paar Tage mit zu uns."

„Wenn du das willst? Ilsabe hat es dann etwas ruhiger.“

Ilsabe fühlte sich im Augenblick besser, und darum ließ man die beiden Jungen zum Abschiednehmen an ihr Bett. Älardus und Boldewin mochten es gar nicht, wenn die Mutter krank war. Aber diesmal hatte ihr Kranksein doch sein Gutes. Sie durften nach der Techt. Wirklich, diesmal hatten sie den besseren Teil erwählt. Die Mädchen mußten im Hause bleiben. Sie mußten bei der Schäferfrau in der Küche sitzen. Die Jungen hatten es eilig, besonders Älardus, der die Freiheit liebte und der immer glücklich war, wenn er dem Hause entrinnen konnte. Da stand er nun an dem Bett der Mutter, die Ellenbogen in die Falten der grünen Kamelotdecke gestützt. Zwischen ihren Ermahnungen zum Bravsein und ihrem Haarzurechtstreichen sah er nach der Tür. Denn draußen auf dem Gange wartete schon die kleine Tante Tzerstede in ihrer schwarztaftenen Glocke auf sie.

In ihren Gedanken begleitete Ilsabe die kleinen Burschen auf ihrem Weg in die Altstadt. Vielleicht sind sie schon in der Straße „Auf dem Meere“, gehen wohl jetzt unter den Linden von St. Michael hin. Ob Tante Tzerstede sie einmal mitnehmen würde in die Kirche? Mochten sie auch klein sein, das viele Bilderwerk in den goldenen Rahmen konnten sie doch schon anstaunen. Wenn Markt wäre, könnten sie den braunen Petz sehen, der manchmal auf zwei Beinen zwischen den Buden unterwegs war. Wie gern hatte sie selbst sich als Kind immer an Tante Tzerstedes Hand in das Marktgetümmel gewagt! Und einmal, als sie vor der Bude des Nürnberger Spielzeugschnitzers standen, der an der Mauer, nicht weit von der Brauttüre der Kirche seinen Kram aufbaut, als sie das viele Spielzeug betrachtete, die Arche Noah mit Elefanten und Giraffe, mit Kamel und allem Getier, hatten die Leute aufgeschrien; und nun kam es daher, das braune Ungetüm, aufgetürmt wie ein Riese, mit ausgebreiteten Armen.

Sie war bange und versteckte sich hinter Tante Tzerstedes Rock. Aber sie wollte ihn doch schrecklich gern sehen und guckte um die Rockfalten. Und wahrhaftig, er tanzte, er tanzte im Lindenschatten nach dem Lied einer Flöte.

So träumte Ilsabe ein wenig um ihr Kinderland herum, wie man es wohl zuzeiten tut. Aber dann kam Hinrich zu ihr in die Stube.

„Sie werden jetzt wohl schon an Ort und Stelle sein“, sagte er, „Tante Tzerstede kam grade zur rechten Zeit, ganz als hätte sie geahnt, wie es hier steht.“

„Ilsabe, wir sind so lange nicht in der Techt gewesen bei deinem Vater. Wenn das Kind da ist und du dich besser fühlst, wollen wir deinen Vater und Brand einmal besuchen. Dann könnten wir beide in der Michaeliskirche die Messe hören.“

„Ja, Hinrich, das möchte ich wohl gern.“

Sag jetzt, was du ihm schon lange sagen wolltest, mahnte sie etwas, und sie

richtete sich auf und schob das Ohrkissen hinter ihren Rücken und begann: „Hinrich, du mußt nicht erschrecken, aber ich habe in den letzten Monaten oftmals gedacht, wenn es nun diesmal nicht gut mit mir abläuft."
„Ilsabe, warum sollte es diesmal nicht gut gehen? Es ging ja eigentlich immer gut. Wenn es auch das letzte Mal, als Älardis kam, etwas schwerer war. Aber der kleine Kerl hatte ja auch so breite Schultern. Ihr meint doch, du und unsere gute Schäfersfrau, daß es diesmal ein Mädchen wird. Und mit den Mädchen ist es ja wohl immer etwas leichter."
„Ja, Meyers Mutter denkt allerdings, daß wir diesmal eine kleine Tochter kriegen. Sie denkt es, weil es so lange dauert. Sie sagt: Die Jungen kommen rascher daher."
„Na also."
Er setzte sich auf den Bettrand und nahm ihre Hand.
„Ach, Hinrich, wie gern blieb ich bei euch. Und doch", sie sah auf die Seite, „kann man wissen, wie hier alles wird? Bäcker Engelkes Frau, unsere Nachbarin, starb beim siebten Kind. Gerade vor einem Jahr, und es war bei ihr vorher auch immer glatt gegangen. – Hinrich, ich würde gar nicht so etwas jetzt auskramen. Ich würde dich nicht mit solchen Gedanken beunruhigen. Aber ich habe einen Wunsch. Ach, lange schon. Sollte es diesmal übel mit mir ausgehen, ja, sollte ich die Augen schließen, so bringt mich nicht in die Michaeliskirche. In der Täuferkirche will ich mein Grab haben. Oder besser noch auf dem Friedhof zu Füßen des Turmes."
„Ist das dein Ernst?"
„Ja, Hinrich."
„Sagst du dich ganz von der Michaeliskirche los?"
Ilsabe nickte.
„Ilsabe, ich mag nicht hören, wenn du vom Sterben sprichst. Es macht mich traurig. Aber daß du in der Täuferkirche dein Grab haben willst, rührt mich und freut mich, wenn es auch noch Jahre dauern soll, bis es einmal so weit ist."
Aber nun legte Ilsabe sich zurück. Und als Hinrich sah, wie sich ihre schönen Wangen verzerrten, stand er auf, beugte sich über sie und sagte:
„Ich schicke Gesa jetzt zur Bademöhme."
„Ja, Hinrich", flüsterte sie, „das ist wohl das beste."

Sie hatten wohl beide gefürchtet, daß es schwer werden würde. Aber Ilsabe kam verhältnismäßig leicht davon. Ein feines Köpfchen, dachte Hinrich, als das kleine Mädchen vor ihm auf dem Kissen lag. Aber sie sieht weder Ilsabe ähnlich noch mir. Sie erinnert mich an meine Mutter. Man hielt Ilsabe das Töchterchen hin. Sie lächelte und nickte ihrem Mann zu. Ja, jetzt sind wir über den Berg, dachte Hinrich.

Und es war doch verkehrt gedacht. Eine halbe Stunde später kam der große Schreck. Ilsabe blutete. Sie blutete so stark, daß es rot durch Laken und Decke kam, daß das Blut durch das Bettstroh tropfte.
Das war eine Aufregung im Hause! Hinrich lief zum Medikus. Aber auch der konnte nicht helfen. Am Nachmittag, als er mit dem Arzt aus dem Krankenzimmer kam, blieben sie beide auf der Galerie stehen. Der Medikus sah über die Brüstung weg auf die beiden kleinen Mädchen hinunter, die auf Schemeln vor der Hochzeitstruhe saßen. Er wandte sich ab. Er zuckte die Achseln. „Was ist da zu machen", begann er. „Der Puls ist kaum zu fühlen. Nach meinem Ermessen kann es bis zum Abend . . ." Er brach ab. „Aber geschehen nicht immer noch Wunder? Man soll sie warm halten. Heiße Ziegelsteine ins Bett an die Füße. Heißen Wein muß sie trinken, etwas Kräftiges und doch Leichtes essen. Vielleicht ersetzt sich das Blut doch noch."
Ilsabe lag in den Kissen, matt und blaß. Man gab ihr heißen gewürzten Wein zu trinken, wie der Medikus es verordnet hatte. Ab und an kam die Schäferfrau in die Kammer mit einem am Herdfeuer erhitzten und in ein Tuch gewickelten Ziegelstein, den sie gegen Ilsabens Fußsohlen schob. Ilsabe dankte ihr mit einem Lächeln, wenn sie wachte. Manchmal hafteten ihre Augen an den Rosen aus dem Garten an der Techt, die Tante Tzerstede ihr am Morgen mitgebracht hatte. Sie standen in einem Wasserglas am Fenster. Meistens hatte sie ihre Augen bei Hinrich. Sie sah ihm entgegen, wenn er kam, und folgte ihm mit ihren Blicken, wenn er durchs Zimmer ging. Sie sah zu ihm auf, wenn er am Fußende des Bettes stand, bis ihr die Augen zufielen. Dann lag sie lange Zeit mit geschlossenen Lidern da. Schlief sie? War es eine schwere Bewußtlosigkeit, die sie umfangen hielt? Sie röchelte, rang nach Luft, und der Atem kam ihr pfeifend über die Lippen.
Wenn sie aber aus einer solchen Ohnmacht aufwachte und wieder zu sich kam, dann war in ihrem Umsichblicken ein Glück, als hätte sie in der Zwischenzeit schon Umgang gehabt mit seligen Geistern. War aber darüber den Ihren nicht im mindesten untreu geworden. Sie war für sie aufgetan; sie war ihnen aufgeschlossen wie in den guten Tagen ihres Lebens. Und so fragte sie einmal, als sie aus solch einer Ohnmacht aufwachte, nach ihren beiden kleinen Töchtern. Sie wollte ihre Töchter Ilsabe und Gertraudis sehen.
Die Frau aus der Schäferkate hatte sie an den Händen, als sie mit ihnen über die Schwelle kam. Gertraudis hatte wie immer ein grünliches Seidenband in den bräunlichen Locken. Etwas scheu, etwas verlegen, gaben sie der Mutter die Hand. Sie durften im Nebenzimmer die kleine Schwester sehen. Danach standen sie wieder am Bett der Mutter. Ilsabe hielt ihre kleinen Hände in ihren Händen, bis ihr die Sinne schwanden. Dann brachte die Frau die beiden Mädchen aus der Stube und ging mit ihnen die Treppe hinunter auf die Diele.

Aber schon nach kurzer Zeit öffnete Ilsabe ihre Augen wieder.
„Hinrich", rief sie leise und winkte ihren Mann zu sich heran. „Hinrich", flüsterte sie, „ich fühl's, ich muß sterben."
„Aber, Ilsabe, das ist doch nicht gesagt."
„Ach, Hinrich, ich weiß, ich weiß. Bin immer so gern bei euch gewesen", flüsterte sie, und er beugte seinen Kopf über sie. „War immer mein Glück und mein Stolz, daß ich dich liebhaben durfte. Ich weiß es wohl, wenn ich liefe vom Vischkulenhof an der Ilmenau über Markt und Sand bis zu Sankt Lamberti, würd' in all den vielen Häusern kaum einen Mann finden, der so freundlich seine Hand über mich gehalten hätte, wie du es tatest."
„Na, na, Ilsabe", wehrte Hinrich ab, „die anderen Männer in der Stadt sind doch auch keine Unmenschen."
Sie lächelte, als wüßte sie es besser, und fuhr fort:
„Bei dir hab' ich gelebt wie in einem Rosengarten. Und alles durft' ich, was ich gern wollte. Vielleicht hast du manchmal den Kopf geschüttelt. Vielleicht ist es dir manchmal unvernünftig vorgekommen. Aber du hast mich nie am Arm gepackt und davon zurückgehalten. Nein, du wolltest dasselbe und sagtest ja und amen dazu und setztest dein Siegel unter meine Wünsche. Die Goldkette, die ich von meinem Vater hatte, ich durfte sie zu Meister Lafferde tragen, und er schlug aus dem Golde den Kelch. In der Kirche auf dem Nikolaihof steht er noch heute auf dem Altar. Und immer noch hängen die Augen der Prövner sonntags an seinem Glanz. Und Lieschen Rehbeens Augen auch. Das mag ich gern denken; es freut mich noch in diesem Augenblick. Daß ich das alles durfte, dafür danke ich dir."
„Dafür brauchst du mir nicht zu danken. Wie hätte ich dich stören dürfen? Alles, was du wolltest und tatest, war recht und gut. Wie konnte ich wohl etwas dagegen einwenden? Das wäre ja gewesen, als wollte ich gegen die Himmlischen und Heiligen selbst zu Felde ziehen. Lebtest du nicht allzeit Gott und den Himmlischen zur Liebe, wie du auch uns zur Liebe lebtest? Nein, wenn einer von uns beiden zu danken hat, dann bin ich es."
„Hinrich, du warst gut zu mir", begann sie wieder mit leiser Stimme. „Ein Tag bei dir war so schön wie der andere. Das macht mir den Abschied schwer, und das macht mir das Sterben auch wieder leicht." Er küßte sie auf den Mund. Und sie flüsterte:
„Hinrich, leb wohl!" Und er antwortete: „Leb du auch wohl, Ilsabe", und damit sank sie wieder in die Bewußtlosigkeit zurück. Das Röcheln begann von neuem, das Ringen um Luft und das schlimme Pfeifen, wenn ihr die Luft aus dem Munde strömte.
In der frühen Abendstunde kam der Pfarrer, und als sie wieder bei Sinnen war, reichte man ihr die letzte Zehrung. Danach, als man sah, daß sie immer schwächer wurde, zündete man die Sterbekerze für sie an und gab sie ihr

in die Hand. Hinrich saß allein an ihrem Bett, hatte ihre Hand umschlossen, die die brennende Kerze hielt. Sie lag mit geschlossenen Augen, und manchmal rang sie nach Luft und röchelte.
Frau Meyer vom Nikolaihof, die Schäfersfrau, kam ab und an in die Stube und legte einen heißgemachten Stein gegen Ilsabens Fußsohlen. Sie blieb einen Augenblick am Bette stehn, unbegreiflich war ihr dies alles. Diese junge Frau sollte bald nicht mehr sein? Dann trat sie für einen Augenblick in die Nebenkammer, in der sonst die beiden kleinen Buben schliefen. Und sie sah nach dem neugeborenen Töchterchen. Das schlief und war wohlauf. Und einmal stand das Mädchen Gesa mitten im Zimmer und warf einen Blick auf das schmale Gesicht der Frau, auf ihre dunklen Locken, die auf dem hellen Ohrkissen lagen. Sie sah, wie die Kerze über ihr flackerte. Sie wußte nicht, ob Ilsabe noch lebte oder schon bei den Seligen war. Sie ging rasch wieder hinaus.
Zuletzt, als sie schon in tiefer Bewußtlosigkeit dalag, als eigentlich Hinrich es war, der vor ihrem Bette kniend und mit der linken Hand Ilsabens Hand umspannend, die brennende Sterbekerze hielt, legte er seine freie Rechte noch einmal auf ihr dunkles Haar. Und sie, ohne aus ihrer Bewußtlosigkeit aufzuwachen, drehte ihren Kopf und hielt ihm ihre Wange hin. Da fuhr er mit seiner Hand der Sterbenden noch einmal beruhigend und liebkosend über das Gesicht, und diese letzte Zärtlichkeit nahm Ilsabe mit hinüber.
Eine Stunde später war ihre Hand kalt geworden, ihr Gesicht starr. Da stand Hinrich auf, nahm ihr die brennende Kerze aus der Hand und löschte sie aus.
Am späten Abend, als die Kinder schon lange schliefen, suchte die schon bejahrte Frau aus der Schäferkate das Zeug der beiden Mädchen zusammen, das sie über die Diele verspielt hatten: Die Röckchen, die Strümpfe, die Schuhe. Dabei liefen ihr die Tränen über das Gesicht. „Ich weiß nicht", sagte sie zu Gesa, „warum die Frau so jung hat sterben müssen. Ich kann es nicht verstehen. Und eigentlich ist es ganz aus der Kehr und gegen die Regel."
„Gegen die Regel? Meyers Mutter, wie meinst du das?"
„Ach, Gesa, ihr wollt nichts von unseren alten Dorfweisheiten wissen. Ihr Jungen lacht darüber. Ihr habt aber auch noch nichts erfahren. Aber", sie lauschte, „weinte die Kleine nicht? Nein, Gesa, geh' nicht nach oben! Hinrich Lange ist bei seiner toten Frau. Wir dürfen ihn nicht stören. Die Kleine ist auch schon wieder still.
Laß, Gesa!" sie schüttelte den Kopf und gebot dem Mädchen, das etwas sagen wollte, damit Schweigen. Sie lauschte nach oben.
„Ich hör ihn. Er geht zu seiner kleinen Tochter hinüber, wahrhaftig, er spricht zu dem eben geborenen Würmchen. Ja, gewonnen und verloren an

einem Tag, ach, hundertmal mehr verloren als gewonnen. Wie wir denken, aber wir wissen nicht alles.

Gesa", fuhr sie nach einer Weile fort, sie stand vor der Hochzeitstruhe und ordnete das Zeug der Kinder in zwei Häufchen, „nun sage mir das eine: Ähnelt Gertraudis ihrer Mutter?"

„Durchaus nicht."

„Siehst du wohl. Wenn sie auch nicht gerade ihrem Vater gleichsieht, so geht sie doch ganz ins Langesche."

„Das mein ich auch. Sie ist eine Lange, das ist nicht zu leugnen."

„Nun hör zu: Bei uns in Bardowick und auf dem Nikolaihof sagt man, wenn das erste Kind geboren wird, dann wird so recht offenbar, wer von den beiden Eheleuten zuerst von der Welt muß. Ähnelt das erste Kind dem Manne, so wird er es sein, der zuerst stirbt. Ähnelt das Erstgeborene der Frau, so geht sie vor ihm dahin. Und war's bei uns nicht auch so? Mein Ältester war meinem Mann wie aus dem Gesicht geschnitten, und der ist nun schon bald zwei Jahre tot. Begreifst du nun, warum ich sage, es ist ganz aus „der Kehr" und ganz gegen die Regel. Denn Gertraudis, unsere Älteste hier im Bürgermeisterhaus, hat doch ganz und gar nichts von ihrer Mutter. Die kleine Ilsabe hingegen ..."

„Ja, die ist Frau Lange, wie sie leibte und lebte."

„Siehst du? Und darum hab ich immer geglaubt, die Frau würde lange leben. Ja, sie würde länger leben als ihr Mann. Und nun —?

Aber, Gesa, was machen wir hiermit?" Sie ergriff Ilsabens tannengrünen Schultermantel. Er hing auf der Diele am Pfeilerzapfen, damit er immer zur Hand war, wenn Ilsabe einmal rasch aus dem Hause mußte, auf den Markt oder in die Apotheke.

Die Frau aus der Schäferkate sah auf das flandrische Tuch, aus dem er geschnitten war, auf die kleine silbergraue Fehkante am Halsausschnitt. Sie nahm auch die Kappe aus grünem Samt mit silbergrauem Fehbesatz vom Nagel, die tagaus, tagein ihren Platz neben dem Schultermäntelchen hatte, immer aufgehängt an den breiten, grünen ripsseidenen Bändern, die man unterm Kinn zur Schleife binden muß. „Ja, was machen wir hiermit", flüsterte sie mehr zu sich selbst. „Wir können Mantel und Mütze doch nicht hier hängen lassen. Wenn Hinrich Lange die Sachen seiner toten Frau sieht ..." Sie schüttelte den Kopf, wischte sich mit dem grünen Sergefutter des Mäntelchens die Tränen von der Backe.

„Gesa, ich stecke beides in die Truhe."

Und so schloß die grauhaarige Frau die Hochzeitstruhe auf, die Truhe mit den beiden glückverheißenden Vierpassen, die Ilsabe mit in die Ehe brachte; sie legte den grünsamtenen Kopfputz, den kurzen Schultermantel zu dem Leinen und den Kleidern, die die Truhe barg.

Die Kirche, die in Ilsabens Kinderland gestanden hatte, gehörte den Benediktinern. Aber Sankt Johannis, die Täuferkirche, war das Eigentum der Bürger. Sie hatten sie erbaut, ihrer Stadt zum Ruhme. Da stand sie am Sand! Groß und unerschütterlich! Ja, wie ein Stück Natur, von Gottes Händen gemacht, nicht wie ein Menschenwerk. Mehr wie ein Berg, wie der Berg Sinai, zu dessen Füßen die Juden einst feierten und sich freuten. Und auf dem Sande, zu Füßen der Täuferkirche feierten und freuten sich die Lüneburger auch. Im Schatten ihres Turmes versammelte sich das Sülzvolk, wenn es auf die Scharnebecker Reise ging. Und im Schatten des Turmes hatte man Ilsabe beigesetzt. Unter den Fenstern des nördlichen Seitenschiffes lag sie; und der Denkstein über ihrem Grabe, der sich an die derben Ziegel des Mauerwerkes lehnte, berichtete von ihrem frühen Sterben. Wenn Hinrich am Sonntag in der Johanniskirche die Messe hörte, dachte er oftmals an ihr Begräbnis. Dann sah er wohl Ilsabens Gesicht vor sich, wie es gewesen war, als sie gewaschen und angekleidet auf ihrem letzten Kissen lag. So wangenschön hatte sie dagelegen, wie sie im Leben gewesen war. Und war noch eine andere Schönheit dagewesen. Ein Glanz auf ihrem Gesicht. Ein Glück. Hinrich hatte mit einem Kopfschütteln davor gestanden. Ja, in den ersten Tagen war alles noch zu ertragen gewesen. Die ganze Welt war wie erfüllt von Ilsabe. Alle sprachen von ihr. Viele liebten sie, und manche weinten um ihren frühen Tod. Aber nachher, da kam die Leere in sein Herz, da war ihm, als hätte eine rohe Hand die vielen noch unbeschriebenen Seiten aus dem goldenen Buch seines Lebens herausgerissen. Dann schlich sich wohl manchmal ein Wort in sein Herz, das ihm der Pfarrer von Sankt Johannis zugerufen hatte, als Ilsabens Totenlade im Bürgermeisterhaus auf der Diele zwischen den flammenden Kerzen stand: „Und vergiß nicht, was er dir Gutes getan hat."

Einen Monat nach ihrem Tode träumte ihm von ihr. Sie war noch über der Schwelle. Sie war noch nicht gestorben. Aus unbegreiflichen Gründen war sie ihrer gemeinsamen Häuslichkeit entschwunden. Sie lebte unter einem fremden Dach. Er sah sie, und war ihr doch so fern. Sie war einsam. Sie sehnte sich nach den Ihren. Er war bestürzt und auch wieder glücklich, glücklich darüber, daß sie noch auf der Welt war. Aber traurig, daß er sie in der Einsamkeit wußte, daß er sie vernachlässigt hatte, ja, daß er ihr irgendwie untreu geworden war. Das bedrückte ihn so sehr, so daß er, als er endlich erwachte, fast erleichtert war, daß alles nur ein Traum gewesen und daß sie nicht vereinsamt und von den Ihren getrennt auf dieser Welt zu sein brauchte.

Es war so seltsam, daß dieser Traum einige Wochen später auf die gleiche Weise wieder zu ihm kam.
Auch der Anblick seiner Kinder konnte ihn nicht recht erfreuen, denn wenn sein Blick auf sie fiel, wußte er, was ihnen fehlte, was sie entbehren mußten, obgleich Tante Tzerstede ins Bürgermeisterhaus gekommen war, sie, die auch Ilsabe einst erzogen hatte. Sie wurde in der Techt nicht mehr so nötig gebraucht. Ilsabens Bruder, der Sülfmeister Brand Tzerstede, hatte im vorigen Jahre geheiratet.
Tante Tzerstede war oftmals kränklich und mußte dann in ihrer Stube bleiben. Und so war es auch an einem trüben Herbsttag, einige Monate nach Ilsabens Hinscheiden. Da saß Hinrich nun auf der Diele allein zwischen seinen Kindern. Die gute Frau Meier aus der Schäferkate schnitt für Boldewin und Älardus das Fleisch. Er selbst versorgte seine beiden Töchter. Er hörte dabei, daß ein leichtes Gefährt vor seinem Hause hielt. Nicht lange darauf tat sich die Tür auf. Eine Frau kam herein. Keine Weltfrau, eine eingeschleierte Frau, eine Nonne, und hatte das Goldkreuz der Abbatissin auf ihrem schwarzen Mantel.
Es war Brigitte Schellepeper, die Ehrwürdige Mutter von Kloster Lüne. Sie war in Begleitung ihrer Schaffnerin mit dem Äbtissinnenwagen unterwegs. Sie hatten in Lüneburg Farbe eingekauft für die Wolle, die auf den Rücken der Klosterschafe gewachsen war. In der Stickstube brauchten sie bunt eingefärbtes Garn für den großen Jagdteppich, an dem mehrere Nonnen arbeiteten. Sie war auch mit der Schaffnerin im Kaufhaus gewesen, sie hatten Salzheringe für die Fastenzeit eingekauft und Stockfische, und bei dem Türken, im Keller auf der Altstadt, Rosinen, Feigen, Datteln und Mandeln. Und nun hatte es sie getrieben, einmal im Bürgermeisterhaus vorzusprechen. Denn die verstorbene Ilsabe war ihr Patenkind gewesen.
Hinrich erinnerte sich der Abbatissa von der Zeit her, da diese noch in der Welt lebte. Er war nur wenige Jahre jünger als sie. Er hatte das schöne Mädchen oft im Rathaus tanzen sehen, wenn er selbst, seiner Jugend wegen, auch nicht gewagt hatte, sie zum Tanze zu führen. Er hatte sie in seinen Jünglingsjahren verehrt. Ja, es war ihm immer gewesen, als ginge ihre Bescheidenheit, ihr wohlmeinendes Wesen wie ein feiner Rosenduft vor ihr her. Und jetzt saß sie vor ihm auf der Diele und hatte den Teller Suppe angenommen, weil sie fühlte, daß sie auf diese Weise am wenigsten störte. Die Äbtissin, Brigitte Schellepeper, stammte aus der Techt, wie Ilsabe auch.
Die Gärten der Tzerstedes und der Schellepepers lagen Seite an Seite, und so kam es, daß die damals vierzehnjährige Brigitte Ilsabe auf dem Arm gehabt hatte, als man sie in der Michaeliskirche taufte. Ilsabe war später im Hause der Schellepepers ebenso viel gewesen wie in dem Hause ihrer

Eltern, bis dann schließlich alles zu Ende war, weil Brigitte an ihrem vierundzwanzigsten Geburtstag den Schleier nahm.
So war es vielleicht kein Wunder, daß Brigitte sich unauffällig in der kleinen Tischrunde umsah, um die Züge ihres verstorbenen Patenkindes in einem der Kinder wiederzufinden.
Da saß der dreijährige Älardus mit seiner kindlichen Wangenfülle, da saß der zwei Jahre ältere Boldewin mit dem schmalen Gesicht, das schon mehr dem Gesicht der Tzerstedes glich, und da, neben der älteren Frau, hatte Gertraudis, Ilsabens ältestes Töchterchen ihren Platz. Sie war munter und hatte lachende Augen, obgleich sie noch ein schwarzes Samtband im Haar trug. Aber dann fiel der Blick der Abbatissa auf die kleine Ilsabe. — Und sie erschrak. Es war ihr fast, als säße ihr einstiges Patenkind, das so oft in dem Schellepeperschen Hause den Löffel in der Hand gehabt hatte, wieder hinter ihrem Teller und sähe sie mit ihren dunklen und grübelnden Augen an.
Es waren nicht viele Worte gewechselt worden zwischen der Ehrwürdigen Mutter vom Kloster Lüne und Hinrich. Sie hatten wohl beide nicht recht gewußt, was sie sagen sollten. Hinrich nicht, weil das, was gewesen war, ihm beim Anblick der Frau die Zunge lähmte. Die Ehrwürdige Mutter aber schwieg, weil sie fürchtete, mit jedem Wort eine empfindliche Stelle bei ihm zu berühren. Schließlich war es Hinrich, der das Schweigen brach: Er sagte: „Es ist noch etwas für Sie da, Ehrwürdige Mutter. Es liegt zwischen den Sachen meiner Frau. Ilsabe hat es für Sie gearbeitet. Sie hat es schon längere Zeit fertig gehabt und hat auf eine Gelegenheit gewartet, um es Ihnen geben zu können. Und darüber . . ."
Er stand rasch auf.
„Ich will doch gleich nachsehen, wo es ist. Könnten Sie das kleine Geschenk vielleicht mitnehmen? Es ist nicht sehr groß, es ist auch nicht schwer." Damit stieg er die Treppe hinauf zur Wohnstube.
Da die Frau aus der Schäferkate die halbgeleerten Schüsseln in die Küche getragen hatte, war Brigitte allein mit den Kindern. Sie sah von einem zum andern.
Die Kinder, die ihre Freundlichkeit, die ihnen zugewendete Wärme ihres Gemütes wohl verspürten, rutschten von ihren Stühlen und kamen zu ihr. Ja, sie schlüpften um sie herum wie Vögel. Schließlich stellte sich Gertraudis kerzengrade vor sie hin und fragte:
„Bist du auch eine Mutter?"
Darauf nickte Brigitte, und das mit Recht. War sie doch die Mutter der vielen Nonnen, die draußen in Lüne wohnten. Gertraudis aber examinierte weiter:
„Hast du auch Kinder?"

Älardus, der kleine kecke, dreijährige Bursche jenseits des Tisches, dem die blonden Locken ungebunden vom Scheitel stürzten, war an seinem Platz geblieben. Er konnte oder er wollte nicht von seinem Stuhl herunter. Und ärgerlich darüber, nahm er die Klosterfrau aufs Korn. Und um sich Geltung zu verschaffen, schrie er über den Tisch:
„Ich brat' dich!"
„Recht knusprig", lachte Brigitte. „und zu der Tunke kommen sieben Kräuter."
Aber diese Antwort machte ihn noch böser, und er rief zornig:
„Ja, und wenn ich dich auf den Löffel krieg', spuck' ich dich wieder aus ...!"
In diesem Augenblick drängte sich die kleine dunkeläugige Ilsabe an ihren Rock und barg ihr dunkles Köpfchen in Brigittens Schoß.

Es war ein recht ansehnliches Geschenk gewesen, was die verstorbene Ilsabe für ihre Patin bereitgelegt hatte. Ein Ohrkissen war es, mit feinen Daunen gestopft. Mit dunklen Fäden hatte Ilsabe viele kleine Quadrate über das Leinen gestickt, und in jedem dieser Quadrate saß eine bunte Blume: gelber Hahnenfuß, blaue Veilchen, Marienblümchen, in heiterer Abwechslung. Da lag es nun auf dem Tisch der Lüner Äbtissinnenwohnung, während Brigitte Schellepeper vor ihrem Betpult kniete. Sie betete für Ilsabe und ihre Kinder. Sie war mit sich selbst unzufrieden, wie wir es oftmals sind, wenn jemand, den wir liebhatten, in die Grube muß.
„Du hattest dich in den letzten Jahren zu wenig um Ilsabe gekümmert", warf sie sich vor. Als sie ihr Gebet beendet hatte, ging sie in ihrer Stube auf und ab und grübelte darüber nach, wie sie das Versäumte ein wenig wiedergutmachen könne. Und dann sah sie die kleine Ilsabe vor sich, wie sie im Bürgermeisterhaus am Tisch saß, den Löffel in der Hand. Ja, sie hatte dagesessen, als sei ihre Mutter zum zweiten Male auf der Welt.
Einige Tage später erhielt Hinrich einen Brief von der Ehrwürdigen Mutter. Er drehte ihn hin und her, besah ihn von allen Seiten, öffnete ihn und war dann doch erstaunt. Denn in diesem Briefe bat Brigitte Schellepeper ihn, ihr doch seine kleine Tochter Ilsabe zu überlassen, nicht um eine Nonne aus ihr zu machen.
„Es wird wohl nicht viel anderes dabei herauskommen", brummte Hinrich vor sich hin.
Nein, Brigitte wollte sie aufziehen. Es seien ja noch andere Kinder im Kloster, auch kleinere. Aber die kleine Ilsabe solle unter ihrem besonderen Schutz stehen und mehr in ihrer Nähe leben.
Es fiel Hinrich schwer, sich von seiner kleinen Tochter zu trennen. Aber da war Gertraudis. Sie war rascher und redegewandter als ihre Schwester, und Ilsabe kam neben ihr nicht recht zum Zug. Da war Boldewin und Älar-

dus. Und Älardus war ein wilder Junge. Er überlegte lange. Aber dann war es ja Brigitte Schellepeper, die ihn um das Kind bat, vielleicht, weil sie seiner verstorbenen Frau über das Grab hinaus einen Dienst erweisen wollte. Am Ende dachte er:
„Vielleicht wär' Ilsabe zufrieden, wenn sie ihr Kind in der Obhut der Abbatissa wüßte."

II

Das doppelte Erbversprechen

Die Braut

In den ersten Januartagen des Jahres 1441 starb Boldewin, der Erzbischof von Bremen. Er war in Lüneburg, als ihn der Tod ereilte. Bis an sein Lebensende war er immer gern in Lüneburg gewesen; wohnte, wenn er in der Salzstadt war, im Michaeliskloster; ging in der schwarzen Kutte der Benediktiner über den Marktplatz und feierte mit seinen Mönchen das Stundengebet.

Und auf dem Chor der Michaeliskirche hatte ihn nächtlicherweile, als die Brüder die Matutin sangen, ein Herzschlag zu Boden gestreckt.

Er starb, von seinen Mönchen umringt. Die Lüneburger betrauerten ihn. Er war immer ein Freund der Stadt gewesen. Besonders leid tat es Hinrich Lange. Er hatte oftmals gedacht: „Wie Boldewin ist, möchtest du auch sein."

Jahre waren seit Ilsabens Tod hingegangen. Im Bürgermeisterhaus war alles geblieben, wie es war. Hinrich Lange – immer noch Sodmeister – hatte vielerlei zu tun. Und oftmals fiel noch nach Mitternacht das Licht der Kerze, bei der er aufsaß, durch die herzförmigen Ausschnitte seiner Fensterläden auf die Straße.

Abend für Abend kam Gertraudis zu ihm in die Schreibstube. Sie war schon als Kind zu ihm gekommen, bald nachdem ihre Schwester mit Brigitte Schellepeper nach Kloster Lüne gefahren war. Hatte sie sich in dem großen Hause gebangt? Wenn es anfing dunkel zu werden, öffnete sich die kleine spitzbogige Tür seiner Schreibstube, und durch den Spalt schob sich Gertraudis, ein Fußbänkchen im Arm, die Puppe mit dem Wollgesicht in der Hand. Sie setzte ihr kleines Schemelchen nicht weit von der Tür nieder und baute sich dort auf. Sie wartete, bis der Vater sie rief. Sie durfte ihn nicht stören. Das wußte sie.

Inzwischen war Gertraudis eine schmucke Jungfrau geworden. Auch heute noch trug sie, wie damals, als ihre Mutter lebte, ein farbiges Seidenband im Haar; wenn sie auch jetzt das bräunliche Lockengetümmel mit eigener Hand auseinander band, so daß der kleinere Teil ihr in die Stirn fiel. Ihre dunklen Brauen hatten nach der Nase zu immer noch den eigenwilligen Winkel, und immer noch war sie das erste von seinen Kindern, das Hinrich entgegenkam, wenn er sein Haus betrat.

In den letzten beiden Jahren hatte Gertraudis ihrem Vater oftmals geholfen, so wie seine Frau Ilsabe es zu ihrer Zeit tat. Und so war sie auch heute in

der Schreibstube gewesen, hatte ihm die einzelnen Posten aus der Rechnungskladde vorgesprochen, die er dann in das große Sodmeister-Rechnungsbuch übertrug.
An diesem Abend war sie nicht ganz bei der Sache gewesen. Sie war auch schon bald nach neun Uhr aufgestanden. Sie hatte Kopfschmerzen gehabt. Oder sie hatte diese Kopfschmerzen vorgeschützt. Es gab im Augenblick allerlei, woran sie denken mußte, und sie hatte das Zahlenwesen wohl satt. So verglich Hinrich noch einmal die eingetragenen Posten mit den Notizen der Kladde. Seine Gertraudis war im Augenblick nicht ganz zuverlässig. Sie schweifte ab. Das Bürgermeisterhaus, der Vater und die Geschwister standen nicht mehr in der Mitte ihres Lebens. Gertraudis hatte Heiratsgedanken. Richtig, da hatte sie etwas übersehen, was auf der Ausgabenseite zu buchen war: Eine Mark für den Jäger, der den Hirsch brachte.
Der Hirsch war ein Geschenk des Lauenburger Herzogs. Jahr für Jahr verehrte er zur Sodmeisterköst den Lüneburgern dieses oftmals selbsterlegte Wildbret, und der Jäger, der es brachte, erhielt ein Geldgeschenk.
Nein, auf Gertraudis kann man nicht mehr recht bauen, und vielleicht wird sie ihn bald ganz verlassen. – Hinrich dachte nicht gern an die bevorstehende Freierei, nicht allein, weil er dadurch sein liebes Kind verlor, für sich verlor, – es war auch so, daß ihm der Eidam nicht ganz zusagte. Er hatte für Gertraudis auf einen anderen gehofft.
Gertraudis wollte Heyno Vischkulen freien. Aber Heyno Vischkulen war fünfundzwanzig Jahre älter als sie. Das mochte jetzt vielleicht noch passen. Doch zwanzig Jahre weiter?
Gertraudis und Heyno hatten sich schon gern gemocht, als seine Tochter ein Kind war. Heyno war auch gut anzusehen. Das ließ sich nicht leugnen. Er war seinem Großvater Vischkulen, der vor Jahren in der Ursula-Nacht kämpfte und fiel, wie aus dem Gesicht geschnitten. Das Bild dieses tapferen Mannes saß in bunter Fayence am Bürgermeisterhaus über der Tür. Von da aus schaute der würdige und noch gar nicht alte Herr aus einem Kranz von dunkelbraunen, gedrehten Kacheln auf die Straße. – Heyno hatte das hafergelbe, leicht in sich krause Haar seines Großvaters. Er hatte dieses Haar auch in dem spitz geschnittenen Vollbart. Dazu die gleiche helle, blühende Haut. Aber mochte Heyno nun auch von Angesicht ein rechter Vischkulen sein, so glich er seinem Großvater doch nur wenig.
Er war ganz und gar nicht heldenhaft.
Heyno Vischkulen schob alles Beschwerliche gern beiseite. Wohl war er Sülfmeister, wenn er auch nur wenige Pfannen zu besieden hatte. Aber nie war die Rede davon gewesen, ihn in den Rat zu wählen. Er hätte es auch nicht gewünscht. Die mühselige Arbeit in der Kanzlei, die lange dauernden Sitzungen auf der Laube waren nicht nach seinem Geschmack. Heyno Visch-

kulen blätterte gern in schön ausgemalten Stundenbüchern. Er kaufte Bilder von flämischen und italienischen Malern. Als Hinrich vor Jahresfrist in Sülzgeschäften zu ihm in die Stube kam, war's ihm, als sei er in eine Chorkapelle der Täuferkirche geraten: Nichts als Tafelbilder und geschnitzte Madonnen.
Aber auch in dieser Bilderliebe fand Hinrich ein Haar. Mochte Heyno sich mit Kunstwerken umgeben. Bilder kaufen ehrt den Mann, auch lebt es sich gut mit Bildern, und schließlich hatte Gertraudis auch etwas davon. Ja, der Umgang mit der Kunst beglückt. Das wußte Hinrich. Als Ilsabe noch lebte, hatten sie sich auch um Bildwerke bemüht, wenn auch nicht gerade für sich, so doch für die Kirche auf dem Nikolaihof. Gemalte Prozessionsfahnen hatten sie der Kirche geschenkt. Und in Hamburg hatte Hinrich in der Werkstatt eines berühmten Malers gestanden und bei ihm ein Bild für die Kirche der Prövner bestellt. Eine Krönung Marias. Und monatelang hatte in dem Festsaal ihres Hauses der Bildschnitzer aus Lübeck gesteckt und allerlei schönes Gebild auf den Stuhlwangen der Kirchenbänke erstehen lassen.
Wie oft hatten Hinrich und Ilsabe sich über alles gefreut, was da aus dem Holz herauswuchs!
Nein, um seine Bilderliebe konnte man Heyno nun wirklich nicht schelten.
Aber da sagt man von ihm:
„Er ist nicht sehr hinter dem Schilling her." Das ist ja auch nichts Schlechtes, aber mit dieser Lust am Bilderkaufen im Bunde auch nicht gerade so etwas besonders Gutes. Wer seine Stube mit gemalten Tafelbildern schmücken, auf Dielen und Treppen geschnitzte Madonnen, Propheten und Apostel aufstellen will, der muß Lust haben, sich zu rühren; der muß es verstehen, Geld zu verdienen. Aber damit sah es bei Heyno nur recht kümmerlich aus. So konnte sein Hang zum Bilderkaufen zu einem Unsegen werden.
Wenn man ein junges Kind aus dem Haus gibt in die Obhut eines Mannes, so mag man es gerne rundherum gesichert sehen. Diese Sicherheit bot Heyno Vischkulen ihm nicht. Ein junger tätiger Sülfmeister, mochte er auch schlichter Herkunft sein, wäre Hinrich als Eidam lieber gewesen. Aber konnte man Heyno abweisen?
Gertraudis hatte ihn lieb. Die Vischkulen gehörten seit Jahr und Tag zu Hinrichs Freundschaft. Und mit Heynos älterem Bruder saß Hinrich im Gestühl. Diesem älteren Bruder gehörte der Vischkulenhof, und der Vischkulenhof war unbestritten das erste Haus im Wasserviertel. Ein großes Wohnwesen war's. Es hatte wie das Winser Schloß einen Mittelbau und zwei Seitenflügel, und der eine Seitenflügel lag an der Ilmenau. In dem Vischkulenhof waren so viele Stuben, Kammern und Säle, daß meistens mehrere Familien dort gleichzeitig wohnten, und der Vischkulenhof würde auch Gertraudis Heimat werden.

So dachten im Augenblick Vater und Tochter beide oftmals an das Wohngebäude am Fluß. Der Vater mit nicht gerade freudigen Gedanken. Für Gertraudis aber war der Vischkulenhof eine Herrlichkeit. Und ihre liebende Phantasie sah das Haus am Wasser liegen mit blühenden Blumentöpfen hinter allen Fensterscheiben.
Schneller als Gertraudis und Hinrich es gedacht hatten, kam es zur Entscheidung. An jedem Sonnabend hatten die Sülfmeister in der Sakristei der Lambertikirche eine Zusammenkunft. Auf der letzten Versammlung im Februar trat Heyno Vischkulen, als alles schon wieder auseinanderging, an Hinrich heran und bat ihn, noch ein wenig zu verweilen. Da wandelten sie nun in der nach und nach leer werdenden Sakristei hin und her, sprachen vom Wetter, von Salzpreisen, vom Salzmarkt in Lübeck, nur nicht von Gertraudis, an die sie beide doch dachten. Schließlich blieb Heyno Vischkulen in der Mitte der Sakristei stehen, gerade unter dem Modell einer Kogge, die der Heilige Nikolaus hieß, und die, nach einem Lüneburger Salzschiff geschnitzt und benannt, von dem Schlußstein des Gewölbes herabhing. Und da fing Heyno von Gertraudis an und erbat sie sich von Hinrich zur Frau.
„Sie ist noch so jung", wehrte Hinrich ab, „möglich, daß sie Euch zugetan ist, ich glaube es fast." Schließlich willigte er, wenn auch zögernd, ein.
„Im Juni wird sie siebzehn. Im Juni sind wir auch von der Havelberger Reise zurück. Wenn Ihr dann noch gleichen Sinnes seid und wenn Gertraudis es will, mag dann der Verspruch sein. In der Täuferkirche oder bei Euch drüben im Wasserviertel in Sankt Nikolai. Es soll mir beides recht sein."

„Bist du denn nun heut bei deiner Schwester draußen in Lüne gewesen?" fragte Hinrich etliche Tage später, als Gertraudis zu ihm in die Schreibstube kam.
„Ja, Vater. Schlag drei Uhr — ich hörte die Klosterglocke — tat mir die Schwester Pförtnerin die Tür auf. Auf der Diele sah ich Brigitte Schellepeper."
„Die Ehrwürdige Mutter."
„In der Fensternische hielt sie ihre Hand in den Wasserstrahl, der aus dem Maul des Delphins herunterplätschert in die granitene Schale. Sie nickte mir zu, trocknete sich am großen Rollhandtuch die Hände ab, kam mir dann entgegen und segnete mich mit ihrem Goldkreuz. Sie ließ auch gleich Ilsabe holen.
Wir blieben im Kreuzgang unter den Glasbildern."
„Wie sah Ilsabe aus?"
„Blaß, Vater, aber mir schien, sie war nicht unzufrieden. Sie will mir bei meiner Aussteuer helfen, hat sie gesagt. Drei Hemden will sie mir nähen

und sie auch an den Ärmeln und am Halse mit kleinen Kanten behäkeln und will vom feineren Leinen ein Tischtuch zuschneiden und säumen. Und dann sagte sie mir noch etwas."

„Nun?"

„Ja, beim Weggehen, als ich ihr schon die Hand gab, sagte sie: Gertraudis, ich will für dich beten."

„So?"

„Aber Vater, das hat sie nicht so übers Herz hin gesagt."

„Wie sollte sie auch wohl, deine Schwester?"

„Vater, ich denke, wenn Ilsabe betet, das ist anders, als wenn ich bete. Ich meine, ihr Beten muß einem wirklich Gutes bringen."

Nach einer Weile fuhr Gertraudis fort:

„Ilsabe hat soviel nach dir gefragt. Ob du gesund bist, wollte sie wissen, und ob du viel Arbeit hast. Immer wieder brachte sie das Gespräch auf dich. Und wenn ich von dir erzählte, sah ihr Gesicht ganz anders aus. Viel freundlicher, heller. Sie hat uns alle lieb. Aber du bist doch ihr Bestes.

Sie hat dir ein Paar Strümpfe gestrickt." Gertraudis langte in ihren Arbeitsbeutel und legte das zusammengezogene Paar neben den Leuchter.

„Oh." Hinrich griff danach.

„Freust du dich denn nicht dazu?"

„Doch."

„Ich habe etwas dickeres Garn genommen, sagte sie mir, vier Drähte. Das meiste Strickgarn hält nur drei Drähte. Ich habe auch die Schäfte etwas länger gestrickt. Der Vater soll die Strümpfe tragen, wenn er in der kalten Zeit nach dem Nikolaihof hinausreiten muß. Der Vater kann sie in den großen Stiefeln tragen, setzte sie noch hinzu."

„So, sagte Ilsabe das? Dann muß ich es auch wohl so machen." Einen Augenblick war es still zwischen den beiden. Dann begann Gertraudis:

„Vater, darf ich dich etwas fragen?"

„Was möchtest du denn von mir wissen?"

„Warum besuchst du unsere Schwester fast nie? Warum bist du selten draußen in Lüne?"

„Ich?" Er fuhr sich mit der Hand übers Gesicht.

„Ja, Gertraudis, was soll ich dir darauf erwidern. Glaubst du, daß es immer ganz leicht ist, ein Kind im Kloster zu wissen, fernab von Eltern und Geschwistern und den vielen unschuldigen Freuden, die ihrer Jugend zustehen? Es tut mir immer wohl und weh, wenn ich draußen in Lüne bin, aber wohl mehr weh. Denn sieh, Gertraudis, das wissen wir ja: Ilsabe kommt nicht wieder zu uns. Und siehst du, ich denke, es muß ihr ähnlich gehen, wenn ich bei ihr bin. Und das möchte ich uns beiden ersparen. Und dann ist da noch eines."

Hinrich stand auf und ging in seiner Schreibstube hin und her und stellte sich dann mit dem Rücken gegen das Fenster.
„Ilsabe ist eurer verstorbenen Mutter so sehr ähnlich. Es ist fast, als wäre eure Mutter zum zweiten Mal auf der Welt. Wenn ich nun deiner Schwester gegenüberstehe und sehe die große Ähnlichkeit, es macht mich glücklich, aber es bringt auch alle trüben Gedanken bei mir nach oben. Und siehst du, es gibt soviel zu tun: Auf der Sülze, im Rathaus, auf dem Nikolaihof. Auch hier bei uns in der Bäckerstraße muß ich mich um so vieles bekümmern, für euch sorgen und denken, da ihr ja keine Mutter habt. Begreifst du, Gertraudis? Ich muß schaffen, ich darf nicht meinen Gedanken nachhängen. Ich darf nicht aus dem Gleichgewicht kommen. Wenn ich aber bei Ilsabe gewesen bin, will es hinterher mit keiner Arbeit vorwärtsgehen."
Er nahm wieder seine Wanderung auf, hin und her, immer an dem großen Dokumentenschrank vorbei. Schließlich blieb er vor seiner Tochter stehen und sagte in einem anderen Ton:
„Wie ist es, hast du in Lüne auch davon gehört? Lüder Lehrte, der Propst in Lüne, soll krank sein?"
„Ja, es heißt, es will gar nicht mehr mit ihm gehen."
„Was fehlt ihm denn?"
„Der Magen will nichts mehr annehmen. Man fürchtet, er muß über kurz oder lang verhungern."
„Wenn er sterben sollte, verliert Kloster Lüne einen guten Propst. Er kümmerte sich um Korn und Holz und steckte nichts in die eigene Tasche."
„Hier in Lüneburg geht schon die Rede, daß man draußen an der Ilmenau bald einen anderen Propst haben muß."
„Ist es möglich? Wer mag denn schon jetzt davon anfangen."
„Frau Anna Nyebur, aus dem Hölzernen Herrgott, war heute bei uns."
„Und darf man fragen, was die Vögtin wollte?"
„Sie hat sich etwas von unserem silbernen Tafelgeschmeide ausgeliehen."
„Habt ihr es ihr gegeben?"
„Tante Tzerstede und ich haben etwas hergesucht. Eine Krudeschale."
„Die große mit dem braunen Hirsch auf grüner Rasenbank?"
„Nein, Vater, eine kleinere Buckelschale." Hinrich Lange nickte.
„Auch einen Kelch und eine Silberkanne packten wir ihr in den Korb. Drüben im Hölzernen Herrgott wird morgen das jüngste Töchterlein getauft."
„Da wird wohl auch unser Ratsschreiber, Dirik Schaper, mitmachen. Der Vogt und der Schaper stecken immer zusammen und sind gute Freunde."
„Von dem Ratsschreiber sprach sie auch. Sie fing etwas umständlich an. Sie fragte nach unserer Ilsabe und erzählte von ihr, was sie noch wußte von der Zeit, als wir Kinder waren. Sie machte ein langes Kapitel. Sie mochte wohl nicht gleich mit der Tür ins Haus fallen."

„Das ist bemerkenswert bei der Vögtin."
„Schließlich sagte sie: In Lüne wird nun wohl auch bald alles anders werden. Die frommen Mägde draußen an der Ilmenau müssen wohl bald einen anderen Propst kriegen. Lüder Lehrte wird es nicht mehr lange machen."
„Na, das war ja nun weniger umständlich, sondern recht geradezu."
„Oh, es kommt noch besser. Es wird dem Rat kaum schwerfallen, meinte sie, diesmal den rechten Mann zu finden. Johann von Minden ist doch auch Ratsschreiber gewesen und ist dann Pfarrherr von Sankt Johannis geworden und später gar Domherr in Lübeck. Dirik Schaper könnte vielleicht einen ähnlichen Weg gehen. Er würde sicher keinen schlechteren Propst abgeben als Lüder Lehrte, der doch gar nichts von sich hermachen konnte, der eines Bauern Sohn war und zeitlebens ein Bauer blieb."
„Auch ein Standpunkt", begann Hinrich, „und paßt zu ihren Federhüten. Ich muß ja sagen, daß die Vögtin Dirik Schaper als Propst nach Kloster Lüne bringen will, ist mir recht interessant."

Die Reise nach Havelberg

Wenn Hinrich vor Jahren vom Nikolaihof kam und den Wald hinter sich hatte, hielt er jedesmal eine Weile auf der Höhe, wo das Kreuz steht und nicht weit davon die Bank. Von da oben warf er gern einen Blick auf die Stadt mit ihrem Gemäuer und dem freundlichen Getürme über den Häusern. Wenn er aber jetzt neben dem hohen Kreuz verweilt, denkt er: Da unten ist Sodom und Gomorrha. Manchmal schüttelte Hinrich den Kopf, weil es ihm gänzlich unerfindlich war, wie man die umfangreichen Bauarbeiten einmal bezahlen wollte. Denn da unten, im Tal der Ilmenau, wurden Berge aufgetürmt, aus denen Wälle werden sollten. Die Menschen, die mit Karren und Schaufeln am Werke waren, bewegten sich wie Ameisen auf der dunklen Erde. Wie viele arbeiteten seit Jahren an den Wällen und den aufsteigenden Stadtmauern! Es gab wohl in Lüneburg und den umliegenden Dörfern keine Hand, die feierte. Bauernsöhne mit ihren Gespannen, mit Knechten und Leuten hatten sich eingestellt. Kätner, die mit ihrer eigenen Arbeit fertig waren, kamen und fahrendes Volk auch. Neben ihnen arbeiteten die Bürger der Stadt und ihre Söhne, die vom Rat zur Schaufelarbeit beordert wurden, und wenn die Lüneburger diese bürgerlichen Pflichten auch ohne Entgelt ableisteten, so blieben doch noch genug Hände nach, die an jedem Wochenende gefüllt werden mußten.
Die Pfennigkiste im Rathaus gab nicht genug her, und die Bürger der Hansestädte liehen unentwegt ihr Geld nach Lüneburg hin. Und Jahr um Jahr

konnte noch hingehen, bis die Mauern standen, die so breit waren, daß man mit Pferd und Wagen auf ihrer Krone fahren mochte. Jahre würden vergehen, bis alle Tore gebaut, alle Tortürme errichtet waren; Türme, wie für die Ewigkeit gemacht, die dem berühmten Festungsturm von Dannenberg kaum etwas nachgaben.
So war es ein Glück für die Stadt, daß der Sülzquell im Augenblick so gebefreudig war und daß das Salz so hoch im Preis stand. Als man in diesem Jahr in den Kirchen Jubilate sang, kostete ein Wispel Salz 10,– Mk., und das war in der damaligen Zeit sehr viel Geld. Aber man mußte sich mühen, daß es so blieb. Im Augenblick waren die Lüneburger die Herren auf dem Salzmarkt; nicht nur hier im deutschen Norden, nein, auch in den drei nordischen Reichen, auch auf den Märkten in Riga, Reval und Nowgorod bestimmten sie den Preis. Das Salz, das die Baienflotte Jahr für Jahr aus Frankreich mitbrachte, brauchten die Lüneburger nicht zu fürchten. Denn das aus dem Meer gewonnene Salz konnte sich nicht mit ihrem Salz messen. Und besonders die Klöster, die für ihre ausgiebigen Butterwirtschaften viel Salz brauchten, verwendeten nur lüneburgisches. Nein, das Baiensalz konnte ihrem Salzhandel nicht ernsthaft Abbruch tun, wohl aber das Salz, das aus den süddeutschen und mitteldeutschen Plätzen nach den Ostseehäfen strebte, nach Wismar und Rostock, nach Greifswald und Stettin. Nur wenn es gelang, dieses Salz von den Märkten an der Ostsee abzudrängen, konnte man den Salzpreis halten.
Zu diesem Zweck hatte sich der Rat der Stadt mit dem Kurfürsten von Brandenburg in Verbindung gesetzt; hatte ihn gebeten, dafür Sorge zu tragen, daß nur Lüneburger Salz durch Brandenburg gefahren werden durfte. Die Lüneburger standen mit dem jungen Kurfürsten in gutem Einvernehmen, und so war er auch bereit, gegen eine angemessene jährliche Entschädigung Wachen aufzustellen, an den Grenzen und auf den märkischen Straßen, die aufpassen mußten, daß nur Lüneburger Salz sein Land durchfuhr. Ja, es wurde ausgemacht, wer auf den Straßen seines Landes mit Salz angetroffen wurde, das nicht aus der Lüneburger Sülze stammte, der solle es büßen mit Geld, das Salz aber auf seinem Wagen solle in die kurfürstlichen Speicher kommen.
Das alles war im Hin und Her der Briefe schriftlich vereinbart. Schließlich hatte der Kurfürst die Stadt Lüneburg gebeten, Boten nach Havelberg zu schicken, Männer vom Rat. In Havelberg sollte der Vertrag von beiden Seiten besiegelt werden.
Der Sodmeister selbst muß nach Havelberg reisen, so wurde es auf dem Rathaus beschlossen. Und der Ratsherr Vischkulen, Heynos Bruder, wurde zu seiner Begleitung ausersehen.
An einem Tag im Mai brachen sie auf. Voran ritt der Schaffer. Er muß für

Quartier und Beköstigung sorgen und mit den Wirten verhandeln. Er ist immer dabei, wenn die Herren unterwegs sind, auch wenn sie zu einem Hansetag reiten. Gleich hinter ihm zwei Reitendiener mit Kesselhauben, die bewimpelte Lanze im Arm. Hinter ihnen Hinrich Lange und Seite an Seite mit ihm Ratsmann Vischkulen, der Klaus heißt wie sein Großvater auch. Wie sollte er auch nicht? Der Heilige Nikolaus ist der Schutzpatron der Schiffer und Fischer. Der Heilige Nikolaus ist der Schutzpatron des ganzen Wasserviertels. Im Wasserviertel, im Gedränge der Häuser steht seine Kirche. Im Wasserviertel heißt jeder zweite Mann Klaus. Und wer den Vischkulenhof erben soll, erhält in der Taufe diesen Namen.

Der kleine Reiterzug war auf der Dahlenburger Landstraße unterwegs. An blühenden Schlehbüschen ritten sie vorbei. Wie Wolken von Schnee schwebten sie links und rechts am Weg. Bald gelangten sie in den Bahrendorfer Wald. Es gab dort Schluchten. Die alten Bäume standen in einem immerwährenden Auf und Ab, als wäre man in den wilden Waldbergen des Harzes. Vielleicht hatte Heinrich der Löwe darum so gern Bär und Wolf, Wisent und Hirsch in dem Wald gejagt. Der Wald hatte dem Löwen erb- und eigentümlich zugehört. Jetzt war er im Besitz der frommen Frauen von Kloster Lüne. Aber von den Benediktinerinnen, die im Augenblick an der Ilmenau lebten, hatte wohl noch keine ihren Fuß in seine Dunkelheiten gesetzt.

Sie ritten auf schmalen Pfaden, ritten durch das Bickbeerkraut, das ihren Pferden bis zu den breiten Brüsten hinaufwuchs. Es war nicht immer unbedenklich, sich den Wildnissen dieses Waldes anzuvertrauen. Und so war der Schaffer recht zufrieden, als sie die Heerstraße erreicht hatten, die nach Lüchow und weiter nach Havelberg hinunterführte.

Da sagte Klaus Vischkulen: „Hier muß doch die Feldmark beginnen, die ehemals zu Köstorf gehörte. Sieh da, die Heide hat schon wieder auf den Äckern der Köstorfer Fuß gefaßt."

„Und dahinten", begann Hinrich, „türmen sich die Eichen und Buchen auf, die einstmals die Hofstellen der Köstorfer beschatteten."

Als sie sie erreicht, einen ersten Blick auf die Hausreste des zerstörten Dorfes geworfen hatten, gab es einen Aufenthalt. Der Schaffer stieg ab. Es war ein Riemen an seinem Sattelzeug gerissen. Die Reitendiener sprangen von ihren Pferden. Satteltaschen wurden geöffnet; Bindfäden, Riemen und Messer kamen zum Vorschein. Der älteste und geschickteste der Reitendiener hatte zu tun, um den Schaden wieder gutzumachen. Vischkulen und Hinrich Lange ließen ihre Pferde zurück. Sie gingen um die verlassenen Hofstellen, stiegen über verkohlte Balken, über die rauchgeschwärzten Feuerstellen, über denen einst die Grapen der Köstorfer an langer Kette gehangen hatten. Sie kamen an den zersplitterten Stümpfen der Stallbäume vorbei, an die die Bauern vor Jahr und Tag ihre Kühe gebunden hatten. Alles war öde und wäre vielleicht

noch unwirtlicher gewesen, ohne die vielen Blumen im Gras: Löwenzahn, Veilchen und Vergißmeinnicht, die überall in Stuben, Flett und Ställen blühten, wenn sie auch die Trümmerreste nicht ganz verdecken konnten.
Ein paar wilde Enten flogen dicht über den Köpfen der Ratsherren hin.
„Sie kommen drüben von dem kleinen Quellteich, aus dem die Bek rinnt", sagte Hinrich.
„Auf seinem Wasser mögen sich einst die Gänse der Köstorfer getummelt haben. Aber, Hinrich, sieh da!"
Klaus Vischkulen wies in die Ferne. Das Land senkte sich nach Westen hin, und vor den bläulichen Wälderkämmen an der Himmelslinie standen die Kirchen der Stadt. Waren sie auch von hier aus klein und winzig, so erkannten die beiden Ratsherren doch Sankt Lamberti, die Kirche der Sülzleute, und unterschieden deutlich die derbe Täuferkirche von Sankt Nikolais spitzem Getürme. Zwischen den drei Kirchen und um sie herum gab es eine Welt kleinerer Türmchen, aufstrebend vom Rathaus, von Klöstern und Stiften, nebelblau alle und luftleicht und schwebend wie die drei größeren Türme auch. Hinrich hatte seine Kirche im Auge, Sankt Johannis am Sande, die unerschütterliche. Klaus Vischkulens Blicke hingen an Sankt Nikolais hochgezogenem Mittelschiff.
„Mein Großvater Vischkulen", begann er, „hat von dem Turm der Nikolaikirche aus Köstorf brennen sehen. In dem Sommer vor der Ursulanacht, die ihm den Tod brachte, streiften Magnus' Banden oftmals durch das Land. Der Türmer steckte jedesmal eine rote Fahne aus der Luke, wenn er in der Feldmark eine streunende Rotte erblickte oder den Rauch von brennenden Gehöften gewahrte. An jenem Tag, an dem das Schicksal der Köstorfer besiegelt wurde, wehte die Fahne bei Sonnenuntergang. Da stieg mein Großvater bei beginnender Dämmerung auf den Turm. Er konnte nicht recht ausmachen, welches Dorf es war, das da brannte. In dieser Gegend lagen damals drei Dörfer dicht beisammen. Aber der Türmer war seiner Sache sicher. Er sagte: Es muß Köstorf sein."
Ein Reitendiener kam über das Gras. Er hielt seine Helmbarte hoch. Der Schaden war behoben. Der Schaffer stieg schon wieder auf. Einige Augenblicke später ritten sie alle an einem dunklen Heidehügel vorbei, und dann verschwand der kleine Zug in der Bodensenke.
Aber die eben gesehenen Trümmer des in dem langen Kriege wüste gewordenen Dorfes lagen den beiden Ratsherren noch im Sinn, als sie die Vastorfer Klauskapelle hinter sich hatten und den Hügel über dem Dorf mit den sausenden Windmühlenflügeln. Und Hinrich begann:
„Es ist viel zu Bruch gegangen, als Wilhelm mit dem langen Beine auf dem Kalkberg die Augen schloß und die Familie der beiden Töchtermänner sich um das Erbe stritt, wenn auch nicht immer wie hier ein ganzes Dorf zu

Grunde ging. Aber die Höfe, die seit der Zeit im Lüneburger Land wüste liegen, sind kaum zu zählen."

„Die Lüneburger Bürger", nahm Vischkulen das Wort, „die damals lebten, hatten wohl kaum etwas an Wilhelm mit dem langen Beine, dem letzten Herzog auf dem Kalkbergschloß, auszusetzen. Er hielt gute Nachbarschaft mit der Stadt, ließ die Bürger nicht fühlen, daß er der Herr war und mischte sich nicht in ihre Angelegenheiten und die der Städte. Lüneburg gehörte damals — wenn mir recht ist — schon seit zwanzig Jahren zum Städtebund."

„Aber mit diesem unseligen, so oft verwünschten und verfluchten doppelten Erbversprechen hat er sich und sein Lüneburger Land ins Unglück gebracht."

„Ja, sich auch!" rief Vischkulen. „Denn einerlei war es dem altgewordenen, unbescholtenen Manne auf dem Kalkberg durchaus nicht, daß er vom Papst mit dem Bann, vom Kaiser mit der Acht belegt wurde, weil er das seinem jüngsten Kinde gegebene zweite Erbversprechen durchaus nicht rückgängig machen wollte."

„Ja, er machte sich und sein Land unglücklich", begann Vischkulen wieder, „wenn auch für die Stadt aus diesem Unglück ein Glück heranreifte, wie es manchmal ist. Denn ohne dieses doppelte Erbversprechen hätten wir weder Lichtmessenabend noch die Ursulanacht gehabt, und wir ständen immer noch unter der Botmäßigkeit der Herzöge."

„Es ist auch wohl zu begreifen", sagte Hinrich, „daß der ältere Mann in diese vielen Ungelegenheiten hineinschlitterte. Da saß er auf dem Kalkberg, allein, hatte nichts als seine beiden Töchter. Und als die älteste mannbar wurde und heiraten sollte, versprach er ihr und ihrem Gemahl, dem Sohn des Kurfürsten von Sachsen-Wittenberg, Stadt und Land Lüneburg. Verbriefte es ihr und besiegelte es. Und sie zog mit diesem Versprechen über die Elbe. An die Kleine dachte damals noch keiner. Aber dann wurde sie, die seine tägliche Gesellschaft gewesen war, eine Jungfer, und sie gewann ihren Vetter, den Erbprinzen von Braunschweig, lieb."

„Und da sagte er sich", unterbrach ihn Vischkulen, „du bist voreilig gewesen. Die Verbindung mit dem Braunschweiger paßt ja viel besser. Er ist Welfe und du bist Welfe, und heiratet dein jüngstes Mädchen diesen Vetter, dann können Braunschweig und Lüneburg wieder unter einen Hut kommen. Und er versprach seiner jüngsten Tochter und ihrem Mann, ja, dem ganzen Hause Braunschweig Stadt und Land Lüneburg für den Tag, an dem er mit Tode abging."

„Und als es dann soweit war", sagte Hinrich wieder, „und die Familien der Tochtermänner, die Braunschweiger und die Herren von Sachsen-Wittenberg, sich über seinem Grabe um das Erbe stritten — stritten mit den Waffen in der Hand — da mußte das arme Lüneburg bluten und die Stadt mit, und besonders, als sich Magnus, der Herzog von Braunschweig, dieser wilde, tollkühne Mann, dieser halsstarrige, unbelehrbare Mensch auf dem Kalkbergschloß einnistete. Die Lüneburger wollten ihm wohl die Herrschaft über Stadt und Land Lüneburg zubilligen."

Magnus

Es war so. Die Stadt Lüneburg hätte Kaiser und Papst zum Trotz zu ihm gestanden. Wenn Magnus klug gewesen wäre! Aber er war es nicht. Er verstand es durchaus nicht, mit den Städtern umzugehen. Da fiel ihm das reiche Lüneburg in den Schoß. Rat und Bürgerschaft erklärten sich für ihn und Braunschweig und damit für das altangestammte Herrschergeschlecht der Welfen. Sie knüpften nur eine Bedingung an diese Erklärung. Sie sagten: „Du mußt versuchen, das Urteil des Kaisers aufzuheben. Du mußt versuchen, dich vom Bann zu lösen. Huldigen wir dir gegen den Willen des Kaisers und des Papstes, so geraten auch wir in Acht und Bann. Und das wollen wir nicht."

Wohl kannten die Lüneburger allerlei Stückchen, die von Magnus im Schwange waren und von seiner Willkür und Anmaßung zeugten. Aber auf das, was sich in Kürze ereignen sollte, waren sie nicht gefaßt.

Als der Krieg um das Erbe des Herzogs so recht im Gange war, erschien der tolle Mensch auf dem Rathaus. Die Ratsherren hatten sich unter dem Heldenfenster versammelt. Vor ihnen stand der Worthaltende Bürgermeister der Stadt, Klaus Vischkulen, der Mann mit dem gelben Spitzbart, der damalige Herr des Vischkulenhofes.

Mit seinem ritterlichen Gefolge kam Magnus zu ihnen in die Laube. Seine Begleitung blieb in der Wandelhalle hinter dem Pfeiler. Er selbst trat vor. Geharnischt, das Schwert an der Seite, steht er den Unbewaffneten gegenüber und fühlt sich so recht wie Wolf im Schafsstall. Innerlich schütteln die Herren die Köpfe über ihn. Landfremd sein Name, landfremd die großen, dunklen, wildblickenden Augen, die wohl von den italienischen Vorfahren des Löwen stammten, diese Augen, vor denen sich der eigene Vater zuzeiten entsetzt hatte. Groß, hager wie ein Bohnenstecken, den Wappenrock, den er über der Rüstung trägt, um sich geschlagen — er schlottert ihm um die Beine — so steht er da. Vorn am Halse kommt die sagenhafte Silberkette aus der Hemdkrause hervor, die er sich, um seinem Vater zu trotzen, um den Hals hatte schmieden lassen. Denkt er, die Lüneburger, diese Stadtleute, sind sie nicht dafür da, daß man sich die Füße an ihnen abtritt? Er tat so. Und nun schreibt er ihnen vor, an wen sie ihr Salz verkaufen dürfen. Und da die Mecklenburger zu dem Kurfürsten von Sachsen-Wittenberg halten, also seine Feinde sind, verbietet er den Lüneburgern, das Land Mecklenburg mit Salz zu beliefern, ja, überhaupt irgendwelchen Handel mit den Mecklenburgern zu treiben. Er befiehlt ihnen, die Salzpfannen einzuziehen, die den Schweriner Domherren und dem Kloster Doberan gehören.

Sie trauen ihren Ohren nicht. Sie sollen die Mecklenburger verärgern, ihre besten Leute! Kein Salz an sie verkaufen? Kein Salinenholz aus ihrem waldreichen Lande holen? Die Ratsherren lächeln ungläubig. Sie haben doch ein Privileg, das ihnen die Freiheit ihres Salzhandels verbürgt. Sie haben es erworben für viel Geld, für viele gute Worte. Auf dem Kalkbergschloß ist es besiegelt worden.

Klaus Vischkulen, der Worthaltende Bürgermeister, fängt von diesem Schriftstück an. Magnus will es sehen. Warum? Er kennt es. Er hat es selbst gutgeheißen. Magnus hat eigenhändig auf dem Kalkbergschloß seine Siegelkapsel neben die des alten Herzogs gehängt.

Klaus Vischkulen, der Worthaltende, macht gute Miene zu dem unguten Spiel. Er gibt dem Ratsschenk einen Wink, und der bringt die Schriftrolle herbei, die sie wie ihren Augapfel hüten; dieses mit so viel flämischen Goldgulden, mit so vielen Gefälligkeiten und guten Worten erworbene Papier.

Mit seiner mächtigen und dennoch so mageren, schwarzbehaarten Hand greift Magnus danach. Er rollt das Papier auseinander, besieht es, wirft ein paar Blicke auf das Geschriebene, läßt sich die safrangelbe Seidenschnur durch die Finger gleiten, bis er die Siegelkapseln des ehemaligen Herzogs und seine eigene in der Hand hat; blickt noch einmal rasch auf den wächsernen Löwenschild in der Kapsel, zieht flugs einen Dolch hervor – Gott mochte wissen, wo er den stecken gehabt hatte – und bevor die Ratsherren alles recht begreifen, durchschneidet er mit dem Dolch die Seidenschnüre und trennt auf diese Weise die Siegelbilder vom Pergament. Die großen runden Siegelkapseln springen auf die gemusterten Steinfliesen, rollen wie die rundlichen Holzbretter, auf denen man zur Sommerszeit Schinken schneidet, durch die Laube und klappern vor dem Silberschrein des Rathauses zu Boden.

Dem Worthaltenden Bürgermeister steigt das Blut in die Schläfe. Die Ratsherren sehen sich vielsagend an. An ein solches Betragen waren sie von seiten ihrer Herzöge nicht gewöhnt.

Magnus indes rollt das Pergament auf und steckt es in den Ärmel seines Waffenrocks. Danach tritt er geradewegs vor den Worthaltenden Bürgermeister und verlangt von ihm die Schlüssel zu den Tortürmen und Mauerpforten der Stadt. Klaus Vischkulen zaudert. Die Ratsherren besprechen sich. Da wird es auf einen Wink des Herzogs hinter dem kurzen Pfeiler in der Dunkelheit der Wandelhalle lebendig. Speerspitzen blinken auf. Ein

Schwert wird knirschend aus der Scheide gezogen, eine Hellebarde klirrt auf die Fliesen.
Die Ritter und Gehelmten rühren sich; sie kommen unter den beiden Bogenfeldern hervor. Der Anführer steht vor seiner Schar, das nackte Schwert in der Hand. Da zuckt Klaus Vischkulen die Achseln und läßt die geforderten Schlüssel bringen. Danach verläßt Magnus die Laube, und das ritterliche Gefolge geht, waffenklirrend und die vielen schweren Schlüssel tragend, hinter ihm her.
Schon am nächsten Tag gingen den Lüneburgern die Augen auf. Denn während die geharnischten Männer des Braunschweigers die Wehrgänge besetzten, die Mauern und alle Tortürme, wurden Blieden und grobe Stücke auf den Kalkberg gebracht und auf dem Schloßbergplatz aufgestellt. Und dann schickte Magnus Bauleute in die Kirche der Benediktiner, die damals noch auf der Höhe des Kalkbergs lag. In den Giebel der Kirche, der die Stadt überschien, wurden Schießscharten geschlagen. Armbrüste und Waffen aller Art ließ Magnus in die Grabkirche seiner Vorfahren bringen und im Turmhause aufhängen. Aus dem Kalkberg war eine Zwingburg geworden.
Du wußten die Lüneburger, daß es mit ihrer Freiheit aus und vorbei war, daß Herzog Magnus die Stadt Lüneburg in seinen Fängen hielt wie der Habicht die Taube.

Lichtmessenabend

Die Lüneburger verhalten sich ruhig. Sie wissen: Bei der geringsten Unbotmäßigkeit läßt der heillose Mensch die Stücke an der Giebelwand der Kirche lösen und die Häuser im Wasser- und Sülzviertel, um Marktplatz und Sand zusammenschießen.
Die Lüneburger warten. Sie denken: Noch ist nicht aller Tage Abend. Magnus ist ein Kriegsmann. Er kann sich mit seiner bewaffneten Mannschaft nicht hier in Lüneburg festsetzen. Und einige Monate später fällt auch richtig sein Gegner, der Kurfürst von Sachsen-Wittenberg, in sein Land ein und bedroht seine Stadt Braunschweig.
Da kann Magnus nicht länger bleiben. Als er abgezogen ist mit seinen Rittern und Mannen, mit seinen Stücken, mit Pack- und Fouragewagen, besinnen sich die Lüneburger darauf, daß sie ja noch einen Herrn über sich haben. Und sie denken daran, diesem ihnen vom Kaiser bestellten Fürsten die Huldigung anzubieten.
Aber noch zögern sie. Sie sind Bürger, vom Gesetz erzogen. Sie wissen, nur wer das Recht wahrt, bleibt. Sie wollen sich „in der Sache mit Magnus" keinem Tadel aussetzen. Sie mögen nicht um Rechtsbruch und Treulosigkeit gescholten werden. Schließlich haben sie ihm ja doch gehuldigt; haben ihm

huldigen müssen. Unter den Schwertern seiner Ritter, unter dem Lanzengeblitze seiner geharnischten Männer, die mit in der Laube waren, haben sie ihm, kurz bevor er abzog, den Eid geleistet.
So schicken sie nun in aller Heimlichkeit Boten an die Städte des Bundes, die alle ihre Juristen hatten. Sie fragen bei ihnen an, ob sie ins Unrecht kommen, wenn sie sich von Magnus lossagen. Sie fragen auch bei den Rechtsgelehrten im Sachsenland und in Westfalen an. Und als in all den vielen Antwortbriefen geschrieben steht, es ist Euer gutes Recht, Magnus aufzugeben, ja, es ist Eure Pflicht, dem Euch vom Kaiser verordneten Fürsten die Huldigung darzubringen, nähern sie sich dem Wittenberger.
In aller Stille gehen die Verhandlungen hin und her. Einer der Bürgermeister muß reisen. Es gibt viele Fragen. „Wie hältst du's mit unseren Privilegien, insbesondere mit der Freiheit unseres Salzhandels?"
Der Wittenberger sagt zu all ihren Wünschen ja und amen.
Soweit war alles gut und schön.
Aber der Kalkberg! Die Zwingburg über ihren Köpfen, die noch mit Magnus' Rittern besetzt ist. Wenn das alte Welfenschloß nicht wär, hätten sie das Spiel in der Hand. Die Burg auf dem Berge ist ihnen im Wege.
Sie besprechen sich, die Ratsherren und die Älterleute der Zünfte. Und sie werden sich einig. Sie klügeln sich etwas aus, und sie halten alle dicht. Sie treffen ihre Anstalten. Und ihre Parole heißt: „Auf Lichtmessen".
Am Tage vor Lichtmessen reitet ein Mann durch die Heide. Immer nach Süden. Es ist ein Lüneburger Reitendiener. Doch er ist nicht in Scharlachstoff gekleidet, wie ihn die Reitendiener tragen, wenn sie zu anderen Zeiten unterwegs sind. Er steckt in einem schlichten Knierock von dunkler Farbe. Er hat auch keine Kesselhaube auf dem Kopf, keine bewimpelte Lanze im Arm. Es ist ein Mann wie viele andere auch. Hinter seinem Sattel liegt ein erlegtes Reh, dem die Vorder- und Hinterfüße mit Schnüren zusammengebunden sind. Man sieht die bläuliche Zungenspitze, eingeklemmt zwischen den Lippen, die das Tier im Tode so nobel zusammengepreßt hat.
Der Mann reitet Stunde um Stunde. Er ist heut in der Frühe von Uelzen aufgebrochen. Er hat es eilig. Als er die Türme der Celler Kirchen erblickt, reitet er etwas langsamer. Er überlegt. Jetzt geht es über die braune Aller, die Hufe seines Pferdes poltern über die Holzbrücke. Nun ist er auf der Flußinsel, auf der die Stadt Celle liegt und auch das Celler Schloß. Er reitet durch den Schloßhof, macht sein Pferd an einem eisernen Ring der Schloßmauer fest, bindet das Reh los, geht in die Schloßküche, die halb im Keller liegt. Er kennt sich hier in Celle aus.
Das Wildbret legt er auf den geräumigen Tisch nieder, zwischen Fleisch und Fett, Wurzeln und Kohl und in einiger Entfernung von den Weizenbroten, die gerade aus dem Backofen gekommen sind. Es ist Backtag heute. In der

Schloßküche haben sie es eilig. Sie fragen aber doch, von wem das Reh kommt. Er nennt einen Namen. Keiner kennt ihn. Man schenkt ihm ein. Er trinkt, aber er hält sich nicht auf. Er setzt den Becher nieder und geht.
Man läßt das Reh liegen. Man hat anderes zu tun. Und als man es endlich wegräumt, findet man einen Brief, einen zerdrückten, sehr unansehnlichen Brief, der obendrein noch von dem Blut befleckt ist, das aus der Pfeilwunde des Rehs träufelte.
Der Küchenmeister geht mit dem Brief ans Fenster und studiert die Anschrift. „An Magnus, den Herzog von Braunschweig", liest er und schüttelt den Kopf. Er nimmt das dunkelgrün-wächserne Siegel in die Hand: Ein Stadttor. Zwischen den zurückgeschlagenen Torflügeln sieht er den Löwenschild. Es ist das Siegelbild der Stadt Lüneburg. Ein Brief der Lüneburger an Magnus? Der Küchenmeister hat wenig Lust, das so arg zugerichtete Ding nach oben zu bringen; und da er im Aufsehen die Beine der Schloßwache erblickt, die an dem oberen Teil der Fenster vorübergeht, macht er, daß er auf den Schloßplatz kommt. Er gibt dem Gehelmten das so übel aussehende Schreiben.
Es muß ein außerordentlicher Brief sein, den der Mann mit dem Reh zurückließ. Unten in der Küche hören sie, wie Magnus in seinen Zimmern tobt. „Den Kerl", so brüllt er, „der den Brief gebracht hat, soll man herschaffen. An den Galgen gehört er!" Aber keiner weiß, wo der Mann hingekommen ist. Gehelmte und Geharnischte müssen auf ihre Pferde. Man jagt sie vom Schloßhof. Sie müssen das Land rund um Celle nach allen Himmelsrichtungen durchstreifen. – Umsonst. – Keiner findet den Mann, diesen von Magnus gehaßten Mann, den Mann, der es gewagt hat, ihm den Absage- und Fehdebrief der Lüneburger ins Haus zu tragen.

Es ist eine alte Sitte, daß am Abend vor Lichtmessen die Lüneburger Frauen und Mädchen auf den Kalkberg steigen, um in der Michaeliskirche den Vespergottesdienst der Benediktiner zu hören, um den Klängen der Orgel zu lauschen, dem schönen Singen der Klosterschüler.
Auch an diesem Tag haben sie sich aufgemacht. Und es ist eigentlich gar kein Wetter zum Unterwegssein. Es schneit. Die Flocken spielen um das Kalkbergschloß und um die Michaeliskirche, die nicht weit von dem Schloß liegt. Man sieht, daß alle Fenster der Kirche hell sind. Aber die Bilder in den Fenstern hat der Schnee so eingeschleiert, daß man sie nicht erkennen kann.
Und eingeschleiert hat er auch die Frauen, die sich der Kirche nähern. In diesem Jahr sind trotz des Schneefalls viele Frauen unterwegs. Sie tragen veilchenblaue und kirschrote Mäntel und Mäntel von tannengrüner Farbe. Die frommen Kirchgängerinnen, die in den zwischen Himmel und Erde aufgehängten Schneeschleiern, den weißgetupften, dahergekommen, sind, wie es scheint, alle gut anzusehen, sind alle schön.

Zärtlich umschmiegt das Pelzwerk ihr frostgerötetes Kinn, ihre schneeroten Wangen. Die schwebenden Flocken machen ihr lautloses Gehen zu einem Wandeln. In dieser Schneeträumerei fällt es kaum auf, daß einige von den Frauen so ganz besonders groß sind, so merkwürdig breit in den Schultern, daß sie unter ihren Mantelsäumen so klobige, ja ganz und gar nicht frauenhafte Stiefelschnauzen haben.
Niemand bekümmert sich um diese mehr kompaktere Rasse. Alle Frauen haben mit sich selbst zu tun, denn wenn das Portal der Kirche erreicht ist, muß man sich den Schnee von den Füßen stampfen, muß man die Flocken von dem Mantel schütteln und aus dem Pelzwerk blasen. In der Vorhalle der Kirche, die Magnus zu einem schrecklichen Rüsthaus gemacht hat, sehen sich die Frauen sowieso nur verstohlen um. Und mit einem leichten Gruseln gehen sie an den zu Bergen aufgetürmten Steinkugeln vorüber, mit denen die Stadt Lüneburg in Grus und Mus geschossen werden soll.
Die breitschultrigen Weiber in dem derben Schuhwerk halten sich zurück. Sie bleiben hinter dem Gotteshaus.
„Auf Lichtmessenabend", hieß die Parole der verbündeten Ratsherren und Handwerker, die sich am heutigen Abend die abgelegten Hoiken ihrer Frauen umgenommen, die sich ihre bunten Kopftücher um Kesselhaube und Topfhelme getüdert hatten und hinter der Kirche warteten.
Nicht weit von der Michaeliskirche ist das Tor zum Kalkbergschloß. Die beiden Torflügel sind beschlagen mit eisernen, in Reihen übereinandergeordneten Vierpassen, die die Türen stark machen und ihnen überdies ein schmuckes Aussehen geben. In diesen mächtigen, fast allzeit geschlossenen Torflügeln, die auseinandergingen, wenn die Herzöge mit ihrem bewaffneten Troß hinunter wollten in die Welt, sei es zur Jagd, sei es zum Krieg, steckt noch eine kleinere Tür.
Als die Glocke von Sankt Michael den Beginn der abendlichen Vesper ankündigte, öffnete sich dieses geringe Türlein. Burgleute kommen heraus, gut vermummt mit Pelzmütze und pelzverbrämten Kappen, Pagen, die sie in die Kirche geleiten müssen, in ihrem Gefolge. Alle ein wenig in Eile, nur darauf bedacht, noch rechtzeitig in das ihnen vorbehaltene Gestühl zu kommen. Und als sie wirklich endlich alle an ihre Plätze gelangt sind, braust auch schon die Orgel auf und erfüllt die bilderreiche Grabkirche der Welfen mit Wohllaut.
Auch das in Weiberkleidern steckende Mannsvolk hinter der Kirche horchte auf die Klänge der Orgel, bis zwei von ihnen – der Schmiedemeister Jan Rodevos und Hans der Knochenhauer – über den Schnee gehen, zur Burghofpforte hinüber. Sie schlagen mit der Faust gegen die kleine Türe, aus der eben die Burgleute geschlüpft sind, und Hans der Knochenhauer ruft: „Macht auf!"

Sie stehen und lauschen. Sie hören den Pförtner. Seine Schritte vernehmen sie nicht. Der Schnee verschluckt das Geräusch seiner Stiefel. Aber sie hören, wie sein Helmbartenschaft, den er halbwegs als Stock benutzt, gegen den Boden stößt. Jetzt knarrt der Schlüssel im Schloß. Er öffnet die kleine Türe. Er tritt heran. Wittert er eine Gefahr? Er hält seine Helmbarte quer vor sich und versperrt den beiden Draußenstehenden auf diese Weise den Eingang. Da tritt Hans Knochenhauer vor, reißt ihm die Helmbarte aus der Hand und stößt den Mann mit dem eschenen Schaft der Helmbarte rückwärts in den Schnee.

Jetzt aber ist die ganze in Frauenkleidern steckende Mannschaft heran. Sie reißen sich die Kopftücher ab. Aus den bunten Frauenmänteln, die rückwärts in den Schnee fliegen, springen geharnischte Männer: Grapengießer und Wandschneider, Ratsherren und Sieder, Bäcker und Sülfmeister und die starken Eiderstedter Bauernsöhne, die auf der Sülze mit den schweren Gießeimern hantieren müssen. Sie laufen durch die kleine offenstehende Tür auf den Burgplatz. –

Geschrei und Fackeln. Und dann die scheltende Stimme des Burgvogts, der Segeband hieß, Segeband vom Berge, den niemand in der Stadt loben will. Ja, wirklich, es geht kein gutes Geschrei von ihm durchs Land. Da kommt er, das nackte Schwert in der Hand, daher. Jan Rodevos läuft ihm mit seinem Schmiedehammer entgegen, schlägt zu und Segeband sackt in sich zusammen und liegt gleich darauf im Schnee. Sie schleifen die Leiche des übelbeleumdeten Mannes aus dem Weg und werfen sie in eine verschneite Grube.

Es sind nicht viele bewaffnete Männer zurückgeblieben, als Magnus vor Monaten so eilig aufbrach. Etliche von ihnen sind zur Stunde in der Kirche. Und mit den wenigen, die in der Burg blieben, werden die Lüneburger bald fertig. Als in der Michaeliskirche die Klosterschüler ihre letzten Psalmen sangen, haben die Lüneburger Bürger die Burg von oben bis unten mit Handwerkern und Sülzleuten bemannt.

Das Kalkbergschloß muß verschwinden. Seit Monaten hatten Rat und Bürgerschaft es miteinander ausgemacht. Mag der Bergfried bleiben. Die Burg muß herunter.

Am gleichen Abend gingen sie ans Werk. Sie rissen und brachen bei Fackelschein. Die Schmiedegesellen und Sodeskumpane hoben die Flügel des Burgtores aus den Angeln, die schwer sind von den eisernen Vierpassen, mit denen man sie beschlug. Und Schmiedegesellen und Sodeskumpane trugen die beiden Torflügel am nächsten Mittag durch die Stadt. Ein Festtag war's. Die Lüneburger feierten ihren Sieg. Auf der Sülze hatte man die Feuer unter den Siedepfannen gelöscht. Die Werkstätten der Handwerker waren verödet. Wer nicht auf dem Kalkberg war, um die Mauern zu zertrümmern, der ging hinter den Männern her, die die Torflügel trugen.

Auch einige Frauen und Mädchen waren mit im Zug. Die übrigen standen an den Fenstern, winkten und zeigten beim Anblick der schweren Torflügel ihre Freude. An einigen Häusern öffneten sich die Türen. Frauen kamen über die Treppe, um die Männer, denen die schweren Tortüren die Schultern wund drückten und die oftmals abgelöst wurden, mit einem Becher Wein zu laben. Sie reichten eine zinnerne Kanne mit warmem Bier hin, aus der man reihum trinken konnte. Denn es war kalt. Und auf den Treppen und Beischlägen lag Schnee.

So hatten die Schmiedegesellen und die Leute aus dem Sodhaus die Torflügel bei häufiger Abwechslung durch Sülzviertel und Wasserviertel getragen. Nun waren sie in der Bäckerstraße. Auch hier war das Leben groß. Fenster wurden aufgerissen. Äpfel flogen herunter, Silbermünzen. Die Kinder sprangen von den Treppen, suchten die Münzen aus dem Schnee auf und brachten sie den tapferen Männern, die die Burg miterobert hatten. Und es war ein Gewinke von Schürzen und Tüchern.

Da auf einmal kommt Glockengeläut über die Häuser. Es lauschen einige von den Männern und Frauen, die hinter den türentragenden Schmieden und Sodeskumpanen herwandern.

„Da läutet doch eine Glocke?" sagen die Frauen und Mädchen an den Fenstern zueinander. Nun horchen noch mehr hin.

„Es kommt vom Sande", sagen die einen.

„Es kommt von der Täuferkirche", die andern.

„Jetzt zur Stunde Glockengeläut?"

„Das muß die Sonntagsglocke der Täuferkirche sein", meinen etliche.

„Ja", beteuern andere, „es ist die Sonntagsglocke von Sankt Johannis."

„Was soll das heißen?" fragen sie sich untereinander.

„Zu dieser Stunde schweigt sie doch sonst still."

Und jetzt geht es durcheinander: „Was bedeutet die Sonntagsglocke?"

„Warum läutet die Sonntagsglocke?"

„Unser Fürst kommt", rief ihnen ein vorbeieilender Ratsherr zu.

„Wer? Magnus?"

„Magnus doch nicht! Albrecht, der Wittenberger."

„Albrecht, der Wittenberger?" fragen sie. „Der Tochtersohn von Wilhelm mit dem großen Beine?"

„Ja, der! Die Reitendiener haben ihn eingeholt. Der Türmer der Täuferkirche hat den kleinen Zug gesichtet. Für ihn läutet die Glocke."

„Aber warum ist er heute unterwegs? Wußte er denn, was gestern am Lichtmessenabend geschah?"

„Natürlich wußte er es. Die Ratsherren hatten alles mit ihm abgesprochen. Da war er nun vor einigen Tagen mit seinen Rittern über die Elbe gekommen. Er hat mit seinem Gefolge im Dahlenburger Schloß übernachtet."

In diesem Augenblick ritt der junge Fürst im Geläute der Glocke durch das Altenbrücker Tor. So kam es, daß man sich begegnete. Denn als der Zug mit den die Torflügel tragenden Männern auf den Sand schwenkte, diesen breiten Festplatz, ritt Herzog Albrecht, von Lüneburgs Reitendienern umringt, ein Gefolge von getreuen Rittern hinter sich, unter dem Turm der Täuferkirche hin.

Die Leute, die am Sande wohnten, kamen in Schwierigkeiten. Wem sollte jetzt ihr Zuruf gelten? Wen sollten sie feiern, fragten sich die Frauen und Mädchen an den Fenstern der vielen prächtigen Häuser, die den Sand umstanden. Sollen wir dem jungen Herzog oder den Männern mit den Türen, den Siegern vom Kalkberg, zuwinken?

Sie wurden beiden gerecht. Jubel und Geschrei war um beide Züge, als sie sich begegneten. Ein Volksfest war es, das sich da zu Füßen der Täuferkirche abspielte. Ja, auf dem Sande, dem alten Turnierplatz der Stadt, ging es hoch her.

Und das muß man sagen, daß die Mädchen und jungen Frauen, aber auch die Großmütter in den Häusern es besonders mit dem jungen Herzog hielten. Die Frauen mit den grauen Haaren, weil der junge Mann auf dem Pferde von Wilhelm mit dem großen Beine abstammte, weil er ein Tochtersohn ihres alten Herzogs war –, der erst vor etlichen Jahren auf dem Kalkbergschloß starb. – Die Griesen halten eben zusammen. Die jungen Frauen und Mädchen jubelten dem neuen Fürsten zu, weil er jung war und schön anzusehn und in einem gestickten Wappenrock dahergeritten kam. Er hatte was aus sich gemacht. Von dem Schild auf seinem Oberarm glänzte es wie Gold, und sein Pferd ging unter einem kostbaren Mantel dahin. Es mußte ein Schimmel sein, der da aus den Augenschlitzen des Umhangs schielte. Das sahen sie an den Füßen, die den Schnee zertraten.

Wenn die Frauen nur Blumen gehabt hätten! Aber der Februar ist karg, und außer den weißen Eisblumen, die an unseren Fenstern blühn, hält er nichts für uns bereit. Die Frauen mußten ihre Blumenstöcke plündern. Rosen, Fuchsien fielen rechts und links von dem schön dahinschreitenden Roß in den Schnee.

Ziemlich weit unten am Sande steht ein besonders stattliches Haus. Auf der höchsten Zinne seines Stufengiebels dreht sich eine grünschwänzige Wasserjungfrau im Winde: einmal hierhin, einmal dahin. Als der Herzog zu jenem Haus aufsah, schwebte ihm eine Geraniendolde entgegen wie eine rote Feuerkugel und legte sich auf seine Hand. Der Herzog grüßte und dankte zum Hause hin. Er grüßte mit der roten Blume all die vielen Menschen auf dem Sande. Er ist leutselig und freundlich. Er ist glücklich. Ist das ein Wunder? Er bekommt eine reiche Stadt geschenkt.

Und Magnus? O Magnus! Er schäumte vor Wut. Die Stadt Lüneburg verloren? Die alte Burg des Löwen zerstört? Das Schloß seiner Ahnen abgerissen von den Lüneburgern, „den bösen Schälken, den meineidigen Hunden". Hatten sie nicht ihm in der Laube gehuldigt? Und jetzt?
Im ersten Aufruhr hätte er sich am liebsten an den Wänden seines Celler Schlosses den eigenen Kopf zertrümmert. Wenn's nur was genützt hätte. Schließlich beruhigte er sich und ließ seinen Verstand wieder zu seinem Recht kommen. Er machte es den Lüneburgern nach: Auch er wartete seine Zeit ab. Erst als das Jahr sich seinem Ende zuneigte, schickte er siebenhundert Reiter aus, die die Weisung hatten, die Stadt Lüneburg im Handstreich zurückzuerobern.
Wäre der Bergfried nicht geblieben, hätte man zu der Zeit kaum gesehen, daß auf dem Kalkberg einmal eine Burg gestanden hat. Denn selbst die Steine der umgerissenen Mauern hatten die Bürger vom Berg gefahren und gekarrt. Auch die Michaeliskirche, deren hoher Giebel die Stadt einst so gefahrdrohend überschien, war nicht mehr. Zwar hatte man den Benediktinern Zeit gelassen; in Ruhe konnten sie ihre geschnitzten und gemalten Heiligtümer bergen, die goldene Tafel ihres Altars; konnten die Gebeine der welfischen Herzöge aus den Grüften der Kirche nehmen und an einen ruhigen Ort bringen. Erst im August kamen die Mauern der Klosterkirche herunter. Damals hatte man schon am Fuß des Kalkberges den Grund abgesteckt, auf dem die Michaeliskirche neu erstehen konnte.
Dunstig und trüb sind die Nächte im Oktober. Aber in der Ursulanacht jenes Jahres waren die Nebel, die von der Ilmenau und ihrem feuchten Wiesengelände aufstiegen, besonders dicht. Wenn auch der Mond schien, so war es für die Männer auf der Höhe der Türme schier unmöglich, die Stadt zu überwachen
Zwischen drei und vier Uhr in der Nacht, „wenn den Bürgern der Schlaf am süßesten ist", wie es in der Chronik heißt, dröhnte das Feuerhorn zu den Wächtern auf der Höhe der Türme hinauf.
„Was kann das sein?"
Der Türmer der Täuferkirche spähte die Stadt nach allen Himmelsrichtungen ab. Er konnte nirgends einen rötlichen Schein erkennen.
„Nein, Feuer, Feuer ist es nicht", murmelte er, „aber was dann?"
Die Feuerhörner heulten fort. Sie heulten durch Sülzviertel und Wasserviertel, auf dem Markt und auf dem Sand. Und diese heulenden Hörner, diese wie tausend Wölfe heulenden Hörner, diese fordernden, auf eine schauerliche Weise gebietenden Hörner, rissen die Bürger der Stadt aus ihren Träumen.

Es ist ein Geschrei auf dem dunklen Markt. „Was ist los?" fragten die einen.
„Wir wissen es auch nicht", antworteten andere. „Feuer und Aufruhr ist es nicht. Und hat keiner einen anderen auf dem Wege umgebracht."
„Wozu dann die Hörner jetzt in der Nacht?"
„Es heißt ja, Magnus ist mit seinen Reitern da", rief einer.
„Magnus???"
Da tritt ein schon gerüsteter Harnischmacher hinzu.
„Es ist so", spricht er. „Braunschweiger Reiter sind in die Stadt gekommen."
„Jetzt in der Nacht?"
„Hielten die Tore nicht stand?"
„Haben die Wächter geschlafen?"
„Die Reiter sind über die Stadtmauer gekommen in jenem entlegenen Winkel zwischen Sülze und Kalkberg, wo unsere Stadtbefestigung den Knick hat. Sie haben die Wächter auf den Mauern erstochen."
Jetzt kamen einige Grapengießer mit ihren Gesellen angelaufen, von denen einer eine qualmende Fackel in der Hand hatte.
„Was steht ihr hier beisammen?" fragte der älteste der Männer.
„Lauft und holt eure Waffen! In der Techt kämpfen sie!"
„Kämpfen sie?"
„Die Braunschweiger Reiter wollen durch zum Rathaus. Die Unsrigen wollen sie nicht lassen. Sie sind im Handgemenge. Es hat schon Tote gegeben. Und unsere beiden Bürgermeister sollen auch dahin sein."
„Unser Worthaltender gefallen?"
„Klaus Vischkulen tot?" so fragten etliche.
„Man hört dies und das über ihn. Aber den zweiten Bürgermeister, der im Gestühl neben unserem Worthaltenden saß, Hinrich van der Molen, hat mein Nachbar tot aus dem Gefecht getragen."
Damit liefen die Grapengießer weg. Einer von ihnen wandte noch einmal den Kopf und rief: „Macht, daß ihr uns nachkommt!"
Als es hell wurde, waren die siebenhundert Reiter zum Marktplatz durchgebrochen. Einer der Unterführer besetzte mit seinen Leuten das Rathaus. Die Lüneburger Bürgerwehr wurde vom Platz vertrieben und durch die angrenzenden Straßen gejagt. Herr von Homburg, der Anführer der ganzen Schar, war zufrieden. Er hatte den Sieg in der Hand. Die Unterführer lockerten am Halse die Riemen ihrer Topfhelme. Die Reiter nahmen ihre Kesselhauben ab, und im Laubengang unter den fünf schlanken Türmen der Rathausfront lehnten sie ihre Lanzen gegen das Gemäuer.
Indes waren sie auf dem Marktplatz dabei, die Fahne mit dem Braunschweiger Löwen aufzurichten. Zwischen dem Marktbrunnen und der Granitplatte, auf der der Scharfrichter zuzeiten seines Amtes waltete, hatten sie das

Pflaster aufgerissen. Und hier mühten sich zwei Reiter, die Fahnenstange in das Erdreich zu bohren.
In diesem Augenblick erschienen zwei lüneburgische Reitendiener. Sie hatten weiße Wimpel unter ihre Lanzenspitzen gebunden. Sie gingen einigen Männern voran, die um Frieden bitten wollten. Und Klaus Vischkulen, der Worthaltende Bürgermeister ist ihr Sprecher. Er hat zu seiner Linken den jüngsten Mann vom Rate, zu seiner Rechten den Wortführer aus der Zunft der Schmiede. Klaus Vischkulen war nicht gefallen. Aber eine tüchtige Schramme auf seiner Stirn zeugte davon, daß er nachts in der Techt dabeigewesen war. Für einen Worthaltenden war Herr Vischkulen noch jung. Das gelbliche, krause Haar, das ihm auf der Schulter lag, war kaum von den Jahren bereift. Er war blaß und ernst wie der Tod. War das ein Wunder? Der schreckliche Kampf in der Nacht! Wie viele Bürger waren verwundet! Und unter den Toten gab es drei, mit denen er seit Jahren im Ratsgestühl gesessen hatte. Klaus Vischkulen warf einen Blick auf die im Winde flatternde Fahne mit dem blauen, aufsteigenden, braunschweigischen Löwen. Er warf einen Blick auf den Rottenführer, der die beiden Reiter überwachte. Die konnten durchaus nicht mit ihrer Fahne zurechtkommen, denn das verwünschte Ding von Fahnenstange wollte nicht gradestehen.
Klaus Vischkulen, der Worthaltende, machte seine Augen ganz schmal und sah noch einmal zu dem grauhaarigen Rottenführer hinüber, der mit seinem vom Trunk geröteten Gesicht und seinem grauen Schnauzbart einem alten Landsknecht glich.
Bei Gott, dich kenne ich, fährt es Vischkulen durch den Sinn, dich suchen wir! Du bist Sievert von Söldern. Ein Beutelschneider bist du und hast schon oft genug im Busch gelegen und manchen Kaufmann zu einem armen Teufel gemacht. Wir haben dich in unserm Buch; da stehst du in der Liste der Straßenräuber, und all die Untaten sind aufgezeichnet für den Fall, daß wir dich kriegen.
Aber nun erschien Herr von Homburg, Magnus' Waffengefährte, Freund und Zechbruder, der Anführer der siebenhundert Reiter. Er ging der kleinen, um Frieden bittenden Abordnung ein paar Schritte entgegen.
Der Herr von Homburg hatte neben Magnus gestanden, als die Lüneburger ihm huldigten, Magnus im Schwertglanz seiner Ritter huldigen mußten. Klaus Vischkulen denkt nicht gern an jene Stunde der Demütigung zurück. Soviel war richtig: Ein so wilder Mensch wie Magnus war Herr von Homburg nicht.
„Ihr kommt, um mit mir über die Übergabe der Stadt zu sprechen", begann er.
„So ist es", antwortete Vischkulen. „Auf diese nächtliche Überraschung", fuhr er fort, „sind wir nicht gefaßt gewesen."

„Das Kriegsglück wechselt", antwortete Herr von Homburg, „einmal mir, einmal dir."
„Es scheint, daß es uns den Rücken gekehrt hat", entgegnete der Worthaltende darauf. Wohlgemerkt, er sagte, es scheint. Demnach hatten sich die Lüneburger denn doch wohl noch nicht ganz aufgegeben.
„Die wehende Löwenflagge", fuhr der Worthaltende fort, „zeigt uns an, daß wir in des Herzogs Hand sind. Wir sind bereit, uns zu unterwerfen. Wie sind die Bedingungen?"
„Fangen wir gleich an Ort und Stelle an.
Zum Ersten:
Die Schlüssel zu den Türmen und Toren der Stadt kommen sofort in unsere Hand. Wenn die Türme und Tore von braunschweigischen Reitern besetzt sind, haben die Bürger von Lüneburg hier auf dem Marktplatz zu erscheinen und ihre Waffen niederzulegen. Die Bürger müssen in Abteilungen, nach ihren Wohnvierteln geordnet, antreten. Zuerst kommen die Leute, die um den Markt wohnen. Danach die Männer aus dem Sülzviertel. Hernach die, die im Wasserviertel beheimatet sind. Zuletzt bringen die Männer vom Sand und den anliegenden Straßen ihre Waffen.
Zum Zweiten:
In acht Tagen müssen siebzigtausend Rheinische Goldgulden bezahlt werden. Die Hälfte aller Sülzpfannen, die den Lüneburgern gehören, gehen in den Besitz des Herzogs über."
Der Herr von Homburg hatte noch keine Pause gemacht. Er sprach, als lese er alles von einem Zettel herunter. Vischkulen merkte, Magnus hatte ihn gut instruiert.
„Zum Dritten",
fuhr er fort, „das Schloß auf dem Kalkberg muß so bald wie möglich . . ."
„. . . wieder aufgebaut werden", unterbrach ihn Vischkulen.
„Ich sehe, Herr, was uns erwartet. Vergebt", er zog ein Tuch hervor und wischte sich das Blut von der rechten Braue und von dem Lid darunter. Die Wunde an der Stirn hatte wieder angefangen zu bluten. Das sich allmählich rötende Tuch gegen die Stirnwunde gedrückt, fuhr er fort:
„Ich muß eines schlechten Gedächtnisses wegen um Entschuldigung bitten. Ich glaube kaum, daß ich dies alles, was ich eben hörte, im Kopf behalten kann. Ich möchte nicht gern das eine oder andere vergessen. Ich bin aber auch nicht befugt, zu dem allen, was mir eben mitgeteilt wurde, ja und amen zu sagen. Die Sülfmeisterschaft, das Handwerk haben heute nacht in der Techt mit dem Rat der Stadt Seite an Seite gekämpft. Ihnen muß ich diese Bedingungen vorlegen. Sie müssen mit ihnen einverstanden sein. Aus diesem Grunde ist es wohl das beste, wir bringen alles ein wenig zu Papier. Der Ratsschenk drüben im Weinkeller der Stadt hat alles, was wir brauchen.

Der Eingang zum Keller liegt im Laubengang unter den fünf Türmen; wenn es Euch recht ist, begeben wir uns dahin." Gesagt, getan. – Wenig später saßen sie in dem kellerkühlen Trinkraum des Rathauses: Herr Vischkulen, der Schmiedemeister, der jüngste Herr vom Rat, Herr von Homburg und Sievert von Söldern, der alte Landsknecht und Straßenräuber. Die beiden Reitendiener waren ebenfalls in die Tiefe des Kellers hinabgestiegen. Sie lehnten, in ihrem roten Scharlachtuch, die weiß bewimpelte Lanze im Arm, hinter ihrem Worthaltenden an der Wand.

Der Ratsschenk brachte Papier und Schreibsachen. Er brachte auch Wein und zinnerne Becher. Und Sievert von Söldern schenkte seinem Herrn ein und bediente sich auch selbst...

Vischkulen schrieb.

Der Herr von Homburg sprach die Bedingungen für die Übergabe noch einmal vor, die der Worthaltende sehr gut im Kopfe hatte – ach, nur zu gut. – Sievert von Söldern war mit dem Wein fertig. Er schwenkte die leere Kanne. Der alte Raubritter war durstig geworden vom Kampf, von dem langen Ritt in der Nacht. Auch Herr von Homburg hatte dem Wein zugesprochen. Als der Ratsschenk die Kanne, die mit dem besten spanischen Rotwein gefüllt war, zum zweitenmal auf den Tisch stellte, sagte Vischkulen wie beiläufig:

„Sind die Schlüssel zu den Kellern zur Hand, in denen unsere Weine lagern?"

Der Ratsschenk legte sie auf den Tisch. Vischkulen nickte, schob sie mit leichter Hand und ohne von seiner Schreibarbeit aufzusehen, dem Söldern zu und sprach:

„Bedient Euch, Herr, vielleicht seht Ihr Euch gern einmal in den Gewölben um, in dem wir unsere Weine haben. Verschiedene Fässer, die gute Sorten bergen, sind frisch angestochen."

Sievert von Söldern schloß mit Hilfe des Ratsschenks die dunklen Gewölbe auf. Rottenführer und Reiter hatten sie bald in ihrem Gefolge.

Die Braunschweiger staunten. Ein Keller? Eine Welt von Kellern tat sich vor ihnen auf. Wie in einem Märchen gingen sie von einem der unterirdischen Räume in den andern. Das Öl, das in kleinen Lämpchen brannte, warf ein trübes, gelbliches Licht auf die Gebinde, von denen einige so groß waren, daß sie mit ihren Reifen an die Schlußsteine der Gewölbe rührten, in denen sie lagerten.

Die Reiter klopften an die Fässer, drehten an den Zapfhähnen und ließen sich die roten und die weißen Weine, den spanischen Wein und den vom Rhein in Krüge und Kannen laufen. Ja, in Ermangelung richtiger Gefäße, kamen sie mit Topfhelmen und Kesselhauben daher.

Vischkulen schrieb. Die Zeit ging hin. Aber schließlich war er fertig. Er hatte alle Bedingungen zu Papier gebracht. Er beurlaubte sich von Herrn von

Homburg, nahm den alten Schmiedemeister und einen der Reitendiener als Geleit mit. Der junge Ratsherr blieb mit dem zweiten Reitendiener als Pfand, als Geisel im Keller zurück. Herr von Homburg hatte in dem jüngsten Ratsherrn einen wenig kurzweiligen Gesellschafter. Sie sprachen kaum ein Wort zusammen. Manchmal kamen Unterführer an den Tisch heran, hatten etwas zu fragen. Im übrigen sahen die beiden nur Reiter und wieder Reiter. Die stolperten die Kellertreppe herunter, liefen mit Krügen an ihnen vorbei. Einige hatten nicht Becher und Krug, sie wollten nur einmal unter den Zapfhähnen liegen. Wollten sich den guten spanischen Wein, der auf dem Markt so gerühmt wurde, ins Maul laufen lassen.
Dem Herrn von Homburg wird die Zeit lang. Da sitzt er nun allein mit dem schweigsamen Mann vom Lüneburger Rat. Und auch der Reitendiener hinter ihm an der Wand, in seinem Scharlachtuch, regt sich kaum, rührt nicht die weiß bewimpelte Lanze in seinem Arm. Es ist fast, als stände eine große Puppe an der Wand. Immer noch rennen an dem Tisch Reiter vorbei mit roten Köpfen. Immer noch ist der Weinkeller ihr Ziel. Und dahinten in den Gewölben johlen sie und schreien. Wo der Sievert von Söldern wohl stecken mag?
Der Oberst steht auf. Er denkt: „Du mußt in den Kellern einmal nach dem Rechten sehn." Er denkt: „Du mußt einmal nach Sievert von Söldern sehn." Auch er wundert sich, als er sich unter den Fässern umtut. Er klopft an einige von ihnen. Er denkt, „solchen Weinkeller sahst du noch nie. Das gibt es nicht im Braunschweiger noch im Celler Schloß. Kein Wunder, daß es den Reitern hier so gut gefällt" Sie waren zufrieden. Sie hatten die Stadt Lüneburg erobert. Und nun tranken sie den Wein der Stadt. Mochten sie ihn trinken. Aber daß hier und da einige vollgelaufen neben den Fässern lagen und schliefen, wollte dem Herrn nicht passen. Er kehrte in die Trinkstube zurück. Sein Tisch war leer. Der junge Mann im Ratshabit war weg, und er hatte, wie es schien, den Ratsdiener mit der weiß bewimpelten Lanze gleich mitgenommen. Herr von Homburg fragt nach den beiden. Niemand weiß etwas von ihnen.
Der Obrist wittert Unrat. Wenn die Lüneburger falsch spielen? Bei einem Überfall kommt kein Mann lebend aus den Kellerlöchern heraus. Wo mochte der Söldern stecken? Lag wohl auch bis an den Hals voll Wein neben einem Faß und schlief seinen Rausch aus. Herr von Homburg sucht seine Rottenführer zusammen und gibt den Befehl, die Reiter aus den Kellern zu bringen.
Es war kein leichtes Stück, aus diesen berauschten Mannschaften eine zum Kampf bereite Truppe zu machen. Denn auf dem Marktplatz war es nicht viel anders. Sie lagen im Laubengang, lagen auf dem freien Platz um den plätschernden Marktbrunnen, schliefen mit dem Gesicht auf den Kopf-

steinen, auf der großen Granitplatte, auf der der Büttel zuzeiten sein Handwerk ausübt, schliefen müde vom Kampf, vom langen Ritt in der Nacht, vom Wein berauscht.
Die Drommeter waren angetreten. Die ersten Reiter kamen aus den Gewölben hervor. Und Sievert von Söldern auch. Er trat an die Brunnenschale und steckte seinen Kopf in das kalte Wasser.
In diesem Augenblick ritt ein geharnischter Mann über den Markt. Auf dem Kopf einen Topfhelm, wenn auch mit geöffnetem Visier, den Schild auf dem rechten Oberarm, ganz als wolle er ins Gefecht. Nichts von einer weißen Fahne, einem weißen Wimpel. Er reitet zwischen zwei berittenen Sülfmeistern auf den Marktbrunnen zu. Dieser geharnischte Mann ist Herr Maltitz, der Anführer der Lüneburger Bürgerwehr. Er hat eine Mundbotschaft, und jetzt hält er nicht weit von dem Obristen. Doch bevor der sich dem geharnischten Mann zuwendet, ruft er von der Stufe des Brunnens aus über den Markt hin den Drommetern zu: „Blast, blast!"
Und zu seinen Rottenführern hinüber: „Die Reiter sollen ins Glied treten!"
Und dann, indes die Rottenführer und Reiter nach Lanze, Helmbarte und Eisenhüten liefen, die sie im Laubengang ließen, indes unter dem Blasen der Drommeten die Reiter aufwachten und sich, wie unter den Trompetentönen des Jüngsten Gerichts hochrappelten, ruft Herr von Homburg, die Hand schon am Schwert, dem Abgesandten der Lüneburger entgegen:
„Bringt Ihr die Schlüssel zu den Türmen und Toren der Stadt?"
„Ich komme mit leeren Händen", antwortete ihm der Stadthauptmann. „Eure Bedingungen behagen den Bürgern nicht. Sie wollen kämpfen."
„So fangen wir gleich an!" Der Homburger zog das Schwert und sprang die Brunnenstufe hinunter. Reiter und Rottenführer kamen ihm zu Hilfe. Nach wenigen Minuten lag der Maltitz neben dem Marktbrunnen in seinem Blut. Und auch von den beiden Sülfmeistern, die ihn begleitet hatten, konnte der eine nicht wieder aufstehen. Der andere, wenn auch verletzt, ritt davon.
Ja, er kam durch. Unbegreiflich, wie. Waren doch überall auf dem Markt Wachen aufgestellt. Die warfen ihre Lanze nach ihm, rannten ein Stück hinter ihm her, schossen ihre Pfeile nach ihm ab. Bald hatte er eine enge Twiete erreicht und entschwand ihren Augen. Nicht lange darauf langte er auf dem Stintmarkt an.
Im Wasserviertel, auf dem Gelände des Vischkulenhofes, in den Straßen zu Füßen der Nikolaikirche, auf dem Stintmarkt selbst am Wasser der Ilmenau hatte sich die bewaffnete Bürgerschaft der Stadt, hatten sich die Lüneburger Söldner zusammengefunden und zu Zügen geordnet.
Als nun der den Braunschweigern entkommene Sülfmeister unter ihnen erschien, als seine Mitbürger ihn umringten und hörten:
„Maltitz, unser Stadthauptmann, ist tot; Sülfmeister Stöterrogge ist über-

wältigt", da war man sich rasch einig. Es war Zeit, loszubrechen. Und die einzelnen Züge rückten gleich darauf an die Stelle, an der sie nach dem Plane des erschlagenen Stadthauptmanns kämpfen mußten.
Nach einer Stunde hatten die Lüneburger die Braunschweiger Reiter vom Marktplatz abgedrängt und in die Bäckerstraße hineingedrückt.
Die Bäckerstraße ist eng. Sie kämpften wie in einem Schlauch. Sie kämpften, man möchte sagen, um jeden Pflasterstein, aber bestimmt um jede Treppe, um jeden Beischlag, um jede Beischlagwange, hinter der sich ein Braunschweiger verschanzt hatte. Einmal müssen die Lüneburger zurück, dann wieder die Braunschweiger. Aber die Braunschweiger gingen öfter zurück als die Lüneburger.
Die Lüneburger Bürgerwehr hatte in ihren vorderen Reihen einen Bäckergesellen, einen kleinen wendigen Kerl, drahtig und schwarzhaarig, mit einer langen Nase. Er hatte seinen eisernen Brotschieber mitgebracht. Er hatte gerade seine Schwarzbrote in den Ofen geschoben, als man ihn holte. Dieser Brotschieber war einmal sein Schild, und er fing mit ihm Lanzenstiche und Schwertschlag ab, im nächsten Augenblick schmetterte er das breite Eisen den Reitern auf die Köpfe, und so wetterte er dahin.
Es gibt kleine Twieten und Gäßchen, die von der Bäckerstraße abzweigen, und manch einer von den Braunschweigern nahm im Handgemenge eine solche aufs Korn, dachte, wenn du bis dahin kommst, vielleicht kannst du entwischen, vielleicht kommst du dann mit heiler Haut davon. Doch wenn sie an jene Lücke gelangten, war es nichts damit; der gefallene Stadthauptmann hatte vorgesorgt. In den Hauseingängen, hinter Mauervorsprüngen dieser schmalen Twieten steckten Söldner und Bürger. Sie kamen den Entweichenden mit ihren Morgensternen entgegen und trieben sie wieder in den Hexenkessel zurück, dem sie gerade entronnen waren.
Wie am Tage von Lichtmessen, waren auch heute Frauen an den Fenstern. Nicht die jugendlichen, die damals den jungen Herzog Albrecht feierten; nicht die grauhaarigen, die ihm zuwinkten, weil er ein Enkel war von Wilhelm mit dem langen Beine, jenem guten Fürsten, der bei der Lüneburger Bevölkerung so wohlgelitten gewesen. Heute sah man den Schlag Frauen an den Scheiben, die in den mittleren Jahren standen, und unter ihnen waren es die resolutesten und die couragiertesten. Ja, die ganz robusten scheuten sich nicht, sich an dem Kampfe zu beteiligen. Und wenn das Ringen sich unter ihren Fenstern hinzog, besannen sie sich auf die Steine, die in ihren Fässern den Weißkohl zusammenpreßten, den sie kürzlich einsäuerten. Sie stiegen in ihre Keller hinunter und kamen mit diesen Steinen in der Schürze wieder. Sie rissen die Fensterflügel auf und schmetterten, um den Bürgern in ihrem Kampfe beizustehn, die schweren Steine den feindlichen Reitern auf die Köpfe.

Im Bürgermeisterhaus war es nicht so. Im Wohnzimmer jenes Hauses, das schon damals an der Bäckerstraße stand, waren Angst und Stille, wie bei einem schweren Gewitter. Die Hausmutter saß weitab vom Fenster. Sie hatte ihr Gesicht auf ein kleines Kind geneigt, das sie im Arm hielt.
Ein kleines Mädchen kauerte zu ihren Füßen, neunjährig wohl, mit rötlichblonden Locken. Sie saß auf einem Schemel und hatte sich ganz in die Falten des mütterlichen Rockes hineingedrückt. Sie hatte die Hände im Schoß gefaltet. Sie betete, und dabei liefen ihr die Tränen über das helle Gesicht. Sie betete flüsternd. Sie betete wohl immer dasselbe, und manchmal wurde etwas von ihrem Gebetsgestammel laut:
„Oh, bitte lieber Gott, gib! . . . Laß unsern Vater . . . Oh, bitte lieber Gott . . . laß ihn nicht sterben!"
Niemand horchte auf die flüsternde Stimme des Kindes. Auch nicht die alte Großmutter, die in dem Winkel hockte, in dem das große Rollhandtuch hing. Die Arme auf dem Schoß, den Rücken gebeugt vom Alter und von der Angst, so saß sie da und lauschte auf das, was auf der Straße vorging. Und wenn da unten gar zu laut Eisen auf Eisen schmetterte, zuckte sie zusammen. Aber wenn ein Todesschrei von unten her die Stille der Stube zerriß, sank ihr die Stirn tiefer gegen die Knie.
Es gehörten noch zwei Jungen ins Haus. Vierzehnjährig der eine, der andere hatte kaum das elfte Lebensjahr vollendet. Der Große hatte sich schon einige Male ans Fenster geschlichen, aber immer wieder hatte ein kurzes Gebot der Mutter ihn von der Scheibe gescheucht. So hatte er sich aus der Stube gedrückt, und der Kleine war mit ihm gegangen. Sie waren zwei Treppen hochgestiegen und standen nun hinter einem Bodenfenster, dicht aneinandergedrängt, und ganz wie zwei junge Habichte, die vom Nestrand ihres hohen Horstes hinabäugen in die Welt. So sahen sie, wie es in der Bäckerstraße zuging. Sie mußten sehen, wenn es auch noch so schrecklich war, wie die Männer aufeinander losgingen mit Fäusten und Füßen, mit Schaufeln, Äxten und Beilen. Wenn es auch noch so gräßlich war, wie sie sich mit Hellebarden schlugen, mit Lanzen nacheinander stachen, wie sie sich gegenseitig würgten und von den Beischlägen schmissen, wie sie auf Lebenden und Toten herumtrampelten. Sie mußten es sehen, wenn der Kleine auch manchmal mit den Händen seine Augen bedeckte.
Sie mußten sehen, wie sich die Klumpen der kämpfenden und ineinander verkeilten Männer durch die Straße drückten, immer mehr nach dem Sande hin.
„Wikbold, wir kommen vorwärts", flüsterte der Kleine. „Ich glaube, wir siegen."
Und der Große, der späterhin Hinrich Langes Vater wurde, flüsterte, die Hände ineinandergewürgt, fast heiser: „Ja, vielleicht siegen wir."

Und dann kam es, kaum zu hören von seinen Lippen: „Wo mag unser Vater sein?" Ja, wo mochte er sein? Denn die beiden Jungen, die nur einen kleinen Abschnitt der Straße überblicken konnten, sahen nicht, wie viele auf dem Wege geblieben waren, Braunschweiger Reiter und Lüneburger Bürger und Söldner. Unter den Fenstern der Häuser lagen sie, auf den Treppen, in den Hauseingängen. Tot die einen, die andern blutend und ihrer Sinne nicht mehr mächtig.

„Wikbold", rief jetzt der Kleine, „da bringen sie einen getragen."

Es mußte ein schwerer Mann sein, den sie jetzt aus dem Gewühl brachten. Der große Kerl, der ihn unter den Achseln gepackt hielt, war sicher ein Sodeskumpan. Und der Lüneburger Söldner, der seine Füße gefaßt hatte und zwischen den Beinen des Verwundeten ging, hatte auch seine Last.

„Da kommt ja noch einer", rief Wikbold, „er bringt Helm und Schild."

„Wikbold", begann der Kleine, „der Mann, den sie tragen, hat so helles Haar wie unser Worthaltender Bürgermeister Klaus Vischkulen. Vielleicht ist es unser Worthaltender."

Jetzt kamen sie daher, als wollten sie die Treppe des Bürgermeisterhauses ansteuern; aber sie besannen sich, überquerten die Straße auf schräger Bahn und näherten sich der Ratsapotheke, über deren Treppe auch damals schon die vergoldete Theriakbüchse schwebte.

„Sie bringen ihn drüben in das Haus."

„Die Häuser der Stadt sind alle verrammelt", begann Wikbold, „wie das unsere auch. Sonst könnten sich ja die Reiter in sie hineinflüchten und dort verkriechen. Siehst du, sie legen ihn auf die obere Stufe der Apotheke, sie ist so breit, daß ein Mann dort liegen kann."

„Wer mag der Mann sein?"

„Kannst du das Bild auf dem Schild erkennen?" flüsterte Wikbold.

„Warte, gleich, sie lehnen den Schild gegen die Tür. Es sind Fische auf dem Schild, aber Wikbold, sie haben nur einen Kopf."

„Ja, ich sehe es auch, die drei Fische haben nur einen Kopf. Dann wird der Mann, der dort liegt, doch wohl unser Worthaltender sein, die drei Lachse der Vischkulen haben auch nur einen gemeinsamen Kopf. Ich habe dir doch neulich den Vischkulenhof gezeigt. Er liegt nicht weit von der Lachskuhle, wo auch die Salzschiffe beladen werden. Der Mann da drüben auf der Treppe ist der Vater im Vischkulenhof."

„Oh ...", der Kleine wischte sich mit dem Ärmel die Tränen von der Backe.

„Vielleicht lebt er noch", tröstete Wikbold. „Vielleicht kommt er wieder hoch."

„Wenn nur nicht das viele Blut wäre, Wikbold. Siehst du, wie es von den Stufen tropft, und auf der Straße unter der Treppe steht schon ein ganzer See."

„Ja", flüsterte Wikbold, „das ist schlimm."
Aber nun hörten die beiden Jungen ein Trampfen und Stampfen, ein Trappeln und Rennen. Ein neuer Zug bewaffneter Handwerker kam daher. Riemenschneider und Bäcker, Knochenhauer und Schmiede. Sie hatten ihre Gesellen mitgebracht und die großen Lehrjungen. Etliche von ihnen sahen nach der Treppe der Ratsapotheke. Vielleicht erkannte der eine oder andere in dem schwerverwundeten Mann den Worthaltenden Bürgermeister der Stadt. Aber als ein junger Bursche zu ihm eilen wollte, ergriff ihn sein Meister am Ärmel und riß ihn zurück.
„Zum Sand, nur zum Sand!" hieß der Befehl, den man ihnen gab, „nichts wie zum Sand. Alles, was laufen kann, zum Sand, zum Sand!"
Die Bäckerstraße ist das Vorspiel gewesen. Die Entscheidung fällt auf dem Sand. Auch die Braunschweiger Reiter hofften auf den Sand. „Wären wir nur aus diesem Teufelsloch heraus", fluchten sie in der Enge der Straße. Auf dem Sand können wir uns ausbreiten. Auf dem Sand können wir ihnen eine Feldschlacht liefern. Auf dem Sand haben wir noch eine Chance, vielleicht bringen wir doch noch den Sieg nach Hause.
Doch als die ersten aus der Bäckerstraße herauskamen, hilf Himmel, da zogen die Lüneburger in Schwärmen heran. Von der Täuferkirche kamen sie und hatten sich über die ganze Breite des Sandes auseinandergezogen. Und die Braunschweiger sahen es deutlich, immer neue Scharen drängten hinter den Mauern der Kirche hervor.
„Am Ausgang der Bäckerstraße muß man sie abfangen", das war Herrn Maltitz' Kriegsplan gewesen, nach dem man in allen Stücken handelte.
Da schwirrte schon ein erster Pfeil den feindlichen Reitern entgegen.
„Wir sind verloren, Gott steh uns bei", murmelte Herr von Homburg, der auf einen Beischlag gestiegen war und sah, wie auch aus der Straße zu seiner Rechten, in der die Grapengießer wohnten, Kriegsvolk herankam, vornehmlich Grapengießer und die ihnen verbrüderten Harnischmacher. Und wenn die Meister auch alle Morgensterne oder Rabenschnäbel und richtiges Rüstzeug hatten, ihre Gesellen und Lehrlinge kamen mit Schürstangen und Schmiedehämmern, und jetzt drommeteten auch sie zum Angriff.
„Sie nehmen uns in die Zange", riefen die Unterführer.
„Zum Roten Tore", schrien sie einander zu. „Der Weg dahin ist noch frei."
Sie liefen wie die Hasen; ja, einige warfen Hellebarde und Lanzen auf die Straße. Was sollten sie jetzt noch mit Waffen? Aber am Roten Tore fanden sie nicht ihr Himmelreich. Denn das Rote Tor war, wie alle Häuser der Stadt, verrammelt. Verriegelt und verschlossen die schwere Tür zu der Wächterstube, in der die großen Torschlüssel an der Wand am Nagel hängen mochten.
Das Ende ist rasch erzählt. Wie die Hirsche jagten sie innen an der Stadt-

mauer entlang. Sie wollten nach der Stelle, wo sie eingestiegen waren, und wo vielleicht noch ihre Strickleitern hingen, wo die Mauer zwischen Sülze und Kalkberg den Knick hatte. Aber sie kamen nicht dahin. Als sie über den Lambertiplatz stürmen wollten, versperrten ihnen Barrikaden den Weg. Und auf den Barrikaden stand das Sülzvolk: Sülfmeister, Sieder, Salzfahrer und Weißlader, und Männer aus dem Gießhaus und Sodhaus. Man hatte das Pflaster des Lambertiplatzes aufgerissen. Man bombardierte die Heranjagenden mit Kopfsteinen und beschoß sie mit Pfeilen.
Was blieb den Braunschweigern übrig? Gejagt von hinten, von vorn bedroht von den wütenden Sülzleuten, an den Flanken die erbitterte Bürgerschaft, sie mußten sich ergeben. Jetzt mußten ihre Unterführer sich ein weißes Tüchlein unter die Lanzenspitze binden. Bald darauf gaben alle ihre Waffen ab.
Vierundfünfzig von den eingestiegenen Reitern fand man tot auf den Straßen der Stadt. Wohl hundert war es gelungen, zu entwischen und ein Loch zu finden, durch das sie entschlüpfen konnten. Ihnen fiel die Aufgabe zu, die Botschaft von der großen Niederlage ins Celler Schloß zu bringen. Fünfhundertfünfzig Männer kamen in die Lüneburger Türme und Gefängnisse, und der Herr von Homburg, Magnus' Freund und Waffenbruder, auch. Viele von ihnen blieben jahrelang in Lüneburg, da das von den Lüneburgern geforderte Lösegeld nicht eintraf.
Sievert von Söldern gehörte nicht zu den Gefangenen. Er war auf dem Sand liegen geblieben, und vielleicht war es gut für ihn; auf diese Weise entging er der Schande. Er brauchte nicht seinen grauen Landsknechtskopf auf dem Marktplatz hinzuhalten, um den Todesstreich zu empfangen. – Denn von den gefangenen braunschweigischen Rottenführern aus ritterlichem Geschlecht gab es ohne ihn noch fünf, die in dem Straßenräuberbuch des Rates aufgezeichnet waren mitsamt den Untaten, die sie begangen hatten. Für sie wurde kein Lösegeld gefordert und auch keins genommen. Sie wurden zum Tode verurteilt und bald nach der Ursulanacht auf dem Marktplatz gerichtet.
Der Krieg zwischen den Familien der beiden Tochtermänner, zwischen den Welfen und dem Hause Sachsen-Wittenberg dauerte noch manches Jahr. Magnus hat nicht mehr viel davon mitgekriegt. Er war mit dem Sterben früh daran.
Denn wie so oft, so war er auch an jenem Tag, der sein letzter werden sollte, in seiner Wut blindlings dahingeschossen und diesmal in den Tod. Ein rechter Pechvogel – denn man fand heraus, daß er sich selbst um eines Irrtums willen vom Leben zum Tode gebracht. An einem Kampftag des lange dauernden Krieges glaubte Magnus in einem vorübersprengenden, verkappten Ritter einen jungen Schauenburger zu erkennen, der sein Widersacher war, da er ja zu den Lüneburgern hielt. Außerdem war er sein persönlicher Feind,

der ihm in Liebes- und Heiratsdingen dazwischengekommen war, und er hatte ihn ausgestochen.
Ihn forderte er im tobenden Gefecht zum Zweikampf heraus, und die Ritter verbissen sich so wütend ineinander, daß sie schließlich beide tot von ihren Pferden sanken. Als man nun dem fremden Ritter den Helm löste und das Visier hochschlug, sah man, daß es gar nicht der Schauenburger gewesen, an dem Magnus, wenn auch sterbend, sein Mütchen gekühlt hatte. Ein Herr von Eberstein wars, der nun an Stelle des Schauenburgers sein Leben hatte hingeben müssen.
Noch manches Jahr nach Magnus Tode wurde die Lüneburger Heide verheert –, verheert im wahrsten Sinne des Wortes –, verheert – einmal von Albrechts Rotten, dann wieder von den Söldnerhaufen der Braunschweiger. Nach zwanzig schlimmen Jahren, in denen niemals der Brandgeruch vom Lande wich, schlossen die streitenden Parteien endlich Frieden. Magnus' Söhne wurden die Herren der Lüneburger Heide. Und die Lüneburger verstanden sich dazu. Sie billigten es, daß das alte Geschlecht der Welfen im Lüneburgischen wieder obenauf kam. In der Stadt Lüneburg durften die Welfen hinfort nicht mehr wohnen, und die Burg auf dem Kalkberg durfte nicht wieder aufgerichtet werden.
Zwischen den Welfen und der Stadt Lüneburg ist niemals ein rechter Friede geworden, wenn die streitenden Parteien auch das Schwert aus der Hand gelegt hatten. Und die Kinder aus Magnus' Stamm, die im Schloß auf der grünen Allerinsel groß wurden, bekamen es immer wieder zu hören, und es wurde ihnen eingeimpft: Wenn alles rechtlich zugegangen wär, müßtet ihr über der Stadt Lüneburg wohnen in dem Schloß, das auf dem Kalkberg lag. Denn Lüneburg ist unsere Stadt. Mit Unrecht haben sich die Lüneburger Bürger unserer Herrschaft entzogen. Aber es ist noch nicht aller Tage Abend. Herzog Magnus, der erbitterte Widersacher der Lüneburger, war nicht wirklich gestorben. Er lebte in seinen Kindern und Kindeskindern, wenn diese es auch nicht wagten, etwas Ernstliches gegen die Salzstadt zu unternehmen. Wie konnten sie es auch? Die Städte des Hansebundes standen zu der Stadt an der Ilmenau. Sie hielten die Stadt fest mit vielen Händen, und wer durfte es wagen, mit den Hansestädten anzubinden, die im Norden Deutschlands so mächtig waren! Aber wo die Fürsten von Braunschweig oder die im Celler Schloß den Lüneburgern etwas am Zeuge flicken konnten, da taten sie es. Die Welfen konnten nicht vergessen. Sie wollten auch nicht vergessen.

Lichtmessenabend war ein Märchen. Ein Schwank war Lichtmessenabend. Ein Gelächter, das durch alle Städte diesseits und jenseits der Elbe lief. Aber am Abend nach der Ursulanacht wurden in der Salzstadt bei aller Freude über den Sieg die Fahnen auf Halbmast gesenkt. Es gab zu viele Tote, an deren Bahren man trauerte. Lüneburg hatte geblutet. Nach der Ursulanacht – denn den Kampf zur Nachtzeit in der Techt, die Gefechte in der drangvollen Enge der Bäckerstraße und die auf dem Sand, faßte man fortan als „Ursulanacht" zusammen – nun, nach der Ursulanacht veränderte sich vieles in Lüneburg. Nicht allein, daß man in dieser Nacht die Freiheit gewann, daß der errungene Sieg den Bürgern ein ganz anderes Selbstbewußtsein schenkte; dieser Sieg brachte es auch mit sich, daß die Helden, die in den breiten Laubenfenstern des Rathauses, aus Glas gemacht, nebeneinander standen, nicht mehr so angesehen waren. Sie, die neun Könige aus alter Zeit, die vom Licht erhellt, in farbigem Glas vor den Bürgern herleuchteten, die den Herren vom Rat auf den dornigen Pfaden ihres Regimentes als Vorbilder dienten, waren, man möchte sagen, ein wenig abgeblaßt.
Auch Carolus Magnus, der in der Mitte stehend, sozusagen das Herzstück der bilderreichen Glasfenster war. Man sah ihn nicht mehr so viel an, obgleich er als einziger mit Fahne und Schwert ausgerüstet war, indes alle anderen nur das Schwert in der Hand hatten oder einen Dolch, und nur Judas Makkabäus, der Held der Juden, hatte sich eine bewimpelte Lanze unter den Arm geklemmt. Nein, nach den Kämpfen in der Bäckerstraße und auf dem Sand waren den Lüneburgern die gläsernen Fensterbilder nicht mehr so viel wert. Nicht der schlanke, schöne Alexander, der das junge Gesicht ein wenig über den Schild mit den drei Glocken geneigt hatte, nicht der ernst blickende Hektor, der das Schwert schon gezogen, mit dem er Achill durchbohren will; nicht David der Liederkönig, dem man eine goldene Harfe neben die Füße gelegt hatte. Was bedeutete den Männern an der Ilmenau noch der König Artus, der neben Carolus stand? Was der kreuzfahrende Gottfried von Bouillon, mochte er auch Jerusalem erobert haben?
Denn nach der Ursulanacht hing hinter der Stadt Lüneburg ein Teppich, dunkelblutrot und übermenschlich groß. An den grauen Wolken des Himmels aufgehängt, so schwebte er hinter den vielen spitzgiebeligen Häusern, hinter Kalkberg und Sülze, hinter dem türmereichen Gemäuer und der Unerschütterlichkeit der Täuferkirche.
Auf dem Teppich waren alle zu finden, die sich in der Ursulanacht bewährt hatten. Auch die Erschlagenen, auch sie bewegten sich kämpfend auf dem dunklen Stoff hin und her: Der Stadthauptmann Maltitz, der am Marktbrunnen liegen blieb, Klaus Vischkulen, der Worthaltende Bürgermeister der

Stadt, der der Vater im Vischkulenhof gewesen ist und auf der Treppe der Ratsapotheke verblutete. Aber auch die vielen anderen: Ratsherren und Sülfmeister, Handwerker und Söldner, die in Eisen gesteckt, am Leben geblieben waren, Sodeskumpane und Schmiedegesellen waren auf dem Teppich zu sehen, und zwischen ihnen hüpfte und sprang, behende wie ein dunkles Grashüpferlein, der kleine Bäckergeselle mit der langen Nase und schlug sich, seinen Brotschieber in der Hand, durch das Gemenge. All die vielen auf dem dunklen Teppich waren für die Leute aus der Salzstadt zu den „Helden aus alter Zeit" geworden. Siebzig Jahre waren seit dem Tag der Ursulanacht vergangen. Aber für sie, die heute im Ratsgestühl saßen, die auf der Sülze schafften, die in den vielhundert Werkstätten hämmerten und klopften, lebten die tapferen Männer, die sich wie auf einem dunkelroten Teppich hinter der Stadt bewegten, immer noch.
Was gewesen ist, was hinter uns liegt, ist niemals wahrhaft tot. Das weiß niemand besser als Hinrich Lange, der auch etwas hinter sich hat, das ihn täglich speist.

Wobbeke Abbenborg

Hinrich Lange und Klaus Vischkulen hatten am Abend mit Schaffer und Reitendienern die Stadt Lüchow erreicht. Während man ihnen und ihren Leuten in der Herberge auftischte, gingen Hinrichs Gedanken zurück nach Lüneburg, zurück ins Bürgermeisterhaus, wo sich seine Kinder allein befanden.
Gertraudis hatte sich mit ihrer Näharbeit in der Schreibstube eingerichtet. Sie dachte an die Reisenden. In zwei Tagen konnten sie in Havelberg sein. Wenn sie heute die Stadt Lüchow erreicht hatten, mußten sie morgen durch das Brandenburgische reisen.
Die Mark Brandenburg ist ein unsicheres, ein fast verrufenes Land. Und mochte auch der neue Kurfürst, der Sohn des Nürnberger Burggrafen, ein strenger Herr sein; all die versteckten Winkel zwischen Urwäldern und Sümpfen konnte auch er nicht von Strauchrittern und Wegelagerern reinhalten. Und das weiß Gertraudis auch: In Havelberg, in der Stadt, die auf einer Insel in der Havel liegt, wartet der junge Kurfürst Friedrich auf die lüneburgische Abordnung.
Der junge Kurfürst ist ein ernster Mann. Man hatte ihm die Krone von Polen angeboten. Aber er hat gedankt. Er will allein für sein brandenburgisches Land leben. – Er war mit einer polnischen Prinzessin verlobt und hatte seine Jugendjahre mit ihr zusammen in Polen verbracht. – Dann mußte die Prinzessin sterben und war erst achtzehn Jahre alt. Die Leute sagen, daß er sie

nicht vergessen kann und daß er denkt: Sie ist der Engel über meinem Leben.
Ob es so was gibt? Einen Engel könnte der Vater auf seiner unsicheren Reise wohl brauchen.
Es wäre auch wohl alles nicht so gefährlich, aber man weiß wohl, daß die beiden Ratsherren so sehr viel Geld bei sich haben. Da hat der junge Kurfürst der Stadt versprochen, daß er kein Salz, außer dem lüneburgischen, durch sein Land lassen will, und daß er Wachen aufstellen will auf den Straßen, die jeden Salzwagen aus dem mittleren und südlichen Deutschland aufbringen müssen. Aber dieses Versprechen ist teuer. Und für den Vertrag müssen die Lüneburger tausend Rheinische Goldgulden bezahlen. Und Klaus Vischkulen und der Vater haben all das viele Geld bei sich. Jeder fünfhundert Goldstücke. Vielleicht haben sie zur Stunde Havelberg noch gar nicht erreicht. Gertraudis sah den Vater und Klaus Vischkulen, von ihren geharnischten Begleitern umringt, durch die finsteren Wälder reiten. Hinter den flechtenbehangenen Tannen, hinter den finsteren Dickichten hielten Reiter mit geschwärzten Gesichtern auf ihren Pferden. –
Was soll nur aus uns werden, wenn unser Vater nicht wiederkommt?
Gertraudis ging in der kleinen Schreibstube hin und her. Sie war voller Unruhe. Wenn du doch beten könntest, dachte sie, beten wie die Nonnen draußen in Lüne, daß es wirklich hilft. Nein, so konnte Gertraudis nicht beten. Sie mußte sich mit dem Vaterunser und dem Englischen Gruß behelfen. Und so stand sie noch mit gefalteten Händen im Winkel vor dem Kruzifix, als sich die Tür der Schreibstube öffnete. Die gute Frau aus der Schäferkate steckte ihren jetzt völlig weißen Kopf ins Zimmer.
„Du hier, Gertraudis? Und bist so blaß", sie kam näher. „Du sorgst dich vielleicht um deinen Vater?"
Und als Gertraudis nickte und sie auch ihrem Gesicht ansah, daß sie richtig vermutet hatte, fuhr sie fort:
„Um deinen Vater brauchst du dich nicht zu ängstigen. Deinem Vater muß jedes Ding die gute Seite zuwenden. Dein Vater . . .", sie schüttelte den Kopf, „du bist noch ein Kind. Deinen Vater kennst du gar nicht richtig. Was kann er alles! Was hat er alles geschafft! Und wie viele Menschen warten auf ihn." Sie setzte sich auf die Truhenbank, „ja", begann sie wieder, „dein Vater hat in seiner Zeit viel fertiggebracht. Nimm nur einmal den Nikolaihof! Wie ist der im Stand! Alle Häuser der alten Leute, alles steht da wie neu. Sülzrentenbriefe hat der Vater für den Nikolaihof erworben und Wiesen gekauft, so daß sie nun noch mehr Kühe halten können. Und den Wirtschaftshof, der so morastig war, daß zur Regenzeit die Gespanne einsanken, hat er pflastern lassen, und nun können wir alle doch mit reinen Schuhen in die Kirche kommen. Und zu all dem hat er auch noch diese Kirche neu bauen

lassen, und was für eine Kirche ist es geworden! In den Fenstern des Chores sieht man den Heiligen Nikolaus, wie er mit Inful und Krummstab auf seiner Insel im Meer steht. Und dann das geschnitzte Gestühl, in dem die Prövner sitzen und die Messe hören. Die goldenen Prozessionsfahnen, hinter denen Männer und Weiblein am Fronleichnamstag herwanken – muß man wohl schon sagen –, hat er der Kirche geschenkt. Und das Bild über dem Altar hat er auch aus eigener Tasche bezahlt. Es soll ja so etwas ganz Besonderes sein. Wir schauen es auch alle gern an. Und wie ist es mit dem goldenen Kelch auf dem Altar? Aber der ist ja von deiner verstorbenen Mutter. – Die Prövner werden nicht müde, ihn, Hinrich Lange, zu loben. Sie können es auch. Sorgt er nicht für sie wie ein Vater? Alle kennt er. Und wenn eins ernstlich krank ist, muß gleich der Lüneburger Medikus mit seiner Theriakbüchse raus. So war das hier früher nicht. Früher hieß es: Was nicht leben will, mag sterben!
Gertraudis, dein Vater ist ein guter Mensch, und die alte Wiesche, die lange, magere mit den vielen ausgemergelten Falten im Gesicht, die sich so oft mit den Männern streitet, sagt zuzeiten: Er ist in einer Glückshaut geboren. Aber davon will Lieschen Rehbeen, das kleine verwachsene Ding, nicht viel wissen. Sie behauptet: Hinrich Lange hat Beistand."
„Hat Beistand?" fragte Gertraudis verwundert.
„Ja, Beistand von den Himmlischen, von den Heiligen, von der Mutter Gottes."
„Nein, Gertraudis", fuhr sie nach einer Weile fort, „um deinen Vater brauchst du nicht in Unruhe zu sein. Aber ich glaube fast, du hast noch anderes auf dem Herzen. Du bist in der letzten Zeit manchmal so still, so ganz anders als sonst. Du hast wohl noch andere Sorgen. Dir fehlt die Mutter. Im Augenblick mehr als sonst. Mit der könntest du manches besprechen. Aber was ist da zu machen? Glaube mir, Gertraudis, jedes Mädchen, das über die Schwelle ihres Elternhauses gehen will, hinüber in das Haus ihres Mannes und mag sie noch so glücklich sein, hat Stunden, in denen sie sich fragt: Was wird daraus werden? Was wartet auf dich? Sei guten Mutes! Es wird wohl das Rechte sein. Die Hofmeisterin auf dem Nikolaihof sagt manchmal: Der erste Mann, den ein Mädchen freien kann, ist von Gott. Der zweite ist von den Menschen, der dritte ist vom Teufel. Ich weiß wohl, daß das nicht immer stimmt. Aber ein Körnchen Wahrheit ist vielleicht darin. Heyno Vischkulen ist nun einmal dein erster, und lieb hast du ihn auch. Du hast doch immer schon als kleines Mädchen gesagt: Ich will einmal Onkel Vischkulen heiraten. Und daß er dich lieb hat, darüber braucht man gar nicht zu sprechen, und so wird euer Bund auch wohl von Gott sein. Nein, an Onkel Vischkulen, wie du ihn immer nanntest, ist nichts auszusetzen. Als meine Mutter ganz alt war, schon über die fünfundachtzig hinweg, da sagte sie

manchmal mit ihrer zittrigen Stimme: Ich seh durch alle hindurch, ich seh durch euch alle hindurch, wie durch ein Glas. Nun meine ich, wenn man durch Herrn Heyno Vischkulen hindurchsehen könnte, wie durch ein Glas, man würde nichts Schlechtes finden." Die alte Frau stand auf und ging ans Fenster, sagte:

„Aber Gertraudis, da ist noch etwas, worüber ich mit dir sprechen muß. Ja, es liegt mir seit einiger Zeit auf der Seele. Ich denke, es müßte sich hier auch etwas verändern. Und wenn du in den Vischkulenhof kommst, dann müßte wohl bald eine andere Frau hierher ins Bürgermeisterhaus."

„Meinst du?"

„Hast du denn noch nie daran gedacht? Gertraudis, ich kann nicht immer bei euch bleiben, und ihr könnt mich auf die Dauer auch gar nicht brauchen. Ja daß ich's nur sage, ich möchte gern nach dem Nikolaihof zurück. Und jedesmal wenn mein Sohn kommt, fragt er: Mutter, wann kommst du wieder zu uns? Und ist es mit Tante Tzerstede anders? Wie gern würde sie wieder in der Techt wohnen, wo es so viel ruhiger ist als hier in der Bäckerstraße. Es wird Zeit, daß eine Frau hier einzieht."

„Aber wer?"

„Ja, wer? Ich wüßte wohl jemanden. Ich denke manchmal, Heynos Schwester, Wobbeke Abbenborg, die ihren Mann so früh verloren hat, die wär die Rechte. Sie ist zehn Jahre jünger als ihr Bruder. Mit dem Alter würde es passen. Und was soll sie noch im Vischkulenhof, wenn du erst da bist und für Heyno sorgst und kochst? Hier könnte man sie brauchen."

„Ja, aber der Vater!"

„Wir müssen es abwarten. Vielleicht kommt dein Vater selbst darauf. Aber, Gertraudis, sieh dich einmal hier in seiner Schreibstube um! Die Fenster schon fast blind. In den Stubenecken und zwischen den Balken Spinnweben, daß es schon nicht mehr schön ist. Und ist es auf der Diele anders? Dein Vater ist verreist, und wir müssen die Zeit nützen. Auf der Diele muß geweißt werden, und alles muß rein sein, wenn er wiederkommt. Ich weiß schon eine Frau, die uns hilft. Und dann", sie sagte es mit einem Lächeln und stand auf, „kommst du, Gertraudis, auch auf andere Gedanken und hast keine Zeit zum Grübeln."

Eine Woche später hieß es: „Besuch für Gertraudis!"

Da kamen sie schon auf die Diele: Heyno Vischkulen und seine Schwester Wobbeke Abbenborg. Wobbeke drehte den Kopf und schnupperte ein wenig.

„Ihr habt reingemacht. Es riecht nach Seife. Und wie klar sind die Fenster! Es ist richtig hell auf der Diele. Wir müssen uns sputen, daß wir auch dazu kommen."

„Der Vater mag nicht gern, wenn wir mit dem Seifenwasser laufen und alles von der Wand abrücken."
„Da habt ihr die Gelegenheit benutzt. Wenn er es nur auch merkt, daß alles sauber ist. Denn das will man doch auch."
Wobbekes Backen wurden zu rosigen Pölsterchen, die die Augen zusammenschoben. Sie waren nur noch Ritzen, und mit diesen Ritzen lachte sie. Es sah lustig aus. Man mußte mitlachen. Und Gertraudis tat es und sagte dann:
„Wenn der Vater es nicht merkt, sage ich es ihm."
„Aber Heyno", Wobbeke stieß ihren Bruder an, „gib deinen Brief her! Denn deswegen sind wir ja hergekommen."
Sie hatten einen Brief von Hinrich Lange; von Salzfuhrleuten, die aus dem Brandenburgischen kamen, ist er überbracht worden.
Heyno zog ihn hervor, gab ihn Gertraudis in die Hand, sagte dabei: „Wir haben auch einen Brief gehabt. Es steht alles gut in Havelberg. Der Vertrag ist geschrieben und besiegelt. Vielleicht sind sie schon jetzt auf der Rückreise."

Jetzt war Gertraudis eine verlobte Braut. Wobbeke Abbenborg half ihr bei der Beschaffung der Aussteuer, und so hielt sie sich zur Zeit viel im Bürgermeisterhaus auf. Sie schnitt Leinenhemden zu, Schürzen und Kleider. Sie säumte Bettlaken und stickte Namen in die Handtücher. Es gefiel ihr im Bürgermeisterhaus. Wenn sie am Fenster saß, warf sie über die Nadel weg manchen Blick auf die Bäckerstraße. Es gingen so viele schön angezogene Leute unten an den Häusern vorbei. Sülfmeister, Ratmänninnen und ihre Töchter. Auch Handwerkerfrauen. Im Wasserviertel gab es das nicht. Da kam man an den alltäglichen Tagen nicht so in Samt und flandrischen Tuchen daher. Und dann die Kaufmannswagen, mit den vielen Schellen am Riemenzeug ihrer Pferde, die durch die Straßen hinläuteten und klingelten. Ja, hier war Leben.
Manchmal gingen Wobbeke und Gertraudis durch die Stadt, um allerlei Geräte zu kaufen, wenn es auch Geschirr aller Art im Vischkulenhof in Hülle und Fülle gab. Eine junge Frau mag in ihrer Küche gern mit dem hantieren, was der Vater ihr mitgab. In der Grapengießerstraße handelten sie kupferne Kuchenformen und Kessel ein; Mörser, aus Messing gegossen; zinnerne Leuchter und Teller. Allmählich füllten sich die Truhen, mit denen Gertraudis im Vischkulenhof einziehen sollte.
Nein, Wobbeke und Gertraudis hatten sich in diesem Sommer nicht viel an Sonne und frischem Grün verlustieren können. Aber nun war alles fertig: Handtücher und Schlupen, schöne Tafellaken aus Bildwerk geschnitten, gestickte Ohrkissen, Grapen und Kannen, zinnerne Teller und Holzbecher,

alles, was sein mußte, war eingekauft. Nur eines war noch nicht zur Stelle: Der Staatshoiken aus krebsrotem flandrischem Tuch geschnitten, mit Fehrücken gefüttert, der große Mantel, den Gertraudis an ihrem Hochzeitstag tragen sollte.

Mit Absicht hatte Hinrich die Beschaffung dieses kostbaren Kleidungsstückes zurückgestellt. Hinrich wollte Tuch und Pelzwerk von zwei ihm gut bekannten lübschen Händlern kaufen, die zum Michaelismarkt mit ihren Wagen nach Lüneburg kamen. So war Hinrich am dritten Markttag in aller Frühe mit Wobbeke Abbenborg und seiner Tochter unterwegs.

Sie kamen von der Michaeliskirche her und bogen in die Straße ein, die die Techt hieß, und in der die Wandschneider von Lübeck und Hamburg – wie alljährlich – ihren Kram aufgebaut hatten und die von Celle und Uelzen auch. Die Gasse prangte an diesem Morgen von dem Scharlachrot und Tannengrün, dem Veilchenblau der Tuche und von dem Gold der ausgestellten Brokate.

Auch der Sohn des lübschen Salzhändlers, mit dem Hinrich in Verbindung stand, hatte in der Techt seine Kisten stehen. Von diesem Mann wollte Hinrich kaufen. Er fand ihn an der Mauer, just an der Stelle, hinter der der Garten lag, der den Tzerstedes gehörte und in dem seine Frau Ilsabe sich großgespielt hatte bei Reseden und Rosen und in der immer etwas klebrigen Lindenlaube.

Wobbeke und Gertraudis prüften und wählten ein schönes Tuch aus, mit dem auch Hinrich zufrieden war; und während ein Geselle des Wandschneiders vom Ballen abschnitt, was sie brauchten, zog Hinrich den Beutel, nahm das Geld heraus, was er schuldig war, und händigte es dem Händler ein.

Sie gingen weiter, um zu dem Pelzhändler zu gelangen. Es ist ein Gedränge, kaum durchzukommen. Der Markt ist morgen vorüber, und es scheint, als wollte alles noch heute in die Techt. Nur langsam kamen die drei vorwärts. Die Techt ist ein schmales Gäßchen, und die Verkaufsstände der Wandschneider machten es noch enger.

Aber halt! Nun ging es nicht weiter. Auf der Straße wurde gehandelt. Man hatte Granatapfelsamt vom Stück abgerollt, der Wandschneider hielt den Stoffballen, und der Mann drüben an der anderen Seite der Straße, zwischen den beiden freundlichen, von Blumentöpfen besetzten Fenstern, hatte das abgewickelte Stoffende in der Hand. Es mußte der Geselle des Wandschneiders sein. Er hatte in der Nacht, die noch nicht lange zurücklag, die Tuche seines Herrn bewacht, die spitzen Frauenhüte und die kostbaren Nürnberger Wiegendecken gehütet. Der Eberspieß, der ihm als Waffe gedient hatte, lehnte gegen eins der freundlichen Fenster, und die ausgelöschte Laterne stand neben dem derben Schaft des Spießes, die Kesselhaube hatte der Geselle zur Zeit noch auf dem Kopf.

Aber er war ja gar nicht das Hauptstück bei diesem Handel. Er nicht und nicht der Wandschneider.

Die Hauptpersonen waren die beiden, denen sie den kostbaren Stoff hinhielten, so daß die Sonne über die eingepreßten Goldmuster des roten Samtes hinspielen konnte, in denen man wohl große Granatäpfel erkennen mochte. Diese beiden, Mann und Frau, hatten Hinrich und seinen Begleiterinnen den Rücken zugekehrt. Wobbeke erkannte sie zuerst. Sie warf Hinrich einen Blick zu. Aber der sah nun auch, daß der verwachsene Mann der Ratsschreiber Dirik Schaper war, den der Springintgud seiner langen Arme und Beine wegen manchmal den Kanker nannte.

Da stand er Arm in Arm mit der strammen Greta aus Müden, die auf der Altstadt wohnte, wo die wandelbaren Frauen ihr Zuhause hatten. Sie war um einen Kopf größer als der Schreiber, hatte starke Hüften und unter dem blauen Samt ihres Kleides eine üppige Brust. Dazu Haare rötlichgelb wie der Weizen, wenn er reifte. Eine glatte Stirnmähne von diesem Haar fiel ihr fast in die blaßblauen, immer etwas verschleierten Augen.

Hinrich biß sich auf die Lippe. Wobbeke trat an ihn heran.

„Wollen wir umkehren?" fragte sie leise. „Sie haben uns noch nicht gesehen." Aber Hinrich schüttelte den Kopf. Er trat vor. Er grüßte leicht. Der Mann mit der Kesselhaube verließ seinen Platz zwischen den Fenstern. Die Passage war frei. Und Hinrich, Wobbeke und Gertraudis gingen an den beiden vorbei, die dastanden wie ein Ehepaar; dastanden, als gehöre ihnen die Straße und die Welt, und als müßten Sonne, Mond und Sterne sich um sie und ihren Einkauf bewegen.

Wobbeke sah Hinrich von der Seite an. Und die allzeit muntere Wobbeke erschrak. Konnte Gertraudis' Vater auch so aussehen? Diese strengen Falten in den Mundwinkeln! Diese bösen, tiefblauen Augen! Aber im nächsten Augenblick war sie schon wieder aufgeräumt. „Wahrhaftig", dachte sie, „wie der zornige Moses, als er vom Sinai herunterkam und die Juden um das Goldene Kalb tanzten. Gleich schmeißt er ihnen die Gesetzestafeln vor die Füße."

Ja, Hinrich war aufgebracht, besonders deshalb, weil er sich mit Wobbeke und Gertraudis im Bunde diesen Spektakel hatte ansehen müssen.

Er dachte an den Bibelvers, in dem von den Netzen und Stricken in dem Herzen eines Weibes die Rede war, die den Mann ins Verderben führen.

„Nun, vom Verderben war der Stadtschreiber recht weit entfernt. Noch florierte er. Und wird wohl noch weiter florieren", dachte Hinrich mit Bitterkeit. „Denn der Springintgud und seine Freunde wollen ihn zum Propst von Lüne machen ... Propst von Lüne! Warum nicht gar? Ein Propst von Lüne ist fast so angesehen wie der Abt vom Kalkbergkloster. Viel Glück!"

Im Geist sah Hinrich den Schaper schon als Propst bekleidet daherkommen;

an der rechten Hand die rötlichblonde Greta in Brokat und Samt, das leichte Volk der wandelbaren Frauen im Gefolge. An seiner Linken ging, in Chormantel und Goldkreuz, den Äbtissinnenstab in der Hand, Brigitte Schellepeper, ihm widerstrebend und dennoch von ihm gezogen. Und hinter ihr die frommen Schwestern, all die vielen Lüneburger Kinder in Chormantel und Weihel, und seine Tochter Ilsabe auch.
„Der Schaper Propst in Lüne? Bei Gott, das ist ein Plan, den sich der Teufel ausgesonnen hat!"
„Guten Morgen, Herr Sodmeister", sie standen vor der Auslage des Pelzhändlers. Der Mann aus Lübeck reichte ihm die Hand.

Als Heyno Vischkulen und Gertraudis acht Tage verheiratet waren, gaben sie, wie es die Sitte gebot, eine kleine Festlichkeit, zu der die nächsten Verwandten eingeladen waren. In der Wohnstube der jungen Eheleute, die nach der Ilmenau hin lag, und die die vielen Bilder über der Täfelung hatte, war der Tisch gedeckt. Hier saß Hinrich zwischen seiner Tochter und Wobbeke. Er war nicht der Gastgeber wie vor acht Tagen an Gertraudis Hochzeitsfest. Er hat heut keine Pflichten und kann sich ein wenig gehen lassen. So hatte er seinen Arm auf Wobbekes Stuhllehne gelegt. Sie plauderten zusammen, vom Wein erwärmt. Da sah Hinrich, daß sich eine Haarlocke aus Wobbekes Knoten gelöst hatte, und weil seine Hand in der Nähe war, griff er nach dieser Locke und schob sie unter den kastanienbraunen Haarknoten. Im gleichen Augenblick lief ihr Nacken rot an. Im nächsten Augenblick hatte sie ihr Gesicht zu ihm hingedreht, und da erschienen die rosigen Pölsterchen, schoben die Augen zusammen, daß sie zu Ritzen wurden. Und mit diesen Ritzen lachte sie ihn an. Da flog auch über Hinrichs Gesicht ein Lächeln. Und mit seinem Lächeln und ihrem Lachen war alles entschieden. Er zog seinen Arm zurück, fuhr mit der Hand übers Gesicht und sagte: „Du bist so gut wie verlobt."
„Du könntest verlobt sein, wenn du es nur willst." Und er fand es nur gerecht, wenn er vom Vischkulenhof, an die er seine immer heitere Gertraudis verloren hatte, die allem Anscheine nach ebenso muntere Wobbeke bekam. „Sie ist kaum schön", überlegte er. „Wohl stattlich, aber Augen hat sie so gut wie gar nicht. Man sah nicht viel von ihnen."
„Aber warum sieht man so wenig von ihren Augen?" meldete sich eine Stimme. Weil sie soviel lacht. Ja, lachen konnte sie. Sie lachte ebenso gern wie seine Tochter. Und darum kamen die beiden auch wohl so gut überein. Alle im Bürgermeisterhaus hatten Wobbeke gern. Tante Tzerstede und Meyers Mutter aus der Schäferkate und die Kinder auch. Herr Abbenborg, der Barmeister, ihr verstorbener Mann, war auch überall wohlgelitten ge-

wesen. Er hatte das Gießhaus der Sülze unter sich gehabt, das alte verräucherte Gebäude, in dem die Salzpfannen, die so schnell verschleißen, umgegossen werden. Da Hinrich Sodmeister war, hatte er oft mit ihm zu tun gehabt.
Eine Woche später wachte Hinrich in der Nacht auf. Er hatte von Ilsabe geträumt, von seiner verstorbenen Frau. Nein, gesehen hatte er sie nicht. Aber sie war in seinem Traum gewesen und ihm nahe.
Von der Sülze war er gekommen — so erinnerte er sich. Und als er die Diele betrat, wußte er: Ilsabe ist zu Hause. Am Dielenpfeiler hing ihr Schultermäntelchen aus tannengrünem flandrischen Tuch mit ein wenig Fehpelz am Hals, mit dem sie manchmal auf den Markt ging. Und darüber am gleichen Haken ihre Kappe an den grünseidenen Kinnbändern aufgehängt. Als er in die Schreibstube kam, standen Blumen auf der Fensterbank, weiße Narzissen mit hellen, purpurgerandeten Röschen im Schoß; dieselben weißen Narzissen, die auf Griechenlands Wiesen blühten und die Proserpina pflückte, damals als sich die Wiese neben ihr auftat, der finstere Gott mit seinem schwarzen Gespann aus dem Erdloch herauffuhr und das Mädchen in seinen goldenen Wagen zog. Diese Narzissen, die das Feuchte lieben, blühten im Frühling in den Gärten des Nikolaihofes, und die Bardowickerinnen hatten sie in ihren Körben. Ilsabe hatte sie auf dem Markt gekauft, hatte sie in einen mit Wasser gefüllten Hafen getan und ihm in die Schreibstube gestellt. Das wußte er. Da standen sie und blühten und verkündeten: Ilsabe ist im Hause.
Ilsabe ist im Hause, das denkt auch er. Gleich muß sie die Treppe herunterkommen.
Und dann streifte ihn die Erinnerung an das wahre Leben, an das Leben außerhalb seines Traumes. Das Leben ohne Ilsabe. Aber sein Traumbild hatte ihn so betört, daß er dieser Erinnerung nicht glaubte. Vielmehr stieg es in seinem Herzen auf wie Lob und Dank, und er sagte zu sich selbst: „Also ist sie doch nicht gestorben, wie du geglaubt hast. Also lebt sie dennoch. Sie hat sich wohl eine Zeitlang verborgen gehalten. Und nun ist sie wieder da. Ja, als er aufwachte, waren Glück und Dankbarkeit noch nicht ganz entschwunden. Während er sich ankleidete, grübelte er: Wie ist das nun? Wenn ich denke: Ilsabe ist uns noch immer nahe — so ist es wohl nicht richtig. Und wenn ich denke: Sie ist uns für immer verloren, so ist auch das nicht wahr. Sie lebt und schwebt wohl zwischen diesen meinen beiden Gedanken. Ich darf gar nicht darüber grübeln. Dankbar muß ich sein, wenn sie mich, wie heute Nacht im Traum, mit ihrer Hand berührt.
Am Nachmittag des gleichen Tages war Hinrich auf der Kanzlei. Da sagte sein Schwager Brand Tzerstede:
„Hier liegt noch das Sülzrentengeld für Kloster Lüne. In anderen Jahren

nahm der Propst von Lüne es mit, wenn er gelegentlich vorbeikam. Aber der Arme kommt wohl kaum noch aus dem Bett. Und wie man sagt, ist es ein Wunder, daß er noch lebt. Aber was soll mit dem Gelde werden?"

„Was? Die Sülzrentengelder sind immer noch nicht in der Hand der Abbatissa?" sagte Hinrich Lange. „Aber es ist doch die höchste Zeit, daß Brigitte Schellepeper das Geld bekommt."

Hinrich war Klosterbürger wie Johann Springintgud und der Wietzendorff auch. Und er war mit diesen beiden Herren im Bunde für das Kloster verantwortlich.

„Ich könnte das Geld mitnehmen", fuhr er fort. „Ich gehe vielleicht heut' noch nach Lüne. Im Kloster müssen noch allerlei Reparaturen vor dem Winter gemacht werden. Sie brauchen draußen an der Ilmenau Maurer und Zimmerleute. Es ist so, der Propst kann sich um nichts mehr kümmern."

So ging Hinrich einige Stunden später unter den Eichen des Lüner Wirtschaftshofes hin. Es war dämmrig geworden. Die Glocke, die im Dachreiter der Klosterkirche schwang, läutete und rief die Nonnen zum Abendgebet in die Kirche.

Du wirst Brigitte Schellepeper nicht antreffen, dachte Hinrich. Sie geht sicher im Augenblick, von ihren Nonnen umringt, durch den Kreuzgang. Du kannst das Geld der Pförtnerin geben.

Als er schon auf dem Treppenstein des Klosters stand, besann er sich, klopfte nicht an die Pforte, trat vielmehr an das breite, gotisch-spitze Fenster und sah in die schwach erhellte Nische der Vordiele, in der der Klosterbrunnen plätscherte. Er sah an dem dunklen Delphin vorbei, der über der Brunnenschale schwebte und das Wasser des Brunnens aus seinem Maule spie. Er sah nach der Mutter Gottes. Nicht weit von dem Eingang zum Kreuzgang stand sie auf einem niedrigen Podest, lebensgroß in bläulichem Kleid, mit goldenem Mantel. Topfpflanzen hatte man im Halbkreis um sie herumgestellt, Rosmarin und Geranien, auch abgeschnittene Blumen, Levkojen und Astern in irdenen Geschirren. Sie blühten um den Saum ihres Mantels. Diese farbig bemalte Mutter Gottes war einmal in alter Zeit die Retterin der Nonnen gewesen und wurde aus diesem Grunde von den Benediktinerinnen in Lüne hochverehrt.

Zweihundert Jahre waren es her, vielleicht noch mehr. Mochte Gott wissen, mit wem die Lüneburger Herzöge gerade Krieg führten. Sie mußten damals ja so oft das Schwert in die Hand nehmen. Genug, man hatte einmal wieder die feindlichen Reiter im Land. An die Stadt Lüneburg konnten sie nicht heran. So hielten sie sich an den Dörfern schadlos und an den Klöstern, die außerhalb der Stadt lagen. Eines Tages kamen sie, die nackten Schwerter in der Hand, auf die Klosterdiele. Die Schwester Pförtnerin war mit den anderen Nonnen in der Kirche. Die Mutter Gottes auf dem Podest wachte

allein. Sie sah aus den Augenwinkeln zu ihnen hinüber. Die Reiter drängten sich um den Brunnen. Während sie sich das Wasser in die hohlen Hände laufen ließen und in die Kesselhauben, rührte sie sich nicht von der Stelle. Aber nun machten sie es untereinander aus:
„Wir wollen in das Kloster, wir wollen zu den Nonnen."
Sie kamen nicht weit. Denn bevor der erste den Eingang zum Kreuzgang erreicht hatte, der Anführer der kleinen Schar, ein stattlicher Ritter im blinkenden Harnisch – einige meinten, es sei ein Herr von Söldern gewesen, aber das war nicht heraus –, nun, als dieser Ritter, das Schwert in der Hand, auf den Eingang zum Kreuzgang lossteuerte, war sie von ihrem Podest herunter, und hob ihm, Umkehr gebietend, ihre Hand entgegen. So hatte man es den Nonnen öfter erzählt.
Der geharnischte Mann ließ seine Waffe fallen. Er sank auf die Knie nieder. Er bedeckte sein Gesicht mit beiden Händen. Er betete. Dann langte er nach seinem Schwert und legte es vor den goldenen Schuhen der hohen Frau nieder.
Dies alles hatte eine Benediktinerin vom oberen Treppenabsatz aus gesehen, blaß und zitternd und ganz in einen dunklen Wandwinkel hineingedrückt. Als sich nun ein geharnischter Mann nach dem anderen aus der Klosterpforte gedrückt hatte, als letzter der Anführer ohne sein Schwert; als die Gottesmutter wieder als farbig bemaltes, schön vergoldetes Holzbild auf ihrem niedrigen Podest stand, kam die Benediktinerin die Treppe herunter. Vor dem Schwert setzte sie sich in die Hucke. Sie besah das blanke Eisen, und als sie in dem trüben Schein der Kerze durchaus keine Blutspuren entdecken konnte, traute sie es sich zu, das Ding anzufassen. Aber der gewaltige Zweihänder war zu schwer. Sie konnte ihn mit ihrer Rechten allein nicht regieren. Sie brachte ihn hinter sich. Ja, sie spannte sich gleichsam davor, denn hinter ihrem Rücken packte sie den Knauf mit beiden Fäusten und schleifte die Waffe hinter sich her, so daß sie zuerst über die Kopfsteine der Diele, hernach über die Fliesen des Kreuzgangs hinschepperte. An der Türe zum Chor wartete sie, bis die Nonnen ihren Psalm ausgesungen hatten. Dann stieß sie mit dem Fuß den rechten, nur angelehnten Türflügel auf und schleifte vor den Augen der erstaunten Benediktinerinnen das Schwert vor den Chorstuhl der Ehrwürdigen Mutter. Hier ließ sie es fallen. Klirrend fiel das Eisen auf die Steine, und den frommen Frauen lief es über den Rücken.
An diese Geschichte dachte Hinrich flüchtig und mit einem Lächeln. Und dann knarrte es da drüben auf der Treppe. Auf dem Treppenabsatz, nicht weit von dem Wandwinkel, in dem vor zweihundert Jahren das zitternde Nönnchen das Wunder mit angeschaut hatte, stand nun wirklich eine Nonne. Sie zögerte ein wenig und stieg dann langsam die Treppe hinunter.

War es überhaupt eine Nonne? Jung mußte sie sein, blutjung; nein, Klosterkleider trug sie nicht. Wie sollte sie auch wohl eine Nonne sein? Die waren doch zur Stunde alle in der Kirche. Aber das sah Hinrich doch, daß die dunkel gehaltenen Wollkleider, die das Mädchen trug, schon fast klösterlich waren. Und dann sah er es: Es war Ilsabe, seine Tochter, und sie trug Blumen.

Hinrich zog sich ein wenig vom Fenster zurück, behielt das junge Mädchen aber immer im Auge. Er hatte seine Tochter längere Zeit nicht gesehen. Sie war eine Jungfrau geworden. Wie ähnlich war sie jetzt seiner verstorbenen Frau! Hinter ihren blassen und doch so schönen Wangen hing das feine, schwärzliche Gelock ihrer Mutter. Ihre Augen waren ein wenig träumerisch, wie Ilsabens Augen gewesen, als sie ganz jung war. Da blieb sie nun auf der Diele und ganz wie Ilsabe, wenn sie bei gegebener Gelegenheit über etwas nachzusinnen hatte, so drückte auch sie ihre Faust gegen die Lippen. Anscheinend grübelte sie darüber nach, wohin sie die Blumen setzen konnte, die Nelken, die sie in einem Glas mit Wasser in der Hand trug. In dem Halbkreis der Blumentöpfe und Krüge gab es keine Lücke, in die sie ihr kleines Geschenk hätte hineinschieben können.

Aber dieses Zögern, dies Nachsinnen mit der kleinen Faust am Munde, bezauberte Hinrich ganz und gar. Er begriff nicht, wie Menschen sich so ähnlich werden können in ihrem Aussehen wie auch in ihrem Tun und Lassen. Ja, in diesem Augenblick war es ihm, als seien Frau und Tochter in eins zusammengeflossen.

Nun trat die junge Ilsabe näher an das große Holzbild heran, und um die Ordnung der Töpfe nicht zu stören, stellte sie ihre bescheidene Blumengabe auf den kleinen Podest, ja, sie rückte das Glas mit den Nelken zwischen die vergoldeten Schuhspitzen der Gottesmutter.

Nun kniete sich Ilsabe vor dem Holzbild hin. Wie es schien, hatte sie keine rechte Sammlung bei ihrem Gebet. Sie blickte sich um, vielleicht gestört von Hinrichs Gegenwart, die sie, ohne es zu wissen, daß er da war, empfand. Da trat er zurück und sah sie nicht mehr an.

Als er sich nach einiger Zeit wieder dem Fenster näherte, war Ilsabe nicht mehr auf der Diele. So ließ er nun doch noch den Klopfer auf die Tür des Klosters fallen. Die Schwester Pförtnerin öffnete ein Kläppchen, und als sie den Bürgermeister Lange erkannte, ging sie sogleich auf die Diele und tat ihm die Tür auf. Er händigte ihr den Beutel mit dem Sülzrentengelde aus und bat sie, ihn der Ehrwürdigen Mutter heute noch zu geben.

Langsam und uneins mit sich selbst ging er zurück, immer an der Ilmenau entlang. Wie sollte er hinfort sein Leben einrichten? Seine Frau Ilsabe kam nicht wieder, und seine Tochter gehörte dem Kloster.

Er war allein. Er hielt sich an dem dunklen Wasser des Flusses, bis er den

Vischkulenhof erreichte. Er sah die drei hellen Fenster der bilderreichen Stube, in der Heyno und Gertraudis wohnten. Aber er trat nicht bei ihnen ein, vielmehr ging er vom Vischkulenhof aus quer über die Straße und betrat die Brücke, die zum Kaufhaus hinüberführte. Nicht weit von dem Opferstock des Nikolaistiftes trat er an die steinerne Brüstung, sah auf das dunkle Wasser der Ilmenau, auf dem allerlei Lichter blinkten und flunkten, wie denn auch das Licht aus den drei Wohnstubenfenstern seiner Tochter leicht gewellt auf der Schwärze des Wassers lag.
„Du verlierst Ilsabe nicht, auch nicht, wenn du heiratest", sprach er unhörbar und doch mit seinen Lippen, „du verlierst sie nie. Sie ist in dir. Sie stirbt erst, wenn du auch stirbst."
Hinrich ging über den Stintmarkt, der an der Ilmenau lag. Er ging an den Fischbänken am Bollwerk vorüber, an denen die Frauen und Töchter der Fischer verkauften, was ihre Männer und Väter gefangen hatten: Stör und Hecht, Aal, Rotaugen und was Ilmenau und Elbe nur hergaben. Die Fischbänke waren das Eigentum des Nikolaihofes, sie waren aus uralten Bäumen des Bardowicker Eichenwäldchens gemacht, das jetzt dem Nikolaihof gehörte. Sie waren wie für die Ewigkeit gemacht. Vom Nikolaihof aus wurden sie an die Fischer im Wasserviertel vermietet. Wenn Hinrich sonst über den Stintmarkt ging, warf er auch einen Blick zu den Fischbänken hinüber. Aber an diesem Abend waren sie nicht für ihn da. Er dachte, vielleicht ist es gut, wenn Wobbeke ins Haus kommt. Vielleicht kann man in Kürze auf die Hochzeit rüsten.
In seiner Schreibstube hatte sich allerlei aufgehäuft. Briefe waren da, die man beantworten mußte. Aber mit der Arbeit wollte es nicht recht gehen. So holte er sich aus der Küche das Öllämpchen, das man für ihn hingestellt hatte, und stieg mit dem Licht nach oben. Mit dem Lämpchen in der Hand trat er an die Betten seiner beiden Söhne und beleuchtete danach seine Tochter Gebeke, sein jüngstes Kind, das ins Leben trat, als Ilsabe starb. Sie wurde seiner Mutter immer ähnlicher. Er zog ihr das Oberbett über die Füße, dachte, auch für sie ist es gut, wenn bald eine Mutter ins Haus kommt.
Als er danach hinter dem Vorhang der großen Doppelbettstatt lag, die er ehemals mit Ilsabe geteilt, in der sie ihre Kinder geboren hatte, fiel sein Kartenhaus wieder zusammen.
„Es kann nicht sein!" rief er. „Niemals kannst du hier an Wobbekes Seite liegen! Es wird kein Glück. Nicht für sie. Nicht für dich. Es wird nicht einmal eine rechte Ehe daraus!"
So lag er und grübelte. Aber dann richtete er sich auf. „O schweigt doch still! Schweigt still!" rief er dem zweifelsüchtigen Gedankengetriebe in der Tiefe zu. „Es wird dennoch gut werden! Und Ilsabe will es auch. Sie ist zufrieden.

Sie ist es, weil Wobbeke einen Arm hat, in dem ein Kind sich wohlfühlt. Auch eins, das sie nicht geboren hat."
So ging Hinrich denn am nächsten Tag in den Vischkulenhof, und Wobbeke gab ihm ihr Jawort.

III

Prälatentag in Lüneburg

Die Ratte

Der blaue Wagen! Als Ilsabe noch lebte, hieß er schon so. Jedoch im Augenblick wohl mit Fug und Recht. Denn Älardus, der große, fast vierzehnjährige Junge, hatte ihn kürzlich mit einer kornblumenblauen Farbe auf das schönste angepinselt.

Älardus saß vorn auf dem Brett, und so stand der kleine Leiterwagen vor dem Haus. Jetzt knallte der große Junge zum zweiten Male mit der Peitsche, und nun zog das Pferdlein an, ein Isländer Pony, braun und rauh, das einmal auf der Sülze vor dem Pfannenwagen ging, wie einstmals das strubbelige Schimmelchen Zottelhans, mit dem Gertraudis und ihre Schwester Ilsabe, als sie noch Kinder waren, durch den Wald fuhren.

„Wenn du auf dem Nikolaihof bist, meldest du dich bei der Hofmeisterin", hatte Mutter Wobbeke dem großen Jungen eingeschärft.

Es war nicht nötig. Denn während er den Braunen absträngte, kam die Hofmeisterin aus der Tür, mit den vielen schwarzen Löckchen, die ihr in die etwas fliehende Stirn fielen.

„Willst du Äpfel holen?" An den beiden leeren Kiepen hatte sie gesehen, was die Glocke geschlagen hatte.

„Ja, Gemüse auch, Kohl und Mohrrüben."

„Du kannst in den Baum klettern, und ich mache mich über das Gemüse her; aber du mußt noch warten, ich bin beim Buttern. Es dauert nicht mehr lange, die Sahne klumpt schon zusammen. Bring deinen Braunen unterdes auf den Eichenkamp!"

Älardus zog mit seinem kleinen Isländer nach dem Wäldchen, das hinter dem Nikolaihof lag. Da mochte es um die alten Eichen grasen. Weglaufen konnte es nicht. Denn der Eichenkamp war von einem allerdings nicht allzu hohen Gemäuer umringt.

Die Meierin stand schon auf dem Türstein ihres Hauses, als Älardus zurückkam. Sie hatte ein zusammengefaltetes Pflücklaken unterm Arm. Das Messer, mit dem sie die Kohlköpfe abschneiden mußte, hing, in eine lederne Scheide gesteckt, von ihrem Leibgürtel herab. Es schaukelte an silberner Kette neben ihrem dunklen Beiderwandrock hin und her, während sie am Frauenhaus vorübergingen.

Einige der alten bresthaften Weiblein hatten das kleine Gefährt aus dem Bürgermeisterhause schon von ihren Fenstern aus erspäht. Sie drängten sich

jetzt durch die große Tür unter dem grausteinernen Medusenhaupt. Sie traten auf die Beischläge und sahen der Hofmeisterin und Älardus nach, die jetzt mit den leeren Kiepen um die Kirche gingen und gleich darauf zwischen den Gräbern des Friedhofs waren. Vor einem Grabe blieb die Hofmeisterin stehen, sie zog ein paar Nesseln zwischen den Astern heraus, die vor dem kleinen Kreuze blühten, sagte dabei: „Hier liegt die lange Wiesche begraben. Sie ist noch etwas mit uns verwandt."
Älardus lachte, sagte: „Ich hab' mal mit angehört, wie sie vom Beischlag des Frauenhauses aus die Männer beschimpfte."
„Es ist immer soviel Streit zwischen den Männern und denen, die im Frauenhaus wohnen. Sie haben ja auch nicht recht was zu tun. Was sollen sie denn anderes angeben? Da zanken sie sich eben. Und die lange Wiesche war fast immer die Wortführerin. Am meisten zu schaffen machte den Weiblein der Balthaser, eine kleiner alter Mann. Und wenn die Wiesche auch Haare auf den Zähnen hatte, gegen ihn kam sie schlecht an. Er ist sehr alt geworden. Er war nahe an hundert Jahre heran, als er endlich starb. Seine Haut wurde immer gelber und immer faltiger. Sie raschelte nur noch so um ihn herum. Aber den Mund behielt er auf dem rechten Fleck. Er hatte der Wiesche zeitlebens gut eingeheizt, und wie es so ist, schließlich starb sie vierzehn Tage hinter ihm her und kam richtig hier auf dem Friedhof neben dem alten Mann zu liegen. Das hat den Kuhlengräber schier erbarmt, und als ihre Totenlade in der Grube stand und sie schon eingesegnet war, Pfarrer, Küster und Chorknaben nach Hause gingen und die alten Männer und Frauen auch, da ist er noch einmal an den Rand der Grube getreten mit einem derben Stock in der Hand, hat den Stock zu ihr hinuntergeworfen und gerufen:
„Wiesche, nimm den Knüppel! Wenn der Alte dir noch was will, kannst du dich wehren!" Alsdann hatte er nach dem Spaten gegriffen und die Grube mit Erde zugeworfen, wie es seine Pflicht war."
Sie hatten mit den beiden leeren Kiepen den Garten erreicht. Da stand der Paradiesapfelbaum, von Hummeln umsummt, von Kohlweißlingen umflogen. Dicht über der Erde wuchs er in zwei mächtigen Ästen auseinander. Die Hofmeisterin schlug das Pflücklaken auseinander, tat es Älardus um und knotete es im Nacken zusammen. Indes der große Junge in den Baum stieg, begab sie sich in die etwas abgelegene Ecke des Gartens, in dem das Gemüse wuchs.
Sie arbeitete emsig. Schließlich hatte sie genug Möhren und Weißkohl beisammen. Sie wischte ihr Messer ab, steckte es in die Scheide, tat einige große Rhabarberblätter über das Gemüse und ging zu Älardus hinüber, der auch genug Äpfel beieinander hatte. Auch seine Äpfel wurden mit Rhabarberblättern zugedeckt, dabei sagte die Frau:

„Älardus, ich muß dich etwas fragen. Du brauchst aber zu Hause nicht gerade davon zu erzählen. Wirklich Älardus, es wird hier draußen so mancherlei gesprochen, wohl nicht gerade bei Pastor, Küster und Organist. Aber in den Häusern der alten Leute kann man viel gewahr werden. Im Augenblick haben sie die Stadt Lüneburg und den Rat, ja, auch den Rat, beim Wickel. Es soll bei euch in Lüneburg recht trübe aussehen. Hast du auch davon gehört?"

Älardus, der rittlings auf dem einen der beiden schrägwachsenden Äste saß, schüttelte seinen Kopf. In seinen Augen blinkte es schelmisch auf.

„Gerade herausgesagt", fuhr sie fort, „es heißt ja, auf dem Rathaus haben sie kaum noch einen Kupferscherf in ihrer Pfennigkiste. Aber das ist doch wohl nur Gerede. Denn wie kann eine Stadt, die einen Salzquell hat wie Lüneburg, arm werden? Doch da ist noch etwas, eine Geschichte, über die man im Frauenhaus nicht zur Ruhe kommt, und du sollst mir sagen, ob sie wohl wahr ist."

„Und was für ein Märchen ist es, das den alten Weiblein den Schlaf raubt?"

„Du wirst dich wundern, Älardus. Ich sage ja, im Hause mit dem Medusenkopf wissen sie gut Bescheid. Also hör zu:

Vor einer Woche etwa, so sagen sie, erschien ein Mensch auf dem Rathaus, ein Bote in einem unansehnlichen Kleid. Er ist stracks in die Laube gegangen, wo die Herren im Gestühl saßen. Dieser Mann hatte nur ein Auge, und wo das andere einmal gesessen, war eine große, zusammengeschnirrte, häßliche Narbe. Mit diesem einen Auge, so heißt es, hätte er den Worthaltenden Bürgermeister, den alten Schomaker mit dem schlohweißen Bart, angestiert, als wolle er ihn mit seinem Blick aufspießen. Ehe noch einer von den Ratsherren dem alten Mann zu Hilfe kommen konnte, trat dieser üble Geselle rasch ins Gehege und setzte ein Paket auf den Tisch des Hauses, auf die Decke von rotem Granatapfelsamt, recht zwischen Stadtbuch und Bürgereidkristall und war im nächsten Augenblick verschwunden. Der Worthaltende zog das Paket zu sich heran. Mit kratziger Rohrfeder war auf das Paket geschrieben:

„An die Lüneburger Ratsherren, die Betrüger." Ja, die Betrüger, nichts anderes! Und dann hat der Worthaltende das Paket aufgewickelt, hat einen schmutzigen Kasten aus dem Papier genommen, und Johann Springintgud hat den Kasten aufgemacht. Und darin lag — ja staune nur —, eine Ratte, eine tote Ratte! Und sie roch schon nicht mehr gut, sie haben auch gleich ein Fenster aufgemacht. Und diese tote Ratte soll an ihrem Schwanz eine Messingglocke gehabt haben, mit einem roten Faden fest an die Spitze des Schwanzes gebunden. Aber was diese Ratte mit der Messingschelle zu bedeuten hat, wissen die alten Weiblein auch nicht und können sich

keinen Vers darauf machen. Und nun bist du an der Tour, Älardus; du sollst mir sagen, was an der Geschichte wahr ist."
„Eine Ratte in der Laube?"
„So sagen sie."
„Auf dem Tisch des Hauses zwischen Bürgereidkristall und Stadtbuch? Eine tote Ratte?"
Die Hofmeisterin nickte.
„Tante Hofmeisterin, die Geschichte ist von Anfang bis zum Ende erlogen."
„Aber irgend etwas muß doch an dem Ganzen wahr sein."
„Glaub doch nicht an Spöken! Ein Spaßvogel hat den alten Leuten einen Bären aufgebunden!"
„Nein, nein, nein, Älardus, reinweg aus der Luft gegriffen ist die Geschichte nicht. Auch die Bardowicker Bauern sprechen davon."
„Nun, ich will es zugeben, auch in Lüneburg erzählt man sich, daß ein Einäugiger, ein ziemlich übler Geselle, auf dem Rathaus gewesen ist, aber er hat einen Brief abgegeben."
„Einen Brief?" Die Hofmeisterin stand von ihrer Kiepe auf und piekte mit ihrem von der vielen Arbeit etwas dicken Zeigefinger auf Älardus' gestricktes, kirschrotes Wams, heftete ihr dunkles Auge auf ihn und sprach: „Und was hat in dem Brief gestanden?"
Aber Älardus war nicht einzuschüchtern. Er schwang sein Bein über den schrägen Ast, sprang in den Grünkohl hinunter und rief:
„Was in dem Brief gestanden hat? Ja, Tante Hofmeisterin, das weiß ich auch nicht." Und mit einem verschmitzten Lächeln setzte er hinzu: „Danach mußt du meinen Vater fragen. – Aber jetzt muß ich weg."
„Deinen Vater fragen! Älardus, wo denkst du hin! Laß mir nur deinen Vater aus dem Spiel!" Sie ergriff einen Henkel der Apfelkiepe. Und während sie die Äpfel gemeinschaftlich über den Friedhof trugen, an Wiesches Grab vorbei, fing die Meierin noch einmal an.
„Nein, schweig' darüber im Bürgermeisterhaus! Ich will hier schon alles in die Reihe bringen! Den alten Frauen werde ich tüchtig was einschenken. Und im Männerhaus können sie sich's auch zur Notiz nehmen. Ich werde ihnen sagen, sie sollen ihre Zunge hinfort besser hüten, denn wenn Hinrich Lange die Geschichte mit der Ratte zu Ohren käme, kriegten sie erst was zu hören."
Sie setzten den Apfelkorb auf den Wagen, und die Hofmeisterin sagte:
„Älardus, geh und fang deinen Braunen ein! Ich mach' dir in der Zeit ein Brot zurecht. Die Kiepe mit dem Kohl kann der Kuhjunge mit dir zusammen holen."

Älardus, der Schalk, wenn er die Hofmeisterin auch zappeln ließ, so wußte er doch über den Brief gut Bescheid, den der einäugige, einigermaßen verkommene Mann auf der Laube abgegeben hatte.
Das rechte Auge dieses Mannes war wirklich nur eine zugeschnürte, brennendrote Narbe gewesen, und als Herr Stöterrogge aufstand, der als der jüngste Ratsherr seinen Platz an der Tür des Geheges hatte, stierte ihn dieser Mensch mit seinem linken schwarzen Schielauge an, daß es dem Stöterrogge über den Rücken lief. Dabei zog der fremde Mann einen pergamentenen Brief hervor, reichte ihn über die Schranke weg dem jungen Ratmann zu und machte kehrt.
Herr Stöterrogge war ein etwas empfindlicher Herr; er faßte das Schreiben mit Daumen und Zeigefinger, blies darüber hin und gab es dem Worthaltenden Bürgermeister; der legte es, da er nicht mehr gut sah, in Hinrich Langes Hände. Hinrich Lange saß seit einem Jahr neben dem alten Mann auf der Bürgermeisterbank.
Hinrich glaubte, er könne seinen Augen nicht trauen. Denn auf der vorderen Seite des zusammengefalteten, gutgesiegelten Schreibens stand wortwörtlich: An den Rat der Stadt Lüneburg, an die Betrüger. Hinrich ließ den Brief mit dieser wenig schmeichelhaften Aufschrift im Kreise herumgehen. Als man sich daraufhin nach dem so wenig repräsentablen Briefbringer umsah, war der längst am kurzen Pfeiler vorbei, hatte auch schon die dunkle Wandelhalle hinter sich. Die Ratsleute hörten gerade noch die Laubentür klappen. Man machte den Brief auf.
Der Brief war von einem Hildesheimer Höker, der der Stadt Lüneburg zum Bau ihrer Stadtbefestigung Geld geliehen hatte, wie viele andere Bürger in den norddeutschen Städten auch. Hundert Mark war ihm die Stadt Lüneburg schuldig. Eine ansehnliche Summe war's in damaliger Zeit. Er forderte das Geld zurück. Er hatte das Geld schon einige Male zurückgefordert. Viele wollten ihr Geld wiederhaben. Aber was war da zu tun? Die große Pfennigkiste auf der Laube war leer. Hinrich las den Brief vor, in dem der zornige Höker sich Luft machte. Er las auch den Schluß des Briefes vor, und der war bemerkenswert. „Euer gutes Stadtwappen", so stand da geschrieben, „habt ihr an den Schuldschein gehängt; hättet ihr das doch nicht getan! Eine Ratte hättet ihr besser an das Papier binden sollen, eine Ratte mit einem langen Stert, mit einer Schelle an diesem langen Stert, so hätte sie mich mit ihrem Geklingel gewarnt, und ihr hättet mein gutes Geld nicht gekriegt." Man versteht:
Dieser Brief war die Ratte gewesen, von der die Hofmeisterin erzählt hatte, daß sie tot und schon stinkend auf dem ehrenwerten Tisch des Hauses gelegen hätte. Aber es war auch schon so, wie es war, genug. Die Herren waren verstört.

„Uns beklagen und den Hildesheimer Krämer zur Rechenschaft ziehen?" Der alte Schomaker zuckte die Achseln.
„Unmöglich!" warf Klaus Vischkulen ein. „Dann hat der Mann die Lacher auf seiner Seite, und wir werden zum Gespött in allen Städten diesseits und jenseits der Elbe."
„Die hundert Mark, die wir dem vorlauten Mann schulden, können wir wohl noch zusammenkratzen. Aber damit ist das Unglück nicht aus der Welt. Es kann geschehen, daß wir morgen einen ähnlichen Brief in Empfang nehmen müssen. Wie sollen wir unserer Schulden Herr werden? Mit unseren Einnahmen können wir kaum die hohen Zinsen bezahlen, auf die unsere Schuldner Anspruch haben. Wenn die Sülzprälaten uns nicht für sechs bis sieben Jahre die Hälfte von dem Salz, das in ihren Pfannen entsteht, überlassen, weiß ich nicht, was werden soll", sagte Herr Wietzendorff.
„Ja, ohne diesen „zweiten Pfennig" von jeder Pfanne kommen wir nicht wieder auf die Füße", setzte Brand Tzerstede hinzu.
„Aber wie soll man der Prälatenschaft das begreiflich machen."
„Vielleicht müßte man sie einmal einladen", warf Hinrich Lange ein. „In den Bücherstuben ihrer Klöster und Abteien, in den Schreibstuben der Kapitelhäuser, in den bischöflichen Kanzleien träumen sie von der reichen Salzstadt an der Ilmenau. Die Sülze ist für sie alle ein Baum, von dem man unentwegt Äpfel pflücken kann. Unsere Sorgen kennen sie nicht, an unsere Schulden glaubt keiner von den Herren so recht."
„Nein, an die Kosten, die wir haben, wenn wir den Sülzbetrieb aufrechterhalten, das Salz lagern, es in Tonnen schlagen und verfrachten lassen, denken sie nicht", sagte der Springintgud. „Sie rufen: Reißt Salz aus der Sülze, wir brauchen Geld.
Und wenn wir Geld brauchen, sei es auch nur um die Wasserwege in den mecklenburgischen Wäldern auszubauen und instand zu halten, und zu diesem Zweck in ihren Pfannen zwanzig Gießeimer Sole versieden, wie es unser gutes Recht ist, so ist das in ihren Augen ein Verbrechen, und sie rufen: Was fällt euch ein? Das mit den Stiegen laßt sein! Das mit den zwanzig Gießeimern kommt euch nicht zu. Alles Salz, das in unseren Pfannen gesotten wird, gehört uns. Es ist schon viel, wenn ihr euch zum Unterhalt der Sülze den vierten Pfennig von unserm Salzgeld nehmt. Nein, das mit den Stiegen wollen wir nicht dulden."
„Vielleicht wird wirklich alles besser", lenkte der Worthaltende ein, „wenn wir die Sülzprälaten einmal einladen. Wir müssen alle einladen, die etwas bei uns auf der Sülze haben, ob sie geistlich sind oder weltlich. Wir zeigen ihnen die Sülze, die Weißladerei im Wasserviertel, unsere Salzschiffe auf der Ilmenau. Sie können auf unseren neuen Mauern umherlaufen, unsere Wälle und Türme besehen und müssen wohl sagen, daß es eine Stadt-

befestigung ist, die im deutschen Norden kaum ihresgleichen hat. Vielleicht begreifen sie dann, wie sehr man durch solche Bauwerke in Schulden geraten kann."

„Ja, es müßte eine große Tagfahrt werden", fuhr Albert van der Molen fort; „die Bürgerschaft wird uns helfen, all die vielen Menschen zu beherbergen und zu beköstigen. Auch der Verdener Hof wird für die Geistlichkeit seine Pforten öffnen. Wir vom Rat müßten natürlich die Hauptlast tragen. Ich könnte in meinem Haus gut zehn Menschen unterbringen."

Albert van der Molen wohnte in der Goldenen Treppe, und das war das schönste Haus in der Stadt.

Johann von Atzelt

Juni war es. In den Niederdeutschen Landen blühte das Korn und war glücklich.

Da machten sich die Prälaten, die Sülzgut in Lüneburg besaßen, auf die Reise, die „overheidischen" so gut wie die von „jenseits der Elbe".

Die Herren reisten in Gesellschaft und so auch die Äbte von Kloster Corvey und Amelunxborn. – Das Kloster Corvey, uralt und angesehen, und mit seiner großen Büchersammlung von jeher ein Hort der Weisheit und Gelehrsamkeit, liegt an der Weser, und auf zwei Weserschiffen, die Sandsteinplatten nach Bremen brachten, hatten die Herren ihre Reise angetreten.

Ein gutes Stück vor Bremen stiegen sie aus dem Schiff und ritten, von einigen Mönchen und Klosterschülern begleitet, über die Allermarsch, immer dem hohen vergrünspanten Dach des Verdener Domes entgegen, der auf einem Sandhügel über der Aller lag, von den niedrigen Häusern der kleinen Bischofsstadt umringt. Die Äbte von Corvey und Amelunxborn wurden von dem Bischof von Verden und seinen Domherren erwartet.

Am andern Morgen ging es weiter. Der Bischof von Verden, ein Freund der Lüneburger, ritt mit drei Domherren an der Spitze des Zuges. In Visselhövede wollten sie mit dem Propst der Walsroder Benediktinerinnen zusammentreffen. Um die Mittagsstunde langte ihr kleiner Reiterzug bei der Kirche des Ortes an. Sie war aus Findlingen aufgerichtet, und an ihrem Gemäuer fanden sie einen schattigen Platz, an dem sie sich ein wenig erholen konnten von dem langen Ritt in der heißen Sonne. Die gar nicht große Kirche lag auf einem grünen Grassockel, an dem eine Bek vorbeifloß, die hüben und drüben von blühenden Schwertlilien eingefaßt war. Der Bischof Johann von Atzelt, der in jungen Jahren die Inful von Verden erhalten hatte, aß, ein wenig angelehnt an das kühle Gemäuer, von dem, was er in seiner Satteltasche hatte, sah dabei nach den Pferden, die sich an der Bek bewegten. Er zog hernach einen silbernen Becher aus der Tasche an seinem Sattel, ging zum Wasser hinunter und bückte sich über den kleinen Wasserfall, mit dem die Bek aus ihrem Quellteich rann. Er ließ sich das Wasser in den Becher sprudeln und trank. Während er dann mit gespreizten Beinen über der Bek stand und die letzten Tropfen aus dem Silberbecher schwenkte, fiel sein Blick auf sein Pferd, einen jungen Fuchs mit einem langen, flachshellen Schweif. Das Tier sprang über das geringe Gewässer durch die tanzenden Libellen, und nun stürmte es den grünen Sockel hinauf, auf dem das Kirchlein stand.

Nun hatte der Bischof von Verden einen besonders hellen Blick, weil er zu den blauäugigen Menschen gehörte, deren Iris sich am Pupillenrande so aufhellt, daß es aussieht, als hätten sie Schnee in ihren Augen. Als er aber seinem stürmischen Fuchs nachsah, bekamen diese Augen überdies einen Schein, wie ihn die Augen eines Jägers haben, wenn er den Hirsch erblickt. Wenn der Bischof von Verden auch die Rechte studiert hatte, wenn er die Inful trug mit goldenen Bändern auf dem Rücken, wenn er in Albe und Dalmatica im Dom zu Verden die Messe feierte und an den hohen Festen in dem berühmten, in Reben und Trauben geschnitzten Verdener Chorstuhl zwischen seinen Diakonen saß, so steckte doch immer noch ein Stück von einem Reiter und Jäger in ihm. Es hätte ihm auch ein weltliches Fürstentum wohl angestanden. Ja, er hätte es sicher ebenso klüglich regiert wie seinen geistlichen Sprengel, der das Lüneburger Land umfaßte.

Aber nun hörte man Hundegebell. Pferdegetrappel kam von der Dorfstraße her. Die Walsroder kamen! Der Propst mit seinem Vikar, mit Scholaren und zwei Klosterknechten ritt heran. Im nächsten Augenblick ging es um die kleine Kirche laut und lebhaft zu. Die Walsroder wollten nicht, wie es vorgesehen war, durch den Wald reiten, der die Raubkammer heißt. Dem Walsroder Propst war angesagt worden, daß es in dem Walde im Augenblick nicht geheuer sei, wenn sich auch keine Raubritter dort eingenistet hatten, nachdem der letzte, ein Herr von Zarenhusen, bei einem Überfall zwischen den Tannen des Waldes sein Leben einbüßte. Mit einem Silberknopf seines Gewandes hatte ihn der Kaufmann, der sein Leben und Gut verteidigte, erschossen. Nein, Raubritter gab es seither nicht mehr in dem dichten Wald. Aber es hieß, daß sich eine Schar entlassener Söldner, die der Kaiser nicht mehr brauchte, in seinen Wildnissen festgesetzt hätte. Sie machten die Wege, die durch den Wald führten, unsicher.

„Es wird nicht ungefährlich sein", stimmte der Abt von Corvey dem Walsroder Propst zu, „in der Zeit, wenn das Korn hochsteht, treibt sich immer viel Gesindel draußen herum, und die Raubkammer bietet ihnen den besten Unterschlupf."

„Also lassen wir die Raubkammer rechts liegen", sagte der Bischof.
Die Herren waren gut aufgelegt. Sie waren auch noch so ganz am Anfang ihrer Fahrt. Der strenge Chordienst lag hinter ihnen, und so beschlossen sie: Wir wollen über den Wilseder Berg reiten, von dem aus man die Türme der Stadt Hamburg mit den Augen erreichen kann.
Sie brachen nach einer Stunde auf und waren bei beginnendem Abend mit ihren Pferden auf der schön gerundeten Kuppe des Berges, der frei dalag, wie hochgekommen aus der Wälderfülle ringsum. Indes sich die Äbte von Corvey und Amelunxborn von dem Propst der Walsroder Benediktinerinnen die Türme der Stadt Hamburg zeigen ließen, fand der Bischof von Verden am nordöstlichen Himmel die Stadt Lüneburg, die sie zum Ziel hatten oder besser einen Turm dieser Stadt, den hochragenden Turm der Täuferkirche. Nein, von der Salzstadt sah man nichts. Sie lag mit ihren vielen Häusern im Tal der Ilmenau wie in einer Spalte. Der Bischof von Verden war gern in Lüneburg. Er war oft dort. Er hatte eine bequeme Wohngelegenheit in Lüneburg, den Verdener Hof, ein großes Wohnwesen, von dessen Fenstern aus man die Lüneburger Ratsherren sehen konnte, wenn sie durch die Grüne Tür des Rathauses auf die Laube gingen. Der Verdener Hof war des Bischofs zweites Zuhause.

Der Meerkönig von der Salzen See

„Mädchen, höre!"
Älardus zog Gebeke an einem ihrer langen blonden Zöpfe.
„Ich seh, du mußt hier im Zimmer bleiben. Sie haben dir die Jutta hineingestellt, das kleine störrische Ding." Er trat an die Wiege und hielt dem Schwesterchen den kleinen Finger seiner linken Hand hin. Das kleine Wesen griff danach und lachte.
„Also, Gebeke", wandte er sich wieder seiner größeren Schwester zu, „sei gescheit! Du weißt wohl, daß heut am Nachmittag die Stralsunder Salzwagen durch die Bäckerstraße kommen. Du weißt, daß sie ihn mitbringen, den Meerkönig von der Salzen See, den Abt von der Insel. Also paß gut auf! Du kannst gern spielen, mit der Puppe, mit dem Ball. Aber wenn du Pferdeschellen hörst und das schwere Stampfen der Rösser, springst du ans Fenster und lugst durch die Scheibe, und wenn es die Stralsunder sind, du kennst ihre Wagen ja, dann rennst du über die Galerie in den Festsaal und rufst es aus dem offenen Fenster zu uns herunter. Wir, Boldewin und ich, sind dazu abgeordnet, den Abt von Hiddensee in Empfang zu nehmen. Wir müssen aber noch auf dem Hof schaffen. Wir müssen die letzten Bu-

chenscheite aufstapeln. Es darf kein Holz herumliegen, wenn die Äbte da sind. Um Cord und Agnese", setzte er noch hinzu, als er schon die Türklinke in der Hand hatte, „brauchst du dich nicht zu kümmmern. Die spielen bei uns um das Holz herum. Auf die beiden geben wir Obacht."

Also trug Gebeke ein Kissen heran, auf dessen Platte der lüneburgische Löwe zu sehen war mit Wolle gestickt, blau und aufrecht, mit furchtbar geschwungener Schwanzquaste und erschrecklichen Zähnen. Sie legte das Kissen auf die breite Fensterbank und saß bald darauf hinter den Scheiben, die Puppe mit dem Wollgesicht auf dem Schoß.

In den Wagen, die durch die Bäckerstraße kamen, kannte Gebeke sich so gut aus, wie jedes Lüneburger Kind, das in dieser Straße wohnte. Da saß sie nun mit halbgeschlossenen Augen gelehnt an das Fensterholz. Nein, wahrhaftig, sie brauchte nicht aufzuschauen. Was da aus der Ferne stampfte und dröhnte, ein Wagen war es, aber ein Stralsunder nicht. Der Wagen, der sich da knarrend und ächzend näherte, kam vom Markt her und mußte also durch das Bardowicker Tor in die Stadt gerollt sein. Er stammte aus Flandern oder vielleicht aus Brabant, aus der Stadt Löwen oder Gent. Er brachte flandrische Tuche mit und die großen Leidener Laken. Und richtig, da läuteten und klingelten schon die vielen Schellen durcheinander, die alle flandrischen Pferde an ihrem Riemenzeug haben. Aber nun waren sie heran! Gebeke stellte das Püppchen mit seinem Wollgesicht gegen die Scheibe, damit es auch etwas von dem Anblick hatte.

Nein, diese flandrischen Pferde! Brüste so breit wie ein Wagenschott! Und diese Mähnen! Das flutete und wallte an dem starken Hals herunter, und die Stirnhaare fielen ihnen vorn in ihre trotzigen Pferdeaugen: Und wie sie stampften! Die Schellen läuteten! Die Fenster zitterten, und die Puppe fiel rückwärts auf die Fensterbank. Gebeke setzte sich wieder auf ihren Sitz und die Puppe im Arm, schloß sie die Augen, die Stralsunder, die manchmal mit den Wismarer und Rostocker Wagen in einem langen Zuge kamen, ließen auf sich warten. Gebeke war müde, und der warme Junitag tat das Seine. Sie schlief ein. Aber dann fuhr sie aus ihren Träumen auf, die Puppe flog durchs Zimmer.

O Gott, das mußten sie sein, das, was da in der Straße heranbrauste. Ja, das waren sicher die Wagen, die von der Salzen See kamen.

„Ich mach dir das Fensterkläppchen auf", hatte Älardus zu ihr gesagt, „die ganze Bäckerstraße riecht nach Fischen und Tran, wenn die Stralsunder da sind." Gebeke schnupperte. Richtig, das war Heringsgeruch. Ein Wagen hielt vor dem Hause. Auf dem blauen Wagenleinen prangte die zitronengelbe Kogge, die mit geblähten Segeln über die von Wellen aufgerauhte See fährt. Das war das Wappen der Stralsunder. Und hinter dem Wagen auf einem pechschwarzen kleinen Pferd, saß ein nicht gar großer Mann, in dem grauen Reisekleid der Zisterzienser Mönche, das Goldkreuz auf der Brust. Und um das kleine Käppchen gab es ein Geklingel von lauter weißen Locken.

„Das ist der Abt von der Salzen See", sang es in Gebeke, „das ist der Abt von der Salzen See." Und sie lief, was sie konnte, lief aus der Stube über die Galerie, in den Festsaal hinein und rief durch das geöffnete Fenster in den Hof hinunter:

„Boldewin, Älardus, kommt schnell! Sie sind da!"

Oh, sie waren fast fertig mit ihrem Holz. Im nächsten Augenblick sprangen sie schon die Stufen der breiten Treppe hinunter und blieben zwischen den hohen Beischlagwangen stehen.

Sie hätten es gar nicht nötig gehabt, sich zu eilen, der Abt von Hiddensee dachte gar nicht daran, ins Haus zu gehen. Und während der Bruder Schreiber seines Abtes Mantelsack und seinen eigenen die Treppe hinauftrug, stand der kleine Abt, der Meerkönig von der Salzen See, wie ihn Älardus nannte, wenn er mit seinen Geschwistern allein war, auf der Straße, stand und staunte zu den Fayence-Reliefs hinauf, zu den Bildnissen, die im Erdgeschoß zwischen den Spitzbogen von Tür und Fenster zu sehen waren. War es nicht begreiflich, daß der kleine Abt schaute? Wer jahraus, jahrein mit See und Sand, mit Möwen und Seeschwalben zusammenlebt, muß seine Gelegenheit wahrnehmen.

Wie bunte Siegel saßen die Bilder an dem schmucken Haus; Frauen- und Männerköpfe, und sie blickten aus Kränzen, von braunen Kacheln gedreht, wie aus dunklen Rahmen auf die Straße. Der kleine Abt sah zu ihnen auf, als hätte er in ihnen die Bilder der großen Welt gefunden, nach denen er ausgewesen war, als er reiste. Aber nun wies er auf das Bild des Mannes mit hafergelbem, feingeringeltem Haupthaar und einem spitzgeschnittenen ebenso hafergelben Bart, dem Heyno Vischkulen, Hinrichs Tochtermann, so ähnlich sah, und statt aller Begrüßung rief er Boldewin und Älardus entgegen:

„Wer ist dieser Mann?"

„Der Bürgermeister Klaus Vischkulen", antwortete Älardus und stand im nächsten Augenblick neben ihm.

„Er ist in der Ursulanacht erstochen worden. Es ist mehr als siebzig Jahre her. Drüben, auf der Treppe ist er verblutet." Älardus zeigte auf die helle Stufe, die zur Ratsapotheke hinaufführte, und über der die vergoldete Theriak-Büchse schwebte.

„Das ist Klaus Vischkulen! Das ist der Bürgermeister Klaus Vischkulen? Ja, dann weiß ich Bescheid. Den kennen wir auf Hiddensee auch. Denn die Geschichte von der Ursulanacht ist in der ganzen Welt herum. Und bei uns auf der Insel hat man sie auch nicht vergessen. Ich war damals noch ein

Junge", fuhr er fort, „eines Fischers Kind. Lief täglich von meines Vaters Haus in die Klosterschule. Barfuß, die Holzklotzen in der Hand, lief ich über die grüne Tafel zwischen Berg und Dünen, und an einem Tage kriegte mich der Bruder Hirt, der auf der Grastafel bei seinen Kühen war, am Ärmel zu fassen. Und er erzählte mir, als die neueste Nachricht, die Geschichte von den siebenhundert braunschweigischen Reitern, die um drei Uhr in der Frühe die Mauern der Stadt Lüneburg erstiegen hatten. — Im Schlafen, im Wachen sah ich hinterher die Lüneburger Bürger mit den braunschweigischen Reitern kämpfen. Sah den Bäcker mit seinem eisernen Brotschieber wüten. Aber", er blinzelte und faßte Älardus am Arm, „der wilde Kampf ging seltsamerweise immer durch den Kreuzgang unseres Klosters."

Der Abt von Hiddensee! Er machte immer noch keine Anstalten, ins Haus zu gehen. Boldewin wunderte sich. Das will ein Abt sein? Aber Älardus dachte, so eine Art Abt könnte mir auch noch gefallen! Das ist ein Kraut für sich.

Jetzt war er aber ja nun wirklich die Treppe hinaufgekommen. Und auf der Diele wurde er von Wobbeke begrüßt.

Der Abt von Hiddensee und der Propst vom Kloster Doberan waren die ersten beiden Prälaten, die von jenseits der Elbe kommend, in Lüneburg eintrafen. Der Doberaner trat mit größerem Gefolge auf und fast schon mit Gepränge. Doberan ist ein reiches Kloster. Wenn es auch an der Salzen See liegt, wie das Kloster Hiddensee, so gehören doch den Benediktinerinnen von Doberan landauf, landab in Mecklenburg Bauernhöfe und Güter, und das Kloster hat auch in nächster Nähe genug guten Weizenboden.

„Der Propst von Doberan ist in der Techt abgestiegen", verkündete Älardus am Abend. „Onkel Brand Tzerstede beherbergt ihn und sein Gefolge. Aber Onkel Brand besiedet ja auch die Salzpfannen von Kloster Doberan", setzte er hinzu. Die beiden Salzpfannen, die dem Kloster Hiddensee gehörten, besiedete Hinrich Lange.

Im Sommer aß man im Bürgermeisterhaus auf der Diele, und so auch heute. Der kleine Meerkönig von der Salzen See saß zwischen dem Bürgermeister und der Hausfrau. Während Wobbeke die Suppe schöpfte, betrachtete er fast mit Inbrunst Hinrichs ritterliche Ausrüstung: Topfhelm und Brustharnisch, Beinschienen, Schild und Speer, und was alles über Ilsabens Hochzeitstruhe hing, die ganze Pracht, mit der Hinrich einst in den Nordischen Krieg gezogen war und die er um- und angehabt hatte, als es nach Havelberg ging, um mit dem Kurfürsten von Brandenburg die Salzverträge abzuschließen.

Indes saß der Bruder Schreiber still da, die gefalteten Hände auf der Tischkante, ein feines Lächeln um den Mund. Der Bruder Schreiber war mitgekommen, um das gesprochene Wort festzuhalten. Die Wechselreden mußte er zu Papier bringen, die sich auf dem Rathaus zwischen den Sülzprälaten und dem Rat der Stadt ereignen würden. In seiner kleinen Stube im Giebel des Bürgermeisterhauses stand eine tüchtige Pergamentrolle, die wohl reichen mochte.

Denn wenn auch alle in dem Kloster auf der Insel große Stücke auf ihren Abt hielten, das wußten sie wohl: Von den Geschäften dieser Welt verstand er nicht allzuviel. Und übergroße Genauigkeit in diesen Dingen war nicht sein Teil.

Die Kinder am Tische bekümmerten sich wenig um den Mönch. Sie sahen auf den kleinen Abt, auf sein, trotz seines Alters schönes, von den Seewinden seiner klösterlichen Heimat gebräuntes Gesicht, auf seine Augen, die hellblau waren wie die See und wie zwei kleine Wunder. Wahrhaftig, dieser alte Meerkönig von der Salzen See gefiel ihnen wohl.

„Die Insel Hiddensee", begann Hinrich Lange, als sie ihre Suppe ausgelöffelt hatten, „soll nicht sehr groß sein. Man hat mir gesagt, Hiddensee und die große Insel Rügen sind einmal eins gewesen."

„So ist es richtig! Von Rügen in einer Sturmnacht losgerissen, liegt Hiddensee, unser Inselchen, da. Liegt da, wie ein schmales Pantöffelchen; und das hohe Blatt dieses Pantöffelchens ist der Berg im Norden. Aber die niedrigen Sanddünen und die dürre Heide in der Mitte und im Süden sind seine flache Sohle."

„Und Euer Kloster?"

„Liegt im Norden und hat die große grüne Wiesentafel vor sich, die sich zwischen Berg und Dünen schiebt. Wenn man über sie weggeht, wippt es einem immer ganz leicht unter den Füßen. Mooriger Grund!" Er hob die Hand.

„Und hinter Eurem Kloster habt Ihr den Berg?" fragte der Vater.

„Hinter unseren Klostermauern steigt er auf, und wir liegen mit Kirche, Kreuzgang und Garten in seinem Schutz. Wir können von unseren Fenstern aus über die grüne Tafel sehen, nach der Insel Rügen hinüber. Wenn wir aber auf den Dornbusch steigen, wie unser Berg heißt, haben wir noch eine ganz andere Sicht über Länder und Meere. Dann können wir die Kirchen von Stralsund erblicken, alle drei, kaum so groß wie Nägelchen, und sie sind bläulich und durchsichtig und stehen nebeneinander wie drei Schwestern. — Ja, unseren Berg müssen wir loben nicht zuletzt um unseres Gartens willen, und wenn auch nicht der Baum des Lebens in ihm steht, so doch eine uralte Eiche. Der Wein, der sie umrankt, trägt blaue und grüne Trauben, die in manchem Herbst reif werden. Es ist doch so, Augustinus?"

Und der auf diese Weise von seinem Abt aufgerufene Bruder bestätigte das Gesagte mit Nicken und Lächeln und fügte hinzu: „Wir haben uns an den

Trauben in der goldenen Herbstzeit oftmals erfrischt und auch gelegentlich einen allerdings etwas säuerlichen Wein aus ihnen bereitet."
„Die Eiche", fuhr der kleine Abt fort, „soll die einzige sein, die von dem Walde blieb, der einst ganz Hiddensee bedeckte, so daß eine Eichkatze von Wipfel zu Wipfel springend und schlüpfend von der Südspitze in unseren Norden kam. Aber jetzt hat die Insel Hiddensee außer dieser Eiche kaum noch einen Baum."
In diesem Augenblick schob Wobbeke dem Bruder Schreiber die Zinnschale hin, auf der ein Aal lag, der nun allerdings schon halb verzehrt war, sagte dabei: „. . . und waren es denn nun Eure Mönche, die die Aale fingen, die uns so gut munden?" Der kleine Abt nickte, Wobbeke aber schnitt auch für sich ein Stück ab und begann noch einmal: „Fangt Ihr die Aale in der offenen See?"
„In der offenen See? Wo denkt Ihr hin, liebe Frau! In den stürmischen Wellen fühlt sich der Aal nicht wohl; der friedliche Bodden zwischen Hiddensee und Rügen ist sein Paradies. Aber dem Aal kann man nicht leicht beikommen. Man muß ihn überlisten. Am Tage kann man ihn nicht kriegen; in dunklen Nächten müssen die Brüder ausfahren. Ja, in mondloser Nacht."
„Der Mond darf nicht scheinen?" fragte Älardus überrascht.
„Der Aal ist so klug. Er kennt die Netze, die ihm den Tod bringen. Und sieht er im Mondlicht ihre Maschen im Wasser, so verkriecht er sich in Sand und Mutt. Manche Mahlzeit holen wir uns aus dem stillen Bodden. Wir sind auch oftmals am Tage auf dem Bodden mit unseren Booten unterwegs. Wir müssen nach Rügen hinüber. Wir bekommen von da unser Weizenmehl, unseren Roggen. Auf unserer Insel wächst nicht viel. Wenn man dann über das glasklare Wasser segelt, denkt man manchmal:
„Sind das Wiesen da unten am Grund? Das viele Gras! Aber an etlichen Stellen kommt man wie über Gärten hinweg. Algen wie kurze Bäume, dicker Blasentang, der im Wasser schwimmt, und feines rötliches Haar, das sich in den Wellen wiegt, und auf dem sandigen Grunde dieser Algengärten liegen Plötze, fingerlang alle und in unzählbaren Scharen. Sie rühren sich nicht. Sie schlafen. Sie rühren sich auch nicht, wenn wir mit unserem kleinen Segler über sie wegrauschen."
In diesem Augenblick gab der kleine Abt dem Bruder Schreiber einen Wink und sagte leise: „Der Mantelsack". Da erhob sich der lange, blonde Mensch mit einer Entschuldigung und stieg die Treppe hinauf zur Galerie.
Der kleine Abt horchte auf. Da oben klappte eine Tür und wenig später kam der Schreiber die Treppe herunter. Im nächsten Augenblick legte er einen kleineren Mantelsack auf den Tisch. Gebeke strich ganz leise über seinen silbrigen Glanz.

„Der Reisesack ist aus einem Seehundsfell gemacht", sagte der Schreiber. „So gehen die Brüder wohl manchmal auf Seehundsjagd?"
Der Abt nickte; aber er schnallte den Seehundssack nicht auf. Er faltete seine Hände über dem schimmernden Fell.
„Seit dem Barbaratag im Dezember haben wir viel an Lüneburg gedacht, denn an diesem Tage lag am Abend Euer Brief im Remter, so daß alle ihn lesen konnten. Einige Brüder, die mit Butter und Käse nach Stralsund gesegelt waren, hatten ihn mit herübergebracht. Die Brüder brachten auch anderes von Stralsund mit: Datteln, Feigen, Nüsse, Wein und was man zum Weihnachtsfest braucht. Aber das war alles nicht wichtig.
Doch der Brief...! Wir haben ja oftmals unserer Pfannen wegen Botschaft von Euch aus der Bäckerstraße erhalten. Aber keinen Brief wie diesen. Durch diese Einladung in Euer Haus und Eure Stadt war uns Lüneburg so nahe gerückt, und so kreisten alle unsere Gedanken um die Salzstadt an der Ilmenau und Euer Haus in der Bäckerstraße.
Es sind Kinder in dem Hause. Zwei große Jungen und ein Mädchen, das wußten wir. Und als es nun im Januar tief in den Winter hineinging, da bastelten etliche Brüder in ihren freien Stunden im Remter beim Kienspan etwas für diese Kinder. Drei Kinder sitzen hier am Tisch, und drei kleine Geschenke habe ich in meinem Mantelsack. Seht, wie gut es paßt! Und du, Älardus, bekommst dieses hier, denn du siehst mit dem hellen Haar und dem blauwollenen Buscherum schon wie ein Schiffsjunge aus." Und er griff in seinen Mantelsack und holte eine Flasche heraus. Eine Flasche? Aber Wein war nicht in der Flasche. Durchaus nicht. Sie war auch nicht leer. Und nun erblickten Boldewin, Älardus und Gebeke, die die Köpfe zusammengesteckt hatten, in der Flasche ein Schifflein mit Segeln, und es fuhr auf blauen Wellen. „Es ist ein Lüneburger Salzschiff", rief Boldewin.
„Aber Boldewin, ein Lüneburger Salzschiff hat doch nicht so viele Segel. Eher ist es eine von den lübschen Koggen, wie sie in der Ostsee hin- und herlaufen."
„Richtig, Älardus, und von einer lübschen Kogge stammt auch der Matrose, der das Schiff in der Flasche gemacht hat. Wir haben ihn aus Seenot gerettet. Er blieb bei uns und wurde ein dienender Bruder. Er pflegt unsere Boote, unsere Segel und Netze, und wenn es nach Stralsund hinübergeht, ist er dabei.
Dieses hier, Gebeke, schickt dir der Bruder Paternostermacher." Und der kleine Meerkönig von der Salzen See gab Gebeke eine Reihe gelber Perlen in die Hand.
„Den Bernstein haben wir am Strand gefunden, und der Bruder Paternostermacher hat Perlen daraus gedreht. Trage das kleine Kettlein täglich! Bernstein auf der bloßen Haut getragen, hält den Leib gesund.

Aber dieses große Stück soll Boldewin haben." Boldewin dankte und hielt den großen Bernsteinbrocken in das Licht, das mit ein wenig Baumgrün durch die geöffnete Hoftür auf die Diele kam.
„Aber Boldewin", rief Älardus, „das ist ja . . .! Siehst du denn nicht die kleine Fliege in dem Bernstein? Ist es eine Fliege?" Älardus sah den Abt an.
„Eine Mücke."
Sie sahen alle auf den zarten Körper mit den ausgespannten Flügeln. Auch Gebeke, die hinter Boldewins Stuhl getreten war. Der dünne Leib, die langen, hohen Beinchen, und alles war eingeschlossen in den goldgläsernen Bernsteinschrein.
„Die Brüder fanden das Stück Bernstein nach einem großen Sturm", begann der Abt. „Sie waren zum Holzsammeln am Strande. Wir haben ja keinen Wald, und das Holz, das das Meer herauswirft, müssen wir bergen.
Das große Stück lag unter dem Meeresschaum. Nach den Stürmen ist der Strand immer voller Schaum; in hellen Rosenkränzen, in weißen Brautschleiern liegt er dann auf dem Sande."
Gebeke horchte auf. Das blaue Meer und rauscht in weißen Brautschleiern auf den Strand? Ja, das hätte sie wohl auch gern einmal sehen mögen.
„Das Meer ist schön", sagte der kleine Abt nach einer Weile, „und besonders, wenn wir im Norden von dem hohen Berg aus auf seine Wellen sehen und wär doch nur halb so schön, wenn es nicht immer den Himmel widergäbe. Ja", fuhr er fort, „das Meer ist schön, weil es den Himmel spiegelt, und der Mensch", und er sah Hinrich mit seinen hellblauen Augen an, diesen kleinen Wundern, senkte den Kopf und murmelte in seinen Bart: „Der Mensch ist schön, weil der Glanz Gottes in ihm wohnt." Hinrich lächelte.
Der kleine Meerkönig hob den Kopf und sagte, jetzt wieder der ganzen Tafelrunde zugewandt: „Fast immer spiegelt das Meer den Himmel wider. Und da sind nun die Möwen. Wie oft sah ich sie von der Höhe des Leuchtturmes aus, wenn sie zur Guten Nacht alle miteinander auf dem Meer schwimmen, über sich die Abendwolken, feurig und goldgelb angehaucht, unter sich in der Tiefe des Meeres die gleiche Wolkenpracht. Und sie schwimmen und schaukeln und verbringen ihr Leben zwischen dem Wolkenhimmel der Höhe und seinem gespiegelten Abglanz in der Tiefe."

Auf der Sülze

Spät am Abend stellte sich der Abt von Walkenried im Bürgermeisterhaus ein. Er und der Ehrwürdige Vater vom Kloster Michaelstein, das ebenfalls, wie Walkenried in den wilden Harzbergen lag, waren von etlichen Mönchen, Scholaren und Klosterknechten begleitet, gemeinsam aufgebrochen.

Auf ihrem Weg hatte sich der Dekan von Halberstadt, hatten sich die Domherren von Hildesheim, die ebenfalls Pfannengut besaßen, ihnen zugesellt. Als sie nun alle zusammen in Braunschweig anlangten, erwartete sie eine größere Gesellschaft. Die Kapitelherren vom Braunschweiger Sankt Blasius Dom, die Äbte der overheidischen Klöster Riddagshausen und Königslutter, der Propst der Benediktinerinnen von Wienhausen, die alle etwas auf der Sülze hatten, waren zur Stelle. Diese große Reisegemeinschaft war sehr spät in der Salzstadt eingetroffen. Und als der Walkenrieder Abt sich mit seiner Begleitung im Bürgermeisterhaus einfand, war es schon neun Uhr vorbei. Boldewin, Älardus und Gebeke guckten von einem abgelegenen Winkel der Galerie aus über die Brüstung. Vor der Hochzeitstruhe mit ihren Glück verheißenden Vierpassen, hatte sich der stattliche aber nicht mehr junge Abt aufgebaut. Braune Haarschlangen fielen ihm auf sein Reisegewand, und sein brauner Bart war so lang und dicht, daß die Waldvögel des Harzes in ihm hätten nisten können.

„Er sieht aus wie Rübezahls Bruder", flüsterte Älardus seinen Geschwistern zu. Aber da führte der Vater den würdigen Abt und die beiden Mönche schon in seine Schreibstube.

Am nächsten Morgen blieben die Walkenrieder lange in ihren Kammern, und Wobbeke warf manchmal von den Küchenfenstern aus einen besorgten Blick auf die drei ältesten Kinder des Hauses, und einmal rief sie Gebeke zu sich und sagte:

„Seid leise, der Abt von Walkenried ist so spät zur Ruhe gekommen. Er schläft wohl noch."

Wirklich, sie waren auf der Diele recht im Gange. Sie hatten den langen blonden Klosterschreiber und seinen Abt umringt. Und der kleine Meerkönig mußte erzählen.

Aber dann kam der Vater aus der Schreibstube. Er hatte ein Beutelchen mit Geldstücken in der Hand. Er kam den großen Kindern recht dazwischen. Denn nun sagte er zu dem Abt und seinem Schreiber:

„Ich muß auf die Sülze. Ich muß in meine Siedehäuser. Es ist heute Sonnabend. Vogt und Sieder und auch die Feuerböterinnen müssen ihren Wochenlohn haben. Wollt ihr mit?" Sie standen beide gleich von dem Bänkchen auf. Die Sülze sehen, in der ihnen das weiße Salz zuwächst? Die beiden Pfannen in Augenschein nehmen, um die sich die Unterhaltung an trüben Wintertagen so oft dreht, diese beiden Pfannen, die so fleißig für sie Geld schaffen? Da gab es kein Überlegen. Und so gingen sie dann gleich darauf zu dritt aus dem Hause.

Auf dem Sande knarrte ihnen ein Gefährt entgegen.

„Es kommt von der Sülze", sagte Hinrich. „Könnt ihr das Salz unter seinem blauen Leinenverdeck erkennen?"

„Und wohin geht's mit dem Salz?" wollte der Abt wissen.
„Nach der Ilmenau. Am Bollwerk des Flusses wird es auf Schiffe gebracht, die nach Lübeck und Hamburg fahren."
„Der Wagen gehört der Sülze?"
„So ist es."
„Und er hat die Sülze, wenn er leer ist, wieder zum Ziel?"
„Aber nicht gleich. Erst geht's noch an der Ilmenau entlang, dahin, wo die Holzplätze sind."
„Er bringt Holz zurück?"
„Ja, wenn etwas auf den Ladeplätzen liegt. Aber das ist nicht immer der Fall. In der Nähe der Stadt hat die Sülze, die große Holzverbraucherin, fast alle Wälder aufgefressen. Und was es noch hier herum an Waldungen gibt, ist in den Händen der Klöster, und die lassen nicht viel schlagen. Die wollen ihre Waldreviere für die Jagd behalten. Ja, Ehrwürdiger Vater", fuhr Hinrich fort, „Holz, Holz, das ist auf der Sülze das große Weh und Ach. Der Sülzquell fließt. Er bleibt uns immer treu, wenn auch sein Strömen zu Zeiten etwas schwächer ist. Das Holz zum Sieden müssen wir beschaffen. Reicht's dir noch für diesen Monat? Ja, für diese Woche? Das ist die Sorge der Sülfmeister. Nun gibt es ja Länder, die, wie Mecklenburg, Holz im Überfluß haben, aber ihr Holzreichtum wird, weil er so abgelegen liegt, kaum von jemand begehrt. Wie soll man die Stämme hierher bringen? Mit Pferd und Wagen?" Er schüttelte den Kopf. „Es gibt da drüben in den Wäldern keine Wege, auf denen man mit Holzwagen fahren kann. So hat denn die Stadt Lüneburg etliche Seen, von denen es da drüben viele gibt, und kleine Flüsse benutzt, um sich eine Wasserstraße zu bauen, die in das Herz der mecklenburgischen Wälder führt. So werden wir leidlich mit Holz versorgt."
„Wieder ein Salzwagen", sagte der Bruder Schreiber.
„Aber was sehe ich?" rief der kleine Meerkönig von der Salzen See. Auf das blaue Leinenverdeck hat man einen Abt genäht in schwarzer Kutte mit einem langen goldenen Rosenkranz an der Seite."
„Das Salz, das unter dem Verdeck schimmert, ist in den Pfannen geworden, die ich für die Lübecker Domherren besiede. Dem lübschen Kapitel gehört ein Haus mit vier Pfannen. Und da kommt allerlei Salz zusammen."
„Und warum war der Abt auf dem Verdeck?"
„Ja, bedenkt, wir haben zweiundfünfzig Siedekaten. Da hat man nun, um die Hütten auseinanderzuhalten, auf ihre Dachfirste allerlei Zeichen gesetzt, und auf dem First der Siedehütte, die den Lübeckern gehört, steht der Abt mit einem goldenen Rosenkranz, ganz so, wie ihr ihn eben auf dem Verdeck des Salzwagens erblickt habt."
Der kleine Ehrwürdige Vater von Hiddensee dankte für die Auskunft,

sagte — und eine leichte Röte stieg ihm ins Gesicht — „ich danke Euch für die Geduld, mit der ihr meine Fragen anhört und sie beantwortet. Nicht aus müßiger Neugierde falle ich Euch mit meinen Fragen beschwerlich. Wenn jemand eine Reise macht, so muß er etwas mit nach Hause bringen. Und das Geschenk, das meine Benediktiner von mir erwarten, wenn ich wieder zu ihnen in den Remter trete, ist ein Bericht von der Welt, die ich da draußen gesehen habe. Und kann man es ihnen verargen? Da sitzen sie nun jahraus, jahrein in der Abgeschiedenheit. Hören das Schreien der Möwen, das Rauschen des Meeres, sehen nichts als den blauen Bodden und die Brandungswellen der offenen See. Und so ist ihnen nun eine Erzählung von allem, was wir gehört, was wir mit unseren Augen gesehen haben, sehr erwünscht. Und schließlich bin ich ja auch darum gereist."

Hinrich Lange lächelte.

„Herr Bürgermeister", nahm der Schreiber das Wort, „es ist wohl nicht so verkehrt, was unser Abt sagt. Wer fährt zum Salztag nach Lüneburg? Das war bei uns auf Hiddensee die große Frage. Wir mochten unserm Abt seines Alters wegen die beschwerliche Reise nicht zumuten. Der Prior, der jünger ist, sollte in die Salzstadt reisen. Der Prior ist ein hochgelehrter Mann, aber er ist wortkarg. Stumm wie seine Bücher, behaupten die Brüder, wenn seine Bücher für ihn ja auch sicher nicht stumm sind. Als es nun im Kloster herum war, daß unser Abt nicht zum Prälatentag fährt, da gab es ein unzufriedenes Getuschel in allen Ecken, an allen Enden unseres Klosters in der Bücherstube und in der Gärtnerei, in der Küche und in der Schreibstube. Es war schon so etwas wie ein kleiner Aufruhr.

Unser Abt muß in die Salzstadt reisen. Niemand anders als er. Was haben wir davon, wenn der Prior fährt? Unser Abt braucht ja nur auf den Leuchtturm zu steigen, dann hört er was, und sieht er was, und weiß er was. Und wenn er mit über den Bodden segelt nach Schaperode, es braucht gar nicht mal Kirchweih oder Markt drüben zu sein, körbeweise bringt er's mit, hat soviel erlebt, daß man eine ganze Woche davon zehren kann. Und was wird es nun erst geben, wenn er in Lüneburg war! Ja, der Sakristan verstieg sich zu dem Wort, wenn unser Abt in die Stadt fährt, in der unsere Salzpfannen stehen, haben wir mehr davon, als wenn wir uns selbst auf die Reise machen. Und nach vielem Hin und Her hat der Ehrwürdige Vater sich dann entschlossen, die Mühsal der Reise auf sich zu nehmen."

„Da seht ihr's. Ich darf meine Mönche nicht enttäuschen", begann der kleine Meerkönig. „Und wenn ich nun vielleicht an einem trüben Tag zu ihnen in den Remter trete, und sie sitzen an den langen Tischen und löffeln ihre kärgliche Fischsuppe, dann möchte ich ihnen so gern die volkreiche Salzstadt, an die wir wintersüber viel denken, mit Rathaus, Kirche und Klöstern, mit Sülze, Markt und allem Drum und Dran, wie einen bunten Weihnachtsteller auf den Tisch stellen. Und darum bitte ich Euch, seht darüber hin, wenn ich Euch mit meinen Fragen lästig falle."

„Lästig fallen? Davon kann wohl nicht die Rede sein. Fragt nur immer zu, Ehrwürdiger Vater. Wir hier im Lüneburgischen sind ein einsilbiger Menschenschlag. Aber auch die Schweigsamen freuen sich, wenn sie einmal drankommen. Denn sie wissen wohl auch etwas zu sagen. Und wer es versteht, uns geschickt und mit gutem Willen zum Sprechen zu bringen, der ist bei uns der Beste."

„Ist das wahr? Dann möchte ich Euch beim Wort nehmen. Seid so gut und sagt mir, was für eine Kirche ist es, die sich am Ende der Straße mit Turm und Turmhaus zwischen den Häusern aufbaut."

„Das ist Sankt Lamberti, die Kirche des Sülzvolkes. Alles, was auf der Sülze arbeitet, hört in Lamberti gern die Messe."

Sie betraten die Kirche durch eine Seitentür. In der Dämmerung der bunten Glasfenster gingen sie an den beschrifteten Denksteinen vorbei, unter denen ehemalige Sodmeister, Sieder und Sülfmeister begraben lagen. So gelangten sie an die Sakristei. „An diesem Ort", begann Hinrich, und öffnete ihnen die Tür zu einem großen kapellenartigen Raum, „versammeln sich die Sülfmeister allwöchentlich einmal und haben ihre Beratung."

Fast mit Ehrfurcht blickte der kleine Abt auf den mächtigen Dokumentenschrank, der, wie Hinrich ihnen erklärte, der Sülze gehörte. Hinter seinen vielen kleinen Türen werden wohl all die Pfannen- und Sülzrentenbriefe aufbewahrt, dachte der kleine Meerkönig von der Salzen See. Nicht weit von diesem Schrank stand die Pfennigkiste der Sülfmeister mit Eisenbändern beschlagen, mit Vorhängeschlössern behangen. Hinrich nötigte den alten Mann, sich ein wenig darauf niederzusetzen, da es noch viel zu sehen und viel zu laufen gäbe. Das kleine Äbtlein hockte sich auch wirklich ein wenig auf die Kante der Kiste hin und sah zu dem Modell der lübschen Kogge hinauf, die mit ihren geblähten und verräucherten Segeln vom Schlußstein des hohen Netzgewölbes herabhing. Das schwebende Schiff war Abt und Schreiber vertraut; gerade so sahen die Koggen aus, die unter dem hohen Ufer von Hiddensee hinfuhren. Und sie waren auch nicht größer.

„Und nun", Hinrich öffnete die Tür des Hauptportals, „brauchen wir nur über die Straße zu gehen. Denn seht, da drüben liegt der Eingang zum Salzwerk."

Das sahen sie nun mit Augen: Die Sülze, das Herzstück Lüneburgs, war eine Stadt in der Stadt; denn ein trutziges Mauerwerk schloß das ganze Salzwerk ein.

Abt und Schreiber zählten vier Mauertürme und mit dem Torturm waren es fünf. Hinrich Lange wählte den größten Turm aus und stieg mit seinen Gästen die Wendeltreppe in seinem Innern hinauf, und dann standen sie

an einer Luke. Da sahen sie unter sich das Wesen liegen, das die Sülze hieß, so berühmt in der ganzen Welt, und das Salz, das da unten in den Hütten gesotten wurde, ging nach Norwegen und England, nach Riga, Nowgorod und Memel; und die Baienflotte brachte es nach Frankreich und Spanien.
„Und die vielen Dächer da unten, die vielbemoosten", fragte der Schreiber.
„Das sind die Dächer der Siedekaten."
„Und haben diese Siedekaten nicht Wand noch Mauer?"
„Ihre Mauern stecken im Boden. Man sieht sie nicht. Das Salz entsteht sozusagen im Schoß der Erde."
„Wie dicht sie zusammenstehen", flüsterte der kleine Meerkönig, „wie ein Rudel Schafe, die sich aneinanderdrängen, weil die Bremsen über ihnen sind."
Als der Wind den Qualm und Dunst, der immer über der Sülze lagerte, ein wenig beiseite wehte, konnte man die Wahrzeichen der Siedekaten sehen, die an langer Stange über den Dachfirsten schwebten. Das glitzerte und karfunkelte in der Sonne und war dem goldenen Gepränge gleich, das als Hahn, als Kreuz oder Goldkugel auf den Spitzen der Kirchtürme glänzte. Der Abt von Hiddensee erkannte die Zeichen auf den ihm zunächst liegenden Häusern. Er sah ein Einhorn, dem das lange, spitze goldene Horn mitten auf der Stirn stand, eine Henne, das springende Pferd. Und dann führte Hinrich seine Gäste quer über den Sülzhof. Aus der Siedehütte zum Dachs, in der die zwei Pfannen von Kloster Hiddensee standen, schallte ein lautes Pinkepank.
„Sie haben das Salz aus der Pfanne geschüttet", sagte Hinrich und ließ seine Gäste eintreten. Da stand Klaus, des Springintguds Sohn, ein fünfzehnjähriger Junge, der in der Siedekate zum Dachs das Sülzhandwerk erlernte. Er war schwarz im Gesicht, und mit seinem wirren Haar sah er einigermaßen verwegen aus. Er schlug mit dem Hammer auf die Salzpfanne, die vom Feuer verbeult war.
„Es ist Eure Siedepfanne", rief Hinrich.
„Wirklich?" Der kleine Abt staunte auf das große, flache, viereckige Ungetüm hinab. Das ist sie nun, dachte er, während er auf das Pinkepank hörte. „Das ist Eure fleißige Siedepfanne, die hier so manches Silberstück für Euch verdient."
Und konnten die Mönche von Hiddensee die Silbergroschen nicht gut brauchen? Die Pfanne arbeitete und werkte hier für ihr Wohlergehen. Das Kloster war arm. Und wenn es auch eine grüne Weide hatte für seine Kühe, aber auf den geringen Feldern, die auf der felsigen Nordspitze lagen, wuchs nur ein wenig Roggen und Hafer.
„Schlagt auch einmal auf die Pauke", lachte Klaus Springintgud und reichte dem alten Abt einen Hammer. Und der kleine Meerkönig von der Salzen

See schlug auf das verbeulte Metall ein, und klang sein Pinkepank auch nicht so hell, so kam er doch mit Klaus, der die andere Pfanne bearbeitete, in einen guten Takt.

Johann von Minden

Auf der Diele des Bürgermeisterhauses kam ihnen Wobbeke entgegen.
„Der Bischof von Lübeck", begann sie, „ist vor einer halben Stunde mit seinen Domherren eingetroffen. Sie sind mit den Kapitelherren von Hamburg gereist. Sie sind mit ihnen zusammen über die Elbe gekommen. Ein langer Zug war's, der durch das Bardowicker Tor ritt, so sagte Älardus. Der Reinfelder Abt mit seinen Mönchen war auch dabei."
„Und weißt du, wer von den Lübecker Domherren sich in der Begleitung des Bischofs befand?" fragte Hinrich.
„Der Bischof", begann Wobbeke, „hat drei Domherren mitgebracht. Einen kennst du gut."
„Doch nicht Johann von Minden?"
„Ja, gerade den."
„Johann von Minden ist hier in Lüneburg? Oh, Wobbeke, wie mich das freut! Aber hast du auch recht gehört? Er war ja gar nicht für die Reise vorgesehen."
„So sagt Älardus auch. Im letzten Augenblick ist in Lübeck alles anders gekommen. Einer von den Herren, die den Bischof begleiten sollten, der Schwager von dem Vogt Nyebur, ist — so erzählen sie drüben im Hölzernen Herrgott — plötzlich krank geworden. Und da hat sich eben Johann von Minden auf die Reise gemacht. Er wohnt wie der Bischof in der „Goldenen Treppe."
„Ach, Johann von Minden hätte ich ja auch gern hier im Bürgermeisterhaus gehabt." Wobbeke nickte. Sie hatte damit gerechnet, daß die lübschen Herren bei ihr einkehren würden. Wobbeke wollte manchmal etwas hoch hinaus. Ihr Großvater Vischkulen war in jungen Jahren vom Herzog von Braunschweig zum Ritter geschlagen worden, und darauf tat sie sich etwas zu gute. Ja, sie hätte den lübschen Bischof gern bei sich als Gast begrüßt. Aber im Rate hatte man anders beschlossen. Im Rate hatte man die Goldene Treppe, die am Berge lag, für die Gäste aus Lübeck ausersehen! Die Goldene Treppe war das schönste Haus in Lüneburg. Dazu hatte Albert van der Molen, dem das Haus gehörte, in Bologna studiert, und wenn er auch nicht den Doktorhut erworben, wie Boldewin, der gute Abt, so hatte er es doch zum Baccalaureus der Rechte gebracht und paßte aus diesem Grunde besser

zu den gelehrten Herren aus Lübeck als Hinrich. Aber Wobbeke trauerte dem Bischof und seinen Domherren nicht nach. Der kleine Abt von Hiddensee gefiel ihr. Wenn sie aber an die große, mit Rhabarberblättern zugedeckte Kiepe dachte, die die Männer von der Insel mitgebracht hatten, war sie mit ihren Gästen mehr als zufrieden. Wie hatten die nahrhaften Geschenke ihrer Speisekammer aufgeholfen. Denn hellroten, geräucherten Lachs, einen Klumpen Butter, ein tüchtiges Stück Schinken, ja, um es zu sagen, fast den ganzen Papenschnitt hatte sie, alles in gewachstes Leinen eingeschlagen, in dem doppelt gehenkelten Korbe gefunden. Sie war so überzeugt, daß die Herren von Lübeck Albert van der Molens Hausfrau nicht auf diese Weise unter die Arme gegriffen hatten.
Bischöfe und Domherren dachten nicht in Brot und Fleisch und Milch. Sie wußten nicht, wo es herkam, und es war wohl keiner unter ihnen, der jemals einen Spaten in die Erde gesteckt hatte.
Und spintisierte Wobbeke weiter, während sie in der Küche den Grapen mit den frischen Erbsen an die Feuerschere hängte, schickt der Lüneburger Rat nicht auch durchreisenden Fürstlichkeiten und Ratsherren anderer Städte Weine und Schöpsenfleisch, Schinken, Hamburger Rauchfleisch und gutes Weizenmehl in die Herberge, um ihnen die Beköstigung ihres Gefolges zu erleichtern? Aber die Lüneburger Ratsherren waren auch sämtlich Hausväter, die Domherren hingegen ...
Sie schrieben für ihren Bischof Briefe an Kaiser und Papst und bekümmerten sich um die Händel der Welt. Sie feierten die Gottesdienste mit fürstlichem Gepränge, wie es sich eben für einen bischöflichen Dom schickte. Sie hatten die schönsten Pferde in ihren Ställen und jagten in ihren Wäldern. Sie sammelten lateinische Bücher in schönen Einbänden und lasen die Briefe von Poggio Bracciolini, dem vielgereisten Mann, der ein Freund der Päpste war, dazu der Kanzler der Stadt Florenz. Und diese Stadt – so sagte Heyno – war mit Kunstwerken angefüllt, wie ein lübscher Speicher mit Salz. Ja, die Bücher des Poggio kannten die hohen Herren fast auswendig. Aber von den vielen Mühseligkeiten dieser Welt wußten sie wenig!

Der kleine Meerkönig von der Salzen See, wie ihn die großen Jungen des Hauses nannten, gefiel nicht nur Wobbeke. Er war noch keine vierundzwanzig Stunden bei ihnen, da war er schon der Mittelpunkt des ganzen Hauses. Alle sprachen von ihm. Und mit allen stand er irgendwie auf du und du. Und kam er die Treppe der Galerie herunter, so trat Gebeke herzu, küßte den Ärmelsaum seiner grauen Kutte. Er aber griff nach seinem Rosenkranz und segnete sie mit dem Kruzifix, das daran hing. Und Gebeke war es auch, die einen etwas handlicheren Namen für den Abt fand, einen recht freundlichen, treuherzigen Beinamen. „Das Eismännlein" nannte sie ihn, nannte ihn vielleicht seines weißen Haarkranzes wegen so, vielleicht auch, weil seine Insel, dieses schmale Pantöffelchen, so weit im Norden liegend – von kalten Winden übertobt –, im Winter wohl immer nur so von Eis und Schnee umgürtelt war. Dieser Beiname bürgerte sich ein, und bald sprach man im ganzen Hause, wenn die Rede auf den kleinen Abt kam, nur noch von dem Eismännlein von Hiddensee.

Wenn Wobbeke auch den reichen Domherren nicht so wohlgesinnt war wie den Äbten der kleineren Klöster, die nun einmal mehr auf das Nützliche und Notwendige bedacht sein mußten, so sah sie es in der Folgezeit doch gern, daß Johann von Minden im Bürgermeisterhause ein- und ausging, als sei er dort einquartiert wie der Hiddenseer Abt und der von Walkenried. Johann von Minden, der ehemalige Pfarrherr von Sankt Johannis, ist groß und breit wie ein Eichentrumm und bewegt sich doch mit Leichtigkeit, ja fast mit Anmut. Er ist ein Weltmann. Älter ist er als Hinrich Lange, und die vielerlei Falten in seinem Antlitz wirken wie ein leichtes Gewölk. Wenn ihm aber auf der Diele des Bürgermeisterhauses der kleine Abt von Hiddensee entgegenkam, mit den Augen, die immer wie in Verwunderung offenstanden, dann lächelte Johann von Minden, und dann war es, als schien durch das Faltengewölk seines Antlitzes ein Licht, und dieses Licht war auch in seinem Gesicht zu finden, wenn er Boldewin und Älardus erblickte. Er entsann sich dann der Zeit, als er sie zuletzt gesehen hatte. Vier- und fünfjährig mochten sie gewesen sein. Damals stürzten Älardus die blonden Lokken nur so vom Scheitel auf die Schulter, Locken, in die Boldewin hineingriff und mit seinen kleinen Fäusten darin wütete, wenn unvorsichtige Menschen diese Haarpracht vor den Ohren des kleinen dunklen Burschen gar zu sehr gerühmt hatten.

Träume und Pläne

Die beiden großen Brüder im Bürgermeisterhaus gingen einmal wieder, wie oftmals, verschiedene Wege. Älardus hatte sich ganz auf die Seite des Eismännleins geschlagen. Er ging mit ihm und dem Bruder Schreiber auf den Markt. Er brachte sie ins Wasserviertel und zeigte ihnen die großen Schiffe, die am Bollwerk lagen, die Holzstapel daselbst und das Salz in der Weißladerei an der Ilmenau.

Boldewin hatte sich den Walkenriedern verschrieben. Er war ihr ständiger Begleiter. Er führte die Mönche vom Harz und ihren Abt, den die Jungen seines wilden Bartes wegen heimlich Rübezahls Bruder nannten, in die Kirche der Benediktiner am Fuß das Kalkberges. Er zeigte ihnen die Klosterschule. Er geleitete sie zu dem Scholastikus und zu dem Abt des Kalkbergklosters, der den Bischöfen fast gleich geachtet wurde, und wie sie durfte er die Inful tragen, mit den goldenen Bändern auf dem Rücken.

Die Walkenrieder erzählten dem großen Jungen von den dichten Wäldern, in denen ihr Kloster lag; von dem wilden Getier, das sich in den Wäldern herumtrieb. Von den Wölfen, die in Winterszeiten nicht weit von ihrem Klosterhof auf ihren Keulen im Schnee saßen, so daß man von den Fenstern des Remters aus sah, wie ihre Augen glühten. Sie erzählten ihm auch von dem großen Schuhu-Vogel, der nächtlicherweile in das Psallieren der Mönche hineinheulte.
Bei den Brüdern im Bürgermeisterhause war zur Zeit immer nur die Rede von dem Kloster auf der schmalen Insel, wie von jenem in den Harzbergen. Beide waren von Geheimnissen umwittert, und es war kein Wunder, daß die beiden heranwachsenden Jungen sich für sie erwärmten, ja begeisterten. Sie konnten von den Erzählungen ihrer Gäste nicht genug bekommen, auch Boldewin nicht, obgleich er bei den Benediktinern auf dem Kalkberg in die Schule ging und für seine Jahre schon recht gelehrt war.
Aber im Augenblick war Boldewin allen Wissenschaften abhold. Und wenn der Walkenrieder Abt von dem Scholastikus erzählte, der im Kloster das Griechische lehrte, hörte er kaum hin. Aber wenn von den jagenden Brüdern berichtet wurde, die die Wölfe erstachen und den Bären auf seine braune Decke legten, wenn der Abt erzählte, wie er von den Fenstern seiner Schlafkammer aus die Wildsauen, die oftmals ihren Küchengarten zerwühlten, zur Strecke brachte, hatte er an Boldewin den aufmerksamsten Zuhörer. Die Äbte und die beiden großen Jungen im Bürgermeisterhaus wurden sich über vieles einig. Und die Eltern hörten von ihren Söhnen, daß sie in den Herbstvakanzen zu reisen gedächten. Und Boldewin, der schmale bräunliche Boldewin, wollte nach Walkenried. Älardus aber, mit dem dickgelockten Haar, der Hinrich Langes zuverlässiges Gesicht hatte, äußerte seinen Eltern gegenüber die Absicht, im Herbst das Eismännlein und die Mönche auf der Insel Hiddensee zu besuchen.
Lagen sie nun abends in ihren Betten, dann rief Älardus: „Ich fahre mit den Stralsundern! Und von Stralsund aus geht's in einem kleinen Segler nach Rügen und Hiddensee hinüber!"
„Und ich", verkündete Boldewin, „reise mit den Lüneburger Wagen, die das Salz für die herbstliche Schlachterei nach Braunschweig und Halberstadt bringen und in die Städte und Klöster des Harzes!"
„Ich rudere mit den Mönchen auf den Bodden hinaus", schwärmte Älardus weiter, „nachts, wenn der Mond hinter einer Wolkenwand steht und man dem Aal beikommen kann. Barbeinig müssen wir in das dunkle Wasser hinein, wenn wir die Netze auslegen."

Aber der sechzehnjährige Boldewin, der Ilsabens bräunliche Haut hatte und ihr dunkles Auge, und der in all und jedem in das Tzerstedesche Geschlecht sah, schwieg dann und träumte auf seine Weise. Die Hand um den langen Stiel des Morgensterns gekrampft, die furchtbare Waffe, ging er mit des Rübezahls Bruder und anderen Klostermännern in den Wald. Sie stapften durch den tiefen Schnee – Schnee in den Herbstvakanzen? – warf sein kritischer Verstand dazwischen! Wohl Schnee! Im Gebirge gibt es zu der Zeit schon Schnee. Und so stapfte er weiter durch die verschneiten Bäume. Sie gelangten an die große Tanne, unter derem mächtigen Geschirme die Wolfsbrut hauste. Es überschauerte Boldewin, und seine Hand würgte sich fester um den Stiel seiner mörderischen Waffe.

Die Äbte auf Irrwegen

„Sind wir vielleicht durch einen falschen Eingang gekommen?“ fragte der Abt von Hiddensee und sah dabei zu dem Walkenrieder auf, denn der war ein großer Mann.

Sie waren heute wirklich einmal zu zweien unterwegs. Sie hatten in der Täuferkirche am Sande eine Messe gehört und hatten nun das Lüneburger Rathaus aufgesucht. Es war heute eine Festlichkeit im Rathaus, dazu waren alle geladen, die etwas auf der Sülze hatten! Prälaten, Bürger von Lüneburg und aus auswärtigen Städten.

Der Walkenrieder und das Eismännlein befanden sich im Augenblick auf einem Gange, dessen Finsternis von einem flackernden Kerzlein ein wenig aufgehellt war. Sie wollten in die Ratslaube. Aber wie dahin gelangen? Im Augenblick wußten sie nicht, ob sie vorwärts oder rückwärts gehen sollten. Da tat sich eine Tür nicht weit von ihnen auf, und mit dem rötlichen Herdlicht, das herausschien, trat der Ratsschenk und Rathausvogt auf den Gang, in einem neuen Knierock aus tannengrünem flandrischen Tuch, am Gürtel eine doppelte Silberscheide mit Dolch und Messer.

Er begrüßte die beiden Äbte. Er nötigte sie, hereinzukommen, sagte, sie hätten vielleicht auch einmal Lust, sich in diesem Raume umzusehen. Zögernd kamen die beiden Alten über die Schwelle. Sie waren in die Ratsküche geraten. Sie sahen zu der himmelhohen Decke auf. Ihr Gebälk glänzte schwarz von dem Ruß und Rauch der Jahrhunderte. Es sah aus, als seien alle Balken frisch geteert.

In der Mitte der Küche ein riesengroßer niedriger Tisch, auf dem zwischen Hecht und Stör, zwischen gebratenen Gänsen und gerupften Hühnern ein Reh lag, noch in seinem braunen Fell. Mit einem Lächeln sah das Eismänn-

lein auf einen großen Strauß Petersilie, der hier bei Fleisch und Fett grünte, wenn die Petersilie ja nun auch wirklich nicht als Schmuck und Zierat hier stand. Man brauchte das Grünzeug für die helle Soße, die zu dem gekochten Schöpsenfleisch gereicht werden mußte.
Die beiden Äbte gingen an den Fässern vorbei, aus denen Klarett und französischer Rotwein gezapft wurden, standen nun mit einem Kopfschütteln vor dem mächtigen Herd mit einem Rauchfang so schwarz und finster wie die Hölle. Es dampfte aus all den großen Grapen, in denen Fleisch gekocht und gebraten wurde, indes ein größerer Kessel, der in einem eisernen Feuerkorbe stand, heißes Wasser aus seiner Tülle spuckte und spritzte. Dazu klapperte ein Mörser. Ein Koch mit einer weißen Mütze zerstieß Pfeffer, Muskat und Nelken, und was alles man zum Würzen des Fleisches brauchte. Von allem aber, was hier gebacken, gekocht und gebraten wurde, sollten die beiden Äbte nachher essen, und während sie hier standen und schauten, wurden schon im großen Festsaal die Tische gedeckt.
Alles in allem waren sie froh, als sie wieder draußen waren. Sie waren wieder auf dem Gange. Die Kerze auf dem Wandleuchter flackerte und blakte und verbreitete ein braungoldenes von Schatten durchwirktes Licht. Aber hinter dieser geringen Helligkeit gähnte Finsternis.
Als sie sich schon zum Rückzug wendeten, schoß ein Ratsdiener aus der Küche, ein junger Mensch, von Kopf bis Fuß in ziegelrotes Hardewicker Leinen gekleidet. Er trug ein Tablett, auf dem gekochte Birnen aus ihren Schüsseln dampften. Da winkten und plinkten die beiden Äbte einander zu und gingen dem hochgewachsenen Menschen nach, der sie über dunkle Treppen und Treppchen führte, durch finstere Winkel, bis es schließlich hell um sie wurde. Sie sahen, wie ihr Führer und Leiter vor ihnen eine bequeme Treppe — wie es ihnen schien — hinaufschwebte. Ja, breit und kommode mußte diese Treppe wohl sein, auf der in früheren Zeiten Herzog Magnus in voller Rüstung und auf geharnischtem Roß hinaufgeritten war. Dieser Aufstieg führte zu dem großen Saal, der das Tanzhaus hieß und in dem die Sülzprälaten mit Rat und Sülfmeistern in vorgerückter Stunde speisen und feiern wollten.
Der Walkenrieder und das Eismännlein erreichten auf den Spuren ihres flinken Führers eine sehr große Flügeltür, durch die, wenn sie geöffnet war, wohl ein geharnischter Mann auf seinem Pferd hätte in den Festsaal gelangen können. Aber sie war nicht geöffnet, und nur ein kleines spitzbogiges Türlein, das in der großen Türe saß, stand auf. Die beiden traten auf die Schwelle.
„Oh", rief der Walkenrieder aus; dem Eismännlein aber ging der Mund von selbst auf, als es die vielen, vielen Deckenbalken sah, die hintereinander lagen. Eine Welt von Balken, und wurden nach hinten immer schmaler und

rückten immer dichter zusammen. Aber wie wurde diese mit grünen Ranken und bunten Blättern bemalte Balkenpracht gehalten? Was trug, was stützte sie? Da war weder Pfeiler noch Säule zu sehen. Unter der Decke hingen Leuchterbäume aus Geweihen von Hirsch und Elch gemacht. Das Eismännlein sah zu der Mutter Gottes auf, die in einem rosenroten Festgewand in dem Stangenwerk eines Elchgeweihes stand. Der Walkenrieder unter einem anderen Schwebeleuchter hatte Sankt Georgs blinkende Rüstung aufs Korn genommen. Diese Heiligen mochten wohl zuzeiten über den tanzenden Paaren schweben, überlegte er. Warum hieß der unendlich große Saal sonst wohl das Tanzhaus? Aber heute hatte man Tische unter den Leuchtern aufgestellt. Zwei lange Tafeln und eine kürzere, und sie bildeten ein Hufeisen. Helle Tafellaken mit grünen und erdbeerroten Streifen waren über die Tische gebreitet, und auf den Laken stand und lag das ganze silberne Tafelgeschmeide der Stadt, Kannen und Krudeschalen, Pokale und zwei große vergoldete Löwen, denen aus der Schnauze Wasser floß, wenn man sie nur ein wenig neigte.
Die beiden Ehrwürdigen Väter gingen langsam in das große Hufeisen hinein und warfen einen Blick auf das silberne Gerät. Ein geräucherter und gekochter Schweinskopf stand zwischen dem Silber, schön gemacht mit weißem und rosa Zuckerguß. Er lächelte so seltsam und hatte eine Zitrone im Maul. Die beiden Äbte mochten nicht länger auf die Festtafel schauen. Sie zogen sich zurück und setzten sich auf die Wandbank an der langen Fensterseite. Und sie stutzten. Was leuchtete denn da an der langen fensterlosen Wand? Waren es Bilder über der braunen Täfelung? Oder vielleicht nur ein großes Bild, das sich an der oberen Wandfläche hinzog. Eine Malerei? Und war wie eine verzauberte Wirklichkeit. Denn da gingen Mann und Frau, die meisten von ihnen Hand in Hand. Sie waren in ihrer natürlichen Größe unterwegs. Rotwangig und frisch wie das liebe Leben, gingen sie über das grüne Gras. Die Frauen in kostbarem Kleid, die Männer aber hatten unter ihren samtenen Umhängen eine ritterliche Rüstung. Hinter ihnen an der Himmelslinie sah man die Tortürme und Mauern einer trutzigen Stadtbefestigung und die Türme von Kirchen, und in dem einen erkannte das Eismännlein den Turm der Täuferkirche.
„Es sind die Herzöge von Braunschweig und Lüneburg mit ihren Frauen", begann der junge Rathausdiener, der schon wieder unten in dem Qualm und Dampf der Ratsküche gewesen war und in diesem Augenblick Würzzucker und Aniskonfekt in die gebuckelten Silberschalen füllte.
Jetzt näherte sich ihnen der Ratsschenk und Rathausvogt, derselbe, der sie vorhin in die große Küche gebracht hatte und der hier, wie es schien, nach dem Rechten sah. Ein kurzer Mann, rund wie eine Walze und allseitig gut gepackt, wie Wobbeke sagen würde.

Die Augen in seinem Gesicht waren nur mehr noch Äuglein; aber mit diesen Äuglein sah er alles und hielt überall im Rathaus die Feuer im Gang.
Er blickte zu dem Bildwerk auf, zeigte auf ein blondes, hochgewachsenes Frauenbild und sagte:
„Das ist die Herzogin Helene, eine dänische Prinzessin, die den Sohn des Löwen ehelichte. Sie wurde in jungen Jahren Wittib und hat lange Zeit für ihren unmündigen Sohn das Regiment geführt. Damals wohnten die Herzöge von Braunschweig-Lüneburg noch in dem Schloß auf dem Kalkberg – und da drüben, der lange Hagere ... ist der Herzog ..."
„... das ein Herzog?" platzte ihm das rasche Äbtlein von der Insel dazwischen. „Er sieht, mit Erlaubnis zu sagen, aus wie ein Galgenvogel."
„Ganz recht, wie ein Galgenvogel. Und das ist er auch wohl Zeit seines Lebens mehr oder weniger gewesen. Sozusagen ein herzoglicher Galgenvogel. Sein eigener Vater schon, der es wissen mußte, hat ihm den Galgen zugeschworen. Wollt' ihn seiner schlimmen Streiche wegen mit eigner Hand aufknüpfen."
„Dann ist der Mann sicher jener Herzog Magnus, der die siebenhundert Reiter ausschickte, die in der Ursulanacht über die Mauern der Salzstadt klettern mußten."
„Ja, das war er, der wilde Magnus. Und da seht Ihr auch das silberne Kettlein, das über der Hemdkrause herauskommt. Die Kette hat er sich um den Hals schmieden lassen, als ihm der Vater den Strang angedroht hatte. Er wollt' es dem Alten bequemer machen. Ihr, Herr, seid vom Harze und kennt wohl die Geschichte."
Der Walkenrieder nickte.
„Es war so. Als er jung war, ärgerte er seinen Vater. Später hat er, solange er lebte, den Lüneburger Bürgern wie Senf in der Nase gesessen."

„Hier finde ich die Ehrwürdigen Väter", rief ihnen Hinrich entgegen, als sie aus dem Festsaal traten. „Recht, daß ihr euch ein wenig in unserem Hause umgesehen habt. Aber jetzt möchte ich Euch an den richtigen Ort bringen."
Dämmerung umfing sie, als sie die Laube betraten.
Hier ist es so finster wie in einer Meeresgrotte, dachte der Abt von der Insel.
Ach nein, ganz so finster wie in einer Grotte war es hier nicht. Licht kam herein. Buntes Licht schien in diesen überwölbten Saal, den man die Laube nannte.
„Wir können uns noch ein wenig umsehen", begann Hinrich, „es ist noch Zeit. Ich kann Euch die Kanzlei zeigen, in der die Pulte der Schreiber stehen, die heut natürlich feiern. Aber erst wollen wir in die Körkammer gehen, in das kleine Räumlein, in dem die Bürgermeister gewählt werden. Sie

mußten eine enge Stiege hinauf, viele Stufen, und als sie über eine hohe Schwelle getreten waren, standen sie in einem kleinen traulichen Gemach, das einen Kamin hatte mit Brandböcken im offenen Schlund. Unter der Balkendecke lief ein Fries hin, bilderbuchbunt von Palmen, von schwanzschlagenden Löwen, von Kamelen, die sämtlich zwei Höcker hatten, von zelttragenden Elefanten, die, ihre Rüssel schwingend, dahintrampten.
Auch die Tür zum Archiv tat Hinrich ihnen auf, und sie sahen in einen kleinen Raum, von dessen Kreuzgewölbe eine schön geschmiedete Laterne herabhing. Modrig kam es ihnen entgegen; denn Schränke und Wandborde waren mit vielen Pergamenten zugestopft, von denen farbenbunte Wachssiegel herunterhingen. Als sie dann auch noch in die Kanzlei geschaut hatten, geleitete Hinrich sie an eine bequeme Bank. Sie stand in einer Fensternische, nicht weit von dem Silberschrank der Stadt, der auf seiner linken Türe das gelbe Sonnengesicht hatte, von Strahlen umgeben; auf seiner rechten den goldenen Mond, in dessen Sichel sich ein Frauenantlitz schmiegte, ein liebliches Profil.
„Hier finde sich einer zurecht", begann der Abt von Walkenried, während Hinrich ging, um den Bischof von Lübeck zu begrüßen, der in diesem Augenblick mit Johann von Minden die Laube betrat. Das Eismännlein aber schüttelte den Kopf. „Das Lüneburger Rathaus . . ."
„Ein Irrgarten ist's", fuhr der Walkenrieder fort. „Man meint, man sei in den Palast des Minotaurus geraten."
Der Abt vom Harz war durch seinen gelehrten Scholastikus in den griechischen Sagen wohlunterrichtet.
„Man könnte hier Ariadnes Zauberknäuel gebrauchen."
Der kleine Meerkönig schüttelte den Kopf.
Der Palast des Minotaurus? Palastmäßig war es hier nicht. Alles mehr traulich und heimlich und doch auch wieder großartig und schön. Das viele Hin und Her und Auf und Ab; ihm war, als sei er in einer riesengroßen, halbdunklen Wellhornschnecke unterwegs gewesen.
Die vielen finsteren Gänge, Treppen und Treppchen. Das windet sich und dreht sich und Säle, Lauben, Rechnungsstuben, Kammern und Kämmerchen alle mit.

Die beiden Äbte wurden, ohne daß sie es merkten, von Dirik Schaper, dem Lüner Propst, beobachtet. Er stand im Wandwinkel beim Heldenfenster. Er wußte, sie hatten ihre Herberge in Hinrichs Haus. Da saßen sie nun allein auf ihrer Bank, und vor ihnen auf den Fliesen lag das bunte Licht der Glasbilder in Rot und Grün, in Blau und Violett.
Nun schoß der Lüner Propst aus seinem Winkel hervor und landete vor den beiden alten Äbten. Ja, er schien Lust zu haben, sich zu ihnen zu setzen.

Etwas betreten rückten sie auseinander. Als sie nun hörten, daß ihr neuer Nebenmann der Propst von Lüne sei, erschraken sie. Das Kloster Lüne war hoch angesehen, galt fast soviel wie die Abtei auf dem Kalkberg. Sie begriffen beide nicht recht, was er von ihnen wolle. Aber der hohe Herr hatte wohl nun mal die Laune, sich zu ihnen herabzulassen. Der Propst hatte seinen guten Tag, fragte nach der um ihrer Schönheit willen berühmten Klosterkirche von Walkenried. Er müsse, so hieß es weiter, bald nach Halberstadt reisen zum Dekan, würde gern auf dem Weg dahin eine Messe in Walkenried lesen, vielleicht über Nacht bleiben . . .
Auch auf der Insel Hiddensee – er wandte sich an den kleinen Abt –, sei er schon gewesen; vor Jahren, als er einmal mit der lübschen Weichselflotte unterwegs war. Sie hätten vor Hiddensee einige Stunden stillgelegen, gerade vor dem Dornberg. Er sei auch an Land gegangen, erzählte er. „Steht nicht in eurem Klostergarten eine alte Eiche? Der einzige Baum auf der Insel?"
Der kleine Meerkönig nickte und lächelte erfreut.
„Damals hatte sich der Wein an ihm hochgerankt."
Als Dirik Schaper darauf aufstand und ging, hatte er auch dem Abt von Hiddensee seinen Besuch versprochen. Verwundert sah der Meerkönig von der Salzen See zu dem Walkenrieder Abt auf; der lächelte ein wenig listig in seinen braunen Bart hinein. Da griff das Eismännlein nach seinem Rosenkranz und betete einige Vaterunser.

Die Heiligen Drei Könige von der Unterelbe

Der Lüner Propst hatte sich mit einem Lachen auf dem Gesicht in seinen violetten Seidenmantel eingedreht und war mit einigen großen Schritten wieder in den Wandwinkel am Heldenfenster getreten. Von da aus ließ er seine Augen hin- und hergehen und sah bald darauf angelegentlich zu den drei geistlichen Herren vor dem kurzen, dicken Pfeiler hinüber. Es waren zwei Pröpste und ein Abt.
Der Propst von Buxtehude in der Mitte saß in seinem bequemen Bandstuhl ganz wie die Kaiser, die auf den Goldgulden thronen; etwas behaglicher vielleicht. Mit dem Gesicht, so rot im grauen Bart wie einer von den Borsdorfer Äpfeln, die im Herbst in seines Klosters Apfelhöfen reifen, mochte man ihn für eine Art landwirtschaftlichen Kaiser halten.
Dem Propst von Buxtehude stand ein gewisses Selbstbewußtsein an. War doch das Kloster, dem er vorstand, seiner schönen Musik wie seines kunstvollen Gesanges wegen berühmt. Aber das fromme Singen, das wohltönende Musizieren seiner Benediktinerinnen wurde vielleicht noch überstrahlt von dem Schrein auf dem Altar der Klosterkirche, auf dem in vielen kleinen Bil-

dern der Wandel der Jungfrau Maria auf Erden zu sehen war, von Meister Bertrams kunstreicher Hand auf goldenen Grund gemalt.

Die Klöster der beiden anderen Geistlichen waren nicht so angesehen. Die beiden Herren neigten sich dem Buxtehuder Propst ein wenig zu, als sei er ihr Hauptmann. Der große Magere, graublaß und faltig im Gesicht, der Propst von Harsefeld, lebte schrage und hielt auch seine Zisterzienserinnen zur Sparsamkeit und zum Essen der guten, blauweißen Buchweizengrütze an, von der sie nicht viel hielten. Die Zisterzienserinnen von Harsefeld hatten nicht soviel in die Milch zu brocken wie die Benediktinerinnen von Buxtehude. Die Harsefelder Klosteräcker lagen zwischen den Heidebreiten der Geestbauern, zwischen ihren mageren Roggen- und Haferfeldern.

Da saß der kleine Abt von Neukloster, der dritte im Bunde, schon mehr im Vollen! Neukloster war ein Ableger von Buxtehude. Es lag nicht weit von ihm auf der Grenze zwischen Marsch und Geest, und von den oberen Fenstern des Klosters aus sah man die Masten der Koggen, die in der Ferne ganz klein auf der Elbe segelten.

Mit einem dieser Segler, einem Salzkahn, der zwischen Stade und Lüneburg hin- und herlief, waren sie gereist. Sie waren fast immer gemeinsam unterwegs. Man nannte sie darum oftmals „Die Heiligen Drei Könige". Diese drei nicht sehr weltgewandten Männer vor dem Pfeiler hatte Dirik Schaper schon eine Zeitlang aufs Korn genommen. Gerade wollte er zu ihnen hinüberwechseln, da schritten der Abt vom Michaeliskloster und sein Dekan am Pfeiler vorbei. Als man ihnen die Tür zum Gehege aufgetan hatte, glitt der Lüner Propst, flink wie eine Schlange, durch die Menge der Prälaten und näherte sich dem Laubenpfeiler. Mit großer Zutunlichkeit kam er den dreien entgegen. Ja, er beugte sich vor, obgleich der Buxtehuder Propst ihn mit einem abweisenden Blick bedachte. Er reichte ihnen die Hand.

Der Buxtehuder, der landwirtschaftliche Kaiser von der Niederelbe, der auf seinem Bandstuhl thronte, als säße er zwischen seinen Nonnen, machte sich ein wenig gerade. Er hatte schon manches von dem Lüner Propst gehört und dachte in seinem Biedersinn: Dieser Mann hat Weitläuftigkeiten im Kopf, vor dem nimmt man sich am besten in acht.

Aber der Propst von Harsefeld, der Asket mit dem trüben Angesicht, der seine Zisterzienserinnen stets zu einem strengen Lebenswandel anhielt, schielte verstohlen nach dem violettseidenen Rocksaum des Propstes. Nicht gerade, daß er nach einem Pferdefuß Ausschau hielt, aber gewundert hätte er sich wohl kaum, wenn etwas so Unziemliches zum Vorschein gekommen wäre.

Nun trat der Schaper noch etwas näher an den Propst von Buxtehude heran, warf mit einem leichten Schwung den rechten Flügel seines violetten Seidenmantels um sich und sagte:

„Was machen denn diesjährig die Borsdorfer?“
Die Borsdorfer Äpfel! Wenn von ihnen die Rede war, erwärmte sich das Gemüt des älteren Mannes. Denn diese Äpfel aus seinen Klostergärten, die in London, Hamburg und Lübeck auf den Festtafeln prangten, waren wohl ebenso berühmt wie des Klosters schöne Musik, sein herrlicher Marienschrein. Und so übersah der Abt den Spott in den Worten des ehemaligen Ratsschreibers und antwortete ihm, daß die Bäume in diesem Jahr zu ihrer Zufriedenheit angesetzt hätten. Und der Mann aus Lüne bestellte stehenden Fußes schon einen Anteil von der Herbsternte.
„Zwei Kiepen von den großen mit den Doppelhenkeln“, fügte er hinzu.
„Wir wollen sehen, wir wollen sehen“, nickte der Propst. „Noch haben wir die Ernte nicht im Keller.“
„Ihr könnt die Äpfel mit dem Stader Salzkahn schicken. Das Schiff kommt an den Bleichwiesen von Lüne vorbei“, und er wandte sich und ging. Kam aber noch einmal zurück, beugte sich vor und flüsterte, und es klang dringlich: „Prägt es dem, der die Äpfel bringt, ein: Die beiden Körbe sind nicht für die Abbatissa in Lüne; im Propsthaus müssen sie abgegeben werden. Und im Propsthaus werden sie auch bezahlt.“
Der Abt erhob seine beiden Hände, bewegte sie, die Handflächen dem Propst zugekehrt, beschwichtigend hin und her und lächelte dabei fast gnädig. Der Buxtehuder nahm gern Bestellungen auf seine Borsdorfer entgegen.
In diesem Augenblick richtete sich der Harsefelder, der blasse Asket auf, und als der Schaper sich umwandte, sah er, wie Albert van der Molen mit einer Schriftrolle in der Hand, nach der kleinen Tribüne ging, die vor der vielfarbigen, gläsernen Fensterwand für die Redner errichtet war.
Ja, jetzt waren wohl alle versammelt, und auch Dirk Schaper eilte sich, an seinen Platz zu kommen, der sich im Gehege befand. Er mußte an dem kleinen Abt von der Salzen See vorbei und bedachte ihn mit einem spöttischen Blick. Der kleine Meerkönig saß neben dem mächtigen Walkenrieder und wie in seinem Schutz. Er hatte die Augen zugemacht, die Hände gefaltet. Betete der kleine Mann? Mitnichten. Er rekapitulierte. Er war in den engen Gängen des Rathauses unterwegs, in der kleinen Körkammer; sah unter der hohen, rauchschwarzen Küchendecke die Weinfässer, die leckeren Speisen auf dem Tisch; sah im Tanzhaus über der Täfelung die Herzöge, wie sie in schimmernder Rüstung, ihre Frauen an der Hand, über das grüne Gras gingen. Er sah das silberne Kettlein am Halse des schlimmen Magnus. Auf diese Weise barg er den goldenen Fisch, den er in seinem Netz gefangen hatte und der „das Lüneburger Rathaus“ hieß. Er barg ihn für die Brüder auf der Insel, die nicht viel anderes auf der Welt zu sehen bekommen hatten als vielleicht ab und an, wenn das Glück ihnen hold war, die lübsche Weichselflotte, wie sie mit all ihren vielen Schiffen nach Danzig segelte.

Die Begrüßung

Die Laube war mit weltlichen und geistlichen Sülzbegüterten angefüllt wie ein Immenkorb mit Immen. Dirik Schaper fand indes im Gehege, auf den Bänken der Ratsherren einen freien Platz zwischen dem Abt von Reinfeld und dem Propst der Doberaner Benediktinerinnen, einem Manne, der recht kompakt war und wohl auch etwas zu sehr nach gutem Essen und Trinken aussah. Sein Gesicht war – derb ausgedrückt – aufgequollen von Ochsenbraten und Rotwein. Da war der Abt von Reinfeld an des Schapers rechter Seite ein anderer Mann, ja, ein weltgewandter Herr, der auch heute die Zisterzienserinnen von Uetersen, Reinbeck und Herwardeshude vertrat, die sämtlich in Lüneburg was auf der Pfanne hatten und deren Klöster wie in einem Kranz um die Stadt Hamburg lagen.

Inzwischen war van der Molen auf die niedrige Tribüne gestiegen, die man unter dem Heldenfenster errichtet hatte.

„Wir dürfen oftmals", so begann er, „unter der gewölbten Decke unserer Laube die Abgesandten unseres Städtebundes versammeln, und wenn auch heute einige Herren weltlichen Standes aus den Städten unseres Bundes erschienen sind, weil auch sie Sülzgut ihr Eigen nennen, so gehören doch die meisten unserer Gäste der Prälatenschaft des deutschen Nordens an. Daß diese Herren einmal in den Mauern unserer Stadt weilen, daß wir sie in der Laube begrüßen dürfen, ist uns Lüneburgern eine besondere Freude.

So möchte ich denn zuerst Herrn Johann von Atzelt, unsern hochverehrten Bischof, den Gönner, ja den Freund unserer Stadt willkommen heißen, ihn, der heute den Erzbischof von Bremen vertritt. Und mit ihm zugleich grüße ich die beiden Herren, die wie er auf der Bürgermeisterbank sitzen, die Bischöfe von Lübeck und Schwerin.

Danach möchte ich den Herren meinen Dank sagen, die den weitesten Weg zu uns hatten, und zu diesen gehört der Abt von Kloster Corvey. Ich begrüße in ihm den Vorsteher jenes uralten, angesehenen Klosters, das mit seinen Gärten an dem rasch fließenden Weserfluß liegt und das immer noch der Hort deutscher Gelehrsamkeit ist, die Schatzkammer alter und neuer Bücher. Ich grüße auch den Abt von Amelunxborn, der sich gemeinsam mit dem Abt von Corvey auf die Reise begab. Und da ich nun im Augenblick die overheidischen Prälaten im Auge habe, so danke ich auch dem Braunschweiger Dekan für sein Kommen, wie auch den Herren vom Sankt Blasiüsdom, in dem Heinrich der Löwe, dem Fleische nach, in seiner Tumbe ruht. Ich begrüße die Äbte und Pröpste, die mit den Domherren von Sankt Blasius durch die Heide ritten. Zahlreich sind sie, und mit ihren sie begleitenden Mönchen und Vikaren kamen sie wie ein Schwarm Vögel von der Aller her zu uns. Ich sehe den Abt von Königslutter, von Riddagshausen, den Propst von Wienhausen im Celler Land, der die weltlichen Geschäfte jener Zisterzienserinnen führt, die mit ihren kunstgeübten Händen die kostbaren, bilderreichen Wandteppiche sticken. Da ist der Abt von Walkenried mit seinen Mönchen, der im Bürgermeisterhaus Wohnung genommen hat, und auch der Walsroder Propst ist zur Stelle. Und da ich noch immer diesseits der Elbe bin, möchte ich die Herren von der Unterelbe nicht vergessen, den Propst der Benediktinerinnen von Buxtehude, den Propst von Harsefeld, den Abt von Neukloster, sie, die auch ihres getreulichen Zusammenhaltens wegen in Ansehen stehen.

Ich heiße die Herren, die von jenseits der Elbe zu uns kamen, in unserer Stadt willkommen. Dem Dekan vom lübschen Dom und seinen Kapitelherren, die den Nowgorodfahrern predigen und ihnen vor der Abreise die Messe lesen, wünsche ich gesegnete Tage in unserer Stadt und gleichfalls dem Dekan und den Domherren der Stadt Hamburg. Dem Abt vom Kloster Reinfeld, den ich auch im Gehege sehe, entbiete ich den Gruß der Stadt, ihm, dessen Kloster an der viel befahrenen Straße zwischen Hamburg und Lübeck liegt, von Karpfenteichen und einer zwölf Fuß hohen Mauer umringt.

Ich grüße den Propst der Benediktinerinnen von Doberan, deren Kloster hinter den mecklenburgischen Wäldern liegt, der Ostsee nahe, wie Kloster Hiddensee, dessen Abt und Bruder Schreiber die weite Reise zu Wasser und zu Lande nicht gescheut haben.

Hiddensee! Man möchte das ferne Kloster Lüneburgs letzten Vorposten nennen. Eurer beiden Salzpfannen wegen, die im Dachs stehen, gehen Botschaften hin und her, und immer ist eine Verbindung da zwischen unserer geräuschvollen Stadt und eurer einsamen Abtei, deren Mönche im Sturmgesang des Meeres ihr Stundengebet halten. Und kommt der Winter einmal besonders lange mit Eis und Schnee daher oder will sich das stürmische Wetter im November gar nicht wieder beruhigen, so fragen wir uns auf der Laube wohl, wie die Männer von Hiddensee diesjährig mit der harten Witterung fertig werden mögen."

Diese Begrüßungsworte taten dem kleinen Inselabt wohl. Er richtete sich auf, grüßte, nickte, dankte, hob ein wenig die Hand, verwunderte sich. Wie ist das doch nur, grübelte er, unser Klösterlein, das kleine, im Schutze des Dornbergs, und ist und lebt auch hier in der Laube der großmächtigen Salzstadt!

Hinrich Lange aber dachte:

Albert van der Molen, dir fließt's ja heute nur so vom Munde. Brav, daß du für gut Wetter sorgst. Aber das Böse kommt doch wohl noch über uns.

Albert van der Molen aber fuhr fort:

„Und ich bin immer noch nicht am Ende, denn die Reihe der mit uns verbundenen Klöster ist lang und reißt nicht ab. So wende ich mich jetzt noch an die Äbte und Pröpste der Klöster, die in unserer Stadt oder in ihrer

Umgebung liegen. Ihnen allen, die in Lüneburgs Schutz stehen, wünsche ich eine gute Zeit. Sie mögen es mir nicht verübeln, daß sie zuletzt kommen. Sie können wie die Kinder im Hause darauf verzichten, bei einer Festlichkeit die erste Rolle zu spielen, da sie ja die Liebe und Ehre jeden Tag haben. — Ich entbiete zuerst meinen Gruß dem Abt vom Kalkbergkloster, das in der Stadt aufblühte und mit der Stadt aufblühte. Mein Blick schweift hinüber nach Lüne, zu dem Kloster in unserer Nähe, in dem unsere Lüneburger Kinder das Stundengebet feiern. Ich begrüße im Namen der Stadt die Prämonstratenser, die Weißen Mönche von Heiligenthal, die in Kriegszeiten zu uns kamen und bei uns blieben, sie, die in ihren weißen Mänteln über den Sand gehen und durch die Bäckerstraße und sich ihrer schönen Gärten an der Ilmenau erfreuen, in denen sommerlang die Nachtigallen schlagen. Und neben dem Ehrwürdigen Vater der Prämonstratenser sehe ich den Abt von Scharnebeck, und ich drücke ihm in Gedanken die Hand. Scharnebeck ist die Lust und Freude der Stadt, und zum Pfingstfest öffnet das Kloster seine Pforten für alles, was zur Sülze gehört, damit das Sülzvolk unter dem Laubgezweige seiner Eichen und Buchen feiern kann."

Albert van der Molen war fertig. Er blickte noch einmal über die Versammelten. Grüßte mit einem Lächeln und Kopfnicken; stieg danach von der Tribüne und machte Johann Springintgud Platz.

Die große Schuldenlast

„Mir ist keine leichte Aufgabe zuteil geworden", begann er. „Über die Schulden der Stadt Lüneburg soll ich sprechen. Soll Auskunft darüber geben, wie es kam, daß sie zu einer solchen Last, zu einem solchen Berg anwuchsen. — So muß ich ein Lied anstimmen, das schon oft gesungen wurde, und das von keinem gern gehört wird.

Ich muß weit ausgreifen. Denn das Schuldenunwesen begann schon vor bald zwanzig Jahren. Und mancher von uns, der den Anfang miterlebt hat, ist schon dahin. Es begann mit dem großen Aufstand der böhmischen Ketzer, mit den hussitischen Feuerstürmen, die über Deutschland hinbrausten, über seine Dörfer, über seine Städte. Ja, auch über seine Städte! Denn die Geschütze, die die Männer, die hinter der Monstranz hergingen, mitführten, waren Stücke, die alles zertrümmerten, und unter ihrem Donnerrollen fielen die Befestigungen der Städte zusammen, wie ehemals die Mauern von Jericho. Eine angstvolle Bewunderung, ein schreckhaftes Erstaunen bemächtigte sich aller Welt; auch wir hier in Lüneburg schwankten zwischen Bewunderung und Abscheu, und die Geschichte von den vielfältigen Kriegszügen der Ketzer, von ihrem Brennen und Morden, was alles sich weit von uns im Süden und Osten Deutschlands abspielte, klangen wie schauerliche Märchen an unser Ohr. Wir dachten an unsere schon bröcklig gewordenen Mauern und konnten doch nicht den Bau einer neuen Stadtbefestigung in Angriff nehmen. Denn unsere Pfennigkiste war leer. Sagt nicht: „Und warum hattet ihr kein Geld? Eine gute Regierung sorgt vor." Nein, wir hatten in der damaligen Zeit keine Gelder ansammeln können.

Da war der Nordische Krieg gewesen. Ein Jahrzehnt lang und darüber hatten wir vom Städtebund Jahr für Jahr Truppen auszurüsten und Söldner anzuwerben, um dem Herzog von Schleswig zu helfen, wieder zu seinem Land zu kommen. Schiffe mußten gestellt werden, die den Handel der Städte schützen mußten und die so manchen Strauß mit den dänischen Schiffen bestanden.

Dazu waren gerade in jenen Jahren große Anstrengungen zu machen, um das für die Sülze so notwendige Brennmaterial zu bekommen. Denn in den Siedekaten flammen die Feuer Tag und Nacht, und die Sülze verschlingt das Holz wälderweise. In der Nähe unserer Stadt konnten wir schon damals kaum zu Holz kommen. Alle Waldungen und Gehölze waren verschwunden. An die Wälder in einiger Entfernung der Sülze kamen wir nicht heran. Diese Waldungen sind in festem Besitz. Sie gehören dem Kloster Lüne und den Benediktinern auf dem Kalkberg. Kann man es den Pröpsten von Lüne, den Äbten vom Michaeliskloster verübeln, daß sie ihre Waldreviere behalten wollen, darinnen sie ihre Karpfenteiche haben und in denen sie Elch, Hirsch und Reh jagen?

Was blieb uns übrig? Wir mußten, um zu Holz zu kommen, über die Elbe gehen und fanden auch wirklich an der anderen Seite des Stromes im Lande Mecklenburg Waldungen, die uns auf Jahrhunderte mit gutem Holz versorgen konnten. Aber wir mußten zu diesem Zweck aus dem Schaalefluß, der die Wälder durchfließt, einen schiffbaren Kanal machen, so daß unsere Holzschiffe in die mecklenburgischen Wälder gelangen konnten. Wir mußten Schleusen bauen, damit der Kanal den richtigen Tiefgang hatte. So waren unsere Kassen leer, als die Hussiten die Stadt Nürnberg belagerten, die reiche Kaufmannsstadt, die gut befestigte. Wir Lüneburger wünschten und hofften, das schlimme Spiel möchte an den Mauern dieser Stadt zerschellen. Wir glaubten fest, der böse Tanz werde nicht auch noch über den deutschen Norden hingehen.

Doch an dem Tage, da wir die Botschaft von Nürnbergs Fall erhielten, wurden wir eines anderen belehrt. Denn an diesem gleichen Tage kam der Krieg zu uns in die Laube. „In die Laube?" fragt ihr.

Ja, geradewegs hier zu uns herein. Denn um die Mittagsstunde jenes Tages erschien plötzlich der Ratsherr Brand Tzerstede. Hochrot, erhitzt und ohne

Atem blieb er am Pfeiler neben der Nische mit der Heiligen Ursula stehen, just an der Stelle, an der heut die Herren von der Unterelbe ihre Sitze haben. Brand Tzerstede riß seine Kappe ab und rief zu uns herüber:
„Es hat sich etwas Außerordentliches ereignet. Bauern aus Brandenburg stehen hinter dem Altenbrücker Tor. Sie sind mit ihrem Vieh und vielen hochbepackten Wagen vor den Ketzern geflüchtet. Sie begehren Einlaß. Sie möchten sich im Schatten unserer Häuser abkühlen und ausruhen und sich und ihr Vieh an unseren Brunnen mit Wasser versorgen."
Uns im Gestühl war es, als würde der Stadt Lüneburg in diesem Augenblick das Messer an die Kehle gesetzt. Denn Brandenburg ist unser Nachbarland, und zwischen der Mark und uns ist nichts als die blaulaufende Elbe.
Da konnten wir nicht länger zögern, und auch Herr Schellepeper, unser Worthaltender, zögerte nicht länger und gab sein Ja zum Bau der großen Befestigung.
Ihr habt die neue Befestigung gesehen, seid wohl selbst auf den dicken Mauern herumgewandert, auf denen man mit Pferd und Wagen fahren kann; Ihr habt die Tortürme angeschaut, an einigen von ihnen wird noch immer gebaut.
Sagt bitte nicht, Stadtbefestigung hin, Stadtbefestigung her. Wenn die Lüneburger ihre Stadt auf eine so außerordentliche Weise sichern wollen, sollen sie selbst zusehen, woher sie das Geld kriegen, sollen sie in ihren eigenen Säckel greifen. Nein, so dürft ihr nicht sprechen. Denn ihr Sülzbegüterten seid ja ein Stück von unserer Stadt. Ihr sitzt mit eurem besten Gut, mit euren Salzpfannen, den fleißigen Geldbringerinnen, mitten in Lüneburg. Für die Sülze und eure Pfannen wurde die Befestigung mitgebaut. Denn wenn die Stadtmauern niedergeschossen werden, wenn die Siedekaten brennen, wenn die Sülze ein Trümmerfeld ist, wer denkt dann noch an Salzsieden! Wer spricht dann noch von Salzgeldern und kann solche verlangen?
Ja, wir bauten! Wieviel Findlingsblöcke wir herbeischafften, wieviel hunderttausend Ziegelsteine wir brannten und verbauten, wer kann das sagen? Zu Bergen türmten wir die Erde um unsere Stadt auf. Und haben nicht viele geholfen, daß diese Berge hochkamen? Wenn die Bürger unserer Stadt so manche Mark aus ihrem Beutel nahmen und uns gaben, so haben sie sich auch nicht gescheut, die Schaufel in die Hand zu nehmen, die beladenen Karren zu schieben und dazu beizutragen, daß all das viele Erdreich in Bewegung kam. Und die Arbeit, die die Bürger leisteten, taten sie ohne Entgelt.
Und sie konnten nur einen kleinen Teil der Arbeit zwingen. Denn sie mußten doch auch ihrem Broterwerb nachgehen.

So kamen sie von weither und aus der Nähe, um uns zu helfen. Bauern kamen mit ihren Gespannen. Ihre Söhne und Kätner liehen uns ihre Armkraft. Da mußten viele Hände gefüllt werden. Um alle zu entlohnen, mußten wir Gelder aufnehmen. Da das Bauen der großen Türme und Tore durch Jahrzehnte hinging, konnten wir die geliehenen Gelder nicht zurückerstatten. Die Schulden mußten verzinst werden mit zehn vom Hundert, und da wir das Geld nicht hatten, um diese Zinsen zu bezahlen, wurde das Zinsgeld oftmals zu der Schuldsumme geschlagen. So wurde unsere Schuldenlast größer und größer.
Und so stehe ich nun heute an dieser Stelle, um euch aufzurufen, mit zu unseren Schulden zu stehen; euch zu bitten, uns zu helfen, daß wir von diesen Schulden loskommen.
Gebt uns für sechs Jahre die Hälfte von dem Salz, das in euren Pfannen wächst; in Geld umgerechnet, wäre es von der Pfanne jeder zweite Pfennig. Dann könnten wir, unterstützt von unserer stets gutwilligen Bürgerschaft, den größten Teil unserer Schulden abdecken. Wir könnten aufatmen und mit Fleiß und Rüstigkeit auf der Sülze arbeiten und gute Salzernten schaffen."
Damit hatte Springintgud das Seine gesagt. Er hatte nicht viel Beifall. Der Anspruch auf den zweiten Pfennig fand wenig Gegenliebe bei der Prälatenschaft. Er verließ die kleine Tribüne, und gleich darauf stand Hinrich Lange an seiner Stelle.
Im Gehege hielt jemand die Hand hoch.
Einer der Bischöfe? Bewahre, die saßen da, ehrbar und ohne sich zu rühren. — Der Propst von Doberan wollte zu Wort. Der Mann, der die weltlichen Geschäfte der reichen Benediktinerinnen an der Ostsee leitete; der Mann, der etwas zu sehr nach gutem Essen und Trinken aussah. Und als er sich nun erhob, dieser massige Mann, war es, als käme im Gehege ein derber Brocken hoch. Der Mann aus Doberan trat einen Schritt vor, näher heran an den ehrenwerten Tisch des Hauses und legte seine große fleischige Hand auf die Platte, auf der auch heute der Bürgereidkristall seinen Platz hatte, bei dem die Lüneburger sich ihrer Stadt zuschwören mußten, jenes kunstvoll geschmiedete Kirchenschiff aus Meister Lafferdes berühmter Werkstatt, auf dessen Dach die beiden Engel knieten, zwischen sich die längliche, die kristallene Trommel mit den Splittern vom Kreuz. Der Propst von Doberan schob den Bürgereidkristall beiseite, lehnte sich über den Tisch und begann: „Ihr verlangt viel von uns. Ihr wollt den größten Teil unseres Salzgeldes von uns. Ihr verlangt, daß die Sülzprälatenschaft, die weltliche wie die geistliche, für eure Schulden gerade steht. Daß ihr zu dieser Forderung berechtigt seid, kann ich nicht glauben. Ob wir Pfannenherren in der Lage sind, eure Wünsche zu erfüllen, muß ich bezweifeln.

Doch darüber wollen wir vorerst nicht sprechen. Ich stehe hier, um etwas anderes anzuregen. Wir haben unser Archiv, in dem alle besiegelten Verträge niedergelegt werden, auch alle Abmachungen zwischen der Stadt Lüneburg und dem Kloster Doberan, Schriftstücke, in denen es meistens um unser Pfannengut geht. Aber es gibt auch Schriftstücke allgemeiner Natur, Gesetze, die für die Stadt Lüneburg sowie für alle Sülzbegüterten, ob geistlich, ob weltlich, gelten und die, wenn sie auch älteren Datums sind, darum ihre Gültigkeit nicht verloren haben. Diese alten Gesetze möchte ich, möchten die mit mir verbündeten Sülzprälaten wieder zu Ehren bringen.
Wir Doberaner haben längere Zeit mündlich und schriftlich verhandelt mit anderen Pfannenherren, die geistlichen Standes sind. Wir sind uns mit den Domkapiteln von Lübeck, Hamburg und Ratzeburg einig geworden sowie mit den Herren vom Sankt Blasiusdom in Braunschweig. Auch der Abt der Reinfelder Zisterzienser hat sich unseren Anschauungen genähert und mit ihm die Pröpste der Zisterzienserinnen von Uetersen, Reinbeck und Herwardeshude in Hamburg, die unter der geistlichen Leitung des Reinfelder Abtes stehen. Wir alle stellen die Forderung, daß jene Gesetze, verehrungswürdig und befolgenswert, auch weil sie alt sind, daß die Sülzkonkordien von 1388 wieder zu Ansehen und Anerkennung gelangen."
Hinrich Lange erschrak. Mein Gott, die Sülzkonkordien! Kommen sie wieder mit den alten Konkordien an?
Der Propst fuhr fort:
„An die Sülzgesetze von 1388 wollen wir uns halten. Diese Sülzabmachungen sind nicht von ungefähr geschlossen. Es sind Gesetze, gedacht für Zeit und Ewigkeit, und sie wurden in Lüneburg in der Täuferkirche auf eine feierliche Art beschworen. Die Bischöfe von Lübeck und Schwerin waren anwesend, der Abt von Reinfeld, die Dekane von Halberstadt und vom Sankt Blasiusdom. In ihrem Dabeisein mußte jeder Mann des Rates — wir haben es erst kürzlich in unserer Chronik nachgelesen —, einzeln an den Altar herantreten, die Hand auf die Reliquien legen und so seinen Eid sprechen. Und nicht nur für sich mußte er schwören, nein, auch für seine Erben und für die Bürger seiner Stadt und für deren Erben. Ja, alle mußten beschwören, daß in Zukunft nur Männer, die gewillt sind, zu diesen Konkordien zu stehen, ins Ratsgestühl kommen können.
Die Mitglieder des damaligen Rates haben geschworen, daß sie unser Sülzgut schirmen wollen und freihalten von allen Ansprüchen, die über die tausend Mark hinausgehen, die dem Sodmeister zum Unterhalt der Sülze zugebilligt werden. Wir haben diese Sülzkonkordien in unserem Archiv. Den Wortlaut der Sülzkonkordien haben, soviel ich weiß, eure Vorväter ins Stadtbuch geschrieben." Hinrich Lange nickte, und Springintgud sagte:
„Ganz recht, sie stehen auf der ersten Seite des Buches."

„Und bei diesem Eid, der für euch, die ihr jetzt im Gestühl sitzt, mitgeschworen wurde, soll es bleiben!"
Der Sprecher machte eine Pause, und Hinrich rief zu ihm hinüber:
„Herr Propst von Doberan, ich will unsere Väter nicht schelten. Aber das weiß ich sicher: Ein Eid, der die Bürgerschaft einer ganzen Stadt, ihre Kinder und Kindeskinder für alle Zeiten bindet, kann nur im Drange großer Not abgeleistet worden sein."
Der Propst von Doberan, ohne darauf zu antworten, fuhr fort:
„In den Sülzkonkordien von 1388 heißt es: „Wenn die Lüneburger uns das Salzgeld schuldig bleiben oder auf irgendeine Weise unserm Gute auf der Sülze zunahe treten, so sollen sie vor ein geistliches Gericht gezogen werden, das den Rat und die Stadt Lüneburg mit Bann und Interdikt belegen kann."
„Recht und gut, Herr Propst von Doberan", rief Hinrich, „aber Ihr bedenkt nicht, daß Papst Bonifazius dieser Bestimmung mit einer anderen Entscheidung entgegengetreten ist. Ihr werdet sicherlich das Dokument vom Oktober des Jahres 1400 auch in Eurem Archiv verwahren."
„Wir begreifen wohl", begann der Propst von Doberan aufs neue, „fünfhunderttausend Mark Schulden sind eine große Summe. Aber euch kommt es zu, sie abzutragen. Haltet euch an eure Bürger. Ist Lüneburg nicht eine reiche Stadt? Das große „Salzhaus" der Welt nennt man sie. Eure Bürger haben die schönsten Häuser. Wenn man eine Lüneburger Hochzeitstafel sieht, auf der es nur so funkelt von silbernem, schön geschmiedetem Tafelgerät, weiß man, welcher Aufwand in Lüneburg getrieben wird. Aber ich will mich nicht in Einzelheiten verlieren. Nur das laßt euch gesagt sein, wir Prälaten sehen nicht ein, warum wir eure Schulden bezahlen sollen. Die Pfaffheit des deutschen Nordens hat es satt, euch immer wieder Vorspanndienste zu leisten."
Jetzt stand der Dekan des lübschen Domkapitels auf, sein spiegelndes Seidenhütchen auf dem Kopf. Er wandte sich der Versammlung zu und rief:
„Der Propst von Doberan hat recht. Auch wir vom Lübecker Dom sind dafür. Die alten Sülzkonkordien von 1388 müssen wieder daher! Für tausend Mark Salz mag der Sodmeister gießen und sieden lassen zum Unterhalt der Sülze. Aber das ist mehr als genug. Wenn wir dann noch den vierten Pfennig von jeder Pfanne zum Abtrag der Schulden bezahlen, haben wir geleistet, was man von uns verlangen kann."
Der Propst von Doberan nahm wieder das Wort:
„Ich habe nicht mehr viel zu sagen. Nur das eine: Ich muß eure Bitte um den zweiten Pfennig im Namen meines Klosters und meiner geistlichen Freunde als eine unbillige Forderung zurückweisen. Wir können nicht, aber wir wollen auch nicht für sechs Jahre auf die Hälfte von dem Salz verzichten,

das in unseren Pfannen wird. Wir sind auch nicht verpflichtet dazu. Wir sind durch die Sülzkonkordien davor geschützt. Die tausend Mark zum Unterhalt der Sülze. Gut, die sollt ihr weiterhin haben, auch meinethalben eine Zeitlang den vierten Pfennig, damit ihr von euren Schulden loskommt. Aber damit Punktum. Keinen Pfennig mehr. In Ewigkeit keinen Pfennig mehr. Und nun noch eins: Immer noch werden auf der Sülze nach Willkür in unseren Pfannen zwanzig Gießeimer Sole versotten, die sogenannten Stiege. Dagegen muß ich im Namen der Prälatenschaft Einspruch erheben. Für tausend Mark Salz darf der Sodmeister zum Unterhalt der Sülze versieden. Darüber hinaus gehört alles Salz, das in unseren Pfannen versotten wird, uns. So ist es in den Sülzkonkordien von 1388 festgelegt worden, und so soll es bleiben. Wir wollen es nicht länger dulden, daß ihr nach Willkür und Lust immer wieder in unseren Pfannen zwanzig Gießeimer versiedet, deren Salzertrag euch zugute kommt.
Und das sage ich hier und weiß mich einig mit der ganzen Pfaffheit des deutschen Nordens: Das Treiben mit den Stiegen hört auf!" Er fuhr mit der Faust durch die Luft.
„Das Sieden der Stiege ist die größte Sauerei, die es auf der Sülze gibt!"
Er schwieg. Aber in der Laube wurde es laut. Alle redeten miteinander oder gegeneinander. Der Propst von Doberan, der schwere Mann, hatte die Lunte in das Pulverfaß geworfen. Und nun kam der Dekan vom lübschen Dom seinem Freunde noch einmal zu Hilfe. Er rief:
„Der Propst hat recht, die Stiege kommen euch nicht zu. Mit diesen zwanzig Gießeimern, die immer wieder in unseren Pfannen versotten werden, hintergeht ihr die Sülzprälatenschaft und macht euch auf ihre Kosten fett."
Nach diesen Worten brach ein Tumult aus.
Aber da richtete sich Johann von Atzelt auf. Er erhob sich, drängte sich im Gehege durch die aufgeregten Äbte, Pröpste und Domherren. Der Bischof von Verden trat auf die Tribüne. Die gesamte Pfaffheit des deutschen Nordens, die Bischöfe eingeschlossen, unterstanden dem Erzbischof von Bremen; und da der nicht zur Stelle sein konnte, hatte er den Bischof von Verden beauftragt, ihn zu vertreten. So hatte er heute für die Sülzprälatenschaft das erste Wort. Da stand er auf dem Podium. Er hatte unter den Falten seines Obergewandes nach dem Schwert gegriffen, dabei war ihm der kirschrote Mantel vorn auseinandergeglitten, und man hatte seinen hellen Brustharnisch gesehen. Der Bischof von Verden war heut der Gerichtsherr der Prälatenschaft, und mit lauter Stimme rief er:
„Im Namen des Erzbischofs gebiete ich Ruhe! Hier ist nicht der Ort, an dem man lärmen und toben darf." Und als man sich im Saal beruhigt hatte, sagte er: „Wir sind die Gäste der Stadt Lüneburg. Wie darf man seinen Gastgeber mit Schmähreden überschütten!"

Und erst, als es unter der gewölbten Decke wieder ruhig geworden war, überließ er seinen Platz wieder Hinrich Lange.

Die Sülze, das ist Lüneburg

„Ich möchte", begann Hinrich Lange, „dem Propste von Doberan und der mit ihm verbündeten Prälatenschaft Antwort geben. Aber zu diesem Zweck muß ich etwas weiter ausholen. Für den Anfang möchte ich hier, und mag es auch in den Ohren der erlauchten Gesellschaft etwas simpel klingen, die Geschichte erzählen von dem Rock, den man ablegen muß, weil er uns zu eng geworden ist.
Denn wir können uns in unserer Statur ja nicht nach unseren Kleidungsstücken richten. Der Rock muß sich nach uns richten. Und paßt er nicht mehr, so müssen wir aus ihm heraus. Wir müssen ihn ablegen. Wir müssen uns einen anderen Rock anmessen lassen, einen Rock, der sich für unsere veränderte Körpergestalt schickt.
Auch die Gesetze, von Menschen gemacht, sind nicht für alle Zeiten da. Wie uns ein Kleidungsstück bei ablaufender Zeit nicht mehr paßt, so sind auch die Gesetze, die wir Menschen machen, nicht für immer anwendbar.
Allwöchentlich einmal versammeln wir uns im Gehege, um die Gesetzesbrecher abzuurteilen oder um in privaten Rechtshändeln zu entscheiden. Und wenn wir bei den Gerichtsverhandlungen auch nicht immer zu vieren auf der Bürgermeisterbank sitzen" – er streifte die Bischöfe, die heute dort ihren Platz hatten und auch den Propst von Doberan mit einem Blick „so sind doch zwei von uns Bürgermeistern und etliche Ratsherren immer zur Stelle. Da haben wir über uns die Mondsichel, auf der Christus steht, im blauen Himmelsmantel, die Weltenwaage in der Hand, und wir sind wohl der Worte eingedenk, die auf dem Spruchband, das ihn umflattert, zu lesen sind. Richtet recht, ihr Menschenkinder!
Aber wo ist in jedem Falle das Recht? Was heißt recht richten? Wissen wir das immer und sind wir uns in jedem Falle darüber klar? Durchaus nicht. Und wenn wir uns im Strafmaß für einen Delinquenten auf dem grausteinernen Armsünderbänklein nicht einig werden können, so heißt es: Wir wollen im Sachsenspiegel nachsehen. Wir wollen Eike von Repkows Sachsenspiegel befragen, der an den Gerichtstagen auf dem Tisch des Hauses liegt neben dem Stadtbuch, den Sachsenspiegel, den unsere Vorfahren bald nach der Ursulanacht umschreiben ließen. Jedoch mit der Auskunft, die dieser umgeschriebene Sachsenspiegel uns gibt, können wir uns nicht immer einverstanden erklären. Dieses oder jenes Gesetz oder Strafmaß paßt nicht in

unsere Zeit. Und wenn man vor hundert Jahren einem Mann, der ein Huhn stahl, für diesen Delikt die Hand abhauen ließ, so ist das ein Urteil, das uns heute grausam erscheint, ja, unmenschlich. Weil nun die von Eike von Repkow aufgezeichneten und von unseren Vorfahren umgeschriebenen Gesetze gar nicht recht übereinstimmen mit dem, wie man heute denkt und fühlt, so haben wir uns gesagt: Wir müssen den Sachsenspiegel ein zweites Mal umändern. Da ist nun der Ratsherr Brand Tzerstede im Augenblick dabei, dieses Gesetzbuch den Rechtssprüchen anzupassen, wie sie zur Zeit in den uns befreundeten Städten gang und gäbe sind.
Es ist nun einmal so. Viele Gesetze, von Menschen gemacht, sind nicht für immer zu gebrauchen. Man muß andere Gesetze oder Vereinbarungen an ihre Stelle bringen. Und nehmt es nicht ungut auf, wenn ich sage, daß die Sülzkonkordien von 1388 das Los dieser Gesetze teilen. Auch sie passen nicht mehr in die veränderten Verhältnisse. Auch sie sind nicht mehr anwendbar. Darum sage ich noch einmal: Mahnt uns nicht wieder an die alten Sülzkonkordien, an die wir nicht gerne denken. Beruft euch nicht auf sie, beruft euch nicht auf die vor mehr als sechzig Jahren von unseren Vätern beschworenen Sülzgesetze. Wir können uns nicht mehr zu den Sülzkonkordien bekennen, in denen unsere Vorväter gutheißen mußten, was wir nicht mehr gutheißen können. Wir können uns nicht damit einverstanden erklären, daß die Stadt Lüneburg, falls sie in ihren Zahlungen an ihre Pfannenherren einmal säumig ist, vor ein geistliches Gericht gestellt wird, ja, mit Bann und Interdikt bestraft werden kann. Wir können ein Dokument nicht gutheißen, in dem das Gießen der Stiege für Zeit und Ewigkeit untersagt wird und in dem der Sodmeister mit einem Salzsieden bis zu tausend Mark für alle seine Ausgaben zum Unterhalt der Sülze abgefunden wird. Als unsere Väter die Dokumente besiegelten, befanden sie sich im Krieg mit Herzog Magnus und seinen Erben und in großer Geldnot. Sie mußten um jeden Preis zu einem Schluß kommen. Da legten unsere Väter in der Täuferkirche die Hand auf die Reliquie und sprachen den geforderten Eid. Seit den Jahren ist manches anders geworden. In der damaligen Zeit wurde für das Salz nicht viel weniger bezahlt als heute. Aber die Wochenlöhne der Sieder sind fast doppelt so hoch, und mit ihnen sind die Preise für das viele Holz gestiegen, das wir auf der Sülze verfeuern müssen.
Ganz abgesehen davon, daß diese Sülzgesetze von 1388 veraltet sind, so sind sie überdies noch aufgehoben durch zwei Dokumente. Wir haben diese beiden uns verbrieften Bestimmungen vor einer Woche aus dem Archiv genommen und gelesen. Es sind keine Gesetze und sind keine Konkordien. Ich möchte sagen: es sind Entscheidungen. Und die eine stammt von Kaiser Karl IV." Hinrich nahm eines von den beiden Pergamenten, die auf dem Pult lagen, zur Hand.

„Von Lübeck kam der Kaiser und wurde von den Lüneburgern eingeholt. Die Ämter waren unterwegs mit ihren Zunftfahnen, und das Sülzvolk trug dem Kaiser die goldenen Abzeichen der Siedekaten entgegen. So kam er, von ihnen allen geleitet, durch das Lüner Tor, und hier unter den Glasfenstern mit den Helden aus alter Zeit, just an der Stelle, wo ich im Augenblick stehe, sprach er zu den Älterleuten der Zünfte, zu den Domherren, Äbten und Bischöfen, den Mitgliedern der Sülzprälatenschaft und dem Rat. Aber alles, was er sagte, gipfelte in dem einen Satz, der auch in diesem Dokument festgelegt ist", und während er die Pergamentrolle hob, sagte er mit erhobener Stimme: „Die Pfaffheit, die in der Sülze besessen ist, muß helfen, daß die Stadt aus ihren Schulden kommt." Denn Lüneburg war zu Kaiser Karls Zeiten ebenfalls verschuldet.
Und ähnlich urteilte etwas später um die Jahrhundertwende Papst Bonifatius IX. Der damalige Sekretär der Stadt, Johannes Elvers, brachte die päpstliche Bulle aus Rom mit."
Hinrich Lange reichte Albert van der Molen das zweite Schriftstück zu, und der las:
„In den Gegensätzlichkeiten, die zwischen der Stadt Lüneburg und den Sülzprälaten bestehen, bestimme ich: Niemals darf eine Stadt, auch nicht die Stadt Lüneburg, einer Geldschuld wegen vor ein geistliches Gericht gezogen werden. Niemals darf sie aus diesem Grund mit dem Kirchenbann bestraft und auf diese Weise aus der Gemeinschaft der Christen ausgeschlossen werden. Auch ist es recht und billig, daß die sülzbegüterte Pfaffheit in gleicher Weise wie die Bürger der Stadt zu den Steuern herangezogen wird: Denn gemeinsame Lasten müssen gemeinsam getragen werden."
„Gemeinsame Lasten müssen gemeinsam getragen werden", begann Hinrich von neuem. „Ihr seht, der Papst urteilt wie der Kaiser. Und nach der Entscheidung des Papstes müßten alle Herren, ob geistlich, ob weltlich, die etwas bei uns auf der Pfanne haben, ihr Salzgeld genauso gut versteuern wie die Bürger von Lüneburg ihr in der Stadt verdientes Geld.
Gemeinsame Lasten müssen gemeinsam getragen werden. Wird es nicht überall in der Welt so gehalten? — Wo zwei Parteien gemeinsam ein Geschäft betreiben, wie bei uns die Prälatenschaft und die Stadt Lüneburg, da darf es nicht so gehen, daß der eine die Vorteile hat; da kann man die Lasten nicht so verteilen, daß einer alles auf seinen Buckel kriegt. Wer mit genießen will, der muß auch das Seine zu den gemeinsamen Ausgaben dazuschießen. Gemeinsame Lasten müssen gemeinsam getragen werden: Diese Entscheidung von Kaiser und Papst, die wir in unseren Akten aufbewahren, möchte sie doch in goldenen Lettern über unserer heutigen Versammlung stehen, als Bestätigung eines Brauches, der zu allen Zeiten und in aller Welt geübt wird."

Hinrich schwieg. Er las Zustimmung auf einigen Gesichtern, und etliche ältere Äbte nickten mit dem Kopfe. Aber vom Gehege her, wo die Äbte und Pröpste der wohlhabenden Klöster saßen, die reichen Domherren, wehte eine kühle Luft.

„Laßt mich auf Einzelheiten eingehen", nahm Hinrich wieder das Wort. „Da sind die Stiege. Solange die Sülze steht und Prälaten ihre Pfannen in unseren Siedehütten haben, werden in den Pfannen der Sülzbegüterten ab und an zwanzig große Gießeimer versotten zum Nutzen der Sülze. Aber so alt die Sülze ist, so alt ist auch der Kampf zwischen den Pfannenherren und der Stadt Lüneburg um diese zwanzig Gießeimer. Die Sülzprälatenschaft ruft: Das mit den Stiegen wollen wir nicht. Das mit den Stiegen kommt euch nicht zu. Alles Salz, das in unseren Pfannen wird, gehört uns."

Und immer wieder muß der Sodmeister im Verein mit seinen Sülfmeistern und dem Rat der Stadt beteuern: Wenn wir nicht zwanzig Gießeimer Sole ab und an in euren Pfannen versieden dürfen, kommen wir nicht aus."

Auch wenn wir keine Schulden hätten, könnten wir der zwanzig Gießeimer Sole, die ab und zu zum Nutzen der sodmeisterlichen Kasse in euren Pfannen versotten werden, nicht entraten.

Zweihundertsechsundfünfzig Salzpfannen stehen in den Siedehütten der Lüneburger Sülze. Hundertundvierzig gehören davon der Prälatenschaft des deutschen Nordens. Hundertundsechzehn sind Eigentum von Weltleuten. Sie gehören zu einem Teil Bürgern der uns verbündeten Städte, zum andern Teil den Bürgern unserer eigenen Stadt. Für tausend Mark Salz darf der Sodmeister nach den alten Konkordien zum Unterhalt der Sülze versieden. Der Wert der Mark ist gesunken. Und tausend Mark sind keine tausend Mark mehr. Sie reichen kaum hin, all die vielen Hände zu füllen, die für die Sülze arbeiten. Denn für wie viele Menschen muß der Lebensunterhalt beschafft werden: Für die Vögte und Sieder in den Hütten, für die Frauen, die sich um das Feuer bekümmern müssen; für die Männer, die in der Bare arbeiten, wo die Bleipfannen umgeschmolzen werden, und für die, die auf der Weißladerei tätig sind und das Salz auf die Schiffe bringen. Die vielen Fahrer, die das Salz wegbringen und die das Holz heranschaffen, müssen ihren Lohn haben, und auch die Sodeskumpane, die starken Söhne aus Dithmarschen, die im Sodhaus die schweren Gießeimer herumschwenken und mit ihnen hantieren. Wenn wir in einem Jahr, in dem der Solequell besonders gebefreudig war, von diesen tausend Mark außer den Löhnen für das Sülzvolk noch einen Teil von dem unermeßlich vielen Holz beschaffen konnten, das verfeuert wurde, — denn ihr wißt wohl, daß das Feuer in den Siedekaten Tag und Nacht brennt, daß es auf der Sülze eigentlich keine Nacht gibt, — ja, dann sind wir weit gekommen.

Die Ausgaben, die nicht mit den tausend Mark zu decken sind, beginnen

schon mit dem Vertrieb des Salzes. Um das Salz zu befördern, bauen wir Schiffe. Um des Salzes willen müssen wir die Ilmenau, dieses Flüßchen, das so leicht zuschlammt, offenhalten; müssen, damit der geringe Fluß nur immer schiffbar bleibt, die gebauten Schleusen erhalten und sie mit Wächtern besetzen. Da muß der Wasserweg, der in das Herz der mecklenburgischen Wälder führt, unterhalten werden, und auch drüben in Mecklenburg müssen Schleusenwärter und Kanalarbeiter ihr Geld bekommen.
Aber das Salz will auch an Orte, die nicht mit Schiffen zu erreichen sind, nach Dahlenburg, nach Braunschweig und Hannover. Die Wagen müssen ordentliche Straßen haben, auf denen sie rollen können, und die Straßen müssen instandgehalten werden. Auch müssen wir Wagen und Pferde kaufen, ohne die wir auf der Sülze nicht fertig werden. Und das alles will gepflegt und erhalten sein.
Es ist nicht leicht, das Salz zu verkaufen und auf die verschiedenen Wege zu leiten. Aber mühevoll ist es für uns, den Salzpreis zu halten. Und ohne Opfer geht es nicht ab. Da muß das viele Salz abgedrängt werden, das von Mittel- und Süddeutschland kommt und nach unseren norddeutschen Salzmärkten will, nach Lübeck, Wismar und Rostock. Jahr für Jahr bekommt der Kurfürst von Brandenburg zweihundert Rheinische Goldgulden. Und muß er das Geld nicht haben? Läßt er doch Männer auf den Straßen der Mark wachen, die alle Wagen abfangen und aufbringen, die mit fremdem Salz durch sein Land fahren. Mit Salz, das nicht aus unserer Sülze stammt. Dazu müssen Sodmeister und Ratsherren ab und an reisen, nach Lübeck, Wismar, Rostock, um des Salzes willen; in die mecklenburgischen Wälder, um des Holzes willen. Und der Sodmeister muß diese Reisezüge ausrüsten. Wie könnten wir das Geld für dies alles beschaffen, wenn wir nicht die Stiege hätten! Diese zwanzig Gießeimer, die wir gelegentlich in euren Pfannen versieden, halten uns über Wasser."
„Sprecht nicht: Was gehen uns eure Angelegenheiten an, was scheren uns eure Schulden? Sagt so etwas nicht! Steckt nicht euer Gut und vielleicht euer bestes im Schoß unserer Stadt? Ist es nicht, als seien die Domkapitel, die Klöster des deutschen Nordens ein Stück von Lüneburg, ein Stück von unserer Stadt, in dem unsere Gedanken um Sodquell und Siedekaten, um Salzverkauf und Holzbeschaffung kreisen?
Denn alles, was in Lüneburg getan wird, wird für die Sülze getan. Um des Salzes willen bauen wir Schiffe und Vorratshäuser, um des Salzes willen schufen wir die Wasserstraße, die von Lüneburg nach Lübeck geht, bauen wir Landstraßen. Um Holz für die Sülze zu beschaffen, stellten wir den Wasserweg her, der in die mecklenburgischen Wälder führt; und wir müssen ihn unterhalten, wenn die Feuer in unseren Siedekaten flammen sollen. Seit Jahrhunderten leben wir Lüneburger für die Sülze, und das

Denken und Verhandeln unserer Vorfahren hier in der Laube drehte sich zuallermeist um das Salz. Für die Arbeit am Salz werden wir Lüneburger geboren und erzogen. Für die Sülze leben wir, solange wir die Augen offen haben. Geht die Sülze zugrunde, so gehen wir mit. Denn", sagte er, und hier richtete sich Hinrich zu seiner vollen Größe auf, und indes die stille Glut des Heldenfensters, das er im Rücken hatte, ihn umschien, rief er über die Versammelten hin:
„Die Sülze, das ist Lüneburg, und Lüneburg ist die Sülze, und anderes gibt es nicht."

Die fünf im Gehege

Hinrich Lange war abgetreten. Johann von Atzelt bestieg die Tribüne.
„Im Namen unseres Erzbischofs", rief er, „die Versammlung auf der Laube ist geschlossen. Die Sülzprälatenschaft sowie alle anderen Gäste des Rates werden gebeten, zum Festsaal hinaufzusteigen."
Es kam Bewegung in die Menge der Geistlichen. Sie erhoben sich. Sie wußten, im Festsaal war an langen Tafeln für sie gedeckt worden. Aber es eilte ihnen nicht. In Gemächlichkeit und unter Gesprächen hatten die Bischöfe und Dekane, die Äbte der reichen Klöster, das Gehege verlassen. Gemeinsam mit der übrigen Geistlichkeit, mit den Bürgern der Hansestädte, die Sülzgut in Lüneburg besaßen, begaben sie sich nach dem Ausgang, gelangten, an dem kurzen Pfeiler vorbei, in die halbdunkle Wandelhalle, wo die Herren von ihren Schreibern und Scholaren erwartet wurden. Da die Tür, die aus der Laube führte und die nicht sehr breit war, im letzten Winkel der Wandelhalle lag, da die Schwelle dieser Tür nur zögernd und unter Erörterungen aller Art überschritten wurde, leerte sich die Laube sehr langsam. Propst Johann von Buxtehude sah, wie der Doberaner und der Abt der Reinfelder Zisterzienser, die in ein Wortgefecht gekommen waren, in der offenen Laubentür stehenblieben. Der Doberaner hatte den Reinfelder am Kuttenärmel gepackt, und mit erhobenem Zeigefinger versuchte er, ihn zu überzeugen.
Da faßte der Propst von Buxtehude noch einmal den Menschenknäuel hinter dem Pfeiler ins Auge und sagte zu seinen beiden Begleitern:
„Es lohnt sich nicht, hier zu stehen und zu warten. Wir sind noch lange nicht dran."
Er steuerte dem leergewordenen Gehege entgegen, betrat es und setzte sich auf die Bank, auf der vorher die Vorsteher der vier reichen Klöster ihre Plätze gehabt hatten, jener Klöster, die nun mal die Sterne erster Größe waren.

Der Harsefelder und der Abt vom Neuen Kloster, die es gewohnt waren, hinter dem Buxtehuder herzugehen, folgten ihm.
Der Walkenrieder Abt und der Meerkönig von der Salzen See, die unentschlossen dagestanden hatten, sahen hinter den dreien her, die durch die schmale Pforte eingingen. Danach hob der kleine Inselabt das von weißen Löckchen umrahmte Gesicht fragend zu dem Walkenrieder auf. Der nickte mit dem Kopfe, schmunzelte, und die beiden gingen hinter den drei Herren her, betraten ebenfalls das Gehege, von dem sie wußten, daß es wohl so etwas wie das Heiligste im ganzen Rathaus war.
Die drei Männer von der Unterelbe rückten, um Platz für die Ankömmlinge zu schaffen, auseinander.
Man machte sich miteinander bekannt.
„Von Hiddensee? Oh, von der kleinen Insel in der schäumenden Ostsee?" sagte der Harsefelder. „Da habt Ihr eine weite Reise gehabt."
„Auch wir sind vom Wasser." Propst Johann tippte dem Abt von Neukloster mit dem Zeigefinger auf die Hand. „Unsere Klöster liegen nicht weit von der Elbe. Der dritte von uns, der Harsefelder Propst, wohnt in der Lüneburger Heide."
„Wir in der Heide leben recht für uns", begann der Harsfelder, „nicht viel anders als ihr Mönche von Hiddensee und ihr" — er sah den Walkenrieder an — „in den wilden Harzbergen. In der Abgeschiedenheit unserer Heide haben wir nicht soviel Ablenkung, ja Zerstreuung wie meine beiden Freunde, die von den hochgelegenen Fenstern ihrer Klöster aus die Elbe erblicken können. Und die Stadt Buxtehude ist eine Hansestadt und Seestadt wie Hamburg und Stade auch."
„Dafür habt ihr Walkenrieder", begann der Propst der Buxtehuder Benediktinerinnen, „eure schön gebaute und berühmte Klosterkirche, die Reisende und Pilger anzieht."
„Es ist ein unwegsames, gebirgiges Land, in dem wir wohnen", schränkte der Abt von Walkenried ein. „Zuweilen im Winter, wenn der viele Schnee gefallen ist und seine Wächten sich wie Mauern um unser Kloster türmen, sind wir von aller Welt abgeschlossen."
„Es geht die Rede", begann Johann von Buxtehude, „daß sich viel wildes Raubzeug — Bären, Wölfe, Luchse — in den unwirtlichen Wäldern des Harzes eingenistet hat."
„Es ist wohl was Wahres daran."
„Habt Ihr viel Plage mit dem Unzeug?"
„Es macht sich. Die Wölfe treiben es manchmal bunt. Etliche kommen zur Winterszeit aus dem Walde. Nicht gerade, wenn es noch hell ist. Sie bleiben auf der Anhöhe. Unter den Bäumen sitzen sie auf ihren Keulen im Schnee. Sie selbst sehen wir selten. Wir sehen nur ihre Augen, die durch die Nacht

glühen, vielleicht, weil das Licht aus unseren Zellen in sie hineinscheint. Möglicherweise sitzen sie nur da, um nach unseren erleuchteten Fenstern zu sehen. Wenn sie zudringlich werden, tun wir uns zusammen, Mönche, Klosterknechte, Bauern. Mit Morgenstern und Äxten, mit Lanzen suchen wir sie in den Wäldern, in ihren Schlupfwinkeln auf. Ab und an legen wir auch einen Bären auf die Decke. Dann hat unsere Speisekammer gute Zeit."

„Wir haben wohl schon oft voneinander gehört", begann der Harsefelder, der heute mehr sprach als gewöhnlich, ja fast schon redselig war, wie es Propst Johann vorkam. „Wir haben uns in unseren Gedanken wohl schon öfter miteinander abgegeben, wohl gar geträumt von Eurer meerumrauschten Insel in der Ostsee, Eurem Leuchtturm, der den Schiffen nachts den Weg weist. Von dem Kloster und seinen Brüdern, die im Schutz des Dornbergs leben und die wie wir Sülzgut in Lüneburg haben. Wir haben auch öfter von Walkenried gesprochen, von seinem in den edelsten Maßen aufgebauten Gotteshaus."

„Die Stadt Lüneburg ist zu loben", fuhr Propst Johann fort, „daß sie die Klosterleute von Nord und Süd, von Ost und West einmal zusammenbrachte. So kann man sich doch einmal von Angesicht zu Angesicht sehen, und wir können einander von unseren gegenseitigen Umständen berichten."

„Die Lüneburger dachten wohl kaum daran, uns hierin gefällig zu sein", warf Abt Nikolaus von Neukloster ein, „den Lüneburgern steht das Wasser bis an den Hals. Ich kann mir vorstellen, wie ihnen zumute ist. „Bauen ist eine Lust, was es kostet, hab ich nicht gewußt." Davon können wir in Neukloster ein Lied singen. Denn wir sind auch mit dem Bauen drangewesen."

„Und was habt Ihr gebaut?" fragte das Eismännlein.

„Nur eine Infirmerie. Wir haben die Ziegel dazu noch selbst gebrannt. Und doch wissen wir nicht, wie wir die Schulden bezahlen sollen, die uns verblieben sind."

„Ja, ja. Eine so staunenswerte Stadtbefestigung, wie sie die Lüneburger in die Höhe gebracht haben, muß einem ja ans Magere gehen", setzte der Mann aus Walkenried hinzu.

„Es ist nicht zu leugnen". begann der „landwirtschaftliche Kaiser von der Unterelbe" wieder, „die Lüneburger müssen schlecht dran sein. Wir alle haben die Tortürme angestaunt, die mächtigen, zinnenbekrönten Mauern. Wir haben den Kopf geschüttelt ob der Masse der Steine, die da hineingekommen sind. Wir haben auf den Wällen gestanden und an die vielen tausend Hände gedacht, die diese Gebirge auftürmten. All das ist mit Kosten verbunden, die nicht in einen Stein ziehen, wie man sagt, sondern in den Säckel der Stadt. Wer so etwas anfängt, müßte Jahre vorher sammeln. Aber dazu ließen die Umstände den Männern in der Salzstadt keine Zeit. Sie

steckten ja noch mitten im Nordischen Krieg, der all ihre Rücklagen aufgezehrt hatte, als die Hussiten der Stadt so bedrohlich nahe kamen. Hals über Kopf, von einem Tag auf den andern, mußten sie sich zu dieser alles in den Schatten stellenden Befestigung entschließen. Die Hussiten hielten ja schon im Brandenburgischen ihr wahrhaft schauerliches Gericht."
Darauf sagte der Harsefelder, und er hob seinen rechten Zeigefinger auf: „Sie glaubten, sie hielten Gericht. In Wahrheit war es Gott, der in jenen Jahren Gericht hielt. Und sein Gericht begann mit dem Tag in Konstanz, an dem Johann Huß verurteilt wurde."
„Ein unheilvoller Tag", der Walkenrieder darauf.
„Der große Gerichtstag Gottes", fuhr der Harsefelder, der Grübler, fort. „Und nach diesem Tag ließ Gott seine Apokalyptischen Reiter los, Krieg, Hunger und Pestilenz. Ja, Gott richtete damals – aber nicht den armen Huß. Er hielt Gericht über die sündige Welt, über unseren eigenen lasterhaften Stand."
Die beiden Weltkinder von der Unterelbe waren von dem Harsefelder, dem mageren, asketischen Mann, einiges gewöhnt. Sie bekamen oftmals absonderliche Dinge, um nicht zu sagen Unschicklichkeiten von ihm zu hören. Aber dann war man eben unter sich. Um ein wenig auszugleichen und einen Mittelweg einzuschlagen, sagte Propst Johann:
„Der Mann ist zu Unrecht verurteilt worden. Haben nicht auch andere die Fehler unseres Standes angeprangert? Es hat immer schon Kirchenerneuerer gegeben, und man hat sie gewähren lassen. Sie haben oftmals Gutes gestiftet, und etliche von ihnen sind von den Päpsten in Rom zu den Heiligen versetzt worden. Es war nicht recht, daß man den Huß verbrannte."
„Er hat ja auch wirklich nicht ganz unrecht gehabt", setzte Nikolaus von Neukloster hinzu, „es ist in der Prälatenschaft nicht alles so, wie es sein soll. Nicht in den Domkapiteln, nicht in den Abteien, wenn ich auch nicht geradezu von Lastergruben reden will."
„In den kleineren, abseits gelegenen Klöstern geht es doch noch immer recht gut und ordentlich zu", warf der kleine Inselabt ein.
Propst Johann von der Unterelbe nickte, sagte dann: „Wir in den kleineren Klöstern müssen uns dazu halten, wir müssen für unser Leben und die Erhaltung unserer Klostergebäude selbst aufkommen."
„Soviel ist richtig", fuhr der Walkenrieder fort, „verkehrt ist es nicht, wenn ab und an einer aufsteht, seine Fackel anzündet und in allerlei schlüpfrige Winkel hineinleuchtet. Nein, das muß so sein. Von den geistlichen Vätern in Deutschland wissen das auch viele. Und viele von ihnen haben gewußt, daß Huß kein Aufrührer und Unruhgeist war, sondern ein heilig frommer Mann, der die Unruhe in unseren Stand brachte, weil es ihm von seinem Gewissen abgefordert wurde, ja, weil Gott es ihm so anbefohlen hatte.

In ihm war wenig Bitternis. – Ich habe den Huß auf dem Konzil gesehen und habe ihn gehört."
„In Wahrheit?" fragte der Harsefelder.
„Ich war mit auf dem Konzil. Ich war der Schreiber meines Abtes, und ich habe den Tag miterlebt, an dem Huß verurteilt wurde und den Tag, an dem man ihn verbrannte. Und mit der Erinnerung an diese beiden Tage werde ich mein Lebtag nicht fertig. Hättet ihr ihn gesehen, hättet ihr gehört, wie er sich in Konstanz verteidigte, ihr wäret für Zeit und Ewigkeit seine Freunde geworden. Ich war damals ein junger Mann. Ich war mit meinem Abt gereist. Ich hatte an jenem Gerichtstag die Aufgabe, zu Papier zu bringen, was Huß zu seiner Verteidigung sagte, und auch die Gegenreden seiner Feinde aufzuzeichnen. Es waren neunundachtzig Männer beisammen, die über Huß' Schicksal abstimmen mußten, meistens Geistliche. Und alle durften zu ihrem Ja oder Nein noch etwas sagen. Und sie taten es auch. Nein, nicht alle neunundachtzig gaben ihre Stimme ab. Der alte Fürstbischof von Cleve konnte nicht mehr mit abstimmen. Er fiel auf die Erde, während Huß Auskunft gab über seine Person. Das war kein gutes Omen. Um kein Aufhebens zu machen, wurde er wieder in seinen Lehnsessel gesetzt. Da saß er, als lebte er noch, und rührte sich nicht. Ich saß mit meinem Schreibzeug hinter seinem Stuhl. Wenn ich aufblickte, sah ich das weiße Haar unter dem goldenen, mit Edelsteinen besetzten Rand seiner Inful, die goldenen Bänder an diesem Rand, die auf seinen Rücken fielen."
„Es heißt ja", begann der Harsefelder, daß die meisten Deutschen gestimmt haben: „Leben und Freiheit für Huß."
„So ist es. Aber von den Engländern, Franzosen und Welschen stimmten viele mit nein. Oder sie sagten: „Huß brate" und ähnliches. Doch Poggio Florentinus, der Freund der Päpste und spätere Kanzler von Florenz, stimmte für Leben und Freiheit. Er hatte Huß von Böhmen abgeholt. Das fromme und schuldlose Wesen dieses Mannes hatte ihn angerührt."
„Habt Ihr, als Huß sich in der Kirche verantworten mußte, auch den Kaiser gesehen?"
„Ich hab ihn gesehen, soweit man in der heißen, staubigen Luft der Kirche überhaupt Menschen erkennen konnte. Um die Wahrheit zu sagen", fuhr er grüblerisch fort, „ich habe an jenem Tage zwei Kaiser gesehen. Der Kaiser, der am Morgen auf der Tribüne saß, trug ein buntes Kleid und war ein gutgelaunter Herr. Der Kaiser in der Morgenstunde dachte wohl, es ist nicht schwer, einem Ketzer das gegebene Wort zu brechen. Er war zuversichtlich. Vielleicht dachte er auch: Es kann noch zwischen Huß und der Pfaffheit einen Frieden geben. Aber nachdem er Huß gehört hatte . . .", der Walkenrieder schüttelte den Kopf, „diesen Mann, der so heftig am Gewissen der Menschen rüttelte, war der Kaiser ein anderer geworden.

Der Kaiser, der am Nachmittag während der Abstimmung in der Kirche saß, war verstört. Am Nachmittag trug er schwarzen Samt und war bleich wie der Tod. Am Nachmittag hatte man den Kaiser wohl schon am Strick. Als dann alle Stimmen abgegeben waren, zählte man sie aus, und dann hieß es: Fünfundvierzig Stimmen für Tod und Scheiterhaufen und dreiundvierzig Stimmen für Leben und Freiheit. Als man das Todesurteil in der Kirche verkündete, schlug der Teufel auf die Pauke. Die geistlichen Herren sprangen auf, sie, die Hussens Freunde waren, und sie, die Hussens Feinde waren. Sie bestürmten sich mit ihren Beschimpfungen, die Herren von England, Frankreich, Italien und auch die deutschen Männer; sie kamen miteinander ins Handgemenge. Und da sie sich mit groben Worten nicht genug antun konnten, zerschmetterten sie das Kirchengestühl und gingen mit den Stuhllehnen und den Stuhltrümmern aufeinander los.
Der tote Fürstbischof von Cleve fiel von seinem Sessel. Sie waren in eine solche Wut und Raserei geraten, daß sie, ohne es zu wissen, den Leichnam des armen Menschen zertrampelten und zerstampften, so daß hinterher keiner in dem toten Mann den Fürstbischof von Cleve erkennen konnte. Ja, diese Schlacht in der Kirche dauerte an, und erst als der Vetter des Kaisers aufs Podium sprang, seinen Zweihänder über seinem Kopf schwang und jedem Friedensbrecher Gericht und Tod androhte, wurd's ruhig. — In dem Höllenaufruhr war der Huß entwichen."
„Entwichen . . .? fragte der Harsefelder.
„Ja, entwichen, aber wohin entwichen? Entwichen in sein nasses Kellerloch am Rheinufer. Da fanden ihn seine „Mörder", möcht' man sagen. Sie schüttelten den Kopf. Sie sahen sich an. Sie sperrten sein Gefängnis nicht ab.

Ein Tag ist wie jeder andere Tag. Und doch gibt es Tage, die den vieltausend anderen Tagen, die nach ihm kommen, das Gesicht geben. Solch ein Tag war jener von Konstanz, an dem über Huß das Urteil gesprochen wurde. Als die Flammen seines Scheiterhaufens am Rhein erloschen waren, verhüllte Gott sein Haupt, und der Teufel nahm den Karren der Welt in die Hand, und Mord und Tod und Feuer und Marter aller Art verzehrten die Welt.
Dieser Tag von Konstanz ist nicht zu vergessen. Ich nahm ihn mit in meine Waldberge und auch den andern, an dem man ihn verbrannte. Ich muß über die beiden Tage immer wieder nachgrübeln. Die Erinnerung an sie ist nicht umzubringen. Und besonders an den dunklen Wintertagen sind sie mir nah. Aber", er fuhr auf, er sah sich um, „es ist so still geworden. Wahrhaftig, wir sind ganz allein auf der Laube. Ich glaube, es wird Zeit, daß wir den anderen nachgehen."

„Ein Schiff kommt auf!" rief der blonde Schreiber von Hiddensee. „Nach rechts hin, drüben, mehr am jenseitigen Ufer des Stromes. Bald hat es die Spiegelbilder der dunklen Waldberge erreicht."
„Jetzt sehe ich es auch", das Eismännlein stand von seinem Sitz auf. Es war ein alter Einbaum, und man hatte ihn hier auf der Deichkrone umgekehrt ins Gras gelegt. So mochte er den Bauern, die am Deich wohnten, an den Abenden als Sitzbank dienen.
Sie waren zu zweien unterwegs. Der Abt und sein Schreiber. Der Bruder Schreiber hatte die Pferde an zwei Weidenbäume gebunden, die hinter dem Deich am Grabenrande hockten. Sie grasten an langen Leinen an der Deichböschung, indes Abt und Mönch ein wenig Speise zu sich nahmen. Wobbeke hatte ihnen die Satteltaschen gut gefüllt.
Der große Salztag hatte sein Ende erreicht. Die Sülzprälaten waren an diesem Morgen in alle Richtungen auseinandergeschwärmt, den Tauben gleich, wenn man ihnen den Schlag öffnet. Das Eismännlein und sein Schreiber hatten ihren Weg durch die Marsch genommen. Sie hatten die Elbe erreicht. Sie wollten an ihrem Ufer hinreiten, in den späten Nachmittagsstunden sich bei der kleinen, aber wohlbefestigten Stadt Bleckede über die Elbe setzen lassen und in dem Städtchen Neuhaus an der anderen Seite des Stromes in einem Kloster nächtigen. In Neuhaus mußte man auf die Kaufleute warten, mit denen sie hergekommen, und in ihrem Geleit wollten sie bleiben, bis die Stadt Stralsund erreicht war.
Der Schreiber ging auf der Deichkrone hin und her.
„Das Schiff kommt rasch vorwärts", rief er. „Der Wind muß auf dem Wasser noch stärker gehen als hier auf dem Deich."
Jetzt hatten sie das Schiff sich gerade gegenüber. Sie sahen die Mastspitze, die aus dem Mastkorb hochschoß und den flatternden Flögel an der Spitze.
„Es ist eine Hamburger Kogge", bemerkte Augustinus, der Schreiber. „Ich seh vorn am Bug die drei roten Türme auf silbernem Feld, das Wappenbild der Elbestadt. Sie wird heute abend noch in Hamburg sein."
Das Schiff kam etwas näher an das diesseitige Ufer heran, und jetzt erkannten sie den Schiffsknappen im Mastkorb. Da stand er, hatte den linken Arm um die Mastspitze geschlungen und erhob eine kleine, in der Sonne blitzende Trompete. Er blies, obgleich weit und breit kein anderes Schiff zu sehen war; er blies sich selbst zur Lust.
Der Abt seufzte, sagte: „Augustinus, ich würde was drum geben, wenn ich auf dem Schiff nach Hamburg reisen könnte."
„Wir hätten es ja haben können. Aber der Ehrwürdige Vater wollte ja nicht."

„Augustinus, es war gut gemeint von dem Hamburger Dompropst, als er gestern die ganze Pfaffheit von jenseits der Elbe zu sich nach Hamburg einlud. Über Bardowick wollten sie an den Elbstrom reiten und von da zu Schiff weiter. Vielleicht sind sie noch vor der Kogge, die da hinten kleiner und kleiner wird, in Hamburg."

Nach einer Weile fuhr er fort: „Was ist recht? Man weiß es manchmal wirklich nicht. Ich meine, man muß bescheiden sein, man muß nicht alles haben wollen, man muß sich genügen lassen! Man soll auch nicht eine Mahlzeit auf die andere setzen. – Da haben wir nun Lüneburg gehabt, und es war alles so groß und viel für uns, und nun gleich danach noch Hamburg? Aber jetzt denke ich fast: Es wäre vielleicht doch nicht so verkehrt gewesen, wenn wir mit den Prälaten geritten wären und hätten mit den Hamburgern gefeiert und die schönen Häuser der Stadt gesehen, ihr Rathaus an der Alster, und Unserer lieben Frauen Dom, der mit dem Goldschmuck seiner beiden Türme an die Wolken reicht."

Das Eismännlein liebte die Dinge der Welt: Tiere und Blumen, Fluß und Wald, Städte und Menschen. Und als die Hamburger Kogge, kleiner und kleiner werdend, der Himmelslinie entgegeneilte, fiel die Betrübnis um die ihm verlorengegangene Stadt auf sein Herz.

Die schönen Dinge dieser Welt! Ist's eine Sünde, wenn man ihnen zu sehr zugeneigt ist? Das fragte sich der Ehrwürdige Vater manchmal und so auch jetzt, da er der Herrlichkeit, da er dem Überschwang der großen Stadt nachtrauerte. Er wußte nicht, daß er – ach, wie bald – durch andere schöne Dinge dieser Welt sollte getröstet werden.

Der Schreiber hatte inzwischen die Mantelsäcke hinter den Sätteln der Pferde festgemacht. Er führte sie beide an kurzen Zügeln auf die Deichkrone, und bald saßen Abt und Schreiber wieder auf.

Sie waren noch nicht lange geritten, da wich der Deich von dem Wasser der Elbe zurück. Zwischen dem Fluß und dem Deich breitete sich ein Vorland aus, mit einzelnen Weidenbäumen und stillen Lagunen, auf denen Wasserrosen schwammen.

„Es geht ein Pfad durch das Vorland", sagte der Schreiber, „wenn wir den nehmen, schneiden wir ab."

Der Boden unter dem Vorland mußte moorig sein wie die grüne Grastafel daheim, die unter den Füßen der Mönche immer ein wenig wippt. Auch das fette Vorland der Elbe schaukelte leicht unter den Hufen ihrer Pferde. Sonst hielt das grüne Grasland von Hiddensee keinen Vergleich aus mit dem, was sie hier hatten. Ein solches Grünen, ein solches Blühen gab es nicht bei ihnen auf dem schmalen Pantöffelchen in der Ostsee. Sie hatten schon in den Morgenstunden gesehen: Die ganze Marsch ist ein üppiger Rosinenkuchen. Aber was gab es erst hier, auf dem niedrigen Wiesenland, den Wassern

der Elbe so nah? Das dichte Gras rechts und links von ihrem Pfad reckte sich auf und rief: Ich will wachsen!
Und wie viele Blumen hatte es mit heraufgebracht! Ja, dies hier war in Wahrheit ein Blumenland. Die gelbglänzenden Blüten des Hahnenfußes regten sich allerorten an ihren Stielen. Die Blumen der Kuckuckslichtnelken schwebten und hingen wie winzige, rosenrot geflügelte Vögelchen überall im Gras. Die Margeritenblumen standen in Pracht und Glanz, in einem wahren Getümmel da, und nun erst der Klee! Hundert und aber hundert rote Troddeln hatte er aus der Erde geknäuelt.
Ein solches Blumenglück hatte der Ehrwürdige Vater lange nicht vor Augen gehabt. Und alle Blumen drängten sich um die Füße seines Pferdes. Ihre Liebe, ihre Freundlichkeit wallte ihm entgegen. Und auch sein Herz ging gegen sie auf. Er beugte sich vor, lächelte, und mit einem letzten Gedanken an seine Wünsche, die in diesem Augenblick vergingen wie ein rosenrotes Wölkchen am Abendhimmel, flüsterte er zu ihnen hinunter:
„Ihr Blumen, ihr seid mein Hamburg! Mögen die anderen Feste feiern. Ich lebe, damit ihr mir das Herz berührt."

Schaper, der Fuchs

Und nun muß die Geschichte erzählt werden von Dirik, dem Fuchs, der es verstand, die Pfaffheit von jenseits der Elbe in seinen Malepartus zu bringen, um sie dort zu betören.
Die Prälatenschaft aus dem Norden war bald nach acht Uhr aus dem Bardowicker Tor geritten: Bischöfe und Domherren, Äbte, dazu Mönche und Scholaren, und was alles sonst noch zum Anhang der hohen Herren gehören mochte. Es war ein langer Zug.
Der Dompropst der Hamburger hatte auch „Die Heiligen Drei Könige" aus dem feuchten Winkel zwischen Nordsee und Elbe eingeladen. Aber der Abt von Buxtehude, der landwirtschaftliche Kaiser von der Unterelbe, hatte wenig Lust. Er mochte nicht im Geleite der Lübecker und Hamburger Domherren reisen, um sozusagen als kleines Beiboot hinter den Großmächtigen herzuschlenkern. Und da der Buxtehuder die Einladung nicht annahm, hatten auch der Propst von Harsefeld und der Abt von Neukloster gedankt. Die Herren wahrten gern ihre Unabhängigkeit und lebten am liebsten auf eigene Faust schlecht und recht dahin. Dazu lag die Stader Hulk, die sie hergebracht hatte, abfahrbereit in der Lachskuhle, wie man den Hafen der Stadt Lüneburg nannte. So kehrten denn die drei von der Unterelbe auf dem gleichen Wege in ihr Land zurück.

Bei einem späteren Zusammentreffen beglückwünschte man sich gegenseitig, daß man allein gereist war. Man war auf diese Weise nicht in die Falle geraten, die bald hinter Lüneburg für die Pfaffheit von jenseits der Elbe aufgestellt worden war.
Meinhard Wietzendorff, der die gekreuzten Heuharken im Wappen führte, und Brand Tzerstede war die Aufgabe zuteil geworden, die Prälaten und Sülzbegüterten vom anderen Elbufer, die nach Hamburg wollten, bis an den kleinen Elbhafen Hoopte zu geleiten. In diesem Fischerhafen lag die Kogge, mit der die Prälatenschaft nach Hamburg fahren wollte.
Am frühen Nachmittag kehrte Meinhard Wietzendorff — der Klosterbürger von Lüne war, wie der Springintgud und Hinrich Lange auch —, allein nach Lüneburg zurück. Er ging aufs Rathaus und betrat die Laube, wo die Herren mit ziemlich geröteten Gesichtern saßen, als hätten sie eine erregte Aussprache hinter sich. Kaum hatte Wietzendorff seinen Ratssitz im Gehege eingenommen, da sagte der Worthaltende Bürgermeister, der weißköpfige Schomaker, der schon über die Achtzig hinaus war:
„Wietzendorff, wir sind begierig zu hören, wie alles gegangen ist. Hier in Lüneburg schwirren seltsame Gerüchte. — So sagt Ihr uns nun bitte: Ist die Prälatenschaft glücklich an die Elbe gelangt? Ist sie schon auf dem Schiff, das sie nach Hamburg bringen soll?"
„Das letztere ist wohl ausgeschlossen", antwortete Meinhard Wietzendorff. „Im übrigen kann ich wenig darüber aussagen, wo sich die Herren im Augenblick befinden. Als ich vor einer Stunde von ihnen Urlaub nahm, waren sie noch bei den frommen Mägden in Kloster Lüne, saßen in ihrem Remter, tranken ihren Wein und verzehrten ihr Fleisch und Brot."
„Also ist es doch wahr, was die Leute sagen!" rief Klaus Vischkulen.
Und der Springintgud:
„Der Kanker hat uns hinters Licht geführt! Ich sage ja, man kann keinen toten Hund fest genug anbinden."
Der Worthaltende Bürgermeister hob abwehrend seine Hand auf und begann:
„Wie kam es zu diesem Aufenthalt in Lüne? Soviel ich weiß, war mit einem Besuch der Prälaten bei unsern Kindern in Kloster Lüne nicht gerechnet."
„Es kam unerwartet. Die Herren waren bei der Ausreise guter Dinge. Alle hofften noch vor Mittag in dem kleinen Hafen an der Elbe zu sein. Ich ritt neben dem Bischof von Lübeck. Wir waren, einige Reitendiener vorauf, schon an der Antonikapelle vorbei. Da erblickten wir zwischen den hellgrünen Schlehenbüschen und dem Wegweiser nach Kloster Lüne einen Reiter. Nach einer Weile erkannte ich in seinem dunklen Pferd den schwarzen Hengst, den Dirik Schaper reitet. Bald darauf kam er artig grüßend uns entgegen, pflanzte sich quer zu dem Zuge auf, so daß uns nichts anderes übrig-

blieb, als unsere Pferde zum Stehen zu bringen. Seine Kappe vor dem Bischof und dem Dekan des Hamburger Domes lüftend, forderte er sie beide auf und mit ihnen den ganzen Reiterzug der Prälaten, sich das alte und berühmte Kloster an der Ilmenau anzusehen. Ja, sie sollten seine Gäste sein und hinterher einen kleinen Imbiß im Kloster zu sich nehmen.
Der Hamburger Dekan wich aus. „Wir können die Kogge nicht warten lassen. Wir müssen uns beeilen, wenn wir Hamburg noch vor Abend erreichen wollen." Aber da führte Dirik die frommen Frauen von Lüne ins Feld, sagte, man würde die Lüneburger Kinder sehr enttäuschen, da sie sich seit dem frühesten Morgen bemüht hätten, den Herren einen festlichen Empfang zu bereiten. „Auch haben sie vor, den Herren ihre gestickten Teppiche zu zeigen, den Tristan-Teppich, der erst kürzlich fertig wurde. „Ihr könnt", so sagte er wortwörtlich, „das hochberühmte, liebende Paar in kleinen anmutigen Bildern, die in Reihen übereinander geordnet sind, auf dem Meisterwerk finden. Könnt euch an den beiden großen Jagdteppichen ergötzen. Auf ihnen sind sämtliche Tiere unseres Waldes zu sehen: Elche und Hirsche mit stürmenden Geweihen, die Keiler mit ihrem weißblinkenden Gebrech; Reh und Hase, erlegt, die Füße zusammengebunden, an hochgehaltener Lanzenspitze von den Knappen an Eichenlaub und Buchengrün vorbeigetragen; dazu die Pferde, die auf ihren Schabracken die gestickten Wappenzeichen ihrer Herren haben."
Der Lüner Propst redete wie ein Paternostermacher, der zum Michaelismarkt nach Lüneburg gereist ist und seinen Kram anpreist. „Diese drei bilderreichen Teppiche haben die frommen Frauen im Remter aufgehängt", fuhr er fort, „wenn auch in erster Linie der Prälatenschaft zur Ehre und ihr zur Augenweide, so doch auch, weil das Kloster sich ein wenig Ruhm von dieser kleinen Schaustellung erhofft."
Man war geteilter Meinung. Aber den meisten sagte ein Aufenthalt am Anfang der Reise wenig zu. Der Hamburger Dekan war vom Pferd gestiegen, ließ durchblicken, daß es wohl besser sei, die freundliche Einladung abzulehnen. Man könne bei einer guten Gangart der Pferde gerade noch zeitig genug an die Elbe kommen, um mit der Ebbe nach Hamburg zu gelangen. Es ging hin und her. Der Bischof von Lübeck mochte die Lüneburger Kinder nicht mit einem abschlägigen Bescheid betrüben. Schließlich gab der Propst von Wienhausen den Ausschlag. Man weiß ja, daß die Nonnen von Lüne und Wienhausen in der Kunst des Stickens in einem edlen Wettstreit stehen. Und er sagte: „Wie gern würde ich die von den Lüner Nonnen gestickten Teppiche sehen, damit ich der Schwesternschaft daheim berichten kann, was man im Kloster Lüne mit der Nadel geschafft hat." Und so gab man nach und nahm die Einladung des Propstes an."
„Das ist mir ganz neu, daß den Nonnen soviel an einer Festlichkeit in den

Räumen ihres Klosters liegen soll. Die meisten Frauenklöster sind diesen Bewirtungen ziemlich abhold und suchen darum herumzukommen", sagte Vischkulen.

„Und das täte Brigitte Schellepeper wohl auch, wenn sie nur könnte. Die Lüner Nonnen müssen mehr, als ihnen lieb ist, Dirik Schapers Gastereien auf die eigene Kappe nehmen. Ich hatte noch mit der Ehrwürdigen Mutter zu verhandeln. In der Infirmerie muß ein Kamin gebaut werden. „Lag Euch wirklich soviel daran, die ganze Pfaffheit von jenseits der Elbe zu beköstigen?" fragte ich beim Abschied. Sie sah an mir vorbei, sagte: „Was ist da zu tun? Er ist der Propst. Wir müssen versuchen, in Frieden miteinander auszukommen."

Dirik Schaper versteht es. Er weiß seine Benediktinerinnen in Bewegung zu bringen. Zu solchen Zeiten ist im Kloster ein ewiges Hin und Her von dunkelgekleideten Nonnen. Zum Klosterfischer müssen etliche, ihn immer wieder mahnen, daß Schleie und Karpfen rechtzeitig in die Küche geliefert werden. Große Weizenbrote müssen gebacken, Schaf und Lamm geschlachtet werden. Dazu muß man Spanferkel abstechen und sie zum Braten am Spieß vorrichten, Hühner und Enten rupfen. Auch heute ist den Herren auf das üppigste in Lüne aufgetischt worden. Ein kleiner Imbiß? Es war fast so reichlich wie vor etlichen Tagen bei uns auf dem Tanzhaus."

„Bei diesem Festmahl, das sich so lange ausdehnte, hatte der Schaper wohl genug Gelegenheit, Unkraut unter den Weizen zu streuen, den wir gesät haben", sagte Albert van der Molen.

„Und ich kann wohl sagen, er nahm seine Gelegenheit wahr. Es hatten sich auch einige overheidische Prälaten der Festfahrt nach Hamburg angeschlossen. Einige Äbte und der Dekan von Sankt Blasius in Braunschweig. Den letzteren hatte sich der Schaper zum Tischnachbarn erwählt."

„Das ist fast so, als hätte er den Herzog von Braunschweig selbst an seiner Seite gehabt", begann der weißhaarige Schomaker, „denn vom Sankt Blasius Dom in Braunschweig wandert jegliche Kunde sofort zum Schloß hinüber."

„Ich saß nicht weit von den beiden, und einmal hörte ich, wie der Dekan, der ziemlich viel französischen Rotwein getrunken hatte, ausrief: Ja, ja, das meine ich auch. Der vierte Pfennig von jeder Pfanne muß genügen. Schließlich muß jeder selbst zu seinen Schulden und Verpflichtungen stehn. Und die Lüneburger auch."

In diesem Augenblick lauschte Hinrich Lange nach der Tür hin, sagte dann: „Es hat geklopft."

Der alte Schomaker, der sich schon nicht mehr so ganz auf sein Gehör verlassen konnte, sah sich fragend im Kreise um. Draußen an der Grünen Tür fiel der Klopfer, hieß es. Da wurde der jüngste Ratsherr, der am

Eingang zum Gehege seinen Platz hatte, angewiesen, dem Gast aufzumachen.
„Ihr, Tzerstede?" rief ihm der alte Schomaker entgegen, als der neue Ankömmling das Gehege betrat, „wenn Ihr zurück seid, möchte ich annehmen, daß man sich in Lüne doch wohl endlich zum Aufbruch entschlossen hat. Sprecht, sind die Prälaten auf dem Wege zur Elbe . . .?
„Als ich ging, sah es aus, als hätten sie Lust, sich gänzlich in Lüne niederzulassen. So wohl ist es ihnen in dem Remter der Frauen. Vom Wein erwärmt, vom Lüner Propst unterhalten, vergehen ihnen Zeit und Stunde. Der Propst wechselt manchmal seinen Platz, damit all seine Gäste zu ihrem Rechte kommen. Er nimmt sich immer eine kleine Gruppe vor, und wenn man vorübergeht, ist vom Pfannengut die Rede, vom zweiten und vierten Pfennig und von der großen Schuldenlast. Es war nichts mehr zu retten, darum ging ich. Zur Stunde ist der Schaper bei den Sülzprälaten Trumpf. Sie denken, er war Lüneburger Ratsschreiber, er muß Bescheid wissen."

Das Haus mit der goldenen Kugel

Ende August, als die Vakanzen begannen, reiste Älardus nach jener kleinen Insel in der Ostsee, wo das Meer seinen hellen Schaum auf den Strand wirft, so daß er in weißen Brautschleiern auf dem Sande liegt; und wo sich die Möwen zur guten Nacht auf dem Wasser versammeln, über sich die roten Wolken des Himmels, ihren gespiegelten Glanz unter sich in der Tiefe.
Anfang September, etliche Tage früher, als man erwartet hatte, kam er zurück. Er war mit dem Schiffer Hogeherte gereist.
Hatte Wobbeke insgeheim gehofft, er würde ein paar von den guten Aalen mitbringen, die auf eine so köstliche Weise in dem Kloster geräuchert wurden?
Nichts dergleichen.
Zum Aalfangen, so erzählte er, sind wir gar nicht ausgefahren. Tags stand die Sonne am Himmel und nachts der Mond, und das wißt ihr ja, daß man die Aale bei Mondschein nicht fangen kann.
„Bist du denn wenigstens auf dem Leuchtturm gewesen", fragte Gebeke, als sie am Abend auf der Diele saßen.
„Und ob! und denkt euch, gleich am ersten Morgen haben wir die Weichselflotte gesehen."
„Da hast du Glück gehabt", sagte der Vater.
„Die Schiffe waren weit draußen. Einige so klein wie graue Roggenkörnchen. Bei anderen konnte man deutlich die Segel sehen. Es waren viele.

Vierzig haben wir gezählt, die an der Kimming dahinzogen. Eine Woche später sah ich vom Leuchtturm aus eine Kogge, die Hiddensee ansteuerte."
„Das muß der Lübecker Salzhändler sein, von dem wir unser Buttersalz kriegen", sagte der Bruder Mönch, der neben mir stand."
„Der Seemann, der das Schiff in der Flasche gemacht hat?"
„Ja, gerade der. Bruder Jürgen heißt er.
Gar nicht weit vom Strand ging die Kogge vor Anker. Am nächsten Tag mußte der Seemann-Mönch zu dem Schiff hinüberrudern. Er nahm mich mit."
„Und war es denn nun wirklich der lübsche Salzhändler?" fragte der Vater.
„Ja, Vater, er verkauft Salz zum Einpökeln der Fische an die Heringshändler, die in der Vitte auf Hiddensee wohnen. Er hat etliche Male im Gästehaus des Klosters geschlafen. Und die Mönche haben auch richtig ihr Buttersalz von ihm bekommen. Sie brauchen viel Salz. Es sind wohl sechzig Kühe, die auf der grünen Tafel am Fuß des Dornbergs weiden."
„War es denn sein eigenes Schiff?"
„Ja, so sagte mir Bruder Jürgen, der gewesene Seemann. Ich bin in der ganzen Kogge von oben bis unten unterwegs gewesen und hab' auch im Mastkorb gesessen. Schließlich war ich jeden Tag mit den Schiffsknappen zusammen. Wenn das verkaufte Salz an Land gerudert wurde, hab' auch ich immer einen Riemen in der Hand gehabt. Als es nun soweit war, daß sie wieder absegeln mußten, sagten die Schiffsleute: „Du solltest mit uns zurückfahren. Von Lübeck aus hast du immer Gelegenheit, nach Lüneburg zu kommen." Auch der Schiffshauptmann und der Lübecker Salzhändler Andresen sprachen so. Sie sagten: „Du könntest dem Stralsunder Kaufmann, der dich mitnehmen will, absagen. Wir steuern noch Stralsund an." Das hab' ich auch getan und bin dann mit den Lübeckern über die Ostsee gesegelt."
„Die Witterung war gut", warf der Vater ein.
„Wir hatten den richtigen Wind. Er blies von Osten. Er blies immer hinter uns her. Wir waren schnell in Lübeck."
„Und dann bist du wohl noch einige Tage in Lübeck gewesen?" fragte Hinrich.
„Ja, bei dem Salzhändler. Hogeherte wartete noch auf Holz, das mit nach Lüneburg sollte."
„Und wie war es denn nun in Lübeck bei den Salzhändlersleuten?" wollte Wobbeke wissen.
„Oh, ganz schön."

Eine Stunde später saß Hinrich in seiner Schreibstube. Er hatte einen Brief zu schreiben, kam aber nicht recht voran. Schließlich legte er den Schreibstift aus der Hand und flüsterte: „Oh, ganz schön."

Er schüttelte den Kopf, dachte, Älardus ist anders wiedergekommen. Er ist in den wenigen Tagen älter geworden. Er hat uns nicht alles erzählt. Er hält noch mit etwas hinterm Berge.

Nicht lange darauf klopfte es an seine Tür. Es war Älardus. Hinrich schob das Briefblatt auf die Seite. „Setz dich, mein Junge", sagte er.

Aber Älardus wollte nicht sitzen.

In Hinrichs Schreibstube steht ein Schrank, der dem großen Dokumentenschrein in der Sakristei der Lambertikirche ähnlich sieht. Wohl ist er kleiner, hat aber dennoch sechzehn, wenn auch kleine Türen, von denen man jede mit einer feinaufgewickelten, mit einem Bande umwundenen und aus Holz geschnitzten Pergamentrolle geschmückt hatte.

Neben diesen Schrank stellte sich Älardus, und nun erzählte er seinem Vater, daß ihn der Lübecker Salzhändler aufgefordert habe, zu ihm nach Lübeck zu kommen, um bei ihm den Salzhandel zu lernen.

„Nun, und du?"

„Ja, ich möchte wohl nach Lübeck gehen. Gleich nach Michaelis müßte ich dann fahren. Und das habe ich dem Salzhändler auch versprochen."

„Älardus ! ! !"

„Natürlich nur, wenn du es mir erlaubst."

Hinrich war aufgesprungen. Er ging durch die Stube, stellte sich mit dem Rücken gegen das Fenster, fuhr sich mit der Hand rasch von oben her über das Gesicht und rief: „Du hast es ihm versprochen?"

„Ja, Vater, ich möchte gar zu gern nach Lübeck."

„Und die Sülfmeisterschaft hast du dir ganz und gar aus dem Kopf geschlagen?"

„Hab' ich, mein Vater."

„Und das sagst du so leicht übers Herz hin, als ginge es für dich darum, ein anderes Gewand anzulegen. Und du verlangst wohl gar von mir noch, daß ich ja zu dem Ganzen sagen soll."

Hinrich ging in der Schreibstube hin und her. Schließlich fragte er:

„Wie lange bist du in Lübeck gewesen?"

„Drei Tage."

„Und hast du auch im Hause des Kaufmanns geschlafen?"

„Ja, Vater."

„Und an der Trave steht das Haus, sagst du?"

„Ja, Vater, es sind nur ein paar Schritte zum Wasser. Man mag gerade eben über die Straße gehen."

„Und wie sieht das Haus denn aus?"

„Nun, nicht anders als die Häuser hier in der Bäckerstraße. Nein, so groß wie unser Haus ist es wohl nicht. Aber oben auf dem Dachfirst liegt eine goldene Kugel."

„So."
„Ja, und die Vorderseite ist ganz mit Wein berankt. Und denk' dir, Vater, in den Blättern — sie wurden schon ein wenig gelb —, hingen dunkelblaue Trauben."
„Ach . . ."
„Ja, aber wie schön scheint auch die Sonne gegen das Haus! Fast den ganzen Tag."
„Und wie sieht es denn in dem Hause aus?"
„Nun, ganz wie bei uns. Die Schreibstube unten an der Diele. Und im ersten Stock die Wohnstube, und sie ist mit braunem Holz getäfelt, wie bei uns auch. Und von den Fenstern der Schreibstube und von denen der Wohnstube kann man die Trave sehen mit den vielen Koggen."
„Was du sagst! Du siehst wohl gerne auf die Schiffe?"
„Ja, Vater, besonders, wenn sie fahren."
„Aber Älardus, ich meine, wie ist es denn im Hause eingerichtet?"
„Oh, schön, Vater, und ich meine, es ist da alles noch blanker und sauberer gewesen als bei uns."
„Wirklich?"
„Aber sie haben ja auch nicht die vielen Kinder wie wir hier."
„So."
„Vater, nur eine Tochter."
„Und wie alt ist denn die Tochter?"
„Ich glaube, zwölf oder dreizehn. Aber sie ist schon so groß." Er errötete und blickte über den Kopf des Vaters weg in die Luft.
„Und ist kein Sohn im Hause?"
„Ich habe nichts von einem Sohn gehört und habe auch keinen gesehen."
„Und die Mutter im Hause? Es ist doch wohl eine Mutter da. Ist sie denn auch damit einverstanden, daß du kommst?"
„Doch, Vater, sehr! Und ich mag sie auch leiden. Sie sieht fast aus wie Tante Tzerstede und hat auch so blanke braune Augen wie sie."
„Älardus, ich habe gedacht, du solltest einmal Sülfmeister werden. Du weißt doch jetzt schon so gut in den Siedekaten Bescheid. Boldewin hat sein Lernen. Aber dich konnte ich immer schicken. Du hast auch oftmals dort, wenn es eilig war, beim Holzaufstellen geholfen; du warst immer bei allen wohlgelitten. Und das soll nun alles nicht gelten?"
„Ach, Vater!"
„Auch hier im Hause wirst du mir fehlen und uns allen. Wirklich, ich hätte nie gedacht, daß du die Sülze und die Stadt Lüneburg so ganz aufgeben könntest. Was wird Klaus Springintgud dazu sagen! Ihr wart doch immer so gute Freunde."
„Ich wär auch wohl ganz gern Sülfmeister geworden. Aber nun bin ich

in Lübeck gewesen, nun möchte ich lieber den Salzhandel lernen und möchte lieber das tun, was Herr Johannes Andresen tun muß, und", setzte er leise hinzu, „ich möchte auch ab und an gern mit Schiffen über das Meer fahren wie er."

„Ja, so..., dann haben wir wohl nicht mehr viel zu hoffen. Und jetzt mitten im Jahr willst du uns verlassen?"

„Herr Andresen möchte, daß ich bald komme."

„Aber, Älardus, du bist doch noch so jung!"

„Man hat mir gesagt, in Lübeck fangen die Lehrlinge alle in meinem Alter an."

Hinrich stand am Fenster, sah auf die Bäckerstraße und sagte: „Johannes Andresen... Johannes Andresen... ich muß ihn doch kennen. Und das Haus an der Trave, das umrankte mit der Goldkugel auf dem First habe ich auch schon gesehen, aber es ist lange her. Und es hat sich auch vieles dazwischengeschoben. Ich will mich morgen auf der Sülze nach ihm erkundigen, und wenn ich gute Auskunft bekomme..."

„Dann darf ich nach Lübeck?"

„Ja, wenn du es so sehr gern willst, und wenn unsere Mutter nichts dagegen hat, kannst du dann meinetwegen reisen. Aber bevor wir den Lehrbrief aufsetzen, mußt du einen Monat zur Probe bleiben. Das ist für Herrn Andresen besser und auch für uns. Und sollte es dir dann nicht gefallen, so kommst du wieder zu uns nach Lüneburg."

„Oh, Vater, es gefällt mir!"

Acht Tage später stellte sich Boldewin wieder ein, und nun war Älardus enttäuscht. Er hatte gehofft, Boldewin würde von Jagdausflügen durch die wilde Waldfinsternis des Harzes erzählen, von erlegten Wölfen und Bären. Nichts dergleichen.

Boldewin erzählte meistens von dem jungen hochgelehrten Scholastikus. Er hatte viel in der Walkenrieder Klosterschule gesteckt.

„In den Vakanzen auf Schulbänken hocken?" fragte Älardus kopfschüttelnd.

„Wir waren nicht viele Schüler. Fast alle waren zu ihren Eltern gereist. Nur zwei von den älteren waren zurückgeblieben. Jeden Tag hat der Scholastikus mit uns eine Stunde oder auch länger im Homer gelesen."

Auch mein Sohn Boldewin sagt nicht alles, was er weiß, dachte Hinrich, während er in seine Schreibstube hinüberging. Und dann war es genauso wie vor acht Tagen, als Älardus heimkam. Hinrich war kaum bei seiner Schreibarbeit warm geworden, da klopfte es. Und nun kam Boldewin über die Schwelle.

„Nun, mein Sohn, hast auch du etwas auf dem Herzen?"

„Ach, Vater, daß ich es nur sage. Ich möchte wohl nach Walkenried zurück."

„Zu dem Scholastikus?“
„Ja, bei dem möcht' ich lernen.“
„Und willst es hier bei den Benediktinern von Sankt Michael aufgeben?“
„Doch wohl.“
„Und jetzt, vielleicht gar mitten im Jahr?“
„Vater“, begann Boldewin, „hast du nicht manchmal von Bologna gesprochen? Hast du nicht gemeint, ich könnte dort vielleicht einmal studieren wie Boldewin, der Abt? Vater“, und nun war es an Boldewin, verlegen zu werden, und er sah an Hinrich vorbei aus dem Fenster, „der Scholastikus in Walkenried meint, das mit dem Doktorhut könnte ich wohl schaffen.“
„Ja?“
„Er will mich soweit bringen, daß ich nach Bologna kann. Und wenn du es erlaubst, dann möchte ich wohl gleich nach Michaelis wieder zurückfahren nach Walkenried.“
„So willst du mich auch verlassen?“
„Ich ginge so gern.“
„Boldewin, was wird man auf dem Michaeliskloster sagen? Man wird es mir verübeln. Und du weißt, ich mag gern mit jedermann in Frieden leben.“
„Ach, Vater!“
„Heut kann ich noch nichts sagen.“
Am Abend ging Hinrich auf der Diele hin und her, wie er es oftmals tat, wenn er sich über etwas schlüssig werden mußte. Wer weiß, wozu es gut ist, überlegte er, Boldewin ist ein Tzerstede, und die Tzerstedes sind noch niemals besonders stark gewesen. Vielleicht tut ihm die Luft der Harzwälder gut. – Und dann ist es bei uns im Bürgermeisterhaus allzeit so unruhig. Die Kinder toben, und man kann ihnen doch nicht immer alles verbieten. Ein junger Studiosus aber braucht seine Ruhe. Vielleicht ist es das beste, ich sage ja. Und schließlich: Was ich Älardus zugebilligt habe, kann ich Boldewin nicht vorenthalten.
So verließen denn beide Söhne Anfang Oktober das Haus. Boldewin reiste mit den Hildesheimer Tuchhändlern, die zum Michaelismarkt nach Lüneburg gekommen waren und ihre Stoffe in der Techt ausgestellt hatten. Älardus fuhr mit dem Salzschiff nach Lübeck, das dem Schiffshauptmann Hogeherte und Hinrich Lange zu gleichen Teilen gehörte.

IV

Der Propst von Lüne

Der grausame König Schnee

Der Nikolaihof war mit seiner Kirche, mit Pfarr- und Küsterhaus hinter dem Eichenwäldchen verschwunden. Dafür war nach Westen hin das hohe Schiff des Bardowicker Domes herausgekommen, seine beiden mächtigen Turmstümpfe. Die Sonne mußte bald aufgehen. Hinrich sah sie noch nicht. Aber das ganz und gar verschneite Dach des Bardowicker Domes färbte sich rosenrot und mit ihm die unscheinbaren Trichterhütchen auf den Turmstümpfen.

Es war nicht viel mehr als dieser Dom nachgeblieben von der Herrlichkeit der alten Langobardenstadt. Aus Schweden waren die Langobarden einst gekommen. Fünfzehnhundert Jahre und mehr mochten es her sein. Der „grausame König Schnee" hatte sie von dort vertrieben. So erzählte man es hier im Lande. In ihren langen Schiffen waren sie über die Ostsee gefahren, hatten ihre schlanken Fahrzeuge durch die holsteinischen Wälder getragen, hatten sie auf die graue Elbe gesetzt und auf der anderen Seite des Stromes ein Reich gegründet. Sie hatten Bardowick gebaut, die herrliche Stadt, die Jahrhunderte lang die Hauptstadt der Langobarden gewesen ist.

Es ist wohl auch nicht allein der viele Schnee gewesen, der sie aus Schweden vertrieb, sinnierte Hinrich, während er weiterritt. Ist auch wohl Fernweh dabeigewesen und Lust an der bunten Welt und am Abenteuer. Denn hier im Lande haben sie es auch nicht lange ausgehalten. Nein, es hielt sie nicht. Und wenn auch ein gut Teil hier an der Elbe blieb, ja, weit mehr als die Hälfte, die anderen machten sich wiederum auf die Reise, schwärmten von Bardowick aus in die Welt und zogen in einem großen Bogen über Theiß und Donau nach Italien. Der alte Bürgermeister Vischkulen hat ihre Gräber in Ungarn gesehen; damals, als er nach Budapest reiste zum Kaiser Sigismund, um die Aufrührer in der Stadt Lübeck bei Kaiser und Reich zu verklagen. Von den Bauwerken aber, die die Langobarden in Italien errichteten, hatte Boldewin, der gute Abt, den Lüneburgern genug erzählt.

So waren die Nachkommen der tapferen Schweden, die vor vielen Jahren ihre Schiffe durch Holsteins Wälder trugen, sowohl draußen in der Lombardei als auch hier im Lande. Und alles, was in den Dörfern um Lüneburg den Acker bestellte, und alles, was in Lüneburg im Schatten der Johanniskirche wohnte, hatte Blut von ihrem Blut in den Adern.

Man hatte auf dem Nikolaihof Fastnacht gefeiert. Jedes Jahr um die Fastenzeit muß Hinrich mit den Hofmeistersleuten, mit Pfarrer, Küster und Organist essen und trinken. Das gehört zu seinen Pflichten, und gestern ist diese Köst gewesen. Auch die armen Alten vom Nikolaihof hatten einen großen Tag. Mit Punsch und Apfelkuchen waren sie bedacht worden. Im Männerhaus war es hoch hergegangen. Und in dem Hause mit dem Medusenkopf über dem Eingang waren die Fenster bis Mitternacht hell gewesen.

Hinrich ritt wie immer auf seinem breitbrüstigen Blauschimmel. Er trug einen Rock, der ihn schon in jungen Jahren vor Kälte und Unwetter geschützt hatte. Ilsabe hatte ihn zugeschnitten, hatte ihn mit Biberfell abgefüttert und etliche Schilde mit dem halben Bären, dem Langeschen Wappen, auf den Stoff gestickt. – Mußte er darum an sie denken? War sie ihm darum heut so nah? Aber man hatte gestern auch immer nur von alten Zeiten erzählt, nicht nur Pfarrer, Organist und Küster, auch der schon grau gewordene Hofmeister, auch die rasche Hofmeisterin. Und wie oftmals, so hatte man wieder von der Zeit gesprochen, als man auf dem Nikolaihof die neue Kirche baute. Und wie man, als die alte Kirche abgerissen war, in dem Eichenkamp die Messe feierte. Der Altar war an die älteste Eiche gerückt worden und das Kruzifix an der grauen Rinde des Baumes befestigt. Auch der Kelch, den Meister Lafferde aus Ilsabens Goldkette geschmiedet hatte, war nicht vergessen worden. Und nun erst die Kirchenweihe! Die Benediktiner vom Kalkberg und etliche der Weißen Mönche, die in Lüneburg hinter dem Bauhof wohnten, Bürgermeister und Ratsherren, sie alle waren in bekränzten Schiffen die Ilmenau hinuntergefahren und der Bischof von Verden auch. Nach der Weihe der Kirche hatte man gegessen und getrunken. An langen Tischen hatten sie unter den Bäumen getafelt, wie das Sülzvolk, wenn es im Scharnebecker Kloster zu Gast ist. Das Gesinde vom Nikolaihof, die alten Männlein und Weiblein waren mit dabeigewesen. Von den alten Männern hatte bald der eine, bald der andere unter den Eichen im Gras gelegen, um seinen Rausch auszuschlafen.

Und Ilsabe hatte mitgefeiert.

Ja, sie war dabeigewesen, schön im Kleide und einen schmalen Goldreifen in den dunklen Locken. In goldbrauner Seide hatte sie zwischen ihm und dem Bischof von Verden gesessen.

Der Wald tat sich für Hinrich auf. Es war derselbe Wald, in dem er damals, am Ende des Sommers, zum letzten Mal mit Ilsabe und den beiden Kindern unterwegs gewesen war. Es herbstete schon ein wenig. Und da unter jener Eiche hatten sie gehalten. Die Kinder waren vom Wagen geklettert, hatten gesprungen und gehüpft und unter die Bickbeerbüsche geschaut, weil es sie lüstete nach den schwarzen Beeren, von denen immer noch etliche unter den Blättern hingen.

Heut war alles verschneit. Keines Menschen Fuß hatte den leichten Schnee

angerührt, der in der Nacht auf die alte Schneedecke gefallen war. Aber die Fährten von Hase und Reh waren zu sehen. Sie kreuzten die Lichtungen, zogen sich in Schnüren über den Weg, führten hinein in die grünen Mooskammern zwischen den Tannen, in die schützenden Dickichte. Der Bürgermeister kümmerte sich nicht um die tausend Heimlichkeiten der Kreatur, die der Wald heute kundtat.
Er sah sie kaum. Ihm war, als sei er in dem frischen Kirschblütenschnee mit Ilsabe unterwegs. Und die Kinder sind auch ein wenig dabei, Gertraudis und sein Töchterchen Ilsabe. — So kommt er aus dem Walde. Unter ihm liegt Lüneburg: Alle Kirchenschiffe verschneit, alle Häuser verschneit und die Stadtmauer auch. Hinrich achtet nicht darauf, während er auf der bergabführenden Straße dahinreitet. Da steht der große Schlehdorn. Wie ein schwarzes Weggespenst hockt er im Schnee. Und gleich hinter dem großen Schlehbusch gibt es einen Wegweiser. Darauf steht: Nach Kloster Lüne. Und diesen Weg schlägt Hinrich ein. — Er weiß es nicht. — Aber dann hält er sein Pferd an. Es ist doch wer hinter ihm im Schnee stehengeblieben? Ja, am Wegweiser. Aber nun war er auf dem Weg nach Lüne! Er streicht sich mit der Hand über das Gesicht. Er will nach Lüne. Er will seine Tochter Ilsabe im Kloster besuchen.
Während er über die Bleichwiesen des Klosters reitet, schallt Geschrei vom sonst so stillen Wirtschaftshof. Unter seinen Bäumen ist ein Getümmel von Reitern und Hunden. Der Anführer des ganzen Zuges — aufgemacht mit Federhut und Prachtkleid —, bei Gott, es ist Dirik Schaper, hoch zu Roß und hat Ritter und Scholaren, Mönche und Lüneburger Bürger in Waffen, auf Pferden, im Gedränge um sich herum.
Jetzt stößt man ins Horn. Das Getümmel ordnet sich. Und der Klosterpropst reitet neben Hans von Dahlenburg, dem herzoglichen Zöllner, unter den Eichen hin, dem Ausgang entgegen.
Ein ungleiches Paar! Ist der Propst klein und windschief, Hans von Dahlenburg, der Zöllner des Herzogs, ist stattlich von Gestalt. Man sah es: Schinken und Mettwurst schlugen gut bei ihm an.
Das herzogliche Zollamt, in dem der Dahlenburg wohnte, lag in der Bäckerstraße, nicht weit vom Bürgermeisterhaus und in der gleichen Straßenzeile. So gehörten der Zöllner und seine Frau zu Hinrichs nächster Nachbarschaft. Aber man hielt sich auseinander. Auch Wobbeke mochte den Dahlenburg nicht. Sie nahm Anstoß an seinen Zähnen, und sie störten sie, wenn er den Mund auftat, sei's zum Sprechen, sei's zum Lächeln. Es war wirklich so, als hätte er mehr Zähne im Munde als andere Menschen und auch größere Zähne; und sie waren ineinandergekeilt, wuchsen ihm wie Kraut und Rüben im Mund.
Obgleich der Zöllner Hinrich gar nicht so besonders wohlgesinnt war, grüßte

er mit bewimpelter Lanze und ritt lächelnd und all seine Zähne zeigend, an ihm vorbei. – Auch der Propst grüßte. Er ritt einen schwarzen Hengst, der viel zu schön war für seine kleine, unausgeglichene Gestalt. Das Tier war auf das prächtigste aufgezäumt mit grünem Riemenwerk, das allenthalben mit schönen Goldblechen beschlagen war.

Dirik Schaper, denkt Hinrich, während er sein Pferd an den eisernen Ring eines Prellsteines bindet, wie hast du dich in den wenigen Jahren verändert. Wer würde in dem sorglos zur Jagd reitenden Herrn den demütigen Schreiber wiedererkennen, den armen Buckligen, der in einem verschossenen Rock aus Goslar herüberwanderte und den man um Gottes Willen, und weil er guter Leute Kind war, im Lüneburger Rathaus unterbrachte. Hinrich sah ihn vor sich, wie er das erste Mal zu ihnen in die Kanzlei kam mit seinen langen Armen, die wie Spargel aus den zu kurzen Ärmeln schossen. Oh, er konnte arbeiten! Es wurde ihm nichts zuviel. In diesen langen, starken Gliedern steckte eine unglaubliche Kraft. Jahrelang war er Hinrich in der Kanzlei zur Hand gegangen. Schließlich war er Notarius geworden. Am Ende hatte man ihn zum Propst gemacht, weil einige im Gestühl glaubten: Es ist gut, wenn man unter den Papen seine Freunde hat. Aber bald nachdem er ins Lüneburger Propsthaus gezogen war, hatte er die alte Freundschaft zum Rat von sich getan wie ein Paar zerrissene Schuhe.

Hinrich ist vom Rate aus zum Klosterbürger gewählt und kann zu jeder Zeit das Kloster betreten, und so tat ihm die Schwester Pförtnerin auch gleich die Tür auf. – Da stand er auf der Klosterdiele in einer eisigen Luft. Er sah nach der Fensternische. Das angenehme Plätschern des Brunnens in der Nische war verstummt. Zu Eis geworden die sprudelnde Quelle. Von dem Maule des Delphins, der so anmutig über der Schale schwebte, hing ein Eisbogen auf den gefrorenen Wasserspiegel.

Die Pförtnerin hatte zu Ilsabe geschickt, und da kam sie ihm schon entgegen, im weißen Chormantel, den Rosenkranz an der Seite. Das Wenige von ihrem Gesicht, das Stirnbinde und Schleier freiließen, wurde hellrot vor Freude, als sie den Vater erblickte. Sie griff nach seinem Ärmelsaum. Sie drückte ihn an ihre Wange.

Sie gehen im Kreuzgang auf und ab. Seine bunten Glasbilder sind unter einer schneeigen Kruste verborgen: Das Bild des Walfisches, der aus den Wellen hochschnappt, um Jonas auszuspucken, und die Bilder der Heiligen Propheten. Aber die blaue, rote und grüne Glut ihrer Kleider durchscheint freundlich die helle Eisblumenpracht. Vereist sind die Kreuzgangwände und die Gedenksteine an den Wänden, die für die Äbtissinnen aufgerichtet wurden, die man hier im Kreuzgang begrub. Die Schrift auf den Denksteinen kann man nicht lesen. Sie ist ganz unter glitzernden Eisnadeln verborgen.

Der Vater muß erzählen. Von den Geschwistern möchte Ilsabe etwas hören.

Was Älardus geschrieben hat, hätte sie gern gewußt. Man hat ihr gesagt, daß er oftmals in der Kogge seines Lehrherrn über das Meer fährt, um Lüneburger Salz nach Wismar zu bringen, nach Rostock und zu den Mönchen auf Hiddensee. – Ja, Schonen, Reval und Rügen läuft er zuweilen mit seiner Kogge an. In stürmischen Nächten muß sie oft an ihn denken. Dann betet sie für ihn. Der Vater kann Gutes berichten. Er hat Älardus kürzlich in Lübeck besucht. Älardus ist wohlgelitten bei seinem Lehrherrn und dessen Ehefrau. Er wird gehalten, als wäre er ein Kind vom Hause, ja, fast so wie die eigene Tochter, des Hauses einziges Kind. Und wie Bruder und Schwester sitzen sie beide am Tisch. Ilsabe lächelt. Hat ihr der Vater etwas andeuten wollen? Es baut sich etwas vor ihr auf, vorerst wie aus dünner Luft. Wird der Bruder vielleicht einmal in Lübeck sein Glück finden?
„Und Boldewin? Was ist mit Boldewin?"
„Boldewin ist immer noch in den Wäldern der Harzberge."
„Jagt er Wölfe?" will sie wissen.
„Wohl kaum", beruhigt sie der Vater. „Boldewin muß viel lernen", fährt er fort. „Um die sieben freien Künste bemüht er sich. Und die Nummern, die er für seine griechischen und lateinischen Aufgaben erhält, sind ihm wichtig. Seine Zeugnisse erfreuen auch uns. In einigen Jahren wird er wohl nach Bologna reisen, um sich den Doktorhut zu erwerben. Wenn Gott es so gibt."
Aber dann blieb der Vater stehen. „Ilsabe", begann er, „fastest du wohl zuviel? Oder macht dir das Memorieren der vielen Psalmen, das nächtliche Aufstehen zuviel Beschwer? Nein? Das alles ist es nicht? Aber wie kommt es dann nur, daß du so blaß bist? Und deine Lippen sind fast bläulich. Vielleicht ist es dir hier zu kalt? Sicherlich, dich friert. Willst du nicht lieber in den Remter gehen?"
„Ach, Vater", und ein Lächeln huschte über Ilsabens blasses Gesicht, „im Remter ist es nicht viel wärmer als hier."
„Habt ihr denn keine Birkenstämme, keine glühenden Buchenscheite auf den Brandböcken eures Kamins, an denen ihr euch wärmen könnt?"
„Seit Weihnachten nicht mehr."
„Was, euer Remter wird in dieser grausamen Kälte nicht geheizt?"
„Ach, Vater, es ist wohl nicht recht Holz da."
„Kein Holz?"
„Wenn in der Klosterküche abgekocht ist, schütten sie die Glut, die geblieben, in eine große Wärmepfanne und tragen sie zu uns herein. Da mögen wir denn die Hände über den glühenden Kohlen aufwärmen, damit wir doch auch wieder die Nadel anfassen können. – Aber, Vater, wär's auch im Remter so warm wie in der Klosterküche, wenn für den Propst und seine Gäste gekocht wird und für uns dazu, so ist es doch hier draußen bei dir

in der Kälte viel schöner. Ja, hier an deiner Seite gehen, das ist, als ginge ich im Sonnenschein und zwischen lauter Blumen auf und ab, und alle Vögel zwitschern dazu."

Hinrich lauschte hinter den verklingenden Worten her. Da war es wieder. Es war, als spräche jemand anders zu ihm aus seines Kindes Mund. Aber dann sagte Ilsabe, und es klang anders:

„Vater, du hast mir noch gar nichts von den Kleinen erzählt, von Agnese und Jutta. Geht es ihnen gut? Aber da fällt mir ein: ich habe in der Adventszeit eine Puppe für sie gemacht, ein kleines Bauernmädchen im schwarzen Beiderwandrock und rotem Jäckchen. Augen, Mund und Nase hat die Ehrwürdige Mutter auf das Leinen gemalt, und ich habe ihr aus dunkler Wolle einen dicken, schwarzen Zopf geflochten. Die Puppe müßtest du mitnehmen. Ich will sie gleich holen. Sonst wird es vergessen."

„Willst du sie nicht lieber Gebeke mitgeben? Sie will dich besuchen. Sie will mit der Mutter kommen. Im Frühling, wenn bei euch im Quadrum die Veilchen blühen. – Aber jetzt will es mir scheinen, es ist besser, sie kommen bald. Vielleicht schon morgen. Sie könnten dir ein kleines Jäckchen aus grauem Fehpelz mitbringen, das noch von deiner Mutter daliegt. Du könntest es gut unter dem Chormantel tragen."

„Das wäre ja allerdings gut, wenn sie bald einmal kämen. Sie brauchten nichts mitbringen. Aber die kleine Puppe gebe ich dir lieber doch. Wer weiß, wann die Mutter und Gebeke Zeit haben. Und siehst du, dann kannst du den Kleinen etwas mitbringen. Sie gucken, wenn du vom Nikolaihof kommst, doch immer nach deiner Tasche. Das taten wir früher auch. Ich will dir die kleine Puppe lieber gleich holen."

Brigitte Schellepeper

In diesem Augenblick erschien die Ehrwürdige Mutter im Kreuzgang, Brigitte Schellepeper. Immer noch schlank und mädchenhaft kam sie daher, hatte trotz der Kälte hellrote Wangen und war doch wohl schon über die Fünfzig hinaus. Hinrich ging der Abbatissa entgegen. „Ehrwürdige Mutter", begann er nach der Begrüßung, „da bin ich nun in Lüne, um mich um das Wohlergehen der Konventualinnen zu bekümmern, aber auch, um meine Tochter Ilsabe zu besuchen. Als wir nun zusammen durch den Kreuzgang kamen, war es mir, als sei ich in den Eispalast des Winters eingedrungen, der weit von uns, irgendwo in den nordischen Reichen liegen soll."

„Ja", sagte die Abbatissa, „was ist dabei zu machen. Es ist diesjährig eben besonders kalt. Und wir hier in Lüne – ich will es zugeben – haben wohl noch etwas mehr unter der Kälte zu leiden als andere. Wir müssen es wohl so hinnehmen."

„Da ich einmal hier bin, Ehrwürdige Mutter, gäbe es wohl noch einiges zu besprechen."

„So denke ich auch. Es ist längere Zeit keiner der Klosterbürger in Lüne gewesen. Wir wollen in das Sprechzimmer gehen."

Das Sprechzimmer lag zu ebener Erde, nicht weit von der Klosterpforte. Brigitte Schellepeper ging vor Hinrich her über die Diele. Sie kamen an der breiten Treppe vorbei, die zu den Zellen der Nonnen führte. Auf der untersten Stufe stand Ilsabe, das kleine Spielzeug, von dem sie vorhin gesprochen hatte, in der Hand. Hinrich steckte das Püppchen in die Tasche seines Pelzfutters.

Aber kaum waren Brigitte Schellepeper und Hinrich im Sprechzimmer, kaum hatte Hinrich auf dem Bandstuhl Platz genommen, so richtete er seine Augen, die stahlblau und leuchtend geworden waren wie immer, wenn es um eine Sache ging, die ihm am Herzen lag, auf die Abbatissa. Und er sagte:

„Ehrwürdige Mutter, es sind fast alles Lüneburger Kinder, die hier im Frieden des Klosters leben, Töchter und Schwestern der Handwerker wie der Sülfmeister. — Es ist nun einmal so, wir Lüneburger haben unser halbes Herz draußen in Lüne. Wenn uns auch am Tage im Drange der Geschäfte meistens nicht viel Spielraum bleibt, um uns in unseren Gedanken mit ihnen abzugeben, vergessen sind sie nicht. Und wenn wir Zeit haben, uns zu besinnen, so besinnen wir uns auch auf sie. Wir denken gern an sie. Wissen wir doch, daß sie geborgen sind und keinen Mangel leiden und unter eurem freundlichen Stabe leben wie in dem trauten Kreise einer Familie. Aber mir will scheinen, als seien sie im Augenblick hier in Lüne nicht so gebettet, wie wir es wünschen müssen. Versteht mich recht, Ehrwürdige Mutter; eine Abbatissa muß auf vielerlei Rücksicht nehmen. Sie kann nicht immer so handeln, wie sie wohl möchte. Sie ist nicht die einzige, die hier in Lüne gebietet. Darum möchte ich mir die Frage erlauben: Ist hier im Kloster im Augenblick nicht alles so, wie es sein soll?"

Brigitte Schellepeper schwieg. Sie war unschlüssig, nicht einig mit sich selbst. Da sagte Hinrich Lange leise:

„Ehrwürdige Mutter, warum wird in dieser grausamen Kälte im Remter nicht geheizt?"

„Wenn ich nur Holz hätte! Da würde ich ein so helles Feuer im Kamin unseres Remters anzünden lassen, daß unsere Nonnen sich wohl wärmen könnten. Aber unsere Holzställe und Holzschuppen sind leer. Kaum können wir in der Infirmerie die Zimmer unserer Kranken etwas wärmen, ja, ich weiß nicht, wie lange wir Holz haben, um damit in der Klosterküche einen Grapen Gerstengrütze für die Schwestern zu kochen."

„Wie ist das möglich?" rief Hinrich. „Kloster Lüne und kein Holz? Da ist der große Bahrendorfer Wald, der einst Heinrich dem Löwen eigentümlich zugehörte."
„Dirik Schaper, unser Propst", entgegnete Brigitte Schellepeper, „ist der alleinige Herr über all unsere Waldungen; er gebietet auch über den ausgedehnten Bahrendorfer Wald mit seinen Tannen und Eichen. Seine Aufgabe ist es, das Holz, auf das wir Anspruch haben, für uns schlagen und anfahren zu lassen; aber mag ich bitten, mag ich mahnen, mag ich fordern, es kommt kein Holz nach Lüne, und wenn wirklich einmal ein Wagen oder ein Schlitten mit einem Fuder Holz auf den Wirtschaftshof fährt, so wird es vorm Propsthaus abgeladen."
Brigitte Schellepeper sah auf. Es hatte geklopft. Es kam jemand über die Schwelle. Ein Mädchen in bäuerlicher Kleidung, fast noch ein Kind, die junge Magd der Abbatissa. Sie trug eine Feuerschale herein, vorsichtig, an zwei Griffen angefaßt. Als sie sich bückte und die kupferne Pfanne mit Asche und Glut auf die gemusterten Fliesen des Estrichs stellte, zwischen die Abbatissa und Hinrich Lange, da fiel ihr dicker, braunschwarzer Zopf über die Schulter weg auf die Fliesen, Hinrich Lange vor die Füße. Hinrich lächelte, weil dieses Mädchen mit dem schwarzen Beiderwandrock, ihrem roten Jäckchen und den roten Strümpfen ganz aussah wie die Zeugpuppe, die er in der Tasche seines Pelzfutters verwahrte. Augenscheinlich hatte sich Ilsabe dieses große Kind zum Muster genommen, den einzigen bunten Vogel in der Schar der Nonnen, die, bevor er das Sprechzimmer betrat, in weißen Chormänteln an ihm vorbeigegangen waren.
„Ihr seid Klosterbürger", begann Brigitte Schellepeper, als das Mädchen zur Tür hinaus war. „Dazu seid Ihr Ilsabens Vater. So mögt Ihr denn wissen: Wir haben in den letzten Jahren unsere Erfahrungen gesammelt. Wir haben am eigenen Leibe gespürt, daß ein Propst nicht ist wie der andere und daß unsere gute Zeit hinter uns liegt. Herr Hinrich, wir haben es nicht mehr wie dazumal, als Lüder Lehrte Propst von Lüne war."
„Lüder Lehrte", begann Hinrich, „war von bäuerlicher Herkunft. Er war ein guter Wirtschafter."
„Und ein guter Hausvater", fuhr Brigitte fort, „wir hatten damals, was wir brauchten, und bekamen immer alles zur rechten Zeit. So ist es nicht mehr. Es gibt Unterschiede. Man muß damit rechnen. Man hat wohl nicht immer einen Mann als Propst zur Hand, so bieder und rechtlich, wie Lüder Lehrte es war. Aber warum gerade ein Propst wie Dirik Schaper, der uns so ungute Wege führt, bei uns einziehen mußte, das können die Frauen vom Klostervorstand, das kann auch ich nicht begreifen. Herr Hinrich", begann sie nach einer Weile: „Ich bin in einer Zwickmühle. Wie ich mich drehe und wende, ist es verkehrt. Da ist der mir von Gott anvertraute Konvent. Kann ich es

verantworten, wenn die Schwestern entbehren und Mangel leiden? Ist es aber wiederum recht und schicklich, den Herrn, der nun einmal dazu bestimmt ist, das Kloster nach außen hin zu regieren, zu verklagen? Es geht gegen die Klosterzucht. Auch handle ich kaum klüglich, wenn ich es tue. Muß ich nicht fürchten, daß wir mit solchen Klagen die Gunst des Propstes ganz verlieren, so daß wir — ich möchte sagen — von dem Regen in die Traufe kommen? Aber Ihr habt gefragt. Ihr gehört als Klosterbürger auch zu unseren Oberen, denen wir zu gehorchen haben. Und so muß ich Euch wohl Antwort geben."

Sie griff nach einer silbernen Glocke und läutete. Im nächsten Augenblick stand das Mädchen mit dem schwarzen Beiderwandrock, dem roten Jäckchen, wieder auf der Schwelle.

„Anneke, sage der Priorin, sie möchte zu uns ins Sprechzimmer kommen. Auch müssen wir die Pfennigkiste haben und die Bücher, vergiß das große Rechnungsbuch nicht!"

Nicht lange darauf kam ein ganzer Aufzug ins Zimmer. Zuerst erschien die grüne Pfennigkiste mit Eisenbändern beschlagen und mit drei Vorhängeschlössern behängt. Sie wurde getragen von Ilsabe und dem Mädchen in der roten Jacke. Der Bürgermeister sah sich die Magd der Abbatissa genauer an. So glücklich sah sie aus mit der kindlichen Fülle ihrer Wangen. Es ist gut möglich, daß Ilsabe ein wenig Anhalt an diesem guten Kinde hat, dachte Hinrich, schließlich leben sie ja beide in der Nähe der Abbatissa.

Aber jetzt hörte er ein Stoßen und Staken. Und hinter der Kiste und im Gefolge der beiden Mädchen kam die Priorin herein, an einem Stock humpelnd, im Gesicht grau und grantig. Nicht weit von der Türe setzte sie sich auf die Wandbank. Die beiden Mädchen stellten die Pfennigkiste auf den Estrich, trugen noch einige Bücher herein und verschwanden.

Die Abbatissa kniete sich vor der Kiste hin. Sie zog ein Schlüsselbund aus einer versteckten Tasche ihrer Klosterkleidung, schloß die Vorhängeschlösser auf und legte den Deckel der Kiste zurück.

„Da seht, wie mir die Hände gebunden sind! Ja, werft selbst einen Blick auf unseren Reichtum! Tretet nur heran, Herr Bürgermeister!"

Hinrich tat es und erblickte auf dem Boden der Kiste, außer einigen dünnen Silberwitten und etlichen Kupferscherfen nichts als ein Goldstück.

„Ihr seht, holl und boll ist die Kiste wie unsere Holzställe, unsere Speisekammer, unser Keller. Betrachtet Euch nur den Rheinischen Goldgulden, der auf dem Boden der Kiste liegt. Der Erzbischof von Trier ist auf ihm zu sehen mit seinem Krummstab. Dieses Goldstück ist unsere letzte Zuflucht. Ich will es zugeben, am Ende des Sommers war hier noch mehr Geld beieinander. Aber dann kam Michaelis heran. An Kuhhirt und Schäfer, an die Meierin und ihre Mädchen, an Fuhrleute und Knechte mußte der Sommerlohn aus-

gekehrt werden. Dazu mußten wir das ganze Klostergesinde mit warmem Winterzeug einkleiden, wie es nun einmal zu den Pflichten des Klosters gehört. – Da schmolz unser Geld dahin."
Die Abbatissa erhob sich, griff nach dem Rechnungsbuch und tat es an der Stelle auseinander, an der die diesjährigen Klostereinnahmen – und Ausgaben notiert waren. Sie reichte Hinrich Lange das Buch.
„Ihr seht", sagte sie dabei, „es blieb uns kein Geld übrig, um das Christfest recht zu feiern. Daß die Schwesternschaft diesjährig zum Weihnachtsfest nicht ihr geliebtes Mandelmus auf den Tischen ihres Remters hatte, – obgleich die Mandeln nicht hoch im Preise standen –, mag hingehen. Aber ist es wohl recht, daß die Schwestern, die winterlang Tag für Tag hinter ihren Bohnen-, Erbsen- und Grütznäpfen sitzen, zur Weihnachtszeit nicht die ihnen zustehende Erfrischung an Rosinen, Datteln, Feigen und Wein erhielten? Ja, daß man ihnen am Christabend nicht einmal das große, mit Honig gesüßte Weizenbrot reichen konnte, auf das jede Schwester zur Festzeit Anspruch hat? – Etliche Tage nach Weihnachten war es, ich saß in meiner kleinen Arbeitszelle und las in einem Evangelienbuch, da hörte ich Anneke beten, meine kleine Magd, die vorhin mit Ilsabe die Pfennigkiste hereintrug. Sie betete das Vaterunser. Ich lauschte. Ich ging zu ihr hinüber. Sie saß im Bette auf, die gefalteten Hände auf der weiß- und blaugewürfelten Schlupe ihres Oberbettes. „Anneke", redete ich sie an. „Was machst du, du betest das Vaterunser? Aber du betest ja nicht richtig. Weißt du, daß du die Bitte um das tägliche Brot zweimal gesagt hast?" „Ja, das weiß ich", gab sie mir zur Antwort. „Die Bitte habe ich mit Absicht zweimal gesprochen. Diese Bitte sage ich jeden Abend zweimal. Ich will, daß die guten Schwestern wieder ihr weißes Rosinenbrot bekommen. Ich will, daß am Sonntag für eine jede wieder das knusprige Zipfelbrot, das sie so gern mögen, auf den Tischen des Remters liegt, wie es früher immer gewesen ist."
„Es ist wohl so", fuhr sie nach einer Weile fort, „wir werden noch satt. Die Jungen, soweit sie kräftig sind und die derbe Kost vertragen können, bestimmt. Aber Mangel leiden auch sie. Jedoch die Älteren und Schwächlichen, die das grobe Schwarzbrot nicht essen können, leiden Not. Und einige von ihnen welken mir unter den Händen dahin. Und dann muß ich Euch noch etwas sagen. Mich bewegt eine große Sorge. Was soll ich dem Gesinde und der Schwesterschaft in der Fastenzeit reichen? Wir haben keine Salzheringe im Keller."
Hinrich zog die Brauen hoch. „Ist es möglich, Ehrwürdige Mutter? Im Kloster Lüne hat man keine Fastenfische?"
„Wie sollten wir wohl? Sind doch die, die wir im Vorjahr gekauft haben, noch nicht bezahlt."
Sie zog einen Zettel aus ihrem Rechnungsbuch. „Dies ist die Rechnung über

die vorjährigen Fische, die schon verspeist sind. Ich habe das Blatt zwischen die Seiten gelegt, damit es mich an die Schuld mahnen soll." Sie reichte dem Bürgermeister das Papier. „Seht, da steht es schwarz auf weiß: Vier Fässer Salzheringe geliefert an das Kloster Lüne. Nun frage ich mich oftmals, kann ich den Rheinischen Goldgulden nehmen, um die vorjährigen Fastenfische zu bezahlen? Ich könnte dann wieder Heringe bestellen und dem Klostergesinde zur Fastenzeit etwas auf den Teller geben; und doch, ich traue mich nicht, den Goldgulden anzubrechen. Denn ich weiß nicht, welche Einkäufe noch gemacht werden müssen, welche Zahlungen noch zu leisten sind. Wir sind überall im Rückstand."

„Es fehlt an Farben!" kam es von der Wandbank her, wo die kleine, grantige Priorin saß. „Es muß Wolle eingefärbt werden. Die Stickerinnen haben nichts mehr in die Nadeln zu fädeln. Seidendocken brauchen wir!"

„Auch das muß bedacht werden, Juliane", sagte Brigitte Schellepeper begütigend, „aber für Farben, Perlen und Seide haben wir im Augenblick kein Geld."

„Alle Arbeit im Kloster ruht!" trompetete die kleine Priorin weiter. „Die Schreibemeisterin hat nicht Papier, nicht Pergament; es fehlt ihr an Gold und bunten Tinten für die großen Anfangsbuchstaben."

„Der größten Not muß zuerst gewehrt werden. Aber der Mangel in der Schreibstube ist keine große Not." Die Priorin an der Tür richtete sich auf. „Die Theriakbüchse ist leer!" stieß sie jetzt hervor.

„Ja", begann die Abbatissa, „man sagte es mir gestern in der Infirmerie. Die Theriakbüchse muß wieder gefüllt werden, dafür muß ich einen Teil des Goldguldens in Anspruch nehmen."

„Und in dem Hafen mit den Blutegeln ist auch nichts mehr drin!" schrie die kleine krötige Person von der Wandbank herüber.

„Wir haben im Augenblick viele Kranke in der Infirmerie", sagte Brigitte Schellepeper. „Alle zwanzig Betten sind belegt. Aus den Dörfern kommen sie, aus der Stadt Lüneburg, um sich von uns pflegen zu lassen. Alles", rief sie zu der Priorin hinüber, „was in der Infirmerie gebraucht wird, wird gekauft. Für diese Ausgaben wird der Goldgulden fast draufgehen."

Indes hatte Hinrich die Rechnung über die schon verzehrten Heringe in die Tasche seines Pelzfutters gesteckt. Brigitte hatte es wohl bemerkt, ließ es geschehen und war im Grunde zufrieden. –

„Ich staune über alles, was ich hören muß", begann Hinrich. „Kloster Lüne ist so reich, wie im nächsten Umkreis nur noch die Abtei der Benediktiner auf dem Kalkberg. Unbegreiflich ist es mir, daß eure Pfennigkiste leer ist, ja, daß die Schwesternschaft dieses reichen Klosters nicht mehr recht weiß, was sie sich in die Milch brocken soll. Die vielen Ländereien, die zu dem Kloster gehören! Die reichen Klosterdörfer!"

„Da liegt der Hase im Pfeffer", rief es von der Wandbank her. „Haben wir denn noch Klosterdörfer?"
„Hinrich Lange, hört mich an", begann die Abbatissa: „Von unseren eigenen Ländereien gingen leise und fast unbemerkt Wiesen und Felder in andere Hand. Uns blieben noch Äcker, uns blieben noch Weiden. Ganz arm sind wir nicht. Wir haben noch Kühe im Stall, Schweine im Pferch, Schafe im Hukaven auf der Heide. Aber das alles reicht nicht hin und her. Es sind zu viele Menschen im Kloster, denen Speise gereicht werden muß. Unser Reichtum waren die Dörfer, die uns zehnten. Die reichen Abgaben aus den Höfen der Klosterdörfer sind der Quell, der den Wohlstand schafft; solange wir den Zehnten haben, können wir sicher sein. Und beide Zehnten sind so hochwillkommen. Der große Kornzehnte, der uns das Brot gibt, wie der Schmalzehnte, der die so notwendige Zukost bringt, mit der wir unsere Speisekammer füllen: Eier, junge Lämmer, Honig und Butter, Würste, von jedem Hof eine, lang und dick wie ein Bein, dazu Äpfel, Pflaumen, Birnen und Kohl. Aber wovon sollen wir leben, wenn ein Klosterdorf nach dem andern dahingeht, verkauft wird, verpfändet, verschleudert? Mir ist manchmal zumute, als sei mir eine Tonne des köstlichsten Öls anvertraut; sie gehört mir nicht, ich bin aber darüber gesetzt, um die Schwesternschaft des Klosters mit ihrer Hilfe in einem blühenden Zustand zu erhalten. Und da stehe ich nun und muß zusehen, wie das köstliche Öl aus der Tonne rinnt, – leise, kaum merklich, aber mit großer Stetigkeit –, wie die edle Flüssigkeit von Stunde zu Stunde weniger wird, und ich stehe dabei, und mir sind die Hände gebunden. Die reichen Marschdörfer, Artlenburg und Hohnstorf schwammen vor unseren Augen in die Weite. Jetzt geht auch Vogelsang. Die Bauern fleißig und willig. Sauber und gut ausgeknetet ihre Butter, reichlich die Eier."
„Unsere fetteste Ente", krächzte die Priorin von der Wandbank her. Sie nickte melancholisch mit dem Kopfe.
Die Alte ist schier unheimlich, dachte Hinrich. Wie wohl Brigitte Schellepeper mit diesem kleinen, borstigen Wesen fertig wird. Der Umgang mit ihr ist für die Abbatissa sicher eine Übung in der christlichen Geduld. Vielleicht hat sie sie ja aus diesem Grunde neben sich gesetzt. Die Heiligen haben es gern schwer. Laut sagte er: „Ist das Dorf Vogelsang verkauft?"
„Nein, verkauft nicht. Seine Zehnten sind auf sieben Jahre an einen Sattlermeister in Lüneburg verpfändet, dem der Propst viel schuldig ist für Sättel und Pferdegeschirre, die er angeschafft hat für sich und die beiden Jäger in seinem Propsthause."
„Vogelsang ist ein Äbtissinnendorf", begann Hinrich. „Der Propst bekommt nichts von den Einkünften, die aus jenem Dorf ins Kloster fließen. Korn und Butter, Eier und Fleisch gehen, wie mir erinnerlich ist, allein in die Küche der Nonnen."

„Es ist so, Vogelsang zehntet allein für uns."
„Und es ist ohne eure Einwilligung verpfändet worden?"
„Wir hätten niemals dazu ja gesagt."

Brigitte Schellepeper, dachte Hinrich, als er etwas später unter den verschneiten Eichen des Wirtschaftshofes hinritt, ihr Leben lag in Kreisen um das meiner lieben Frau Ilsabe. Ihr Leben liegt heute in Kreisen um das meiner jungen Tochter. Sie ist eine Abbatissa, wie sie sein muß, und ganz nach den Worten der Bibel, die uns raten: Seid klug wie die Schlangen und ohne Falsch wie die Tauben. Und wenn das alles auch nicht wäre, eins ist richtig: In Lüne müssen wir aufräumen.

Der Überfall

Als Hinrich vor dem Bürgermeisterhaus vom Pferd gesprungen war, winkte er seinem sechsjährigen Sohn Cord, der mit rotgefrorener Nase auf der obersten Treppenstufe stand. Er gab ihm den Zügel in die Hand. Er selbst betrat gleich darauf seine kleine Schreibstube, schrieb einige Zeilen auf ein Papier, verschloß das Schreiben und versah es mit den Worten: Zu Händen der Abbatissa von Lüne.
Danach tat er Geld in seinen Beutel und verwahrte den Brief an die Ehrwürdige Mutter in Lüne wie auch die wohlgefüllte Börse in der Innentasche seines Rockes; nahm bei dieser Gelegenheit Ilsabens Geschenk daraus hervor, das kleine Bauernmädchen, das er ganz vergessen hatte. Er setzte es auf den Leuchterfuß, begrüßte Gebeke, die gerade aus der Küche kam, sagte, daß er noch einmal weg müsse und vielleicht erst in zwei Stunden zum Mittagessen zurück sei. Er bat sie, es der Mutter auszurichten, ging danach die Treppe seines Hauses hinunter, nahm dem kleinen Cord den Zügel aus der Hand und ritt gleich darauf durch die Bäckerstraße dem Markte entgegen, an der Nikolaikirche vorbei. Vorm Kaufhaus stieg er ab. Er beglich in seiner Eigenschaft als Klosterbürger die letzte noch unbezahlte Rechnung, kaufte zwei Tonnen Salzheringe, eine kleine Tonne mit geräuchertem und gesalzenem Lachs, und man versprach ihm, Heringe und Lachs sofort nach Lüne hinauszufahren und sie an die Abbatissa selbst abzuliefern.
Kurz darauf ritt er aus dem Altenbrücker Tor und weiter die Dahlenburger Landstraße hinunter. Er ritt an Tannen vorbei, deren grüne Schirme schneeschwer auf dem Wege lagen, und war dann zwischen verschneiten Feldern. Die Luft über ihm war grau geworden, und nicht lange, so kam ein feines Schneegeriesel aus dieser grauen Luft herunter, alle Flöckchen leicht und mückenfein. Und dann knackte es gewaltig im Walde. Eine Eiche mußte

im Frost gerissen sein, und hinterher bellte in der Ferne ein Fuchs. Als er noch auf den Fuchs lauschte, hörte er Schellengeläut. Ganz leise, abgedämpft durch das feine Schneegeriesel, kam es ihm entgegen. Aber nun schimmerten Farben durch die diesige Schneeluft; aus der Unsichtigkeit kam etwas Kornblumenblaues heraus; und da stampfte schon ein Pferd heran, und die Schellen an dem schweren, mit Dachsfellen verbrämten Halsringe klingelten Hinrich immer lauter entgegen. Auf dem blauen Schlitten, den das Pferd hinter sich herzog, lagen junge Eichen, so zugeschnitten, daß man sie auf der Sülze brauchen konnte oder auf die Brandböcke eines Kamins legen mochte. In einem roten Knierock ging der lange, magere Bauer neben seinem Pferde her. Hinrich kannte ihn, er war ein Volkstorfer, und er hieß Karsten. Seine Felder gingen an den Bahrendorfer Wald heran, und eine kleine Ecke des Waldes gehörte ihm. Es standen junge Eichen dort. Hinrich hatte schon einige Male Holz für seine Siedekaten von ihm gekauft. Da es aber weder den Sülfmeistern noch irgend einem anderen Bürger erlaubt war, außerhalb des Stadttores um Holz zu handeln, gab Hinrich dem Volkstorfer Bauern einen Wink, und der schwenkte zum Zeichen seines Einverständnisses seine Peitsche auf und ab. Hinrich ritt vor ihm zur Stadt zurück und erwartete ihn unter dem Turm der Johanniskirche. Als der Schlitten neben der Kirche hielt, kaufte Hinrich das Holz und bedeutete dem Fuhrmann, das Holz nicht nach der Sülze und nicht nach seinem Hause in der Bäckerstraße zu bringen, das kleine Fuder vielmehr nach dem Kloster Lüne zu fahren. Den Brief an die Abbatissa zog er hervor und bat den Mann, ihn in der Pfortenstube des Klosters abzugeben und zu sagen, daß das Holz dazu bestimmt sei, den Remter der Nonnen zu wärmen. Darauf brachte er den Mann auf den Weg nach Lüne, und als der Bauer und sein Schlitten bald darauf in der diesigen Luft verschwunden waren, lauschte er auf das sich entfernende Geläute und sah dabei den Remter des Klosters vor sich, den er so gut kannte, sah etliche von den Eichenstämmen auf den Brandböcken liegen, von Flammen umlodert, sah Nonnen und Novizinnen, die sich um das Feuer drängten, lächelte, ließ die Zügel auf die beschneite Mähne seines Blauschimmels fallen und ritt nach Hause. Dann war das Mittagessen mit Grünkohl und geräucherter Schweinsbacke oben in der getäfelten Stube zwischen den Kindern und an Wobbekes Seite, und gleich hinterher holte er sich in der Schreibstube das Rechnungsbuch vom Nikolaihof hervor, um die Gelder einzutragen, die gestern bei der Fastnachtsfeier draufgegangen waren. Er war noch bei dieser Arbeit, als er Schlittenglocken die Straße heraufkommen hörte. Sollte der Volkstorfer Bauer schon zurück sein? Richtig, da hielt ein Gefährt vor seiner Tür still, nun stampfte sich jemand den Schnee von den Füßen, und gleich darauf kam der junge Bauer zu ihm herein.

Es war nun wirklich ganz anders gekommen, als Hinrich es sich gedacht hatte. Von dem Holz hatten weder Äbtissin noch Konvent etwas zu sehen bekommen. Denn als Bauer Karsten schon ziemlich nahe an Lüne heran war – er sah schon die Eichen des Wirtschaftshofes –, hatte er hinter sich Jagdhörner gehört und gleich darauf Pferdegetrappel und Hundegebell, und kaum war er auf den Hof gefahren, da war er plötzlich in einem Getümmel von Rossen, Reitern und Hunden gewesen. Der Propst und seine Freunde waren von der Jagd zurückgekommen. Einer der Klosterjäger ritt an dem Holzschlitten vorbei, er trug an hochgehaltener Lanzenspitze einen erlegten Hasen, dem die vier Beine zusammengebunden waren. Neben dem Propst ritt der herzogliche Zöllner; der Bauer kannte ihn, er sah, daß er vor sich einen Rehbock liegen hatte, ein noch junges Tier. Propst und Zöllner flüsterten miteinander. Und dann war Hans von Dahlenburg von seinem Rotschimmel herunter, trat an den Gaul des Bauern heran, griff ihm ins Geschirr, brachte das Tier zum Stehen und pflanzte sich, mit all seinen vielen Zähnen lächelnd, vor dem Pferdekopf auf, indes der Lüner Propst heranritt. Er schrie:
„Woher ist das Holz?"
„Aus meinem Walde, Herr", hatte ihm Bauer Karsten gleichmütig geantwortet.
„Es ist Bauer Karsten aus Volkstorf", flüsterte ihm der Jäger zu, der den Hasen an der Lanzenspitze hatte.
„Aus Volkstorf ist der Mann", schrie der Propst, „so ist das Holz auch gestohlen. Aus dem Bahrendorfer Wald ist es gestohlen. Es gehört mir. Bringe das Holz zum Propsthaus!" befahl er einem seiner Scholaren.
„Das Holz ist für die Abbatissa bestimmt", hatte Bauer Karsten gerufen. Aber man hatte ihm schnell die Zügel aus der Hand gerissen. Ein Scholar war auf die Schlittenkufen gesprungen, er knallte mit der Peitsche und fuhr mit dem Holz dem Propsthaus entgegen. Reiter und Jäger umringten die Holzfuhre, wie die Schiffe der Piraten eine Handelskogge umringen mögen, die sie aufgebracht haben und nun im Triumph in den Hafen fahren.
„Mich aber", sagte der Bauer am Ende seines Berichtes, „trieben die beiden Jäger mit meiner eigenen Peitsche vom Hof herunter, blieben bei mir, bis der leere Schlitten zurückkam. Da durfte ich die Zügel wieder in die Hand nehmen. Sie sagten, es wäre gut, wenn ich sobald wie möglich aus dem Umkreis des Klosters verschwände. Und nun stehe ich hier und habe meinen Auftrag so schlecht ausgerichtet."
„Was hättest du auch wohl gegen ein solches Aufgebot von bewaffneten Männern ausrichten können? Haben sie dir auch den Brief an die Ehrwürdige Mutter abgenommen?"

„Nein", er zog ihn aus der Tasche.

Was war zu tun? Das Holz war natürlich im Propsthaus gelandet, und doch mußte Hinrich darüber eine bündige Auskunft von der Abbatissa haben. Aber wen sollte er schicken?

In diesem Augenblick kam des Springintguds Sohn in die Schreibstube. Klaus Springintgud war ein lang aufgeschossener Junge von siebzehn Jahren mit wirren, braunen Haaren um den Kopf. Er und Älardus waren Freunde gewesen und waren es wohl noch jetzt. Klaus wollte Sülfmeister werden. Er lernte in der Siedehütte zum Dachs und kam heute mit Botschaft von da ins Bürgermeisterhaus. Er kam, wie es Hinrich Lange schien, gerade zur rechten Zeit. Ihn konnte man schicken.

Zu den Nonnen nach Lüne sollte er gehen? Ja, dazu hatte Klaus nun die allergrößte Lust. Er hatte schon lange gewünscht, sich dort einmal umzuschauen. Es waren doch auch ganz junge da draußen. Und von den großen Mädchen, die in der Klosterschule lernten und später in die Welt zurückkehrten, kannte Klaus auch die eine oder die andere. Ja, Klaus war bereit.

Da nun der richtige Bote gefunden war, warf Hinrich noch einmal eine kurze Nachricht auf das Papier, die Frage an die Abbatissa, ob sie heute im Laufe des Tages zwei Tonnen mit Heringen, eine kleinere Tonne mit Lachs und ein Fuder Remterholz erhalten hätte; und die Bitte, es ihm zu bestätigen, wenn alles richtig im Kloster abgeliefert worden sei.

Während sich nun Klaus Springintgud ein wenig flügge in der Schreibstube umsah, erschien Gebeke, stand unter dem kleinen gotischspitzen Türbogen, recht wie ein Bild in einem Rahmen, den hellen Zopf in einem anmutigen Kranz im krausen Haar. Da riß Klaus Springintgud die Augen auf, ja, er verschlang das Bild in der Tür mit seinen dunklen Augen.

„Gebeke", rief Hinrich, „gib Bauer Karsten in der Küche etwas Warmes zu essen, schenke ihm auch ein Glas Branntwein ein! Wenn du gegessen hast, Karsten, komm wieder hierher. Wir müssen noch abrechnen. Dein Geld muß dir werden. Dabei faltete er den Brief an die Abbatissa zusammen, durchstach ihn mit einem Federmesser, sagte darauf, als Karsten zur Tür hinaus war:

„Klaus, du gehst stehenden Fußes hinaus nach Lüne. Du gibst den Brief der Schwester Pförtnerin, die in der kleinen Zelle neben dem Eingang sitzt. Ich weiß, du bist gewitzigt und fliegst auf keinen Leim. Gib den Brief niemand anders!"

Hinrich zog zwei feine Pergamentstreifen durch die Schlitze der kleinen schriftlichen Botschaft, fügte die beiden Enden der Streifen aneinander und klebte sie mit Wachs zusammen, das er von einer Kerze tropfen ließ. Während er den blauen Stein seines Siegelringes in das hartwerdende Wachs drückte, sagte er:

„Du mußt im Kloster auf Antwort warten. Den Brief, den dir die Abbatissa mitgeben wird, laß dir von niemandem abnehmen!"
„Na", stieß Klaus hervor, sah den Bürgermeister von unten herauf an und ballte seine Hände zu Fäusten. Danach hielt er sich nicht mehr lange auf, stürmte gleich darauf über die Diele. Blickte von der Tür der Diele noch einmal zurück, konnte aber kein Zipfelchen von Gebekes moosgrünem Kleid erblicken.
Als Klaus nach einer Stunde von Lüne zurückkehrte, brachte er ein Schreiben von der Abbatissa mit, in dem es hieß, daß man wohl im Kloster Lüne die Fässer mit den Heringen und das Fäßchen mit dem Lachs dankbaren Herzens erhalten habe, aber von dem Holz, das ihnen Hinrich freundlicherweise zugedacht hätte, sei nichts in ihre Hände gelangt.

Die Klosterbürger

„Oh, dieser Teufel aus der hintersten Hölle", rief Johann Springintgud aus, als er Hinrichs Bericht gehört hatte. Springintgud war Klosterbürger wie Hinrich auch; und Wietzendorff, der Dritte im Bunde, war ebenfalls zur Stelle. Hinrich hatte ihn mitgebracht, als er den Springintgud am Abend in seinem Hause aufsuchte.
„Nicht genug", fuhr der Springintgud fort, „daß er unser Fleisch und Blut draußen in Lüne darben läßt, er schämt sich nicht, Abbatissa und Konvent am hellichten Tag zu bestehlen, zu berauben, möchte ich sagen, denn der Überfall auf den Holzschlitten ist einem Raubzug gleich. Ich sage es ja, der Lüner Propst ist kein Mensch, er ist nur so mit Menschenhaut überzogen."
Eine Erkenntnis, die dir reichlich spät kommt, dachte Hinrich Lange. Der Springintgud fuhr fort, „und wir haben Himmel und Hölle in Bewegung gesetzt, um ihn ins Propsthaus von Lüne zu bringen."
Die Hölle vielleicht. Der Himmel war wohl nicht mit im Spiel, korrigierte Hinrich Lange seinen ehemaligen Schulgefährten innerlich. „Und versprachen wir uns nicht goldene Berge davon, wenn er Propst in Lüne würde?"
„Du, Johann, vielleicht", sagte Hinrich nun doch. „Ich war wenig erbaut von diesem Plan."
„Wie hat er es uns gedankt! Nicht allein, daß er uns mit den Sülzprälaten immer mehr auseinanderbringt, er muß auch noch Lüne, unser Kloster Lüne, zugrunde richten. Und wie viele Lüneburger Bürger haben ihre Schwestern und Töchter da draußen! Was den Lüneburger Kindern draußen an der Ilmenau getan wird, schneidet in unser eigenes Fleisch."
„Die Abbatissa von Lüne und eine leere Pfennigkiste!" sagte der Wietzen-

dorff kopfschüttelnd. „Keine Fastenfische im Keller! Nicht das Geld, um unseren Kindern in Lüne einen Rosinenkuchen am Weihnachtsabend zu spenden. Es geht zu weit!"
„Aber fast unglaublich ist es ja", nahm der Springintgud wieder das Wort, „daß die Frauen nichts mehr auf ihre Brandböcke zu legen haben. Wieviel Wald gehört den Kindern an der Ilmenau! Da ist der große Bahrendorfer Wald. Er liegt ihnen sozusagen vor der Tür, hügelig im Gelände und dunkel von Tannen und so voll von Eichen wie die Waldberge des Harzes. Vielleicht hat der Löwe darum so gern im Bahrendorfer Forst gejagt und Hirsch und Bär und Wolf und Wisent dort erlegt und hat dieses Kleinod noch mit warmer Hand den Ratzeburger Domherren geschenkt."
„Und wohl kaum bedacht", fuhr Hinrich fort, „daß er den Domherren auf ihrer Insel im See keinen großen Gefallen damit tat, da ihnen der Bahrendorfer Wald der großen Entfernung wegen nicht so recht von Nutzen war. Und so haben sie ihn für einen Spottpreis an das Kloster Lüne verkauft. Holz im Überfluß und doch kein Holz."
„Der Bahrendorfer Wald", begann der Wietzendorff, „hallte den ganzen Herbst wider von der Axt der Fäller, habe ich mir sagen lassen. Und wie ich selbst sah, steht heute noch genug Holz aufgestapelt zwischen den Bäumen. In diesem schneereichen Winter kommt man mit der Holzarbeit nicht recht weiter. So geht alles, was im Herbst geschlagen wurde, nach Lüneburg, und das Holz steht, wie wir ja alle wissen, hoch im Preis. Dirik Schaper müßte draußen in Lüne im Gelde schwimmen."
„Und es ist noch immer nicht genug. All das Geld, was er einnimmt, langt nicht hin, um seine Schulden zu bezahlen."
„Er kann das Geld nicht halten; und hat er einen Goldgulden in der Tasche, juckt ihm schon die Hand, ihn auszugeben. Viel anders war es auch nicht, als er noch bei uns auf dem Rathaus war", fuhr der Springintgud fort. „Wenn er sich damals auch noch in seinen Grenzen hielt." „Ja, in Lüneburg", begann Hinrich, „trug er ein festes Geschirr, und jeder Schritt vom Weg der Pflicht wäre vom Rat bemerkt, wäre vom Rat geahndet worden. Aber jetzt in der Freiheit wachsen seine Wünsche ins Ungemessene, und er erfüllt sie sich alle. Und wenn es nur seine Wünsche wären! Aber da ist seine Konkubine, die große blonde Greta von Müden. Wahrhaftig, sie kommt daher, als wär sie eine Gräfin."
„Es ist so", fuhr der Wietzendorff fort, „die Leute sagen, der Propst weiß wirklich nicht mehr, was er ihr noch auf den Leib hängen will. Zwar wohnt sie noch auf der Altstadt in einem der Häuser, die die wandelbaren Frauen von der Stadt mieten. Aber dieses Haus soll ausgestattet sein wie ein Fürstenschloß: Teppiche auf dem Boden, Decken von Granatapfelsamt an den Wänden, silberne Leuchter auf allen Tischen und an ihrem Bett Vorhänge

von Luccaer Brokat. Die üppige Greta ist so recht auf die Fettweide gekommen, und seine ihm angetrauten Schäflein, die frommen Frauen von Kloster Lüne, läßt er darben."
„Er ist bald mit Lüne fertig", begann Hinrich wieder, „denn was kann wohl anderes dabei herauskommen, wenn die Klosterdörfer verkauft, verschleudert, verpfändet werden."
„Er ist über das Kloster gekommen wie ein Bursche, der im Gras ein Rebhuhngelege findet und nur den einen Gedanken hat, das Nest von Grund auf auszuplündern", sagte der Wietzendorff.
„Wir Klosterbürger", begann Springintgud, „müssen in Lüne nach dem Rechten sehen."
Hinrich nickte: „So habe ich's mir auch gedacht."
„Aber wann?"
„Am besten gleich morgen.
Noch eins: Was Brigitte Schellepeper mir anvertraut hat, darf nicht an die große Glocke gehängt werden, es bleibt unter uns dreien. Der Klosterpropst hat Freunde im Rat. Wir müssen auf eigene Hand handeln."
„Ich schlage vor", sagte der Springintgud, „wir drei reiten morgen bei Hellwerden nach Lüne hinüber. Seine Wirtschaft an der Ilmenau wird ihm den Hals brechen. Er kann nicht länger Propst bleiben."
„Das ist nach diesem allen wohl unmöglich", sagte Wietzendorff, stand auf und zog sich seine Handschuhe an.
„Vielleicht schlagen wir zwei Fliegen mit einer Klappe", begann Springintgud, während er seine Gäste an die Haustür geleitete. „Möglicherweise haben wir auch in der Pfannensache Vorteil davon, wenn er nicht mehr der Propst von Lüne ist."
„Darauf, glaube ich, brauchen wir nicht zu hoffen", entgegnete Hinrich. „Wenn es nicht um die Gesundheit und um das Leben unserer Kinder in Lüne ginge, wäre es vielleicht besser, wir ließen ihn ungeschoren. Oder meinst du, daß er die Stadt Lüneburg mit Rosen bestreuen wird, wenn er, vielleicht schon bald, das Propsthaus räumen muß? Aber was auch wird, eines ist sicher, wir mögen unternehmen, was wir wollen, dieser Mann ist unser Widerpart, er wird Zeit unseres Lebens wie eine Hechtgräte in unserem Halse stecken."

So waren sie denn nun wirklich am nächsten Tag unterwegs, um dem großen Frieren und der leiblichen Not der Benediktinerinnen von Kloster Lüne ein Ziel zu setzen.
Hinrich hatte vor sich auf dem Sattel ein kleines, von Gebeke in ein blauweißes Leinentuch gewickeltes Päckchen, in dem die Jacke aus Fehpelz steckte, die noch von Ilsabens Mutter stammte.

Die Nonnen hatten ihr morgendliches Stundengebet gefeiert und kamen in einem langen Zuge aus der Kirche, allen voran die Abbatissa. Sie hatte neben sich die betagte Priorin, die mit ihrem Krückstock gegen die Fliesen des Kreuzganges stieß. Hinter den beiden schritten die in Ämtern und Würden unter all ihrer vielen Arbeit ergrauten Frauen vom Klostervorstand: Die Kämmersche, die über die Leinenschätze des Klosters wachte, die Küsterin, Schaffnerin und Schreiberin, die Schulmeisterin, die einen Teil der Bürgertöchter erzog und unterrichtete, die Stickmeisterin, der all die Nonnen unterstanden, die unermüdlich an den bilderreichen Wandteppichen arbeiteten und mit den kunstgeübten Nonnen von Wienhausen im Wettstreit standen. Hinter dem Klostervorstand kam der Schwarm der Nonnen, die noch nicht zu Ämtern aufgerückt waren. Als letzte gingen, als das unbedeutende Schwänzlein des großen schwarzweißen Frauenzuges, die Novizinnen, zuallerletzt die jüngsten von ihnen, die noch beim Gesange in der Kirche schweigen mußten.

Diese jüngsten befanden sich noch in der Kirche, als im Kreuzgang die Pförtnerin erschien. Das war alarmierend; wenn sie ihre Pförtnerinnenzelle verließ, hatte sich etwas Bedeutungsvolles ereignet. Rasch kam sie näher. Die Abbatissa griff nach dem Goldkreuz, das ihr an langer Kette vom Halse hing, wandte sich um und hob das Kreuz gegen den langen Zug der Nonnen auf. Da standen die Schwestern still. Und nun meldete die Pförtnerin: „Es ist Besuch gekommen. Drei Herren vom Rat sind da. Sie wollen das Kloster sehen. Sie wollen alles sehen: Kleiderkammer und Webkammer, Keller, Kornböden, Spinnstube, Ställe und Speicher. Der eine von ihnen ist Herr Hinrich Lange, der andere Herr Johann Springintgud, aber den dritten kenne ich nicht."

„Es wird Herr Wietzendorff sein", sagte Brigitte Schellepeper. „Er ist der dritte Klosterbürger."

Die Kellersche und Kämmersche, die Stickmeisterin und die Küstersche waren bestürzt. Sie wollten gleich an ihre Arbeitsstätten, wollten in Küche, Keller und Kleiderkammer, in Stickstube und Schulstube nach dem Rechten sehen. Die Küstersche trat vor, sagte: „Es ist anzunehmen, daß die Herren auch zu einem Stundengebet in die Kirche kommen. Es ist in der letzten Zeit soviel liegengeblieben. Wir haben seit Weihnachten kaum ein Putztuch in Händen gehabt. Die Kreuze und Kelche, die Patenen und Leuchter sind fast blind." Ihr wurde Hilfe zugebilligt. Und sie nahm das junge Völklein der Novizinnen und einige jüngere Schwestern wieder mit sich in den Chor. In der Kirche drückte sie ihnen gleich Tücher in die Hände. Den großen Abendmahlskelch mußten sie blankreiben, das Sakramentenhäuslein, die Monstranz und die vergoldete Einfassung des großen Straußeneies, in dem man etliche Splitter vom Kreuze Christi verwahrte. Für Ilsabe aber zog sie den Äbtissinnenstab von Lüne aus der eisernen Öse des Stuhles, in dem Brigitte Schellepeper beim Stundengebet saß. Ilsabe hatte ihre Arbeit mit den vielen Krabben und Blümchen an seiner Krümme und mußte auch die hundert Blätter der goldenen Rose putzen, die in der Krümme saß.

Aber den drei Klosterbürgern stand nicht der Sinn nach der mit Bildern, Schnitzwerk und allerlei Zierat so reich ausgestatteten Klosterkirche. Auf den Böden waren sie, wo unter den hohen spitzen Dächern das Korn in gezimmerten Buchten lagerte. Der Hofmeister von Lüne begleitete die Klosterbürger, sagte, wieviel Drömt Hafer jener Haufen enthielt, wieviel Drömt Roggen drüben lagerten. Und wenn er die Zahlen nannte, sah der Springintgud Hinrich Lange an, der es vom Nikolaihof her gewohnt war, größere Getreidemengen abzuschätzen. Und nickte er zu den Angaben des Klostermeiers, so war es gut. Schüttelte er aber den Kopf, so wurde an Ort und Stelle nachgemessen. Dann wollten die drei die übrigen Vorräte des Klosters sehen, und Gislar Wittekrut, die Schaffnerin, und Anneke, die Magd der Abbatissa, brachten die Herren in die Keller, wo in früheren Jahren, damals, als Lüder Lehrte noch im Propsthaus wohnte, die Vorratsfässer unter den steinernen Gewölben lagerten: Fässer mit Bier und Wein, mit gepökeltem Fleisch, mit Butter und Seehundsspeck. Fässer lagen auch heute noch genug unter den Wölbungen. Aber an welches Faß die Herren auch klopfen mochten, ein jedes klang hohl. Kein Wein war vorhanden, kein Bier. Etwas Kohl war da, den die Schwestern selbst eingesäuert hatten; Pflaumenmus, unter Mühen von den Frauen gekocht. Weil die Abbatissa es so wollte, gingen sie auch zum Scheine des Gerechten durch Stickstube, Web- und Kleiderkammer. Aber als sie dann in den Holzschuppen kamen, zogen sie wieder ihre Schreibtäfelchen hervor, notierten die Klafter Holz, auf die die Mägde von Kloster Lüne Anspruch hatten und die sie nicht vorfanden, weil sie vom Propst nicht geliefert waren. Da blieb ihnen nicht viel Zeit, um das Rechnungsbuch der Priorin zu prüfen. Und auf ihre Bitte erlaubte man ihnen, es mit nach Lüneburg zu nehmen.
Die Schwestern spionierten auf eigene Hand ein wenig um die drei Herren aus Lüneburg herum. Man wußte gern, wo sie sich im Augenblick befanden. Man wollte vor Überraschungen sicher sein. Da war es nun jammerschade, daß die Fenster der Infirmerie, der Stick- und Webstuben von unten bis oben vereist waren. Aber man verstand es, mit Hilfe von heißen Kupferscherfen, kleine Gucklöcher in die Eispracht zu brennen, ja, etliche von den jüngsten Nonnen machten sich in der Klosterküche ein Gewerbe; denn von den Küchenfenstern aus, die abgetaut waren, konnte man gut den Wirtschaftshof übersehen, auf dem die Herren hin- und hergingen, um sich in den Ställen und Speichern umzutun.

Als Brigitte Schellepeper später die Küche betrat, standen die drei Schwestern immer noch vor den abgetauten Scheiben. Es war ja unstatthaft, ja geradezu unschicklich. Und man hätte sie mahnen müssen. Aber Brigitte Schellepeper, die Ehrwürdige Mutter, tat, als sähe sie sie nicht. Sie dachte in ihrem billigen Sinn: Da müssen wir sie tagaus, tagein frieren lassen; können ihnen nichts anderes zu essen geben als dicke Bohnen, grobes Brot und Gerstengrütze. Mögen sie schauen! Sie trat an den Herd. Die Schwester Küchenmeisterin hob den Deckel von dem Grapen, der an der Feuerschere hing. Eine Schweineschulter kochte in der Erbsensuppe. Die Abbatissa nickte. Ein kräftiges Essen! Das wird von den Herren gern genommen und ist bei der Kälte auch das richtige. „Kann man bald anrichten?"
„Die Suppe ist gar", sagte die Küchenmeisterin.
„Gut, in einer halben Stunde könnt Ihr im Remter decken. Fünf Teller." Die Küchenmeisterin begriff: Abbatissa und Priorin aßen mit den Herren. – Es gab wohl viel zu besprechen.
„Es sind wohl noch genügend glühende Kohlen in der Asche", sagte die Abbatissa, „bringe sie in den Remter, und laß ein Feuer im Kamin anmachen! Lege von unserem Kochholz darauf. Rück auch den Tisch, an dem gegessen wird, ein wenig an den Kamin! Die drei Klosterbürger aus der Stadt sind an die Kälte nicht so gewöhnt wie wir."
In diesem Augenblick hörte Brigitte Schlittenschellen und über die Köpfe der jungen Schwestern wegblickend, gewahrte sie ein Paar dunkle Pferde mit einem zottig gewordenen, im Augenblick weißbereiften Winterfell. Sie zogen einen Schlitten mit Holz, und hinter ihnen ritten ein paar Reitendiener mit rotbewimpelten Lanzen. Hinrich Lange hatte Holz aus der Siedekate, die der „Abt" hieß, hierher beordert.
„Das ist Remterholz", flüsterte Brigitte. „Jetzt können wir heizen. Es wird noch mehr kommen."

Die Esther-Truhe

„Heyno, wer ist der Mann unter dem hohen, an der Seite aufgerafften Baldachin? Er hat eine Krone auf dem Kopf, und die Straußenfedern nicken über die Edelsteine an ihrem Rande weg. Und rechts und links von ihm auf den Thronstufen stehen Mohren, halbnackt, mit Fächern und Wedeln von Pfauenfedern."
Gertraudis hatte so gesprochen. Straff aufgerichtet, die Hände hinter den braunen Locken verschränkt, kniete sie, um besser sehen zu können, auf den Dielenbrettern der Wohnstube und ließ kein Auge von den geschnitzten Bildern einer großen Truhe, die Heyno Vischkulen ihr zu ihrem Geburtstag

geschenkt hatte, heut an diesem Maitag, der wie ein rechter Tag im Monat Mai war.
In der Wohnstube der Eheleute, deren Wände wie gepflastert waren mit Gemälden von den Meistern der italienischen Schule, mit Bildern der flämischen Maler, hatte die große Bildertruhe ihren Platz gefunden. Man hatte sie gegen die Wandtäfelung geschoben, und das Licht, das durch die drei Fenster fiel, gab den Schnitzereien Licht und Schatten, und so gewannen Menschen und Dinge Leben. Ihrer Größe nach hätte sie besser auf die Hausdiele gepaßt. Aber Heyno wollte sie lieber in seiner nun ja auch recht geräumigen Wohnstube haben und nicht nur, um sich täglich an diesem Kunstwerk zu erfreuen. Aber die Schnitzereien, die um die Truhe herumgingen, als wäre sie ein Bilderbuch, waren so überaus empfindlich, und auf der halbdunklen Diele hätte leicht etwas von dem Zierat abbrechen können: Die letzten Blätter von dem Zweigwerk eines Zitronenbaumes, ein Zipfelchen von dem wehenden Schleier einer Frau oder die Helmbartenspitze eines Kriegsmannes.
Diese kunstvoll geschnitzte Truhe stammte, wie es hieß, aus dem Schloß auf der Allerinsel. Die Herzöge von der Lüneburger Heide waren oftmals in Geldverlegenheit, und in einer solchen Geldnot hatten sie die Esther-Truhe veräußert. Ein Paternostermacher aus Celle hatte ihre einzelnen sorgsam verpackten Bretter auf seinem Wagen gehabt, als er zum Michaelismarkt nach Lüneburg reiste.
„Heyno", rief Gertraudis jetzt noch einmal zum Tisch hinüber, „sag, wer ist der stolze Mann in dem kostbaren Kleid?"
„Das ist er ja selbst, der große Artaxerxes, der Perserkönig, der damals über die halbe Menschheit regierte. In Indien hatte er zu sagen und bis tief ins Mohrenland hinein. Über siebenundzwanzig Länder führte er das Zepter."
„Und die Frau an seinem Thron?"
„Das ist Esther, die Königin." Heyno war an Gertraudis Seite getreten. „Siehst du, sie hat zwei Mägde bei sich, und auf die eine lehnt sie sich gar zierlich. Die andere aber trägt den Schwanz ihres Kleides. So steht es in der Bibel. – Die Königin Esther ist übrigens seine zweite Frau. Die Frau mit dem schönen Haar, hier mehr nach links hin, war seine erste, die Königin Vasti, die er verstieß."
„Die er verstieß?" Gertraudis erhob sich von den Dielenbrettern. „Und weswegen?"
„Nun, wohl wegen ihrer Unbotmäßigkeit. Vielleicht hätte er sie trotzdem noch behalten. Aber seine Heerführer und Freunde und die Statthalter der siebenundzwanzig Länder ließen ihm keine Ruhe.
„Ach, Heyno, die Geschichte ist interessant, die mußt du mir erzählen."

„Da gibt es gar nicht viel zu erzählen. Es passierte auf dem großen Fest, das Artaxerxes feierte. Acht Tage schmauste und trank der König mit seinen Heerführern und den Statthaltern, die für ihn die vielen Länder seines Reiches regieren mußten. Er hatte sie alle eingeladen.
Dieses Fest, Gertraudis, mußt du dir wie eine Art Sodmeisterköst denken, zu der der erste Mann der Sülze seine Getreuen einlädt: Sülfmeister, manchmal dreißig bis vierzig an der Zahl, dazu den Stadtschreiber, den Ratsapotheker und Physikus, die Geistlichen von der Pfarrkirche Sankt Lamberti und was sonst noch alles drum- und dranhängt und gern mit zur Krippe möchte. — Nun, du weißt ja, der Sodmeister traktiert uns gut, mit Hirschbraten und Rinderfleisch und allem, was kreucht und fleucht, auf das beste gebraten und gekocht, wenn die Köst auch nur drei Tage dauert und nicht acht, wie die Schwelgerei des ehemaligen Perserkönigs. Aber das weißt du doch auch, daß der Sodmeister, wenn er mit seinen Bar- und Sülfmeistern tagelang mit fettem Mund aus dem Fenster guckt, seine Eheliebste nicht darben läßt. Sie darf sich einige Freundinnen einladen — Sülfmeisterfrauen, versteht sich —, und ihnen liefert man vom Rathaus her die gefüllten Schüsseln ins Haus. Sie brauchen sie nicht einmal zu wärmen. Und wenn die Sülfmeister auch Hirsch- und Wildschweinbraten für sich behalten, aber gekochtes Schöpsenfleisch mit Petersilientunke, ein gut geräuchertes Gänsebrüstchen, gebratene Hühner, Hecht und Ilmenaustör bekommen die Frauen auch. Und in erster Linie Datteln und Feigen, Krude und Kuchen, gebrannte Mandeln, Honig und Rosinen. Ja, Gertraudis, genauso war es auch damals, als Artaxerxes mit seinen Freunden feierte. Ob sich die Sodmeister vergangener Jahrhunderte diese alten Burschen aus Persien zum Muster genommen haben?" sagte er kopfschüttelnd und mehr zu sich selbst. Fügte wieder lauter hinzu: „Nicht allzuweit von dem Saal, in dem der König mit seinen Hauptleuten und den Statthaltern schwelgte, feierte seine Vasti in ihrem Frauenhaus mit ihren Freundinnen und saß in Fett und Fülle, zwischen kandierten Früchten und Würzzucker. Der König Artaxerxes hatte die Tafel dieser kleinen Frauenköst mit allem Süßen, Salzen und Leckeren des Orients bestellt. Aber nun kommt etwas, das hat sich auf einer Sodmeisterköst noch nicht ereignet. Es kann ja noch kommen", setzte er leise hinzu, „dem Springintgud insbesondere wäre alles zuzutrauen."
„Und was war das?"
„Ja, denk dir, als die Königin Vasti mit ihren Freundinnen so recht im Gange war, als von ihren hellen Stimmen und ihrem Gelächter um den Tisch eine Musik war, gerade als wenn ein einziger großer Bienenkorb summte und sang, da öffnet sich die Tür, und ein Kriegsmann tritt mit silbernem, blendend hellem Brustharnisch herein, den Speer in der Rechten; ein Bote vom König Artaxerxes. Die Königin Vasti soll kommen, sie soll gleich kommen.

Sie soll sich bei den schwelgenden Männern einstellen. Der König ist so stolz auf ihre Schönheit. Er will sie seinen Freunden zeigen, die zur Stunde wohl schon halb betrunken waren.
Die Königin Vasti machte vor Erstaunen ihren Mund auf, und all ihre Freundinnen waren sprachlos wie sie. Jetzt hier heraus aus Schwatz und Schmaus? Jetzt in den Saal zu den trinkenden Männern? Es paßte der Königin ganz und gar nicht. Vielleicht wollte sie ihren Freundinnen auch einmal zeigen, daß sie es wagen durfte, dem Ihren die Spitze zu bieten. Kurz und gut: Sie schickte den Boten weg mit der Nachricht: Vasti kommt nicht.
Sie kommt nicht? Der König traute kaum seinen Ohren. Kommt nicht? Ein Gemurmel ging im Saal der Männer um den Tisch. Sie wagt es, dem zu trotzen, der der Herr ist über siebenundzwanzig Reiche? Da läßt man den guten Hirsch- und Eberbraten kalt werden. Sie ziehen sich zur Beratung zurück, der König und seine Getreuen. Vielleicht hätte der König es in seiner Weinlaune durchgehen lassen. Aber seine Hauptleute, seine Freunde, die Statthalter seiner siebenundzwanzig Länder, all die vielen Männer, sie ließen ihm keine Ruhe.
„Das darfst du nicht stecken lassen", sagten sie, „das ist Rebellion. Wie wollen wir die Unsrigen hinfort im Zaume halten, wenn du es Vasti hingehen läßt, ja, was soll aus all den Männern in deinen siebenundzwanzig Ländern werden, wenn die Königin Vasti mit ihrem Trotz und ihrem Übermut durchkommt? Alle Frauen werden sie sich zum Muster nehmen ..." Sie konnten kein Ende finden. Schließlich, um Ruhe und Frieden zu haben, gab der König nach, und er schickte Vasti stehenden Fußes zu ihrem Vater zurück."
„Deswegen?"
„Ja, das findest du doch auch hart. Aber nun mußte eine andere Frau daher. Und viel tausend Mädchen aus allen Ländern des Königs reisten in die Hauptstadt. Man suchte aus und verwarf. Schließlich fand sich die Richtige. Eine sehr schöne, auserlesene Frau, aus vieltausend wohlgestalteten Jungfrauen dem König auserlesen. Eine Jüdin, aber das wußte der König nicht. Keine Gertraudis und keine Vasti. Eine stille Frau, eine sanfte Frau, eine ehrerbietige Frau, die ihre Ehrerbietung wohl zum Ausdruck zu bringen wußte."
„Na, das kann ein Mann, der über siebenundzwanzig Länder regiert, denn auch wohl verlangen."
„Nicht? Das meinst du doch auch. Ja, sie war so ganz das Gegenteil von der aufsässigen Vasti und darum dem König gerade recht, wie es ja bekannt ist, daß man immer in Gegensätzen liebt."
„Wieso?"
„Nun, ich meine, daß beispielsweise die zweite Frau meistens das Gegenteil

von der ersten ist. Denn was einem an der ersten Frau gefehlt hat, das schätzt man an der anderen um so mehr."
„Meinst du?"
Das war etwas, über das Gertraudis nachdenken mußte. Und sie kehrte Artaxerxes und seinen beiden Königinnen den Rücken und trat an das Fenster. Sie trat an das mittlere der drei Fenster und stellte sich neben die Zimmerlinde, die mit ihren samtenen und durchscheinenden Blättern immer eine lichtgrüne Luft im Zimmer verbreitete. Gertraudis sah über das schwarzdunkle Wasser der Ilmenau weg nach dem Kaufhaus, das sich jenseits des Flusses erhob und mit seiner langen fensterlosen Seitenwand auf starken Baumstämmen lag, die man am Uferrand in die Erde getrieben hatte. Gertraudis sah nicht viel von Ilmenau und Kaufhaus, sie sah nach der Brücke mit dem Opferstock und dem Heiligen Nikolaus. Sie dachte über die letzten Worte ihres Mannes nach, bis sie stutzte. Ein Schiff kam unter dem steinernen Brückenbuckel hervor, von Ruderern angetrieben, und hinter dem Schiff schleifte die Flagge mit dem silbernen Bremer Schlüssel über das blanke Wasser.
„Heyno, da fährt ein Schiff mit dem Bremer Schlüssel? Ist der Verdener Bischof vielleicht unterwegs? Wenn er im Schiff ist, hat er seinen halben Hofstaat mitgebracht. Domherren von der Spitze bis zum Heck. Heyno, komm doch schnell ans Fenster; ich rücke den Topf mit der Linde etwas beiseite. Oh, sieh nur, nun kommt noch ein zweites Schiff unter der Kaufhausbrücke hervor."
„Das müssen die drei Klosterbürger sein und andere Herren vom Rat", sagte Heyno, der neben seine Frau getreten war. „Sieh, dein Vater ist auch dabei und Schomaker, unser Worthaltender."
Die Männer in dem zweiten Boot waren noch festlicher gekleidet als die Geistlichkeit im ersten Schiff. Ihr farbenbuntes Gewand war im Wasser zu sehen. Denn das sommerfrohe Bild des Schiffes zog auch in der Tiefe des Flusses seine Bahn.
„Sie fahren zum Gericht", sagte Heyno. „Mit Schapers Herrlichkeit draußen in Lüne ist es aus. Das ist eine andere Fahrt als damals vor Jahren, als man zu seiner Einführung unterwegs war. Wir standen hier an gleicher Stelle, weißt du es noch? Es war auch an einem Maitag, ein halbes Jahr nach unserer Hochzeit. In drei Schiffen waren sie unterwegs. Alle Schiffe, mit Birkengrün und Eichenlaub bekränzt, mit Fahnen am Heck; und die Herren in den Schiffen so festlich angetan, als wollten sie zu einer Hochzeit. Und", fuhr Heyno fort, „es waren doch nicht alle damit einverstanden, daß Dirik Schaper Propst von Kloster Lüne wurde. Unser Vater war am meisten dagegen."
„Mir wollte es auch nicht in den Sinn. Ilsabe war damals so weit, daß sie in Jahresfrist Profeß ablegen mußte. Und wenn ich daran dachte, daß Dirik

Schaper ihr an ihrem Einsegnungstage die Hände in die Altardecke einwickeln mußte, so überlief es mich. Nicht, weil er verwachsen ist. Er kann ja auch nicht dafür, daß er aussieht wie ein Kanker, der mit seinen langen Beinen und dem kleinen Körperlein über das Wasser läuft. Und wenn es auch nicht recht ist, daß die Leute ihn so nennen und der Springintgud zuzeiten auch, aber er hat etwas an sich, was man nicht mag. Warum ist er eigentlich Propst in Lüne geworden?"

„Weil der Springintgud es wollte. Und was der Springintgud will, das will Albert van der Molen auch. Und was die beiden wollen, dazu sagt auch mein Bruder Klaus nicht nein. Das bringt die Freundschaft so mit sich.

Klaus Vischkulen und Albert van der Molen haben beide, wie du weißt, eine Schwester des Springintgud zur Frau. Und der Stadtschreiber steht auf ihrer Seite, weil er vielleicht denkt: Möglich, daß auch dir einmal das Glück blüht, daß man dir auch einmal eine Pfründe verschafft, wie sie deinem Amtsvorgänger Dirik Schaper zuteil wurde.

In der Welt geht es nach Gunst und Gaben. Und Albert van der Molen ist nun mal der begütertste Mann der Stadt. Er ist Sülfmeister. Aber das will nicht viel sagen. Das sind wir ja alle. Er hat Salzpfannen und Sülzrenten. Und sein Haus, die Goldene Treppe, ist das schönste in ganz Lüneburg. Dazu nennt er die Obere Mühle sein eigen, Werften am Fluß, Bauernhöfe in der Marsch und auf der Geest. Und nun hat er noch Schloß Winsen gepachtet mit all den vielen Wiesen und Ländereien. Stündlich wachsen ihm Gut und Geld in die Hand. – Weil nun Albert van der Molen immer zu dem Springintgud steht, darum geht soviel von dem durch, was der Springintgud will, wenn es auch oftmals verkehrt ist. Laß nur, Gertraudis, dein Vater kommt auch noch zum Zuge. Auf der Sülze will man gar nicht so viel von dem Springintgud wissen. Auf der Sülze schwört man auf Hinrich Lange, und das Sodmeisterbuch, das er führte, als er die Sülze regierte, wird noch heute den jungen Sülfmeistern gezeigt. Es wird ihnen anempfohlen, über das Salz in ihren Pfannen ebenso genau Buch zu führen, wie Hinrich Lange in seinen Sodmeisterjahren über das ganze Sülzwesen Buch geführt hat."

„Und schließlich ist der Vater doch noch vor dem Springintgud auf die Bürgermeisterbank gekommen", sagte Gertraudis mit Genugtuung.

„Sie waren beide gleich lange im Rat, und beide sind für die Bürgermeisterbank geeignet. Springintgud hatte wohl noch mehr Anhang, aber da war es unser Worthaltender, der den Ausschlag gab. Schomaker ist ein alter Mann. Und ältere Leute mögen gern sicher gehen. In der Zusammenarbeit mit unserem Vater hat er wohl immer diese Sicherheit gefunden, und darum wollte er ihn gern als Bürgermeister neben sich haben."

Es war so, der Bischof war gekommen. Zwar nicht mit den Schwalben, wie er den Lüneburgern hatte sagen lassen, wohl aber mit dem Pirol, der zum Pfingstfest eintrifft, um die Menschen mit seinem Gesang zu erfreuen. Er hatte die Herren aus seinem Domkapitel mitgebracht, die im Kirchenrecht Bescheid wußten, wiewohl der Bischof selbst ein halbwegs gelehrter Mann war, der sich im Kanonischen Recht gut auskannte.
Die Benediktinerinnen von Lüne kommen täglich nach der Prim zur Regelung ihres großen Hausstandes, zur Erforschung der Gewissen in ihrem Kapitelsaal zusammen. Heute hatten sich in dem achteckigen Raum, der mit seinen farbigen Glasbildern, den Silberleuchtern auf dem Altar einer Kapelle glich, nur die Frauen vom Klostervorstand eingefunden. Dazu Brigitte Schellepeper, die Äbtissin und die immer etwas grantige Priorin. Auch die Vikare des Klosters waren zur Stelle. Sie unterhielten sich leise mit den Klosterbürgern und den Domherren. Aber wo blieb der Propst? Wollte man doch über ihn heute zu Gericht sitzen! Man mußte warten. Man wartete schon eine Stunde. Man hatte nach ihm geschickt. Er war nicht aufzufinden; war nicht im Propsthaus, nicht in Kirche und Sakristei.
Das Ganze aufschieben? An einem andern Tag Gericht halten? Einer der Lüner Vikare hatte es vorgeschlagen. Der ritterliche, immer noch jugendliche Bischof schüttelte den Kopf, er sagte:
„Wer es nicht wagt, sich dem Gericht zu stellen, klagt sich an." Bei sich dachte er: Es ist nicht verkehrt, daß der Propst nicht erschien. Wir haben auf diese Weise weniger Schererei. Diese Ausreden, wenn er zur Stelle wäre! Und wenn man alles widerlegen will, gäb's eine Ramenterei bis zum Abend. Wir können dem Fuchs auch so die Schlinge um den Hals legen.
Es geht ebensogut ohne ihn, so dachten auch die Klosterfrauen. Seine Verfehlungen waren so offenkundig. Durch ihn war Kloster Lüne verarmt, das ehemals mit seinem Besitz hätte prunken können wie ein Pfau mit seinem Federrad. Dazu hatte sein Leben im Propsthaus bei allen Anstoß erregt. So wurde er denn, nachdem alle seine Sünden vorgebracht waren, seines Amtes entsetzt.
An die pergamentene Absetzungsurkunde hängte der Verdener Schreiber die Holzkapsel mit dem mit Inful und Krummstab thronenden Bischof, das Wappenbild des Verdener Stuhles. Bald darauf baumelten neben der bischöflichen Siegelkapsel Meinhard Wietzendorffs gekreuzte Heuharken, des Springintguds Hermelinkragen und Hinrich Langes halber laufender Bär. Und es war nur der kleine Unterschied, daß die Wappen der drei Klosterbürger an einfachen Pergamentstreifen von der Absetzungsbulle herab-

hingen. Aber das bischöfliche Siegelbild war mit einer erdbeerroten, gedrehten Seidenschnur an der Urkunde befestigt.
Und Dirik Schaper? Dirik Schaper tauchte erst wieder auf, als der Bischof mit seinen Domherren auf dem Wege nach Verden war. Und was sagte er, als man ihm eine von den beiden Urkunden überreichte?
Er sagte gar nichts. Er zerriß sie vor Brigitte Schellepepers Augen und denen der kleinen Priorin und verbrannte die Pergamentfetzen auf dem Herdfeuer der Klosterküche zu Asche. Aber die Holzkapsel mit dem Siegelbild des Bischofs steckte er heimlich in die Tasche. Vielleicht, so dachte er, könne er sie noch einmal brauchen.
Danach trieb er seine Benediktinerinnen in die Kirche, pferchte sie wie die Lämmer in der Sakristei zusammen. Und da mußten sie schwören, daß sie zu seinen Lebzeiten niemals einen anderen Propst als ihn im Propsthaus dulden wollten.
Brigitte Schellepeper hob ihre Hand nicht auf, und ihre Lippen sprachen die Eidesformel nicht nach, und die meisten Frauen aus dem Klostervorstand enthielten sich des Eides. Und daß die kleine, krötige Priorin dem von ihr gehaßten Propst nichts zu Gefallen tat, versteht sich von selbst.
Der Juni kam und ging. Die Kornernte rückte heran. Der tolle Propst machte immer noch keine Miene, sein Propsthaus zu räumen. Da war die Geduld der Lüneburger erschöpft.
Als Dirik Schaper eines Tages in der Frühe an sein Fenster trat, fuhr er sich mit beiden geballten Fäusten an den Kopf und rief:
„Herr du meines Lebens, was ist das?“ Im nächsten Augenblick trat er vom Fenster zurück. Denn unten zwischen den Eichen des klösterlichen Wirtschaftshofes standen wohl vierzig Männer, alle in Eisen, das Gesicht von der Kesselhaube beschattet, dazu bewaffnet mit Morgensternen, Helmbarten, Spießen und Speeren. Einige hatten zu den Fenstern des Propsthauses hinaufgestarrt.
Da stürzte schon der Scholar, der ihm der liebste war, in die Stube und rief: „Schnell, schnell, Ihr müßt aus dem Haus!“ Rasch trat der Propst noch einmal in seine Schlafkammer, raffte Goldgulden und Silberstücke, und was er in der Eile an Geld finden konnte, zusammen und stopfte alles in die Tasche seines Hausrockes. Ein wenig später lief er durch die enge, nach hinten liegende Küchentüre seines Hauses ins Freie.
Er hatte Glück. Denn hinter dem Schweinehaus, das nicht weit vom Propsthaus lag, stand ein Leiterwagen, schon mit Pferden davor, und der Schweinehirt warf den Dung auf das Wagenbrett. Im Nu war Dirik auf der Radnabe, stieg mit seinen langen Beinen über die Wagenleiter weg und legte sich auf den dampfenden Dung. Der gutmütige Schweinehirt, von den beschwörenden Händen des Scholaren verständigt, zog seinen blauleinenen Buscherum

aus, warf ihn mit ausgebreiteten Ärmeln seinem Gebieter über Gesicht und Brust, und dann fiel der warme Mist in groben Schollen über ihn hin. Als nun nichts mehr von Diriks schwarzem Rock zu sehen war, nahm der Schweinehirt die Leine in die Hand, griff nach der Peitsche, und der Leiterwagen holperte auf dem Wege dahin, der in die Lüner Feldmark führte. Der Scholar indes folgte auf einem Fußpfad, der sich verschwiegen durch Büsche und Hecken schlängelte, unauffällig dem Wagen nach. Der Leiterwagen gelangte auf einen ungepflügten Acker, und hinter einem Erlengehölz hielt der Schweinehirt die Pferde an. Aber kaum, daß der Schaper aus Mist und Unrat herausgekrochen war, so faßte er Mut, und ihm war, als riefe es in ihm:

Auf, auf, zu den Drei Heiligen Königen im Winkel zwischen Elbe und Nordsee! Auf zu den Zisterzienserinnen in Harsefeld, dem Propst von Buxtehude.

So strängte auf sein Geheiß der Schweinehirt die Pferde ab, und bald darauf ritten Propst und Scholar davon.

Sie ritten auf ihren derben Gäulen an dem grünen Uferrand der Ilmenau hin, bis in der Ferne der Dom von Bardowick mit seinen beiden Trichterhütchen auf den Turmstümpfen an der Himmelslinie aufstand und die Eichen des Nikolaihofes vor ihnen auftauchten.

An der Ilmenaubrücke vor dem Holzbild des Heiligen Marianus blieben sie. Sie ratschlagten. Am Ende ritt der Scholar allein über die Brücke. Der Propst sah, wie er dem Nikolaihof näher und näher kam, als er schließlich hinter den alten Eichen verschwunden war, atmete Dirik auf. – Er war allein. Weit und breit kein Mensch zu sehen. Auf der Ilmenau war Fluß auf, Fluß ab auch nicht das kleinste braune Segel zu erblicken. Und das dunkle Pferd, das, zufrieden mit seinem Los, nicht weit von ihm graste, störte ihn nicht.

Rasch zog der Schaper seine übelriechenden Kleider aus, und im Schatten einer alten Weide, die mit dickem Stamm auf der Uferkante hockte, sprang er ins Wasser. Er plätscherte, schwamm und tauchte. Das hatte er lange nicht gehabt! Er kam in Laune, schlug mit seinen Armen aufs Wasser, verwandelte die durchsichtige Flut um sich herum in Gischt und Schaum und schwamm von neuem. Weit holte er aus mit seinen mächtigen, muskelstarken Armen, so daß die großen Libellen, die glasgeflügelten, in langer Kette, immer eine hinter der anderen her, davontanzten über die Wiesen und weiter. –

Er sah es kaum, er hatte genug an seiner Wasserfreude. Er warf sich auf den Rücken und schwamm, das Gesicht den Wolken zugekehrt, warf sich wieder herum, tauchte mit viel Schaum und Geplätscher und kam mit einem ähnlichen weißen Gebrause wieder hoch. So tauchend und mit den Wellen spielend, gebärdete er sich in seiner Flußeinsamkeit wie ein hochzeitstrunkener Lachs, der sich vor Freude nicht zu lassen weiß. Erst als der Scholar in der Ferne vor den Eichen auftauchte, kam er wieder zur Besinnung, stieg pru-

stend aus der Ilmenau, stellte sich, als der arme Windschief, der er nun einmal war, in die gelben Butterblumen am Ufer und ließ sich von der Sonne trocknen.
Der Scholar hatte allerlei Priesterkleidung auf seinem rechten Arm, auch ein frisches Leinenhemd, das an der Ilmenau gebleicht, einen leichten Duft von Wiese und Wiesenheu hatte. Als der Schaper es über seinen Kopf zog, war es ihm, als hätte er noch niemals etwas so Köstliches auf seinen Leib gebracht. Während er nun die übrige, schon ein wenig fadenscheinige Kleidung des Pfarrers anlegte, ging der Scholar noch einmal zum Nikolaihof hinüber, um ein wenig Reitgeschirr für ihn zu holen. – Es war ein schlechter, abgebrauchter Sattel, den der blasse junge Mann eine Viertelstunde später anbrachte. Die Riemen des Zaumzeugs mürbe. Der große, gutmütige Junge steckte eine Handvoll Bindgarn in die Satteltasche und ein kleines Messer für den Fall, daß es auf dem Wege an dem Zeuge etwas zu flicken geben würde. Und dann saß der Propst auf, gab seinem getreuen Helfer vom Pferde herab zum Abschied die Hand, ritt an dem Holzbild des Heiligen Marianus vorbei und weiter über die Bohlen der Brücke, der Stadt Bardowick entgegen. Schon wieder ganz munter, wie es seinem getreuen Schüler vorkam, der ihm kopfschüttelnd nachblickte.
Nein, der ehemalige Propst ließ nicht die Flügel hängen. Und obgleich er im Augenblick wieder so weit war wie vor vielen Jahren, als ihm der Rat von Goslar den Laufpaß gegeben hatte, gab er sich nicht verloren. Er hatte wohl ein gut Teil Tarterblut in seinen Adern, das kam jetzt zu seinem Recht. Er dachte vielleicht: Am Morgen hat dir ein Klösterlein gehört. Jetzt gehört dir die ganze Welt, und sie liegt dir zu Füßen.
Im Buxtehuder Kloster tat man ihm die Türe auf. Nicht gerade, daß sein Glück dort blühte. Der Propst von Buxtehude, ein Niedersachse und guter Hausvater, hatte vor Jahren auf dem Prälatentag sein Urteil über den Lüner Propst gefällt, und das war nicht zu erschüttern. So war der Empfang ein wenig frostig. Aber das störte den Schaper nicht. Er durfte bleiben, durfte sich im Propsthaus sattessen, durfte in der Klosterkirche die mannigfaltigen Erlebnisse der Gottesmutter anschauen, wie sie Meister Bertram in seinem kostbaren Marienschrein dargestellt hatte.
Propst Johannes hielt sich von ihm fern. Aber zwei Schiffshauptleute aus Buxtehude, ein Riemenschneider und ein Grobbäcker, ja, auch ein Ratsherr der Stadt suchten seine Gesellschaft, vielleicht, weil der zugereiste Mann aus der reichen Salzstadt kam und damit aus der großen Welt. Wie zu erwarten war: Der Schaper führte das Wort. Er erzählte ihnen von den Lüneburger Ratsherren, die den Gottesfrieden eines Klosters für ein Nichts geachtet hatten. Nein, sie hätten sich nicht gescheut, eine bewaffnete Heerschar von Männern nach Kloster Lüne zu schicken, die Angst und Schrecken über die

Schwesternschaft brachten. Er erzählte von dem Reichtum der Lüneburger Sülzherren, von ihren Landgütern, von dem Glanz in ihren Häusern, von ihren kostbaren Krudeschalen, den goldenen Ketten. – Auch von ihrer seltsamen Freundschaft zu allem, was zum Kloster Scharnebeck gehörte, und wie das Gemunkel und Gemurmel von dem Schatz der Ratsherren, den man in dunkler Nacht unter dem Chor der Scharnebecker Kirche vergraben habe, landauf, landab ging und nicht wieder zur Ruhe käme.

Sie saßen in der kleinen Trinkstube des Propsthauses. Der Küchenmeister setzte ihnen Apfelwein und Bier auf den Tisch. Auch Chrysosthomos, der Vikar, der sich auf einen Wink des Propstes mit eingestellt hatte, hörte zu. Wenn er auch bei der Scharnebecker Märchengeschichte den Buxtehuder Ratsherrn mit einem Lächeln in seinen Augen ansah.

Oh, der Schaper wußte viel von dem Rathaus und seinen Ratsherren. Er erzählte flüsternd und über den Tisch gebeugt, als hätte er Staatsgeheimnisse preiszugeben. Und die biederen Buxtehuder Bürger dachten: Etwas muß doch von all dem wahr sein. Ganz aus der Luft gegriffen sind seine Geschichten sicher nicht.

Der Küchenmeister des Propsthauses aber seufzte, während er dem Schaper den Becher wiederum mit Apfelwein füllte: „Dieser Reichtum! Und das kommt alles von unserm Salzgeld her!“

Am Abend des dritten Tages nahm Chrysosthomos Dirik Schaper auf den Wunsch des Propstes beiseite und stellte ihm vor, wie doch das Kloster so wenig auf Besuch eingerichtet sei, da alle ihrer Hantierung nachgehen müßten; ja, er gab dem Schaper zu verstehen, daß Gäste im Kloster nicht viel länger als drei oder vier Tage wohlgelitten seien. Da schnürte der Schaper am nächsten Morgen sein Bündel, verabschiedete sich von dem ersten und ältesten der Drei Heiligen Könige, und ohne sich bei dem zweiten zu melden, bei dem Abt von Neukloster, fiel er am Abend bei den Harsefeldern ein.

Aber dem asketischen Gesicht des Harsefelder Propstes konnte er wenig Geschmack abgewinnen. Zweimal hatte er in seinem bescheidenen Propsthaus mit ihm und seinem Vikar Buchweizengrütze mit Specktunke gegessen. Als man ihm am dritten Tag Pfannkuchen aus Buchweizenmehl in Speck gebacken vorsetzte, suchte er andern Tags das Weite.

„Der Harsefelder, dieser Pedant und Knauser“, murmelte er im Abreiten. „Seine armen Zisterzienserinnen können . . .“ da riß der Faden ab, „mir leid tun“, hatte er sagen wollen. Aber zur rechten Zeit war ihm die Abbatissa Brigitte Schellepeper und ihr kleiner Nonnenstaat eingefallen, die ja auch nicht den Himmel auf Erden gehabt hatten, als er noch Propst von Lüne war.

Dirik Schaper ritt nach Süden, als wolle er geradewegs nach Italien. In den Abendstunden erschien am Himmel das hohe, grünspanhelle Dach des Verdener Domes, von der tiefstehenden Sonne rötlich erwärmt. Nach einer halben Stunde war er auf dem Hügel an der Aller, auf dem der bischöfliche Palast lag und der Dom im Schmuck seiner Kreuzgänge. Er hielt sich in der Nähe des Domes nicht lange auf, sondern ritt hügelab durch die engen Gassen, zwischen den vielen spitzgiebligen Häusern hin, die Dom und Bischofssitz umdrängen. So gelangte er an die braune Aller.

Nicht weit von der Brücke lag eine Hafenschenke, in der Treideler und Schiffer verkehrten. Dort gab Dirik sein Pferd ab, trat noch für einen Augenblick auf die Brücke und sah über das Geländer weg auf die lehmigbraunen Wellen des Flusses, die rauschend daherkamen. Er übersah das große Wiesengelände zur Rechten und Linken der Aller und warf noch einen etwas schiefen Blick auf das grünspanhelle Dach des Domes auf dem Hügel über dem Fluß. Danach betrat er die kleine Schenke, trat an einer etwas abseitigen Stelle an einen Tisch heran, an dem ein großer Junge mit einem Gesicht wie Milch und Blut saß. Er trug einen langen, schwarzen Rock. Es mußte ein Domschüler sein. Er hatte für den Wirt einen Brief geschrieben und wurde nun mit einem Becher Bier bewirtet, mit einem Stück Grobbrot und einer kleinen Leberwurst. Die Unschuld des großen Jungen sagte Dirik zu. Er rückte ihm ein wenig näher Sie waren auch bald im Gespräch. Sie sprachen auch von dem Bischof. Schließlich sagte der Domschüler:

„Im Augenblick ist er nicht in Verden."

„Nicht?"

„Nein, er ist auf der Reise. Sie haben in Rom einen neuen Papst gewählt."

Dirik Schaper nickte, das wußte er auch, er sagte: „Es soll eine Wahl gewesen sein wie ein Mirakel?"

„So erzählt man. Niemand hat geglaubt, daß Nikolaus einmal den päpstlichen Purpur erringen könne. Gott hat ihn gewählt, wir nicht, so haben die Kardinäle hinterher gesprochen."

„Er hat aber doch die meisten Stimmen bekommen", fragte der Schaper.

„Das wohl. Die Zweidrittelmehrheit. Aber wie das eigentlich gekommen ist, wußten die Kardinäle selbst nicht zu sagen. Er hatte so gar keine Aussicht gehabt, Papst zu werden."

„Er trug auch wohl nicht lange genug den Kardinalshut", begann der Schaper von neuem.

„Vor zweieinhalb Monaten hatte ihn der verstorbene Papst zum Bischof von Bologna gemacht und ihm den roten Hut überantwortet, aber das wäre ihm kaum hinderlich gewesen."

„Aber vielleicht sein Herkommen", fiel ihm Schaper ins Wort. „Er stammt wohl nicht, wie die übrigen Kardinäle, aus einem fürstlichen Haus."

„Ganz und gar nicht. Papst Nikolaus hat weder einen Stammbaum noch ein Wappenbild. Er hat aus diesem Grunde die gekreuzten Schlüssel Petri in sein päpstliches Siegelbild genommen. Sein Vater war ein Landarzt in den Abruzzen."

„Da hat er in seiner Jugend wohl oftmals gehungert, denn ein Landarzt in den Bergen hat nicht viel Verzehr."

„Gehungert hat er und nicht nur, als er jung war. Auch in seinem späteren Leben. Er ist ein Schriftgelehrter und hat die schöngeschriebenen Bücher lieb. Er hat für sie all sein Geld hingegeben so daß ihm manchmal nichts blieb, um sich Brot zu kaufen. Das weiß ich von unserem Scholastikus."

„Gedarbt? Gedarbt, um sich schöne Bücher zu kaufen? Was du sagst! Ja, es gibt solche." Er sah dem großen Jungen ins Gesicht. Der hatte ein Licht in den Augen; man sah es ihm an: Diesen Heiligen Vater hielt er für nachahmenswert.

„Er ist gar nicht sehr groß und soll auch nicht recht gesund sein. Ja, der Heilige Vater ist nur ein schwächlich Männchen. Aber . . ." und der Junge ballte seine Fäuste und sah grimmig aus den Augen.

„Die Kardinäle haben sich anfänglich wohl alles ganz anders vorgestellt. So haben die Abgesandten vom Bremer Stuhl erzählt, die hier in Verden waren, um unserem Bischof die Einladung des Papstes zu bringen. Und unser Bischof und der Erzbischof von Bremen sind nun auf dem Wege nach Rom; sie sollen dabei sein, wenn Papst Nikolaus gekrönt wird."

Dirik Schaper fiel ein Stein vom Herzen. Er hatte Luft. Der Bischof von Verden weit! Vielleicht schon zwischen den schneebedeckten Bergen der Alpen. Nun konnte er in Ruhe in allen Klöstern Niedersachsens grasen und am Ende auf der grünen Allerinsel bei den Herzögen von Lüneburg anklopfen.

Wer wird König von Dänemark?

Die Zeit verging. Die Benediktinerinnen von Kloster Lüne hatten einen anderen Propst bekommen, einen Propst, der für sie sorgte. Sie litten keine Not, auch nicht, als es Winter wurde, ein Winter, der dem vorjährigen ähnlich war. Als er auf seiner Höhe stand, erfuhren die Lüneburger von einem reisenden Boten, daß der dänische König Christoph der Bayer in seinem Schloß in Kopenhagen plötzlich verstorben sei, dahingerafft in Schnee und Winterkälte von einer tückischen Krankheit, dreißigjährig und ohne Erben. Christoph der Bayer hatte auch die Kronen von Norwegen und Schweden getragen. Als es sich nun in diesen beiden Ländern herumsprach, daß der Bayer nicht mehr war, sagten die Männer auf der Skandinavischen Halbinsel zueinander:

„Wenn sich die Dänen wieder einen König aus Deutschland holen, sagen wir uns von ihnen los. Die Dänen haben nun mal mit ihren Königen aus Deutschland kein Glück. War Erich der Pommer vielleicht der Rechte gewesen? Wie viele Jahre hat er Krieg geführt mit den holsteinischen Grafen und dem Städtebund! Hat unser ganzes Geld in diesen Kriegen vertan. Schließlich haben die Dänen ihn selbst aus dem Lande gejagt, und da lebt er nun auf der Insel Gotland, herbergt Seeräuber und ist vielleicht selbst zu einem solchen herabgesunken. Denn von den Gotländern wird eine schwedische Kogge nach der andern aufgebracht und in den Hafen von Visby gefahren. Und sind wir mit dem Sohn seiner Schwester, mit Christoph aus Bayern, vielleicht besser daran gewesen? Haben wir nicht in den wenigen Jahren seiner Regierung die große Hungersnot gehabt? Birkenrinde mußten wir mahlen und Rindenmehl in unser Brot mischen, um nicht ganz und gar zu verhungern."

Dieses Birkenbrot hatte man in den nordischen Ländern dem dänischen König aus Deutschland in die Schuhe geschoben. Man hatte ihn in der letzten Zeit nur noch den Birkenkönig genannt. Warum sollten die Stadtleute und Bauern ihre Plagen nicht auf ihre Könige werfen? War die schwarze Margret nicht schuld daran, als vor Jahren der Hering von den Küsten Schonens wegblieb? Warum mußte sie zwischen den Heringsvitten und im Angesicht des heranwandernden Herings den Mann auf dem Scheiterhaufen verbrennen lassen, der sich für den verschollenen König Olaf ausgab? Hatte sie ihm nicht freies Geleit versprochen? Und an dem Birkenbrot war nun eben Christoph aus Bayern schuld, und die Schweden und Norweger waren sich darin einig:

Mit einem König aus Deutschland dürfen uns die Dänen nicht ein drittes Mal kommen.

Aber das war es nun gerade, was man in Dänemark im Schilde führte.

Da kam Gebeke an einem Morgen vom Einkaufen zurück. Sie brachte eine Neuigkeit mit.

„Alf, der Herzog von Schleswig, soll König von Dänemark werden."

„Du träumst, Gebeke. Herzog Alf und die dänische Krone tragen? Es hört sich an wie ein Märchen. Dreißig Jahre lang haben die Schauenburger mit den Dänen in Hader gelebt; davon viele Jahre lang in offenem Streit und Kampf. Und nach einem gutnachbarlichen Nebeneinanderleben, das keine fünfzehn Jahre währte, legen sie Alf, dem guten Menschen, die Krone ihres Reiches vor die Füße? Wenn ich auch wohl weiß, daß Alf von seiner Urgroßmutter her noch etliche Tropfen Blut von dem Großen Waldemar in seinen Adern hat, aber was bedeutet das?"

„Vater, es ist so." Gebeke hob das blaue Tuch von ihrem Korb, der bis an den Rand mit fingerlangen, silbernen Fischen gefüllt war.
„Ich ging vom Stintmarkt die paar Schritte hinüber zum Vischkulenhof, um Gertraudis guten Tag zu sagen. Heyno war auch zu Hause. Heyno läßt dir sagen: Es sieht so aus, als solle der Herzog von Schleswig König von Dänemark werden, wenn sie ihm die Krone bis heute auch noch nicht angeboten haben. Aber man erwartet es täglich."
„Graf Alf und Dänenkönig? Er, der die Dänen schon haßte, als er noch in den Kinderschuhen steckte? Wenn auch wohl am meisten ihre Königin, die Schwarze Margret, die für ihn der Inbegriff aller Dänen war; obgleich die stolze, schwarzhaarige Frau nur schöne Worte für ihn hatte und kostbare Geschenke, wenn sie auf Schloß Gottorp in Schleswig bei seiner Mutter zu Besuch war.
Einmal schenkte sie ihm eine Schnalle aus Gold mit bunten Edelsteinen besetzt. Man nähte sie ihm auf seinen Tressenhut. Er riß den Schmuck ab. Da setzte man ihm das Schmuckstück als Schnalle vorn auf den Mantel. Als sie zur Messe gingen, die Mutter für den toten Vater betete, hatte er immer die Finger am Halse, brachte den Schmuck los und tat ihn in den Opferstock. Aber dann, damit seine Hand nicht dazukommen konnte, setzte man ihm das Ding hinten auf den Rock, wo es die Falten zusammenhalten mochte. Doch das Geschenk der verhaßten Frau brannte ihm auf dem Rücken wie Feuer. Er lief in die Kemenate seiner Mutter, scheuerte sich solange am Bettpfosten, bis die Schnalle herunter war. Als sich die Mutter am Abend zur Ruhe begab, trat sie darauf."

Von den Dänen ist es keine schlechte Rechnung, dachte Hinrich, als er etwas später grübelnd in seiner Stube auf und ab ging. Kann man den Mann schelten, der sich eine reiche Braut sucht? Der Schauenburger würde den Dänen allerlei zubringen. Und außer dem einst so heißumstrittenen Herzogtum Schleswig vielleicht auch noch die Grafschaft Holstein. Den Städten täte Alf keinen Gefallen. Kann er noch ein Freund des Hansabundes bleiben, wenn er unter der dänischen Krone geht?
„Gebeke", sagte Hinrich, als seine Tochter etwas später noch einmal zu ihm in die Stube kam, „ich glaube, der Herzog von Schleswig wird den Dänen absagen."
Hinrich behielt recht. Alf dankte den Dänen und sagte nein. Ehrgeiz stachelte ihn nicht. Und der Gedanke, bei sich zu Hause abzusatteln, um das königliche Roß Dänemark zu besteigen, sagte ihm nicht zu.
Herzog Alf hatte keine Kinder. Aber er hatte einen Neffen, den Sohn seiner Schwester, der der Herzog von Oldenburg war. Auf den fielen die Augen der Dänen, und sie gaben zu verstehen, daß ihnen auch dieser junge Fürst

recht wäre. Er hieß Christian, war in Gottorp unter Alfs Augen aufgewachsen und erzogen. Er war stattlich und ansehnlich und glich in seiner äußeren Erscheinung Alfs älterem Bruder Heinrich, der damals bei dem vorzeitigen Sturm auf Flensburg erstochen wurde. Vielleicht war Alf darum so schwach gegen das Kind seiner Schwester. Er konnte ihm nicht recht etwas abschlagen. Als man in Kopenhagen diesen Christian nun wirklich zum dänischen König begehrte, konnte er den Bitten des jungen Mannes nicht widerstehen und sagte ja und amen dazu.

V

Der Bannfluch

Der Streit auf der Laube

Zwei Jahre später hatte man einen besonders trockenen und heißen Sommer. – Die Kräuter an den Straßenrändern ließen ihre Blätter hängen. Das Gras an den Wegen war wie mit Staubmehl überpudert. Die Sonne schien Tag für Tag.

Auch heute brannte sie mit einer Maßlosigkeit ohnegleichen vom Himmel herunter; so daß das reifende Korn wie in Weißglut flimmernd dastand. Dieser grellen Sonne hatte sich seltsamerweise ein Sturm zugesellt. Der griff mit seinen Händen den Feldern in die Brust und wühlte sich raschelnd in das Laub der Bäume ein.

Er war auch Hinrich lästig; besonders weil der Wind aus den nördlichen Gefilden kam. Hinrich war am Morgen von Celle abgeritten und hatte die Stadt Lüneburg zum Ziel. So hatte er das stürmische Getriebe immer vor sich, ja, er mußte ihm entgegenreiten. Da schützte er wieder die Augen mit der Hand. Eine neue Bö kam daher. Sie hatte eine Welt von Staub und Sand aufgenommen und führte sie wie eine Wolke mit sich. Der Sturm trieb das riesige Staubgespenst über Felder und Weiden und ließ es schließlich wieder sinken.

Dürre, Staub und Sonne, so wird Boldewin es bald alle Tage haben, dachte Hinrich. Staub und Hitze, das ist der Sommer in Italien, wenn auch dieser nicht zu begreifende Sturm aus dem Norden fehlen mag. Und die Hitze brütet in den Städten Krankheiten aller Art aus. Pest- und Seuchenzeiten sind in Italien an der Tagesordnung. Doch was war da zu machen? Boldewin wollte das Kanonische Recht studieren, und die Stadt Bologna war von jeher dafür ausersehen. So hatte sich denn vor etlichen Tagen in einer abseitigen Kapelle der Täuferkirche alles versammelt, was zu Hinrich Langes Verwandtschaft und Freundschaft gehörte, um mit ihm und den Seinen die Abschiedsmesse für den scheidenden Sohn zu hören, der im Kloster Walkenried alles gelernt hatte, was er dort lernen konnte. Bis Goslar hatte Hinrich seinem Sohn das Geleit geben können. Es paßte sich so. In der Stadt Goslar hatte Hinrich zu tun gehabt. Die alte Kaiserstadt gehörte zum Städtebund. Ein weiter Weg lag vor seinem Sohn. Aber Bologna sollte es nun einmal sein. In Bologna hatte Boldewins Pate, der gute Abt und spätere Erzbischof, studiert. Den Schatten dieses Mannes sah Hinrich Lange manchmal hinter seinem Ältesten, wenn auch nicht mit dem Ehrgeiz eines Vaters, der für die Seinen Rang und hohe Stellung erstrebt, so doch mit

dem Wunsch, Boldewin möchte seinem vor mehr als zehn Jahren verblichenen Paten einmal in seiner Haltung ähnlich werden.
„Einem jeden wird bei seiner Geburt sein Wanderbuch ausgestellt", hatte der Pfarrer von Sankt Johannis gesagt, bevor er dem jungen Boldewin den Segen für die weite Reise erteilte. „Jeder muß die Wege gehen, die darin verzeichnet sind, ob er will oder nicht. Er weiß nicht, warum. Aber Gott weiß es."
An diese Worte dachte Hinrich. Sie machten ihn ruhig. Er trieb sein Pferd von neuem an, und er mühte sich tapfer weiter durch Staub, Hitze und den aufreizenden Sturm.

Hinrich mußte noch heute Lüneburg erreichen. In den frühen Abendstunden sollte eine Beratung auf dem Rathaus stattfinden. Hinrich dachte nicht gern an diese Ratssitzung. Im Gestühl war keine Einigkeit mehr.
Wenn die Krippe leer ist, schlagen sich die Pferde, so geht's in der Ehe, und im Lüneburger Rathaus war es nicht anders. Die große Geldnot machte ihnen allen zu schaffen. Und doch, . . . wenn nur im Gehege jetzt ein Miteinander gewesen wäre. Weit davon entfernt! Im Gestühl herrschte offene Zwietracht. Die einen gingen den Heidweg, die andern den Holzweg. Uneins war man sich auf der Bürgermeisterbank, uneins auf den Bänken, auf denen die Ratsherren saßen. Unter dem mit gemalten Früchten und Blumen ausgeschmückten Tonnengewölbe der Laube fielen heftige und bittere Worte. Daran dachte Hinrich. Und ehe er sich's versah, war er in den finsteren Traumturm geglitten, in dem er sich mit dem Springintgud herumstritt, im Schlafen wie im Wachen, am Tage wie in der Nacht; wie sich die beiden tagtäglich in Fleisch und Blut im Ratsgestühl stritten.
„Dichthalten, Johann! Nichts unter die Leute kommen lassen!" rief er jetzt in den brausenden Sturm hinein. „War das nicht das erste gewesen, was wir als junge Ratsleute lernen mußten? Und du, Johann, wie treibst du's? An der Ecke des Rathauses, am Pfeiler des Niedergerichts lauerst du mir auf, überfällst mich mit Schmähreden und hängst den Leuten was in die Zähne, so daß sie nachher in den Häusern erzählen können, wie sich die beiden Bürgermeister auf öffentlichem Marktplatz gescholten haben."
Hinrich schwieg. Im Augenblick wußte er nicht mehr viel von dem, was um ihn herum vorging. Er sah nicht die alten Apfelbäume, die vor ihm mit sturmbewegten Kronen und ganz wie die Trunkenen die abschüssige Straße hinunterschwankten. Er schwieg. Er hörte sich die Entgegnung seines Gegenspielers an. Danach rief er aus: „Was, was? Ich sollte dich nicht auf der Laube tadeln? Ist denn das vielleicht nicht tadelnswert, was ihr gemacht habt? Kann man stillschweigen, wenn ihr die Prälaten durch euer Betragen zur Tollwut reizt? Kann man ruhig bleiben, wenn ihr die letzte Chance, die

uns blieb, verspielt? Wenn ihr Briefe schreibt, die den getreuen Helfer unserer Stadt, unsern Gönner, den Herzog von Schleswig, ganz und gar vergrämen müssen? In Feindschaft leben wir mit aller Welt. Aber ihr legt es darauf an, den Bischof von Lübeck und sein Domkapitel noch mehr auf die Füße zu bringen. Oder soll bei euren Ungeschicklichkeiten etwas anderes herauskommen? Warum mußtet ihr den Abgesandten des Lübecker Domkapitels mit bewaffneten Reitendienern nachjagen? Warum mußtet ihr sie bei Bardowick gefangennehmen? Warum mußten sie hierher gebracht, ja, ins Büttelhaus gesteckt werden? Ein jedes Ding, das man angreift, muß Schick haben. Aber was du in der letzten Zeit machst, Johann, hat keinen Schick!"
Hinrich hielt sein Pferd an. Der Sturm hatte wieder in den Staub der Straße geschlagen. Ein Luftgebilde aus Sand und Staub hatte sich vor ihm aufgetürmt. Mächtig und gewaltig, der Dampfsäule gleich, die in der Wüste vor den Juden herging, so kam es ihm entgegen. Hinrich tätschelte sein Pferd, das sich auf die Hinterhand setzte und steigen wollte. Er selbst schloß die Augen, und so ging dieses Unwesen aus Sand, aus Staub und Sturm über sie beide hin. Der Sturm aber brauste weiter und quirlte hinter ihnen über die weißlichen Felder, die in Staub und Hitze schmachteten.

Als Hinrich das Bürgermeisterhaus betrat, liefen ihm die Kinder entgegen. Er gab Cord die Hand, küßte die beiden kleinen Mädchen auf die Stirn. Aber dann hielt Wobbeke die Kinder von ihm zurück. Der Bürgermeister mußte sich säubern, und in der kleinen Schreibstube deckte man für ihn den Tisch. Als er fertig war und den runden Holzteller, auf dem er sich den Schinken geschnitten hatte, zurückschob, sagte Gebeke:
„Vater, wie gings?"
In diesem Augenblick kam Wobbeke mit einem reinen Gewand in die Schreibstube. Es war ein Mantel aus violettem Serge, rundherum geschlossen wie eine Glocke, mit ein wenig Maulwurfspelz am Hals und an den Schlitzen für die Arme. Sie stülpte ihm das Kleidungsstück über, und erst, als er mit dem Kopf oben herauskam, konnte er Gebekes Frage beantworten. Er sagte:
„Bis Goslar blieben Boldewin und ich allein. Aber dann ordnete sich alles wie von selbst. Denn in der Goslarer Herberge, in der wir über Nacht blieben, waren Bremer Kaufleute abgestiegen, die nach Augsburg reisen wollten, um dort einzukaufen. Sie waren gleich bereit, Boldewin mitzunehmen. Sie versprachen mir, dafür zu sorgen, daß er in guter Gesellschaft über die Alpen käme. Er ritt in einer regelrechten Karawane, als ich ihm anderntags nachsah. Denn auch Mönche und Pilger aus Bremen und aus den nordischen Ländern, die die gleiche Straße zogen, hatten sich den Kaufleuten angeschlossen."

Damit verabschiedete sich Hinrich auch schon von Wobbeke und seiner Tochter. Schneller als sonst ging er durch die Bäckerstraße und kam auch noch rechtzeitig, wenn auch als einer der letzten, zur Sitzung in die Laube. Kaum hatte er auf der Bürgermeisterbank Platz genommen, da bemerkte er, wie Johann Springintgud, der neben ihm saß, den Stadtschreiber ansah und ihm zuflüsterte:

„Sind alle Türen verschlossen? Haben alle Schreiber die Kanzlei verlassen?"

Darauf begab sich der Stadtschreiber zur Archivtüre, auf der die beiden wilden Männer, die geschnitzten, schwarzbehaarten, ihre Keulen gegeneinander erhoben. Der Stadtschreiber faßte die Klinke an. Und als es sich herausstellte, daß die Archivtüre verschlossen war, prüfte er ebenso die gleich daneben liegende Tür zur Körkammer, ging durch die Laube, passierte den gedrungenen Pfeiler, der die Bogenfelder hielt, die die gewölbte Decke trugen; öffnete die Tür zur Kanzlei, verweilte dort einige Augenblicke, und als er wieder herauskam, schloß er die Tür hinter sich zu.

Diese Anstalten sind ungewöhnlich, dachte Hinrich Lange, der dem Stadtschreiber mit den Blicken gefolgt war. Und der Ratsschenk ist heute abend auch nicht zur Stelle? Was werde ich zu hören bekommen?

Es war eine Unruhe im Gestühl. Die Hitze, der Staub, die stürmische Aufregung in der Natur, es war fast, als hätte sich das alles in den Gemütern der Menschen ausgewirkt. Fast alle sahen auf Springintgud, der sich, wie es schien, etwas Besonderes vorgenommen hatte.

„Einige Männer vom Rate", begann dieser, als der Stadtschreiber wieder im Gestühl saß, „sind zu der Überzeugung gekommen – und ich muß sagen, ich teile ihre Auffasunsg –, daß wir die Sülzprälaten, die uns so wenig willfährig sind, ganz anders anfassen müssen. Wie viele Jahre haben wir mit ihnen verhandelt! Wie oft haben wir sie gebeten, sie ersucht, von ihnen gefordert, uns auf einige Jahre die Hälfte des Salzes zu überlassen, das in ihren Pfannen wächst. Wie oft haben wir ihnen gesagt, wie dringend wir den Erlös von diesem Salz brauchen – diesen zweiten Pfennig von jeder Pfanne –, um unsere Schulden damit zu tilgen, um endlich einmal hier in Lüneburg reinen Tisch zu bekommen! Wohl sind einige von den Sülzbegüterten auf unsere Wünsche eingegangen und haben uns diesen von uns verlangten zweiten Pfennig zugestanden. Aber die große Menge der Sülzprälaten hat sich unseren Bitten, unseren Forderungen gegenüber immer harthörig gezeigt. Man möchte sich die Frage stellen: Wer ist Herr über Sülze und Stadt? Wir oder die Sülzprälaten? Ich meine doch, wir! Mag auch die overheidische Geistlichkeit und die von jenseits der Elbe seit Jahrhunderten in unseren Mauern ihre Suppe kochen. Wir sind es, die hier zu befehlen haben. Wir müssen den Knoten von Streitigkeiten und Widerwärtigkeiten, der allmählich zu einem gordischen Knoten geworden ist, lösen. Und wenn

es nicht anders geht, müssen wir ihn, wie König Alexander", — flüchtig sah er zu der jugendlichen Gestalt jenes Königs auf, der mit Schwert und leicht geneigtem Haupt als Glasbild im Fenster der Laube stand —, „ja, wir müssen ihn zerhauen."
„Zerhauen?" Hinrich sah seinen Mitbürgermeister ungläubig lächelnd an. „Zerhauen? Habe ich recht verstanden, Johann? Wie gedenkst du, das zu machen?"
„Das ist einfach genug", fiel der Springintgud gleich mit der Tür ins Haus, „wer uns in den letzten zwei Jahren nicht die Hälfte seines Salzes überlassen hat und uns auch keine Versprechungen für die Zukunft machte, verliert von Stund an seine Pfanne. Sie geht in den Besitz der Stadt über, und die Stadt besiedet sie zum Vorteil der Stadt."
„Aber wir können der Prälatenschaft doch nicht die Pfannen nehmen, die ihr verbrieftes Eigentum sind?"
„Warum nicht? Wer will mich daran hindern, das zu tun? Gibt es für uns einen andern Weg, um aus den Schulden herauszukommen? Die Sülzbegüterten, ob weltlich oder geistlich, die uns gaben, was wir verlangen konnten, behalten ihr Eigentum. Aber den vielen, die sich dauernd querstellen, werden die Salzpfannen genommen, dem Lübecker Domkapitel so gut wie den Domherren von Hamburg und Braunschweig, den reichen Klöstern Reinfeld, Riddagshausen und Doberan wie den armen Abteien, zu denen auch das Kloster Walkenried gehört."
An dem Gleichmut, mit dem dieser wahrhaft verblüffende Gedanke von den meisten aufgenommen wurde, merkten Hinrich und die wenigen, die in der Pfannensache zu ihm hielten, daß sich der Springintgud mit den Herren seines Anhangs schon geeinigt hatte. Er hatte seine Ratssitzung schon vorher gehabt: Vielleicht in der Sakristei der Lambertikirche, in der die Sülfmeister zu ihren Beratungen zusammenkamen, vielleicht in einem abgelegenen Winkel des Ratskellers. Jedenfalls war keiner von denen, die dem Springintgud anhingen, von seinen Worten überrascht. Brand Tzerstede, Wietzendorff und einige andere, die nicht zu Springintguds Gefolgschaft gehörten, tauschten Blicke mit Hinrich Lange.
„Aber Johann", begann Hinrich wieder, „du kannst ihnen doch nicht ihre Pfannen nehmen? Seit zweihundert, ja dreihundert Jahren ..."
„Ganz recht, seit langer Zeit arbeiten und mühen wir uns für sie. Schafft Salz! schreien sie. Macht, daß viel schönes, schneeweißes Salz in unseren Pfannen wächst. Und wir schaffen ihnen ihr Salz. Sie haben hier in unserer Stadt ihre fetteste Pfründe. Aber wenn sie zum Aufbau unserer Stadt beitragen sollen, stecken sie die Hand in die Tasche und halten ihr Geld darin fest. Alles hat einmal ein Ende, auch unsere Geduld. Jetzt ist es an der Zeit. Wir müssen uns mit Gewalt nehmen, was wir brauchen und uns zu-

steht. Laßt sie doch mit Söldnern und Stücken kommen und sich ihr Salz holen! Wir wollen sie wohl empfangen."

„Und die gesiegelten Briefe, die die Herren mit ihren Sülfmeistern gewechselt haben, und in denen die Sülfmeister ihnen versprachen, ihre Pfannen auf das getreulichste zu besieden?"

„Diese Briefe werden alle hier auf den Tisch des Hauses niedergelegt. Sie gehören der Stadt. Es werden neue Briefe geschrieben. Die Sülfmeister mögen ihre Pfannen weiter besieden, aber ab heute für die Stadt Lüneburg und zum Vorteil der Stadt."

„Wenn wir deinem Vorschlag zustimmen, wird die Stadt Lüneburg die Besitzerin von mehr als hundert Salzpfannen. Dann sind wir hier in Lüneburg trotz aller Schulden auf einen Schlag reiche Leute."

„Darin magst du recht haben."

„Steht es so, Johann, dann kann ich nur sagen, du bist mit deinem Salzschiff wieder einmal auf großer Fahrt. Vertrau deinem Stern nur nicht allzu fest! Es könnte geschehen, daß du dich, ja uns alle, ins Verderben hineinnavigierst. Wie stellst du dir die nähere Ausführung deines Planes vor? Willst du die Sülzprälaten, die so plötzlich beraubt worden sind — es ist wie ein Überfall aus dem Hinterhalt —, willst du ihnen Mitteilung machen, oder soll das alles sang- und klanglos vor sich gehen?"

„Wir schreiben ihnen Briefe."

„Beispielsweise dem lübschen Domkapitel."

„Ja, gut, den lübschen Domherren, den ewig widerspenstigen, meinethalben zuerst, diesen Unruhestiftern, die immer conträr sind, die immer gegen den Strom schwimmen, die bei Lichte besehen an all unseren Widerwärtigkeiten schuld sind. Fast alle folgen ihrem Beispiel. Hätten sie uns auf sechs bis acht Jahre die Hälfte von dem Salz zugebilligt, das aus ihren Pfannen kommt, wir hätten mit der Sülzprälatenschaft leichtes Spiel gehabt. Ja, meinetwegen schreiben wir den Lübecker Domleuten zuallererst. Und teilen ihnen mit, daß ihre Salzpfannen . . ."

„. . . die wohl bald zweihundert Jahre in ihrem Besitz sind", warf Hinrich ein.

„Ja, die ihnen längere Zeit gehört haben", fuhr Johann Springintgud fort, „wir können auch das hinzusetzen, daß sie eben diese Salzpfannen nicht mehr als die ihrigen betrachten dürfen, daß sie von jetzt ab von der Stadt Lüneburg besiedet werden, und daß das Salz, das man in ihnen erzeugt, zu einem Teile dazu helfen muß, die ungeheure Schuldenlast der Stadt zu tilgen. So und so."

„Also so willst du es machen! Kurz und gut: Ab heute seid ihr rausgeschmissen aus der Sülze, rausgeschmissen aus der Stadt Lüneburg. Seht zu, wo ihr bleibt!

Der Lübecker Bischof und sein Kapitel haben ihre Pfannen, die im „Abt" stehen, von den Welfen gekauft. Herzog Otto, der Gestrenge, kam in Person von seinem Schloß auf dem Kalkberg herunter, und an der Sülzmauer bei den Steinen, an der uralten Gerichtsstätte, gab er dem Lübecker Bischof das brennende Holzscheit aus dem „Abt" in die Hand und überantwortete ihm damit seine vier Pfannen. Es ist mehr als hundertundfünfzig Jahre her. Rudolf von Habsburg ging damals noch unter der Kaiserkrone. Aber immer noch wird dieses angekohlte Holzscheit in Lübeck in Ehren gehalten. Und es wird den Fremden, die die Stadt Lübeck besuchen, gezeigt. Und nun kommst du daher, Springintgud, und willst dem Lübecker Domkapitel diese Pfannen aus der Hand reißen, als sei dies alles nichts gewesen. Es ist nun einmal so: Die alten Zeiten vergehen und neue kommen herauf. Manches ändert sich, und es kann nicht alles bleiben, wie es war. Aber man darf nicht vorgehen, wie du es willst. Wenn das, was du vorschlägst, gang und gäbe wird, kann man mit dem gleichen Recht plötzlich, kurzer Hand und leichten Herzens die Bürger in den Städten aus ihrem Erbe stoßen und sie zu Bettlern machen."

„Hinrich, laß mich nicht lachen! Das lübsche Domkapitel soll durch den Verlust seiner Salzpfannen an den Bettelstab kommen? Wer kann sich mit den Lübecker Domleuten vergleichen! Welches Kloster, welcher Dom hat soviel unter den Füßen wie sie? Die zahlreichen Meierhöfe, die ihnen gehören; die vielen Dörfer, die ihnen zehnten müssen; die ausgedehnten Waldungen, in denen sie Holz schlagen. Ihr Sülzgut, und mag es auch an sich bedeutend sein, ist bei ihrem Reichtum nur ein geringes Nebenher."

„Ich will zugeben", antwortete Hinrich, „daß das lübsche Domkapitel durch den Verlust seiner Salzpfannen kaum in Verlegenheit kommt. Aber es gibt Klöster, die mit jedem Pfennig rechnen müssen, den sie von unserer Sülze erhalten. Die Mönche von Hiddensee kaufen für das Lübecker Salzgeld das Weizenmehl, das sie brauchen, und ein gut Teil ihres Brotkorns. Denn der geringe Roggen, den sie auf ihrer windverwehten Insel ernten, reicht nicht hin und nicht her. Und nach einem heißen und trockenen Sommer bringen sie von ihren sandigen Abhängen kaum etwas in die Scheune. Und sieht es im Kloster Walkenried viel anders aus? Da sitzen sie in ihrem vielen Wald. Die Rehe äsen auf ihren Feldern, und die Hirsche zerstampfen das sprießende Korn. Auch in Walkenried hält man sich mit dem Lüneburger Salzgeld oftmals über Wasser. Doch die Verlegenheiten der kleineren Klöster stehen im Augenblick hier nicht zur Debatte. Um uns geht es. Um unseretwillen dürfen wir nicht die Hand auf das uns anvertraute Gut legen. Denn mit dieser Okkupation verschmieren wir uns das Gesicht, und wir verschmieren das Gesicht unserer Stadt.

Wir sitzen hier unter dem Bilde des Jüngsten Gerichts. Das Bild hängt nicht zufällig über der Bürgermeisterbank. Das Bild des gerechten Richters soll das Gestühl überscheinen. Es soll uns alle, die im Gehege versammelt sind, dazu aufrufen, die Waage der Gerechtigkeit auf eine untadelige Weise zu handhaben. Ich möchte fragen, können wir noch länger an dieser Stelle Gesetzesbrecher verurteilen, wenn unsere eigenen Hände nicht rein sind? Können wir Strauchdiebe, adelige Wegelagerer verurteilen, wenn wir uns selbst wie die Straßenräuber betragen?"

„Hinrich!!!"

„Laß mich, Johann! Ich will sprechen, ich will alles sagen, was ich sagen muß. Ist es nicht ein offenbarer Raub, den du vorhast und zu dem du uns verleiten möchtest? Ist es nicht ein Raub im größten Ausmaß, den du beabsichtigst? Laß deine Hände davon, sag ich dir! Laß jedenfalls mich aus dem Spiel!"

„Du willst nicht mittun? Du willst nicht mit uns am gleichen Strange ziehen? Du willst abseits stehen und an deinem eigenen Kessel bröseln?"

Springintgud war aufgesprungen, stand nun an der schmalen Seite des Tisches, hinter sich das grausteinerne Armsünderbänklein. Zornrot war er im Gesicht, und seine schwarzen Augen funkelten, wie die Augen seiner Mutter funkeln konnten, die man zu ihrer Lebenszeit die Königin von Saba nannte. Und nun packte er den Tisch mit beiden Händen, beugte sich vor und schrie:

„Und ich will dir sagen, warum du nicht mittun willst. Du magst die Füchse nicht beißen. Wir kennen deine Fürsichtigkeit, die eigentlich einen anderen Namen verdient."

Aber jetzt war auch Hinrich aufgesprungen, und die beiden Streithähne standen sich gegenüber, Auge in Auge; und mit seinen Händen die Tischkante umklammernd, schrie Hinrich:

„Und du, Mann? Was hast du vor? Du willst unser ganzes, mühsam aufgebautes Recht über den Haufen werfen, und die zehn Gebote vom Sinai läßt du gleich mitgehen. Und darin soll ich dir noch Vorschub leisten?"

Danach wurden die beiden ruhiger. Sie saßen wieder auf ihren Plätzen, als Hinrich mit gedämpfter Stimme begann:

„Meinst du wirklich, daß es Fürsichtigkeit ist, Fürsichtigkeit, der eigentlich ein anderer Name gebührt, was mich veranlaßt, dir entgegenzutreten? Ich glaube, du weißt genau, daß dies nicht wahr ist. Du sagst es, um mich zu schmähen. Du weißt genau, und mit dir die Männer, die mit uns im Gestühl sitzen, daß ich dir nur widerspreche, weil ich beim Recht bleiben will. Ja, ich will noch weitergehen. Ich schlage nicht mit in die Kerbe, weil ich zu den Geboten Gottes stehen möchte. Und weil ich will, daß unsere Stadt bei ihnen bleibt."

Und leiser fuhr er fort:

„Johann, hör mich an. Die Gebote Gottes, auf Tafeln geschrieben, mit wel-

cher Mühe haben unsere Altvordern sie in unserer Stadt aufgerichtet. Mit welcher Mühe haben sie mit diesen Tafeln sich selbst und die Bürger unserer Stadt zur Achtung vor dem Recht erzogen, zum Beharren beim Rechten. Des Moses steinerne Gesetzestafeln, von unsern Vätern auf dem Marktplatz aufgerichtet, stehen, nicht sichtbar und nicht mit Händen zu greifen, und dennoch uns allen gegenwärtig zwischen dem Marktbrunnen und dem Laubengang unter den fünf schlanken Türmen, in dem die Wandschneider ihre Stoffe zur Schau stellen und gar nicht weitab von der granitenen Platte, auf dem der Büttel zuzeiten sein Handwerk ausüben muß.
Sie sind da, wenn wir zum Rathaus gehen, und wenn Tagfahrt hier in Lüneburg ist und die Abgesandten der uns mit Eiden verwandten Städte über den Markt ziehen, stehen sie auch an ihrer Stelle.
Und du, Johann, was hast du vor? Du willst diese beiden mit den zehn Geboten Gottes beschriebenen Tafeln, die vor dem Rathaus stehen, unsichtbar unseren Augen und dennoch aufgerichtet für Zeit und Ewigkeit, du willst sie umstürzen, du willst sie in die Ilmenau schmeißen. Johann, das bringt kein Glück. Die Gesetze, von Menschen gemacht, können verschleißen und unbrauchbar werden. Die Gebote vom Sinai sind unwandelbar. Sie sind für alle Menschen verbindlich und müssen für sie verbindlich bleiben. Wie Felsen sind sie in uns und außer uns. Man darf nicht an sie rühren. Und darum sage ich noch einmal: Nehmt den Sülzbegüterten ihr Eigentum nicht mit Gewalt aus der Hand! Mit Geduld und Vorsicht kommen wir auch auf geradem Weg an unser Ziel. Mein Vorschlag ist, wir lassen deinen Antrag fallen."
Es war eine Veränderung mit den Männern im Rat vor sich gegangen. Keiner sah mehr auf Springintgud, alle schauten Hinrich Lange an.
„Ich glaube, was Hinrich sagte, ist nicht verkehrt", flüsterte Herr Vischkulen, der mit auf der Bürgermeisterbank saß, dem Springintgud zu. Der sah seine Felle wegschwimmen. Und als Wietzendorff sich in diesem Augenblick zum Worte meldet, übersieht er seine Hand.
Er springt auf. Und da steht er wieder an des Tisches schmaler Seite, etwas vorgebeugt. Er weiß, er darf nicht aufgebracht werden, er darf nicht wettern und toben. Mit Heftigkeit kommt er jetzt nicht mehr durch. Er greift nach dem Bürgereidkristall. Mit seiner Rechten umfaßt er dieses kleine Wunder aus Glas und Silber, geschmiedet von Meister Lafferdes kunstreicher Hand, das immer auf dem ehrenwerten Tisch des Hauses steht. Er preßt seine Hand um einen der beiden geflügelten Engel, die kniend zwischen sich die gläserne Trommel halten mit den Splittern vom Kreuz. Er preßt den silbernen Engel so sehr, daß ihm seine Flügelspitzen ins Fleisch dringen. Und es gelingt ihm, sich zu mäßigen.
„Hinrich, wir haben deine Worte gehört. Es sind bei Gott keine unwichtigen

Dinge, die du vorgebracht hast. Aber all deine Worte", rief er, „ich muß es sagen, sind in unserer augenblicklichen mißlichen Lage nicht am Platze. Not bricht Eisen, das ist zur Stunde unser Wort. Ein Ertrinkender greift nach all und jedem, und man darf ihn nicht darum schelten. Und wir hier in Lüneburg sind am Ertrinken. Wollen wir uns über Wasser halten, müssen wir wohl oder übel das Äußerste tun. Und ich will zugeben, daß das, was ich vorschlug, ein Äußerstes ist. Da du das Wort der Stadt in der Pfannensache abgegeben hast und in meine Hände legtest ..." – legen mußtest, dachte Hinrich – „bitte ich dich, laß uns für eine Viertelstunde allein! Geh für eine kurze Zeit hinter den Pfeiler! Wir müssen über das sprechen, was du sagtest. Wir müssen zu einem Entschluß kommen."
Hinrich erhob sich nach einer Weile. Was blieb ihm übrig? Einer mußte im Gestühl den letzten Ausschlag geben. Wohl war Hinrich der Worthaltende Bürgermeister der Stadt. Jedoch wenn es um die Pfannen ging, war Springintgud der erste.
So verließ Hinrich das Gestühl, ging über die mit den Stadttoren und Löwen gemusterten Tonfliesen hin, an dem kurzen Pfeiler vorbei und tauchte gleich darauf in die Dunkelheit der Wandelhalle ein, die hinter dem Pfeiler lag. An der beschatteten Tür, die fast immer verschlossen war und hinter der die Wandschneider ihre Tuchstapel verwahrten, blieb er stehen. Es war eine große schwere Tür, zweiflüglig und spitzgieblig. Es war eine hochberühmte Tür. Sie hatte ehemals zu dem Kalkbergschloß der Welfen gehört und hatte mit ihren eisernen, in Reihen übereinandergeordneten Vierpassen das Ausfalltor dieses Schlosses geschmückt. Es war die Tür, die die Lüneburger vor Jahr und Tag am Lichtmessenabend aus ihren Angeln gerissen hatten, um ihre beiden Flügel anderntags im Triumph durch die Straßen Lüneburgs zu tragen.
Hinrich lehnte sich gegen die eisernen Vierpasse und schloß für einige Augenblicke die Augen. Wenn er auch nichts von dem verstand, was jetzt mit leisen Stimmen im Gestühl ausgemacht wurde, so wußte er doch, wie alles enden würde. Johann wird auch diesmal Sieger bleiben. Er wird auch heute seine Mannschaft, die ihm abtrünnig werden wollte, herumbringen.
Eine Viertelstunde später rief Springintgud seinen Widersacher und ehemaligen Freund ins Gehege zurück. Und als Hinrich dann in der Tür stand, die linke Hand auf des Geheges schulterhohe Schranke, sagte er:
„Wir sind uns einig. Wir haben einen Beschluß gefaßt und diesen Beschluß zum Gesetz erhoben."
„Und wie lautet dieses neue Gesetz?"
„Jeder Sülzbegüterte, ob geistlich, ob weltlich, der uns in den beiden letzten Jahren nicht die Hälfte des Salzes überließ, das in seinen Pfannen geworden ist, verliert von Stund an seine Pfannen. Sie fallen an die Stadt Lüneburg,

und sie werden zum Nutzen der Stadt besiedet. — Hinrich, wir hier in Lüneburg sind ein großes Gasthaus, und die Sülzprälaten sind die Reisenden in diesem Gasthaus. Wenn die Reisenden dem Wirt das Zehrgeld nicht geben, das er verlangen kann, wer will ihn schelten, wenn er sich das Seine mit Gewalt nimmt?"
„Dein Gleichnis mag einen Schein von Richtigkeit haben", begann Hinrich Lange, der inzwischen wieder seinen Platz auf der Bürgermeisterbank eingenommen hatte, „mir aber fiel, während du sprachst, eine andere Parabel ein. Ich sah einen Schwarm toller Jungen vor mir, die einen groben Stecken in ein Wespennest bohren, ohne zu bedenken, was ihrer wartet, so wie wir auch nicht an das denken, was uns nach der Verkündigung des Gesetzes erwartet. Wir stören die ganze Pfaffheit des deutschen Nordens auf, wenn wir den Sülzprälaten nehmen, was ihnen gehört. Sie werden alle über uns herfallen: Äbte und Pröpste, Mönche; Bischöfe, Dekane und Domherren, all die vielen, die etwas bei uns auf der Sülze haben. Und die Geistlichen, die nichts haben, bringen wir aus Sympathie mit dem gleichen Gewand ebenfalls auf die Füße; wenn ich auch das Proverb von den Krähen hier nicht abwandeln will. Aber das sage ich euch: Ich höre schon jetzt die vielen Federn kratzen in den Schreibstuben der Klöster, auf den Kanzleien der Domkapitel und der Bischofssitze. Die Sülzprälaten, die uns keine von den vielen Ungeschicklichkeiten vergessen haben, die wir uns in der letzten Zeit haben zuschulden kommen lassen, werden uns nun als ausgemachte Bösewichte, Kirchenräuber und Schänder des Allerheiligsten verschreien. Und kann man es ihnen verübeln, da wir es sind, die ihnen die Worte in den Mund legen? Diesmal — ich glaube sicher —, werden sie das Ohr von Papst und Kaiser erreichen. Wir dürfen uns nicht wundern, wenn man von Rom her mit dem Bann antwortet; und der Kaiser, der dritte Friedrich, der den Päpsten in all und jedem sekundiert, der ihnen immer recht gibt, wird mit Acht und Aberacht bei der Hand sein."
„Und was tut's", sagte Springintgud. „Was wird das uns groß schaden? Hat der Bannfluch der Päpste vielleicht unsern Vätern geschadet? Sie waren doch auch selten genug mit den Sülzprälaten eines Sinnes. Wir hatten nicht immer Zeiten wie damals, als Boldewin lebte, als er Abt von Sankt Michael war und später Erzbischof von Bremen und mit den Sülzprälaten alles glatt ging. Aber vor seiner Zeit gab es doch auch einmal viel Ärger mit der Prälatenschaft, und der Papst schlug mit seinem Bannstrahl dazwischen. Rat und Bürgerschaft hielten zusammen. Die Bürgerschaft wird auch diesmal zu uns stehen, sollte es wieder soweit kommen. Sie hält immer zu uns. Damals hatten wir die Franziskaner und die Weißen Mönche an unserer Seite, und die Pfarrer der Kirchen lasen die Messen, tauften die jungen Kinder und trauten die Paare, und die Glocken läuteten nach wie vor. Gab es einmal

einen Priester in der Täuferkirche oder in Sankt Nikolai, der sich weigerte, seine Pflicht zu tun, so ließen die Ratsherren den betreffenden Geistlichen aufs Rathaus kommen, und man bedeutete ihm, daß er hier in Lüneburg wohl nicht an seinem Platze sei. Man empfahl ihm, der Stadt den Rücken zu kehren, und anderntags, bevor die Sonne über den Ilmenauwiesen aufging, war er schon mit Stab und Bündel auf der Wanderschaft. Sollte der Papst auch diesmal zu seiner letzten Waffe greifen, machen wir es ebenso und kommen dann wohl mit allem gut durch."

„Johann, verlaß dich nicht auf das Gewesene! Wir steigen niemals in den gleichen Fluß, haben wir in der Schule gelernt. Die Zeiten sind anders geworden. Ich kann deine Hoffnungen nicht teilen. Deine Methoden sind mir auch zu einfach, zu geradezu."

„Genug geredet!" rief Springintgud. „Wir müssen zum Schluß kommen. Hier ist die Liste der Pfannen, die von dir besiedet werden. Da sind die vier Pfannen, die in der Goldenen Henne stehen. Zwei von ihnen gehören den Weißen Mönchen von der Ilmenau. Die andern beiden sind dein persönliches Eigentum. Für diese vier Pfannen ist in den beiden letzten Jahren der geforderte zweite Pfennig bezahlt worden. Sie bleiben in der Hand ihrer Besitzer, und du magst sie weiter besieden. – Nun zu den Pfannen, die nicht abgelöst sind. Da sind die vier Pfannen, die dem lübschen Domkapitel gehören und im Abt stehen. Da sind die vier Pfannen im Dachs, von denen zwei den Walkenrieder Mönchen, zwei dem Kloster Hiddensee gehören. Willst du diese acht Pfannen, die ab heute das Eigentum der Stadt Lüneburg sind, aus den Händen des Rates nehmen und sie von heute ab für die Stadt und zum Nutzen der Stadt besieden?"

„Wie kann ich das tun? Ich habe dem lübschen Domkapitel, den Äbten von Walkenried und Hiddensee versprochen, mich jederzeit für ihr Pfannengut einzusetzen. Ich will zu meinem Worte stehen."

„Also nein. Dann bekommst du ab morgen keine Sole."

„Ihr wollt mir die Sole vorenthalten? Der Salzquell soll für mich kein Wasser mehr spenden?"

„Für die Siedekaten in der Goldenen Henne, die den Weißen Mönchen und dir gehören, erhältst du weiter deinen Soleanteil. Die Sole für Abt und Dachs fällt aus."

„Ist das euer letztes Wort?"

„Unser letztes."

„Dann braucht ihr mich hier wohl nicht mehr, und ich darf mich beurlauben. Ich habe einen ziemlich langen Ritt hinter mir."

Und er ging.

Unter dem Bogenfeld, nicht weit von der Pfeilernische mit der hellblaugewandeten Ursula, machte er kehrt und sah noch einmal zu den Herren

zurück, die noch vollzählig im Gestühl versammelt waren, alle um ihren Führer geschart, ihren Verführer, wie Hinrich voll Ingrimm dachte. Und als er sah, wie Springintgud mit Mund und Händen auf sie einredete, kam die Wut in ihm hoch, der Ärger über die Enttäuschungen der letzten Jahre.
„Geh nur mit deinem dicken Kopf durch die Wand", er hob seine geballte Faust, „du tust es ja immer", schrie er zum Gestühl hinüber. „Das sag ich dir, und ich weiß es sicher: Was du heute angestiftet hast, müssen wir alle, wie wir da sind, noch einmal auf unserm Brote essen. Das, Springintgud, nimm mit auf deinen Weg!"

Die Scharnebecker Reise

Morgen ist Pfingsten, und das Sülzvolk geht auf die Scharnebecker Reise. Aber heute ist im Bürgermeisterhaus großer Badetag.
Cord und Agnese, die beiden größeren, saßen auf der Hochzeitstruhe. Auch Jutta hatte einen Platz gefunden auf ihren glückverheißenden Vierpassen, Jutta, das derbe Kind, das zu Ausbrüchen neigt und zu Ungesetzlichkeiten. Aber heute saß sie zwischen ihren Geschwistern, war artig und hatte die Hände im Schoß. Über den Kindern war ihres Vaters Waffenwerk zu sehen: Topfhelm und Beinschienen, Schwert und Brustharnisch, von vielen braunen, ledernen Feuereimern umkränzt; und inmitten der ganzen Herrlichkeit an einem groben Haken hing sein Eschenschild von Elchleder überzogen, mit dem roten, laufenden Bären auf silbernem Grund. Zu Füßen der drei Geschwister saß Knut, der kleine Mann, der erst vor Monatsfrist ein Jahr alt wurde. Er hatte ein Holzstück in der Hand, ließ es auf den Fliesen hin und her gehen, und es war sein Wagen.
Die große Glastür zum Hof hin tat sich auf. Jürgen, der alte halbtaube Treideler, kam mit zwei Eimern Wasser, das er aus dem Bauhofbrunnen geschöpft hatte, auf die Diele. Die Kinder, die durch die beiden erleuchteten Küchenfenster schauten, sahen, wie er es in die große Tonne stürzte, die beim Herde steht.
Gebeke badet zuerst, das ist so sicher wie das Amen in der Kirche. Da trägt sie schon mit Gundel, der Magd, den Badezuber in die Küche. Sie füllen ihn gemeinsam mit kaltem Wasser. Das heiße Wasser schöpfte Gebeke aus dem großen Grapen, der dampfend an der Feuerschere hängt.
Nun ist Gebeke allein in der Küche. Die Kinder sehen, wie sie den hölzernen Küchenstuhl an eines der Fenster stellt. Sie steigt auf den Stuhl, sie hat die blaue Schürze der Mutter in der Hand, und sie hängt sie vor das Fenster. Jetzt hat sie den Stuhl an das andere Fenster getragen. Sie kommt mit dem

Rollhandtuch daher; es ist nicht recht breit genug. Sie hängt es trotzdem vor die erleuchteten Scheiben, aber rechts und links gibt es einen Spalt, durch den das Küchenlicht auf die Diele scheint.
Die Kinder lauschen. Da rauscht das Wasser auf. Sie wissen, nun sitzt Gebeke in der Badewanne und macht sich blank ... aber sie hören so wenig. Ehrbar sehen sie auf die blaue Küchenschürze, die ihre Pflicht tut und das Fenster ganz und gar verdeckt.
Manchmal plätschert es leise, aber meistens ist alles still. Die Zeit wird ihnen lang. Jutta aber, die das Haar ihrer Mutter hat, rotbraun und so blank wie frisch aus der Schale gesprungene Kastanien, sie, die Wobbekes etwas verschmitze Augen erbte, sitzt da, den Kopf in die Hand gestützt und sieht unentwegt auf das schmale Rollhandtuch, das das Fenster so unvollkommen verdeckt.
Sie macht Anstalten, von der Truhe herunterzurutschen.
„Was willst du? Vielleicht wieder beim Handtuch ins Fenster sehen?"
„Ja", sagt Jutta trotzig.
„Das sollst du nicht!" Und Agnese greift in den Gürtel, der das blaue Leinenkleid der Schwester zusammenhält. „Du bleibst hier!"
Ja, Agnese läßt den Gürtel nicht wieder los.
Da, ein großer Platsch. Gebeke ist aus dem Badezuber gestiegen. Und nun, das wissen sie, steht sie unter der schwebenden Leuchte und trocknet sich ab.
Endlich knarrt die Tür. Gebeke steht im Türrahmen, schon wieder in ihrem lichtblauen Kleid, hellrot im Gesicht, und das sonst so blonde, krause Haar, goldbraun und wie angeklebt. Da springen und rutschen sie von der Truhe herunter. Jetzt war die Küche frei! Jetzt waren sie dran.
Als erster kam Knut in den Zuber. Nein, es ging nicht mehr leise zu, und das Rufen und Jubeln der Kinder drang bis in die Schreibstube, wo der Vater hinter seinen Büchern saß. Da legte er den Schreibstift hin und kam über die Diele, um sich ein wenig an dem Badeglück seiner Kinder zu freuen.
Knut im Wasser! Das war das Schönste am ganzen Badetag! Alle Kinder hatten den Zuber umringt, und Jutta ließ, um sein Wohlgefallen zu erregen, die hölzerne Ente um seine kleine, feiste Brust schwimmen. Er aber bekümmerte sich nicht um sie, er bekümmerte sich um niemanden. Er war glücklich mit sich selbst. Immer wieder warf er sich lachend den nassen Waschlappen auf den Kopf und freute sich, wenn ihm das Wasser aus dem weißblonden Haar rann, über die roten Backen, über Stirn und Nase, so daß er aussah wie der Wassermann, der draußen auf dem Nikolaihof zuzeiten aus der Ilmenau auftaucht. Die Tante Hofmeisterin hat ihn schon gesehen.

Am Abend, als die Kinder in ihren Betten lagen, öffnete Gebeke die Tür zur Schreibstube und rief:
„Vater, Älardus ist eben gekommen!"
„Wirklich?" Hinrich stand auf. Aber da kam sein Sohn schon zu ihm herein.
„Du, Älardus?" Er ging ihm rasch entgegen.
„Bist du mit Hogeherte gekommen? Wir haben ihn erwartet."
„Ja, Vater, er hat eben die Hulk an der Lachskuhle vertäut, er hat Holz mitgebracht aus den Wäldern Lübecks."
„Gut, Holz ist in Lüneburg immer willkommen. — Und da, an deiner linken Hand der Goldring? Glück und Segen zu dem Verspruch! Und trägst ihn schon seit Ostern? Gut, daß du einmal hier bist. Aber wollte deine Braut, die auch einmal meine liebe Tochter werden soll, dich zum Pfingstfest weglassen?"
„Es war uns beiden nicht so ganz recht. Nicht mir, nicht ihr. Aber der Vater in Lübeck wollte es nun mal gern so. Ich konnte mit Hogeherte fahren. Hogeherte wollte am Pfingstsonnabend in Lüneburg sein, und da wir noch so manches zu rechnen und zu besprechen haben, mit dem Sodmeister und einigen Sülfmeistern, meinte der Vater, es sei wohl ganz passend, wenn ich die Reise in den Pfingstfeiertagen unternehmen könnte. Da würde dann nicht allzuviel versäumt. Denn bald nach dem Pfingstfest erwarten wir eine Stockholmer Kogge, die wir mit Salz befrachten müssen."
„Nun ist aber morgen die Scharnebecker Reise, und du triffst keinen der Sülfmeister an."
„Das Unglück ist wohl nicht so groß. Ich habe vier Tage Zeit. Hogeherte fährt doch erst am Donnerstagmorgen mit einer neuen Salzladung nach Lübeck zurück."
Hinrich nickte. „Und vielleicht", begann er, „wäre es nicht verkehrt, wenn du morgen mit auf die Scharnebecker Reise gingest."
„Ich muß sagen, ich hätte die größte Lust dazu."
„Die beiden jungen Stöterrogge sind dabei und dann vor allem Klaus Springintgud."
„Mit dem möcht' ich gar zu gern einmal feiern."
„Versteht sich. Ihr habt ja immer zusammengehalten."
„Hast du denn ein Pferd für mich?"
„Jetzt noch ein Pferd beschaffen? Das ist wohl so ziemlich unmöglich. Schon um die Osterzeit rennt das junge Sülzvolk herum, um sich zum Pfingstfest ein Pferd zu sichern. Und manchmal wird es den jungen Menschen noch im letzten Augenblick weggeschnappt. Da müssen sie oftmals die alten Mähren, die ihre Knochen kaum noch zusammenhalten können, aus den Ställen ziehen. Nein, Älardus, jetzt noch ein Pferd zu kriegen, ist recht schwer. Aber nimm Platz! Ja, nimm Platz auf der Truhenbank! Ich schenke dir ein Glas

Wein ein, und wir trinken einmal auf das Wohlergehen deiner lieben Braut. Es hat sich ja wirklich für dich alles zum Glück gerundet. Und um Michaelis soll die Hochzeit sein?"

„So haben wir es vor."

„Über die Hochzeit, ob wir kommen können und was wir dir mitgeben wollen und können – denn du darfst ja nicht mit leeren Händen dastehen –, sprechen wir, wenn Mutter Wobbeke Zeit hat. Heut ist sie mit ihren Vorbereitungen zum Pfingstfest beschäftigt, denn sie wollen alle für zwei Tage nach dem Nikolaihof hinaus."

„Und du, Vater?"

„Ich muß wohl mit nach Scharnebeck, wenn ich auch diesjährig wenig Lust dazu verspüre, weil ich über die Siedekaten Abt und Dachs nichts mehr zu sagen habe. Du wirst in Lübeck genug davon gehört haben, denn wie du weißt, gehörten die Siedepfannen, die im Abt stehen, dem Lübecker Domkapitel. Und das Lübecker Domkapitel ist recht unzufrieden mit uns."

„Mehr als das", begann Älardus, „in der Schreibstube der Lübecker Domherren, hab ich mir sagen lassen, gibt es im Augenblick viel zu tun, und Briefe an die Dekane der Braunschweiger und Hamburger Domkirchen werden aufgesetzt, und Briefe an alle Klöster, die Sülzgut besitzen, werden geschrieben und verschickt, damit nur keins von ihnen abspringt und sich mit den Lüneburgern auf eigene Hand einigt. Und dann, so sagte man mir, werden Klagebriefe aufgesetzt und Boten mit ihnen abgeschickt, und sie müssen nach Innsbruck reisen, wo Kaiser Friedrich gewöhnlich seine Hofhaltung hat; und andere Boten müssen über die Alpen, müssen Briefe nach Rom bringen und im Vatikan abgeben; die Lübecker Domherren lassen sich's was kosten."

„Aber ein gut Teil der Briefe, die aus der Lübecker Domkanzlei kommen, gehen wohl nach dem Celler Schloß auf der grünen Allerinsel, an unsere Herzöge, die man in den nordischen Reichen immer noch die Könige von der Lüneburger Heide nennt. Das Lübecker Domkapitel und die Herzöge sind, wenn es gegen uns geht, immer die besten Freunde."

„Im Augenblick, will es mir scheinen, haben es die Lüneburger mit den Herzögen von Celle und Braunschweig ganz und gar verdorben."

„Darüber braucht man sich nicht weiter zu wundern, denn es ist ja bekannt, daß Dirik Schaper sich in Celle aufhält."

„Wirklich?"

„Er hat eine kleine Anstellung im Celler Schloß. Er muß an einigen Tagen in der Woche in der Schloßkapelle die Messe lesen."

„Da wird er seine Gelegenheit wohl wahrnehmen."

„Das meinen wir auf der Laube auch."

„Und wo ist sein Bruder Ulrich, den ihr aus der Stadt gewiesen habt?"

„Den wir aus der Stadt weisen mußten, wie den Nyebur, den herzoglichen Vogt und Hans von Dahlenburg, den Zöllner, da die drei es darauf anlegten, uns mit den Ämtern ganz und gar auseinanderzubringen."
„Um wohl selbst das Stadtregiment zu bekommen."
„So ist es."
„Und weißt du, wo Ulrich Schaper, der Heringshändler, steckt?"
„Er ist auch in Celle. Er hat dort einen Kramladen aufgemacht. Und in den Stuben über dem Kramladen wohnen sie beide zur Miete: Der ehemalige Lüner Propst und sein Bruder mit Frau und Kind. Das Haus ist nicht groß. Zwei Fenster nach der Straße. Seine Balken, seine Balkenköpfe und Konsolen sind ausgeschmückt mit Engelsköpfen, mit Blumen und Früchten, alles geschnitzt und kunterbunt ausgemalt, wie alle Häuser in der Stadt auf der grünen Allerinsel. Aber das Haus der beiden Schaperbrüder hat über dem Erdgeschoß einen Balken, in den ein etwas absonderlicher Spruch geschnitzt ist, etwas von dem guten Ruf, und daß er mehr wert ist als ein Beutel mit Golddukaten, so erzählt man auf dem Rathaus. Und daß der Springintgud der Mann ist, der sich darüber lustig macht, kannst du dir ja denken."
„Der herzogliche Vogt Nyebur aus dem Hölzernen Herrgott ist im Augenblick mit Frau und Kind in Lübeck. Er läuft mir manchmal auf der Straße entgegen."
„Er schürt wohl in Lübeck das Feuer?"
„Und doch ist das Lübecker Domkapitel nicht einer Meinung. Die Domherren stehen nicht geschlossen hinter ihrem Dekan. Auf den Sitzungen im Kapitelsaal sind Streit und Zank an der Tagesordnung."
„Wie im Augenblick in fast allen Domkapiteln und Klöstern."
„Im lübschen Domkapitel gibt es eine kleine Minderheit, die dafür ist, sich auf gütliche Weise mit dem Rat der Stadt Lüneburg zu einigen."
„Und zu dieser Minderheit gehört sicher Johann von Minden."
„Mehr noch, er führt sie an."

Älardus stand auf. Gebeke war in die Schreibstube gekommen.
„Älardus reitet morgen mit nach Scharnebeck", rief ihr der Vater entgegen.
„Wenn ich ein Pferd bekomme."
„Ein Pferd, ein Pferd? Älardus, ich will dir einen Vorschlag machen: Du nimmst meinen Blauschimmel und vertrittst mich. Ich müßte morgen auf der Reise nach Scharnebeck doch nur eine untergeordnete Rolle spielen, weil die Pfannen in Abt und Dachs im Augenblick von dem Springintgud besiedet werden. Mir gehört zur Zeit nur die Goldene Henne mit den beiden Pfannen der Weißen Mönche und meinen eigenen. Für diese vier Pfannen sind alle Zahlungen geleistet und sie sind frei. Um meine Leute aus der Goldenen Henne müßtest du dich ein wenig bekümmern."

„Vater, ich glaube, mit diesem Stellvertreter werden Sieder und Vogt nicht ganz einverstanden sein."
„Meinst du? Vielleicht sind sie es doch, Älardus. Alles, was in meinen Siedehütten arbeitet, ist dir zugetan. Wie oft hast du als Junge Bestellungen ausgerichtet, und wenn du einmal in den Hütten warst, gingst du dem Vogt und den Siedern auch zur Hand. – Wirklich, Älardus, es wäre vielleicht nicht verkehrt, wenn du morgen mit nach Scharnebeck rittest. Auch deinetwegen nicht. Denn du willst ja einmal Lübecker Salzhändler werden und bist es in gewissem Sinne schon heut, und da ist es nur von Vorteil, wenn du dich einmal unter den jungen Sülfmeistern umsiehst, mit ihnen feierst und nach dem Ringe stichst und den älteren deine Ehrerbietung und Höflichkeit bezeigst. Reite meinen Leuten aus der Goldenen Henne voran und entschuldige mich beim Sodmeister. Ich bin meines verstauchten Fußes wegen, der immer noch recht geschwollen ist, sowieso halbwegs entschuldigt."
„Und deinen Blauschimmel willst du mir überlassen?"
„Ja, du sollst dich morgen auf einem stattlichen Roß unter die Leute mischen."
„Und du, Vater?"
„Ich gehe mit der Mutter und den Kindern nach dem Nikolaihof."
„Aber wie willst du morgen nach dem Nikolaihof kommen? Du kannst doch nicht mit Mutter Wobbeke auf dem blauen Wagen sitzen."
„Nein, das geht allerdings nicht. Aber laß nur, es wird sich schon ein Pferd für mich finden."

Die Feuer unter den bleiernen Siedepfannen lodern Tag und Nacht. Sie kennen keinen Unterschied zwischen Werktag und Festtag. Heute, am ersten Pfingsttag, sind sie gelöscht. Kein Dampf steigt von den Siedehütten aus in die Lüfte. Das Sodhaus ist zugeschlossen. Und der Sodmeister trägt den Schlüssel in der Tasche. Verschlossen ist das Barhaus, in dem die Bleipfannen, die so leicht verschleißen, umgegossen werden. Fest zugeschlossen ist die große Pfortentür in der Mauer, die um das ganze Sülzgebiet herumläuft und die Sülze von den Häusern der Stadt scheidet.
Es war nur ein Mann auf der Sülze zurückgeblieben, ein ehemaliger Sodeskumpan, der alt geworden war bei der schweren Arbeit mit den Soleimern und der der Sülze noch jetzt als Wächter diente. So ging er denn heut am ersten Pfingsttag, indes die Winde den Duft der Maiglöckchen von dem Lindenberg zu ihm herüberwehten, vom Sodhaus zum Gießhaus hinüber, ging um die vielen Siedekaten, die in langer Reihe dalagen, immer zwei aneinandergedrängt. Er umkreiste sie wie ein Schäferhund die ihm anvertraute Herde. Er hielt die Wache, dieweil das Sülzvolk nach Scharnebeck ritt und fuhr.
Das Kloster Scharnebeck hat nun einmal bei den Lüneburgern den Vogel ab-

geschossen. Kein Kloster in der Nähe wie in der Ferne ist ihnen so wichtig wie dieses, auch nicht Kloster Lüne, obgleich es nur einen Büchsenschuß von den Mauern der Stadt entfernt liegt und die Lüneburger Kinder in seinen Kreuzgängen wandeln. Mögen sich alle Klöster von der Stadt Lüneburg abwenden, die nahen wie die fernen, die overheidischen und die von jenseits der Elbe. Die Benediktiner von Scharnebeck halten dennoch zu Rat und Bürgerschaft.

Und am Pfingstsonntag reitet das Sülzvolk durch die Wälder und kehrt in jenem Kloster ein. Sie machen ein Ringelreiten auf den Wiesen hinter der Kirche. Sie tanzen unter den Linden des Scharnebecker Dorfplatzes. Und in der Klosterküche wird für sie gekocht. Erbsensuppe gibt es und Klöße, dazu von den Schinken, die in der Erbsensuppe gar wurden. Und ist die Mahlzeit fertig, ziehen alle ihre Messer aus der Scheide, ihre mitgebrachten Holzlöffel aus dem Gürtel, und sie essen von des Klosters schweren Zinntellern. Sie schneiden sich von den Weizenbroten ab, die auf den Tischen liegen und die im Kloster gebacken wurden. Die älteren Sülfmeister und die älteren Sieder und Sodeskumpane speisen mit den Mönchen in des Klosters Remter. Aber für die jüngeren Sülfmeister und Sieder werden Tische auf dem klösterlichen Wirtschaftshofe aufgestellt. Sie löffeln die kräftige Kost, indes über ihnen, in dem jungen Laube der Buchen, der Eichen die Finken aus voller Kehle singen:

„Trinke, trinke, trinke Würzebier!
Trinke, trinke, trinke, trinke Würzebier!"

Und alle kommen der Aufforderung nach. Ja, sie trinken gewürztes Bier, im Kloster gebraut. Sie trinken auch Einbecker Bier und Hamburger Bier, das auf zwei mit Pfingstbüschen bekränzten Wagen hinter dem Zuge der Sülzleute hergefahren wird.

Auch an diesem Morgen hatte man sich auf dem Sande versammelt. Kurz vor fünf Uhr, während auf den Ilmenauwiesen die Morgennebel aufstiegen, fanden sich die ersten ein. Und bald füllte sich der lange Platz im Schatten der Täuferkirche mit Sodeskumpanen und Sülfmeistern, mit Siedern, Pfannenträgern und Salzfuhrleuten. Auch die Frauen fanden sich ein, die in den Siedehäusern die Feuer unter den Bleipfannen nähren müssen. Für sie standen Leiterwagen bereit mit Blumen und Laub bekränzt. Die Männer jedoch waren fast alle zu Pferde. Jeder aber, ob Frau oder Mann, hatte an seinem Leibe sein kostbarstes und buntestes Stück Kleid.

Die Stadt Lüneburg hatte alles aufgeboten, um die ausziehenden Sülzleute zu ehren. Der Sand wehte von Fahnen, und aus den Fenstern seiner Häuser hingen Tücher von Goldbrokat und bunte Teppiche; es war fast, als sollte auf dem Sand ein Turnier ausgeritten werden wie zur Zeit, als die Stadt Lüneburg noch den Herzögen gehörte und der lange Platz zu Füßen der Täuferkirche oftmals nichts anderes war als eine große Stechbahn, auf der sich die Ritter gegenseitig aus dem Sattel hoben und in den Sand setzten. Bald standen überall an den Fenstern der Häuser Frauen, Jungfrauen und Kinder; auf den Beischlägen und Treppen drängten sich die Handwerker und größeren Burschen aus den anliegenden Straßen, die sich den Auszug der Sülze mit ansehen wollten.

Nun ritt der Sodmeister heran. Sein Haar unter der Kappe, mit Eigelb aufgefärbt und schön gekräuselt, fiel ihm wie eine Mähne auf seinen hellgrünen Hoiken. Sein falber Hengst aber ging nur so in Maililien, Narzissen und Goldlack. Es klingelten die silbernen Schellen an dem grünen Riemenwerk seines Pferdes. Es war, als wollte sich der Maikönig selbst auf die Reise machen.

Gleich hinter dem Sodmeister hatte das mutwilligste Volk der Sülze seine Plätze, die Männer, die im Sodhause arbeiteten; die meisten von ihnen, große kräftige Mannsbilder, stammten von der Nordsee. Ja, lange und starke Glieder mußten die Sodeskumpane haben und Kraft in den Schultern und Armen. Wie wollten sie wohl sonst mit den schweren Gießeimern hantieren, die dreiundeinenhalben Zentner Sole in sich bargen? Wie wollten sie sie ergreifen, halten, herumschwenken und ihr Naß in die hölzernen Krippen stürzen, von denen aus die Sole durch Leitungen und Rinnen die einzelnen Siedekaten erreichte?

So stark die Sodeskumpane waren, so wehlig und übermütig waren sie auch. Sie ließen ihre mit Birkengrün bekränzten Rösser steigen und auf dem Sand herumtänzeln. Und die beiden Ansager konnten die Leute aus dem Sodhaus kaum im Zaume halten. Diese Ansager waren die Aufseher im Brunnenhause. Sie achteten auf die Eimer, die im Brunnenschacht aufstiegen, und riefen dem Schreiber, der mit Pergament, Rohrfeder und Schreibsaft ausgerüstet, an einem Tischchen dabei saß, die jeweilige Nummer zu, bis die Zahl der Eimer zwanzig erreicht und die Stiege voll war. Dann zog der Schreiber einen roten Strich quer über das Blatt, um daraufhin wieder bei der Zahl eins anzufangen.

Die Männer aus dem Barhaus, die von ihren beiden Barmeistern angeführt, den Sodeskumpanen beim Ausritt auf den Fersen folgen mußten, standen in ihrer Aufgeräumtheit den Eiderstedter Bauernsöhnen kaum nach. Sie hatten einen Wagen bei sich mit einer funkelnagelneuen Salzpfanne, die bis an den Rand mit schneeweißem Salz angefüllt war. Das Salz wollte man den Mönchen von Scharnebeck schenken. Mit Besonnenheit und Ruhe traten die Kerntruppen der ganzen Sülze auf, das Volk, das in den Siedehütten schaffte, die ehrsamen Sieder, die die Pfannen überwachten, wenn sie auf den Feuern

standen, die keinen Blick von ihnen ließen, bis alles Wasser verdampft war und das Salz in ihnen aufschimmerte, das schöne schneeweiße, das kostbare, das begehrte. Die Sieder hatten die vergoldeten Schmuckstücke von ihren Hütten herabgenommen: Die Goldene Henne, den Kopf des Ziegenbocks mit goldenen Hörnern und goldenem Bart, den Abt, das Pferd, das Springende Einhorn und wie sie alle hießen. Diese goldenen Embleme sollten mit im Zuge sein, und die Vögte der einzelnen Siedekaten trugen sie an langer Stange denen voran, die unter ihnen arbeiteten und werkten.
Obgleich nun wirklich alles zur Stelle war, auch die Salzfahrer und Salzlader, obgleich all die vielen Feuerhüterinnen aus den Siedekaten auf ihren umkränzten Wagen saßen, setzte sich der Zug noch immer nicht in Bewegung. Fehlte noch etwas? Worauf wartete man?
Veit Sneebart, der Türmer von Sankt Johannis, hatte noch nicht geblasen.
Der Sodmeister ritt auf seinem falben Hengst ein wenig auf die Seite. Man reichte ihm eine rote Fahne, auf der Johannes der Täufer in seinem schuppigen Flickenmantel schwebte. Er schlug die Fahne hin und her zum Zeichen, daß der Türmer jetzt mit seinem Blasen an der Reihe sei. Aber kein Drommetengeschmetter klang von der Höhe des Turmes herab. Alle spähten zu dem grünspanhellen Turmhelm hinauf. Auch der Sodmeister legte die Hand über die Augen und blickte empor. Aber niemand konnte eine Spur von dem goldenen Geröhre einer Drommete erkennen. Der Sodmeister wurde unruhig. Sollte der Pfarrer der Täuferkirche diesjährig das Blasen untersagt haben? Wohl war die große Sonntagsglocke des Bannes wegen stumm geworden; aber Veit Sneebart hatte man bisher noch nicht den Mund verboten. Er blies noch täglich seine Choräle über die Stadt.
Da endlich rührte sich etwas an dem grünen Helm. Und wenn man auch nichts von Veit Sneebart, dem Türmer, sah, so bemerkte man doch, wie er seine Drommete langsam, ganz langsam aus dem hellgrünen Turm herausschob. Und da blinkte das rote Fahnentuch auf, das er des Festes wegen an das goldene Geröhre geknüpft hatte; es stand wie ein rotes Siegel am Turm.
Nun erklang das Lied, das alle gut kannten: Großer Gott wir loben dich, des Ambrosianischen Lobgesanges erster Vers. Die Klänge kamen von der Höhe herunter auf die vielen Menschen, die den Sand füllten. Und alle lauschten. Als aber ein Vers durchgeblasen war, als Veit Sneebart zum zweiten Male ansetzte, da sang alles mit, von den Klängen der Drommete begleitet, Sodmeister, Sülfmeister und Sieder, die Frauen und Kinder an den offenen Fenstern der Häuser, die jungen Burschen und Handwerksmeister auf den Beischlägen und Treppen. Und auch die Dithmarscher und Eiderstedter Sodeskumpane fielen mit ihren kräftigen Stimmen ein:

„Großer Gott wir loben dich
Herr, wir preisen deine Stärke.
Vor dir neigt die Erde sich
Und bewundert deine Werke."

Alle sangen sie hier auf dem Sand unter Gottes freiem Himmel den Lobgesang, wie sie ihn manchmal unter Sankt Johannis blauer, mit goldenen Sternen besteckter Decke gesungen hatten. Und es war ihnen feierlich zumute, als sei der Sand selbst eine große Kirche, die als Dach und Decke den Himmel hatte.

Als der Gesang verstummt war, als Veit Sneebart die goldene Drommete mit ihrer roten Seidenfahne wieder zu sich hereingezogen hatte, hob der Sodmeister seinen weißen Stab, trieb seinen falben Hengst an, und der ganze lange Zug setzte sich in Bewegung.

In der Bäckerstraße erwartete man ihn schon und auch im Bürgermeisterhaus. Gundel, die sechzehnjährige Magd, und Jürgen, der fast taube Treideler, standen hinter den Beischlagwangen, und zwischen ihnen auf der Treppe hatten sich Cord, Agnese und Jutta aufgestellt.

Als der Sodmeister und Maikönig vorüber war, dazu die Sodeskumpane und die Leute vom Barhause, rief Gebeke, die am breiten Fenster der Schreibstube zwischen den Eltern ihren Platz hatte:

„Jetzt kommen die Leute vom Abt. Ich sehe das schwarze Mönchskleid; ich sehe den goldenen Rosenkranz!"

Mit einem Lächeln sah Hinrich den Springintgud hinter seinen ehemaligen Leuten vom Abt auftauchen. Da ritt er daher in Scharlach und Gold. Wie immer guter Dinge. Ihm hing der Himmel voller Geigen. Als der Springintgud aber Hinrichs Gesicht hinter den Scheiben der Schreibstube gewahrte, glitt sein Blick vom Fenster ab.

„Und Klaus Springintgud?" fragte Wobbeke. „Wo mag sein Sohn Klaus stecken?"

„Ach, da ist ja Onkel Brand", rief Gebeke.

Richtig, da wurde der Kopf des Ziegenbockes vorbeigetragen. Hinter seinem vergoldeten Gehörn ritt Brand Tzerstede mit dem Propst von Medingen. Denn von den Pfannen, die im Ziegenbock standen, gehörten zwei ihm selbst, die anderen beiden besiedete er für die Medinger Zisterzienserinnen. Freundlich grüßte er die Kinder auf der Treppe, Gebeke und ihre Eltern. Da war er auch schon vorüber. Im nächsten Augenblick kam der Dachs heran, und Gebeke dachte an das Eismännlein und an den Abt von Walkenried, denen einst die vier Pfannen, die im Dachs standen, gehörten. Sie sah die beiden alten Äbte mit im Zuge gehen. Den Walkenrieder mit dem braunen, wehenden Bart.

Da sagte Wobbeke: „Und die Männer von Vaters Siedekate, die von der Goldenen Henne sind wohl heute gar nicht auf dem Wege. Der Hauptteil des Zuges ist doch schon vorbei. Wo bleibt nur Älardus mit seinen Leuten!"

„Aber Mutter", rief Gebeke, „siehst du es denn gar nicht? Da kommen sie ja schon mit der Goldenen Henne daher."

Wahrhaftig, da schwankte als letztes Bild im Zuge die Henne heran. Und hinter dem Vogt, der an langer Stange den vergoldeten Vogel hochhielt, ritt Älardus auf des Vaters Pferd.

„Und der Reiter neben Älardus? Der muß doch Klaus Springintgud sein."

Es war so. Neben Älardus ritt sein ehemaliger Schulkamerad, obgleich er gar nichts mit der Goldenen Henne zu tun hatte. Ritt reineweg an seiner Seite, um Älardus Gesellschaft zu leisten. Ritt auf seiner Biene, die er zu seinem fünfzehnten Geburtstag zum Geschenk erhalten hatte, einem Fuchs mit heller Mähne; einer Stute, und wie hatte er sie herausgeputzt! Das Mähnenhaar war eingeflochten und mit grünlichen Bändern durchzogen. Und um den Hals trug das Tier einen Kranz von Buchenblättern. Älardus hingegen hatte seinem Blauschimmel Birkenzweige ins Geschirr gesteckt. Aber auch die beiden Reiter hatten sich Gott weiß wie schmuck gemacht. Nur konnte man das alles nicht so genau sehen, denn im Nu waren sie vorbei. Cord war gleich von der Treppe herunter und ging zwischen den beiden Reitern hin.

„Älardus, Älardus", rief Agnese und griff in Juttas Gürtel, die gleichfalls auf die Straße wollte. Und so blieb ihr nichts übrig, als auf der Stufe zu springen und zu hüpfen. Ja, sie wußte sich vor Freude nicht zu lassen und winkte mit ihrer dicken Hand, so lange sie noch ein wenig von dem großen Bruder sah.

In einer fast übermütigen Fröhlichkeit zogen die Leute von der Sülze durch die Stadt. Und ihre Frauen und Kinder, die Handwerker mit ihren Gesellen und Lehrjungen, die die Straßenränder säumten, die von den Treppen, Beischlägen und Fenstern aus dem bewegten Auszug zusahen, standen dem Sülzvolk in seiner Aufgeräumtheit kaum nach. Die ganze Stadt war wie in Freude getaucht, wenn auch die Lüneburger im Augenblick wenig Ursache hatten, zu tanzen und zu springen. Eine sorgenvolle Zukunft lag vor allen. Denn die Kapitelherren der Dome, die Äbte und Pröpste der Klöster, denen man die Salzpfannen genommen, hatten, wie Hinrich Lange es vorausgesehen, das Ohr des Papstes mit ihren Klagen bestürmt. Sie hatten im Vatikan Gehör gefunden. Schon seit vielen Monaten schwebte der Bannfluch des Papstes — einer dunklen Wetterwolke gleich — über der Stadt.

Wohl weilte Albert van der Molen zur Zeit in Rom, um den Papst zu bewegen, die Stadt vom Kirchenbann zu befreien. Ob ihm ein Erfolg beschieden sein würde? Hinrich Lange konnte nicht recht daran glauben.

Eine halbe Stunde später waren die Leute aus dem Bürgermeisterhaus mit ihrem blauen Wagen unterwegs.

Es ging bergauf, und darum saß nur Wobbeke im Wagen. Sie hatte den kleinen Knut auf dem Schoß. Fein und sittsam, von Gebeke geleitet, waren Agnese und Jutta hinter dem Wagen hergegangen, solange der sich zwischen den Häusern der Stadt befand. Als er aber aus dem Bardowicker Tor gerollt war, liefen sie neben dem Gefährt her, hüpften durch die grüne Fülle, die uns das Pfingstfest beschert, an blauem Gundermann vorbei, an den Sternmieren, die in Polstern zusammensaßen, so weiß wie Schnee. – Die Kinder aus dem Bürgermeisterhaus sind guter Dinge und wissen kaum, daß das frische Grün, daß Blume und Blatt sie so munter machen.

Die kleinen Mädchen sind darauf bedacht, Klaus zu unterhalten, der, vom Arm der Mutter gehalten, zwischen Krügen sitzt, zwischen Körben und Kästen mit allerlei Kleidung und ein wenig Spielgeschirr; zwischen Molden mit Gebäck und Fleisch und allem, was man draußen zur Nahrung braucht und nicht von den Hofmeistersleuten haben kann.

Am Weg stehen Birken und Haseln. Cord bricht und schneidet Zweige von ihnen ab, und die kleinen Mädchen laufen und springen und werfen die maigrüne Pracht in das Gefährt, das langsam aus dem Tal der Ilmenau in die Höhe kommt.

Als sie eine ebene Stelle erreicht haben, muß der Wagen halten, ja, Gebeke nimmt einstweilen die Leine in die Hand. Der große zwölfjährige Cord praktiziert allerlei Bandwerk aus seinen Taschen hervor, und Jürgen, der Sieder, hilft ihm, die Birken- und Haselzweige an die Leitern des blauen Wagens zu binden. Als sie dann fertig waren, trat Cord zurück, besah das Werk seiner Hände und sagte:

„So, Mutter, nun habt Ihr einen ebenso schönen Wagen, wie die Feuerböterinnen, die jetzt nach Scharnebeck fahren."

Die kleinen Isländer zogen an, und die Fuhre schwankte, mit all dem grünen Gezweige wippend und nickend, dahin. Knut auf dem Schoß der Mutter blinzelte durch das grüne Blattwerk zu den Schwestern, die sich linkerhand vom Wagen hielten. Und wenn Agnese still ihres Weges ging und den kleinen Bruder nur ab und an mit freundlichem Zuruf erfreute, so dachte sich Jutta, um das Brüderchen zu belustigen und bei Laune zu halten, allerlei Späße und Witze aus. Und jetzt lief sie gar auf allen vieren neben dem birkengrünen Wagen her, das kleine Gesäß in der Luft.

Mutter Wobbeke schüttelte den Kopf, lachte und dachte: Wenn sie's nur könnte, sie würde sich auf den Kopf stellen, um ihn zum Lachen zu bringen!

Sie legte ihren Arm um den kleinen Jungen, der ungebärdig geworden war, vor Vergnügen kreischte und sich schier das Köpflein nach der munteren Schwester abdrehte. Jutta aber eilte gleich darauf an ein Kornfeld, riß einen Halm heraus und begann sich ein Pfeiflein zu machen, um den jungen Mann im Wagen mit etwas Musik zu erfreuen.

Agnese sah dies alles, und sie wurde immer stiller, bis Gebeke zu ihr trat. Da schmiegte sie ihre Hand in die der großen Schwester und sagte zu ihr: „Gebeke, wie ist das nur. Jutta weiß immer so viel mit Knut zu spielen; immer fällt ihr etwas Neues ein. Ja, wenn Jutta mit ihm spielt, lacht und kreischt er und ist manchmal wie närrisch vor Freude. So ist er nie, wenn ich mit ihm allein bin. Ich weiß auch nie, was ich mit ihm machen soll. Niemals fällt mir etwas ein. Ich kann nur immer das Spielgeschirr aufheben, das er aus seinem Bettchen wirft."

„Darum mußt du nicht traurig sein, Agnese. Uns wäre es bestimmt nicht recht, wenn du ein ebensolches Hanswürstlein wärest wie Jutta. Jutta macht ihm Faxen vor und bringt ihn zum Lachen, aber du sorgst für ihn, du behütest ihn, und das ist ebensoviel wert und vielleicht noch mehr. Wenn du bei ihm bist, sind wir beide ruhig, die Mutter und ich. Aber von Jutta wissen wir, daß sie ein rechtes Spielkind ist. Sie kann über ihr Spiel Zeit und Stunde vergessen und zuweilen auch ihren kleinen Bruder und sieht es nicht, wenn er nach Messer und Schere langt oder dem Feuer zu nahe kommt. Du läßt ihn nicht aus den Augen. Ist Knut nicht gut daran? Da hat er eine Schwester, die mit ihm spielt und ihn unterhält und eine, die auf ihn achtet und ihn beschützt. Und so ist es gerade richtig."

Sie haben die Höhe erreicht. Sie sind nicht mehr weit vom Walde. Sie sehen das hohe Kruzifix vor seinen Bäumen, und auf der Bank, nicht weit von dem Kruzifix sitzt der Vater. Er wartet auf sie. Er läßt den Braunen, den Älardus gestern zu später Stunde für ihn vom Nikolaihof holte, grasen.

Agnese und Jutta haben nun genug vom Steigen und Springen. Und der Vater hebt sie auf den Wagen. Sie setzen sich auf das niedrige Bänklein, das zwischen den vielen Körben noch frei ist.

Im Walde war es kühl, fast geheimnisvoll in all der Stille. Und die Kinder auf dem Wagen waren auch still.

Gebeke braucht nicht mehr nach den beiden Mädchen zu sehen und kann denken, was sie will. Sie hat ihr Festkleid an. In kleinen Puffärmeln geht sie dahin. Das helle Kleid ist mit einem roten Seidenband gegürtet, hoch gegürtet, wie die Schmetterlinge hoch gegürtet sind. Ihr roter Mantel liegt im Wagen. Im Gehen schaut sie in den Wald. Sie sieht nach den braunen Burgen, den halbkugeligen Städten der Ameisen, die zwischen den Stämmen buckeln. Der Waldboden ist mit dem anmutigen Siebenstern wie besät. Manchmal duftet es nach Maiglöckchen. Zwischen den Wurzeln der Buchen

leuchten die hellgrünen Blätter des Sauerklees, und seine Blüten hängen – durchsichtig, wie sie nun einmal sind –, und bläulich geädert, als Glöckchen über dem Grün.
Eichen, Buchen, Tannen und Birken in buntem Gemisch, und einmal bleibt Gebeke stehen, und es überschauert sie, weil die Birke, die sie sieht, sich so sehr hineingeschmiegt hat in das dunkle Gezweige einer Tanne. Und dieser Tannenbaum war mächtig. Die Birke aber groß, milchweiß und schlank. Gebeke schaute zu den beiden auf. Sie ging bald wieder hinter dem blauen Wagen her, blieb aber wieder zurück, sah sich nach den beiden um. Sie dachte, es gibt nichts Schöneres hier im Wald als diesen Tannenbaum, als diese Birke, die sich in sein grünes Geschirme gelegt hat. – Als sie darauf ein drittes Mal stehenblieb und zu den beiden zurückschaute, murmelte sie: „Man möchte sein wie die Birke."

Die alten Frauen vom Nikolaihof saßen auf der Treppe ihres Hauses und ließen sich von der Sonne bescheinen. Nein, Lieschen Rehbeen, die kleine verwachsene Person mit dem großen Gesicht, war nicht dabei. Sie, die einstmals Hinrich Lange Maililien, weiße Narzissen und Goldlack schenkte, war heute krank. Sie lag in ihrer Stube und rang nach Luft. Die enge Brust machte ihr zu schaffen.
Und wenn auch heute wie damals, als Hinrich jung war, Stuben und Kammern mit Prövnern besetzt sind, so waren es doch fast alles andere Gesichter. Aber auch die neuen saßen so gern in der Sonne wie die alten, die sich vor zwanzig Jahren so viel mit den Insassen des Männerhauses stritten. Auch von den alten Männern, die ihnen damals scheltend antworteten, ruhten fast alle auf dem Friedhof hinter der Kirche.
Die alten Leute waren heut am Pfingsttag mit Rosinenkuchen und Honigbier erquickt worden, und da saßen sie nun zufrieden vor ihrem Hause, bis eine kleine, geringfügige Person aus der Tür des Frauenhauses kam, beweglich und wieselflink, mit einem dünnen Scheitel, der trotz ihres Alters noch einen blonden Schein hatte. Auf der obersten Treppenstufe blieb sie stehen, grad unter dem von Schlangen umzüngelten Medusenhaupt.
Sie lauschte, sie hob den Finger: „Hört ihr den Kuckuck?"
Ja, richtig, er rief. Sie hörten ihn alle. Irgendwo in den hohen Eichen mußte er sitzen. Die kleine Person in der Tür fuhr gleich darauf mit ihrer Hand in die Tasche. Im letzten Winkel saß ein Kupferscherf. Sie hob ihn triumphierend ins Licht. – Sie ist beruhigt. Sie weiß, sie wird das ganze Jahr Geld in der Tasche haben. Die alten Weiblein auf den Beischlägen und Stufen untersuchen ebenfalls ihre Kleidertaschen.
Der Kuckuck ruft weiter. Sie zählen nicht sein Kuckuck, Kuckuck, wie sie es taten, als sie jung waren. Nein, das mögen sie nicht. Sie mögen nicht wissen,

wieviel Jahre er ihnen noch zubilligt. Sie mögen nicht an Tod und Sterben denken.
Der Kuckuck ruft. Er ruft noch, als der Wagen aus dem Bürgermeisterhaus auftaucht. Als er unter den Eichen hinknarrt, fliegt der sonst so scheue Vogel, aus vollem Halse rufend, mit kuckuck, kuckuck über Wobbeke und die Kinder weg.

Wenn der Nikolaihof auch mit der Mehrzahl seiner Ländereien im Marschgebiet der Elbe lag, so hatte er doch, wie die größeren Heidehöfe, einen Eichenkamp. Dieser Eichenkamp lag hinter der Hofmeisterei, und wo er nicht an Stallungen und Scheunen grenzte, war er von einem aus Findlingssteinen errichteten Gemäuer umgeben. Die alten Eichen und Buchen, die in dieser Umwallung standen, die uralten Schattenspenderinnen, hatten die Aufgabe, den Nikolaihof im Winter vor den schweren Stürmen zu schützen, im Sommer aber, wenn die Gewitter tobten, den Blitzstrahl von den strohgedeckten Gebäuden abzulenken und auf sich selbst zu ziehen.
Meistens waren diese alten Bäume sich selbst überlassen. Die Hühner überflogen manchmal das nicht sehr hohe Gemäuer, und im Sommer trieb die Hofmeisterin die Schafe, die gemästet werden sollten, und darum gesondert gefüttert wurden, weil man sie zur Erntezeit schlachten mußte, auf den grünen Kamp, so daß sie sich unter den Eichen Futter suchen konnten; denn der ganze Boden um die Buchen und Eichen war grün von Gras. Im Herbst, wenn die alten Bäume ihre Früchte abschüttelten, ließ man tagaus, tagein die Schweineherde auf den Eichenkamp. Da hatten sie die beste Mast.
Am frühen Nachmittag dieses Tages hatte Hinrich Lange diesen schattigkühlen Ort aufgesucht. Er saß auf einem gefällten Baumstamm; wenn er von seinem Buche aufsah, sah er Gebekes helles Kleid zwischen den Stämmen. Sie ging der Ringmauer entgegen, auf der der Farn Engelsüß grünte, die dünnen Hungerblümchen wuchsen und die Fetthenne sich ausbreitete und dichte grüne Polster bildete. Gebeke legte ein blaues Tuch auf eins dieser grünen Polster, kletterte an der Mauer hoch, setzte sich und schaute die hängenden Füße gekreuzt, den Nikolaihof im Rücken, in die Welt.
Um es genauer zu sagen: Sie sah nach der Ilmenau, sie sah das Wasser des Flusses zwar nicht gerade, da sich die Ilmenau in den Wiesen versteckt hielt, aber sie sah die Holzbrücke, die über die Ilmenau ging, auch das Holzbild des Heiligen Marianus, das da drüben am Brückenkopf stand und vor dem Dirik Schaper und sein Scholar vor Jahren hielten und von ihren Pferden stiegen. Sie sah auch die alte, gedrungene Weide, die nicht weit von der Brücke auf der Uferkante hockte und in deren Schutz der Klosterpropst sein übelriechendes Zeug ablegte, bevor er in der Ilmenau schwamm.
Zwischen der Ilmenau und dem Gemäuer, auf dem Gebeke sitzt, sind

Wiesen, nichts als Wiesen. Einmal kommen glasgeflügelte Libellen mit dicken Köpfen und langen Leibern zu zweit vom Flusse herüber, eine hinter der anderen her; sie jagen sich und sind im Nu wieder drüben an der Holzbrücke. Gebeke lauscht, der Pirol flötet, der scheue Geselle, der eigens zum Pfingstfest angereist gekommen ist; man sieht ihn nicht. Er hat sich in der Krone der höchsten Eiche versteckt, und von daher flötet er.
Einmal kommt von drüben ein Wagen her. Er klappert an dem Holzbild des Heiligen vorbei und knarrt über die geteerten Bohlen der Brücke. Zwischen den Leitern sitzen Bauersleute mit Kind und Kegel, alle im bunten Kleid. Sie wollen wohl nach Bardowick. Sie wollen wohl die Verwandtschaft besuchen.
Sie hatten heute am Pfingsttag die Pferde auf die Wiese gebracht, zwei dicke braune Ackergäule mit schwarzen Mähnen. Es sind ganz andere Pferde als die, die in der Woche, von Pflichten beschwert, vor Egge und Pflug gehen. Sie spielen miteinander. Sie jagen sich. Manchmal brausen sie heran, als wollten sie das Gemäuer, auf dem Gebeke sitzt, stürmen. Schwenken aber ganz kurz vor der Mauer jedesmal herum, wie ein Segler, der den Strand stürmen will und erst im letzten Augenblick vom Schiffer herumgeworfen wird. So sitzt Gebeke auf dem Gemäuer und schaut, und dann ist sie bei ihrem Vater.
„Vater, du liesest?" fragt sie, als er aufschaut. „So kenn ich dich kaum. Wenn wir sonst einmal auf einige Tage auf dem Nikolaihof waren, bist du unterwegs: in den Feldern, auf den Wiesen, in den Waldstücken, die zum Nikolaistift gehören. Und wieviel hast du dann immer mit Küster und Pfarrer zu besprechen, mit dem Hofmeister, ja, mit Kuhhirt und Schafhirt! Und dann sind im Hause der Frauen einige Fenster entzwei, die erneuert werden müssen. Und im Männerhaus hat es durchgeregnet, und du mußt dir den Schaden ansehen. Aber diesmal liesest du nur."
„Laß mich nur lesen, Gebeke."
„Und was ist s für ein Buch?"
„Es sind Briefe von einem Italiener, Poggio ist sein Name. Er ist ein Gelehrter und zugleich ein Weltmann und hat in Bologna studiert, wo unser Boldewin im Augenblick ist. Jetzt leitet er als Kanzler den Stadtstaat Florenz. Es sind Briefe von ihm. Er hat sie geschrieben, damals, als er mit dem Papst Johann auf dem Konzil zu Konstanz war. Während der Jahre hatte er Zeit genug, in der Schweiz, in Frankreich und Deutschland herumzureisen. Er hat dort die ältesten und abgelegensten Klöster besucht und nach alten Schriften geforscht. Und von diesen Reisen handeln die Briefe."
„Hat Boldewin, der Erzbischof, nicht auch in Bologna studiert?"
„Ja, und er hat den Mann, der dieses Buch geschrieben hat, gekannt. Er hat uns manchmal von ihm erzählt. Er hat ihn in Konstanz kennengelernt auf

dem Konzil, Huß war damals schon gerichtet. Du weißt wohl, Gebeke, daß immer soviel Uneinigkeit in den Städten ist zwischen den Bürgern und der Geistlichkeit. Wir hier in Lüneburg können uns im Augenblick ja auch gar nicht so recht mit der Prälatenschaft einig werden, und in den andern, uns mit Eiden verwandten Städten, geht es oft noch stürmischer zu. So war zur Zeit des Konstanzer Konzils in Rostock ein großer Kirchenstreit entbrannt, und dieser Streit sollte auf dem Konzil geschlichtet werden. Weil aber Rostock so weit weg war und man alles nicht recht übersah, ernannte der Papst Boldewin, der damals hier in Lüneburg Abt war, zum Schiedsrichter. Und siehst du, in der Rostocker Sache hat er öfter mit Poggio verhandelt, denn Poggio war der Sekretär des Papstes. Boldewin hat uns später die große Gelehrsamkeit des Mannes gerühmt und den Fleiß, die Findigkeit und das Geschick, womit er in den alten Klöstern Abschriften von lateinischen und griechischen Klassikern aufstöberte. Noch im Augenblick geht es in Italien: Poggio hier und Poggio da, und seine Schriften und die lateinischen und griechischen Schriftsteller, die durch ihn wieder ans Tageslicht kamen, sind wohl in Bologna deines Bruders tägliches Brot."
„Hast du das Buch von dem Mann auf dem Michaelismarkt gekauft?"
„Ja, von dem Paternostermacher, der Jahr für Jahr Bilder und Bücher neben der Brauttüre von Sankt Michael ausstellt. Ich hab' es Boldewin zum Geschenk bestimmt. – Aber, Gebeke, was treibst du? Ich sehe, daß du nicht viel Gefallen an deinem Buch hast, das du nach dem Nikolaihof mitnahmst. Du warst auf den Wiesen zwischen den Pferden."
„Ja, Vater, und ich weiß nun, wie hoch der Himmel ist."
„Wirklich, da bist du den Gelehrten vorauf. Wie hast du denn das herausbekommen?"
„Die Lerche hat mich belehrt. Wenn sie über der Ilmenau aufsteigt, immer höher, immer höher, immer höher, immer höher, singt sie, sagt sie, tut sie, und so dringt das kleinwinzige, lebendige Fünkchen in die letzte Tiefe des Himmels, wo er schon dunkel wird, und wenn man sie dann noch mit seinen Augen erreichen kann, dann weiß man, wie hoch der Himmel ist."
„Gut. Auch eine Art, die Unendlichkeit auszumessen, wenn auch die Gelehrten von dieser Methode wohl nicht allzuviel wissen wollen. Ich laß' sie gelten und finde sie nicht übel."
Hinrich Lange sah seiner Tochter nach. Sie saß wieder auf der Ringmauer des Eichenkamps. Sie sieht immer nach der Brücke, dachte Hinrich. Er nahm wieder sein Buch auf.
Es war so. Gebeke schaute nach der Brücke. Aber nicht lange darauf war sie wieder bei ihrem Vater. Der blickte auf.
„Was ist mit dir, Gebeke? Du bist so unruhig. Es ist ja fast, als wenn du auf etwas wartest."

„Du sagst es, Vater. Ich bin unruhig. Und ich weiß nicht, warum. Und ich warte, und ich weiß nicht, auf was."
Und sie ging und stellte sich hinter dem Gemäuer auf und sah wieder nach der schwarz geteerten Brücke hinüber und nach dem Holzbild des Heiligen am Kopf der Brücke, den man hier erschlug. Kurz darauf stand Gebeke zum dritten Mal vor Hinrich Lange.
„Vater, nun störe ich dich schon wieder. Sei mir nicht böse! Aber nun gibt es wirklich etwas Wichtiges. Es kommen zwei Reiter. Junge Reiter. Ob sie zu uns wollen? Aber das Merkwürdigste: Hinter ihnen trabt ein Pferd, nicht gerade weiß, aber hell. Sie führen es an langer Leine mit sich. Ich muß dir sagen, daß ich einen solchen Aufzug in meinem ganzen Leben noch nicht sah."
„Da machst du mich neugierig, Kind. Ich komme mit dir."
Er legte sein Buch auf den Eichenstamm und stand ein paar Augenblicke später mit Gebeke hinter der Findlingsmauer. Die Reiter waren noch jenseits der Brücke. Auch Hinrich sah das ledige Pferd hinter ihnen. „Ja, wirklich seltsam, aber das Merkwürdige, mir ist, als kenne ich die Reiter." Und dann sagte er:
„Das ist ja fast, als sei Älardus mit meinem Blauschimmel unterwegs."
„Ja, Vater, so sehe ich es auch. Und der andere Reiter?, Vater, der andere", fragte Gebeke gespannt.
„Ja, der andere? Mir scheint, das ist niemand anders als Klaus Springintgud. Denn das Pferd muß doch wohl seine Biene sein." Jetzt hatten die beiden Reiter das hölzerne Bild des Heiligen Marianus erreicht und ritten an seinem blauen Mantel vorbei. Nun polterten die Hufe ihrer Pferde über die geteerten Bohlen der Brücke weg. Da sagte Hinrich:
„Gebeke, bleib hier! Ich möchte ein paar Schritte weiter hingehen, um alles besser sehen zu können."
Und er ging am Gemäuer entlang und blieb gar nicht sehr weit von der Stelle stehen, wo der Weg, von der Brücke kommend, sich dem Nikolaihof näherte. Da sah er es deutlich: Es war Älardus, und der Reiter hinter ihm, kein anderer als der junge Springintgud, Älardus ehemaliger Schulkamerad, der in Hinrichs Siedehütte vor Jahren das Sülzhandwerk erlernte. Sie wollen bestimmt zu uns, dachte Hinrich. Aber warum der Schimmel mit dem ledigen Sattel hinter ihnen herlief, konnte er nicht verstehen. Oder vielleicht doch?
Da hatten sie auch schon den Bürgermeister erkannt. Und nun ritten sie über das Gras just dahin, wo er hinter dem Gemäuer stand. Sie sprangen ab, lösten die Halfter ihrer Pferde und ließen sie an langen Zügeln grasen. Langsam kamen sie näher, fast zögernd. Hinrich sah ihnen entgegen. Er war zufrieden, daß sie zusammenhielten und daß die im Ratsgestühl entstandene Feindseligkeit zwischen den Vätern der Freundschaft ihrer Söhne nicht hatte

schaden können. Sie hatten ihre Kappen in die linke Hand gezwängt, die den Zügel hielt, und nun begrüßten sie Hinrich. Wirklich, sie hatten sich gut aufgemacht und waren beide nach der neuesten Mode gekleidet.
Schon am Morgen, bevor Älardus das Bürgermeisterhaus verließ, hatte Hinrich mit hohen Brauen auf seinen hechtgrauen Umhang gesehen, der in lachsroten Falten auseinanderschlug, auf die Stiefelhosen, von denen die eine ebenfalls grau, die andere lachsrot war. Älardus hatte in den Beutel gegriffen. War es ein Wunder, daß er was drangab? So jung und gerade erst verlobt. Aber Klaus Springintgud stand ihm in nichts nach. Sein Anzug war dem seines Freundes so ähnlich, als hätten sie es miteinander ausgemacht. Nur daß sein Umhang braun war und blumengelbe Falten hatte, und auch die Stiefelhosen wechselten in diesen beiden Farben ab.
Hinrich betrachtete seinen ehemaligen Sülzlehrling und dachte: Ich habe wirklich nicht gewußt, daß der Junge so gut aussieht, ja, fast gefährlich gut, und er streifte mit einem Blick die Brauen des Jungen, die schwärzlich waren und breit und dabei schön gewölbt, ja, wie Sicheln über den dunklen Augen standen.
Doch sein Haar war nicht anders geworden. Obgleich er mit seiner Kappe einmal nach rechts, einmal nach links hin über das Dunkle hinwegfuhr, war es so wirr wie früher; jedes Haar im Streit mit dem anderen.
Klaus Springintgud hielt sich zurück und sah nach seinem Pferd, das das saftige Grün der Ilmenauwiesen rupfte.
„Ihr hier!" rief Hinrich über das Gemäuer weg den beiden scheinbar Verlegenen entgegen, „und ich denke, ihr seid unter den kühlen Buchen des Klosterhofes. Da laßt ihr nun Ringelreiten Ringelreiten sein und kommt hierher, um uns zu besuchen? Und habt noch dazu einen schönen Rotschimmel mitgebracht mit ledigem Sattel. Ich will doch hoffen, daß ihr das gute Tier den Benediktinern nicht heimlich aus dem Stalle geholt habt? Aber wissen möcht ich wohl, warum ihr das gesprenkelte Rößlein mit euch führt."
Klaus Springintgud hielt sich noch immer etwas hinter Älardus. Als Hinrich sie nun fragend ansah, warf er seinem Freund einen flehenden Blick zu, der soviel bedeuten sollte wie: Sprich du!
Und der frisch verlobte Älardus, der sich in den mannigfachen Nöten erster Liebe auskannte, ja, der die Fährlichkeiten dieser Zeiten gerade hinter sich hatte, lächelte ein wenig und begann:
„Vater, nicht allein um euch zu besuchen, scheuchen wir euch hier aus eurem Frieden auf. Wir führen anderes im Schilde. Ja, wir kommen recht eigentlich hierher wie die Räuber, aber ehrliche Räuber sind wir und sagen dir gleich, daß wir es hier auf jemanden abgesehen haben, den wir entführen möchten. Gebeke möchten wir haben und möchten sie gleich mitnehmen." Und er erzählte, daß wie alljährlich auf dem Scharnebecker Dorfplatz unter den

Linden getanzt werden solle. „Nun sind so wenig Jungfern da", fuhr er fort, „da sind wir gekommen, um Gebeke zu fragen, ob sie nicht Lust hat, mit uns zu feiern. Das Pferd für sie haben wir gleich mitgebracht. Wir haben es den Mönchen nicht genommen, die Mönche selbst haben es uns für Gebeke ausgesucht. Reiten kann Gebeke; das haben wir in früheren Zeiten mit den Jungen und Mädchen aus der Hofmeisterei auf den Pferden des Nikolaihofes genug ausprobiert. Und so bitten wir dich nun beide, Klaus und ich, du möchtest Gebeke mitlassen."

„Schön und gut, wenn Gebeke will. An mir soll's nicht liegen. Und wenn die Mutter es erlaubt, die hat ja über die Mädchen immer das erste Wort. Aber da ist noch etwas, das mir Sorge macht, wie bekommen wir unser Kind wieder zurück?"

„Oh, darum brauchst du dich nicht zu ängstigen, Vater, nicht zu Pferde, in der Nacht, bestimmt nicht. Es ist schon alles abgemacht. Es ist ein Wagen in Scharnebeck, sehr bequem mit gepolsterten Sitzen und großen Handösen an den Wagenwänden, ein sehr guter Reisewagen. Er gehört dem Bardowicker Domherrn Sander Springintgud. Er selbst ist natürlich nicht in Scharnebeck. Er hat den Wagen ausgeliehen an zwei befreundete Bardowicker Familien, die mit Söhnen und Töchtern in Scharnebeck sind. Auf dem Rückweg wollen sie Gebeke mitnehmen; sie wollen über den Nikolaihof fahren und sie dort abliefern, und wir beide sind dann auch mit unseren Pferden zur Stelle."

Hinrich rief seine Tochter, und sie kam, und nun näherte sich auch Klaus Springintgud, der mit der Linken immer noch sein Pferd am Halfter hielt. Gebeke und er traten von hüben und drüben an den uralten Steinwall heran, auf dem Engelsüß und Hungerblümchen grünten und blühten, und leicht und scheu und wie obenhin gaben sie sich über das Gemäuer weg die Hand.

„Gebeke", begann der Vater, „Älardus und der junge Springintgud möchten dich mitnehmen. Es soll in Scharnebeck getanzt werden. Hast du denn Lust, möchtest du wohl mit?" Gebeke errötete. Gebeke schaute auf die Seite, sie sagte nicht nein, sie sagte nicht ja. Aber ein so frohes und schelmisches Lächeln flog um ihren Mund, daß der Vater genug wußte.

In diesem Augenblick kam Frau Wobbeke durch den Eichenkamp, und man erklärte ihr alles.

„Aber so reitet ihr nicht ab", sagte sie, wenn sie auch sonst mit allem einverstanden war. „Ihr müßt hungrig sein, und Durst müßt ihr auch haben an diesem heißen Tag. Ihr habt keine Zeit? Das wäre doch! Ihr braucht auch gar nicht eure Pferde im Stich zu lassen. Ihr braucht auch gar nicht ins Haus zu kommen. Ihr könnt hier beim Eichenkamp bleiben. Man könnte euch alles auf das Mäuerlein setzen, und Gebeke muß auch noch etwas genießen, bevor sie auf die Reise geht. Sie muß sich auch noch ein wenig herrichten und ihren Mantel holen."

Da gaben sie sich zufrieden. Wobbeke ging mit Gebeke ins Haus und kam bald darauf mit einem Korb zurück, in dem Kuchen war und allerlei Eßbares. Und Cord, der mitgekommen war, stellte eine gefüllte Zinnkanne auf die Mauer. Cord turnte über das Gemäuer weg, nahm den Reitern die Halfter der Pferde aus den Händen, und Klaus Springintgud überließ ihm auch für einen Augenblick die Zügel des Rotschimmels mit dem Damensattel.

Als Gebeke zurückkam, hatte sie in ihrem krausen blonden Haar einen Kranz von Marienblümchen, den sie am Morgen für Agnese geflochten. Auf dem linken Arm trug sie den Mantel von rotem, flandrischem Tuch, in den sie sich auf ihrer abendlichen Rückfahrt einhüllen konnte. Hinrich sah ihr entgegen und dachte: Meine Tochter sieht im Gesicht aus wie ein Kind, das sich auf Weihnachten freut.

Nicht lange darauf saßen sie alle drei zu Pferde. Älardus ritt im Schritt über die Wiese, Gebeke folgte ihm, als letzter hatte sich Klaus Springintgud aufgeschwungen.

Hinrich geleitete sie bis zur Brücke. Bei dem Holzbild des Heiligen Marianus blieb er stehen. Gebeke sah noch einmal zurück und winkte ihm zum Abschied zu. Bald darauf verschwand der kleine Reiterzug hinter einem dichten Weidengebüsch. Als er später in den Wiesen wieder auftauchte, waren Reiter und Pferde klein geworden. Aber der rote Mantel seiner Tochter leuchtete noch, und er schien noch lange wie ein rotes Siegel aus dem Wiesenland.

Jetzt wird meine liebe Tochter, wie es scheint, bald einen anderen Himmel ausloten, dachte Hinrich, während er zurückging.

Der Eichenkamp war leer. Die Kinder hatten sich zerstreut. Wobbeke war gegangen und hatte den Korb, den leeren Krug und die Becher mit ins Haus genommen. Hinrich begab sich an seinen alten Platz; nahm das Buch des Florentiners von dem Stamm der Eiche auf. Der Wind hatte die goldbraunen Blütentroddeln der Buchen auf die aufgeschlagenen Seiten geweht. Hinrich blies sie vom Papier herunter. Er setzte sich und versuchte weiterzulesen in den Briefen des Poggius. Aber es wollte nicht gehen. Fehlte ihm die Sammlung? Es war hier auch alles anders als vor einer Stunde. Der Pirol flötete nicht. Der Kuckuck ließ sich nicht mehr hören. Und es war auch keine Gebeke da, die kam und ihn beim Lesen störte. Nein, hier in dem Eichenkamp war es im Augenblick nicht mehr heimelig. Er klappte sein Buch zu, stand auf und ging zu Wobbeke und den Kindern.

„Gebeke?"
„Ja?"
„Gibst du mir den Mantel, den roten?"
„Doch nicht den neuen, den roten mit dem Goldband vorn?"
„Ja, gerade den."
„Und wozu braucht ihr ihn?"
„Wir wollen spielen. Wir spielen Onkel van der Molen und der Papst. Und der Papst hat doch auch immer einen roten Mantel an."
„Aber Jutta, das ist doch kein Spiel für Kinder!"
„Aber sie spielen es doch alle. Ja, gibst du mir den roten?" Gebeke war unentschlossen. Der rote Mantel ist nun mal der rote Mantel, das beste und liebste Stück in ihrer Kleidertruhe. Der rote Mantel ist ein Gegenstand, den sie lieb hat. Den roten Mantel hatte Gebeke auf ihrer pfingstlichen Schimmelreise um sich gehabt.
Sie sagt: „Tut es nicht auch der braune', mit dem ich, wenn es regnet, auf den Markt gehe?"
„Nein, Gebeke, es muß der rote sein. Du gibst ihn mir doch?"
Gebeke schaute während des Kochens manchmal verstohlen durch das Küchenfenster auf die Diele. Da saß Jutta auf der Hochzeitstruhe. Und wenn es auch nicht gerade ein des Papstes würdiger Sitz war, so war es doch ein recht imposanter Platz, zumal sie über sich das Geblink der väterlichen Rüstung hatte, im Kranz der ledernen Feuereimer.
Rechts von ihr stand der zinnerne Leuchter mit den kriechenden Löwen unterm Fuß, den die Kinder aus der väterlichen Schreibstube geholt hatten. Zu ihrer Linken allerdings nur das unansehnliche Lichtpfännchen, mit dem Gebeke in den Keller stieg, um den großen Fässern, die in der Finsternis der Gewölbe aufgestellt waren, Sauerkraut oder Salzheringe zu entnehmen. Und die Schlingel! Sie hatten sogar die Kerzen auf den Leuchtern angezündet. Gebeke war in Sorge um ihr Kleidungsstück, an dessen Goldband Jutta herumfummelte, um es vorn zu schließen.
Die kleine Jutta, und mochte sie auch recht fest sein, in dem flandrischen Scharlachtuch war sie kaum wiederzufinden. Aber das war wohl kein Fehler. Der Papst in Rom war – wie man sagte – auch nur schwächlich. Ein kleines, mageres Männchen, um den der Purpur wohl ähnlich herumschlottern mochte. Jetzt fuhr Jutta mit den Armen durch die Schlitze des Mantels. Sie hielt Gebekes Gebetbuch in Händen. Das päpstliche Brevier. Weiß Gott, guter Laune war der kleine Papst auf seiner Truhe nicht! Mit diesem mürrischen Gesicht, der schmollenden Unterlippe konnte Jutta wohl den mit den Lüneburgern allzeit unzufriedenen Papst vorstellen.

Aber da kam Cord von der Hoftüre her. War er Onkel van der Molen? Agnese führte den Zögernden und offenbar Ängstlichen an der Hand. Sie hatte sich einen Federkiel hinter das Ohr gesteckt, sie war des Papstes Schreiberlein, und ihr kleines spitziges Gesicht war auch so hell wie Schreibpapier.
Und nun erschien Knut, der kleine, pausbäckige Mann. Wenn er auch das Ganze nicht verstand, so war er sich seiner Wichtigkeit wohl bewußt, und so stapfte er, das Holzschwert erhoben, das Jürgen, der Treideler, ihm geschnitzt hatte, als Palastwache hinter den beiden her.
Onkel van der Molen mußte große Angst haben, wenn er vor das Angesicht des Papstes trat. So gehörte es sich. Und Cord war in der Tat ganz blaß.
Cord verneigte sich vor dem Heiligen Vater. Der sah den Mann aus dem Norden böse an. Da fiel Cord gleich vor ihm nieder, um einen Kuß auf seinen Pantoffel zu drücken. Aber der grüne Samtschuh fuhr geschwind und heftig unter den Mantelsaum. Und nun wurde es stürmisch. Jutta schrie, verstehen konnte Gebeke nichts. Cord hob seine Hände auf und bat; aber Jutta auf dem Thron zwischen den brennenden Kerzen ereiferte sich immer mehr.
Aber was war das? Flog da eben ein Vogel durch die halbdunkle Luft der Diele? Da klappte es auf den Boden. Mein Gott, Jutta hatte ihren grünen Samtschuh hinter Onkel van der Molen hergeworfen, nein, das ging zu weit. Da war auch Agnese schon wieder zur Stelle. Sie ergriff Onkel van der Molen bei der Hand, sie führte ihn durch die Mitte hinweg. Und Knut, der kleine Dreikäsehoch, trampte als Palastwache mit seinem hölzernen Schwert hinter den beiden her.
In diesem Augenblick kam Hinrich Lange auf die Diele. Er kam von der Sülze. Er hatte dort wieder viel zu tun.
Es war Städtetag in Lüneburg gewesen um Sankt Margareten herum. Und Alf, der Herzog von Schleswig, war auch auf dem Städtetag gewesen. Ja, der Herzog war es gewesen, der zu diesem Lüneburger Städtetag getrieben hatte, und auf des Herzogs ausdrücklichen Wunsch und auf seine Fürsprache hin und auf das Drängen der Bürgermeister von Hamburg und Lübeck, ja all der Herren, die die Städte des Bundes in Lüneburg zu vertreten hatten, waren die beschlagnahmten Salzpfannen wieder an ihre alten Sülfmeister zurückgegeben worden.
Als Gebeke etwas später zu ihrem Vater in die Schreibstube kam, um ihm ein kleines Frühstück auf den Tisch zu stellen, eine Scheibe Grobbrot, ein Stück Leberwurst und ein Krüglein Bier, sagte er:
„Was hatten denn die Kinder? Sie waren ja so laut. Ich hörte sie schon auf der Straße, und verkleidet hatten sie sich auch, wie es schien, und es ist doch keine Karnevalszeit."

„Ich mag's kaum sagen, Vater. Denn mir scheint, es ist eigentlich nicht schicklich, so etwas zu spielen."
„Und wie heißt denn dieses neue Spiel, das eigentlich nicht gespielt werden darf und doch gespielt wird?"
„Ja, höre nur. Es heißt: Onkel van der Molen und der Papst."
„Wie das?"
„Jutta war der Papst und Cord der Bürgermeister."
„Da ist Albert van der Molen wohl nicht besonders gut weggekommen?"
„Das kannst du dir denken."
„Nein, Gebeke, das ist allerdings kein Spiel für Kinder. Mag auch van der Molen in Rom keinen leichten Stand gehabt haben, aber gegen den Mann, der jetzt auf dem päpstlichen Stuhl sitzt, kann man kaum etwas sagen. Nikolaus, der ahnenlose Papst, der sich die Schlüssel Petri als Wappenbild an seinen Krummstab heftete, ist — und das sagen selbst die Feinde der Kirche —, einer der besten unter denen, die je die dreifache Krone trugen. Und hat Boldewin uns nicht auch so von ihm geschrieben? Bedürfnislos soll er sein, unermüdlich tätig und von werktätiger Liebe zu den Armen erfüllt. Ein Papst, der, wie es heißt, wirklich ein heiliges Leben führt. Nein, so dürfen die Kinder es nicht treiben. Ein solches Stück dürfen sie nicht aufführen, auch nicht um unseretwillen. Denn wenn Albert van der Molen in Rom nichts ausgerichtet hat, so ist es für die Stadt ein unausdenkbares Unglück. Du mußt Cord auf die Seite nehmen und ihm alles erklären. Für solch ein Spiel ist er eigentlich auch schon zu groß."

Die Verschwörung in Rom

Den Pantoffel hinter van der Molen hergeworfen? Oh, Phantasie der Kinder! Und wenn van der Molen auch keine gute Aufnahme im Vatikan gefunden hatte, so ist es wohl selbstverständlich, daß sich alles, was sich in jener so lange erharrten päpstlichen Audienz ereignete — mochte es noch so enttäuschend für den Lüneburger Bürgermeister sein —, in den Grenzen menschlicher Gesittung hielt.
Soviel ist sicher, Albert van der Molen war zu einem allerungünstigsten Zeitpunkt nach Rom gekommen. Denn am Anfang des Jahres war die große Verschwörung gewesen, eine Verschwörung, die sowohl die Freiheit wie auch das Leben des Papstes bedroht hatte. Als Albert van der Molen kurz vor dem Weihnachtsfest in Rom eintraf, zeigte man ihm in der Peterskirche die vergoldete Kette, mit der man den alternden Papst hatte fesseln wollen. Man zeigte ihm ein Gewandstück, das „der kommende Herr von Rom",

der phantastische Held und Anstifter des ganzen Aufruhrs, tragen wollte. Auf den Ärmelaufschlägen dieses Rockes war in gestickter Goldschrift zu lesen: „Porcano, der Befreier Roms."
Der Mönch, ein Benediktiner, der den Lüneburger Bürgermeister durch die Kirche führte, hatte ihm von dem Verschwörer, dem Anzetteler so vielen Unheils, erzählt, eben jenem Manne, der sich den bemerkenswerten Rock hatte schneidern lassen. Oh, er hatte sich nicht gegeben, als man seiner habhaft geworden war. Und als man ihn durch das nächtliche Rom führte, von Söldnern und Männern der Palastwache umringt, da hatte er nicht stillgeschwiegen.
„Rom, lässest du deinen Befreier sterben?" so hatte er fort und fort durch die menschenleeren Straßen gerufen.

Der Verschwörer Porcano hatte schon zweimal den Versuch gemacht, die Herrschaft über die Stadt Rom den Händen des Papstes zu entwinden. Er wollte sie wieder den Römern zuspielen, die während der hundertjährigen Abwesenheit der Päpste, während ihres Exils in Avignon, ihre Stadt auch auf eigene Hand regiert hatten.
Als der erste Anschlag entdeckt wurde, hatte Papst Nikolaus Porcano, den er so gut kannte, da er zu der Gilde der Literaten und Schriftgelehrten gehörte, verziehen. Nach dem zweiten Anschlag verbannte er ihn nach Bologna mit der Verpflichtung, sich jeden Tag dort in der Kanzlei des Erzbischöflichen Palastes vorzustellen. Aber Porcano gab sich nicht zufrieden Er konspirierte weiter, und es gelang ihm von dem Ort seiner Verbannung aus dreihundert angesehene Römer zu einem Komplott gegen den Papst zusammenzuschließen. Am Anfang des Jahres war Porcano nach Rom gekommen, um den Ausbruch der Verschwörung zu leiten. Man wollte den Heiligen Vater in der Peterskirche zu Beginn des Hochamtes überfallen, danach den Vatikan erobern.
Aber es lief anders. Porcanos Abwesenheit fiel in Bologna auf. Man schickte Boten auf schnellen Pferden nach Rom und entdeckte die Verschwörung. Am Abend strichen bewaffnete Mannschaften durch die Straßen der Heiligen Stadt. Sie umstellten das Haus, in dem Porcanos Schwester wohnte. Der Schwarmgeist hatte sich auch wirklich in ihre Häuslichkeit geflüchtet. Als die Schwester die Schritte der Bewaffneten vor dem Hause vernahm, das leise Geklirr von Harnisch und Waffen, öffnete sie ihre große Truhe, und Porcano kroch hinein und versteckte sich unter Kleidern und Mänteln. Aber obgleich die Schwester des Aufrührers sich mit den befreundeten Frauen, die bei ihr zu Gaste waren, auf den Deckel der Truhe gesetzt hatte, erregte das umfangreiche Möbelstück den Verdacht der suchenden Männer. Sie öffneten die Truhe, fanden Porcano, zogen ihn unter den Kleidern hervor,

und führten ihn gefesselt durch die Straßen Roms, um ihn in den Gefängnissen der Engelsburg abzuliefern. Und auf dem Wege dahin hatte der Schwärmer mit seiner klagenden Stimme die schweigenden Häuser Roms beschrien.

In der Nacht noch brachte man dem Papst die vergoldete Kette, mit der man ihn hatte fesseln wollen. Der Anblick zerriß diesem großen und empfindsamen Menschen das Herz.

Als Albert van der Molen in der Heiligen Stadt erschien, hatte man keine Zeit, sich mit dem Salzstreit im deutschen Norden zu befassen. Denn in der päpstlichen Kanzlei war man noch immer – obgleich Monate seit der Festnahme Porcanos verstrichen waren –, mit Prozessen beschäftigt, die die Schuld oder Unschuld der angeklagten Römer festzustellen hatten. Da gab es Verhöre über Verhöre. Verhöre der Angeklagten, ihrer Familien, Verhöre der Zeugen. Und waren bei Albert van der Molens Ankunft auch schon viele der aufrührerischen Römer hingerichtet – Porcano als einer der ersten, man hängte ihn an einen Galgen von einem der Türme der Engelsburg –, so waren doch genug römische Männer in den Kerkern, die auf ihren Tod, vielleicht auf die Bestätigung ihrer Unschuld warteten. Ein blutiges Schauspiel hatte sich vor den Augen des Papstes abgespielt, ein Schauspiel, an das der Schöngeist und edle Mensch Nikolaus nur mit Schaudern dachte. Aber die Kardinäle hatten einstimmig eine strenge Bestrafung der Schuldigen gefordert.

In dieser Zeit war der Papst ein anderer Mensch geworden. Krankheit suchte ihn heim. Sein Körper verfiel. Er war nicht mehr recht ansprechbar. Die von van der Molen nachgesuchte Audienz, in der er in dem Lüneburger Salzstreit entscheiden sollte, schob er immer wieder hinaus.

Als es schließlich wirklich soweit war, als in Rom nun endlich alle Schuldigen hingerichtet, alle Schuldlosen aus der Haft entlassen waren, als man in der päpstlichen Kanzlei Zeit gefunden hatte, sich mit dem Prälatenkrieg im deutschen Norden zu befassen, ja, als der Termin für eine päpstliche Audienz dem Lüneburger Bürgermeister schon mitgeteilt war, da ereignete sich das größte, das schrecklichste Geschehen des Jahrhunderts: Die Türken eroberten die Stadt Konstantinopel. Im Mai, eine Woche nach dem Pfingstfest, drangen die Janitscharen über die Leichen von dreißigtausend Christen hinweg in die feste Stadt.

Im Juni gelangte die Kunde von der Zerstörung der Stadt Konstantinopel nach Venedig. Reitende Boten, von dem Dogen abgeordnet, brachten die Nachricht nach Rom. Gleichzeitig verbreitete sich in der päpstlichen Stadt das Gerücht, eine türkische Flotte sei auf dem Meere gesichtet worden, die Schnäbel der Schiffe gen Rom gerichtet.

Nach diesen Botschaften wurden die Papiere „Salzstadt Lüneburg contra

Prälatenschaft des deutschen Nordens" ganz zu unterst in die päpstliche Arbeitstruhe gelegt.
So kam es, daß der deutsche Mann von der Ilmenau acht Monate vor der Tür des Papstes warten mußte und fast die Hälfte dieser Zeit in dem Staub und der Hitze eines römischen Sommers. Wann er auch in den letzten Monaten seines römischen Aufenthaltes sich um eine Audienz bemühte, immer hieß es: Der Papst ist nicht in der Lage, Euch zu empfangen. Und setzte man einmal hinzu: der Heilige Vater ist krank, so sagte man ein anderes Mal: der Papst hat keine Zeit. Der Papst arbeitet an seiner großen Kreuzzugbulle. – Denn wie die Päpste in vergangenen Jahrhunderten die christlichen Fürsten aufforderten, Kreuzzüge auszurüsten, um das Heilige Land von den Ungläubigen zu befreien, so wollte Papst Nikolaus das gesamte Abendland dazu auffordern, die Stadt Konstantinopel für die Christen zurückzuerobern.
Viele Wochen hatte er an der großen „Türkenbulle" gearbeitet. Aber jetzt war sie fertig. Die Schreiber saßen an ihren Pulten, um sie ins Reine zu bringen. Die ersten Abschriften hatten schon ihren Weg in die Welt genommen.
Da war nun endlich Zeit gewesen, sich mit dem Pfaffenstreit im deutschen Norden zu befassen.
Als van der Molen an einem der letzten Tage im August den Vatikan betrat, waren die Männer der Palastwache zur Stelle, die ihn nach seinem Woher und Wohin fragten. Er zog eine schriftliche Einladung zur Audienz aus dem Ärmel seines kirschroten Sergemantels und überreichte sie dem Anführer der päpstlichen Wachmannschaft. Man bedeutete ihm, daß er sich in der päpstlichen Kanzlei melden müsse. Einer der Wächter wurde dazu bestimmt, ihn zu beaufsichtigen, ihn zu geleiten. Von den drei an der Wand lehnenden Hellebarden griff er sich diejenige, die auf der Höhe ihres eschenen Stieles ein scharfgeschliffenes, ja fast ein abenteuerliches Eisen hatte, das mit seinen feinausgezogenen Zacken einem spitznäsigen Teufelsgesicht glich.
In der Kanzlei gab Albert van der Molen seine Einladung zur Audienz ab, und während man diese aufs gründlichste studierte, mit den eigenen Papieren verglich, wartete van der Molen in dem großen Saal, der von einer langen Pfeilerreihe unterteilt war.
Unter den Kreuzgewölben arbeiteten Schreiber an ihren Pulten, und wenn auch einige von ihnen an ihren Federkielen schnitzelten oder in ihrem Schreibsaft herumrührten, so ließen doch die meisten ihre Federn rasch über das Papier gehen.
„Sie schreiben die große Türkenbulle des Papstes ab", flüsterte der ihn begleitende Hellebardenmann ihm leise, fast ehrfürchtig zu.
Es war so. Da saßen sie und arbeiteten unentwegt daran, die Aufforderung

des Papstes an die christlichen Völker des Abendlandes zu vervielfältigen. Van der Molen sah die vielen Federn, die über das Papier hinkritzelten und dachte:
Und wird doch wohl alles vergebliche Liebesmüh bleiben! Kreuzzüge in unserem Jahrhundert? Kreuzzüge sind das große Märchen vergangener Zeiten gewesen. Sie passen gar nicht mehr in unsere Welt. Ja, früher konnte wohl ein päpstlicher Aufruf die Volksmassen der christlichen Reiche in eine leidenschaftliche Bewegung bringen. Aber heute? Wer wird in dieser Zeit von Weib und Kind, von Werkstatt und Erbe Abschied nehmen, um, wenn der Papst es will, in unbekannter Ferne für das Kreuz zu kämpfen und zu sterben? Ein Wort von Rom hat nicht mehr soviel Gewicht wie in alter Zeit. Soviel ist gewiß: In Lüneburg und in den uns mit Eiden verwandten Städten wird dieser päpstliche Appell kaum Anklang finden, und wie haben sie es hier damit so wichtig! Alles dreht sich um die Türkenbulle. Unsere Not ist ganz ohne Belang. Wer bekümmert sich hier um den Krieg, den die Stadt Lüneburg mit der Pfaffheit des deutschen Nordens führen muß; jedoch unsere Dukaten kann man am päpstlichen Stuhl brauchen. Ein Strom von Gold geht über die Alpen nach Italien. Man baut in Rom Paläste, Kirchen; bezahlt mit dem Geld Baumeister, Maler, Bildhauer und Gelehrte. Mögen sie es tun. Aber daß man hier als Deutscher so wenig gilt, das verletzt. Acht Monate hat man mich vor der Tür des Papstes warten lassen, und ich glaube kaum, daß es mir gelingen wird, heute für meine Stadt ein wenig Glück zu schmieden.
In diesem Augenblick war der Herr der Kanzlei, er, der all die vielen fleißigen Schreiber unter sich hatte, an einen großen Schrank getreten, der ganz in Albert van der Molens Nähe stand. Er schloß den Schrank auf. Fächer über Fächer kamen zum Vorschein, alle mit zusammengerollten Pergamenten vollgestopft.
Besonders viele Pergamente waren in das Fach gezwängt worden, das van der Molen in Augenhöhe vor sich hatte, so daß er die Schrift auf dem Pappschildchen darüber lesen konnte: „Prälaten des deutschen Nordens gegen die Stadt Lüneburg."
Mein Gott! Van der Molen griff sich an die Stirn. Sind das alles Anklageschriften? Haben wir so viele Feinde? Was mag das abgeben!
Zwei von diesen Anklagebriefen griff der oberste der Schreiber, ohne lange zu wählen, heraus, gab sie einem Sekretarius in die Hand. Ein Dolmetscher, der ebenfalls zur Stelle war, bekam zwei weitere Schriftrollen, die der Herr der Kanzlei einem anderen Fach nach sorgfältiger Auswahl entnahm. Dolmetscher und Sekretarius ersuchten van der Molen, mitzukommen. Sie nahmen ihn in ihre Mitte, und nun ging's, immer in Begleitung des Hellebardenträgers, über Flure, eine Treppe hinauf und wieder über einen langen

Flur, bis sie schließlich in einen saalartigen Raum gelangten, in dem einige Menschen in Gruppen zusammenstanden. Man sah es, sie warteten.
Im Hintergrunde gab es eine große Tür. Ihre beiden Flügel waren zurückgeschlagen. Der Dolmetscher näherte sich dem offenen Eingang. „Es ist unseres Papstes eigene Kapelle", flüsterte er van der Molen zu und trat auf die Schwelle. „Seht Ihr auf den Brettern unter der Decke den kleinen Mann im Mönchshabit? Das ist ein Dominikaner aus Florenz. Papst Nikolaus hat ihn hierher gebeten. Der kleine Mann auf dem Gerüst hat sein eigenes Kloster auf das schönste ausgemalt: Kapitelsaal, Schlafsaal, Refektorium, Kreuzgang, überall sind an den Wänden Fresken zu sehen, und in den Zellen der Mönche erblickt man die gemalten Gestalten aus den Evangelien. Der Bruder auf dem Gerüst malt Bilder aus der Geschichte des Heiligen Stephanus an die Wand der päpstlichen Kapelle. Seht, der Mann, der unten am Bild auf einem Stein sitzt, ist Paulus, der damals noch Saulus hieß. Seht Ihr die moosgrünen und violenblauen Mäntel, die er auf seinen Knien hat? Das sind die Kleider der Männer, die den Heiligen Stephanus steinigen. Ihr wißt wohl, daß Paulus einmal der ärgste Feind der Christen war."
Ja, van der Molen wußte es. So ganz ungebildet war der Mann aus dem deutschen Norden doch nicht, er, der Baccalaureus der Rechte. Im übrigen interessierte sich van der Molen im Augenblick nicht für den gemalten Paulus auf dem Stein. Und auch das Menschlein in der Mönchskutte auf dem Gerüst war ihm ziemlich gleichgültig. Er schielte nach den beiden aufgerollten Schriftstücken, die der Dolmetscher in der Hand hielt und mit denen er nach Fra Angelico und seinen Bildern wies. Ums Leben gern hätte van der Molen gewußt, wer die Schreiber dieser so sorgsam ausgewählten Schriftstücke waren. Aber der Dolmetscher wollte augenscheinlich die Wachsbilder in den Kapseln nicht sehen lassen, denn er hielt die Schnüre, an denen sie hingen, fest in der Hand.
„Papst Nikolaus", sprach der Dolmetscher, während er von der Tür zurücktrat, „bewundert den Maler; er hält den Mönch sehr hoch. Denkt, er wollte ihn sogar zum Erzbischof von Florenz machen!" Er sah den deutschen Mann fast herausfordernd mit seinen schwarzen Augen an. Auf Albert van der Molen machte diese Mitteilung keinen großen Eindruck. Er lächelte über soviel gutgemeinte, liebenswerte päpstliche Unvernunft, sagte dann:
„Wirklich? Was Ihr sagt! Nun, und er? Der Maler?"
„Er hat nicht gemocht. Das Pallium kleidet mich nicht, Heiliger Vater, so hat er gesprochen, gebt es meinem Prior! Ihm steht es an, und er würde auch ein besserer Erzbischof werden als ich. Und der Papst hat ihm diesen Wunsch erfüllt."
„Und Fra Angelico heißt dieser klösterliche Maler?"
„Ja, Fra Angelico, Bruder Engel. Er hat noch einen anderen Namen. Aber

den kennt keiner hier. Wir nennen ihn Fra Angelico. Auch die einfachen Leute nennen ihn so. Alle Römer kennen ihn. Alle Römer verehren ihn. Wenn er über den Markt geht, küssen sie den Saum seiner Kutte. Sie sagen, die Engel Gottes gehen in seinem Gemüt aus und ein."

„Wir müssen wohl etwas näher an die Tür des Audienzsaales heran", sagte der Sekretarius. Hinter der Tür blieb es still, und auch die Tür selbst rührte sich nicht.

„Vielleicht könnt Ihr den Papst heute gar nicht sehen. Manchmal erlauben ihm die Ärzte nicht, daß er von seinem Bette aufsteht."

Aber keine zehn Minuten später tat sich die Tür dennoch auf, und ein Mann rief durch den Saal:

„Albert van der Molen aus Lüneburg."

Ein Ordensbruder empfing sie. Ein Benediktiner. Er führte van der Molen und seinen Begleiter in einen mittelgroßen Saal, dessen Wände mit Gobelins verhängt waren. Auf ihren dunkelgrünen, baumreichen Gründen bewegten sich die Gestalten des alten Bundes: Abraham, Sarah und die Engel im Hain Mamre. Jakobs Söhne waren zu sehen, die ihre Herden weideten; Moses, der an seinem Stabe die Israeliten durch die Wüste führte, dazu die Könige Saul, David und Salomo mit den Propheten und den reitenden Feldhauptleuten, die zu ihnen gehörten. Vor dem Gobelin mit dem opfernden Noah stand der hochlehnige, vergoldete, mit dunkelgrüner Ripsseide gepolsterte Stuhl des Papstes. Rechts und links an den marmornen Stufen seines Thrones zwei wie zu Stein erstarrte Männer der Vatikanwache, mit grimmen Gesichtern, die Kesselhaube auf dem Kopf, vor sich die Helmbarte, deren eschenen Stiel sie mit beiden Händen umfaßten.

Papst Nikolaus ist nur ein kleines Männchen, ein Sperling möchte man sagen, wenn das nicht gegen allen Respekt ginge. Sein Gesicht ist hell wie Schreibpapier mit ein paar großen kohlschwarzen Augen, die nicht gerade freundlich blickten, als der Mann aus dem Norden ihm gegenübertrat.

Hatte Albert van der Molen eine Bewegung gemacht? Wollte er dem Heiligen Vater zu Fuße fallen? Ihm den Pantoffel küssen? Jedenfalls zog der Papst den Fuß mit dem goldgestickten Schuh unter seinen Mantelsaum. Eine unmißverständliche Gebärde.

Van der Molen wußte: Du bist hier nicht willkommen.

Er war nicht im Unrecht. Schon der Anblick dieses Lüneburger „Salzsieders", wie der Heilige Vater den Abgesandten der Stadt Lüneburg nannte, war dem Humanisten und Bücherfreund auf dem päpstlichen Stuhle unbehaglich. Vielleicht denkt er: Da ist nun die ganze östliche Flanke der Christenheit aufgerissen. Die Ungläubigen ergießen sich in einem Strom über das Abendland. Schon haben sie Ungarn unter ihre Füße gebracht. In Wien zittert man. In Venedig gibt man sich verloren. Und die Lüneburger führen Krieg

um das Salz? Papst Nikolaus, der die ganze christliche Welt übersehen muß, kann nicht begreifen, daß die Erhaltung und der Fortbestand des häuslichen Herdes ihrer Stadt das erste und nächste sein muß.
Albert van der Molen, Baccalareus der Rechte, hat in Bologna studiert. Die Lüneburger haben sozusagen das beste Pferd in ihrem Stall ausgesucht, um es Nikolaus zu schicken; und nun stand der große, gutgewachsene Mann mit dem schmalen langobardischen Gesicht vor dem Stuhl des Papstes. – Er fand keine Gnade. War er ein Bücherfreund, ein Humanist und Schriftgelehrter? Nein. – Verstand er es, Häuser, Paläste und Kirchen zu bauen? Auch nicht. Konnte er schöne Bilder malen? – Nichts dergleichen. Wenn er wenigstens ein Ordensbruder gewesen wäre, ein Bücherhändler oder Bücherabschreiber, man hätte sich mit ihm verständigen können. Aber der Mann, der da vor ihm stand, hatte nichts in der Hand als ein wenig von dem schönen, schneeweißen Salz, mit dem die Lüneburger die Prälatenschaft im deutschen Norden wild gemacht hatten. Vielleicht denkt Nikolaus auch: Warum muß ein alter Mann, wie ich es bin, mit dieser Streitsache geplagt werden.
Wenn Papst Nikolaus auch nur ein schwächlicher Mensch war, aber – und das wissen alle – dieser zarte Körper beherbergte eine Feuerseele, einen Feuergeist, der die besten Kräfte des Mannes aufzehrte, so daß die Krankheit nun ein leichtes Spiel mit ihm hat. Manchen Tag muß der Heilige Vater im Bett verbringen, weil er nicht Arm, nicht Bein rühren kann. Heute war er von seinem Schmerzenslager hochgekommen.
Da sitzt er, lehnt sich in seinen gepolsterten Stuhl zurück, stützt seinen schmerzenden Arm, den linken, auf die Armlehne seines Sessels, hebt ein wenig das Lid, sieht den Abgesandten der Salzstadt an und sagt mit leiser Stimme:
„Ihr seid nach Rom gekommen, um mich zu sprechen. So sagt denn, was ist Euer Begehr?"
„Ich bin von der Stadt Lüneburg beauftragt worden, nach Rom zu reisen. Die Gedanken meiner Mitbürger begleiten mich. Meine Mitbürger möchten, daß ich die guten Wünsche für das Wohlergehen Eurer Heiligkeit hier an den Stufen Eures Thrones niederlege. Die Bewohner der fernen Salzstadt wären glücklich, wenn ich den Segen des Heiligen Vaters mit zurücknehmen dürfte in unsere Heidestadt."
Der Heilige Vater nickte, und Albert van der Molen fuhr fort:
„Wir befinden uns in Lüneburg in großer Not. Die päpstliche Bannbulle, die uns zugestellt wurde, schwebt über unserer Stadt wie ein schwarzes Tuch, das das Glück seiner Bürger zudecken soll. Noch ist die Bulle nicht vollstreckt. Noch haben wir einen Aufschub erhalten. Aber das Geläute unserer Kirchenglocken verstummte bereits. Kein Gesang erhebt

die Gemeinde, wenn man in den Kirchen die Messe feiert. Wir möchten den Heiligen Vater bitten ..."

Bis dahin hatte Albert van der Molen in schönstem Latein gesprochen. Aber nun schnitt ihm der Papst wie mit einer Schere das Wort ab. Schnitt es ihm ab, derb und geradezu, ja, was er sagte, war nicht in schöne Wortbilder gekleidet, wie sie wohl sonst seinen beglückten Besuchern zuteil wurden.

Er sagte kurz:

„Ich habe nichts Gutes über Eure Stadt gehört. Meine Prälatenschaft im Norden Deutschlands hat sich bei mir über Euch beklagt. Ihr habt meine Pfaffheit beraubt."

„Beraubt? Heiliger Vater, von einem Raube weiß ich nichts!"

Papst Nikolaus dachte an die Flut der Briefe, die vor etwa Jahresfrist in Rom eintrafen; an die vielen Papiere und Pergamente aus dem Norden, die seine Kanzlei damals geradezu überschwemmt hatten. Er dachte an die langen Episteln, in denen die Domherren von Lübeck, Hamburg und Braunschweig sich beklagten, daß man ihnen ihre Salzpfannen, ihre unermüdlichen Geldgeberinnen, genommen hatte. Er dachte an kürzere Klagebriefe aus ärmeren Klöstern, die durch das Einziehen der Pfannen die notwendigen Mittel zu ihrem Lebensunterhalt verloren hatten. Man hatte in der päpstlichen Kanzlei alle Klöster des deutschen Nordens wohl zu Papier, und fast alle hatten in die Klagen der Bischöfe und Domherren eingestimmt. Und hier stand ein Mann aus Lüneburg, der in Abrede stellte, daß seine Pfaffheit von der Stadt an der Ilmenau unredlich behandelt worden sei. In dem Papst regte sich der Zorn.

„Ihr wißt von keinem Raube?" fragte Nikolaus noch einmal nachdrücklich.

„Es ist so, Heiliger Vater. Von einem Raube ist mir nichts bekannt."

Diese Bestätigung bringt Papst Nikolaus, den wahrheitsliebenden Mann, ganz und gar auf. In einer stürmischen Entrüstung erhebt er sich. Die schwarzen Augen in seinem bleichen Gesicht funkeln. Der große grüne Stein an dem Goldring seines Zeigefingers schießt Blitze, und er ruft:

„Dolmetscher, die Briefe von der Insel!"

Der Dolmetscher reichte seinem Herrn die beiden Briefrollen, deren grünwächserne Wappenbilder van der Molen vor der Kapellentür so gern erkannt hätte. Als der Papst mit diesen für ihn so bedeutungsvollen Schriftrollen in der Hand, einen Schritt weiter an Albert van der Molen herantrat, schossen ihm die Gichtschmerzen in die Beine. Und in seiner Erregung, in seinem jammerhaften körperlichen Zustand, hätte er seinem Wiedersacher, der ihm soviel Pein verursachte, die Briefrollen ..., ja, er hätte sie dem Lüneburger Bürgermeister, der in Gesundheit und Rüstigkeit vor ihm stand, am liebsten um die Ohren geschlagen. Er bezwang sich. Er kam wieder zu

sich. Er wurde äußerlich ruhig. Aber die Hände, die jetzt das Schriftstück auseinanderrollten, zitterten und bebten.
Ängstlich blickten Dolmetscher und Sekretarius auf ihren Herrn, mit ihnen der Ordensbruder, der Benediktiner, der auf der anderen Seite des päpstlichen Thrones stand. Auch van der Molen war nicht wohl in diesem Sturm.
„Wollt Ihr noch länger leugnen?" schrie der Papst. „Dieser Brief ist aus dem Celler Schloß. Euer Fürst hat ihn mir geschrieben, der König von der Lüneburger Heide." Er sagte wirklich so. Wahrhaftig, der Brief war von der grünen Insel in der braunen Aller. Die hölzerne Siegelkapsel hing herunter, und van der Molen erkannte auf dem grünlichen Wachs den aufsteigenden Löwen der Welfen. Der Brief war von Herzog Frederik.
„Und was schreibt mir Euer Fürst von der Aller?" fuhr der Papst fort, „hier in diesem Absatz steht es: Böse Schälke nennt er euch, vor denen man sich hüten muß. Ihr seid beileibe keine rechtlichen Männer, schreibt er. Man muß euch mit Räubern und Wegelagerern auf die gleiche Stufe stellen."
Das waren Keulenschläge für den Lüneburger Mann. — Er warf einen Blick auf das Blatt. Wirklich, diese Worte standen schwarz und weiß auf dem Papier. Der Papst fuhr fort:
„Und hat mir der Herzog von Braunschweig nicht ganz das gleiche geschrieben? Dolmetscher, den anderen Brief!" Der Dolmetscher hatte ihn schon auseinandergerollt.
„Hier steht's", fuhr der Papst fort: „Übeltäter seid ihr, unredliche Menschen!"
„Heiliger Vater, unsere Fürsten sind noch niemals unsere Freunde gewesen", wagte van der Molen einzuwenden.
„Eure Fürsten stehen über den Parteien. Sie gehören nicht zu den Prälaten. Sie gehören nicht zu euch. Sie müssen wissen, auf welcher Seite das Recht, auf welcher Seite das Unrecht ist. Ihr seid es gewesen, die den Krieg mit den Prälaten anzettelten, die dieseits und jenseits der Elbe wohnen. Gebt den Raub zurück! Dann will ich Euch hören."
Albert van der Molen raffte sich zusammen.
„Wer den Krieg im Norden angezettelt hat?" fragte Albert. „Wer ihn in Wahrheit angezettelt hat? Wer uns Lüneburger in die größte Not brachte, ja, an den Abgrund des Verderbens? Nein, das sind nicht wir gewesen. Das war, mit Erlaubnis zu sagen, die Prälatenschaft des deutschen Nordens. Ich bitte den Heiligen Vater, zu befehlen, daß die Ursache des Streites untersucht wird."
Aber der Papst war mit der Sache fertig. Er hatte nur noch ein Wort für den Mann.

„Ihr habt mich ja gehört", sagte er.
Damit gab er den beiden Beamten aus der päpstlichen Kanzlei einen Wink. Dolmetscher und Sekretär nahmen van der Molen flugs in ihre Mitte und führten ihn hinweg; man hätte sagen können: sie führten ihn ab. Der Mann der Vatikanwache stampfte mit erhobener Hellebarde hinterher, und das spitznäsig ausgezogene Eisengesicht auf der Höhe des eschenen Stieles grinste teuflisch.

Silvius Piccolomini

Bald nachdem der Lüneburger Bürgermeister und seine Begleiter das teppichbehangene Gemach betreten hatten, in dem der Papst seine Besucher empfing, kamen zwei Männer in den Vorsaal, die recht verschieden voneinander waren. Der größere und bei weitem schlankere von beiden war der Bischof von Siena, Silvius Piccolomini.
Er stammte aus einem kleinen Ort, der nicht weit von der wohlbefestigten Stadt Siena lag. Silvius lebte nicht an seinem Bischofssitz. Er hatte in der päpstlichen Kanzlei ein Amt übernommen, um – wie einige wenig wohlmeinende Zungen sagten – bei der Hand zu sein, wenn wieder einmal im Vatikan ein roter Kardinalshut zu vergeben sei.
Silvius hatte lange Zeit in Deutschland am Hofe des Kaisers gelebt. Er war mit seinem kaiserlichen Freund, der einmal hier, einmal da seine Hofhaltung aufschlug, viel in deutschen Landen gereist. Er hatte seine weiten Reisen mit einer, man möchte sagen, in Gold getauchten Feder beschrieben. Diese Reiseberichte wurden gern gelesen, denn Silvius war ein ausgezeichneter Schriftsteller, einer, der wohl den besten vom Fach den Rang streitig machen konnte. Da er nun Land und Leute in Deutschland so gut kannte, war er zu einem Mittler geworden zwischen dem Kaiser und den Päpsten und zu einem Mittler zwischen Deutschen und Italienern, die gegenseitig wohl nicht allzuviel voneinander hielten. Und so war er es auch, der in der päpstlichen Kanzlei die Deutschen anhörte, die nach Rom gekommen waren, weil sie ein Anliegen an den päpstlichen Stuhl hatten. Er hatte auch öfter mit Albert van der Molen eine Unterredung gehabt.
Sein Begleiter, der sehr viel kürzer war als er, der sehr viel mehr in die Breite ging als er, war der Propst der Mailänder Benediktinerinnen, ein Mann mit einem ansehnlichen schwarzen Bart, den erste Silberfäden bereits bereift hatten.
Dieser gutmütige Mann, der in seinem Leben noch nicht viel in der Welt herumgekommen war, sah sich mit großen Augen in dem Vorsaal um, an dessen marmornen Wänden die Bilder von den Aposteln hingen.

Silvius führte ihn. – Beim Gehen stützte er sich nur leicht auf seinen Stock, um das Übel, das ihn plagte, nicht allzusehr in Erscheinung treten zu lassen. Er brachte den Mailänder in eine der großen Fensternischen, sagte dann zu ihm: „Wie lange seid Ihr schon in Rom?"
„Seit vorgestern", antwortete der kleine behagliche Propst der Mailänder Nonnen. „Ich bin auf einem Esel von Mailand hierher geritten. In der Abendstunde kam ich über den Tiber. Ich habe meine Augen aufgerissen – was ist aus Rom geworden! Hab s allerdings seit einem Jahrzehnt nicht gesehen. Die Pracht der breiten gepflasterten Straßen erfreute mein Herz wie auch die neugebauten Häuserzeilen mit ihren steinernen Vorlauben, die den Bürgern in der sommerlichen Hitze Schatten und Kühlung bieten. Man könnte meinen, man sei in Bologna, das für seine vielen Vorlauben berühmt ist. Man hört immer wieder, daß Rom in der Zeit, da die Päpste in Frankreich im Exil waren, eine verwahrloste, eine heruntergekommene Stadt wurde. Und so habe ich die alte Stadt auch wohl im Gedächtnis behalten."
„Ihr habt recht. Rom ist nicht mehr das alte."
„Die Paläste", fuhr der Propst fort, „die wie über Nacht aus der Erde geschossen an den Straßen stehen!"
„Papst Nikolaus hat viel für die Stadt getan. Die Pilger, die zum großen Jubelfest nach Rom kamen, – und es kamen viele –, freuten sich über die schön gebaute Stadt. Aber", fuhr Silvius fort, „wenn man fragen darf, aus welchem Grunde kamt Ihr nach Rom? Habt Ihr irgendwelche Wünsche? Vielleicht kann ich Euch behilflich sein."
„Wenn Ihr das möchtet? Unser Kloster steht vor neuen Aufgaben. Das Refektorium muß umgebaut, es muß vergrößert werden. Die Zahl der Nonnen wächst. Jeder Propst, jede Äbtissin ist glücklich, wenn sich die Schar der Ihren mehrt. Aber man braucht auch mehr Platz, und dem muß man Rechnung tragen. – Die Frauen haben noch andere Wünsche. Sie möchten etwas Bildwerk an den grauen Steinwänden ihres alten Klosters haben. Die Frau liebt die bunte Blume, das farbige Kleid. Sie träumen von Fresken, an denen sie sich in einem vergrößerten Refektorium erfreuen können, von Fresken, die ihnen im Kreuzgang auf ihren vielfältigen Wegen eine angenehme Augenweide, eine liebliche Unterhaltung gewähren. – Ihr wißt wohl, wie es geht. Jedes Kloster, und sei es noch so klein, schielt nach St. Marco in Florenz, das einer seiner Mönche zu einem herrlichen Bilderbuch für die Brüder machte."
„Fra Angelico! Den könnt Ihr hier an der Arbeit sehen. Er malt in der päpstlichen Privatkapelle. Er steht zur Stunde auf dem Gerüst. Vielleicht könnt Ihr, wenn er später zur Messe geht, sein Werk betrachten."
„Fra Angelico ist hier in Rom?"

„Papst Nikolaus hat ihn gebeten, seine Kapelle mit Bildern zu schmücken. Und wer kann diesem Papst widerstehen, wenn er bittet. – Aber um wieder auf Eure Angelegenheit zu kommen: Soviel ich sehe, habt Ihr allerlei Wünsche. Da muß unser Papst wohl recht tief in seinen Beutel greifen."

„Oh, wir haben auch Geld gespart. Wir haben vorgesorgt. Aber eine Beihilfe aus der päpstlichen Schatulle wäre uns sehr willkommen. Und um eine solche Beihilfe zu erlangen, haben mich die Frauen auf die Reise geschickt."

Silvius lächelte. Er trat an die marmorne Fensterbank heran, stützte sich auf seinen Stock und hob sich zu ihrer Kante hinauf. Das Stehen fiel ihm schwer. Schmerzen in seinen Füßen quälten ihn. – Da war er einmal in jüngeren Jahren auf einem Schiff von Holland nach Schottland unterwegs gewesen, zwölf Tage lang im Hexenkessel der Nordsee. „Barfuß will ich pilgern zu deinem nächsten Gnadenbild, hilfst du mir hier heraus", so hatte er es der Allerheiligsten Jungfrau gelobt. Und als die Kogge endlich mit zerrissenen Segeln in den schottischen Hafen fuhr, da war die Landschaft verschneit, das nächste Gnadenbild aber war zwölf Meilen entfernt. Er erfüllte dennoch sein Gelübde. Doch die winterliche Pilgerreise durch den tiefen Schnee hatte seinen Füßen böse mitgespielt.

„Unser Papst ist kein Unmensch", begann Silvius von neuem, „und wenn Ihr schon etwas vorgesorgt, wenn Ihr eine Summe Geldes beiseite legtet, wird er Euch wohl nicht mit leeren Taschen zu den Nonnen zurückreisen lassen."

„Meint Ihr? Es heißt ja, daß er freigebig ist; wenn er auch wohl am liebsten an die Schriftgelehrten, an Humanisten, Literaten und Bücherfreunde seine Gaben austeilt. Ihnen steckt er, so hörte ich, während sie bei ihm zur Audienz weilen, oftmals heimlich einen Beutel mit Dukaten zu."

„Wenn sein Besucher ein armer Teufel ist, kann das wohl vorkommen. Der Papst hat nicht vergessen, woher er kam und daß er selbst auch einmal als junger Gelehrter und Schriftsteller das Brot der Armut aß."

„Wenn diese Literaten und gelehrten Menschen ihm auch wohl nicht immer auf die gebührliche Weise danken. Da ist Porcano, der Verräter . . ."

„Das ist eine schlimme Geschichte, die man vorm Papst gar nicht erwähnen darf. Jugenderinnerungen verbinden ihn mit diesem Manne. Porcano gehörte wie unser Papst zu dem Kreise der Humanisten und Bücherfreunde, die Poggio in Florenz um sich gesammelt hatte. Seid vorsichtig, wenn Ihr zur Audienz bei ihm erscheinen dürft! Der edle Mensch, der Schöngeist auf dem päpstlichen Thron, hat in der letzten Zeit Stöße ausgehalten. Er ist nicht mehr das, was er gewesen ist. Man muß es sagen: die glücklichen Zeiten des Jubeljahres liegen hinter ihm. Jetzt trinkt er den bitteren Satz, der ihm in seiner Lebensschale verblieb."

Silvius Piccolomini hob den Kopf. Er hatte eine hohe, scheltende Stimme gehört. Er lauschte zu der Tür des Audienzzimmers hinüber. Er wußte, daß der Lüneburger Bürgermeister zur Zeit beim Papste war. Er war in Sorge um seinen päpstlichen Herrn wie um den Abgesandten der Stadt Lüneburg, den er gut leiden konnte.
Da knarrte die Tür des Audienzzimmers. Silvius Piccolomini hob sich, auf seinen Stock gestützt, von der marmornen Fensterbank herunter, winkte dem Abt zu bleiben, und begab sich etwas näher an die Tür heran.
Zuerst kam der Sekretarius heraus, danach der Dolmetscher, die wieder zusammengerollten Briefe der Welfenfürsten in der Hand. Ihnen folgte Albert van der Molen, der bleich und verstört aussah.
Silvius Piccolomini humpelte an seinem Stock der kleinen Gruppe entgegen. Van der Molen trat an ihn heran. Silvius Piccolomini reichte ihm die Hand, und der Lüneburger sagte: „Ich möchte mich verabschieden. Der Papst hat gesprochen. Ich muß in den nächsten Tagen mit dem Bescheid, den ich erhielt, nach Lüneburg zurück."
„Ich wünsche Euch eine gute Reise", und in deutscher Sprache fuhr er fort: „Herr van der Molen, es ging Euch hier vieles nicht recht nach Wunsch: Das lange Warten auf die Audienz, die Euch doch wohl nicht die rechte Erfüllung brachte. Ich bedaure es. Aber es war nicht zu ändern. Behaltet Rom darum nicht in schlechter Erinnerung. Die Wellen im Meer gehen auf und ab, nicht anders die Wogen an einem päpstlichen Hof. Auch wir haben im Augenblick keine Sonnentage, wie Ihr wohl wißt. Unsere Gedanken kreisen um den Kreuzzug gegen die Ungläubigen. Wenn Gott will, kommen auch wieder andere Zeiten. Vielleicht habt Ihr das nächste Mal mehr Glück."
Albert van der Molen dankte und grüßte. Silvius Piccolomini sah hinter dem Abgesandten der Lüneburger her, bis dieser mit Sekretarius, Dolmetscher und Palastwache seinen Blicken entschwunden war. Danach begab er sich in die Fensternische zurück, wo der Mailänder noch auf ihn wartete.
„Der Mann, der eben durch den Vorsaal ging, hat, wie es scheint, keinen guten Empfang beim Papst gehabt." Silvius, der Bischof von Siena, zuckte die Achseln. „Die Stadt Lüneburg, die der Mann vertritt, liegt im Streit mit der Pfaffheit des deutschen Nordens. Der Lüneburger Bürgermeister kam, um seine Stadt vom Banne zu lösen. Aber dazu konnte sich der Heilige Vater nicht entschließen. Es ist auch eine ganz verzwickte, ja verfitzte Sache, in der unser Papst entscheiden soll. Man kann sie schlecht durchschauen. Man muß sich wohl an das halten, was andere darüber sagen."
„Der Papst ist, wie es scheint, sehr erregt gewesen. Ich hörte ..."
„Was soll man dazu sagen ... Unser Heiliger Vater ist im Augenblick recht reizbar. Krankheit und Schmerzen sind sein Teil. Sorgen zehren ihn auf.

Bringt ihm auch nur eine Nacht den heilsamen, den die Seele tröstenden Schlaf? Es ist wohl wahr: In jeder Ecke der Christenheit muß Ordnung sein. In allen Städten müssen die Prälaten mit den Gläubigen in Eintracht leben. Das kann der Heilige Vater zur Stunde nicht recht begreifen. Seine Gedanken drehen sich im Augenblick nur um die Türkenbulle. Es ist schwer, allen gerecht zu werden."

„Der Heilige Vater steht bei uns in Mailand in hohen Ehren. Und wenn es etwas gegen ihn zu bemerken gibt, ist es wohl nur, daß es ihm manchmal schwerfällt, seinem aufbrausenden Temperament Zügel anzulegen."

„So ist es. Es wissen wohl alle, daß eine edle Mäßigung vielleicht die einzige Blume ist, die ihm im Kranze seiner Tugenden fehlt. Kann man ihn darum schelten? Keiner ist vollkommen als der alleinige Gott."

„Der Mann, der, wie es schien, so wenig getröstet von unserem Heiligen Vater wegging, sah nicht uneben aus. Im Norden unseres Landes, in den Städten Mailand, Venedig, Ravenna, Verona, auch auf dem Lande um diese Städte herum, gibt es Menschen, die ihm ähnlich sind."

„Darüber braucht man sich nicht zu wundern. Der Herr stammt aus dem Mutterland der Langobarden, die sich einst an den grauen, nebligen Ufern der Unterelbe ausbreiteten. Die Stadt Lüneburg liegt nur eine Gehstunde von Bardowick entfernt, das einst die Hauptstadt des Langobardenreiches war. – Es heißt ja, den Langobarden wurde an der Elbe die Nahrung zu knapp. Darum löste sich ein Teil des Volkes von seinem Mutterboden, schweifte und wanderte jahrelang in einem großen Bogen über Donau und Theiß nach dem Süden, bis die wandernden Männer an den Ufern des Po das Paradies fanden, das sie suchten und in dem sie seßhaft wurden. Sie vermischten sich mit den römischen Bewohnern des Landes und gründeten ein zweites Langobardenreich."

„Und was für einen Beruf hat der Mann aus Lüneburg, der Nachfahre jener alten Langobarden?"

„Er ist Bürgermeister und Salzsieder in einem. Sie haben in der Stadt Lüneburg fast alle mit dem Salz zu tun. Sie leben vom Salz. Ich habe mich oft und gern mit dem Lüneburger unterhalten."

„Ich muß ja sagen, ich frage nicht viel nach den Deutschen."

„Nein?"

„Es sind täppische Menschen, polterig, so sagt man bei uns, vielleicht behauen, aber nicht gehobelt."

„Mir gefallen sie."

„Es heißt bei uns, die Deutschen können nichts anderes, als sich die Bäuche voll Bier gießen."

„Möglich. Aber das laßt Euch gesagt sein: Sie lauern nicht – wie wir es treiben –, einander in den nächtlichen Straßen auf, um sich den Dolch in die Brust zu stoßen. Ich finde, daß sie so unrecht nicht sind. Ich habe jahrelang unter ihnen gelebt, damals, als ich mit dem Kaiser, dem dritten Friedrich, in Deutschland hin- und herzog. Die Deutschen lieben Saitenspiel und Gesang. Im Süden des Landes ist die Luft der Städte von Wohllaut erfüllt. – Auch haben sie in ihrem Lande noch große Waldungen; und sie leben – und das ist mir das Liebste an ihnen –, ja, sie leben noch in der Verbrüderung mit den Bäumen ihres Waldes und mit dem Getier, mit Hirsch, Reh und allen Vögeln.

Mögen sie gern etwas täppisch sein. Sie sind glückliche Menschen. – Ich habe Freunde in dem Land zurücklassen müssen, an die ich gern denke."

VI

Sie müssen den Ratsstuhl küssen

Zum andernmal: Die Heiligen Drei Könige von der Unterelbe

Der Propst des Buxtehuder Nonnenklosters saß in seiner Schreiberei und brütete über seinen Äpfel- und Butterrechnungen. Es klopfte, und er hob den Kopf. Ottone trat ins Zimmer, der junge Scholar, der im Propsthaus diente und der zu seinen schwarzen Kleidern ein Gesicht hatte, hellrot wie das eines Mädchens und ganz verschieden von der kräftigen Rotweinfarbe, die aus des Propstes graumeliertem Barte schien.
Er überreichte seinem Propst einen sorgfältig gesiegelten Brief, einen Brief von der lübschen Domkanzlei.
„Wie kommen wir denn zu der Ehre", brummelte der vor sich hin, „was wollen die Herren von uns? Man hat sich doch in Lübeck sonst nicht viel um unser Kloster gekümmert. Wir sollen ihnen wohl mal wieder Vorspanndienste leisten.
Wer hat den Brief gebracht?" fragte er laut.
„Ein berittener Bote der Domherren, er wartet auf Antwort."
„Wo ist der Bote jetzt?"
„Drüben im Gästehaus des Klosters."
„Sein Pferd?"
„Steht bei uns im Propststall. Es wird versorgt."
„Geh zur Ehrwürdigen Mutter und sag ihr, die Frauen möchten den Mann gut bewirten. Man soll nicht mit dem Schinken sparen."
Der junge Mann hatte den Drücker schon wieder in der Hand, da rief der Propst ihm nach: „Noch eins! Chrysostomos soll kommen!"
Der Propst von Buxtehude hatte das Schreiben geöffnet. Es war eine Einladung der Domherren, ein Aufgebot an alle Sülzprälaten, sich in Uelzen zu treffen. In Uelzen? Er schüttelte den Kopf. In Uelzen? Warum nicht in Lüneburg selbst? Na, da trauen sich die Herren wohl nicht recht hin.
Den lübschen Brief in der Hand, patrouillierte er in der Schreibstube auf und ab. Was wollen die vornehmen Lübecker Herren von uns? Wir haben uns doch noch nie um ihre Treibereien gekümmert. Sie sollen uns ungeschoren lassen. Was soll das ganze Gemähre mit Papst und Kaiser? Sind wir nicht Manns genug, um mit den Männern von Lüneburg ins reine zu kommen? Die Herren von Lübeck sollen ihre Taschen auftun. Sie haben ja wirklich genug darin. Da kommt Chrysostomos. Der Propst lauschte auf die Schritte, die im Gang vor seiner Tür zu hören waren.
Chrysostomos, ein jüngerer Vikar, mit schmalem, blassem Gesicht, nahm

den Benediktinerinnen von Buxtehude die Beichte ab und las für sie die Messe. Er hatte kaum die Schwelle überschritten, als ihm der Propst entgegenkam. Den Brief der lübschen Domherren wie eine Fahne schwenkend, rief er:

„Großer Salztreck nach der kleinen Stadt Uelzen. Die lübschen Domherren haben die ganze Pfaffheit des deutschen Nordens aufgeboten. Und ich soll mit."

„Und der Harsefelder Propst und der Abt von Neukloster wohl auch?"

„Doch wohl."

„Und wollt Ihr reisen?"

„Reisen? Jetzt, wo wir es mit den Borsdorfern am hildesten haben? Alle Welt will Äpfel. Und was für eine Ernte haben wir diesjährig! Aber lies selbst!"

Als Chrysostomos das Schreiben auf den Tisch legte, sagte der Propst:

„Hast du den lübschen Boten gesehen?"

„Ich war im Gästehaus."

„Auch gesprochen?"

„Doch."

„Wie sind seine weiteren Pläne?"

„Wenn er unseren Antwortbrief in Händen hat, will er gleich nach Neukloster weiterreisen und von da zum Propst von Harsefeld, um in diesen beiden Klöstern seine Briefe abzugeben."

„Einladungen für Uelzen, versteht sich."

„Er hat es eilig, möchte am Abend in Walsrode sein, um im dortigen Kloster zu übernachten."

„Dazu kann ich nur sagen: Nimm di nix vör, denn sleit di nix fehl. Chrysostomos, wir müssen ihn so lange wie möglich hier festhalten. Du schreibst den Absagebrief an die Domherren. Die Äpfel ... die viele Arbeit ... das Reißen in meinem rechten Knie ... du verstehst es ja viel besser als ich, so etwas fein zurechtzudrechseln. Ich setze dann meine Unterschrift unter das Ganze. Übereile dich nicht! Wenn der Mann aus Lübeck die Antwort in zwei Stunden in die Hand kriegt, ist es früh genug. Und noch eins. Ottone soll sich rüsten. Er soll den Falben füttern. In einer halben Stunde muß er auf die Reise gehn."

„Auf eine längere Fahrt?"

„Nur nach Neukloster und Harsefeld."

Chrysostomos lächelte. Er verstand.

„Beeile dich nur nicht so sehr", rief er dem blassen Vikar noch nach, „und sage der Kellerschen, sie möchte einen Krug von ihrem besten Apfelwein ins Gästehaus hinüberschicken."

Als er allein war, nahm er den Brief der Domleute noch einmal zur Hand.

Wenn ich nicht reite, werden sich die beiden andern auch kaum zur Reise bequemen. Und weswegen sollen wir reisen. Unnötige Mühe, unnötige Kosten. Er suchte sich Tinte und Feder zusammen.
Wie sie auf der lübschen Domkanzlei mit dem teuren Schreibpapier aasen, knurrte er. Mit der Papierschere schnitt er das von den Schriftzügen freigebliebene Stück der Einladung ab. Danach halbierte er das abgeschnittene Stück. Das gab Papier für zwei Briefe: einen für den Abt in Neukloster, den andern für den Harsefelder Propst. Er setzte sich gleich hin und schrieb aus dem Stegreif:
Wir sollen nach Uelzen kommen. Die ganze Pfaffheit des deutschen Nordens, soweit sie in Lüneburg was auf der Pfanne hat. In Uelzen wollen die Prälaten ihre Gelegenheit abwarten. Der Schaper steckt dahinter, der windige Kerl, der weitläuftige Mensch, der uns alle drei heimsuchte, als sie ihn damals in Kloster Lüne rausgeschmissen hatten. Ich mache nicht mit. Und nicht nur, weil wir es hier in Buxtehude im Augenblick viel zu hilde mit unseren Äpfeln haben.
Sein Federkiel begann zu klecksen, und während er mit seinem Messerchen an seiner Spitze fitzelte und schnitzelte, murmelte er: „Ich hab den Kerl, den Schaper, dicke. Er hat den Stadtleuten von Buxtehude, als er hier war, genug Raupen in den Kopf gesetzt und meinen Klosterleuten auch. Selbst Chrysostomos, der kluge, blies in sein Horn." Vorsichtig tauchte er die Feder in die Tinte und fuhr fort zu schreiben:
Es ist nämlich, geradeheraus gesagt, eine große Schweinerei im Gange. Sie wollen den Rat der Stadt Lüneburg abschlachten. Die Schaperbrüder und ihre Konsorten. Sie haben die Prälaten endlich soweit. Besonders den Lübecker Domherren haben sie völlig den Kopf verkielt. Ich bleibe zu Haus. Jo.
Und nun kam der Harsefelder an die Reihe. Ob der wohl anbiß? Der Harsefelder war anders als der Propst Johann und der Abt von Neukloster. Der Harsefelder Propst hielt es mit der Gelehrsamkeit, las seine griechischen und lateinischen Schriften und aß in Zufriedenheit seine Buchweizengrütze. Eigentlich paßte der Harsefelder Propst viel besser hierher, schmunzelte der alte landwirtschaftliche Kaiser von der Unterelbe. Das Kloster Buxtehude war nämlich nicht nur wegen seiner Borsdorfer angesehen, es hatte auch außer einem hochberühmten Altarschrein und seiner vielgepriesenen Musik eine reichhaltige Büchersammlung. Unter den Nonnen gab es genug, denen das Lateinische nur so vom Munde perlte, genug, die mit ihren hellen Fingern gern in den alten Folianten blätterten, um in ihnen zu studieren, um sie abzuschreiben.
Der alte Propst von der Unterelbe lächelte zuzeiten darüber und war doch sehr stolz auf seine „gelehrten Hühner", wie er sie manchmal im vertrauten

Kreise nannte. Nicht gerade wenn der Harsefelder Propst, der Bücherwurm, dabei war, der so gut mit seinen Benediktinerinnen übereinkam.
Wir sollten tauschen, sagte der Alte von der Unterelbe jedesmal zu dem befreundeten Propst, wenn der nach einem Besuch in Buxtehude mit einem Packen Bücher abzog, die die Nonnen für ihn ausgesucht hatten.
Du solltest hier in Buxtehude Propst werden, und ich gehe dafür nach Harsefeld. Es ist nur eins dabei: Das Geschäft mit den Äpfeln müßtet ihr aufgeben. Mit den Äpfeln kämt ihr ohne mich nicht klar. Und so viele Bücher, wie die Schwestern sie mir abverlangen, könntest du ihnen wohl nicht beschaffen.
An den Harsefelder Propst mußte Johann in einem anderen Stil schreiben. Er faßte sich kurz:
Großer Salz- und Prälatentag in Uelzen! Ich reise nicht mit. Die Lüneburger sollen ihren Rat absetzen. Mit dieser faulen Sache will ich nichts zu tun haben. Was sollen wir drei von der Unterelbe überhaupt in Uelzen? Wir bezahlen seit zwei Jahren von unserem Salzgeld den geforderten „zweiten Pfennig". Wir haben keine Differenzen mit der Stadt an der Ilmenau. Ich bleibe hier. Jo.
Es war so. Die beiden Pröpste von Harsefeld und Buxtehude und der Abt von Neukloster hatten nach langen Überlegungen sich dazu entschlossen, die Forderungen der Lüneburger zu erfüllen. Nicht, daß sie es mit Freuden getan! Sie hatten eben in den sauren Apfel gebissen. Und wenn der Harsefelder sich nur zögernd dazu entschloß, der Stadt Lüneburg auf Jahre die Hälfte von seinem Pfannengeld zu überlassen, so war s, weil sein Kloster arm war. Die andern beiden hatten sich so schwer durchgerungen, weil sie, wenngleich sie Klostermänner waren, das Geld lieb hatten. Es muß gesagt werden: Sie scheffelten gern. Goldgulden, Silberwitten und Kupferscherfe, besonders der Propst von Buxtehude. Und wenn nach Butterverkauf und Apfelernte recht viel davon zusammenkam, lachte ihm das Herz. Er war ein guter Haushalter und hielt das Seine zusammen, das wahrhaftig nicht aus dem „Blauen" zu ihm herunterkam. Sie hatten ihre Plage, und jetzt zur Herbstzeit war ein Teil der Benediktinerinnen vom Morgen bis zum Abend auf den Füßen, um die Äpfel, die guten Borsdorfer, die rötlichen Brautäpfel, die Reinetten mit den grauen, rauhen Backen, mit viel Heu in Kiepen zu verpacken, damit die Stader Schiffe sie nach Lübeck und Hamburg bringen konnten.
Der Buxtehuder Propst bezog ein Gutteil seiner Weisheit aus seinen landwirtschaftlichen Erfahrungen. Er weiß: Um einen kränkelnden Baum muß man sich Mühe geben, man muß ihm aufhelfen, wenn man wieder reiche Ernten von ihm haben will. Und die Stadt Lüneburg war in seinen Augen ein im Augenblick krankender Baum.

Propst Johann hatte seine Briefe zusammengefaltet, gesiegelt und mit Aufschriften versehen. Er ging eine Treppe hinunter und betrat die Küche seines Propsthauses, wo Ottone, der junge Scholar, gerade den Holzlöffel in seine leere Suppenschüssel legte.
„Wie ich sehe, hast du gegessen. Der Falbe wird seine Krippe auch wohl leer haben. Mach dich reisefertig, und komm zu mir in die Schreiberei! Einen Mantelsack willst du mitnehmen? Unnötige Anstalten. Den brauchst du wirklich nicht! Du bist in einigen Stunden zurück.
Hier sind zwei Briefe", sagte er später in der Schreiberei zu ihm. „Der eine ist für den Abt von Neukloster, der andere für den Harsefelder Propst. Aber merke es dir, du reitest zuerst nach Neukloster und gibst allda deinen Brief ab. Danach weiter nach Harsefeld."
Um sich davon zu überzeugen, daß Ottone gehorchte, trat Propst Johann ans Fenster. Und er sah, wie sein Scholar auf dem breiten Falben an den Wassergräben mit dem vielen herbstlich-braunen Reth hinritt immer an den geborstenen Weiden vorbei. Das war die Straße, die nach Neukloster führte.
Es ging alles wie am Schnürchen. Eine Stunde später hatte Chrysostomos seinen Absagebrief an die Lübecker Domherren fertiggedrechselt. Man ließ den Boten des lübschen Domkapitels kommen und übergab ihm das Schreiben. Und wieder stand der Propst an dem hochgelegenen Fenster seiner Schreiberei, diesmal mit Chrysostomos. Sie sahen hinter dem lübschen Boten her, der den gleichen Weg ritt, immer an dem grauen und rostroten Reth der Wassergräben entlang, und die Weiden an den Gräben glotzten mit ihren Knästen wie mit großen Augen schadenfroh und sehr zufrieden hinter ihm her.
Und zufrieden waren auch die beiden an dem Fenster der Schreiberei. Sie lächelten bei dem Gedanken über die vergebliche Liebesmüh des lübschen Boten. Sie wußten, in Neukloster und Harsefeld war die Weide abgegrast, wenn er mit seinen Einladungen dort landete.

Wenn sie in Haufen zum Rathaus ziehen

Auch im Bürgermeisterhaus hatten sie diesjährig ihre Last mit den vielen Äpfeln, und Wobbeke hatte bestimmt:
„Einen Teil von ihnen trocknen wir. All das Zeug, das angestoßen ist, und sich nicht lange hält."
So saßen sie nun an einem trüben Novembertag in der getäfelten Stube. Hatten ein wenig Feuer im Kamin. Wobbeke schälte die Äpfel, Gebeke

zerschnitt sie, spießte die Scheiben und Viertel auf eine Stopfnadel und zog sie auf einen langen Faden, der im Öhr dieser Nadel hing.
„Wie seltsam man manchmal träumen kann", begann Wobbeke und rückte ihren Schemel etwas näher an das flackernde Feuer des Kamins.
„Meistens hat man ja die ganze Herrlichkeit vergessen, wenn man morgens die Augen auftut, und ich kann nur sagen: Gott sei Dank. Denn wohin sollten wir kommen, wenn wir uns noch tagsüber mit dem Traumzeug abschleppen müßten. Aber das Hin und Her in der letzten Nacht ist mir geblieben.
Ich war auf unserer Bäckerstraße. Wie sah es da aus! Auf den Beischlägen der Häuser lagen Äpfel und Birnen, einen riesigen gelben Kürbis hatte man vor unsere Treppe gerollt, gerade so einen, wie ihn Jürgen neulich vom Nikolaihof mitbrachte. Wohin ich blickte: Überall auf den Treppen unserer Nachbarn lagen Gurken, Wurzeln und Bohnen, ganz als hätte sich in der Bäckerstraße ein Mittwochsmarkt aufgetan. Ich nahm es hin, als müsse es so sein, wie man es im Traume tut. Als ich aber nun unsere Pflaumen erblickte, die wir vor Monatsfrist mit so großer Mühe trockneten; als ich sah, wie sie über die ganze Straße verstreut, überall in den Ritzen der Kopfsteine lagen, wurde ich stutzig. Nicht, daß ich aufwachte, bewahre. Aber immer weiter träumend rief ich:
Dies träumt dir. Denn dies eine weißt du sicher: Unsere so mühsam getrockneten Pflaumen liegen nicht auf der Straße zur Schau. Sie hängen in sauberen Beuteln auf dem höchsten Giebelboden am Balken, nicht weit von der offenen Luke, durch die der Wind streicht.
Aber, Gebeke, was ist das?" sie hielt ihr Messer still und lauschte, „was trappt da an unserem Hause vorbei?"
Gebeke trat ans Fenster, stellte sich hinter die Blumentöpfe und nun rief sie: „Mutter, die ganze Straße ist voll von Menschen und alles treibt und drängt zum Markt."
Jetzt war Wobbeke an ihrer Seite. „Was soll das heißen? Warum sind all die vielen Menschen unterwegs?"
„Sie wollen wohl zum Rathaus."
„Und das Sülzvolk ist auch dabei? Aber Gebeke, Tränen?"
„Ach, Mutter, ich habe schon als Kind gehört, wenn sie in Haufen zum Rathaus ziehen, wird es schlimm."

„Wo kommst du her?" rief Wobbeke eine Stunde später ihrem Sohn Cord entgegen, als er zu ihnen in die Stube stürmte.
„Vom Marktplatz, das heißt . . ."
„Und wie siehst du aus! Wasch erst Gesicht und Hände! Nicht hier!"
Cord wollte grad zum Stubenbrunnen laufen, dem Fayencefäßchen, das mit

Rosen bemalt und mit einem glänzenden Messingkränchen versehen, nicht weit vom Rollhandtuch hing.
„Unten in der Küche! Nimm das dunkle Handtuch!
Und nun sag, wo du gewesen bist", hieß es, als er zehn Minuten später, reinlich und das Haar ein wenig abgestriegelt, wieder in die Stube kam.
„Du bist doch nicht mit dem Haufen gegangen?"
„Doch, Mutter."
„Was wollten die vielen Männer?"
„Man hatte sie aufgefordert, zum Rathaus zu kommen. Die Bürger sind doch so unzufrieden, daß immer noch nicht die große Sonntagsglocke geläutet werden darf. Und nun soll nicht mehr getraut werden, und kein kleines Kind darf man taufen. An allen Kirchen der Welt, in Lübeck und Schwerin, in Hamburg, Buxtehude und Stade, ja überall, so sagte mir Peter Wollermann, hätten die Zettel mit dem schlimmen Bannfluch des Papstes gehangen. Auch hier in Lüneburg."
„Hier in Lüneburg? Das müßten wir doch auch wissen."
„Peter Wollermann hat es mir gesagt."
„Aber wer ist Peter Wollermann, und woher kennst du ihn?"
„Er ist doch Sieder im Abt! Und ich muß doch oft für unsern Vater nach der Sülze, zum Sodmeister oder Barmeister. Und hinterher bleibe ich immer noch etwas im Abt oder in der Goldenen Henne."
„Und stehst den Männern im Weg."
„Ich kann ihnen schon ganz gut helfen."
„Und was hat Peter Wollermann dir nun von den Zetteln an den Lüneburger Kirchen gesagt?"
„Bei Sonnenaufgang haben an allen Kirchentüren unserer Stadt die Zettel mit dem päpstlichen Bannfluch gehangen. Eine Stunde später waren sie weg. Die Reitendiener haben sie abgerissen."
„So, und darum hat der Rat alle Menschen, die die Zettel gelesen hatten, aufgefordert, nach dem Rathaus zu kommen."
„Ja, und die die Zettel nicht gelesen hatten, kamen auch. Die meisten waren auf den Papst nicht gut zu sprechen. Sie haben Onkel van der Molen in Rom ja auch gemein genug behandelt."
„Na, na, Cord!"
„Onkel van der Molen hat nicht geklagt, als er auf der obersten Stufe der Ratstreppe stand. Er hat den Bürgern der Stadt nur erzählt, wieviel Mühe er sich gegeben habe, um die Stadt Lüneburg vom Bann zu lösen; von dem weiten Weg über die Alpen durch Eis und Schnee. Von dem langen, langen Warten in Rom auf die Audienz beim Papst. Als er noch am Reden war, stieß mich Peter Wollermann an und sagte:
Siehst du den großen Mann dahinten beim Niedergericht? Das ist Hans

von Dahlenburg, der herzogliche Zöllner. Der hat uns gerade noch gefehlt! Den haben wir nämlich vor Jahr und Tag hier in Lüneburg an die Luft gesetzt. Er soll lange Zeit in Celle gewesen sein, in der Stadt auf der Allerinsel. Guck nur, wie er sich hinter dem Pfeiler vom Niedergericht verbirgt. Sieht aus wie König Saul und ist auch wie der, größer als alles Volk. – Er traut sich noch nicht so recht hervor."

„Der Dahlenburg wieder in Lüneburg! O Gebeke, jetzt glaube ich auch, es kann schlimm für uns werden. War es denn wirklich der ehemalige herzogliche Zöllner, den du gesehen hast?"

„Ja, ja! Peter Wollermann muß das doch wissen! Wie lange ist er schon in der Stadt."

„Und was hat Hans von Dahlenburg denn nun angestellt?"

„Zuerst blieb er hinter dem Pfeiler vom Niedergericht stehen und sagte keinen Muck. Er blieb auch noch in seinem Versteck, als unser Vater von der obersten Stufe der Ratstreppe aus die Bürger aufforderte, die Handwerker und die Sieder und alle Leute, gemeinsam mit dem Rat der Stadt den Bannfluch des Papstes zu erdulden. Er bat sie, in den kommenden, nicht leichten Zeiten zu ihrem Rat zu stehen, wie ihre Väter es früher in schlimmen Zeiten auch getan hatten. Sie guckten sich auch gegenseitig an und nickten, als wollten sie sagen: Jawohl, das machen wir. Und einer sagte: Wir hier in Lüneburg lassen uns doch nicht vom Papst in Rom vorschreiben, zu wem wir halten sollen. Ja, Mutter, das hab' ich selbst gehört."

„Na, dann kann vielleicht doch noch alles gut werden!"

„Ich weiß doch nicht, Mutter. Denn als der Vater und Onkel van der Molen abgetreten waren, und als die Reitendiener wieder hinter der Grünen Rathaustür verschwanden, rief Peter Wollermann:

Da schau dir den Dahlenburg an! Nein, er stand nicht mehr hinter der Säule vom Niedergericht. Er boxte sich nicht schlecht durch die Menschen, er brauchte seine Ellenbogen, und ein paar Freunde, für die er den Weg freigemacht hatte, kamen hinter ihm her. Sie packten ihn plötzlich bei den Beinen und hoben ihn auf."

„Mein Gott, den großen dicken Dahlenburg!" rief Wobbeke.

„Ja, und so hielten sie ihn, so daß er mit mit Kopf und Brust aus all den bunten Mützen aufragte."

„Und was sagte er?"

„Gar nicht viel. So und so, was Albert van der Molen und Hinrich Lange gesagt, sei schon recht. Aber man müßte mal in Ruhe darüber sprechen. Das können wir nicht hier. Darum sage ich euch: Kommt alle mit nach dem Stintmarkt. Und verschwunden war er. Nein, nicht ganz, ein Stück von seinem Kopf mit der hellblauen Samtkappe war noch zu sehen. – Da ging ein Jagen und Rennen los. Jeder wollte zuerst auf dem Stintmarkt sein. Ich kam von Peter Wollermann ab. Da bin ich hingefallen. Sie stürmten über mich weg, viele junge Burschen. Plötzlich verschaffte sich einer Platz, bückte sich und hob mich auf."

„Und wer war's, der dich wieder auf die Beine brachte?"

„Peter Wollermann, der Sieder vom Abt."

„Peter Wollermann hat doch schon immer zu uns gehalten", begann Gebeke. „Unser Vater hat ihn vor vielen Jahren selbst aus Eiderstedt geholt, von seinen Pferden und Kühen weg. In Eiderstedt gibt es nur Wiesen und Viehweiden. Peter war der jüngste Sohn auf einem großen Hof."

„Ich denke", begann Wobbeke, „die Männer aus Eiderstedt und Dithmarschen arbeiten im Sodhaus."

„Im Sodhaus ist er auch zuerst gewesen", begann Cord wieder. „Aber dann wollte es mit den großen Gießeimern nicht mehr so recht gehen. Er hat ja auch schon graue Haare. Und darum ist er nun Sieder im Abt. Jetzt ist schon jahrelang kein Ratmann mehr in Dithmarschen und Eiderstedt gewesen. Peter meint, es wird Zeit, daß mal ein paar Männer vom Rat und einige Sülfmeister an die Nordsee reiten und von da ein paar stramme Kerle mitbringen. Denn mit denen, die jetzt auf dem Sodhaus die schweren Eimer herumschwenken, ist nicht mehr viel los."

„Also dieser Peter Wollermann hat dich aufgesammelt. Hat er dich denn auch gleich nach Haus geschickt?"

„Nein, ich wollte auch nicht. Jetzt ging's nach dem Stintmarkt. Er trug mich huckepack, da konnt' ich alles sehen. Es war ein schreckliches Gedränge um die Fischbänke. Peter stand mit mir auf dem Bollwerk. Manchmal dacht' ich: Sie schubsen euch noch beide in die Ilmenau. Aber Peter stand wie ein Pfahl, und dann, ja, dann kletterte Hans von Dahlenburg auf eine Fischbank, die ganz in unserer Nähe war. Und da redete er ganz anders. Nichts von: Der Rat hat recht. Albert van der Molen hat gesagt, so fing er an, wir müssen bis zu einem Konzil warten. Das Konzil ist noch über den Päpsten. Das Konzil kann die Stadt vom Bann lösen. Konzil hin – Konzil her, hofft doch nur nicht auf ein Konzil! Konzile gibt es nicht mehr. Die Zeit der Konzile haben wir gehabt. Konzile kosten viel Geld, und es wird nichts auf ihnen ausgerichtet. Der Lüneburger Rat hat Papst und Kaiser für alle Zeiten vergrämt. Bis an das Ende euer Tage müßt ihr das Leben von Heiden und Unchristen führen. Wollt ihr das? Nein, das wollten sie natürlich nicht. Vielleicht wär's für euch alle besser, wenn ihr es mal mit einem andern Rat versuchtet."

„Oh, dieser Halunke!" rief Wobbeke.

„Mit dem jetzigen Rat will kein Kaiser, kein Papst was zu tun haben. Und die Sülzprälaten haben es auch satt, mit den Männern, die jetzt im Gestühl sitzen, zu verhandeln. Mit einem neuen Rat käme die Stadt vielleicht wieder aus dem Gröbsten. Vielleicht wird sie dann im Handumdrehen ihre Schulden los. So sprach er. Ich saß auf Peter Wollermanns Schulter. Ich habe immer auf seinen Mund gesehen. Auf die vielen Zähne, die er im Mund hat. Und dann stand plötzlich ein Mann neben ihm auf der Fischbank. Teufel, seh ich recht?, rief Peter Wollermann. Das ist ja der Heringshändler Ulrich Schaper, der Bruder vom Lüner Propst. Guck dir den Mann mal an; der mußte wie der Dahlenburg vor Jahren mit dem weißen Stock in der Hand aus der Stadt."

„Und was hat denn nun der Ulrich Schaper gesagt?"

„Der hat gar nicht viel gesagt. Der hatte einen Zettel in der Hand, von dem las er Namen ab und rief sie laut auf: Handwerker, Sülfmeister, Sieder, sie mußten an die Fischbank heran. Es kamen nicht alle, die er aufgerufen hatte. Aber einige kamen doch. Und mit denen sprachen die beiden auf der Fischbank ein Langes und Breites. Das konnte niemand verstehen. Da sagte Peter: Komm, die Geschichte wird langweilig. Wir gehen nach Haus."

„So, nun wissen wir ja Bescheid. Und nun kannst du in die Küche gehen. Auf dem Tisch liegt ein Stück Zipfelbrot mit Pflaumenmus, das ist für dich.

Ein Glück, begann Wobbeke, als Cord aus der Tür war, „daß wir einen großen Jungen im Hause haben, der sich auf eigene Hand auf Markt und Straßen herumtreibt. So wissen wir doch, was in der Stadt passiert. Von unserem Vater kriegen wir in der letzten Zeit überhaupt nichts mehr zu hören, der wird von Tag zu Tag einsilbiger."

Hinrich Lange und Heyno Vischkulen

„Habt ihr geflaggt?"

Gertraudis sah zu den Dielenbalken auf, zu den vielen Apfelschnitzen.

„Ach, nun sehe ich es. Die vielen Schnüre! Wie das hin- und hergeht. Es ist, als hingen lauter Fähnchen daran. Heyno, mutet es dich nicht auch so an?"

„Wohl kaum", antwortete Heyno Vischkulen leicht verweisend, „wenn ich auch zugeben muß, daß es recht lustig aussieht. Ihr seid fleißig gewesen. Ist euer Vater zu Hause?"

„In der Schreibstube", antwortete ihm Wobbeke. Sie nahm Gertraudis mit in die Küche. Da konnte sie ihre Schwester begrüßen, wenn Gebeke auch nur die linke Hand frei hatte. Mit der rechten rührte sie die Milchmehlsuppe, die es als Abendessen geben sollte.

Heyno Vischkulen, der dem Worthaltenden Bürgermeister aus der Ursulanacht so sehr ähnlich sah – wenn er ihm auch, da ihm alles Heldenhafte abging, in seiner Lebenshaltung wenig glich –, war durch die spitzbogige Tür in die Schreibstube gekommen und auf die hochlehnige Truhenbank genötigt worden; während Hinrich selbst es vorzog, an dem sechzehntürigen Schrankungetüm stehenzubleiben.

Ja, Hinrich war aufmerksam und schenkte seinem Eidam, der das Bürgermeisterhaus nicht allzuoft beehrte, Klarett ein, füllte sich selbst auch einen kleinen Silberbecher mit dem gleichen Wein, setzte sich zu Heyno und sagte: „Es ist im Augenblick viel Unruhe in der Stadt."

„So ist es. Der Bannfluch aus Rom hat die Menschen verschreckt."

„Die Aufforderung des Papstes", begann Hinrich wieder, „den Rat der Stadt aus dem Gestühl zu jagen, ist, wie es aussieht, dieses Mal auf keinen unfruchtbaren Boden gefallen."

„So scheint es." Heyno glitt mit seinem Zeigefinger über einen der kriechenden Löwen, die den Leuchter trugen.

„Es sind auch die nötigen Hintermänner da."

„Ja", antwortete Heyno, „die Freunde der Welfen, die noch niemals unsere Freunde waren."

„Sie nehmen", begann Hinrich, „im Augenblick, wie es scheint, ihre Gelegenheit wahr. – Die Stadt ist in einer nicht ungefährlichen Lage."

„Das bedenkt keiner", antwortete Heyno. „Für die Bürger gibt es im Augenblick nur eins: Los vom Bann! Die große Sonntagsglocke soll wieder geläutet werden. Die Orgeln in den Kirchen müssen wieder klingen. Unsere Bürger wollen in der Ordnung leben." Hinrich nickte.

„Und ist da noch Ordnung, sprechen sie, wo die Kinder nicht getauft, die jungen Paare nicht mehr eingesegnet werden dürfen? Wo die Sterbenden vor ihrem Abscheiden nicht noch ein letztes Mal vom Priester gespeist werden? Es muß also ein neuer Rat daher."

„Und von einem zukünftigen Konzil, das in dem Salzstreit entscheiden soll, wollen sie nichts wissen?"

„Mit einem Konzil hat man nichts im Sinn. Der gemeine Mann denkt: Das Konzil von Konstanz hat Huß zum Flammentode verurteilt. Das Konzil von Konstanz hat damit Unglück und Not über das Reich gebracht. Von einem Konzil kann nichts Gutes kommen."

„Kann man es ihnen verdenken, daß sie so sprechen?" begann Hinrich, „versprechen wir im Rat uns denn etwas von einem Konzil? Meine Freunde und ich wollten von einer solchen Berufung an ein Konzil überhaupt nichts wissen. Wir glauben, daß eine solche Versammlung, die größtenteils aus Prälaten besteht, die Pfaffheit des deutschen Nordens nicht im Stich läßt. Und besonders nicht, weil fast überall in Deutschland, wo Salz abgebaut, wo Sole gesotten wird, die Prälatenschaft nicht nur am Spiel beteiligt ist, sondern meistens das Spiel in der Hand hat."

„Davon kann ich ein Lied singen", antwortete Heyno. „Bin ich doch vor Jahren hinter den Salzwagen hergeritten, die vom Salzkammergut an den Bodensee wollten. Das Salzkammergut ist in manchen Stücken ein Land wie das unsrige. Nun ja, es hat seine Berge. Und unser Land ist flach. Aber in diesem bergigen Land dreht sich alles um das Salz, ganz so wie bei uns in der Landschaft zwischen Lüneburg und Lübeck das Salz das A und O ist."

„Das erzählte uns van der Molen. Und er sprach auch davon, wie im Salzburgischen der Erzbischof der Herr allen Salzes ist."

„So ist es. Ihm gehört auch die Salzstraße; denn sie haben eine solche, der unseren gleich, die von Lüneburg über Lauenburg nach Lübeck geht. Sie haben auch in den Bergen einen Wasserweg, auf dem ihre Salzschiffe fahren, aber Salzstraße und Wasserweg, alles untersteht dem Erzbischof."

„Im Vertrauen, Heyno, wenn wir unsere Mitbürger auf ein Konzil vertrösteten, so sind wir uns doch bewußt, daß dieser Hinweis nur eine Ausflucht ist. Die Klugen unter den Handwerkern wissen das auch wohl. Und so denken sie, vielleicht ist es das beste, wir wählen einen neuen Rat. Wie ich gehört habe, sind sie schon dabei."

„Ja, gestern auf dem Stintmarkt fing es an. Es sollen insgesamt sechzig Männer ernannt werden. Je fünfzehn vom Sandviertel, Sülz-, Wasser- und Marktviertel."

„Und diese fünfzehn aus jedem Stadtteil sollen einen neuen Rat ernennen?"

„So ist es."

„Bei uns im Wasserviertel sind Salzschiffer und Fischer, Treidler und Böttcher gewählt worden. Da sind nun einige Fischer und Salzschiffer, mit denen ich als Junge schon auf den Ilmenauschiffen herumkletterte, heute bei mir gewesen.

Vischkulen, haben sie gesagt, wir sehen ein, es geht nicht anders. Wir müssen, um von dem Bann loszukommen, andere Ratsleute wählen. Wir möchten wohl, daß du mit aufs Rathaus kommst. Wir möchten gern, daß einer aus dem Vischkulenhof wieder im Gehege sitzt. Hast du Lust dazu?"

„Und was hast du dazu gesagt?"

„Du weißt, daß mich kein Ehrgeiz treibt. Ich gehe nun mal gern allen Ungelegenheiten aus dem Wege und ließe am liebsten auch diesmal meine Finger davon. Aber ich habe doch nicht nein gesagt. Ich habe alles offengelassen. Ich will es mir überlegen, hab' ich geantwortet. Bei mir habe ich gedacht, ich will es mit meinem Bruder besprechen und mit dir."

„Und was hat dein Bruder nun dazu gesagt?"

„Erst möcht' ich wissen, wie du darüber denkst. Hältst du es für vorteilhaft, für die Stadt und für uns, wenn ich mich von den Schiffern und Fischern des Wasserviertels ins Gestühl bringen lasse?"

„Da kann ich dir nur zureden. Du bist Sülfmeister. Du bist groß geworden

in Gesprächen über Ratsdinge und Stadtdinge, wenn du dich auch vom Stadtregiment ferngehalten hast. Ich glaube, daß es der Stadt nicht zum Schaden ist, wenn du im Gestühl sitzt. Und uns, die wir am heutigen Tag noch auf der Laube sind, kann es nur willkommen sein, wenn einer der Unseren mit aufs Rathaus kommt."
„Siehst du, so hat mein Bruder Klaus auch gesprochen."
„Weißt du, mit wem du unter Umständen zusammen im Gestühl sitzen wirst?"
„Dahlenburg, der herzogliche Zöllner und der Heringshändler Ulrich Schaper sollen Ratsleute werden."
„Natürlich, die guten Leute unserer Herzöge."
„Auch Sengestake will man haben. Man denkt daran, ihn zum Worthaltenden zu machen."
„Keine schlechte Wahl. Sengestake ist ein besonnener Mann."
„Und Jan Ribe wird wohl neben ihm auf der Bürgermeisterbank sitzen. Er ist ja auch Sülfmeister."
„Ja, er ist Sülfmeister und ist ein Stadtmann. Und seine Vorfahren waren lauenburgische Ritter. Zwei Burgen gehörten ihnen, Raubburgen alle beide. Die eine lag auf der Höhe über Hitzacker, die andere nicht weit von Hamburg und nicht weit von der Elbe. So hatten sie den ganzen Fluß unter ihren Augen. Und das Schiff, das elbabwärts fahrend den Riben auf der Burg über Hitzacker entschlüpfte, das fing bestimmt Peter Ribe ab, der in Kirchwerder saß.
Schließlich war die Herrlichkeit in Kirchwerder zu Ende. Die Lübecker schossen den Vogel ab. Auf einem Kriegszug fingen sie Peter Ribe. Sie machten nicht viel Federlesen mit ihm, brachten ihn nach Lübeck, und auf dem Marktplatz, vor der Fassade ihres Rathauses, köpften sie ihn. Die Bürger sahen mit Genugtuung zu. Er hatte den Hanseleuten genug Not gemacht, hatte manchen Kaufmann vom Leben zum Tode gebracht. Mit der Ribenburg über Hitzacker wurde Ernst der Strenge fertig, das ist bald hundert Jahre her. Aber soviel steht fest, Jan Ribe ist ein gutmütiger Mensch und keiner von den schlechten.
Heyno erhob sich. „Und ihr erwartet die Sendboten der Städte?"
„Wir wissen nicht, ob sie kommen. Wir haben Reitendiener mit Botschaft nach Hamburg und Lübeck geschickt."

Detlef Bremer und Wilhelm van Calwen

„Mutter, nun wird vielleicht doch noch alles gut! Ich habe Detlef Bremer gesehen!" Gebeke stellte ihren Korb mit Rotkraut und Sellerie auf den

Tisch unter die schwebende Leuchte, die in der immer dunklen Küche den ganzen Tag brennt.
„Detlef Bremer, den Worthaltenden von Hamburg? Aber Gebeke, den kennst du doch gar nicht."
„Den soll ich nicht kennen? Ich habe ihn doch am letzten Städtetag gesehen, damals im Juli, als unser Vater seine Pfannen wiederbekam. Der Herzog von Schleswig war auch hier, weißt du es nicht mehr? Das Sülzvolk und die Handwerker wollten die Sendeboten „herrlich einholen" mit Fahnen und goldenen Zunftzeichen.
Und Cord quälte so sehr. Er wollte hinter ihnen her. Schließlich sagtest du: Gut, geht beide! Und nehmt Agnese und Jutta mit!"
Gebeke griff nach dem Handtuch und begann die Zinnteller und Löffel, die irdenen Becherlein abzutrocknen, die gespült auf dem Tisch standen, sagte dabei:
„Bis zum Waldrand waren wir gekommen. Jutta kletterte gleich auf die Bank, auf der wir immer eine Weile ausruhen, wenn es zu Fuß nach dem Nikolaihof geht. Jedesmal, wenn eine recht bunte Fahne vorbeigetragen wurde, hopste sie auf dem Holz herum und winkte mit ihrem roten Halstuch. Und nun erst, als Cord aus der Eiche zu uns herunterrief: Jutta, jetzt paß auf, jetzt kommen die Hamburger. Der kleine dicke Mann auf dem schwarzen Pferd ist Detlef Bremer, der Worthaltende von Hamburg. Wenn der kommt, mußt du rufen und mit deinem Halstuch winken. Und als Herr Bremer nun wirklich heranritt, mit Schaffer und Reitendienern, er selbst auf dem dunklen Hengst wie ein allmächtiger Apfel, der einmal rechts, dann wieder links vom Sattel rutschen wollte . . ."
„Na, na!"
„Ja, Mutter, es sah so aus; ja, da sprang Jutta auf der Bank herum wie ein Bällchen, dabei schrie sie: Hamburg hoch! Das hatte sie von den anderen gehört. Wie toll winkte sie mit ihrem roten Seidentuch. Sie konnte sich nicht genug tun. Unsere dicke Jutta war schier aus Rand und Band. Herr Bremer hatte auch seinen Spaß an dem kleinen Ding. Er warf ihr eine Blume zu."
„Eine Blume? Ach, Gebeke, geh!"
„Über die Menschen weg, die am Straßenrand standen. Er hatte ein ganzes Bündel früher Astern an dem grünen Riemenzeug seines Pferdes hängen."
„Mit einem Stück Würzzucker wäre Jutta vielleicht mehr gedient gewesen. Aber er hatte wohl nichts anderes zur Hand. Und diesen Detlef Bremer hast du gesehen?"
„Auf dem Markt. Er saß auch heute auf seinem schwarzen Pferd. Aber heute hingen ihm keine Blumen am Riemenzeug. Bremer lachte auch nicht. Er sah nicht nach rechts noch nach links, als er an den Körben und Kiepen

der Bardowickerinnen vorbeiritt. Er überließ es seinem Begleiter, dem Worthaltenden von Lübeck, die Grüße zu erwidern. Und der tat's auch, freundlich aber doch sehr ernst."

Ja, sie waren da. Detlef Bremer und der Worthaltende von Lübeck. Sie waren mit ihren Sekretären gekommen und mit den Reitendienern ihrer Städte. Vorm Rathaus sprangen sie von ihren Pferden und gingen gleich darauf durch die große Grüne Tür.
Calwen, der Lübecker, verweilte noch etwas in der Vorhalle der Laube und wechselte ein paar Worte mit dem Rathausvogt. Aber Bremer, der bewegliche, ja fast unbändige Hamburger, war gleich an den Reitendienern vorbei. Und da segelte er schon in die Laube. Mit raschen, hastigen Schritten durchmaß er die dunkle Wandelhalle und blieb neben dem Pfeiler stehen, der ebenso kurz und dick war wie er selbst. Er blieb mit Bestürzung stehen, denn er sah, wie Hinrich Lange einem Mann, der zu ihm ins Gehege gekommen war, einen Schlüssel überreichte, größer noch als der Schlüssel, mit dem man in Hamburg abends das Winser Tor abschloß.
Es war wirklich ein Torschlüssel. Es war der Schlüssel zum Altenbrücker Tor, das hinter der Täuferkirche lag, und wäre der Hamburger nähergekommen, er hätte in dem geschmiedeten Ringe des Schlüssels den Täufer gesehen in seinem härenen Flickenmantel, ganz so wie er auf der Wandung der großen Sonntagsglocke steht.
Als nun Wilhelm van Calwen auf der Laube erschien — auch er blieb neben dem Pfeiler —, ging der zweite Schlüssel an Sengestake, von dem man sagte, er solle der neue Worthaltende werden. Dieser Schlüssel gehörte zum Lüner Tor, durch das man ging, wenn man die Lüneburger Kinder in ihrem Kloster besuchen wollte; und darum barg sich in dem geschmiedeten Ringe des Schlüssels die Jungfrau Maria, die Beschützerin der Lüner Benediktinerinnen.
Hinrich Lange blickte auf, sah die beiden befreundeten Bürgermeister, nickte ihnen zu. Die beiden Herren näherten sich dem Gestühl. Sie warteten hinter der Schranke, bis Sengestake und seine Begleiter mit den sämtlichen Torschlüsseln der Stadt beladen, die Laube verließen.
„Wer hätte das gedacht", sagte Wilhelm van Calwen, der als erster das Gehege betrat. Es gab eine herzliche Begrüßung.
„Und mit den Schlüsseln in der Hand ziehen sie nun durch die ganze Stadt?" fragte Bremer.
„Wohl kaum. Die sechzig Männer, die im Augenblick damit beschäftigt sind, einen neuen Rat zu wählen, haben sich hier im Rathaus eingenistet. Sie haben unter den rauchgeschwärzten Balken der Ratsküche ihr Quartier aufgeschlagen."

„So seid ihr schon halbwegs ihre Gefangenen?" warf Calwen ein.
„Man kann es wohl sagen."
„Aber wo sind die Anstifter eures Unglücks? Wo sind die Hauptattentäter? Wo sind die Prälaten? Um mit ihnen zu verhandeln, sind wir hier. Sprecht, wo haben sie sich einquartiert? Vielleicht am Marienplatz bei den Franziskanern?"
„Was? Die Prälatenschaft ist überhaupt noch nicht zur Stelle?"
„Wir danken euch", begann Hinrich, „nicht nur, daß ihr gekommen seid, auch dafür, daß ihr so rasch unseren Bitten folgtet."
„Konnten wir anders?" antwortete Detlef Bremer.
„Als der lüneburgische Reitendiener uns euren Brief ins Gehege reichte, als der Brief vorgelesen worden war, da gab's nur eine Stimme: Lüneburg in Not, hieß es, da müssen wir helfen! Wenn die Stadt Lüneburg ins Rutschen kommt, müssen wir zuspringen. Lüneburg hat sich noch nie aus der Eintracht der Städte gezogen. – Heute morgen waren wir an der Elbe. Wir hielten mit unseren Pferden auf dem Fährstrand am Wasser. Da rasselte hinter uns eine Reiterschar den Hohlweg hinunter. Jeder von uns griff nach seiner Waffe. Es sind Lübecker! rief der Schaffer. Es war Calwen mit seinen Leuten."
„Und war bei uns nicht die gleiche Einigkeit?" nahm Wilhelm van Calwen das Wort. „Aufruhr in Lüneburg! Das brachte uns alle auf die Füße. Wir Lübecker haben nicht vergessen, wie ihr uns beigestanden habt, als Lübeck vor fast fünfzig Jahren in die große Unruhe hineintrieb. Wieviel seid ihr gereist! Zuerst nach Ofen in Ungarn. König Sigismund hatte kaum den Thron bestiegen. Wenn ich mich recht besinne, war es Euer Großvater, van der Molen, der nach Ungarn ritt, um dem neuen König unsere Not vorzutragen, um ihn zu bitten, einzugreifen. Und es ist wahrlich nicht die letzte Reise gewesen, der der damalige Lüneburger Rat sich unterzog, um Lübeck Ruhe und Frieden zu bringen. Nach Kopenhagen ist er gefahren bei Sturm und Wellengang, um über das lübsche Unglück zu verhandeln. Und wenn ich recht beraten bin, ist es Euer Vater, Johann Springintgud, der sich auf dem Konzil zu Konstanz vor Kaiser und Reich und der gesamten Klerisei für die Rechte des lübschen Rates einsetzte. Wir haben das alles nicht vergessen. Wir sind gekommen, um Frieden zu stiften: Frieden zwischen Rat und Bürgerschaft, Frieden zwischen der Stadt Lüneburg und den Sülzprälaten. Aber wo sind die Prälaten? Noch habe ich in der Stadt keinen schwarzen Chorrock gesehen." Da sagte Hinrich Lange:
„Die Sülzprälaten sind im Augenblick in der Stadt Uelzen. Und wenn auch täglich Boten von ihnen mit Briefschaften für den neuen Rat der Stadt Lüneburg – soweit er schon gewählt ist – kommen, sie selbst getrauen sich zur Stunde noch nicht hierher."

Detlef Bremer ist, wie wir wissen, klein und kurz. Kopf und Herz sind bei ihm dicht beieinander, und ohne viel zu überlegen, rief er: „Sind die Prälaten in Uelzen, bleibt uns nur das eine übrig: Wir müssen sie holen. Morgen, wenn es hell wird, brechen wir auf. Calwen, machst du mit?" Wilhelm van Calwen nickte. „Ich reite mit."

Und am andern Morgen, im novemberlichen Nieselregen ging's auf die Pferde und mit Sekretären, Schaffern, den lübschen und hamburgischen Reitendienern am hohen Ufer der Ilmenau hin, nach Süden, immer nach Süden. Der Regen lief an Calwens grader Nase hinunter, er näßte sein blasses, unberührbares Gesicht. Er setzte sich in Perlen in das Mähnenhaar der Pferde und machte die seidenen Wimpel unter den hochgehaltenen Helmbartenspitzen schwer und schlaff, so daß sie nicht mehr flattern mochten.
So ritten sie Uelzen entgegen, der ärmeren Schwester der Salzstadt, die wie sie an der Ilmenau lag, wenn auch der Fluß hier noch recht schmal war.
Die Heiligen Drei Könige von der Unterelbe hatten sich entschuldigt. Aber fast alle anderen Sülzprälaten waren erschienen. Die overheidischen so gut wie die von jenseits der Elbe hatten sich in Uelzen zusammengefunden. Bischöfe und Domherren mit ihren Sekretären; Äbte, Pröpste mit Mönchen und Scholaren; von allen Seiten waren sie der kleinen Stadt zugereist, den schwarzen Krähen gleich, die zur Abendstunde dem gleichen Schlafbaum zustreben.
Die Prälatenschaft ist im Johanniskloster zu finden, hatte man ihnen in Lüneburg gesagt, und vor der Pforte dieses Klosters stiegen sie ab. Im Remter traten sie der versammelten Prälatenschaft gegenüber.
„Ihr müßt nach Lüneburg kommen!" erklärte ihnen Detlef Bremer. Und nach einem längeren Hin und Her waren die Geistlichen auch bereit, mit ihnen nach der Salzstadt zu reisen.
Noch am gleichen Tage — kaum daß die Reiter sich an einem Mittagessen, einem Trunk Wein erfrischt, kaum, daß ihre Pferde gefressen und sich ein wenig ausgeruht hatten, so brachen sie auf. Auf Pferden und Eseln ritt die Prälatenschaft mit van Calwen und Bremer nach Lüneburg hinüber.

Als Wobbeke am nächsten Morgen ihre Fensterblumen begoß und über Geranien und Rosmarin einen Blick auf die Bäckerstraße warf, wunderte sie sich über die vielen schwarzen Seidenhütchen, die samt und sonders den Domherren gehörten; über die vielen braunen und schwarzen Kutten, die mit Rosenkränzen in den Falten unterwegs waren.
„Gebeke", rief sie, „komm und sieh die vielen Schwarzröcke! Es ist wie damals, als der große Prälatentag in Lüneburg war, als der Abt von Walken-

ried, den die großen Jungen Rübezahls Bruder nannten, in unserm Hause aus- und einging. Und denke dir, auch heute ist ein roter Kardinalshut dabei. Ich sah ihn eben an der Ratsapotheke vorbeikommen."

Jetzt waren alle zur Stelle. Der Herzog von Braunschweig und Frederik von der Allerinsel waren nicht gekommen, hatten aber ihre Unterhändler geschickt. Und im Laufe des Vormittags stellte sich auch der Bischof von Verden ein, Johann von Atzelt, der Freund der Stadt Lüneburg und seines Rates.

Unterkunft für alle war vorhanden. Die Unterhändler aus Braunschweig und vom Celler Schloß wohnten bei den Benediktinern am Kalkberg. Für die Prälatenschaft wurde im Marienkloster, das hinter dem Rathause lag, Platz gemacht. Die Sendboten der Städte hatten im Verdener Hof, in dem auch der Bischof mit seinen Domherren wohnte, Quartier gefunden. – Die Bürgermeister aus Hamburg und Lübeck hatten es nicht weit bis zum Rathaus, denn der Verdener Hof lag der seitlichen Rathausfront gegenüber, und Wilhelm van Calwen und Detlef Bremer konnten von ihren Fenstern aus auf die Grüne Türe sehen, durch die die Ratsherren ein- und ausgingen.

Van Calwen und Bremer benutzten jedoch nicht diese große Tür, als sie sich am nächsten Tage dem Rathaus näherten. Sie suchten die kleine, nach dem Hof liegende Pforte auf, durch die sie in die Ratsküche gelangen konnten. Und diese Ratsküche, in der die Bürger aus den vier Stadtvierteln und ihr Sprecher sich aufhielten, war ihr erstes Ziel.

Wir kennen die Ratsküche, jenen kirchenhohen Raum, der in grauer Vorzeit das Ratshaus der Stadt gewesen ist. Wir kennen das Balkenwerk der dachartigen Decke – glänzend schwarz vom Rauch der Jahrhunderte –, zu dem die beiden Äbte ihre Augen aufgehoben hatten, als sie am großen Prälatentag sich auf ihrem Weg in die Laube in die Ratsküche verirrten. Damals war ein mächtiges Feuer unter der gewaltigen Kaminkappe im Gange gewesen. In allen Grapen brodelte es, aus allen Kesseln dampfte das Wasser. Und der Wrasen von dem Gebratenen und Gekochten stieg den beiden weither gereisten und etwas weltfremden Männern gar lieblich in die Nase; ja dem Manne vom Harze und dem Abt von der kleinen Ostseeinsel war es gewesen, als seien sie ins Schlaraffenland geraten.

An diesem heutigen Tage war es in der Ratsküche unwirtlich: Die vielen Füße hatten den Schlamm der Straße hineingetragen, und mit den Menschen war die naßkalte Novemberluft in den Raum gedrungen.

Im Kamin brannte ein kleines Feuer, an dem sich Jan Ribe, ein kleiner magerer Herr, der Sproß der ehemaligen Raubritter, die Hände wärmte, er, der mit auf die Bürgermeisterbank sollte, wenn der alte Rat abgedankt hatte. Nicht weit vom Kamin lehnte Heyno Vischkulen an der Wasser-

tonne, blaß im Gesicht. Ihn fror. Er dachte an seine Stube mit den drei Fenstern und den vielen Bildern. Er dachte an Gertraudis. Er dachte: Du hast dir schön was eingebrockt.
Da öffnete sich die Tür der Ratsküche. Van Calwen und Bremer kamen herein. Heyno Vischkulen richtete sich auf. Er ging den beiden entgegen. Sie waren ihm wohlbekannt. Er hatte oftmals im Vischkulenhof mit ihnen gesprochen. Er begrüßte sie. Aber dann trat Sengestake an die beiden heran, und Heyno zog sich zurück. Wilhelm van Calwen, Bremer und Sengestake gingen vor dem großen Kamin hin und her. Einzelne Worte schlugen an Heynos Ohr.
„Ja, wenn die Prälaten einlenken; wenn es noch im letzten Augenblick zu einer Aussöhnung kommen kann zwischen der Pfaffheit des deutschen Nordens und dem Lüneburger Rat, ja, dann bleibt natürlich alles beim alten. Aber werden die Prälaten einlenken?"
Die beiden Bürgermeister hatten keinen leichten Stand. Aber sie waren unermüdlich und gaben nicht auf. Von der Ratsküche aus gingen sie zum Kalkberg hinüber, um mit den Abgesandten der Herzöge zu sprechen.
Zwei Stunden später waren sie im Marienkloster, und während Wilhelm van Calwen nicht weit von der Remtertüre blieb und sich Mühe gab, einige Herren vom Lübecker Domkapitel davon zu überzeugen, daß man die Ratsherren für die übergroße Schuldenlast der Stadt doch wirklich nicht verantwortlich machen könne, ging Detlef Bremer im Kreuzgang zwischen dem Propst von Sankt Blasius in Braunschweig und dem Dekan von Halberstadt auf und ab. Den Halberstädter hatte Bremer sich aufs Korn genommen, weil von ihm die Rede ging, er habe die päpstliche Bannbulle auf gut niederdeutsch umgedichtet. Denn eine Bulle, in der Lüneburger Ratsherren „Hundsfotte" genannt werden, konnte doch nicht aus der päpstlichen Kanzlei kommen.
Detlef Bremer setzte sich mit vielen Worten, mit den Bewegungen seiner raschen Hände, für seine Sache ein. Die beiden Herren rechts und links von ihm, der Halberstädter Dekan, der Braunschweiger Propst, lächelten. Sie lächelten ein wenig ungläubig, ja, ein wenig nachsichtig. Wilhelm van Calwen und Detlef Bremer predigten tauben Ohren.

Der letzte Umtrunk

Zwei Tage waren die beiden Fürsprecher unterwegs, unterhandelten als die getreuesten Makler in Sachen des alten Rates, wie man die Herren, die zur Zeit im Gestühl saßen, im Hinblick auf die neue Ratsgemeinschaft, die sich bereits gebildet hatte, schon jetzt nannte.

Am dritten Tage waren sie früh auf dem Rathause.
„Wir sind heut' im Verdener Hof", sagte Bremer zu Hinrich Lange und den Seinen. „Heute kommt alles im Verdener Hof zu einer letzten Aussprache zusammen: Die Prälaten, die Sendeboten der Fürsten, die Sprecher der sechzig Bürger; dazu von Atzelt und wir beide, die eure Sache verfechten. Bleibt auf der Laube! Wir bringen euch Bescheid, wie alles abläuft."

So saßen sie denn anderntags im Gestühl: Zum letzten Male? Sie wußten es nicht. Als es von dem mittelsten der fünf Rathaustürme zwölf schlug, waren sie schon hier. Seitdem sind Stunden vergangen.
Mildehoved, der Stadtschreiber, nimmt allerlei Papiere vom Tisch des Hauses auf und trägt sie in die Kanzlei hinüber. Es gab noch einiges zu ordnen für den Fall, daß sie wirklich einem neugewählten Rat weichen mußten.
Jetzt klappt die Tür hinter der dunklen Wandelhalle. Der Sekretär hat die Laube verlassen. Der Rat ist unter sich.
Drüben im Verdener Hof kann man, wie es scheint, zu keinem Schluß kommen. Den Männern im Gestühl wird die Zeit lang. Als Springintgud seiner Unruhe nicht mehr Herr werden konnte, ist er eine Zeit lang auf den Fliesen vor der Schenkschive hin- und hergegangen. Jetzt sitzt er wieder auf der Bürgermeisterbank. Er hat sich am Bürgereidkristall festgesehen, an einem der beiden geflügelten Engel, die auf dem vergoldeten Kirchendach knien und die Glaskapsel mit den Splittern vom Kreuz halten. Er weiß es nicht. Er sieht nichts von diesem kleinen Wunder aus Silber und Glas, das Lafferde im Jahre 1441 für das Rathaus schmiedete, damals, als der Sodquell so gebefreudig war und das Salz so besonders hoch im Preise stand.
In der Laube, in der es auch an heiteren Tagen nie ganz hell wird, beginnt es zu dunkeln. An den grauen Novembertagen bricht die Nacht früh herein. Man sieht kaum etwas von dem gemalten, großblätterigen Rankenwerk, das sich in die tiefen Fensternischen hineinkränzt und das Tonnengewölbe der Decke überzieht. Im Augenblick war die Laube wirklich eine finstere Meeresgrotte. Weil es aber draußen auf der Straße noch um vieles heller war, prangten die neun Helden aus alter Zeit in den Glasfenstern noch ganz anders als am Tage. Ihre Waffen glänzten, die farbenbunten Mäntel leuchteten.
Die Männer im Gestühl sprachen nicht. Sie hatten in den letzten Jahren soviel miteinander gestritten. Heute hatten sie keine Worte mehr. Sie warteten ab.
Hinrich Lange, auf der Bürgermeisterbank, zwischen Springintgud und Albert van der Molen, hatte seine Augen bei den Glasbildern. So sahen sie aus? Er schüttelte den Kopf. Er hatte sie lange nicht angesehen.
Das Tageslicht von der Straße her verklärte die ritterlichen Helden, die

all ihren Sitzungen assistiert hatten. Das letzte Licht goß ihnen Leben ein. Sie gingen, sie zogen ihre Schwerter, sie erhoben ihre Lanzen. Es glänzten die goldenen Kronen, die etliche auf ihren Häuptern trugen. Es schimmerten die silbernen, mit Wappenbildern geschmückten Schilde an ihrem Oberarm. Und hinter ihrer silberhellen Rüstung glühten ihre Mäntel, die grünen, die roten, die violetten, die mit Hermelin besetzten. Auch diese Mäntel bewegten sich heut', wie es Hinrich schien.

Es klopfte. Es war der Ratsschenk und Rathausvogt Ludolf Starke, der wohlgepackte, ja starkleibige Mann, der eintrat; wie immer, so auch heute in einem tannengrünen Knierock, um die Mitte den schwarzen Ledergürtel, an dem Messerscheide und Schlüsselbund hingen. In der Hand hatte er einen Stock mit einem brennenden Licht. Er hatte seine Herren nicht vergessen, die vielleicht schon bald nicht mehr seine Herren waren. Am Pfeiler blieb er stehen, trat an die Nische mit der Heiligen Ursula, und als das Licht neben ihr brannte, schimmerte ihr goldenes Haar heller noch als der schwebende Sternenkranz über ihrem Haupt. Danach trug der Vogt mit der freien linken Hand nacheinander zwei Leuchterbäume heran und setzte sie so neben der Schranke des Geheges nieder, daß sie die schmale Tür zum Gehege flankierten. Diese Leuchterbäume waren zwei schlanke, hohe Säulen von Sankt Lambertius und Johannes dem Täufer bekrönt, die wie zwei Säulenheilige dastanden und kaum für ihre Füße Platz hatten. Als die Kerzen auf den Scheiteln der beiden Heiligen brannten, sahen die Herren im Gehege auf, und Ludolf Starke grüßte seine Herren, bevor er ging, ehrerbietig, ja, ehrerbietiger als sonst.

Er wartete draußen und patrouillierte hinter der Tür hin und her, durch die „sie" kommen mußten, die beiden Männer von Hamburg und Lübeck, die die „gute" oder auch die „böse" Nachricht brachten.

Die Glasbilder in den Fenstern sind dunkel geworden. Das Warten wird unerträglich. Sie lauschen nach der Tür, die hinter der Wandelhalle liegt. Vom Rathausturm hat es sieben geschlagen. Im Verdener Hof können sie sich, wie es scheint, nicht einigen. Vielleicht gelingt es dem Bischof von Verden doch noch, alles zum Guten zu wenden, so hoffen einige. Der Bischof Johann von Atzelt ist ihr Trost, er ist mit Lange und Springintgud, mit dem Ratsherrn Garlop und vom Lo, den beiden Grauköpfen, jung gewesen. Er hat immer zu ihnen gehalten. Vielleicht richtet er mit Detlef Bremer und Wilhelm van Calwen im Bunde etwas aus. So denkt Springintgud. Aber Hinrich Lange hat wenig Hoffnung.

Da endlich, es muß halb acht vorbei sein, hören sie, wie die Tür hinter der dunklen Wandelhalle geöffnet wird. Zwei Männer gehen an dem kurzen Pfeiler vorbei, Ludolf Starke, der Vogt, begleitet sie. Er öffnet ihnen die Tür zum Gehege.

Stöterrogge, der jüngste im Rate, mit dem blonden, gekräuselten Schulterhaar und der noch junge Elvers standen fast gleichzeitig auf. Sie setzten sich auf die grausteinerne Bank, auf der die Rechtsbrecher ihren Platz haben, wenn im Gehege Gericht gehalten wird. Sie überließen ihre Plätze den Abgesandten der Städte.

„Van Calwen", fragte Hinrich Lange, „habt ihr im Verdener Hof etwas ausgerichtet? Besteht die Hoffnung, daß alles bleibt, wie es gewesen ist?"

„Wir sind am Ende", begann van Calwen, „wir müssen aufgeben. Euer Lüneburger Salzschiff hat sich auf eine trostlose Weise festgefahren. Menschenhände können es zur Zeit nicht wieder flott machen."

Es war so. Detlef Bremers Beweglichkeit, seine Überredungskünste hatten nichts gefruchtet.

„Es war alles vergebens", begann er. „Die Unterhändler der Fürsten, die Domherren von Hamburg und Lübeck, die als die Abgeordneten der Prälatenschaft zu den Verhandlungen im Verdener Hof erschienen waren; die Sprecher der sechzig Bürger, sie standen, man möchte sagen, Arm in Arm vor uns. Sie wichen auch nicht einen Schritt zurück. Wir konnten nur eine kleine Vergünstigung für euch herausholen."

„Und was für eine Gunst ist das, die man uns zum Abschied erweisen will?" fragte Hinrich.

Van Calwen antwortete: „Geht ihr freiwillig aus dem Ratsstuhl, — und es bleibt euch wohl nicht viel anderes übrig — so sollen euer Leben und eure Freiheit unangetastet bleiben, und ihr sollt an eurem Gut nicht geschmälert werden. Das hat mir Sengestake, der wohl im neuen Rat der Worthaltende wird, in die Hand gelobt. Seid ihr bereit, unter diesem Anerbieten aus dem Gestühl zu gehen?"

„Ich möchte wissen", begann Hinrich, „was meine Ratsbrüder dazu sagen. Wie denkt der Rat darüber?"

Van der Molen begann: „Es gibt keinen Ausweg. Alle Türme und Tore sind in den Händen der Lüneburger Bürger. Wir müssen tun, was die augenblickliche Stunde von uns fordert. Und es ist nur noch eine Frage: Werden sie ihr Gelübde halten?"

„Das steht bei Gott", sagte Detlef Bremer. „Welche Antwort sollen wir Sengestake und den Männern vom neuen Rat bringen?"

„Wir nehmen das Anerbieten an." Hinrich Lange war es, der sprach. „Wir stehen noch heute aus dem Gestühl auf und überlassen es den neuen Männern. Ich glaube, daß keiner meiner Ratsgenossen etwas gegen eine solche Antwort hat."

„Es wird eine große Veränderung geben. Auch für uns", sagte Bremer. „Ob Lüneburg im Städtebund bleiben wird, ist ungewiß. Ungewiß, ob dem Bunde nach den jüngsten Ereignissen in Zukunft mit der Lüneburger Partnerschaft gedient ist."

„Wir Lübecker", begann van Calwen, „werden an den Veränderungen, die dieser Umsturz nach sich ziehen wird, wohl am schwersten zu tragen haben. Wir müssen uns fragen: Was wird aus der Sülze? Was wird aus dem Lüneburger Salz? Es ist gut möglich, daß der neue Rat euch von der Sülze ausschließt, um euch auf diese Weise von dem öffentlichen Leben Lüneburgs fernzuhalten. Ob andere Sülfmeister, ob der neue Rat die seit Jahrhunderten zwischen beiden Städten bestehende Salzfreundschaft in Ehren halten wird? Ob das Lüneburger Salz weiter auf der alten Salzstraße über Mölln nach Lübeck kommt, ob es weiter auf dem Wege über Elbe und Stecknitz die Trave erreichen wird, steht dahin. Lüneburg und Lübeck gehören nun einmal zusammen wie die rechte und linke Hand eines Menschen zusammengehören. Was ist Lübeck ohne das Lüneburger Salz? Unsere Schiffe brauchen, wenn sie keine Salzfracht an Bord haben, gar nicht erst auszufahren. Denn wenn unsere Kaufleute nach Riga und Reval kommen, ja, nur nach Königsberg und Danzig, und haben kein Salz, so kriegen sie die Pelze, nach denen ihnen der Sinn steht, gar nicht erst zu sehen. Und das weiß alle Welt, daß der Pelzhandel unsere Stadt groß, daß er die Lübecker zu Männern gemacht hat. Ihr seht, nicht nur in Lüneburg auch in Lübeck geht man einer ungewissen Zukunft entgegen."

„Da ist noch eins, und ich möchte nicht unterlassen, es zu sagen", begann van Calwen nach einer Weile.

„Wir wissen nicht, wie sich die Dinge hier entwickeln. Es ist möglich, daß sich in Lüneburg eines Tages alles für euch zuspitzt. Es ist möglich, daß ihr euch hier einmal bedroht fühlt, und daß es euch aus irgendeinem Grunde ratsam erscheint, die Stadt Lüneburg zu verlassen. Wir in Lübeck haben nicht vergessen, daß die Stadt Lüneburg unsern Vätern ihre Häuser aufgetan hat, als sie vor bald fünfzig Jahren in der Streitigkeit mit ihrer Bürgerschaft aus Lübeck weichen mußten. Einige von unsern Bürgern haben jahrelang als eure Gäste im Schatten der Täuferkirche gelebt. Andere fanden durch eure Vermittlung auf der Lauenburg Unterkunft. Eure Hilfe ist unvergessen geblieben. Solltet ihr in eine ähnliche Verlegenheit kommen, müßtet ihr eines Tages Lüneburg verlassen, so wäre es uns eine nicht unwillkommene Gelegenheit, euch die vor Jahren empfangenen Gutheiten zu vergelten."

„Calwen, wir danken dir und deiner Stadt. Wir werden die Worte, die du eben gesprochen hast, nicht vergessen. Wir werden dein Anerbieten, sollte es zum Äußersten kommen, gern annehmen."

„Auch die Tore unserer Stadt stehen euch jederzeit offen", sagte Detlef Bremer, während er sich von seinem Sitz erhob.

„Aber nun müssen wir uns verabschieden. Im Verdener Hof warten unsere Schreiber. Wir möchten alles, was sich hier ereignet hat, zu Papier bringen; nicht nur um unsere Städte von dem Vorgefallenen zu unterrichten, auch um für kommende Tage und kommende Geschlechter alles schwarz auf weiß zu haben."
Man dankte den Herren für ihre Mühe. Und Hinrich Lange und Johann Springintgud gaben ihnen das Geleit über den Flur bis an die große Grüne Tür. Danach kehrten sie in die Laube zurück. Hinrich Lange nahm noch einmal das Wort.
„Der neue Rat", begann er, „hat viel versprochen. Leben, Freiheit und Gut sollen uns bleiben, wenn wir freiwillig aus dem Gestühl gehen. Es ist wohl keiner unter uns, der denkt, wir könnten noch bleiben. Aber es ist auch wohl so, daß keiner unter uns glaubt, daß das Versprechen gehalten wird."
„Man kann sich keinen rechten Vers daraus machen", setzte Klaus Vischkulen, Heynos Bruder, hinzu. „Der neue Rat auf der Laube; wir vom alten Rat in den Straßen der Stadt. So etwas hat es noch nie gegeben nach einem siegreichen Aufruhr. Wir müssen für unsere Gegenspieler zu einem Stein des Anstoßes werden, besonders, wenn dieser Zustand lange währt."
„Die Länge trägt die Last", begann Hinrich wieder. „Nach dem lübschen Umsturz haben die Lübecker Ratsherren acht Jahre in der Verbannung gelebt. Erst nach diesen Jahren wurde das Gestühl wieder für sie freigemacht. Einige von uns" – Hinrich sah zu Garlop und vom Lo, den beiden Grauköpfen hinüber – „und ich muß mich selbst einschließen, haben bald die Sechzig erreicht. Legen wir unseren Jahren noch acht hinzu, dann ist das biblische Alter nicht mehr weit und der Tod nicht mehr fern. Was soll man in einem so hohen Alter noch viel schaffen? Für Elvers und Stöterrogge ist es anders. Sie sind eben über die dreißig hinweg. Ihnen bleibt, auch wenn sie acht Jahre verlieren, immer noch genug Zeit, um zu wirken."
Danach wurde nichts mehr gesprochen. Aber sie blieben im Gestühl, vielleicht, weil sie die gewohnte Stätte noch nicht verlassen mochten.
Dann sagte Hinrich Lange: „Johann, ich denke es ist so weit."
Er war der erste, der aufstand. Er war der erste, der aus dem Gestühl ging. Danach verließen auch die anderen durch die schmale, vom Kerzenlicht umflackerte Tür, das Gehege.
Johann Springintgud blieb bis zuletzt. Er blieb auf der Bürgermeisterbank sitzen, als ginge ihn das alles nichts an. Den Bürgereidkristall mit beiden Händen umfaßt, jenes Heiligtum des Hauses, bei dem morgen die Männer vom neuen Rat der Stadt die Treue schwören mußten, saß er da mit dem Blick nach der Decke, als sähe er etwas in den Lüften.
Er kann nicht begreifen, daß er auf dem Rathaus ausgespielt hat, dachte Hinrich, der über die Schranken des Geheges weg zu ihm zurücksah.

Aber dann stand Springintgud auf. Er reckte sich. Er schüttelte etwas von sich ab. Seine Augen, die dunklen Augen seiner Mutter, bekamen Leben. Er griff in die Tasche, holte einen Schlüssel hervor, ging um den Tisch des Hauses, trat aus der Pforte des Geheges, folgte aber nicht seinen Amtsgenossen. Nein, er blieb stehen. Und indes er seinen Schlüssel hochhielt, rief er:

„Hinrich, Freunde, auf ein Wort! Wenn es euch genehm ist, kommt noch einmal zurück." Er winkte mit dem Schlüssel.

Meinhard Wietzendorff, der die dunkle Wandelhalle noch nicht erreicht hatte, blieb stehen und sah sich nach dem Springintgud um. Auch Brand Tzerstede, der bereits den Laubenpfeiler passiert hatte, sah zurück. Albert van der Molen, Klaus Vischkulen und Hinrich Lange, Elvers und Stöterrogge, die beiden jungen, kamen und gesellten sich den Ratsherren zu, die sich um den Springintgud scharten.

„Freunde, Ratsbrüder, nein, nicht so! Nein, so soll es nicht sein", rief Springintgud. „Bitte bleibt noch ein wenig und hört mich an! Haben wir uns nicht alle hier in der Laube für Lüneburgs Wohlergehen gemüht? Sollen wir uns nach all der Arbeit, die wir hier getan haben, aus dem Rathaus stehlen wie die geschlagenen Hunde? Nein, das steht uns nicht an. Also hört, Hinrich, Freunde." Seine schwarzen Augen bekamen Glanz wie die eines Märchenerzählers, der sich dem Höhepunkt seiner Geschichte nähert.

„Sind wir nicht reich gewesen, und sind wir es in diesem Augenblick nicht immer noch? Waren wir nicht Könige? Hat uns nicht die große, die reiche Stadt Lüneburg gehört? War nicht die Sülze unter unser Zepter gegeben mit dem gebefreudigsten Sülzquell der Welt? Gehörte uns nicht das Rathaus mit seinen Weinen in den vielen Kellern, mit den fünf schlanken Türmen über der Front und dem höchsten, dem Uhrturm in der Mitte? War nicht Markt und Sand unser, die Laube mit den gläsernen Helden in den großen Fenstern, die himmelblau gewandete Heilige Ursula in der Pfeilernische, die Schoßkiste, um die die Bürger sich im Januar drängten, wenn sie aufs Rathaus kommen, um ihre Steuern zu entrichten? Und mag die alte Pfennigkiste auch im Augenblick so holl und boll sein wie ein windverwehtes Krähennest im Winter; sie war ein Stück von unserm Leben, ob gefüllt mit Gold und Silber oder leer. Sie gehörte uns. Es war alles unser. Und alles dieses will im Augenblick aus unserer Hand gleiten. Morgen gehen andere im Rathaus aus und ein. Morgen präsentieren die Reitendiener vor anderen ihre Hellebarden. So laßt uns denn in dieser letzten Stunde noch einmal unser Ratsherrendasein auskosten. Laßt uns ein wenig feiern! Laßt uns hier in der Stille noch einmal den Umtrunk halten, wie wir es taten, wenn Johann von Atzelt uns in Lüneburg mit seinen Domherren besuchte, wenn Bremer und van Calwen kamen, um sich mit uns zu besprechen; wenn die

Abgesandten der Städte sich bei uns einfanden oder der Herzog von Schleswig und seine Ritter uns mit ihrem Besuch beehrten."

So sprach Springintgud. Er sprach mit Augen, Mund und beiden Händen. Und sie hingen alle an seinen Lippen, auch Wietzendorff und Brand Tzerstede standen da mit gelösten Mienen. Hinrich sah, und er sah es mit einem Lächeln, wie sein alter Widersacher alle wieder in seinen Bann schlug.

Mochte er es. Mochte der Tausendkünstler, der er zuzeiten war, seine Zaubertaschen öffnen und mit seinem Feuerwerk den heutigen Tag, den schwärzesten Tag seit langer Zeit, ein wenig umfunkeln.

Jetzt rief er: „Hinrich, machst du mit?"

Und Hinrich Lange antwortete: „Ja, Johann, ich bin dabei."

„So bitte ich dich, Hinrich, indes ich gehe und den Rotwein hole, der im Archiv an verborgener Stelle steht, geh du in die Kanzlei und hole den Schlüssel zur Schenkschive. Du weißt ja, er hängt im Geheimfach."

Als Springintgud etwas später, zwei bestaubte Flaschen in der Hand, zwei andere unter den Armen, aus dem Archiv kam, war auch Hinrich wieder zur Stelle und sagte:

„Der Schlüssel hängt nicht an seinem Platz."

„Nicht? Was machen wir dann?" Er setzte die Flaschen nieder, trat an die Schenkschive, versuchte sie zu öffnen, trommelte wie ein Specht an ihrem Holz herum, bis der junge Stöterrogge rief:

„Vielleicht hat der Rathausvogt den Schlüssel an sich genommen. Ich frage ihn", und er ging schnell zur Tür.

„Nicht, Stöterrogge", rief Springintgud hinter ihm her. „Laß das bitte! Bleibe hier! Keiner soll uns hier hereinleuchten; keiner soll uns stören. Niemand braucht zu erfahren, wie wir unsere letzte Stunde in der Laube verbrachten. Und wenn du etwas tun willst, so gehe an die Laubentür und drehe, so leise du kannst, den Schlüssel, der von innen steckt, um Einen Pokal gibt es noch im Archiv. Ich schlage vor, wir gehen mit unserem Wein ins Gestühl."

„Nein", rief Hinrich, „das Gestühl ist für den Umtrunk nicht der rechte Ort." Er sah sich um. „Da steht ja die Schoßkiste, sie kann uns als Tisch dienen! Man mag sie an die Schenkschive herantragen."

Elvers und Stöterrogge waren gleich dazu bereit.

„Gut", sagte Springintgud, „so hole ich den Pokal."

Die jungen Ratsherren kamen mit der Pfennigkiste herbei, die im Augenblick wirklich nicht schwer war, und wenn sie doch ein gewisses Gewicht hatte, so lag es an den starken Eisenbändern, mit denen sie beschlagen war. Die beiden jungen Männer trugen das alte Ding an den Griffen über die Fliesen der Laube und setzten es nicht weit vom Heldenfenster in der Nähe der Schenkschive ab.

Springintgud öffnete indes noch einmal die Tür zum Archiv, jene kleine Tür nicht weit vom Gehege, auf der zwei wilde, behaarte Männer der Vorzeit – geschnitzt und schwarz angestrichen – mit Keulen aufeinander losgingen. Er kam gleich darauf auch richtig mit einem von einem grünen Seidentuch umwickelten Gegenstand zurück.

„Da habt ihr ja die alte Schoßkiste", plauderte er. „Wozu sie nicht gut ist. Einmal im Jahr erlebten wir stürmische Zeiten. Da hatten wir von der Kanzlei viel zu tun. Aber das wißt ihr ja auch. Ist wohl keiner unter uns, der nicht seine schweren Jahre als Kämmerer abgedient hat, und ihr, Stöterrogge und Elvers, seid noch dabei; aber ich muß wohl sagen, waret noch kürzlich dabei, denn jetzt ist ja für uns alles aus. Das war ein Sturm, wenn bald nach Weihnachten, bei Eis und Schnee draußen, in der Laube die große Drängelei losging! Wir konnten die Gold- und Silbermünzen, die Kupferscherfe, die uns die steuerzahlende Bürgerschaft reichte, gar nicht schnell genug zählen und durch die Schlitze in den Kasten stecken. Und hinterher mußte das Geld sortiert, in Rollen geschlagen werden und mußte auf Heller und Pfennig mit den Summen stimmen, die die Schreiber auf ihren Papieren zusammengerechnet hatten. Vergangene Zeiten – gute Zeiten."

Damit setzte Springintgud den vergoldeten Pokal auf die Pfennigkiste. Es war in Wahrheit ein ansehnliches Trinkgeschirr, mit dem man wohl Umtrunk halten mochte, ja, eine ganze Flasche Wein konnte man in seinen vergoldeten Becher gießen. Auch stimmte sein Äußeres zu dem Glanz einer festlichen Stunde. Das Auge mochte ihm wohl zulachen, denn an Knauf und Fuß waren Mondsteine, Granaten und Türkise in vergoldeten Fassungen angebracht.

Inzwischen hatten sich alle um die Schoßkiste versammelt. Springintgud ließ den roten Wein in den Pokal laufen. Französischer Rotwein wars vom besten Faß aus den Weinkellern der Stadt. Als der Kelch gefüllt war, ergriff er ihn am Knauf und ging ein paar Schritte näher an Hinrich Lange heran, dem wohl der erste Trunk zukam, da er ja der Worthaltende war. Aber er gab ihm den Pokal nicht in die Hand, sagte vielmehr über den Wein hinweg mit leiser Stimme, aber doch so, daß die Umstehenden wohl verstehen konnten:

„Hinrich, wir haben unter der hohen Decke der Laube viel miteinander gestritten und besonders in der letzten Zeit, und ich war . . ." wohl nicht immer im Recht, wollte er sagen. Aber er brachte es nicht heraus. Doch Hinrich verstand ihn auch so.

„Laß uns vergessen", fuhr er fort, „was gewesen ist; laß uns Frieden miteinander machen."

Und wenn Hinrich auch bei sich dachte: Mein Lebtag bist du der Pfahl in meinem Fleisch gewesen, so sagte er doch:

„Johann, so meine ich es auch.“ Er nahm den Pokal aus Springintguds Hand entgegen.
„Aber noch eins!“ rief Springintgud Hinrich und den Umstehenden zu: „Wenn wir Städtetag hatten, wenn Gäste die Salzstadt beehrten und wir feierten ...“ Du allen voran in Scharlach und Gold, dachte Hinrich, aber laß nur, es stand dir an.
„Ja, wenn wir hier unter dem Heldenfenster den Umtrunk hielten, so sagte jeder, bevor er den Mund an den goldenen Rand des Kelches setzte, über den Wein hinweg seinen Trinkspruch. So soll es auch zur Stunde sein. Und nun, Hinrich, fang an!“
„Springintgud, du stellst uns keine leichte Aufgabe. Trinksprüche sollen wir sagen? Sollen unserer Stadt Gutes wünschen? Warum nicht? Sie hat es nötig. Und dennoch! Die guten Wünsche gehen uns heute nicht so leicht vom Munde. Das wissen wir alle: Die Zeit der Leiden bricht erst an, nicht nur für uns, auch für die Stadt. Und ich bin hier wohl nicht der einzige, der sich fragt: Werden wir die nächsten Jahre, ja nur die nächsten Monate heil überstehen? Die gegebenen Zusicherungen bedeuten nicht viel. Mir ahnt, sie werden bald genug in den Wind geschlagen.“
„Warum so schwarz in die Zukunft sehen?“ begann Springintgud. „Warum alle Hoffnung fahren lassen? Und wenn wir auch geplündert werden: Leib und Leben stehen hier wohl nicht auf dem Spiel.
„Wir wollen es hoffen“, begann Albert van der Molen, „wenn es aber anders liefe, wären wir nicht die ersten Ratmänner, die von einer gegen sie aufgestandenen Bürgerschaft vom Leben zum Tode gebracht würden.“
„Solche Wege gehen die Bürger unserer Stadt nicht.“
„Darin magst du Recht haben. Unsere Bevölkerung unterscheidet sich von der in anderen Städten. Unsere Bürger sind noch nie einem Aufwiegler ins Garn gegangen. Und wie sehr Magnus sich vor Zeiten bemühte, die Zünfte dazu zu bringen, von ihrem Rat abzufallen, er bekam immer wieder die Antwort: Wir sind mit unserem Stadtregiment zufrieden. Und die gleiche Antwort erhielten auch die lübschen Aufrührer, die vor fünfzig Jahren von der Travestadt herüberkamen, um bei uns im Trüben zu fischen. Daß unsere Bürger sich jetzt vor Kaiser und Papst beugen, daß sie den Bann nicht dulden wollen, steht auf einem anderen Blatt. Sie sind treue Anhänger der Kirche. Aber sie sind weit davon entfernt, danach zu trachten, uns um unsere Freiheit oder gar um unser Leben zu bringen.“
„Ganz richtig“, warf Klaus Vischkulen ein, „aber werden unsere Bürger das Spiel immer in der Hand behalten? Haben sie es im Augenblick noch in der Hand? Jedenfalls, wenn es soweit kommt, daß die Schaperbrüder und ihre Freunde sich im neuen Rat durchsetzen, gehen wir schweren Zeiten entgegen.“

„Mag kommen, was will", rief Hinrich und hob den Pokal, „und sollten wir auch Leib und Leben verlieren. Ich trinke auf Lüneburgs Glück."
„Und trankst du auf Lüneburgs Glück, so will ich auf unser aller Wohlergehen trinken, die wir zum letzten Male für vielleicht lange Zeit hier versammelt sind." Springintgud hob den Pokal und rief:
„Auf daß wir uns – und mögen wir auch Haare lassen – einmal alle wieder hier in der Laube zusammenfinden."
Albert van der Molen hätte der dritte Trunk gebührt. Aber da man an diesem Abend unter sich war, war man an keine bestimmte Rangordnung gebunden. So gab Springintgud den Pokal dem ihm zunächst stehenden Mann, und das war Meinhard Wietzendorff, der in der Bäckerstraße wohnte, nicht weit vom Markt.
Wietzendorff war bäuerlicher Herkunft; er führte die Heuharken im Wappen, weil das Gehöft seiner Vorfahren in den Wiesen der Wietze lag, einem kleinen Fluß, der in die braune Aller ging. Da stand er nun, schlank und sehnig, wie seine Vorväter, die Grasmäher und Sensenschwinger aus dem Allerland. Er hob den Pokal und rief:
„Die Sülze war unser Leben. Und ist sie auch heute die Quelle all unseres Ungemaches: die Sülze hoch!" Das letzte stieß er hervor. Es ging allen nahe. Schweigend trank einer nach dem andern seinen Weinanteil aus dem Pokal, der öfter nachgefüllt werden mußte. Aber ein Trinkspruch wurde nicht mehr ausgebracht. Es war alles gesagt, was gesagt werden konnte. Als Stöterrogge, der junge Mann mit dem gekräuselten Schulterhaar, den leeren Pokal auf die Schoßkiste gestellt hatte, wickelte Springintgud das vergoldete und mit Edelsteinen geschmückte Trinkgefäß wieder in das Seidentuch, brachte es in das Archiv hinüber und versteckte es dort hinter Schriftrollen, mit denen die Regale an den Wänden vollgestopft waren. Stöterrogge und Elvers erfaßten die alte Schoßkiste an ihren Griffen und trugen sie in den Winkel, in dem sie gestanden hatte, von den Dunkelheiten der Wandelhalle beschattet.
Hinrich beteiligte sich nicht an den Aufräumungsarbeiten. Er blieb an der Schranke des Geheges und sah zu der Schenkschive hinüber, nach den beiden Türen. Es waren geschnitzte Bilder auf diesen Türen. Die Kerzenflammen warfen einen warmen Schein auf die vergoldete Sonne auf der linken Tür, auf ihr breites mütterliches Gesicht, um das die Strahlen gingen, gelb, ja, flackernd, den goldenen Blättern gleich, die der dunkle Blütenboden der Sonnenblume um sich hat. Auf der rechten Tür war der Mond zu sehen oder besser seine Sichel, und in sie hineingeschmiegt das kühle, glatte Profil einer Frau.
Eine Erinnerung flog Hinrich an: Er dachte an den Prälatentag, an den kleinen Abt von Hiddensee, den seine Kinder das „Eismännlein" nannten.

Mond und Sonne auf den Schranktüren der Schenkschive hatten ihm so ausnehmend gut gefallen. Seine blauen Augen, die kindhaften, mochten sich gar nicht von den Bildern wegwenden. Hinrich hatte damals daran gedacht, dem Hiddenseer Kloster ein ähnliches Schnitzwerk zu schicken und war doch nicht dazu gekommen. In diesem Augenblick bedauerte er es.

Kommen Zeiten, die man besser übersehen kann, dann soll das Kloster Hiddensee und sein kleiner Abt einen Schrank haben – für die Kirche oder die Sakristei – mit Sonne und Mond auf den Türen. Älardus geht Jahr für Jahr nicht weit vom Kloster Hiddensee mit seinem Salzschiff vor Anker. Er wird den Schrank mitnehmen.

Während er diese Gedanken in sich bewegte, lichtete sich sein Gemüt. Vielleicht war es der Meerkönig von der Salzen See, der kleine Inselabt, der ihm den Sinn entwölkte. Er ging zur Schenkschive hinüber und stellte sich mit dem Rücken gegen das alte Möbelstück. Und ohne daß etwas gesagt worden wäre, sammelten sich die Männer, die mit ihm im Gestühle gesessen hatten, um ihn. Auch die von der Bürgermeisterbank kamen, um von ihm ein letztes Wort zu hören. War er nicht ihr Worthaltender?

„Es war gut, Johann", begann er, „daß du uns noch einmal zurückriefst, daß wir noch ein wenig beisammen waren. Wir wissen wieder, daß wir zusammengehören. Wir haben in dieser Stunde wieder begriffen, was wir aneinander haben. Das war uns in der Unruhe der letzten Zeit fast verloren gegangen.

Wir stehen an einem bösen Schluß aber vielleicht an einem noch schlimmeren Anfang. Wenn wir in der Geschichte unserer Stadt nach ähnlichen Notzeiten suchen und forschen, so kann man nur die Zeit finden, als unsere Großväter Männer waren, damals vor mehr als siebzig Jahren, als Herzog Wilhelm mit dem großen Beine in seinem Kalkbergschloß über Lüneburg die Augen geschlossen hatte und die Familien der Töchtermänner sich über seinem Grabe stritten um die Stadt Lüneburg, um das Land Lüneburg, ja, sich mit der Waffe in der Hand stritten.

Damals war Magnus über uns. Er war der Habicht. Die Stadt Lüneburg war die Taube. Er hielt sie schon in seinen Fängen. Und es hat ihm alles nichts genützt. Er hat nicht die Übermacht bekommen. Wer kann wissen, ob es diesmal schlimmer ausgeht als vor siebzig Jahren? Diesmal haben wir die ganze Welt gegen uns. Und wir wissen nicht, wann sich der Würgegriff unserer Feinde an unserm Halse lockern wird. Wir sind verfemt. – Von der Pfaffheit des deutschen Nordens gehaßt, von unseren Fürsten in unserer Freiheit bedroht, geächtet vom Kaiser, vom Papst gebannt, ausgeschieden aus der Christenheit und auf diese Weise mit dem schlimmsten Makel behaftet. Was bleibt uns in der so sehr für uns veränderten Welt übrig? Den Kampfgeist unserer Väter können wir nicht auf uns herabbeschwören. Vielleicht

nur ihre Gelassenheit, ihre Geduld. Denn kämpfen können wir nicht. Uns sind die Hände gebunden.
Uns bleibt nur eins: Wir müssen unsere Hoffnung auf einen anderen setzen."
Und leiser fuhr er fort:
„Wenn wir uns zu Gott halten wollten. Ja, wenn wir das nur könnten! Wenn wir uns ihm fest anschlössen, wir hätten in unserer augenblicklichen Not viel gewonnen. Gott kann das Herz des Kaisers erweichen. Gott kann den Sinn des Papstes ändern. Er, der die Juden durch die Wüste brachte in das gelobte Land, wird uns helfen. Und sind wir Lüneburger im Augenblick nicht alle auf einem Wüstenweg?"
Er schwieg. Nach einer Weile fuhr er fort:
„Der Machtanspruch unserer Kirche will uns von Gott scheiden. Aber haben wir nicht dennoch Zugang zu ihm? Wir können uns ihm in unseren Gedanken nähern, im Vaterunser, im Gebet. Wir müssen uns an ihm festhalten. Er wird uns hinüberbringen in eine glücklichere Zukunft. Freunde, ich glaube fest, hinter der schwarzen Wolke liegt ein heller Tag!"
Ja, Hinrich glaubte, was er sagte. Er war seiner Sache sicher. Mißmut und Zweifel waren von ihm abgefallen. In diesem Augenblick war's fast, als sähe er den glücklichen Tag hinter der dunklen Wolke schon mit Augen. Und seine Zuversicht steckte die dreizehn, die vor ihm standen, an. Sie waren still, getröstet. Und wie es Hinrich gelungen war, ihnen ein wenig Hoffnung mit auf den Weg zu geben, der so dunkel und unsicher vor ihnen lag, war auch er zufrieden. – Sie kamen alle zu ihm. Sie gaben ihm die Hand. Sie nahmen auch untereinander mit Handschlag Abschied: Freund und Feind. In dieser abendlichen Stunde gab es auf der Laube keine Feinde. Sie waren alle zu Freunden geworden.
„Wir müssen wohl jetzt auseinandergehen", begann Hinrich nach einer Weile. „Beeilt euch nicht! Ich bleibe noch und lösche das Licht. Wenn ich euch bitten darf, laßt die Tür einen Spalt weit aufstehen, damit etwas von dem geringen Flurlicht in die Laube fallen kann und ich mich im Dunkeln besser zurechtfinde." Hinrich sah hinter seinen Ratsgenossen her, wie sie in Gruppen über die Fliesen gingen, bis der letzte die dunkle Wandelhalle erreicht hatte. Erst dann holte er den Stock mit dem Löschhütchen, den Ludolf Starke vorhin nicht weit von der Archivtüre an die Schranke des Geheges gelehnt hatte. Er begab sich zu den beiden Leuchterbäumen, den schmalen Säulen mit ihren Heiligen, die rechts und links vom Eingang zum Gehege aufgestellt waren. Er löschte die Kerzen, die die Heiligen auf ihren Köpfen trugen. Dann schritt er hinüber zum Pfeiler, tat das Licht der derben Kerze aus, das nicht weit vom himmelblauen Rock der Heiligen Ursula brannte, und trug den Stock mit dem Löschhütchen an seinen Platz zurück.

Hinrich schloß die Laubentür hinter sich zu. Der Vorflur war fast leer. Auf der untersten Stufe der Treppe, die zum Festsaal hinaufführte, stand Ludolf Starke. Er trat von der Stufe herunter, ging Hinrich Lange entgegen und nahm ihm den großen Laubenschlüssel ab.
„Starke, Ludolf, habt Ihr den zweiten Schlüssel zur Schenkschive an Euch genommen?" fragte Hinrich mit leiser Stimme.
Der Rathausvogt nickte.
„Gut, behaltet ihn, es braucht niemand zu wissen, daß noch ein zweiter Schlüssel da ist. Und dann noch eins, Ludolf", er trat näher an ihn heran, „seht hier im Rathaus nach dem Rechten, wie Ihr es immer getan habt."
„Wenn sie mich lassen, Herr, Wenn sie mich hier lassen."
„Sie lassen dich hier. Du weißt von allem Bescheid. Du mußt bleiben, wenn hier auch einiges anders wird. Mach's gut, Ludolf", er drückte dem gutmütigen Mann, der sich mit der Linken über die Augen fuhr, die Hand.
Hinrich ging hinter seinen Ratsbrüdern her. Sie hatten auf ihn gewartet. Sie blieben noch einen Augenblick auf der nächtlichen Straße stehen. Sie sahen nach dem Wetter. Der Himmel war klar geworden. Die Sterne waren herausgekommen. Nach einer Weile gingen sie auseinander. Ein jeglicher in sein Haus.

Schloß Winsen

„Hinrich, was ist mit dem Hölzernen Herrgott los? Jahrelang hat das Haus dagestanden, verlassen und verwahrlost, mit ungestrichenen Fenstern und blinden Scheiben, ja, ein Schandfleck wars für die ganze Bäckerstraße. Und jetzt! Im ersten Stock ist das Fenster, rechts von dem braunen, mannsgroßen Kruzifix, geöffnet. Eine grüne Kamelotdecke hängt heraus, als wolle man sie lüften und sonnen. Es ist ja, als hätte jemand in dem toten Haus die Nacht zugebracht. Wohnen da drüben wieder Menschen? Was sagst du dazu, Hinrich?"
„Was soll ich dazu sagen! Vielleicht ist Nyebur, der herzogliche Vogt, mit Frau und Kindern von Lübeck zurückgekommen, und er richtet sich wieder im Hölzernen Herrgott ein, in dem er immer mit seiner Familie gewohnt hat. Nyebur ist dann wohl der letzte Zugvogel, der heimkehrt. Die übrigen Freunde des Schapers, die wir aus der Stadt weisen mußten, bald nachdem der Klosterpropst fluchtartig Lüne verließ, haben sich ja schon vor längerer Zeit eingestellt."
Wobbeke hatte an ihren Blumentöpfen zu tun. Sie mußte die welken Blätter abpflücken, Zweige aufbinden und die Erde um die Stämmchen lockern. Es war eine ihr liebe Morgenarbeit, vielleicht darum so unterhaltsam, weil man

über die hochgewachsenen Myrthen hinweg, über Geranien, Fuchsien und Rosmarin die Bäckerstraße im Auge hatte und auf diese Weise, von den Passanten ungesehen, alles beobachten konnte, was dort unterwegs war. Heute behielt sie nur das schmale Haus im Auge, das so knochig und kantig war von seinen vielen Balken.
„Sie sperren noch mehr Fenster auf!" verkündete sie ihrem Mann. „Und jetzt? Wahrhaftig ein Mädchen mit Wassereimer und Schrubber kommt aus dem Hause. Will sie die Treppe und die Beischläge säubern? Dann soll sie lieber vorher mit einem Messerchen das Moos aus den Fugen und Ritzen der Steinquadern kratzen, das sich angesiedelt hat, während die Vogtsleute in Lübeck waren."
Wobbeke mochte ihren Beobachtungsposten, von dem aus sie heute so Interessantes wahrnahm, noch nicht aufgeben. So lief sie noch einmal zu dem Stubenbrunnen und hielt ihren grünen Krug unter das Messingkränchen. Sie begoß den Rosmarin und die Myrthenbäumchen zum zweiten Male; und als sie jetzt über die vollen lachsroten Blütendolden des Geraniums weg einen Blick auf das für sie im Augenblick so interessante Haus warf, rief sie: „Hinrich, was ist denn nun dies? Was ist das für ein Windspiel, das da aus der grünen, abgeblätterten Tür des Hölzernen Herrgotts kommt?
Das ist ja ... Hinrich, nun mußt du kommen und sehen, die Blumentöpfe verdecken uns."
„Warum soll ich kommen? Laß mich nur hier. Ganz im Ernst, ich habe mehr davon, wenn du mir alles so nett beschreibst. Wirklich, Wobbeke, ich glaube, wohnten wir nicht hier in der Bäckerstraße, du hättest deine Blumentöpfe nur halb so lieb. Aber wer ist es denn, der da drüben aus dem Hause kommt? Der Vogt Nyebur?"
„Er doch nicht! Sie, die Vögtin, Alheit Nyebur, wie sie leibt und lebt, und hat sich herausstaffiert wie eine römische Neun. Dabei — laß mich mal rechnen — ja, sie muß wirklich bald an die Fünfzig heran sein. Und kommt die Treppe herunter wie eine Junge. Und der Kopfputz! Nein, das ist zu viel! Direkt von Lübeck importiert, wie es scheint. Ist da wohl die neueste Mode. Ja, wie soll ich es dir beschreiben. Nimm das Tier über der Apotheke am Sand, das ein langes spitzes Horn auf der Stirn über den Augen hat. So ein Horn hat sie auf dem Kopf, ganz von Gold — wie sie es wohl nur in ihren Haaren festkriegt —. Von der Spitze des goldenen Hornes flattert ein Schleierlein. Und kommt die Treppe herunter, mit einem Gesicht, als wolle sie Jubilate singen. Und der blaue Samt ihres Kleides schleift über die Stufen —. Nein, es ist zu viel! So zieht man sich doch nicht am heiligen Werktag an. Hinrich, Mann, was sagst du dazu?" Aber Hinrich schwieg.
„Was sie wohl vorhat? Sie geht über die Straße. Vielleicht will sie zu Bäcker Engelke. Doch wohl. Da kommt ein blutjunges, kaum den Kinderkleidern

entwachsenes Mädchen mit einem Korb am Arme aus dem Haus; wie ein Hündlein muß es hinter ihr herzotteln. Aber nun frag ich dich, Hinrich! Kann die hohe Frau ihren Semmelkorb nicht selbst tragen?"
Trotz ihrer Entrüstung hatte Wobbeke ihre rosigen Knüstchen bekommen, ihre Augen wurden zu Ritzen, und so lachte sie hinter der schönen Alheit her. – Wenn Wobbekes Gebaren Hinrich auch erheiterte, so sagte er dennoch halb verweisend:
„Wobbeke, du lachst und hast deinen Spaß an dem kleinen Aufzug? Mir aber ist gar nicht spaßhaft zumute, wenn ich sehe, wie sie alle wiederkommen, die unsere Stadt einst beunruhigt haben, wie sie sich hier an der Ilmenau wieder ihre alten Nester herrichten. Ich weiß, wo der Vogt Nyebur auftritt, da ist auch Dirik Schaper nicht weit. Sie können ja gar nicht ohne einander sein und hingen schon vor zwanzig Jahren zusammen wie die Kletten. – Dirik Schaper war im Hölzernen Herrgott immer Hahn im Korbe. Und das weißt du doch auch noch, was für ein Leben und Getue es da drüben immer mit ihm war. – Ist Dirik Schaper aber wieder in Lüneburg, dann wird er auch als Propst in Lüne eingesetzt, und dann mag ich nicht an Brigitte Schellepeper, die Abbatissa, und unsere Lüneburger Kinder denken, die damals zu uns hielten. – Ich glaube, für die Frauen in Lüne bricht bald eine Leidenszeit an und", setzte er leise hinzu, „wohl auch für die Männer vom alten Rat. Denn wenn Dirik Schaper erst hier in Lüneburg Fuß gefaßt hat, machen sie ihn wieder zum ersten Stadtschreiber. Und ergreift er als ein solcher die Zügel auf dem Rathaus, dann Gnade Gott uns allen, die ihn damals aus dem Amt brachten."
Aber nun sahen beide nach der Tür. Gebeke kam in die Stube. Sie räumte den Tisch ab, stellte Holzbretter, Schinken, Brot und einen Bierkrug auf ein Servierbrett. Hinrich und Wobbeke hatten in der getäfelten Stube gefrühstückt.
„Gebeke", begann die Mutter, „was sagst du dazu? Die Vögtin Nyebur hat sich wieder eingestellt. Drüben im Hölzernen Herrgott wird geputzt und gescheuert."
„Der Hölzerne Herrgott kann's brauchen, daß man sich mit Bürste und Seifenwasser um ihn bemüht. Aber Mutter, du sagst mir kaum etwas Neues. Ich habe die Vögtin schon gesehen."
„Du hast sie auch schon gesehen?"
„Eben gerade. Ich war gegangen, um ein frisches Zipfelbrot zu kaufen. Sie stand bei Frau Engelke auf der Diele. Frau Engelke tat ihrer Magd einen Brotlaib in den Korb, dazu Brötchen und Mandeltörtchen. Und während die Vögtin Kupferscherfe aus ihrer Börse nahm, sagte unsere Bäckersfrau zu ihr:
„Dann werden wir wohl bald wieder Nachbarn?"

„Nun, und Alheit Nyebur?"
„Sie machte ein Gesicht, als wolle sie das weit von sich weisen, sagte dann fast ein wenig spitzig:
„Nachbarn? Das denn doch wohl nicht gerade. Wir bleiben einige Wochen in der Bäckerstraße, lassen den Hölzernen Herrgott ein wenig auffrischen. Ja, wir richten das Haus her. Aber nicht für uns."
„Soll es denn vielleicht wieder nach Lübeck gehen?" fragte Frau Engelke weiter."
„Und Alheit? Was sagte sie?
„Das auch nicht. Freunde von uns sollen in dem Hölzernen Herrgott wohnen. Wir haben eine weit bessere, eine vornehmere Unterkunft in Aussicht. Nein, nein, für uns steht eine andere Wohnung bereit. In der stickigen Luft, in dem Staub der Bäckerstraße bleiben wir nicht lange. Auf uns wartet ein Landsitz am Wasser. Ja, um es zu sagen, Frau Engelke, wir sollen in einem Schloß wohnen. Wir können bald über Wiesen sehen mit buntgescheckten Rindern. Nein, Frau Engelke, in dem alten Haus neben der Ratsapotheke mit seinen zwei Fenstern zur Straße werden wir nicht alt."
„Das sagte sie? Seltsam."
„Und dabei grüßte sie, drehte sich um, und nun sah sie mich. Und das war ihr doch wohl nicht ganz recht. Sie lächelte etwas verlegen und ging aus dem Laden."
„Und das Mädchen mit dem Semmelkorb hinter ihr her", lachte Wobbeke. „Oh, sie ist immer dieselbe. Prahlerei und wieder Prahlerei, das spreizt sich wie ein Pfau. Aber das sage ich euch: Die kommt auch noch einmal von ihrem hohen Pferd herunter!"

In diesem Augenblick fiel unten auf der Diele der Klopfer auf die Haustür. Wobbeke trat aus der Stubentür und schaute über die Galerie weg.
„Brand ist gekommen", rief sie ihrem Mann zu. „Er ist schon in die Schreibstube gegangen."
„Brand, Schwager, du hier?" so begrüßte Hinrich gleich darauf seinen Verwandten und ehemaligen Ratskollegen.
„Ich war an der Ilmenau, in der Weißladerei, will nun zur Sülze und komme, um dich abzuholen. Du wirst dich wohl auch um deine Pfannen bekümmern wollen. Wir haben ja jetzt viel Zeit."
„Das kann man wohl sagen. Keine Ratssitzungen mehr. Keine Gerichtstage. Und die Sorge um Kämmerei und Archiv, um Bauhof, Wein- und Bierkeller tragen andere. Nur meine Siedehäuser und der Nikolaihof sind mir verblieben. Ein geringes Gepäck, das mir fast zu leicht ist. Du hast dich wohl deiner Münzsammlung zugewandt."
„So ist es. Die vielfältigen Münzen aus dem Reich und ihren Nachbar-

ländern, die uns hier in Lüneburg durch die Hand laufen, verkürzen mir manche Stunde. Jede Münze wird genau beschrieben, ihr Feingehalt an Gold und Silber gekennzeichnet und alles auf Pergamentblättern notiert. Im Augenblick klebe ich kleine Täschchen neben diese Beschreibung, in die ein Stück der jeweiligen Münze hinein soll. Diese Sammlung ist nun mal mein liebstes Spielzeug. Und vielleicht werden sich unsere Nachkommen noch einmal an ihr freuen. – Weißt du übrigens, daß der Vogt Nyebur wieder in Lüneburg ist?"

„Nein, aber es überrascht mich nicht, da die Vögtin wieder hier ist. Wobbeke sah sie in ihrem lübschen Putz aus dem Hölzernen Herrgott kommen und über die Straße gehen. Du weißt ja, Frauen ereifern sich gern übereinander. Aber Alheit Nyebur ist für Wobbeke schon immer ein Stein des Anstoßes gewesen."

„Springintgud meint, nun wird Dirik Schaper wohl auch nicht mehr lange auf sich warten lassen", sagte Brand.

„So denk ich auch. Und er wird hier in Lüneburg bald seine Rolle spielen, wenn er erst als Stadtschreiber mit im Gestühl sitzt."

„Hast du auch gehört, daß der Vogt Nyebur nicht die Absicht hat, hier in Lüneburg zu bleiben?"

„Die Vögtin hat bei unseren Nachbarn, den Bäckersleuten, beim Einkaufen von Mandeltörtchen einige sybillinische Worte fallen lassen. Sie faselte von einem Schloß, das ihrer Familie als Wohnsitz bestimmt sei."

„Die Vögtin war immer eine fantasievolle Frau", bemerkte Brand.

„Sie schwärmte von einem Blick über Wiesen mit buntgescheckten Kühen. Das Wohnen in der Bäckerstraße warf sie weit weg. Stickige Luft, viel Staub, keine Sonne."

„Na, nun hör mal! Das geht wohl doch zu weit. Schließlich steht der Hölzerne Herrgott in der schönsten Straße Lüneburgs. Der Sand ist doch schon mehr ein Platz."

„Ja, ja, Alheit will hoch hinaus", sagte Hinrich. „Nun plagt's mich, ich möchte wohl wissen, ob etwas Wahres an ihren großsprecherischen Worten ist. War es nicht vor acht Tagen? Schwirrte da nicht ein Gerücht durch die Stadt? Es hieß, etliche Männer vom neuen Rat hätten unsern Fürsten eins von den Schlössern versprochen, die der Stadt gehören. Eins von den Schlössern, die die Welfenfürsten vor Jahrzehnten an uns verpfändet haben."

„Versprochen, weil sie halfen, uns aus dem Gestühl zu bringen."

„Ein guter Kaufschilling", sagte Hinrich, „unsere Fürsten segeln mit allen Winden. Sie verstehen es, an unserm Unglück zu verdienen."

„Und von einem Schloß am Wasser sprach Frau Nyebur?"

„So berichtete uns Gebeke."

„Und Nyebur als Schloßhauptmann, so muß es kommen."

Die Stadt hatte genug Schlösser in ihrem Besitz, die den ehemaligen Celler Herzögen gehörten. Im Verlauf von fast hundert Jahren war es den um die Sicherheit der Stadt besorgten Lüneburger Bürgern geglückt, sie zu erwerben. Man hatte große Summen drangegeben, um sie den Herzögen, die sich fast ständig in Geldnot befanden, abzupfänden. Wenn einige dieser Schlösser der Salzstadt auch ferner lagen; die meisten waren in der Nähe. Sie gingen in einem weiten Umkreis wie ein zweiter Festungsring um Lüneburg herum.

„Und wenn es nun Schloß Winsen wäre, nach dem Frederik von der Aller der Sinn steht?"

„Winsen? Brand, wo denkst du hin. Das Schloß Winsen kann man doch nicht preisgeben. Winsen liegt allerdings am Wasser. Der Luhefluß ist an der Stelle schon recht breit."

„Ja, ein Wasserschloß ist Winsen. Ein ganzes Labyrinth von Gräben und Kanälen scheiden es von der Außenwelt", fuhr Brand fort.

„Winsen verlieren, Brand? Das wäre erst ein Schlag. Winsen ist gut befestigt. Im letzten Sommer kamen Wagen mit Büchsen und Büchsensteinen, Pfeile und Armbrüste nach dem Schloß. Nein, Winsen darf es nicht sein, das werden auch die Männer vom neuen Rat wissen, daß sie Winsen nicht hergeben dürfen. Wer Winsen hat, hat schon einen Fuß in Lüneburg. Winsen ist fast ein Stück von unserm Mauerwerk."

„Und was vielleicht noch schwerer wiegt", begann Brand, „wer in Winsen sitzt, beherrscht unsere Wasserstraßen nach Lübeck und Hamburg. Und wenn die Herzöge dies Kleinod kriegen, gehört ihnen auch die feste Straße nach Hamburg. Denn Winsen ist das Herzstück dieser Straße."

„Hinrich auf ein Wort!"

Der Wietzendorff war in die Schreibstube – man kann wohl sagen – gestürmt.

Es war einige Tage später, und es wurde schon dunkel. Hinrich hatte gerade die Kerze auf seinem zinnernen Leuchter angezündet.

„Was gibt's, Meinhard?"

„Weißt du, daß Jan Ribe gestern in der Goldenen Treppe war?"

„Nein. Und was für ein Gewerbe hatte er dort?"

„Er war gekommen, um über eine Sache von großer Wichtigkeit mit Albert zu verhandeln. Aber er kam nicht zum Zuge."

„Glaube ich. Van der Molen ist mit seiner Familie augenblicklich draußen in Winsen."

„Und um Winsen geht's. Um das Schloß. Wir vermuten, daß Herzog Frederik von der Aller . . ."

„Ein Auge auf Winsen geworfen hat", setzte Hinrich hinzu.

„Es geht das Gerücht, etliche Männer vom neuen Rat haben dem Herzog das Schloß Winsen versprochen. Heute sind schon einige Male Reitendiener mit Botschaften für Albert nach Winsen abgegangen. Van der Molen soll aufs Rathaus kommen."

„Und Albert?"

„Kommt nicht. Will nicht mit ihnen unterhandeln. Er will bleiben."

„Kann man es ihm verdenken? Schloß Winsen ist mit seinen vielen Wiesen und Weiden auf zehn Jahre an van der Molen verpachtet. Fünf davon sind noch nicht herum. Wieviel Geld hat Albert da draußen in die Landwirtschaft gesteckt. Scheunen und Ställe hat er gebaut. Im Sommer vor einem Jahr hat er fünfzehn Kühe am andern Ufer der Elbe in der Haseldorfer Marsch gekauft, um den Viehbestand zu verbessern. Dazu, was noch wichtiger ist, er ist der Schloßhauptmann und muß das Schloß für Lüneburg halten."

In diesem Augenblick hörten die beiden einen Schritt und das Aufstoßen eines Stockes die Steintreppe heraufkommen. Der Klopfer fiel. Gebeke machte auf. Und dann kam es zu ihnen herein in dem roten Rock der Reitendiener, einen Brief in der einen Hand, die Helmbarte in der andern. Es war Henneke, ein älterer Mann, ergraut im Dienst um Rathaus und Stadt. Er war schon im Nordischen Krieg hinter Johann Springintgud und Hinrich Lange hergeritten.

Den Brief hatte Hinrich bald gelesen.

„Aufs Rathaus soll ich kommen, Henneke, jetzt bei anbrechender Nacht?"

„So ist es, Herr."

„Ich allein?"

„Nein", er zog einen zweiten Brief hervor und reichte ihm den Wietzendorff. „Alle Herren vom alten Rat sind aufs Rathaus entboten worden."

„Da sind wohl verschiedene von euch unterwegs?"

„So ist es, Herr. Acht Mann. Für jedes Stadtviertel zwei."

„Es ist gut, Henneke, sage nur, wir kommen. Denn dein Brief, Meinhard, wird wohl die gleiche Aufforderung enthalten."

Witzendorff nickte.

„Dann wollen wir uns auch nicht länger aufhalten", sagte Hinrich, als der Reitendiener Schreibstube und Haus verlassen hatte.

In der Laube wurden die Herren vom alten Rat nicht empfangen. Der Ratsschenk und Rathausvogt, Ludolf Starke, brachte sie in die Rathauskapelle, in der für alle, die zum Hause der Stadt gehörten, ab und an die Messe gelesen wurde. Und hier in der Rathauskapelle wurden sie, die ehedem im Gestühl saßen, von den Herren vom neuen Rat erwartet.

Sengestake trat vor:

„Wir haben euch hergebeten, damit ihr eine Mitteilung entgegennehmen

könnt. Albert van der Molen ist nicht mehr Schloßhauptmann von Winsen. Das Schloß, die Landwirtschaft, die zu dem Schloß gehört, gehen an die Stadt zurück. Albert van der Molens Pachtvertrag ist hinfällig. Wenn van der Molen nicht binnen drei Tagen auf dem Rathaus erscheint, um das Schloß Winsen mit allem, was dazu gehört, an uns zu überantworten, müssen wir ..." er machte eine Pause, und fuhr dann fort, „... müssen wir den gesamten alten Rat der Stadt für seine halsstarrige Haltung verantwortlich machen. Und darum ist beschlossen worden:
Kommt van der Molen nicht aus freien Stücken in drei Tagen hierher, um uns alles zu übergeben, müssen, wenn diese Frist abgelaufen ist, die Männer vom alten Rat — alle vierzehn — in ihren Häusern auf unbestimmte Zeit Einlager halten."
Punktum. Nichts weiter. Die Herren vom neuen Rat standen auf wie ein Mann und gingen hinter Sengestake her dem Ausgang zu. Als die Reitendiener die Tür wieder hinter ihnen geschlossen hatten, rief Wietzendorff:
„Sie wagen es, uns mit dem Entzug der Freiheit zu drohen?"
„Sie wagen diese Drohung schon wenige Tage nach ihrem feierlichen Gelöbnis!" rief vom Lo. „Ist ein Schwur denn gar nichts mehr wert?"
„Wie kann Albert van der Molen Schloß Winsen aufgeben!" rief Johann Springintgud.
Und Hinrich dagegen: „Und du, Johann, kannst du mir sagen, wie er Schloß Winsen halten kann? Ich sehe keinen Weg."
„Das Schloß ist ausgerüstet für einen Überfall. Es hat Proviant in seinen Kellern. Stückkugeln und Waffen aller Art sind im Überfluß vorhanden."
„Johann, dich kenn ich. Springintgud, ich weiß schon, was du möchtest: Söldner und Reitendiener, soweit sie uns noch treu und hold sind, heimlich sammeln, und am liebsten würdest du dich selbst mit ihnen in das gut ausgerüstete Schloß werfen, das man mit seinen vielen Kanälen und Wassergräben wohl einige Zeit halten kann. — Wenn es erst soweit kommt, daß Gewalt gegen Gewalt gesetzt wird, daß vielleicht gar auf beiden Seiten Blut fließt, ist es mit uns allen aus und vorbei. Und was richten wir mit diesem Widerstand aus? Nichts. Erst dann geht es in unserer Stadt richtig drunter und drüber.
Herzog Frederik vom Celler Schloß hat seine Rechnung präsentiert, und den Männern vom neuen Rat bleibt nun nichts anderes übrig, als sie zu begleichen. Was heißt da: Winsen ist mit Waffen ausgerüstet. Ja, wenn wir Winsen für die Stadt erhalten könnten, wäre ich gern zum Einlager bereit. Aber so stark ist Winsen nicht, daß man es auf die Länge halten kann. Nachgeben muß van der Molen doch, ob früher oder später. Und dann ist es immer besser, er gibt gleich nach."
„Und dafür stimmst du, Hinrich?"

„Ja. Wenn aber einer von euch einen anderen Ausweg weiß, ich bin bereit, ihn zu gehen."
„Hinrich hat recht", begann Vischkulen, „uns bleibt keine Wahl. Albert muß das Schloß aus der Hand geben."
„Dann wird wohl in etlichen Tagen der Löwe der Welfen über der alten Wasserburg wehen", sagte Springintgud.
„Die Männer von neuen Rat wissen nicht, was sie tun." So Hinrich. „Wenn nur die Freiheit unserer Stadt nicht noch den gleichen Weg nimmt! Das ist ein Gedanke, von dem ich nicht loskomme, nicht bei Tage, nicht in der Nacht. Aber", er fuhr sich mit der Hand leicht von oben her übers Gesicht, „wer reitet nach Winsen, um mit van der Molen zu sprechen."
„Springintgud wäre wohl der nächste", sagte Vischkulen, „Wietzendorff könnte ihn begleiten."
Und so wurde es angenommen.
Am übernächsten Tag erschien Albert van der Molen auf dem Rathaus und überantwortete dem neuen Rat der Stadt das Schloß Winsen, das sowohl die Wasserwege nach Lübeck und Hamburg als auch die feste Straße nach der großen Elbestadt beherrschte.

Der große Waldemar

Hinrich ging durch die Bäckerstraße. Kalt war es, und Schneemücken spielten in der Luft. Man hatte ihn aufs Rathaus gefordert, ihn und alle Männer, die ehemals im Gestühl gesessen hatten. Nun kam er von da zurück und sah nicht rechts noch links.
Vorm Bürgermeisterhaus blieb er stehen, schaute zu den Fenstern hinauf, stieg die Treppe nach oben, trat aber nicht ein, sondern stellte sich mit seinem Rücken gegen das blanke Messing des Türklopfers und sah die Bäckerstraße hinauf und hinunter, die so hochberühmte Straße, auf der die Wismarer Kaufleute fuhren und die flandrischen Männer, wenn sie, um Pelze zu kaufen, unterwegs waren von Brügge nach dem fernen Nischnij Nowgorod am Ilmensee.
Er sah auch nach dem „Hölzernen Herrgott" hinüber und nach der Ratsapotheke, wenn er auch die goldene Theriakbüchse über der Treppe nicht erkannte. Der Schnee fiel dichter und schleierte das Haus ein.
„Was stehst du hier? Warum zögerst du, ins Haus zu gehen?" sagte er zu sich selbst. Er nahm sich zusammen. Klopfte den Schnee von seinem Mantel und rührte den Klopfer an seiner Tür.
Gebeke machte ihm auf. „Kommst du so spät vom Rathaus zurück?"

„Ja, Kind."
„Und darf ich fragen, was man von euch wollte?"
„Wir sollten Abrechnung halten. Einnahmen und Ausgaben gegeneinander stellen."
Damit hängte er den pelzgefütterten Mantel an einen Pfeilerhaken.
„Geh zur Mutter, und kommt beide zu mir." Er betrat die kleine Schreibstube. Es war ein Brief gekommen. Gebeke hatte ihn gegen den Leuchter gelehnt. Der Brief war aus Bologna. Der Brief war von Boldewin. Zu anderen Zeiten hätte er sich über den Brief gefreut. Heute legte er ihn gleich wieder aus der Hand. Er ließ sich auf die Truhenbank fallen. Da die Frauen nicht kamen, erbrach er schließlich das Schreiben. Ein Bild fiel heraus. Ein alter Festungsturm war auf dem Bild zu sehen.
Dann kam Gebeke in die Stube. Die Mutter war im ganzen Hause nicht aufzufinden.
„Sie ist sicher drüben bei Frau Engelke. Du weißt wohl, daß sie vor acht Tagen vor ihrer Treppe ausrutschte und den Arm brach."
Hinrich nickte. Er reichte seiner Tochter das Bild von dem alten Turm. Gebeke studierte die Schriftzüge des Bruders auf der Rückseite des Bildes, sagte dann:
„Ein Kaisersohn hat in diesem Turm gefangen gesessen von 1249 bis 1272. Laß mich mal rechnen, Vater – ja, dreiundzwanzig lange Jahre. Enzio ist sein Name gewesen. Vater, gibt es einen Kaisersohn, der Enzio hieß? Friedrich, Otto heißen sie, Heinrich, auch wohl Lothar. Aber Enzio?"
„Eine deutsche Frau hat dem Kaiser den Sohn geboren. In Deutschland wurde er Heinz genannt. Diesen Namen hat der Kaiser, der zweite Friedrich, der ein halber Italiener war, in Enzio umgewandelt. Er ist sehr schön gewesen, dieser Enzio, und mußte immer um den Kaiser sein. Und war keine zwanzig Jahre alt, als die Bologneser ihn fingen."
Hinrich nahm das Blatt in die Hand. „Den Turm schickt mir Boldewin zur rechten Stunde. Man muß hinabsehen, Gebeke. Man muß auf die sehen, denen das Los noch schwerer fiel. Dann weiß man, daß man immer noch zu danken hat. Was sagtest du? Dreiundzwanzig Jahre hat er in dem Turm gelegen? Solange wird es bei mir wohl nicht dauern. Dafür sorgt der Tod."
„Vater, was redest du? Was soll das heißen: dafür sorgt der Tod?"
„Gebeke, das Bild von dem Turm, in dem der bedauernswerte Enzio dreiundzwanzig Jahre festgehalten wurde, kam zur rechten Zeit. Ich will an Enzio denken. Der kam aus Glück und Glanz, aus der Liebe seines kaiserlichen Vaters in diesen Turm und mußte bis zu seinem Lebensende darin schmachten. Und dieses will ich dir noch sagen: Du brauchst mich in der nächsten Zeit nicht mehr zu schelten, weil Boldewins und Älardus' Briefe nicht beantwortet werden. Ich habe jetzt viel Zeit zum Schreiben, denn,

Gebeke", und während seine Augen stahlblau wurden und seine Mundwinkel sich vertieften, schrie er:
„Zum Einlager sind wir verdammt! Der ganze alte Rat. Alle vierzehn Mann!"
Hinrich legte Boldewins Bild auf den Tisch, aber bevor Gebeke noch etwas antworten konnte, flüsterte er:
„Dahin hat er uns gebracht, der große Waldemar!"
Gebeke war ratlos. Aber als sie fragte: „Der große Waldemar? Vater, wer ist der große Waldemar?" wurde Hinrich ungeduldig und rief: „Frage nicht! Geh zur Mutter und sage ihr, daß ich die Wände meines Hauses von heute ab nur noch von innen besehen darf, und nun laß mich allein!"
Aber Gebeke zögerte noch und sagte:
„Einlager sollt ihr halten? Das kann doch nicht sein. Hat Sengestake nicht dem lübschen Bürgermeister in die Hand gelobt, daß ihr Freiheit, Gut und Leben behalten solltet?"
„Da siehst du ja, was von den Versprechen des neuen Rates zu halten ist. Das erste ist schon zur Hölle gegangen, die beiden anderen, die unser Gut und unser Leben betreffen, werden wohl auch noch folgen."

Acht Tage später bekamen sie im Bürgermeisterhaus Besuch. Der Pfarrer vom Nikolaihof erschien. Viele Jahre schon feierte er für die alten Prövner und die Hofleute in der kleinen Stiftskirche die Messe.
Der Pfarrer war auf der Altstadt gewesen. Er hatte bei dem Türken Rosinen und Feigen, Wein und Mandeln gekauft, womit die Prövner zum Weihnachtsfest bedacht werden sollten. Im Rathaus hatte er gebeten, man möchte ihm erlauben, im Bürgermeisterhaus einen Besuch zu machen.
Oh, der Pfarrer wußte genug zu berichten: Von den vielen Eicheln, die diesjährig im Eichenkamp und in den Wäldern heruntergekommen seien, so daß die Schweine vom Nikolaihof eine gute Mast gehabt hätten. Er erzählte, daß der Hofmeister mit seinem Sohn Peter, mit dem großen und kleinen Schweinehirten kürzlich auf Wolfsjagd gewesen und daß sie zwei der Tiere erlegt hätten. Sie hörten, daß im Hofmeisterhause gestern ein großes Rind und zwei Sauen geschlachtet worden waren. – Einige Wurstproben und ein größeres Stück Fleisch hatte der Pfarrer schon am Morgen im Bürgermeisterhaus abgegeben.
Als Hinrich fragte: „Und wie sieht es bei den alten Männern und Frauen aus? Sind sie friedlich, und sind sie gesund?"
„Alle sind wohl kaum gesund", bekam er zur Antwort, „sowas gibt's nicht. Aber es läppert sich so hin, und nur um Lieschen Rehbeen, die kleine kröpelige Frau, steht es schlecht. Die Luft wird ihr zu knapp. Auch die Dämpfe des Stechapfelkrautes bringen ihr kaum noch Erleichterung."

Danach hatte der Pfarrer einen ganzen Flockenfall von Papieren ausgekramt: Belege über den Verkauf von Pferden, Schweinen und Rindern; über verkaufte landwirtschaftliche Produkte wie Heu, Butter und Eier, ja, über all das, was sie bei den reichlich fließenden Zehnten aus den umliegenden Dörfern in ihrer Wirtschaft übrig gehabt hatten.
Am Abend war Hinrich aufgeräumt. Der Pfarrer hatte die Luft vom Nikolaihof ins Bürgermeisterhaus gebracht. Und dann: Es gab einmal wieder etwas zu tun. Gebeke ordnete die Papiere nach den Daten und schied die Einnahmen von den Ausgaben. Als die Kinder zu Bett waren, legte Hinrich die Abrechnungskladde vom Nikolaihof auf den Tisch und schrieb in das Buch, was Gebeke ihm diktierte. Als Hinrich die Arbeitskladde zuklappte, sah Gebeke ihren Vater an und dachte: Der Vater ist heut guter Laune. Heut kannst du's wagen. Und sie begann:
„Vater, darf ich dich etwas fragen?"
„Nur immer zu, Gebeke! Den Kopf wird's ja nicht kosten."
„Vater, da ist etwas, über das ich immer nachdenken muß, und ich kann zu keinem Schluß kommen. Es geht um etwas, was du vor gut acht Tagen sagtest, am Sankt-Barbara-Tag, als du das letzte Mal im Rathaus warst."
„Und was ist denn da von meinen Lippen gekommen, das dir seither Unruhe bereitet hat?"
„Du warst böse, ja, geradeheraus gesagt, du hattest dein Mosesgesicht, wie die Mutter es nennt, das Gesicht, das der Prophet des Alten Bundes hatte, als er die Gesetzestafeln zertrümmerte. Und dann sagtest du, ja, du hast es nur so herausgestoßen: Dahin hat er uns gebracht, der große Waldemar! Und nun sage mir bitte, wer ist dieser große Waldemar, der an unserem Unglück schuld ist?"
„Der große Waldemar? Der große Waldemar?" Hinrich fuhr sich mit der Hand übers Gesicht. Er fühlte sich in die Enge getrieben. – „Hab' ich das wirklich gesagt, so gesagt, daß du es hören konntest?"
„Ja, Vater, das hast du."
„Dann muß ich dir wohl eine Erklärung geben. Tue ich es nicht, kommst du über den großen Waldemar nicht weg. Er wird für dich zu einem Schreckgespenst, und du sprichst noch mit der Mutter über diesen großen Waldemar, der an unserem Einlager schuld ist. – Gebeke, dieses ist eine Sache, über die ich nicht gern rede. Auch befürchte ich, bei dir mit der Geschichte Anstoß zu erregen. Du und Älardus, ihr waret als Kinder viel in der Flachsburg, und ihr habt immer gut mit Klaus Springintgud gekonnt."
Nun wurde die Sache für Gebeke erst richtig interessant. Aber als ihr Vater fortfuhr: „Der große Waldemar war ein Schiff", war sie enttäuscht.
„Ein Schiff?" Gebeke lächelte ungläubig. „Wie kann ein Schiff schuld sein . . ."

„Ja, hör nur zu! Der große Waldemar ist in Wahrheit ein Schiff gewesen, ein ausnehmend großes und schönes Schiff und war nach dem besten dänischen König, der je gelebt hatte, nach Waldemar dem Großen benannt worden. Dieser König lebte zu Barbarossas Zeiten. Er war ein Freund dieses Kaisers, und er war viel mit Schiffen unterwegs. Er war stark und ohne Furcht. Als sein Königsschiff einmal in Trümmer ging, sprang er, die Königsfahne in der Linken, das Schwert in der Rechten, vom hohen Bord seines scheiternden Schiffes auf ein anderes hinüber. Die Dänen nennen ihre Schiffe gern nach diesem König, und als ich jung war, hieß das erste Schiff der dänischen Flotte der große Waldemar. – Der alte Herr Reese, in dessen Siedekaten ich das Sülzhandwerk erlernte, nahm mich einmal mit, als er des Salzes wegen nach Schonen und Dänemark reisen mußte. Auf dieser Reise bekam ich das Schiff, das der große Waldemar hieß, zu Gesicht. Es war das Königsschiff der dänischen Flotte. Nein, Erich der Pommer war nicht an Bord. Der König war nicht auf dem Schiff. Der Königswimpel flatterte nicht an der Mastspitze. Aber märchenhaft war es, wie es daherkam, die Verschanzung überall mit vergoldeten Delphinen geschmückt, die Masten so hoch, als wollten sie in den Himmel, die bräunlichroten Segel mit goldenen Kreuzen, Kronen und Fischen bemalt. Dabei war es so gewaltig, als wollte es unserer Täuferkirche am Sande den Rang ablaufen.

Nun sind die Wasserverhältnisse am Sund nicht sehr günstig. Es gibt viele Untiefen. Hamburger Kaufleute, die dort einmal mit dänischen Schiffen kämpften, wissen ein Lied davon zu singen. Sie gerieten ins Flache und saßen fest. Man nahm sie gefangen, und jahrelang haben sie in Dänemark in einem Turm gelegen.

An einer solchen flachen, unguten Stelle, wie sie den Hamburgern zum Verderben wurde, befanden wir uns, als wir diesem großen Schiff begegneten. Wir nahmen etwas Tuch weg und fuhren ein wenig auf die Seite. Auf dem großen Waldemar, auf diesem Prachtschiff, dachte man gar nicht daran, die Segel zu reffen oder das Steuer herumzulegen. Es kam daher, als hätte es die Absicht, uns zu rammen. Das Schiff verlangte von uns, ihm aus dem Wege zu gehen, und wir kamen auch glücklich aneinander vorbei. Ich habe das schöne Schiff und das herrische Gebaren seines Schiffshauptmannes nicht vergessen.

Der große Waldemar, den ich im Sinne hatte, damals am Barbaratag, war natürlich kein Schiff und kein König", sagte Hinrich mit einer leichten Verlegenheit. „Gebeke, als ich vor vielen Jahren Ratsherr wurde, kam auch Johann Springintgud ins Gestühl. Mit mir am gleichen Tag. Nach unserer Wahl holte man uns aufs Rathaus. Die Ratsherren hatten sich auf der Laube versammelt. Wir sollten der Stadt den Treueid schwören. Das Stadt-

buch lag auf dem Tisch neben dem Bürgereidkristall. Wir warteten auf Johann, und dann kam er. Du weißt ja, der Springintgud mag gern in schöner Kleidung auftreten, aber an jenem Tag hatte er doch wohl ein wenig zuviel von sich hergemacht. Und wenn ihm auch die Schaube aus dem feinsten, scharlachroten Tuch, die Goldstickerei an Kragen- und Ärmelaufschlägen nicht schlecht standen, so war er doch damals, als des Rates jüngster Mann, damit ziemlich über das Ziel hinausgekommen. – In diesem auffallenden Gewand kam er, ein wenig aufgeplustert von der großen Ehre – dahergesegelt, möcht' ich sagen. Und er sah weder rechts noch links.
Mein Gott, der große Waldemar, entfuhr es mir. Und ich dachte an das Königsschiff im Sund und erschrak im gleichen Augenblick. – Denn mit dem stolzen Schiff, das ich als junger Mann in den dänischen Gewässern gesehen hatte, war es bald zu Ende gewesen. Zwei Jahre später, in einer Sturmnacht, ging es mit seiner ganzen Segelpracht, mit all den vergoldeten Delphinen an der Verschanzung im Skagerrak unter.
Siehst du, seit dem Tage, an dem wir beide uns der Stadt zuschwören mußten, nenne ich den Springintgud bei gegebener Gelegenheit manchmal still für mich: den großen Waldemar. – Es hätte nicht offenbar werden sollen. Darum bitte ich dich, Gebeke, vergiß das Ganze, und wenn das nicht möglich ist, verschweige die kleine Geschichte, die du eben gehört hast. Und verüble es mir nicht, daß ich den Vater eures gemeinsamen Freundes manchmal so nenne. Er ist nun mal, Zeit meines Lebens, die scharfe Zwiebel auf meinem Brot gewesen."

Der Bauhof

Hinrich Lange liebte die Bewegung. Vom Rathaus in die Sülze, von der Sülze zum Nikolaihof oder in die Wälder, die um Lüneburg liegen, um Holz für seine Siedekaten zu erwerben, für Abt und Dachs und für die Goldene Henne, in der seine eigenen Pfannen stehen, das war sein Leben.
Jetzt war er eingeschlossen. Was blieb ihm übrig? Er mußte in seinem eigenen Wohnwesen auf Wanderschaft gehen. Und das konnte er. Denn das Bürgermeisterhaus war groß und weitläufig. Wenn er sich in den Kellern umgetan hatte, den aus Findlingen erbauten Felsenkellern, wenn er nach den Fässern gesehen, die unter den Gewölben lagerten, den Fässern mit Wein und Hamburger Bier, den Tonnen mit Sauerkraut, Pökelfleisch und Salzheringen, stieg er die Treppen hinauf, die in die oberen Stockwerke führten, bis in den höchsten Boden, wo allerlei Küchen- und

Heilkräuter hingen: Majoran und Thymian, Bohnenkraut und Baldrian, Pfefferminze und Holunderblüte. Sie waren alle gebündelt, hingen da wie Frauen mit engen Taillen und weiten Röcken, und wenn der Wind durch die immer offene Luke strich, tanzten sie an ihren Schnüren.

An das Bürgermeisterhaus schloß sich nach hinten hin ein langes, schmales Gebäude, das mit seiner rückwärtigen Mauer an den Bauhof der Stadt stieß. Diese niedrige Baulichkeit barg in ihrem Erdgeschoß allerlei Wirtschaftsräume: Die Waschküche und die Speisekammer, die Werkstatt, in der Jürgen der Treidler Besen machte und tischlerte; die Kammer mit dem Herd, in der vor Jahren die Mutter aus der Schäferkate gewohnt hatte. Über diesen kleinen Kammern lag der Festsaal des Hauses. Man konnte von der Galerie des Haupthauses in ihn hineingelangen. Vor seiner Tür landete Hinrich regelmäßig, wenn er seinen Rundgang durch das Haus hinter sich hatte. Auch heute fand er sich hier ein. In dem langen, schmalen Saal hatte er freie Bahn, und so wanderte er bald darauf unter den beiden schwebenden Leuchterkronen hin, die aus Hirschgeweihen gemacht und mit gelben Wachskerzen besteckt waren. Von der ersten Geweihkrone, in der die Mutter Gottes in ihrem rosenroten Gewand stand, wechselte er zur nächsten hinüber, die den Ritter Sankt Georg in ihren Geweihzacken barg. Er beachtete aber weder den Heiligen Georg noch die Jungfrau Maria. Er war in seine Gedanken vertieft, die sich um Stadt und Sülze drehten. Und so trat er an eines der fünf Fenster an des Saales langer Seite. Er sah in seinen eigenen Hof hinunter. Eine Weile unterhielt es ihn, Jutta, Agnese und Knut zuzusehen, die mit bunten Wollbällen spielten. Aber dann ging er wieder in dem langen Saal auf und nieder, bis er an einem der beiden Fenster an des Saales schmaler Seite Rast machte. Diese zwei Fenster waren ein Königreich wert, denn durch ihre Scheiben konnte er einen Blick auf den Bauhof der Stadt werfen, der nun einmal ein Stück von seiner alten Welt war.

Da ist die große Bauhofseiche! Im Frühling singt die Nachtigall in ihrer Krone. Und mag es auch jetzt Winter sein, und mag der Wind in ihren Zweigen stürmen, Hinrich schaut immer gern auf den alten Baum.

Über der Krone der Eiche kommt das Glockenhaus heraus, das Dach, so hochgezogen fast wie das Mittelschiff von Sankt Nikolai. Unter ihm lagern Kornvorräte. Das Glockenhaus trägt seinen Namen kaum noch zu recht. Denn Glocken, nein Glocken werden da drüben nur noch ganz selten gegossen. Geschützrohre haben sie in Arbeit, Stückrohre für Lüneburgs Wälle und Mauern, auch für die kleineren Städte im weiteren Umkreis der Salzstadt diesseits und jenseits der Elbe, die nicht ohne den Schutz von Donnerbüchsen auskommen können. Der Wind streut dürre Blätter auf die langen geschälten Stämme, die am Fuß der Bauhofseiche liegen. Hinrichs Kinder balancieren manchmal über sie hin, wenn es auch wohl eigentlich nicht erlaubt ist. Aber die kleine Pforte, die vom Hof des Bürgermeisterhauses auf den Bauhof führt, ist nun einmal die große Versuchung für alles, was im Bürgermeisterhause heranwächst. Auch Hinrich hatte in seinen Knabenjahren auf dem Bauhof seine heimlichen Jagdgründe.

Man muß es sagen: Die kleine Bauhofspforte war noch im Augenblick für den gewesenen Bürgermeister verführerisch, und als er am Abend, nach ein wenig frischer Luft begierig, im Mondschein hin- und herpatrouillierte, faßte er die Türe an, und da sie unverschlossen war, schob er sie auf. Da konnte er wieder einmal auf Stadtväterweise auf dem vertrauten Platz herumrevidieren.

Ein leises Knurren ließ sich vernehmen, und nun trappte der große Wolfshund heran, der nach Dunkelwerden auf dem Bauhof frei herumlief. Hatte er Hinrich schon am Schritt erkannt? Er sprang um ihn herum, wedelte mit seinem Schweif, stieg an ihm hoch, legte ihm die Pfoten auf die Schulter und leckte ihm das Gesicht.

Gleich darauf stand Hinrich vor den acht geschälten Eichenstämmen still, die so grade waren, daß sie die schönsten Mühlenwellen abgeben konnten. Er hatte sie für die Uferwand der Ilmenau gekauft, auf der das Kaufhaus stand. Denn unter den Speichertüren des Kaufhauses war das Bollwerk von dem ewigen Anprall der schweren Bierschiffe schadhaft geworden. Hinrich ging um die alte Eiche herum und blieb vor der großen zersprungenen Glocke stehen, die hier seit Jahr und Tag ihren Platz hatte. Es rührte sich nichts auf dem Hof. Da ging der ehemalige Bauherr des Rates zu den Kopfsteinen hinüber, mit dem das letzte Stück der Bardowicker Straße gepflastert werden sollte. Langsam zottelte der große Hund hinter ihm her. Von den Kopfsteinen begab er sich zu den Findlingen an der Mauer, die die Bauern aus ihren Feldern gepflügt hatten und die zurechtgehauen werden mußten, um einmal Fundamentsteine abzugeben.

Aber nun lauschte er. War das nicht Gebeke? Hatte sie gerufen? Hatte sie die Kinder gerufen? Es war wohl Zeit zum Essen. Da begab sich der Bürgermeister durch die enge Pforte wieder auf seinen eigenen Hof.

Hinrich in seiner Schreibstube

Nach einer Woche hatte Hinrich genug von seinen häuslichen Wanderungen, wenn er sich auch dann und wann in der Dämmerung in dem „langen Saal" einfand, um sich etwas Bewegung zu machen. Er trat wohl noch jedesmal an eines der beiden Fenster, die auf den umfangreichen Hof mit seinen

Holz- und Steinvorräten gingen; warf einen Blick auf den alten Baum. An einigen Abenden hing der Mond in seinem Gezweig. Es war, als habe er sich die Krone des Baumes zu seinem Gehäuse erwählt.
In dieser Zeit war Hinrich viel in seiner Schreibstube. Wenn er durch die kleine spitzbogige Tür trat, kam es ihm manchmal in den Sinn: Es ist hier wie in Ilsabens Zelle draußen in Lüne. Die Schreibstube war wie ausgeschlagen mit dunkelbraunem Holz: dunkelbraun die Balken der Decke und die Füllungen zwischen den Balken. Dunkelbraun Wandverschalung und Boden. Auch Ilsabens klösterliche Zelle war auf die gleiche Weise wie mit Holz abgefüttert, und es war nur der eine Unterschied: Hinrichs Arbeitsstube hatte eine flache Balkendecke. Aber Ilsabens Holzdecke stand firstartig, ja, man möchte fast sagen, wie der Deckel einer Totenlade über dem engen Räumlein, in dem sie wohnte.
In der Adventszeit kurz vor dem Weihnachtsfest war Gebeke in Lüne bei ihrer Schwester gewesen, um ihr einige Gaben zu bringen. Sie hatte auch kleine Geschenke, die bis zum Fest verwahrt werden mußten, von Lüne mitgebracht.
„Es geht Ilsabe gut", berichtete sie dem Vater auf seine Frage. „Aber sie ist so blaß. Vielleicht macht auch das weiße Fürtuch und das Weiße an ihrer Haube ihr Gesicht so hell."
„Blaß ist Ilsabe immer gewesen. Ihre Mutter hatte auch wenig Farbe in ihrem Gesicht."
„Ich mußte ihr von uns allen erzählen. Viel von Knut. Sie lächelte, wenn ich von seinen drolligen Streichen berichtete. Als ich ihr beim Abschied die Hand gab, sagte sie: Ich bete für euch. Am meisten für den Vater. Er hat meine Gebete am nötigsten. – Und dann sagte sie etwas Seltsames, etwas ganz Unbegreifliches."
„Und was war's, was sie sie sagte?"
„Meine Gebete für euch . . ., Gebeke, mir ist manchmal, als wüchsen sie aus mir heraus wie die starken Äste eines Baumes. Sie sind über euch. Dir, Gebeke, dem Vater, der Mutter und den Geschwistern kann nichts Schlimmes geschehen."
„Sagte sie so? Seltsam, aber nicht ganz unverständlich. Doch für dich schwer zu begreifen. Du hast ja nicht deine und Ilsabens Mutter gekannt. Hättest du Jahre mit ihr gelebt, wäre dir das, was deine Schwester gesagt hat, wohl nicht so merkwürdig erschienen. – Deine Schwester Ilsabe ist von euch allen am meisten eurer Mutter Kind. Auch äußerlich. Nur eben, Ilsabe ist eine Nonne, deine Mutter aber war meine Hausfrau. Sie hatte ihre schwärzlichen Locken, indes Ilsabe ihre strenge Nonnenhaube trägt. Doch die schönen Wangen, die deine Mutter gehabt hat, die hat Ilsabe auch. Und sie erbte auch ihren frommen Sinn."

Weihnachten kam und ging. Der Januar stellte sich ein. Trübe Zeit. Als Wobbeke an einem Morgen in die Schreibstube kam, fand sie ihren Mann vor dem großen Schrank. Alle seine sechzehn, mit geschnitzten Pergamentrollen verzierten Türen standen auf, und Hinrich kramte an einem der unteren Fächer, räumte Schriftrollen und Bücher aus.
„Suchst du etwas, Hinrich, und kann ich dir dabei helfen?"
„Wie kannst du mir wohl dabei helfen", antwortete Hinrich gereizt. „Ja, ich suche etwas, ein Buch mit unbeschriebenen Papierblättern. Vor einem Jahr hab ich es binden lassen. Es hat einen schweinsledernen Umschlag von etwas dunklerer Farbe. Ich wollte es als Rechnungsbuch haben für meine Pfannen im Abt und Dachs, die jetzt Jan Ribe besiedet. Wer weiß, ob ich sie jemals wiederkriege."
„Aber was willst du denn mit dem Buch? Im Augenblick brauchst du es doch gar nicht."
„Ja, wenn du mir mit deinen Fragen so zu nahe kommst, muß ich dir wohl sagen, daß ich etwas ganz Besonderes mit dem Buch vorhabe. Ich will allerlei darin vermerken. Aufschreiben will ich, wie unsere Schuldenlast größer und größer wurde; aufschreiben, wie wir in den Krieg mit den Prälaten hineintrieben, wie wir uns uneins wurden, der Springintgud und ich, wie wir uns im Gestühl stritten und wie es keinen Frieden mehr gab, nicht auf der Laube, nicht mit den Prälaten, nicht in der Stadt. Berichten will ich von der schweren Bannbulle, und wie wir endlich, als alles zu Ende war, von unseren Ratssitzen aufstehen mußten und aus dem Gestühl gingen, ein jeder in sein Haus. Das alles will ich schriftlich festlegen, wie wir es von den Städtetagen her gewohnt sind.
Ich will nicht schreiben: Ich hatte recht, und Johann Springintgud wollte das Falsche. Oder: Ich habe für die Stadt gestrebt. Andere suchten das Ihre. Wie kann ich das wohl sagen? Bin ich Gott, daß ich den Menschen ins Herz sehen kann? Für die Zukünftigen will ich aufschreiben, wie alles geschehen ist, damit sie sehen, wie unsere Stadt in diese große Not geriet, damit sie sich vielleicht einmal vor Schaden hüten.
So, und da steckt das Buch." Er zog den dicken Band hervor und räumte Papiere, Briefe und Bücher wieder in das Fach.

Von nun an schrieb Hinrich. Er kam kaum aus seiner dunklen Arbeitsstube heraus. Er sah nicht Sonne, nicht Mond, kaum den Schnee, der mit dem neuen Jahr gekommen war und still und emsig auf die Stadt hernieder-rieselte; der die Treppenstufen der Ratsapotheke zudeckte, die Beischläge des „Hölzernen Herrgotts" und der am Bürgermeisterhaus die Köpfe der Beischlagwangen weiß bekrönte. Der Schnee, den man beiseiteschob und fegte, türmte sich bald vor den Fenstern zu Schanzen auf. Hinrich merkte es kaum. Er saß, er grübelte, er schrieb. Manchmal sprach er laut mit sich selbst, und in diesen Gesprächen redete er oftmals mit den Männern vom alten Rat, mit Springintgud und anderen. Denn der lange Krieg mit den Prälaten, soweit er ihn hinter sich gebracht hatte, mußte hier in der Ruhe der Schreibstube, bevor er fixiert wurde, noch einmal durchgefochten werden. Manchmal war Gebeke bei ihm. Einmal saß sie im Winkel unter dem Kruzifix mit dem beinernen Heiland, der das einzig Helle war in dieser kleinen holzbraunen Welt.

Gebeke strickt eine neue Zehenspitze an den kornblumenblauen Strumpf, den Knut morgen an die Füße ziehen muß. Der Vater schreibt. Gebeke lauscht zu ihm hinüber, denn er spricht, die Feder in der Hand, in die leere Luft. Er spricht leise. Gebeke kann nicht viel verstehen. Aber dann kommt es kräftiger heraus:

„Winsen nicht mehr unser!!" hört Gebeke. „Der Herzog im stärksten Schloß vor den Toren der Stadt. Halb schon die Freiheit verspielt." Hinrich schweigt und schreibt, und nun legt er die Feder hin. Er kümmert sich nicht um seine Tochter. Er weiß gar nicht, daß sie im Stubenwinkel sitzt. Er spricht wieder, er spricht mit den Männern vom alten Rat. Wie es scheint, mit Johann Springintgud.

„Warum haben wir Dirik Schaper zum Lüner Propst gemacht? Warum haben wir ihn selbst aus der Reihe unserer Diener in das Lager unserer Widersacher geschoben? Damit fing unsere Not an. Als er aus unserm Brot kam, wurde ihm zu wohl. Er wollte den großen Herrn spielen; uns setzte er beiseite. Wie ein Paar zerrissene Stiefel tat er uns von seinen Füßen.

Ich weiß, ich habe auch schuld, daß er in Lüne Propst wurde. Ich hätte mich mehr gegen dich wehren sollen." Nun sprach er ganz leise: „Es war damals alles so ungewöhnlich bei uns. Wobbeke war ins Haus gekommen. Und sie war so heiter. Die Kinder zufrieden. Ich hatte so wenig Lust, mit dir zu streiten. Wollte wohl auch mal Mensch sein." Dies letzte war kaum zu hören.

Gebeke, unter dem Kruzifix mit dem beinernen Heiland, legte ihren Strickstrumpf in den Schoß; Tränen liefen ihr übers Gesicht.

„Ja, Johann, ich hätte mich mehr gegen dich stemmen sollen!" fuhr er lauter fort. „Was sagst du? Du meinst, wir hatten, als Boldewin Abt von Sankt Michael war, soviel Ruhe mit den Prälaten? Und Boldewin, sagst du, ist doch auch erster Schreiber der Stadt gewesen, bevor er Abt wurde? Nein, als Boldewin unter uns weilte als Abt und Erzbischof, gab's mit der sülzbegüterten Pfaffheit keinen Streit. Sie gaben uns, was wir fordern konnten. Aber Boldewin war auch ein ganz anderer Mann! Boldewin war wie ein alter Baum, der Frieden um sich verbreitet und allen, die sich ihm nähern, von seinem Frieden gibt. Wie kannst du Boldewin mit dem Schaper gleichsetzen? Ja, wie kannst du den guten Abt von Sankt Michael mit dem Lüner Propst, diesem unrastigen Menschen, in einem Atem nennen? Aber ich weiß es ja, Johann. Du hast deine Hütte nicht am Palast der Weisheit erbaut."

Gebeke schüttelte den Kopf. Sie sah zu ihrem Vater hinüber. Was sollte sie tun? Sie wagte es nicht aufzustehen. Und nun hörte sie ihn sagen: „Wir selbst haben dem Schaper das Spiel in die Hand gegeben, und er hat die ganze Pfaffheit gegen uns aufgebracht. Jetzt leben wir in Acht und Bann. In der Stadt geht alles drunter und drüber. Uns aber, die im Gestühl gesessen, wird man noch eines Tages, ich seh es kommen, den Hals brechen."

Ein Schauer lief über Gebekes Rücken. Als Hinrich wieder zur Feder griff, um an seinem Text weiterzuschreiben, stand sie leise auf. Wie ein Schatten verließ sie die Schreibstube. Hinrich merkte es nicht. Traurig ging sie in die Küche. Heilige Jungfrau, wie sah das Leben aus, das vor ihr lag! Und dazu war es noch Klaus' Vater, mit dem ihr eigener sich stritt! Ihr Glück lag in Scherben.

VII

Johann Springintgud

Palmarum

In diesem Jahr war man mit dem Frühling zeitig dran. Kaum daß man über Frühlingsanfang hinaus war, da waren auch schon die Stachelbeeren in dem langen Beet hinter Meister Engelkes geteerter Planke grün geworden, und zwischen den Büschen blühten Veilchen. Es war auch nicht so, daß der April die Mildigkeit, mit der der März allen wohlgetan hatte, wieder zuschanden machte. Denn die für diese Zeit mit gutem Grund befürchteten Fröste, Hagelschauer und Schneegestöber blieben aus. Und man schrieb schon den 10. April.

Gebeke war in Bardowick gewesen. Den ganzen Nikolaihof hatte sie ins Bürgermeisterhaus gebracht. Und nicht nur in so handgreiflichen Dingen, wie Äpfel, Sprossenkohl, Eier, Butter und Rhabarberstiele es waren. Im Augenblick stand sie vor dem spitzbogigen Fenster der Schreibstube und tat Buschwindröschen in ein irdenes Töpflein. Hinrich sah auf ihre Hände.

„Wie sieht's auf dem Nikolaihof aus? Sind die Hofmeistersleute gesund?"

„Ja, Vater. Die Hofmeisterin ist wieder einmal Großmutter geworden. Dem Peter ist ein Söhnchen geboren."

„Ist viel Krankheit bei den alten Leuten?"

„Im Frauenhause ist eine alte Frau gestorben."

„Weißt du, wie sie heißt?"

„Lieschen Rehbeen."

„Lieschen Rehbeen? Sie ist immer viel krank gewesen; sie ist schon lange auf dem Nikolaihof; um ihrer Bresthaftigkeit willen kam sie, da sie keinen Anhang hatte, schon in jüngeren Jahren zu den alten Leuten. Ein gutes Menschenkind."

„Lag ihre Stube nicht hinter dem Chor der neuen Kirche?"

„Ganz recht. Wir mußten, als wir die Kirche bauten, so dicht an das Frauenhaus heran, da an der anderen Seite der Grund nicht recht trug. Das gute Frauchen hat sich nichts daraus gemacht, daß ihr der Chor der Kirche die Sonne verstellte. Ja, sie hat noch ihren Honig daraus gesogen. Und wenn sie an ihrem Asthma litt, wie so oft, und sie nicht in die Messe konnte, hat man ihr das Fenster ihrer Stube öffnen müssen. So konnte sie sich vom Bette aus am Spiel der Orgel und am Singen erfreuen."

„Und unter Orgelspiel und Kirchengesang soll sie auch eingeschlafen sein. So sagte mir die Hofmeisterin. – Aber Vater", sie hob den kleinen Krug mit den Buschwindröschen auf, „gibt es wohl noch Blumen auf der Welt,

die so lieblich vom Licht durchschienen werden wie diese? Und wie nett lassen sie ihre Köpfchen hängen. Als ich mit meinen Buschwindröschen über den Friedhof ging und an Lieschen Rehbeens Grab vorbeikam, hab ich eine Handvoll von ihnen am Fuß des Kreuzes niedergelegt."
„Da hast du recht getan. Lieschen Rehbeen hat uns auch oftmals mit Blumen beschenkt."
Damit trat Hinrich ans Fenster, und er stutzte, ja, er prallte zurück. Er rief: „Gebeke, siehst du es denn gar nicht? Drüben steht Dirik Schaper."
Auf der andern Seite der Straße stand er, Dirik der Fuchs. Er gaffte zu dem Fenster hinüber, an dem Gebeke die Blumen hochhielt. Angetan mit einem Schultermäntelchen von starrer pflaumenroter Seide, auf dem Kopf ein Hütchen mit zwei eingekräuselten, rosenroten Straußenfedern, so hielt er unter der vergoldeten, schwebenden Theriakbüchse auf der Treppe, gerade zwischen Ulrich, dem Heringshändler und Hans von Dahlenburg, die zu seiner alten Garde gehörten. Nicht weit von den beiden, zwischen zwei, in Scharlachrot gekleideten Reitendienern erblickte Hinrich den Worthaltenden der Stadt, Sengestake, und Jan Ribe, der jetzt auch mit auf der Bürgermeisterbank saß.
„Gebeke", rief Hinrich, „die wollen zu uns! Bleib du in der Schreibstube! Ich will sie auf der Diele in Empfang nehmen."
So setzte Gebeke das irdene Töpflein mit den Anemonen auf die Fensterbank und zog sich langsam vom Fenster zurück. Sie blieb neben dem großen sechzehntürigen Dokumentenschrank stehen und sah von da aus, wie die kleine Abordnung vom jetzigen Stadtregiment über die Straße kam. Sie steuerten wirklich das Bürgermeisterhaus an, als erster Dirik Schaper, eine Schriftrolle in der Hand, seine guten Freunde im Gefolge. Zwischen den Beischlagwangen des Bürgermeisterhauses warteten sie, bis Sengestake, Jan Ribe und die Reitendiener heran waren.
Jetzt fiel der Klopfer auf die Tür. Die junge Magd kam aus der Küche, um aufzumachen. Hinrich erwartete die Herren an der Treppe seines Hauses, die ins obere Stockwerk führte. Als erster betrat Hans von Dahlenburg die Diele. Er grüßte, er lächelte, lächelte nachbarlich mit seinen vielen Zähnen und sah sich nach den beiden Schaperbrüdern um. Gleich hinter Jan Ribe und den Reitendienern betrat Sengestake das Bürgermeisterhaus. Er drückte die schwere Tür ins Schloß und blieb in ihrer Nähe stehen.
Wenn Dirik Schaper auch nicht als erster auf die Diele kam, so war er doch wohl Urheber und Hauptperson dieses sonntäglichen Überfalles.
Dirik Schaper war wieder wie früher Klosterpropst in Lüne. Im Januar, als der viele Schnee über Lüneburg fiel, hatte man ihn zum Stadtschreiber gemacht. „Er kann nun an zwei Stellen den Rahm abschöpfen", sagten die Bürger, von denen ihm viele nicht gewogen waren. Täglich ritt er von seinem

Propsthause in Lüne in die Stadt hinüber, und seine befehlende Stimme schallte durch die Kanzlei. Er hatte sich etwas Besonderes ausgetüftelt. Waren die Herren vom alten Rat nicht reich? Besaßen sie nicht Grundstücke aller Art? Dazu Renten- und Pfandbriefe, Geld und Kleinodien? Waren sie nicht reicher als mancher Ritter, der in den Schlössern der Fürsten aus- und einging? Mochten sie von ihren Reichtümern abgeben.
Während Dirik Schaper sein Pergament auseinanderrollte, öffnete sich die Küchentür. Wobbeke trat heraus, grüßte leicht und stellte sich gegen die Vierpaßtruhe. – Kaum merklich winkte ihr Hinrich mit den Augen. Wenn er auch Gebeke angeraten hatte, in der Schreibstube zu bleiben, so war es ihm doch lieb, daß Wobbeke zur Stelle war und mithörte, was gesprochen wurde. Hinrich schob sich rückwärts auf die unterste Stufe seiner Treppe und legte seine Hände auf die Knäufe der beiden Treppenpfosten.
„Hinrich Lange, ehemaliger Worthaltender der Stadt Lüneburg", begann der Schaper, „wir stehen hier im Auftrage des Rates. Wir haben eine Botschaft zu überbringen." Er begann seinen Text vorzulesen, den er wohl auswendig konnte, denn er hatte ihn selbst aufgesetzt.
„Da es ja bekannt ist, daß durch die Schuld der ehemaligen Ratsleute die Stadt Lüneburg in so große Geldschulden geriet, da aber auch jedermann weiß, daß die Männer vom alten Rat nicht unbesessen sind, erschien es dem neuen Rat wünschenswert, einen Überblick über die Vermögensverhältnisse des alten Rates zu bekommen. Aus diesem Grunde werden die Herren vom alten Rat ersucht, alles aufzuschreiben, was zu ihrem Vermögen gehört, ihren ganzen Besitz an Geld und Gold, Silber und Kleinodien, an Pfandbriefen, Sülzrenten sowie an andern Renten; an Höfen auf dem Lande, an Katenstellen, Gärten an der Ilmenau. Waldstücke, die ihnen gehören, müssen verzeichnet werden, Zehnten, die von etwelchen Bauernstellen gezogen werden, darf man nicht vergessen und nicht den Schmuck der Frauen, das Patensilber der Kinder, das Tafelgeschmeide, das zu Festzeiten die Tische schmückt, und das Mobiliar, das in den Häusern steht. Ja, die Truhen und Schränke müssen einzeln aufgeführt werden, dazu das Leinen und die Gewänder, die diese Truhen bergen; auch die Vorräte an Korn und Flachs, an geräuchertem und gepökeltem Fleisch, an Wein und Bier.
Wer von den Herren des alten Rates nicht alles wahrheitsgetreu angibt, sieht einer strengen Bestrafung entgegen. Die Verzeichnisse müssen in zweifacher Ausführung spätestens am Sonnabend vor Ostern auf dem Rathaus abgegeben werden."
Dirik Schaper rollte das Pergament zusammen, und Sengestake rief von der Tür her: „Hinrich, hast du noch etwas dazu zu sagen?"
„Ja, Sengestake, wenn du mich fragst, so will ich wohl antworten. Ich habe allerdings etwas dazu zu bemerken. Ich nehme an, daß ihr es nicht weiter

treiben werdet. Leben, Freiheit und Gut sollen uns nicht angetastet werden, so hast du es Wilhelm van Calwen in die Hand gelobt. Auch die anderen Herren, die ich hier sehe, waren Zeugen dieses Schwures. Ist es nicht so?"
Es erfolgte keine Bestätigung, und Hinrich fuhr fort:
„Die Freiheit haben wir schon eingebüßt. Wollt ihr jetzt an unser Gut gehen? Wenn ihr es nicht vorhabt, warum sollen wir dann aufschreiben, was wir besitzen? Es ist noch nie für schicklich erachtet, unserer Nebenmenschen Vermögensverhältnisse zu erforschen, um auf diese Weise ihre Armut oder ihren Reichtum ans Tageslicht zu bringen. Ihr aber verlangt, wie mir scheint, etwas Ungebührliches. Es ist ja, als sollten wir uns ausziehn und uns vor aller Welt nackt auf die Bäckerstraße stellen, damit jedermann sieht, wie wir beschaffen sind und was an uns ist."
Er machte eine Pause, fuhr dann fort:
„Ich muß auch den Termin beanstanden, den ihr für diese Zusammenstellung gewählt habt. Heute werden in den Kirchen die Palmkätzchen geweiht. In den Tagen nach Palmarum sollte man nicht darüber grübeln, was man von seinen Vätern ererbt, was man selbst im Irdischen erobert hat. Und ihr kommt daher und verlangt, daß wir in der Karwoche, in dieser geheiligten Zeit, in Pergamenten und Papieren herumwühlen, nicht nur Sülzrentenbriefe, Pfannenanteile, Geld und Gut schriftlich vermerken, nein, auch auf jeden Zehnten, sei es in Korn, in Obst oder Fleisch, Jagd machen; Zehnten, die vielleicht schon von Großvaters Zeiten her in diesem oder jenem Bauernhof stecken. Ich soll in dieser Zeit alle meine Truhen durchsuchen; nach den silbernen Becherlein, den Löffelchen fahnden, die die Kinder zur Taufe erhielten; den Frauen vielleicht die Fingerringe abstreifen und mir ihr Leinen vorzählen lassen?
In andern Jahren habe ich in der Karwoche meine Rechnungsbücher und schriftlichen Arbeiten beiseite gelegt, habe in den Psalmen gelesen und in den Schriften der Kirchenväter; habe mir das Leben der Heiligen vor Augen gehalten, wie es in Büchern aufgezeichnet ist; gelesen, was von dem Heiligen Franziskus erzählt wird. Denn die Karwoche ist doch wohl die Zeit, in der man sorgen muß, sein eigenes Leben mit den Heilslehren der Kirche in Einklang zu bringen. Es ist die Woche, in der man den Frieden seiner Seele bedenken soll und sich darum sorgen muß, damit man dermaleinst mit ruhigem Herzen auf dem Sterbebette liegen mag."
Er blickte über die fünf Abgesandten hin, und wenn er auch in Sengestakes Gesicht etwas wie Teilnahme und Verständnis lesen konnte, so sah er doch, für die Schaperbrüder, den herzoglichen Zöllner und Jan Ribe war das, was er gesprochen hatte, nicht viel mehr als Schall und Rauch.
Dirik Schaper trat vor. Er hielt das wieder aufgerollte Schriftstück hoch und sagte:

„Wir müssen zur Sache kommen, Das, was ich vorgelesen habe, ist ein Ratsbeschluß. Nehmt Ihr ihn an?"
Hinrich schwieg. Über sich in der Wohnstube hörte er die Kinder rufen. Er sah zu Wobbeke hinüber. Sie sah ihn freundlich an, als wollte sie sagen: Hinrich, sag ja! Sie nickte ihm ein wenig zu.
Da sagte er: „Was bleibt einem gefangenen Mann wie mir viel andres übrig? Ich nehme ihn an."
„Können wir damit rechnen, daß eure Vermögensverzeichnisse in doppelter Ausfertigung am Sonnabend vor Ostern auf dem Rathaus sind?"
„Man kann damit rechnen."

Das Fest des großen Einsammelns

Zu dem obersten Boden seines Hauses war Springintgud hinaufgestiegen, und hier saß er an der Luke unterm First, so recht wie ein Adler im Horst.
Er schaute über den Sand, auf dem das Sülzvolk sich sammelt, wenn es am Pfingstmorgen auf die Scharnebecker Reise geht. Mächtig war die Täuferkirche heraufgekommen; Johann Springintgud hatte sie sich gerade gegenüber, da sie die obere Schmalseite des langen Platzes behauptete.
Unbeschreiblich groß war die Kirche, wenn der Springintgud von seinem hochgelegenen Stammplatz Ausschau hielt. Sie war so großartig geworden, wie die blaue Ostsee großartig ist, wenn das Eismännlein das Meer von seinem Leuchtturm aus überblickt.
Aber die Häuser an den Längsseiten des Sandes! Springintgud schüttelte den Kopf und wunderte sich einmal wieder, wie sie so klein waren, jedesmal wenn er hier oben saß. Von seiner hohen Luke aus gesehen, hatten die sonst so stattlichen Stufengiebel am Sande nicht viel zu melden.
Johann Springintgud schaute nach allem aus, was über den Sand ging und fuhr und ritt; streifte aber auch die Häuserzeile rechter Hand ab und an mit einem Blick. Dabei blieb er regelmäßig an dem letzten Hause hängen.
Es war mit einer Seejungfrau ausgestattet, einer Wetterfahne. Sie drehte sich im Winde – einmal hierhin – einmal dahin. Auch heute liebäugelte der gewesene Bürgermeister mit dem kleinen Wasserweibchen. Sie war auch wirklich schmuck. Brust und Schultern hell wie Apfelblust. Grünlich geschuppt der leicht umeinander geschwungene Schwanz. Die ganze junge Person aus einem Stück Blech geschnitten und darum so beweglich. – Da bläst der Wind sie samt der kleinen Leier in ihrem Arm wieder der Flachsburg zu. Es blinkt die Krone über ihrer Stirn. Die Haarsträhnen fallen ihr wie goldgelber Seetang über die Brüste.

Die nette Person sieht Hinrich Langes junger Tochter Gebeke ähnlich, die mein Sohn so gern anschaut, denkt der Bürgermeister.
Da schwenkt der Wind sie wieder herum.
„Sie ist wie das Glück", flüstert Johann. „Wenn du denkst, du hast es, spielt es sich dir auch schon wieder aus der Hand."
Es kommt ein Bauernwagen mit vielen Kiefernstämmen beladen über den Sand. Will er nach der Sülze? Nein, er hält neben dem Sod, gar nicht weit von der Stelle, wo die Bäckerstraße in den Sand, den ehemaligen Turnierplatz der Herzöge einmündet. Er muß wohl halten. Er kann durchaus nicht in die Bäckerstraße hinein, weil viel Volk aus ihr herausdrängt, dazu Reitendiener in rotem Leinen, und zwischen ihnen geht Hans von Dahlenburg und auch Sengestake, der jetzt das Wort der Stadt hält.
„Zum Teufel", ruft Springintgud, „will dieser ganze Jahrmarkt zu uns?"
Er mag wohl so denken, denn die beiden Herren vom Rat, die Reitendiener und all das schaulustige Volk steuern schräg über den Sand, als wollten sie die Flachsburg anlaufen.
Aber nun kommt ein Wagen aus dem engen Schlunde der Bäckerstraße hervor — knarrend und polternd — ein ausgedienter Salzwagen wie es scheint, und hinter ihm gehen die Schaperbrüder und um sie herum wieder Reitendiener zu Fuß.
Springintgud beugt sich vor und späht auf das Gefährt hernieder.
„Ist es möglich", murmelt er, „der große Kasten auf dem Wagen muß doch unsere alte Pfennigkiste sein, in die wir als junge Männer die Witten und Goldgulden steckten, wenn die Bürger auf der Laube erschienen, um ihren Schoß zu entrichten."
Er sah von hier oben nicht viel von dem alten Ding, denn Waffen aller Art lagen auf der Kiste und um sie herum; alles unordentlich und wie in Eile auf Kasten und Wagen geheistert. Johann schüttelte den Kopf.
„Ist dies Hinrichs Rüstzeug? Doch wohl. Denn auf der Kiste liegt der Schild mit dem halben laufenden Bären, weiß und rot in den Farben der Hanse. Da weiß man wohl, was die Glocke geschlagen hat", murmelte er. „Sie haben im Bürgermeisterhaus gefegt, und nun wollen sie die Flachsburg durchkämmen."
Aber halt, der kleine schwarze Kerl, der da zwischen den rotröckigen Reitendienern herumflunkt, muß doch Jan Ribe sein, Sülfmeister wie ich und in vergangenen Tagen oftmals mein Zechgenosse. — Du bist der richtige Mann, Jan! Du paßt für das Geschäft, das ihr vorhabt. Dir steht's an, Geld, Goldketten und silbernes Tafelgeschmeide einzusammeln. Die Lust zu diesem Werk liegt dir von deinen Vorfahren her im Blut. Sie haben sich auch allzeit gern in Gold und Silber gekühlt, das ihnen nicht gehörte.
Die Männer kamen wirklich vom Bürgermeisterhaus. Es war dort alles glatt

gegangen. Niemand hatte nach der silbernen Krudeschale mit dem Hirschlein gefragt. Wobbeke hatte sie auch niemals ausgeliehen, wenn in einem befreundeten Hause Taufe oder Hochzeit war und man bei ihnen um Tafelsilber nachsuchte.
Während Gebeke den Herren vom Rat die Geldrollen, die Schmuckstücke, das Tafelgeschmeide hinreichte, hatte Wobbeke oben auf der Treppe gestanden zwischen Jutta und Agnese, die sie an ihren Händen hielt. Etwas hinterhältig lächelte sie von oben herunter, als ihr Jungmädchenhalsband mit der großen Koralle am Schloß – schier Messing mit einem leichten Goldüberzug – aufgerufen wurde und Gebeke es so gleichmütig dem kleinen Ribemann hinhielt. Als Herr Ribe es dann zweifelnd in seiner Hand wog, klopfte ihr doch das Herz. Aber dann warf der dunkeläugige Ratmann einen Blick auf Gebekes schönes, immer gleichbleibendes Gesicht, von dem man nichts ablesen kann, und er tat das Schmuckstück ohne Einwand in die große Pfennigkiste zu anderen Kleinodien. Danach war Hans von Dahlenburg vorgetreten. Und er sagte:
„Ist nicht noch eine zweite Goldkette im Hause? So viel ich weiß, hat Ilsabe Tzerstede, Eure erste Frau, ebenfalls eine goldene Kette mit in die Ehe gebracht."
Hinrich Lange blickte von dem zweiten Verzeichnis auf und sprach:
„Die Goldkette meiner seligen Frau ließen wir auf ihren Wunsch und noch zu ihren Lebzeiten von Meister Lafferde zu einem Kelch umschmieden. Wir schenkten ihn der Kirche, die auf dem Nikolaihof neu errichtet wurde. Es sind mehr als zwanzig Jahre her. Als der Bischof von Verden nach Lüneburg herüberkam, um die Kirche der Prövner zu weihen, weihte er den goldenen Kelch gleich mit. Man mag sich darüber befragen bei dem Pfarrer des Nikolaihofes, der damals dabei war und der noch heute die Kirche verwaltet."

Auch die Flachsburg hatte eine Diele, an der Schreibstube und Küche lagen; eine Diele mit einer mächtigen Truhe, über der des Springintguds Rüstzeug hing, alles, was er um und an hatte, wenn er auf Tagfahrt ritt oder in den Krieg. Auch hier in der Flachsburg gab's eine schön geländerte Treppe, die zu der Galerie hinaufführte.
Als die Reitendiener die Pfennigkiste des Rates ins Haus brachten und nicht weit von der Tür der Schreibstube niedersetzten, stand Johann Springintgud auf dieser Galerie, die Hände auf der Brüstung, bereit, sich das Schauspiel von oben anzusehen.
Da drängte es sich schon zur Tür herein. Und wenn das schaulustige Volk ja selbstverständlich draußen blieb – auf den Kopfsteinen des Sandes, auf den Beischlägen und der Treppe –, die Männer vom Rat kamen herein. Dazu einige Älterleute von den Ämtern der Handwerker und Reitendiener,

immer noch mehr Reitendiener. Sie verteilten sich und füllten die Lücken, so daß das krebsrote Leinen ihrer Anzüge bald aus allen Ecken der Diele schien. Die Schaperbrüder, Hans von Dahlenburg, der Ratmann Ribe und die drei Älterleute der Zünfte gruppierten sich um die große Kiste, und Klaus, des Springintguds Sohn und Gebekes Freund, der jetzt aus der Schreibstube kam, mußte über das ungefüge, mit starken Eisenbändern beschlagene Ding wegsteigen, um an die Treppe zu gelangen. Diesen Platz hatte er sich ausgesucht, um seiner Mutter nahe zu sein. Sie war auf der untersten Stufe der Treppe stehengeblieben, am Arm den großen und so schweren Korb mit dem Geld und den Kostbarkeiten des Hauses. Klaus grüßte die Herren, stellte sich zu der Mutter auf die Stufe und strich sich sein immer etwas wirres Haar aus der Stirn. Er zog einen Stift aus der Tasche, beugte den Kopf über ein größeres Buch, auf dem das Verzeichnis der Wertsachen lag, das eine von den beiden, das im Hause blieb. Er hatte die Aufgabe, jede Geldrolle, jedes Silberstück anzukreuzen, das seine Mutter den Männern vom Rat überantwortete.
Man öffnete die große Pfennigkiste. Das Geschäft des Einsammelns begann. Goldketten, Tafelgeschmeide, das Patensilber der Kinder, waren schon in die große Schoßkiste gewandert. Der Korb an Frau Springintguds Arm war bedeutend leichter geworden, als der Ratsschreiber Dirik Schaper, von der Liste in seiner Hand ablesend, ausrief:
„Ein Achatspiegel in goldener Fassung. Florentiner Arbeit."
Dieser Spiegel war ein Erbstück. Des Springintguds Vater brachte ihn einst von einer Reise mit; und die Mutter, die man um ihrer Kleiderpracht und ihrer schwarzen Augen willen die Königin von Saba nannte, hatte in dem Spiegelglas oftmals ihr schönes Gesicht beschaut.
Frau Springintgud stellte ihren Deckelkorb neben sich auf die Stufe und langte einen Gegenstand heraus, der in ein dünnes Schleiertuch gebündelt war.
Als sie die Knoten des Tuches gelöst hatte, kam ein Prachtstück zum Vorschein: Ein Spiegel, oval, von Kopfgröße. Das Achatgestein seines Rahmens war von einer goldenen Kante eingefaßt, die von Rubinen, Granaten und Opalgestein flimmerte, indes von der Höhe des Rahmens ein Smaragd glänzte, groß wie ein Taubenei.
Johann Springintgud sah von der Höhe der Galerie auf das kleine Kunstwerk. Als sein Vater mit Boldewin, dem guten Abt, in Konstanz war zum Konzil, hatte er das schmucke Stück auf der Rheinbrücke entdeckt. Es lag in einem Glaskasten, den der Florentiner Goldschmied, mit Schmuckstücken angefüllt, auf den Quadern der Brücke zur Schau gestellt hatte. Zur Zeit des Konzils war die Stadt Konstanz ein großer Jahrmarkt gewesen, auf dem man alle Schätze der Welt erstehen konnte.

Springintgud lächelte über die Brüstung hinweg. Nein, entschieden, die Frau konnte sich nicht von dem Spiegel trennen. Mit dem dünnen Tuch, in den der Spiegel eingeknotet war, rieb sie sein Glas zum letzten Male blank; betupfte mit dem Zipfel des Tuches die Edelsteine der Umrahmung. Ulrich Schaper, der alles aus ihrer Hand entgegennahm, wartete. Klaus Springintgud und der Schreiber hatten den kostbaren Gegenstand bereits abgekreuzt, und immer noch zögerte die Frau. Sie hätte das Stück gar zu gern behalten. Aber da war nichts zu machen gewesen. Man konnte die Kostbarkeit nicht auf die Seite bringen. Denn Jahr und Tag hatte der Spiegel mit seiner von Edelsteinen funkelnden Goldkante über der Täfelung der Wohnstube gehangen, nicht weit von dem Stubenbrunnen. Von vielen Menschen war er dort gesehen worden. Denn die Fladisburg war in den guten Zeiten wie ein Taubenschlag gewesen, in dem es ein- und ausging.
Während die um die Geldkiste versammelten Herren zusahen, wie die Frau das köstliche Ding wieder in das Schleiertuch einknotete, ereignete sich auf der Diele etwas anderes.
Jan Ribe, dem die Zeit lang geworden war, hatte sich umgeschaut, und sein Blick war auf das Rüstzeug gefallen. Da es mit der Übergabe der Wertsachen so schleppend weiterging, bedeutete er einem grauhaarigen Reitendiener, auf die Truhe zu steigen, und das Eisen von der Wand zu nehmen. – Der Mann gehorchte, erkletterte die Truhe und ergriff die Beinschienen des Springintgud, dazu den Speer, kurz alle Schutz- und Trutzwaffen, die im Kreise der Feuereimer ihren Platz hatten. Die Waffen wurden von einem Reitendiener in Empfang genommen, der sie in einem Winkel der Diele fürs erste sicherstellte. Als der Achatspiegel endlich in der großen Pfennigkiste gelandet war, sah Johann Springintgud auf und bemerkte, wie der graubärtige Mann von der Truhe aus seinen Topfhelm mit dem moosgrünen, feingekräuselten und schon recht eingestaubten Straußenfedern herunterreichte. Als er nun nach dem Schwert griff, dessen Scheide eine feinziselierte Goldmanschette hatte; als er versuchte, dieses Schwert von dem Holzzapfen herunterzubringen, an dem es hing, beugte sich Johann Springintgud über die Brüstung der Galerie und rief:
„Henneke, das Schwert laß an seinem Platz! Das andere mögt ihr nehmen: Beinschienen, Topfhelm und Speer, den ganzen Plunder. Ihr habt ja auch Hinrich Langes Eisenzeug aufgeladen, obgleich es nicht abgesprochen war und nichts davon in unseren Verzeichnissen steht. Aber den Zweihänder laßt hängen."
Doch nun hatte der Reitendiener Henneke ihn schon vom Holzpflock heruntergebracht.
Der Mann war unschlüssig. Was sollte er tun? Springintgud war kein Bürgermeister mehr. Das war richtig. Aber Springintgud und er waren zusam-

men alt geworden, und auf wie mancher Fahrt war er hinter ihm hergeritten.
„Henneke", rief Johann und lehnte sich weiter über die Brüstung der Galerie, „ich sage es dir im Guten. Du hängst das Schwert wieder an seinen Platz!"
Zaudernd hielt der graubärtige Reitendiener das mächtige Schwert in seiner Hand. Er sah Hans Ribe an. Der rief:
„Alles Eisen muß abgeliefert werden. Es ist Ratsbeschluß. Gib das Schwert herunter!"
„Und ich sage dir", rief Springintgud, und der Zorn kochte in ihm, „das Schwert bleibt in der Flachsburg. Tu es sofort wieder an den Holznagel, von dem du es heruntergenommen hast!"
Der ältere Mann wußte nun wirklich nicht, wem er gehorchen sollte. Aber schließlich sahen wohl alle, die diesem Spiel zuschauten, daß Johann Springintgud, wenn er auch nicht mehr im Gestühl saß, doch noch mehr Macht über das Gemüt des Reitendieners hatte als Jan Ribe. Denn der Mann drehte sich plötzlich zur Wand, hängte das Schwert an seinen Platz und sprang von der Truhe auf die Fliesen der Diele.
Aber jetzt kam Ribe auf die Füße. Er war behende. Im nächsten Augenblick stand er auf der Truhe und nahm nun mit eigener Hand den umstrittenen Zweihänder ab.
„Mein Gott, Johann!" Frau Springintgud war blaß geworden. Mit einem Kopf wie ein Bulle war der ehemalige Bürgermeister an ihr vorbeigestürmt. Wenn Johann auch schon bald sechzig Jahre alt war, so konnte er doch noch, was er wollte. Und im nächsten Augenblick stand er auf dem großen Kasten neben dem Abkömmling der ehemaligen Raubritter.
„Ribe", begann er, „mach keine Scherze, gib das Schwert her!" Aber Ribe hielt es nur noch fester.
„Jan", rief er, „das Schwert hat mein Vater — er war kaum über die Zwanzig hinweg — in der Ursulanacht in Händen gehabt; und diesen Zweihänder hoch überm Kopf, so hat er sich in der Bäckerstraße von den Beischlägen der Häuser auf die braunschweigischen Reiter gestürzt. Das Schwert rührt niemand an. Das Schwert bleibt hier." Er versuchte Jan Ribes Finger von dem Knauf zu lösen. Und als das nicht ging, ergriff er das Schwert an der Scheide, um es dem neuen Ratmann mit Gewalt aus der Hand zu reißen.
Da legte sein Sohn Klaus das Buch, das ihm als Unterlage gedient hatte und den Schreibstift auf die untere Stufe der Treppe, neben den Rocksaum seiner Mutter, sprang über die Schoßkiste hinweg und kam gerade zurecht, daß er Jan Ribe auffangen konnte, der von der Truhe flog.
Dirik Schaper, der Stadtschreiber, warf Verzeichnis und Stift in die offene Schoßkiste. Plötzlich hatte er einen Dolch in der Hand, er zog ihn aus der Scheide. Sein Bruder, Ulrich Schaper, der Heringshändler, ergriff einen Mor-

genstern, den ein jüngerer Reitendiener gegen die Tür der Schreibstube gelehnt hatte. Er lief damit zur Truhe hinüber, auf der der Springintgud stand, breitbeinig, das aus der Scheide gezogene Schwert in der Hand.
In diesem Augenblick rief Sengestake, der Worthaltende Bürgermeister, von der Haustür her, an der er verblieben war:
„Die Übergabe der Wertsachen ist noch nicht beendet. Sie geht sofort weiter. Dirik Schaper, ruf die nächste Nummer auf!"
Es kam zu keinem Tumult. Der Schaper steckte den Dolch in die Scheide. Er nahm das Verzeichnis wieder zur Hand und rief:
„Zwanzig flämische Goldgulden!"
Mit bleichem Gesicht und zitternder Hand reichte Frau Springintgud dem Heringshändler den aus Seidendamast genähten Beutel mit den großen flämischen Gulden, auf deren Vorderseite das Goldbild des flandrischen Löwen zu sehen war, der mit hochgeschwungener Schwanzquaste auf seinen Hinterpfoten tanzt.

Was hat man mit Springintgud vor?

Anderntags saß Hinrich Lange in seiner Schreibstube. Die Rathausglocke hatte grade zehn geschlagen. Der Klang kam über die Dächer bis zum Bürgermeisterhaus.
Nicht lange danach drommetete es durch die Gassen. War ein Feuer ausgebrochen? Gab's eine Botschaft vom Rat? Aber nein, Hinrich hörte Trommler und Pfeifer. Man spielte eine lustige Musik. Es waren wohl Hochzeitsleute, die ihren Weg durch die Bäckerstraße nahmen. Hinrich trat ein wenig vom Fenster zurück. Lauter wurde die Musik, der Hochzeitszug kam näher. Der Hochzeiter, ein Mann wie ein Baum, der mit geschmückter Kappe und Blumen am grünen Hoiken daherkam, war ein junger Sieder aus der „Goldenen Henne".
Gebeke kam in die Schreibstube und trat für einen Augenblick an die Scheibe und sah mit Hinrich auf die Drommeter und Pfeifer, auf die Trommler und all die vielen frohen Leute im bunten Kleid, die unter den Fenstern des Bürgermeisterhauses hingingen. Und dann sagte Hinrich:
„Will der Zug denn gar kein Ende nehmen? Wie lang zieht sich das auseinander. Dahinten kommen ja noch immer mehr!"
„Aber, Vater, das sind doch keine Hochzeitsleute! Die Männer in den roten Anzügen müssen Reitendiener sein."
Hinrich trat ein wenig näher.
Wahrhaftig, Reitendiener, acht an der Zahl kamen daher. Als die kleine Gruppe sich der Treppe der Ratsapotheke näherte, erkannte Hinrich in dem

Mann, den sie mit sich führten, Johann Springintgud, diesmal in einem schlichten Rock. Johann drehte den Kopf zum Bürgermeisterhaus hin, als habe er den Blick der beiden am Fenster gespürt. Als er das teilnehmende Gesicht seines ehemaligen Mitbürgermeisters erblickte, lächelte er freundlich zu ihm hinüber, ja, er erhob seine Hand, um ihn und seine junge Tochter zu grüßen. Und Hinrich hob gleichfalls seine Hand, lächelte und grüßte und wußte nicht, daß er den Springintgud nicht wieder sehen sollte.
„Was hat man mit Klaus' Vater vor?" fragte Gebeke, als die rotröckigen Männer ihren Blicken entschwunden waren.
„Sie bringen ihn wohl aufs Rathaus."
„Aber warum?"
„Darüber kann ich dir keine Auskunft geben."
Was will man von Johann, darüber grübelte Hinrich Lange nach, als er wieder allein war. Warum hat man ihn mit einem solchen Aufgebot bewaffneter Männer von der Flachsburg abgeholt? Jeder der Reitendiener hatte eine Lanze in der Hand gehabt, aber unter ihrer scharfen Spitze flatterte kein Wimpel, wie es zu andern Zeiten Brauch ist.
Gleich nach zwölf Uhr, als man in den Häusern der Stadt um die Mittagsschüssel saß, nahm Wobbeke einen Korb und ging zu ihrer Nachbarin Frau Engelke hinüber, um ein großes Zipfelbrot zu kaufen, ein beliebtes Weizenbrot, von dem die Kinder zur Vespermahlzeit eine Scheibe erhielten. Da der Bäckerladen im Augenblick leer war, brachte Frau Engelke ihre Nachbarin in eine kleine Stube, die an der Diele lag und nicht größer war als die Schreibstube im Bürgermeisterhaus. Und kaum, daß sich die Tür hinter den beiden Frauen geschlossen hatte, sagte Wobbeke auch schon:
„Frau Engelke, ich komme heute nicht nur des Brotes wegen. Ihr habt es Euch wohl schon gedacht. Bei Euch geht es ständig aus und ein. Und Ihr hört so mancherlei. Vielleicht kann ich von Euch erfahren, was aus Johann Springintgud wurde. Er kam heute morgen in Begleitung von acht Reitendienern an unserm Hause vorbei. Sie gingen hinter der Hochzeit her. Es war fast, als gehörten sie noch zu den Hochzeitsleuten. Vielleicht habt Ihr ja auch am Fenster gestanden und alles gesehen."
Frau Engelke nickte, und Wobbeke fuhr fort:
„Wir sorgen uns um den Bürgermeister Springintgud. Wir sorgen uns aber auch um uns, um das Schicksal meines Mannes, um unsern Vater. Und darum frage ich: Wißt Ihr, warum sie den Springintgud heut mit bewaffneter Hand durch die Bäckerstraße brachten? Wißt Ihr, wo er sich zur Stunde aufhält?"
„Ich weiß es, und ich will es Euch ohne Umschweife sagen. Den Springintgud haben die Männer vom neuen Rat in den Turm legen lassen."
„Es kann nicht sein!"

„Und doch ist es so."
„Er liegt in dem großen Turm nicht weit vom Kalkberg, der erst kürzlich fertig wurde?"
„Ihr sagt es."
„Und warum? Aus welchem Grund?"
Die Bäckersfrau zuckte die Achseln.
„Zürnen sie ihm, weil er bei dem gestrigen Einsammeln sich sperrte und das Schwert seines Vaters nicht hergeben wollte?"
„Vielleicht ist das der Grund. Ja, vielleicht haben sie ihm das übel genommen. Es kommt wohl allerlei zusammen. Man meint, sie haben ihn auch deshalb weggebracht, weil er noch zu viel Anhang in der Stadt hat. Einer von den acht Reitendienern, die ihn von der Flachsburg abholten, hat vor einer Stunde bei mir Kuchen gekauft für sich und die Seinen. Man hat den Männern, die den Springintgud im Turm ablieferten, ein extra Trinkgeld reichen lassen. Es war ein ganz junger Mensch. Sie haben, wie ich hörte, zu diesem – man möchte sagen Handstreich –, die jüngsten unter den Reitendienern ausgesucht. Auf die bejahrten Männer, die mit den alten Herren vom Rate grau geworden sind, ist nicht mehr recht Verlaß. Diese acht hatten Befehl – wie mir der junge Reitendiener sagte –, mit dem Springintgud nicht durch die Haupttür des Rathauses zu kommen. Sie mußten mit ihm über den hinteren Hof, mußten ihn durch die geringe hintere Pforte bringen. Auf dem dunklen Gange, an dem die Ratsküche liegt, blieben sie längere Zeit. Durch die geschlossene Tür der großen Küche kamen allerlei gute Fleischgerüche. So berichtete mir der Mann. Es wurde dort eine Heidschnucke am Spieß gebraten. Die Herren vom neuen Rat hatten Besuch. Ein Abgesandter aus dem Herzogsschloß auf der grünen Allerinsel war da. Die Herren wollten später mit ihm essen. Die Reitendiener hatten mit dem Springintgud gut wohl eine halbe Stunde auf dem Gang gewartet, da hörten sie ein Getrappel von vielen Füßen. Die Herren kamen. Sie mochten das Ding mit dem Springintgud wohl nicht vom Gestühl aus abmachen. So kamen sie von der Laube herunter, stolperten über die spärlich erleuchteten Treppen. Nicht weit von der Tür zur Ratsküche schlossen sie sich zusammen. Sie hielten sich nicht lange auf: Jan Ribe trat vor, er, mit dem der Springintgud immer gut Freund gewesen war, und er sagte:
Johann, Ihr müßt in den Turm gehen.
Nicht mehr und nicht weniger."
„Und der Springintgud?"
„Er hat nicht gewollt! Er hat wohl nicht begreifen mögen, daß ihm so etwas passieren kann.
In den Turm der Stadt? soll er gesagt haben. In den Turm der Stadt? Meint ihr den Turm, der hinter der Michaeliskirche liegt?

Er war ganz blaß geworden, als er sagte:
Das ist doch unmöglich! Was tat ich? Warum wollt ihr mich in diesen Turm legen? Ich hab mein Einlager so strenge eingehalten, wie ich es versprochen habe. Ich habe nicht den Versuch gemacht, aus der Stadt zu weichen oder gar mit den Feinden der Stadt zu konspirieren. Warum wollt ihr mich dem Turm überantworten, der gebaut ist für Wegelagerer, Räuber und Mörder? Stellt mich vor ein Gericht! Kein gerechter Richter wird eine Schuld an mir finden, die so schwer ist, daß sie im Turm abgebüßt werden müßte.
Ribe, der neue Bürgermeister, der immer so gut mit dem Springintgud gekonnt hat, war sich seiner Sache nicht mehr sicher. Er steckte den Zeigefinger oben in den Hemdkragen – so sagte mir der Mann –, er sah zu Hans von Dahlenburg hinüber. Der zog ein wenig seine Oberlippe hoch, sah Ribe an, schüttelte den Kopf, und Ribe fuhr fort:
Es ist Ratsbeschluß. Es ist nichts daran zu ändern. Und Hans von Dahlenburg winkte die Reitendiener heran. Auf seine Weisung nahmen die den Springintgud mit sich. Er durfte nicht einmal in die Flachsburg zurück, um seiner Frau, seinen Kindern zum Abschied die Hand zu geben. Wie er ging, wie er stand, mußten ihn die Reitendiener in den Turm bringen."

Am Nachmittag war die Geschichte in der Stadt herum.
Will man unsern Vater vielleicht in aller Stille aus der Welt schaffen? So bangte man sich in der Flachsburg.
Hat man vor, noch andere Männer vom alten Rat in den Turm zu stecken? Kommen sie vielleicht schon morgen zu uns, um uns den Vater aus dem Hause zu holen? So fragte man sich in der „Goldenen Treppe", ja, in jeder Heimstätte der Stadt, in der ein Mann vom alten Rat Hausvater war.
Hinrich Lange blieb äußerlich ruhig. Aber wenn ein Schritt die steinerne Haustreppe heraufkam, schlug sein Herz schneller.
Er kannte den Gewahrsam, in dem sich der Springintgud zur Stunde befand. Er hatte mit gerechnet an den Baukosten des starken Schutz- und Trutzturmes, als er noch in der Kanzlei arbeitete. Als Sodmeister hatte er manchen Goldgulden aus der Sülzkasse zum Bau des Turmes zusteuern müssen. Hinrich war einige Male in den finsteren Verliesen des Turmes gewesen, in seinen unterirdischen Gelassen. Er kannte auch seine engen, von den schmalsten Lichtschlitzen kaum erhellten Steinkammern, die über der Erde lagen; die kleine Holzklappe in den festen Türen, durch die man den verurteilten Bösewichten am Morgen ein wenig trockenes Brot, am Mittag eine Schüssel mit dünner Suppe reichen konnte.
Als es gegen den Abend ging, kramte Hinrich mit einem verbissenen Gesicht in seinen Papieren. Einige hatte er aus dem Schrank genommen, dessen Türen weit offen standen.

„Wobbeke", begann er, als seine Frau zu ihm in die Stube kam, „damit du es weißt: Im untersten Fach ganz rechts liegen die Abschriften von unseren Sülzrentenbriefen, die aufs Rathaus kamen, die Abschriften der Briefe über die Sülzpfannen, die unser persönliches Eigentum sind. In den beiden Schränkchen darüber findet ihr die Rechnungsbücher des Nikolaihofes, seine Sülzrentenbriefe, Schenkungsurkunden und Verschreibungen."
„Hinrich, warum sagst du mir das alles? Warum quälst du dich zur Stunde damit ab, alles in Ordnung zu bringen. Du solltest in den langen Saal hinaufgehen und dir etwas Bewegung machen. Dann wirst du andern Sinnes."
„Warum ich dir das sage? Kannst du noch so fragen? Soll ich vielleicht auch aus allem herausgehen, wie Johann, den sie überfielen, als er am wenigsten daran dachte. Begreif es doch nur! Johanns Leben und das meine läuft nun mal wie auf Geleisen nebeneinander her. In der Johannisschule hab ich mit ihm auf der gleichen Bank gesessen. Am gleichen Tag sind wir Sülfmeister geworden. Am gleichen Tag in den Rat gewählt."
„Und du rechnest damit, daß das so weiter geht?"
„Es wird so weiter gehen! Merk es dir, Wobbeke, der nächste, den der neue Rat ganz fest in der Hand haben möchte, das bin ich. Und er wird nicht davor zurückschrecken, mich zu Johann in den Turm zu bringen. Aber hörst du, da fällt der Klopfer auf die Tür. Vielleicht sind sie schon da, um mich zu holen."
Es war ein harmloser Gast, den Gebeke in die Schreibstube brachte. Es war Tante Tzerstede aus der Techt.
„Was macht Brand?" fragte Hinrich.
Tante Tzerstede hatte gerade auf dem Schemel Platz genommen, der im Winkel stand, unter dem Kreuz mit dem beinernen Christus. Ihr behagte die Truhenbank nicht. Sie war klein und konnte, wenn sie dort saß, mit ihren Füßen nicht den Boden erreichen.
„Ja, was soll Brand machen", beantwortete sie Hinrichs Frage. „Er wartet."
„Genau wie wir."
„Wie wir warten", rief Wobbeke. „Wie wir im Gewitter warten, auf den nächsten Blitzschlag warten, auf den nächsten Donner. Vielleicht trifft es diesmal unser Haus. Die Flachsburg hat man heimgesucht."
„So ist es wahr? Ist der Springintgud wirklich im Turm? Die Kinder brachten vom Kirchplatz, wo sie unter den Linden spielten, das Gerücht mit nach Hause."
„Sie haben Johann am Morgen in den Turm gelegt."
„Und nun kommt Hinrich nicht von dem Gedanken los: Der nächste, den sie holen, bin ich."
„Auch wir in der Techt machen uns Gedanken. Vielleicht wäre es wirklich nicht verkehrt, wenn die Herren vom alten Rat versuchten, bei Nacht und

Nebel aus der Stadt zu weichen. Brand deutete kürzlich so etwas an. Freunde, die ihnen bei einer eiligen Flucht helfen, haben sie noch genug."
„Auch ich erwäge diese Möglichkeit und will mich auf eine solche Flucht jetzt schon vorbereiten. Es ist ja so, jeder muß auf eigene Faust handeln. Wie sehr habe ich in den letzten Wochen, besonders aber in den Tagen die hinter uns liegen, gewünscht, einmal mit meinen Freunden vom alten Rat sprechen zu können: Mit Albert van der Molen, mit Meinhard Wietzendorff, mit Brand. Manchmal denke ich, wenn ich doch einmal meinen Eidam mir gegenüber hätte."
„Heyno darf nicht viel sagen", begann Wobbeke, „und er betritt nicht unser Haus. Heyno hat auch noch nie zu den Mutigen gehört."
„Und es wär wohl schon eine Tollkühnheit, wenn er uns hier in der Bäckerstraße aufsuchen wollte; wenn er gesehen wird, würde es nicht nur ihm, sondern auch uns zum Schaden sein. Es ist doch trotz allem gut, daß Heyno mit im Gestühl sitzt."
„Aber so viel ist sicher, Heyno muß wissen, was man weiter auf der Laube plant, wenn man ihm auch nicht alles sagt", meinte Tante Tzerstede. „Es ist schade, daß man sich ihm nicht einmal nähern darf."
„Vater", begann Gebeke, „darf ich auch einmal etwas sagen?" und als Hinrich Lange nickte, fuhr sie fort:
„Laß mich in den Vischkulenhof gehen! Ich darf doch wohl meine Schwester besuchen? Es kann niemand etwas Unrechtes darin sehen. Und wie lange bin ich nicht bei Gertraudis gewesen."
„Ja, Gebeke, und ich gehe mit dir", setzte Wobbeke hinzu. „Wenn man vor hat, auch die anderen Herren vom Rat in den Turm zu legen, wird Heyno es mir sagen oder doch andeuten. Und du, Tante Tzerstede, bleibst, bis wir zurück sind! Vielleicht bringen wir keine schlechten Nachrichten vom Vischkulenhof mit."
Zehn Minuten später sah Hinrich, wie Gebeke die Treppe des Bürgermeisterhauses hinabstieg, um die hohe Beischlagwange bog und unter seinem Fenster dahinging.
Sie geht mit dem Wind, dachte er mit einem traurigen Lächeln, so ging meine Mutter auch.
Es graupelte ein wenig. Leichte Schneeflocken und glasige Hagelkörner setzten sich in Gebekes blondes Haar, das vorn aus dem dunkelblauen Kopftuch hervorkam. Ein Windstoß faßte sie, und sie zog den dunkelblauen Mantel um sich. Zur Stunde war die Bäckerstraße wenig belebt. Bald hatte sie das Zollhaus, in dem Hans von Dahlenburg wohnte, erreicht. Sie warf einen schrägen Blick zu dem Fenster hinauf und war zufrieden, daß sich nichts hinter der Scheibe regte. Als sie das Wietzendorffsche Haus hinter sich hatte, war sie schon dicht am Markt. Rasch schritt sie durch das enge Gassengewin-

kel, und nun blinkte das Wasser der Ilmenau vor ihr auf. Sie eilte über den Stintmarkt und hatte im nächsten Augenblick den Vischkulenhof erreicht. Gertraudis brachte sie in die große Wohnstube mit den Blattpflanzen in den Fenstern.
Seit Gebekes Kinderzeit hatte sich in dieser Stube kaum etwas verändert. Vielleicht hatte man die vielen Goldrahmen noch ein wenig näher zusammengerückt. Zwischen den Fenstern und über den Wandschränken hingen kleine und größere Köstlichkeiten aus Flandern. Die vielen Marienbilder, die Bilder der Heiligen, Männer wie Frauen, bemalte Statuetten, Teller aus italienischer Fayence mit dem Löwenwappen der Republik Venedig, all das verbreitete in dem Raume eine geruhsame Luft. Hier ist Frieden, dachte Gebeke. Und die schwarze Katze mit den weißen Pfoten und dem weißen Brüstlein, die auf der mittleren Fensterbank lag, gehörte mit in diesen Frieden, und auch die Winterfliege, die Heyno „Sabinchen" getauft hatte, und um deren Wohlergehen man sich bekümmerte.
„Unsere Mutter kommt auch noch", sagte Gebeke, während sie ihr Kopftuch abnahm und auf die Esthertruhe legte.
„Sie wollte ihren Weg über den Bauhof nehmen und weiter am Kloster der Weißen Mönche vorbei. Es schien uns rätlich, nicht selbander durch die Bäckerstraße zu gehen, wo Ulrich Schaper mit Frau und Magd hinter uns her spionieren kann und Hans von Dahlenburg von dem Fenster seiner Wohnstube aus alles unter Kontrolle hat."
Die beiden Schwestern traten an das mittlere der drei Fenster. Gertraudis schob die Zimmerlinde, deren lichtgrüne Blätter schon die obere Fensterfüllung erreicht hatten, etwas weiter an die Katze heran. Gemeinsam sahen sie über den Fluß, und richtig, da kam Wobbeke hinter dem Kaufhaus hervor, ging des Windes wegen ein wenig vorgebeugt über die Brücke.
Wobbeke war enttäuscht. Heyno war nicht zu Hause.
„Er ist noch ein wenig an die Luft gegangen", hörte sie von Gertraudis. „Er kam wohl vor einer guten Stunde aus dem Rathaus. Es gibt viel zu tun auf der Laube. Mehr als zu unseres Vaters Zeiten. Sie haben ja nichts wie Sitzungen. Und es gibt viel Ärger und Streit. Aber das muß er sein." Sie hatten etwas an der Haustür gehört. Gertraudis eilte die Treppe hinunter, um ihm aufzumachen. Gleich darauf kam Heyno in die Stube, rot im Gesicht von dem Wind, Hagelkörner auf dem Zobelbesatz seiner Mütze und in bester Laune. Heyno reichte seiner Frau seinen Mantel und die nasse Mütze, die sie draußen auf dem Gange ausschlug. Den Mantel breitete sie zum Trocknen über die Brüstung der Galerie.
Heyno war aufgeräumt. Er war im Wald hinter Kloster Lüne gewesen. Und als Gertraudis wieder bei ihnen war, erzählte er, daß die Sonne wie eine rote Feuersbrunst hinter den schwarzen Tannenstämmen gestanden hätte. Als

Wobbeke ihn unterbrechen wollte, gab Gertraudis ihr ein Zeichen, es zu lassen.
„Ja, Gebeke und Gertraudis", ließ er seiner Redseligkeit weiter die Zügel schießen, „als ich aus dem Walde heraus war, wer kommt mir entgegen? Eine Bäuerin: Holzklotzen, rote Strümpfe, rotes Kopftuch, schwarzer Rock, die Butterkiepe auf dem Rücken."
„Aber Heyno, das ist doch nun wirklich nichts Besonderes, Bäuerinnen in Holzklotzen und roten Strümpfen, mit oder ohne Butterkiepe, kann man an den Markttagen bei uns in der Bäckerstraße zu Dutzenden sehen."
„Hör nur weiter zu, Wobbeke, hör zu! Die Frau war wie ein Bild aus einem Stundenbuch anzusehen, mitsamt der Gans, die mit langem Hals aus dem Tragkorb schaute. Und während die Frau in ihren roten Strümpfen fürbaß schritt und nicht nach rechts und nach links sah, drehte die Gans ihren Kopf einmal hierhin, einmal dahin. Ihre hellblauen Augen bekamen alles mit."
So erzählte Heyno, der Bilderfreund.
„Aber nun muß ich euch etwas zeigen!" Er fuhr mit der Hand in die Tasche seines Rockes, holte ein Tüchlein hervor und schlug die Zipfel auseinander. Da saß auf dem hellen Leinen ein Schmetterling.
„Nach einem Schloßenschauer fand ich ihn; ganz verklammt, die Flügel hochgeschlagen saß er in dem frischen Gras, das von den Hagelkörnern weiß gesprenkelt war. Da seht, jetzt in der warmen Stube tut das kleine Tier die Flügel auseinander, seht ihr die hellvioletten Augen auf den rostroten Flügeldecken?"
Auch Gebeke betrachtete das kleine anmutige Wesen, wenn sie auch innerlich erstaunt war und dachte: Hier in Heynos Stube steht die Zeit still. Hier weiß man nichts von unseren Ängsten und Nöten.
Wobbeke hingegen war voller Unmut. Sie hatte die größte Lust, ihrem Bruder in die Parade zu fahren. Aber dann siegte ihr gutmütiges Herz. Sie sah wieder einmal, daß Heyno in allen Lebenslagen derselbe blieb. Und schon zeigten sich die rosigen Knüstchen in ihrem Gesicht, sie schoben ihre Augen zusammen, daß es nur noch Ritzen waren; und aus diesen Ritzen lachte sie ihren Bruder an und rief:
„Heyno, du bist unverbesserlich! Willst du denn gar nicht anders werden? Aber da finde sich einer in dieser Welt zurecht! Wir sitzen an deinem Tisch, hierher gehetzt in der Angst um unseren Vater, der all sein Hab und Gut verloren hat und nicht weiß, ob er vielleicht schon morgen in den Turm kriechen muß, zu seinem Freund und Widersacher, dem Springintgud. Wir sehen, wie unsere Welt täglich mehr und mehr in Scherben geht. Und was tust du? Du lebst deinen seligen Sonntag. Du fängst Schmetterlinge ..."
„Nicht doch, nicht doch, Wobbeke: ich rettete sie vor den Schlossen!"
„Was ein und dasselbe ist. Du erfreust dich an Bauersfrauen in roten

Strümpfen, die eine blauäugige Gans in ihrer Butterkiepe durch die Welt tragen. Ach, Gebeke", setzte sie traurig hinzu, „ich glaube, wir sind hier nicht vor die rechte Schmiede gekommen."

Aber nun hatte Wobbeke denn doch ins Fettnäpfchen getreten! Hatte sie Heyno erzürnt? Weit gefehlt! Gertraudis setzte sich grade auf.

„Wobbeke", rief sie, „geh nicht so strenge mit Heyno ins Gericht!" Sie strich sich eine braune Locke aus der Stirn. „Nein, Heyno, schweig bitte, nun muß ich einmal etwas sagen.

Du, Wobbeke, bist seine Schwester, und darfst ihn wohl auch einmal schelten. Aber ich bin seine Frau und stehe ihm näher und kenne ihn auch besser als du. Und das eine muß ich dir sagen: Glaube doch nur nicht, daß wir lauter heile, gute Tage hier verleben. Wir haben unsere Sorgen auch. Wir sorgen uns um euch, aber auch um uns selbst und um den Vischkulenhof. Da ist Heynos Bruder, der einst neben unserm Vater auf der Bürgermeisterbank gesessen hat. Auch er hält Einlager und kann nichts verdienen und hat all sein Hab und Gut dem neuen Rat zusprechen müssen. Ja, er fürchtet, es könnte noch so weit kommen, daß er den Vischkulenhof verlassen muß. Und was wird dann aus uns?

Wenn Heyno am Abend eine Stunde wegläuft, über Kloster Lüne hinaus und durch den Wald hinter Lüne bis ans Moor, so tut er es, um einmal auf andere Gedanken zu kommen, um einen freien Kopf zu kriegen, damit er in der Nacht auch nur ein Auge zutun kann. – Denn von ihm wird augenblicklich viel verlangt. Auf dem Rathaus, wo die alten Herren fehlen und die neuen sich nicht auskennen, – nicht in der Kanzlei, nicht im Archiv. – Da muß Heyno zuspringen. Und er muß seinen Bruder fragen: Wo steckt jene Urkunde? Was hat es mit dieser Rechnung auf sich? Auf diese Weise kann er manches ins Lot bringen. Und auf der Sülze ist es noch schlimmer; denn die neuen Sülfmeister wissen von Tuten und Blasen nichts und machen vieles verkehrt, und wenn sie nicht ihre alten Sieder hätten, ginge alles noch ganz anders drunter und drüber. Allen soll Heyno helfen. Wie schaffen wir Holz an? Wie verkaufen wir unser Salz? Ja, auf der Sülze macht man ihm den Kopf warm. Begreifst du nun, daß er jeden Tag in der Abendstunde einmal aus dem Hause geht? Und immer bringt er mir etwas mit. Ein nettes Schnekkenhaus, dunkelbraun mit safrangelben Streifen; einen kleinen Steinpilz, der mit seinem dicken Kopf grad aus der Erde kam und so trutziglich dasteht. Ein Stück Rosenquarz mit schwefelgelben Flechten, oftmals auch einen grünschillernden Laufkäfer, den ich auf den Blumentopf setzen kann, der es nötig hat. Und er muß eine Art Sicherheitspolizei dort spielen, für Ordnung sorgen, die Läuse kurz halten, daß sie nicht zu lustig werden, zu sehr obenauf kommen und denken: die Welt ist nur für uns da."

Die Welt ist nur für uns da. Wobbeke horchte hinter diesem Satz her und

lächelte. Sie dachte einmal wieder: Gertraudis, schade, daß sie keine Kinder hat! Sie könnte dann auch uns im Bürgermeisterhaus besser verstehen. Nun ist Gertraudis Heynos Kind geworden, ein geliebtes, ein verwöhntes, aber auch wohl ein etwas verzogenes Kind.
Aber Gertraudis war noch nicht fertig.
„Wobbeke", begann sie noch einmal, „dies möchte ich dir doch auch sagen. Heyno ist ja schließlich nicht allein auf seine Unterhaltung aus. An mich denkt er bei seinem abendlichen Gang. Mich möchte er erfreuen, für mich möchte er etwas mitbringen, weil ich doch in dieser Zet so mancherlei im Hause zu tun habe. Eine drollige Geschichte möchte er mir mitbringen, von den Vögeln am Moor, und wie sie sich gehaben, so daß man doch auch einmal lachen kann, irgend ein kleines Angebinde, das er am Weg fand. Und ich nehme es, wie es gegeben ist. Ich freue mich, weil ich weiß: Mit all und jedem will er mir zeigen, daß ich ihm noch so lieb bin wie an unserm Hochzeitstag, der schon lange hinter uns liegt. Vierzehn Jahre werden es im Herbst." Sie sagte es fast triumphierend.
Jetzt muß Wobbeke aber doch lächeln. Gertraudis war zu Zeiten ein wenig eifersüchtig auf sie gewesen. Heyno und Wobbeke waren immer besonders gut miteinander ausgekommen. Sie waren in früheren Zeiten ein Herz und eine Seele gewesen. Das hatte Gertraudis manchmal gekränkt. Und wenn Wobbeke in den ersten Jahren nach ihrer Heirat in den Vischkulenhof kam, hatte es so viel Unterhaltungsstoff zwischen den Geschwistern gegeben, so viel Gelächter, daß Gertraudis ganz bei Seite stand. Ja, manchmal kamen die beiden sogar auf Geschichten, die sich ereignet hatten, als Gertaudis noch gar nicht auf der Welt war. Und sie ergötzten sich an ihnen. Nein, Wobbeke war damals nicht immer angenehm gewesen.
Gertraudis war aufgestanden. Sie war an das mittlere der drei Fenster getreten und hatte den Schmetterling auf dem größten Blatt der Zimmerlinde zur Ruhe gebracht. Als sie wieder an den Tisch kam, setzte sie sich zu Heyno auf die Truhenbank. Er nahm ihre Hand in die seinige und sagte:
„Wobbeke, wie kann ich verstehen, daß ihr euch sorgt! Da ist der Springintgud heut in den Turm gekommen, in ein elendes Loch, ich will es zugeben. Man war sich auf dem Rathaus nicht einig. Aber schließlich hat man wohl geglaubt, seine Aufsässigkeit könnte Schule machen. Er ist auch wirklich der Mann, begabt und fähig, eine ganze Stadt gegen den neuen Rat aufzuwiegeln.
Ja, recht, Gertraudis, bring uns ein Glas Wein", sagte er zu seiner Frau, die aus dem Wandschrank Kuchen und Gläser und eine Flasche hervorholte.
„Nein, es ist nicht geplant, auf die gleiche Weise mit den übrigen Ratsherren zu verfahren. Bei dem Springintgud liegt alles anders. Er hat nun einmal mit den Prälaten gründlich verspielt. Und darum können sich die Herren vom

neuen Rat bei ihm viel erlauben. Und einer unter ihnen ist ihm spinnefeind."

„Der Schaper", sagte Wobbeke leise. „Der ehemalige Stadtschreiber."

Heyno sah angelegentlich auf die Fliege Sabinchen, die auf dem Rand des Kuchentellers hinlief.

„Wenn du seinen Namen nennst, will ich es nicht in Abrede stellen, daß der ehemalige Klosterpropst ihm wenig wohlwill. Der Springintgud hat eine spottlustige Zunge. Und an dem Stadtschreiber, der ja nun einmal ein armer Windschief ist, hat er seinen Übermut häufig ausgelassen. Er hat ihn, wer weiß wie oft, den Kanker genannt und nicht nur im engsten Freundeskreise, nein, auch auf der Laube.

Und wenn er wenigstens jetzt Mäßigung bewiesen hätte! Aber er hat dem Ribe das Schwert seines Vaters je geradezu aus der Hand gerissen. – Als man sich im Gestühl darüber unterhielt, kam auch anderes zur Sprache. Und man wurde sich darüber einig, daß er wohl von den Männern des alten Rates der gefährlichste sei und daß man von ihm trotz seines Einlagers am meisten zu befürchten habe. Denn sein Anhang sei immer noch groß.

Um unsern Vater", mit einer leichten Handbewegung scheuchte Heyno Sabinchen vom Kuchen auf, „braucht ihr euch wohl keine Sorgen zu machen. Um ihn zuletzt. Es wissen alle, daß er immer aller Willkür abgeneigt war und darum mit dem Springintgud keinen leichten Stand hatte. Euer Vater hat auch stets zu seinen Pfannenherren gehalten."

„Aber Hinrich denkt anders", begann Wobbeke. „Er meint, der nächste, nach dem sie greifen, wird er sein."

„Sie möchten es wohl, aber sie können es nicht. Sie können es nicht wagen. Hinrich Langes Wort gilt viel in der Stadt, und die Bürgerschaft hat zu ihm das größte Zutrauen. Insofern ist er wohl einigen Männern vom neuen Rat ein Dorn im Auge. Aber, Wobbeke, wie ich dir schon sagte, die Herren vom neuen Rat können auch nicht ganz so, wie sie möchten, die Schaperbrüder, Jan Ribe, der Vogt Nyebur und Hans von Dahlenburg, die wohl jetzt das Spiel in der Hand haben. Sie müssen nach den Gewichten sehen, die ihre Feinde, die Herren vom alten Rat, auf ihrer Waage haben. Euer Vater hat nun mal auf seiner Waage ein ganz schweres Gewicht, das seine Lebensschale hochhält."

„Und was für eine Art Gewicht ist das?"

„Es ist ein angesehener Mann, von dem alle wissen, daß er immer zu Hinrich Lange gestanden hat. Es ist Alf, der Herzog von Schleswig, der ihn hält. Das wissen der kleine Ribemann und die Schaperbrüder, der herzogliche Zöllner und Hans Nyebur auch.

Den Springintgud hat der Herzog immer für einen etwas übermütigen Menschen gehalten. Und wenn er auch Albert van der Molens Gelehrsamkeit und

weltmännische Gewandtheit schätzt – man sagt von Albert, daß er mit Kaiser und Papst fertig wird, wenn es ihm auch das letzte Mal mit dem Papst nicht recht glückte –, und wenn der Herzog von Schleswig auch meinen Bruder für einen geschickten Diplomaten hält, so verblassen doch Albert van der Molen und mein Bruder alle beide vor eurem Vater. Das weiß man. Und kommt der Herzog von Schleswig zu einer Tagfahrt der Hansestädte nach Lüneburg oder treffen sich die Hanseleute in einer anderen Stadt, euer Vater muß an des Herzogs Seite sitzen. Das muß so sein. Das wissen alle. Es ist da eine Anhänglichkeit von beiden Seiten. Einige meinen, daß diese Zuneigung noch aus dem Nordischen Krieg stammt. Man ehrt die Zusammengehörigkeit. Und wenn der Vater dann im Schein der Kerzen, das schimmernde Ratssilber vor sich, neben dem Herzog sitzt, so unterhalten sie sich über die Zeitläufte, wenn es natürlich auch immer Hinrich ist, der spricht, denn der Herzog ist meistens stumm wie ein Fisch.
Aber soviel ist sicher: Sollte sich hier etwas ereignen, und sollte unser Vater in große Ungelegenheiten kommen, sollte man ihn in den Turm stecken oder ihm sonst ernstlich zu nahe treten, so würde Alf seinem Schloß sofort den Rücken kehren und würde mit seinen holsteinischen Rittern und seinen Söldnerscharen von der Schlei herunterkommen, auf dem Rathaus erscheinen und mit seinem Schwert auf den ehrenwerten Tisch des Hauses hauen. Denn wenn er auch nicht zu den Redseligen gehört, zu den Furchtsamen gehört er bestimmt nicht. Er weiß seinen Willen durchzusetzen. Das wissen die Herren auf dem Rathaus auch. Und Schleswig-Holstein ist ein großes Land, verwandt mit der Krone Dänemark und mit ihr im Bunde. Ich glaube, um unsern Vater brauchen wir uns nicht zu sorgen. Hinrich Lange hat einen mächtigen Schutzpatron."
„Brand Tzerstede spielt mit dem Gedanken, nach Lübeck zu gehen, oder in eine andere Bundesstadt", sagte Wobbeke, während sie sich das Kopftuch umtat. „Auch Hinrich hat schon daran gedacht."
„Laßt den Vater in der Stadt bleiben. Auch für euch ist es besser, wenn er bleibt. Fehlt der Herr im Haus, hat man mit den Frauen ein leichtes Spiel."

Pfingstmorgen im Bürgermeisterhaus

In der Frühe des Pfingsttages, da die Nacht begann ein wenig grau zu werden, erwachte Hinrich. War es Vogelgesang gewesen, der ihn geweckt? Es war, als hätte die Nacht angefangen zu singen irgendwo aus der Dunkelheit heraus. – Da war es wieder. Es mußte die Nachtigall sein, die oftmals in der Bauhofseiche saß und sang. Wobbeke schlief noch. So erhob er sich, kleidete

sich an und ging leise aus der Schlafkammer, um ein wenig in der Stille des Hauses herumzuwandern.
In der Küche füllte er ein Handbecken mit Wasser, ging damit auf den Hof, setzte das Becken auf den Hauklotz, wusch sich und goß das Wasser dem Holunderbusch an die Wurzel. Danach ging er auf der Diele hin und her und stand später in seiner Schreibstube. Er hörte Pferdegetrappel. Ein Reiter kam daher. Vom Markt kam er. Er hatte seinen Fuchs mit Waldmeister und Maiglöckchen bekränzt. Er wollte zum Sande, wo das Sülzvolk sich sammelte. Auch an diesem ersten Pfingsttag ging man auf die Scharnebecker Reise.
Hinrich drückte die Tür zur Schreibstube hinter sich ins Schloß, stieg die Treppe hinauf, betrat den schmalen Saal und war damit im Augenblick am Ziel seiner Wünsche. Hier hatte er Platz. Hier störte ihn niemand in seinem ruhelosen Hin und Her. Und so wanderte er unter den vielen mit gemalten Blumenranken und Früchtebüscheln geschmückten Balken hin, den beiden Fenstern entgegen, durch die das Baumgrün der Bauhofseiche in den Festsaal schien. Schließlich landete er an einem der beiden Fenster.
Der alte Baum war an diesem Morgen gut anzusehen. Von Osten her fielen einige Sonnenstrahlen auf die Krone, und seine Blütenkätzchen funkelten in dem Licht wie tauhelles Goldgeschmeide.
„Vater", hörte er es hinter sich rufen.
„Du, Cord? Bist du schon auf?"
„Ich muß doch auf dem Beischlag stehen, wenn die Sülzleute durch die Bäckerstraße kommen."
„Natürlich. Aber soweit ist es noch nicht. Wir machen das Fenster auf. Dann hören wir Veit Sneebart blasen."
Sie warteten und lauschten, und dann kam es wirklich über die Dächer. Veit Sneebart blies. Er blies vom Johannisturm wie immer, wenn das Sülzvolk nach Scharnebeck aufbricht. Er blies wie jedes Jahr: Großer Gott, wir loben dich, Herr, wir preisen deine Stärke.
„Sie singen auf dem Sand", sagte Cord leise.
„Wenn der Wind von der Täuferkirche kommt, kann man manchmal auch das Singen hören." Hinrich schwieg. Jetzt singt der ganze Sand, dachte er. All das Sülzvolk auf Pferden und Wagen, die Männer und Frauen an den Fenstern, auf den Beischlägen und Treppen.
Wie oft war Hinrich dabei gewesen! Manchmal war es ihm gewesen, als klirrte bei dem Singen das Glas in den vielen Fenstern der Häuser leise mit. Hinrich fuhr sich mit der Hand über das Gesicht.
„Wenn wir Veit Sneebart nicht hätten!" sagte er. „Unsere große Sonntagsglocke ist tot. Veit Sneebarts Drommete ist uns noch verblieben."
„Darf Veit Sneebart immer noch seine Choräle und Psalmen blasen?"

„Wer will ihm den Mund verbieten? Der Papst ist weit. Und der Papst weiß zum Glück nichts von Veit Sneebart."
„Vater, wann darf die große Sonntagsglocke wieder geläutet werden?"
„Wer kann darauf eine Antwort geben!"
„Ich kenne die Sonntagsglocke."
„Ja?"
„Ich hab schon öfter auf dem Glockenholz gestanden."
„Natürlich, welcher Junge von der Sankt-Johannis-Schule hat das nicht getan? Es ist doch eine Ehre, wenn man den Sonntag einläuten darf."
„Ich hab' mir die Glocke ganz genau angesehen. Auf ihrer metallenen Wandung schwebt der Täufer; ja, Vater, er schwebt — er schwebt in einem Flickenmantel."
„So sieht es aus. Es soll sein härenes Wüstenkleid sein."
„Als wir das letzte Mal mit dem Läuten fertig waren, ich und Hans, der Sohn vom Rathausvogt, der schon zwei Jahre älter ist als ich, sind wir die steilen Treppen hinaufgestiegen und haben Veit Sneebart in seiner Turmstube besucht. An der Wand hingen seine beiden Drommeten mit dem roten Fahnentuch an dem goldenen Geröhre. Wir durften aus der Luke schauen, aus der er die Drommeten heraushält, wenn er bläst. — Ich hatte mir den Sneebart immer mit weißem Haar vorgestellt."
„Und nun war sein Bart braun."
„Er ist doch noch gar nicht alt."
„Er ist so alt wie ich. Wir sind am gleichen Tag geboren."
„Vater, wenn ich es dir sagen darf, du siehst älter aus als er."
„Vielleicht hat der Sneebart zeitlebens nicht soviel Sorgen gehabt wie ich."
„Ach ja, der schlimme Streit mit den Prälaten."
„Aber, Cord, ganz zufrieden ist Veit Sneebart auch nicht. Er wär am liebsten Reitendiener geworden. Auf Tagfahrt reiten, nach Lübeck oder Hamburg oder gar in den Krieg, danach stand ihm, als er jung war, der Sinn. Aber siehst du, sein Vater war Türmer, und er konnte den Posten erben. Und Türmer sein ist ein sicheres und gutes Brot. Sein Vater wollte gern, daß er auch einmal vom Turme blasen sollte, wie er es immer getan hatte; wie ich es auch möchte, daß du einmal Sülfmeister wirst und mir bei meinen Pfannen hilfst und später selbst die Pfannen im Abt besiedest, und die Pfannen der Walkenrieder Mönche und die des Ehrwürdigen Vaters von Hiddensee, den deine Brüder immer das Eismännlein nannten, vorausgesetzt, daß wir die Siedekaten einmal wieder bekommen. Möchtest du das, Cord?"
„Ja, Vater, gern. Ich möchte Sülfmeister werden wie du. Ich mag gern auf der Sülze sein."
„Du bist auch der nächste dazu. Deine älteren Brüder sind andere Wege gegangen."

„Vater, warum ist Älardus in Lübeck geblieben?"
„Es sollte wohl so sein. Wo Gottes Wind uns hinweht, müssen wir wurzeln. Älardus hatte immer große Lust, auf Schiffen über die Ostsee zu fahren, und ein lübscher Salzhändler kommt viel auf Schiffen umher. Aber ein Lüneburger Sülfmeister muß zu Hause bleiben und sich um seine Pfannen kümmern. Wenn du in Lüneburg bleibst und Sülfmeister wirst, kannst du auch einmal hier im Bürgermeisterhaus für mich einsteigen."
„Wenn ich nun in Lüneburg bleibe und auf der Sülze arbeite, komme ich dann auch aufs Rathaus?"
„Wenn du dazu Lust hast und man dich ins Gestühl bringen will."
„Vater, ist es schwer, ein guter Ratmann sein?"
„Es ist schwer und auch nicht schwer. Ein guter Hausvater sein, ist auch nicht leicht. Und viel anders ist das Ratmannsein auch nicht. Ein guter Hausvater muß bei allem, was er vorhat, unablässig auch sein eigenes Haus im Kopf haben und für das Wohlergehen der Menschen streben, die unter seinem Dach wohnen. Genau so muß einem guten Ratmann immer seine Stadt gegenwärtig sein, und auf all seinen Wegen muß er für sie und seine Bewohner sorgen und denken."
„Ich weiß schon, Vater, so wie du damals an Lüneburg dachtest, als du die langen Eichenstämme liegen sahst, auf denen wir immer spielen."
„Richtig, damals in Mecklenburg. Ich war mit dem Wietzendorff unterwegs, um Holz für die Sülze zu kaufen."
„Ich hab' nicht vergessen, wie es damals war. Ihr kamt aus dem dichten Unterholz an die große Waldwiese, wo die drei Ricken ästen, und die kleinen Rehkitze spielten um sie herum. Die Ricken wußten gar nicht, ob sie weglaufen sollten. So einsam sind die Wälder."
„Ja, ja, das sind nun bald drei Jahre her."
„Und als du die Eichen liegen sahst, dachtest du gleich an die Pfahlwand, auf der das Kaufhaus steht, an die morsch gewordenen Pfähle im Wasser."
„Richtig, Cord, so ist es gewesen. Und da liegen sie nun. Niemand denkt daran, daß diese Stämme in die Uferwand gebaut werden müssen. Auch Onkel Heyno nicht, obgleich er die schlechten Pfähle mit dem grünen Behang immer vor Augen hat, wenn er aus dem Fenster sieht. Er hat im Augenblick auch vielerlei zu bedenken. Aber Cord, ich glaube, nun wird es Zeit für dich. Der Sodmeister ist längst aufgestiegen. Das Sülzvolk ist sicher schon um den Sand herum. Vielleicht schwenkt der Zug in diesem Augenblick in die Bäckerstraße ein."
„Und du, Vater?"
„Ach, mich laß nur hier."
In diesem Augenblick betrat Wobbeke den Saal. Sie hatte einen Brief in der Hand. Sie winkte mit dem Brief und tat geheimnisvoll.

„Von Älardus oder von Boldewin?"
„Weder von dem einen noch von dem andern."
„Wer hat den Brief gebracht?"
„Niemand hat ihn gebracht. Als wir die Haustür aufmachten, um unsere Pfingstbüsche aufzustellen, steckte er festgeklemmt unter der Tür."
Ein Brief und nicht aus Lübeck und nicht aus Italien. Das war ein Ereignis! Ein Brief, von unbekannter Hand unter der Tür durchgesteckt! Vielleicht zu nachtschlafender Zeit.
„Er ist an dich gerichtet", sagte Wobbeke, „komm, wir gehen gleich in die Schreibstube und machen ihn auf. Vielleicht steht etwas Gutes darin für uns alle."
„Wobbeke, für uns gibt es nichts Gutes, wohl in Jahren nicht. Und das einzig Gute im Augenblick ist wohl, daß du immer noch den Mut hast, zu hoffen, es könnt' uns über Nacht ein Glück in den Schoß fallen."
In der kleinen Stube öffnete Hinrich den Brief und sagte kopfschüttelnd zu den Frauen, die mit ihm am Tisch standen: „Das Schreiben ist ohne Unterschrift. Der Schreiber will uns heute abend besuchen. Er will kommen, wenn es vom Sankt-Johannis-Turm zehn geschlagen hat. Er will über den Bauhof kommen. Wer mag es sein, und was führt ihn zu uns?"
„Kennst du die Handschrift?"
„Nein."
„Ist denn kein Wappenbild auf dem Wachs?"
„Auch nicht. Man hat die Botschaft mit einem Lüneburger Pfennig gesiegelt."
„Ob vielleicht einer der Ratsherren zu uns kommen will? Vielleicht der Wietzendorff, der nicht weit von uns wohnt?"
„Das glaube ich nicht. Kein Ratsherr kann es wagen, sein Haus zu verlassen. Der Schaper und sein Anhang würden es mit ihm machen wie mit dem Springintgud." Da sagte Gebeke, die ihrerseits das Schreiben studiert hatte: „Hier in der Ecke steht ein K. Könnte der Brief vielleicht von Klaus Springintgud sein?"
„Das ist nicht unmöglich."
„Ja, Vater, ich glaube, der Brief ist von Klaus. Klaus ist als Junge immer mit der hohen Bauhofsmauer fertig geworden, wenn die Pforte zur Twiete hin verschlossen war."

Als Klaus Springintgud am Abend über die Mauer des Bauhofs kletterte, sie überkletterte an der Stelle, die ihm aus seiner Jugendzeit so gut im Gedächtnis geblieben war, da war er glücklich und unglücklich zugleich. Glücklich, weil er Gebeke wiedersehen sollte; unglücklich, weil ihn das, was ihn ins Bürgermeisterhaus trieb, so schwer bedrückte.

„Nun, das ist eine Überraschung", sagte Hinrich und schüttelte dem großen Jungen die Hand, „wenn es wohl auch kaum ein guter Anlaß ist, dem wir deinen Besuch zu verdanken haben. Aber du bist da, das ist schon etwas wert. Man sieht einmal wieder ein bekanntes Gesicht aus glücklicheren Tagen. Doch nun sag uns, weshalb du kommst! Hast du etwas auf dem Herzen?"

„Das ist es! Nein, etwas Gutes bringe ich euch nicht ins Haus."

Klaus sah sich nach Gebeke um, war zufrieden, als er sie am Dielenpfeiler erblickte: Dort stand sie, den blonden Kopf gegen die kirschroten Falten ihres Schultermäntelchens gelehnt, das am Pfeilerhaken aufgehängt war.

„Meines Vaters wegen komme ich. Meine Mutter sorgt sich um ihn."

„Komm, Klaus, wir gehen in die Schreibstube. Ja, Gebeke, du kannst mitkommen. Und tu die Läden vor das Fenster! Und nun sage uns: Was ist mit deinem Vater?"

„Es geht ihm schlecht."

„Komm, setz dich!" Nein, setzen wollte Klaus sich nicht. Er trat an den großen Fächerschrank heran.

„Wir wußten schon seit einiger Zeit", begann er, „daß unser Vater auf eine geradezu schändliche Art untergebracht ist. In einem Loch, in das kein bißchen Licht scheint, liegt er wie ein Räuber, wie ein Wegelagerer der schlimmsten Sorte auf einer Pritsche mit faulem Stroh. Es darf nichts davon lautbar werden, und die Wächter müssen darum schweigen, besonders der Mann, der seine Tür bewacht, und der ihm morgens einen kleinen Krug Wasser hineinreicht und mittags eine Schale mit einem dünnen Süppchen und etwas trockenes Brot. Ich habe oft gebeten, mich zu ihm zu lassen. Im Turm selbst habe ich darum gebeten, aber auch auf dem Rathaus. Es ist mir immer abgeschlagen worden. Doch nun sind Unruhe und Sorge meiner Mutter fast zu groß geworden. Wir haben gehört, daß er krank ist. Man möchte sich fragen: Ist das ein Wunder?"

„Und woher wißt ihr es?"

„Es kommt eine Frau zu uns ins Haus, die meiner Mutter zuweilen hilft. Sie ist mit einem der Männer verschwägert, die die Wache haben. Nicht gerade mit dem, der vor der Tür meines Vaters stehen muß. Nein, es ist einer von denen, die immer wieder mit Kesselhaube und Hellebarde den Turm umkreisen. Durch ihn haben wir erfahren, daß unser Vater Dirik Schaper unterstellt ist."

„Da hat euer Vater einen harten Herrn bekommen. Der Schaper kennt kein Erbarmen."

„Von der Frau wissen wir auch, daß unser Vater krank ist. Sie sagte etwas von Wassersucht. Das hat meine Mutter ganz und gar verstört."

„Das ist zu begreifen. Dein Vater ist bald an die Sechzig heran. Er hat nie

viel Ruhe in seinem Leben gehabt. Trockenes Brot und Wassersuppen können auch wohl einen jüngeren Menschen zugrunde richten."
„Vielleicht will man ihn auch zugrunde richten."
„Dein Vater braucht vor allen Dingen einen Arzt und Medizin."
„Auch Wein und nahrhafte Kost. Aber wer bringt ihm das? Weil wir nun gar nicht mehr aus noch ein wußten, sagte meine Mutter: Geh doch einmal zu Hinrich Lange! Vielleicht weiß er Rat."
„Mir sind ja leider die Hände gebunden wie allen andern, die einst im Gestühl saßen. – Wir müssen einmal nachdenken."
„Vielleicht könnte Heyno sich ins Mittel legen", warf Wobbeke ein.
„Heyno müssen wir aus dem Spiel lassen. Als Bruder und Eidam verwandt und verschwägert mit zwei Männern vom alten Rat, befindet er sich in der heikelsten Lage. Man wirft ihm sowieso genug vor: Du hältst es mit dem alten Regiment. Nein, Heyno können wir nicht zum Vermittler aufrufen. Er ist bei seinen Beziehungen zu uns sozusagen vorbelastet und kann aus diesem Grunde kaum etwas ausrichten.
Aber wie wär's mit dem Pfarrer von Sankt Johannis? Die Schwester des Pfarrers ist mit Jan Ribe verheiratet, und dein Vater und Ribe haben immer im besten Einvernehmen gelebt. Auch ist der Ribe wirklich nicht der Schlechteste und wohl eigentlich ein gutmütiger Mensch."
„Aber durch Jan Ribe ist doch das ganze Unglück entstanden."
„Die Sache mit dem alten Zweihänder nimmt der Ribe deinem Vater doch nicht übel? Die beiden sind immer gut Freund gewesen, haben als Sülfmeister Kameradschaft gehalten und oftmals zusammen im Ratskeller gesessen und gezecht.
Vielleicht wär's wirklich nicht verkehrt, wenn du dich an den Pfarrer von Sankt Johannis wendest. Ihr von der Flachsburg hört doch auch in der Täuferkirche die Messe. Dich muß der Pfarrer besonders gut kennen. Er hat früher in der Schule der Täuferkirche unterrichtet, als ihr, du und Älardus, die Schulbänke drücktet. Ihr waret doch beide im Lernen ganz gut."
„Das ist richtig. Der Pfarrer hat uns nicht vergessen. Als wir vor längerer Zeit einmal auf dem Sand zusammentrafen, fragte er nach Älardus, und ich mußte erzählen, und zum Schluß meinte er: Ja, ja, der Älardus, dem schlägt alles zum Guten aus, man möchte meinen, daß er in einer Glückshaut geboren ist."
„Wirklich, sagte er das? Na, ganz so ist es denn doch wohl nicht. Älardus hat im Augenblick auch seine Sorgen wie alle, die mit dem Lüneburger Salz zu tun haben."
„Zu dem Pfarrer geh' ich nicht ungern. Er hat für alle ein offenes Ohr."

Im Turmverlies

Am nächsten Morgen in aller Frühe war Klaus in der Pfarrei von Sankt Johannis und schilderte dem ihm so wohlbekannten Geistlichen das Turmelend und die Not seines Vaters, des gewesenen Bürgermeisters. Der Pfarrer war gleich bereit zu helfen. Er ging stehenden Fußes in das Haus seiner Schwester hinüber, das am Sande lag und gar nicht weit von der Flachsburg. Er hatte Glück. Jan Ribe, der Hausherr, war daheim. Die beiden zogen Sengestake ins Vertrauen, und nach vielem Hin und Her, nach einer stürmischen Redeschlacht auf der Laube, von der Klaus nichts wußte, wurde es ihm erlaubt, seinen Vater im Gefängnis zu besuchen.

Am Nachmittag des gleichen Tages schloß man ihm die Tür zu dem unterirdischen Gewahrsam auf. In der einen Hand einen ledernen Beutel mit allerhand Eßbarem, in der anderen die Leuchte mit dem flackernden Pfennigslicht, die ihm der Wächter durch die Türspalte nachgereicht hatte, so näherte er sich der Pritsche. Mit dem Fuß schob er das Stroh beiseite und stellte die Leuchte auf die Ziegelsteine des Bodens.
„Mein Sohn!" Kaum erkannte Klaus in dem Mann, der da von seinem unordentlichen Lager hochkam, seinen Vater wieder.
„Mein Sohn", die Hand des altgewordenen Mannes zitterte in der seinen, „so hat man dich endlich zu mir gelassen? Es sieht nicht gut hier aus. Und auch ich selbst sehe nicht zum besten aus." Er strich sich die armseligen, grauen Haarzotteln hinter die Ohren und knöpfte seinen schlechtgewordenen Rock zu.
„Ich habe in meinem Leben immer viel auf eine gute Außenseite gegeben, und nun dieses hier!"
Er sah an sich herunter. „Es ist fast zuviel. – Hab wohl auch mein Lebtag immer auf einem etwas zu hohem Roß gesessen und muß nun in diesem elenden Hundestall krepieren. Ich bin der arme Lazarus, der auf dem Dung liegt, wenn auch keine Hunde da sind, die mir die Schwären lecken."
Bei diesen Worten liefen ihm die Tränen über die Backen. Klaus sah es mit Bestürzung. Und nun wurden auch ihm die Augen naß. Aber dann fuhr er sich mit der Hand über das Gesicht.
„Vater", sagte er, „unsere Mutter läßt dich grüßen. Sie hat allerlei Gutes für dich eingepackt. Du mußt wieder zu Kräften kommen."
„Wie geht es unserer Mutter? Ist sie gesund?"
„Ja, Vater, wir alle sind's. Und du mußt auch wieder gesund werden. Wir denken viel an dich. Wir glauben, daß du bald wieder bei uns bist."
„So, ihr glaubt das? Das wäre wohl gut."
„Zuerst trink einmal!" Klaus hielt ihm einen Becher mit rotem Wein hin.

Springintgud trank, er trank den Becher leer. Danach tat er die Beine von der Pritsche und stellte sie gegen den Boden, zog seinen Rock auf die Seite, sah auf seine Knie, dann auf seinen Sohn und wieder auf seine Knie. Die Beine seines Vaters hatten sich auf eine entsetzliche Weise verändert. Sie waren angeschwollen, ja, sie hatten etwas Elefantenartiges bekommen. Johann Springintgud drückte seinen Zeigefinger in das aufgeschwemmte Fleisch. Als er den Finger zurückzog, blieb eine kleine Kuhle, er sah wieder seinen Sohn an und sprach:

„Weißt du, was dies hier zu bedeuten hat? Ich hab' das Wasser. Es steigt langsam höher. Wenn es bis zum Herzen gekommen ist, muß ich sterben."

„Es ist doch nicht gesagt, daß das Wasser noch höher steigt. Du brauchst einen Arzt, und wenn du die richtige Medizin bekommst und bessere Kost, kann alles wieder gut werden. Heut am Nachmittag kommt der Pfarrer von Sankt Johannis. Er bringt den Medikus mit."

Der Springintgud hörte kaum auf das, was Klaus sagte. Er saß da; die Hand mit dem leeren Becher auf dem geschwollenen Knie, sprach er aus seinen trüben Gedanken heraus:

„Springintgud heiß ich. Und ein rechter Springintgud bin ich mein Lebtag gewesen. Haben mußt' ich für mich, haben als Ratmann für meine Stadt. Und wenn ich nicht mit Recht haben konnte, hab ich zugesehen, wie ich dem Unrecht das Mäntelchen Recht umhängen konnte. Meine Mutter stammt von den Dithmarschern ab, die an der Elbmündung sitzen, da, wo sich die dunkeläugigen Normannen ansiedelten, wenn sie mit ihren Schiffen scheiterten. Sie brachte das dunkle Geblüt in unser Geschlecht. Hat ihr Lebtag viel übrig gehabt für Goldschmuck und funkelndes Gestein."

Klaus legte dem alten Mann die Hand auf die Schulter: „Laß das Grübeln! Steh einmal auf. Ich helfe dir. Sieh, ich tu meinen Arm in deinen. Ich geh mit dir hier auf den Steinen hin und her. Und nachher sollst du etwas essen, damit du wieder zu Kräften kommst. Denn du bist ja ganz herunter."

Wirklich richtete Springintgud sich auf und ging an Klaus' Arm in dem engen Gewahrsam hin und her, an der blakenden Leuchte vorbei, über die vielen über den Ziegelfußboden verspielten Strohhalme weg. Dann setzte er sich auf die Pritsche, sagte:

„Was ist aus den anderen Herren vom Rat geworden? Müssen sie noch Einlager halten?"

„Ja, alle, wie sie da sind, sie sehen diesjährig vom Frühling nicht viel mehr als du."

„Haben sie auch Hinrich Lange nicht freigelassen?"

„Den lassen sie zuallerletzt raus. Den haben die Lüneburger Bürger ebensowenig vergessen wie dich. Ihr beide habt den meisten Anhang in der Stadt. Und aus diesem Grunde mußtest du auch in den Turm."

„Ja, ja", Springintgud nickte mit dem Kopf, „wir beide waren wohl die Matadore in der Stadt, wenn wir uns auch nicht immer einig waren. Wir sind oftmals aneinandergeraten. Aber am letzten Tage auf der Laube haben wir uns im Guten die Hand gegeben."
Und nach einer Weile fuhr er fort: „Hinrich ist anders als ich. Lebt immer nur, um das Rechte zu tun." Er schüttelte den Kopf. „Hab' das nie recht verstanden. — Du tanzt gern mit seiner Tochter?"
„Ja, Vater."
„Sie ist, wie ihre Großmutter war, die man Jutta von der Leine nannte. Ruhig . . . besonnen. Sie gibt einmal eine schöne Frau ab. — Also heute kommen Pfarrer und Medikus? Ja, mein Sohn, da bleibt mir nichts übrig, da muß ich mich wohl noch ein bißchen herrichten."
„Das wäre nicht verkehrt. Hat man dir denn niemals Wasser gebracht, daß du dich ein wenig erfrischen konntest, dich einmal waschen?"
„Es war nicht möglich, etwas für mich zu tun, wenn ich es auch immer versuchte. Aber das wenige Wasser, das ich erhielt, reichte nicht hin und her und langte kaum, um meinen Durst zu löschen. Der Schaper hat hier im Turm die Gewalt. Und der gibt strenge Anweisungen. Vielleicht nicht gerade, weil ich ihn vom Lüner Propststuhl verjagte. Das tat ich mit Hinrich im Bunde, und wir hatten fast den ganzen Rat auf unserer Seite. Der Bischof von Verden hielt das Gericht. — Der Schaper kühlt jetzt sein Mütchen an mir um anderer Dinge willen. Und ich kann nicht einmal sagen, daß mir Unrecht geschieht. Wirklich, Klaus, als ich noch im Gestühl saß, hab' ich meine Zunge oftmals auf unverantwortliche Weise laufen lassen. Und dem Schaper hab ich, seiner körperlichen Gebrechen wegen, einen bösen Namen angehängt. Deine Mutter hat mich manchmal darum gescholten."
„Das ist gewesen. Und der Schaper hat hier nun nicht mehr viel zu sagen. Du stehst ab heute unter Jan Ribes Regiment, so ist es auf der Laube beschlossen worden. — Aber darin hast du recht, und das will ich auch nicht, daß der Pfarrer und der Medikus, wenn sie am Abend kommen, dich in diesem Elend sehen. Ich gehe und spreche einmal mit dem Wächter deiner Tür."
Nicht lange danach kam Klaus auch wirklich mit einem Eimer Wasser zurück, aus dem Dampf hochstieg. Seife und Handtuch hatte er in der anderen Hand.
„Du bringst viel fertig, mein Sohn", sagte Springintgud anerkennend.
„Leg dich nur wieder auf die Pritsche, Vater. Ich will dich waschen, so wie du es vor Zeiten manchmal mit mir gemacht hast. — So, nun siehst du schon wieder anders aus. Jetzt kommt der alte Springintgud wieder zum Vorschein."
„Der alte Springintgud ist dahin, und ich weiß nicht, ob ich es bedauern soll.

Aber was machen wir mit den Haarzotteln?"
„Ich hab' einen Kamm. Oh, wie ist das verfitzt und verklettet! So lange, wie ich brauche, um das in Ordnung zu bringen, darf ich nicht bleiben. Ich laß dir den Kamm, du hast ja genug Langeweile. Da kannst du dich dann und wann über das graue Gezottel hermachen. Wenn ich dann morgen komme, kenne ich meinen eigenen Vater gar nicht wieder. Siehst du, nun lachst du schon, und zur Belohnung will ich dir ein Geheimnis verraten ..."
Johann Springintgud sah ihn fragend an. „Wart' noch einen Augenblick! Ich stell dir den Eimer auf die Pritsche. Du sollst dich nicht bücken. Die Hände kannst du allein waschen. Steck die Arme nur ganz tief in das warme Wasser hinein! Das tut gut."
„Nun, und das große Geheimnis?" Er fragte es leise. Und Klaus antwortete ebenso leise:
„Die Städte reisen. Sie kommen hierher. Der Herzog von Schleswig mit. Sie wollen in Lüneburg, in unserer Stadt, einen Städtetag halten."
„Was du sagst! Das ist gute Nachricht. Wenn ich auch nicht dabeisein kann. Aber früher war ich dabei."
„Ich hab' dich einmal gesehen, als die Abgesandten vor der Tür des Rathauses abstiegen."
„Die Hansebrüder, die guten Gesellen."
„Du standest oben auf der Treppe in Scharlach und Gold."
Johann nickte. „Bin immer gern schöngekleidet dahergekommen. Ja, mein Sohn, das waren Zeiten!"
„Und dein Haar, die grauen Zotteln, sahen damals auch anders aus. Waren dazu frisch gekräuselt und mit Eigelb aufgefärbt. Es war eine Pracht!"
„Daß du das noch weißt! – Und Alf, der Herzog von Schleswig, kommt auch mit?"
Klaus nickte.
„Ist kein Fürst im ganzen deutschen Norden dem Städtebund so gewogen wie er. Ja, ja, der Herzog von Schleswig ist meistens stumm wie ein Fisch und bringt doch viel fertig. Man sagt von ihm, er regiere mit seinem Lächeln die Welt. Nicht nur seine Holsten und die Männer von Schleswig, auch die Dänen. Seltsam –"
„Gar nicht seltsam!" rief Klaus, und er dachte, mich regiert meine Gebeke mit ihrem Lächeln.
„Mit einem guten Lächeln – so sagt man", fuhr der Springintgud fort, „bedenkt er seine Liebwerten, die sich dann noch immer mehr für ihn ins Geschirr legen. Für die Störenfriede und Tunichtgute hat er ein kleines schlimmes Lächeln, das alle fürchten."
„Und nun will er zu uns kommen, Vater."
„Ja, Klaus, Städtetag ohne den Herzog von Schleswig, so was gibt es gar

nicht. Am liebsten denke ich noch an die Tagfahrt hier in Lüneburg, als Alfs Bruder Heinrich noch lebte. Das war ein Herr! Wir waren damals erst kurze Zeit im Gestühl, Hinrich und ich. Und auch die beiden Schauenburger, Heinrich und Alf, waren noch junge Kerle. Sie hatten versprochen, sie wollten auf ihren Pferden die Treppe heraufkommen und zum Tanzsaal herein. Die Abgesandten der Städte und wir vom Rat und die Älterleute der Zünfte warteten in dem großen Saal und lauschten. Und da donnerte es auf der Treppe. Und da kamen sie durch die große spitzbogige Tür, zuerst Heinrich, Topfhelm auf dem Kopf, das Schwert an der Seite, den Schild mit dem Nesselblatt auf dem Oberarm. Er saß auf einem schwarzen Hengst. Und nach ihm ritt sein Bruder Alf durch die große spitzbogige Pforte. Und die Abgesandten der Städte und wir alle, die in Lüneburg im Gestühl saßen, auch die Älterleute der Zünfte, schrien und klatschten in die Hände. Es war ein Jux. Und dann sprangen die beiden von ihren Pferden, und wir hielten den Umtrunk. Damals war gute Zeit. Und ein Jahr später war der junge Herzog Heinrich nicht mehr. Erstochen vor Flensburg von einem Dänen. Als man ihn auf einer Festungsleiter aus dem Gefecht trug, mußte auch noch einer von den Männern straucheln. Er fiel, die schwere Leiter rutschte über ihn und quetschte ihn. Da war's mit ihm zu Ende. Es wird viel von einem wildgewordenen Pferd erzählt, das das Unglück verschuldet haben soll. Soviel ist sicher, wir vom Städtebund verloren mit seinem Tode unseren besten Mann. – Aber woher weißt du, daß die Städte nach Lüneburg kommen?"

„Älardus hat es mir gesteckt, der Salzkaufmann von Lübeck, mein Freund und ehemaliger Schulgenoß. Heut morgen bekam ich den Brief. Der Salzschiffer Hogeherte brachte ihn mit. Sie kommen, hatte er unten an den Rand gekritzelt. Die Städte und der Herzog. Sie wollen bei euch aufräumen."

„Sie wollen bei uns aufräumen", wiederholte Springintgud gedankenvoll.

„Aufräumen heißt: die Herren vom Einlager befreien und dich aus dem Turm holen."

„Was du sagst. Und der Herzog mit?"

„Der ist der erste beim Aufräumen. Und wenn sein gutes Lächeln beim neuen Rat nichts bewirkt, und wenn sein schlimmes Lächeln nichts fruchtet, zieht er andere Seiten auf."

„Meinst du?"

„Er läßt sich die Schlüssel zum Turm geben, kommt gegangen, und vielleicht steht er eines Tages mit dem Schlüssel in der Hand hier in deiner Tür und holt dich aus dem Loch, das für andere Herren bestimmt ist, für Wegelagerer, Raubritter und Mordbrenner."

„Klaus, du träumst, aber soviel ist richtig: der Schauenburger könnte mich wohl aus dem Turm bringen."

„Ja, ja, Vater, es geht mit uns bergauf, hab' nur Mut!"
„Was sagtest du? Wann wollen unsere Hansebrüder kommen?"
„Im Juli. In der Mitte des Monats, wenn die Tage noch lang sind."
„Wenn ich dann noch lebe, kann vielleicht noch manches zurechtkommen. Aber vielleicht bin ich dann schon nicht mehr."
„Warum solltest du dann nicht mehr leben? Wenn du die rechte Medizin kriegst, geht das Wasser zurück. Und für die gute Kost sorgt unsere Mutter. Man hat mir gesagt, ich darf jetzt jeden Tag zu dir. Jetzt hat Jan Ribe die Aufsicht über den Turm."
„Den ich von dem großen Kasten schmiß?"
„Das hat der Ribe längst vergessen. Das war in seinen Augen ein Scherz."
„Klaus, das muß ich sagen, du verstehst es, tröstliche Bilder an die Wand meines elenden Loches zu malen."
„Ja, Vater, aber nun mußt du essen. Ich hab dir ein Brot gemacht. Den Schinken hat die Mutter in ganz kleine Würfel geschnitten. Du weißt doch, daß sie beim Schinkenessen immer sagt, je kleiner geschnitten, um so besser bekömmlich."
„Ja, ja, und ich war immer für die großen Happen."
Der Springintgud lachte in sich hinein, und dann aß er.
Danach aber saß er auf seiner Pritsche, geistesabwesend, die Hände hinter sich ins Stroh gestützt. Er kümmerte sich nicht um den Becher Wein, den Klaus ihm hinhielt. Die Kerze in der Leuchte flackerte. Das unruhige, gelbliche Licht ging über seine gedunsenen Backen und machte die Schattenhöhlen unter seinen Augen tiefer und dunkler. Hoffnungslos schaute er aus seinen Augen.
„Vater, trink einmal!" ermunterte ihn Klaus.
„Laß, laß. Hör mal zu, mein Sohn! Wir haben doch alle die Geschichte von Josef gelernt. Du doch auch, Klaus?" Der junge Springintgud nickte.
„Der Josef hatte als Junge so seltsame Träume. Träume, in denen er groß dastand. Die gab er seinen vielen Brüdern zum besten, und sie ärgerten sich darüber. Und dann kriegte er von seinem Vater noch den bunten Rock, und darüber ärgerten sie sich noch mehr. Schließlich verkauften sie ihren Bruder kurzerhand an wandernde Händler. War es nicht so, Klaus?"
„Ja, aber was soll die alte Geschichte?"
„Ich hab' in der Finsternis meiner Nächte, in den Tagen, die ebenso schwarz waren wie meine Nächte, viel über diese Geschichte gegrübelt. Josef kam doch in Ägyptenland in den Turm, wie ich. Das Weib des Potiphar hatte ihn dahingebracht. Und weil er ja wirklich keiner von den Bösen war, durfte er bald hin- und hergehen, Essen in die Zellen bringen, aber ein anderes, als wir es hier bekommen. Und er mußte auch des Pharao Oberbäcker und Mundschenk bedienen. Sie saßen nicht in solchem elenden Loch,

wie ich es habe. Sie hatten ein Fenster", Springintgud sah nach rechts hinüber, wo er dieses Fenster vermutete, „darunter einen Tisch", er breitete seine Hände aus, um einen ansehnlichen Tisch anzudeuten. „An seiner schmalen Seite saß der schlanke Mundschenk, an der Längsseite der breite Oberbäcker. Und so saßen sie an einem Morgen beisammen. Ratlos. Sie hatten sich ihre Träume erzählt. Seltsame Träume; sie ähnelten einander und waren doch wieder ganz verschieden.
Da kam Josef zu ihnen in die Stube mit dem Dattelwein", Springintgud hob den Zeigefinger, „so was trinken sie am Nil.
Ach, den beiden war gar nicht nach Essen und Trinken zumut. Sie dachten an ihre Träume. Sie dachten: Vielleicht kann er sie uns deuten. Nun, du kennst ja die Geschichte von den drei Reben und den drei Tagen, von der Traube, die der Mundschenk in Pharaos goldenen Becher drückt. Du weißt, wie Josef ihn mit guter Deutung tröstete. Und dann war der Bäcker dran. Ja, er erzählte auch seinen Traum. Man möchte sagen, seinen Traumzwilling: Von den drei Körben, die er auf seinem Kopf trug, von den Vögeln, die aus dem obersten Korb das Mandelgebäck und die Makronen fraßen, die für Pharao bestimmt waren. Nein, der Bäcker wurde nicht getröstet. Drei Körbe, drei Tage, sagte Josef, nach drei Tagen kommst du aus dem Turm und kommst an den Galgen. Und alles, was Josef sagte, traf ein. Der Mundschenk kam wieder in sein Amt. Und der Bäcker wurde nach drei Tagen gehängt."
„Und an diese alte Geschichte hast du in deiner dunklen Zelle immer gedacht?"
„Ja, Klaus. Sie liegt auf der Hand."
„Aber das alles ist doch schon so lange her."
„Sicher, sicher, lange her. Und doch immer noch da. Ja, die Geschichte ist noch immer auf der Welt." Er hob bedeutungsvoll und unter Kopfnicken den Zeigefinger. „Die Geschichte vom Mundschenk und Bäcker ereignet sich immer wieder. Und zur Stunde ereignet sie sich hier in Lüneburg. Sie ereignet sich mit Hinrich Lange und mir. Und Hinrich Lange ist der Mundschenk und kommt wieder ins Gestühl und zu seinen alten Ehren. Und ich, Klaus, bin der Bäcker, ich muß sterben."
Klaus wurde der Hals eng. Er drückte das Schluchzen hinunter, sagte:
„Vater, warum schlägst du dich mit diesen Grillen herum, komm, trink einmal, trink deinen Wein, Vater! Es ist spanischer Rotwein. Du mochtest ihn doch immer so gern, als du noch bei uns warst. Trinke, dann kommst du auf andere Gedanken."
„Ja, Klaus, ich will trinken. Aber sag' selbst: Hinrich Lange ist der Mundschenk. Hinrich Lange kann doch nicht der Bäcker sein. Das zu denken, ist doch ganz abwegig. Der Bäcker bin ich."

„Vater, trinke!"
„Ja, Klaus, gib her! Ich will den Wein trinken, den die flinken flandrischen Kaufleute aus Cadiz holten. Er wärmt und macht lustig." Er leerte den Becher auf einen Zug.
„Das tat gut. Vielleicht wird doch noch alles wieder mit mir richtig." Und er zog seine schweren Beine auf die Pritsche hinauf.
In diesem Augenblick klopfte es von draußen gegen die Holzklappe in der Tür, durch die der Wächter zu anderen Zeiten die kärgliche Nahrung reichte. Sie lauschten, und Johann Springintgud sagte: Es ist wohl besser, du gehst, sonst lassen sie dich nicht wieder zu mir in die Zelle. Und heute abend kommt der Pfarrer von Sankt Johannis mit dem Medikus?"
„Ja, Vater, ganz bestimmt. Sie bringen dir Medizin mit."

Die nächtliche Beisetzung

„Wassersucht, ein schlimmes Leiden, ein qualvolles Leiden. Des Springintguds Vater ist daran zugrunde gegangen. Und kann bei Johann wohl Gutes herauskommen nach dieser Leidens- und Hungerzeit im Turm? Vielleicht muß er noch den gleichen Weg gehen."
Hinrich sprach und Gebeke hörte zu. Sie saß unter dem Kruzifix mit dem beinernen Christus. Sie strickte. Aber nun legte sie den blauen Strumpf in den Schoß.
„Vater!" rief sie leise.
„Was gibt's?"
„Es hat eben jemand an die Scheibe gepocht. Hörst du? Da ist es wieder. Könnte es wohl Klaus sein?"
„Das ist nicht unmöglich. Bleib du hier! Ich gehe und sehe nach."
Es war wirklich Klaus Springintgud, der gleich darauf in die Schreibstube kam. Aber wie sah er aus! Das Haar! Es war, als hätte ein Sturm darin gewühlt, und nicht nur in dem Haar, nein, in seinem ganzen noch so jungen Gesicht. Hinrich trat ans Fenster und tat die Läden vor die Scheiben. Gebeke ging, kam gleich darauf mit einem brennenden Pfenniglicht wieder und zündete mit ihm zwei Kerzen auf des Vaters zinnernem Leuchter an. Als sie zur Tür hinaus wollte, rief Hinrich:
„Gebeke, du kannst hier bleiben, und du, Klaus, setz dich! Du bist ja, wie mir scheint, ganz durcheinander.
Und nun sag mir zuallererst: Wie geht es deinem Vater."
„Wie es meinem Vater geht? Meinem Vater geht es schlecht. Sehr schlecht. Ach, und doch vielleicht nicht. Vielleicht ist ihm jetzt wohl. Erschreckt nicht

über das, was ich Euch sagen muß." Und flüsternd setzte er hinzu: „Mein Vater lebt nicht mehr."
„Johann Springintgud tot?"
„Ja, gestorben auf faulem Stroh in der Finsternis seines Kerkers, allein und ohne Trost."
Da erhob sich Gebeke, trat an Klaus heran und legte ihre Arme um seinen Hals. Hinrich wandte sich ab, schob Papiere zusammen, die auf seinem Tisch lagen, zog leise die Schieblade unter der Tischplatte heraus und legte das Schriftliche hinein. Danach trat er an Klaus heran und gab ihm die Hand.
„Klaus", sagte er, „es tut mir leid, ach, was sag ich, es ist mir ganz schrecklich, daß dein Vater auf diese Weise sein Leben lassen mußte. Das hat er nicht verdient! – Aber wie ist es nur möglich, daß es so rasch mit ihm zu Ende ging? Als du vor drei Tagen bei uns warst, ging es ihm doch noch ganz leidlich."
„So schien es mir. Der Medikus war zufrieden. Auch mein Vater hatte Hoffnung. Nein, nicht immer. Manchmal war er sehr niedergeschlagen. Aber sein guter Mut brach immer wieder durch.
Der Wächter der Tür hatte die Kammer etwas gesäubert. Der Medikus kam täglich. Und auch mich ließ man zu ihm. Der Wein, den ich ihm brachte, schmeckte ihm, und die kräftige Kost, die meine Mutter mir für ihn mitgab, tat ihm gut. Als ich ihn gestern nachmittag im Turm besuchte, war er sehr unruhig. Die Luft wurde ihm knapp. Beim Abschied sagte er, er wolle beichten, er wolle für alle Fälle das letzte Nachtmahl haben. Der Pfarrer von Sankt Johannis ist dann noch am gleichen Abend bei ihm gewesen und hat ihn versehen. In der Nacht muß er gestorben sein. Heute in der Frühe ließ man mich nicht mehr zu ihm. Später kam der Pfarrer von Sankt Johannis in die Flachsburg und sagte uns, daß unser Vater nicht mehr am Leben sei. Ich ging noch einmal zum Turm. Man ließ mich nicht an sein Sterbebett. Ich bin dann mit dem Pfarrer der Täuferkirche bei Jan Ribe gewesen, wir haben ihn gebeten, uns den Leichnam unseres Vaters zu überantworten, damit wir ihn bestatten können."
„Und war Jan Ribe euch willfährig?"
„Jan Ribe war verlegen. Er sagte nicht ja, er sagte nicht nein. Er meinte, er könne in dieser Sache nicht allein entscheiden. Da bin ich, weil meine Mutter es gern wollte, nach Bardowick hinübergeritten, und mein Oheim, Sander Springintgud, der Domherr, ist mit mir zurückgekommen. Er ist mit mir bei Sengestake gewesen, wir sind bei Jan Ribe gewesen, und schließlich sind wir zu Dirik Schaper gegangen."
„Und wie hat der Schaper eure Bitte aufgenommen?"
„Ja, hört nur! Er sagte: Wir können der Familie den Leichnam des ge-

wesenen Bürgermeisters gar nicht ausliefern, denn er ist bereits der Erde überantwortet.
Aber das glauben wir nicht."

„Und ich glaub' es auch nicht. Klaus, es wird dir seltsam erscheinen, wenn ich dir sage: ich weiß, daß dein Vater noch nicht begraben ist. Vielleicht wird er bald begraben, vielleicht wird er um Mitternacht bestattet. Und vielleicht kann ich dir sagen, wo man den Leichnam deines lieben Vaters begraben wird."

„Vater, du . . ."

„Du kommst ja gar nicht aus dem Hause, willst du wohl sagen, Gebeke. Aber man kann in seinen eigenen vier Pfählen zuzeiten Merkwürdiges erleben. Aber erst möchte ich, Klaus, daß du dich auf die Truhenbank setzt. Komm, trink ein Glas Wein! Du bist ja ganz weiß im Gesicht. Und nun hör zu!

Als du eben erzähltest, ging mir ein Licht auf über etwas, was ich heute sah. Ja, es fiel mir geradezu, wie man sagt, wie Schuppen von den Augen. Nein, Klaus, sie haben deinen Vater noch nicht bestattet. Aber es ist gut möglich, daß sie ihn in dieser Nacht zur Erde bringen, und ich glaube, nicht allzuweit von der Stelle, an der wir uns zur Zeit befinden."

Er machte eine Pause und fuhr dann fort:

„Du verstehst wohl, wie schwer es für einen an die Freiheit gewöhnten Mann ist, eine Haushaft, wie sie über uns alle verhängt wurde, zu ertragen. Um mir in meiner Eingeschlossenheit ein wenig Bewegung zu machen, um dabei die Meinen bei meinem ewigen ruhelosen Hin und Her nicht allzusehr zu stören, bin ich jetzt oft in dem bescheidenen Festsaal unseres Hauses unterwegs, der, wie du dir wohl denken kannst, seit Jahr und Tag keinen Festglanz mehr gesehen hat. Werdet nicht ungeduldig, ich komme gleich zur Sache. Du weißt wohl, daß zwei von den Fenstern des Saales nach dem Bauhof liegen, auf dem im Augenblick fast immer eine wahre Friedhofsstille herrscht. Du kennst dich doch noch von deiner Jungenzeit her auf dem Bauhof aus. Erinnerst du dich noch an die alte, gesprungene Glocke, die jahraus, jahrein hinter der großen Eiche stand und immer noch steht? Boldewin und Älardus haben mit ihren Freunden oftmals an dem lateinischen Spruch an ihrem Rande herumbuchstabiert.

Heute, Wunder über Wunder, hatte man es auf die Glocke abgesehen. Der Bauhofsvogt und sein Knecht rückten dem alten Ding mit Hebestangen auf den Leib. Ja, es gelang ihnen, sie ein ganzes Stück beiseite zu bringen.

Warum? Ja, das fragte ich mich auch, während ich vom Fenster zurücktrat.

Als ich eine Viertelstunde später wieder durch die Scheiben sah, kam ein Mann daher, ein nicht mehr junger großer Mann, und an seinem wiegenden Gang sah ich, daß es der Kuhlengräber von Sankt Lamberti war, der schon manchem Sülfmeister und Sieder die letzte Ruhestätte geschaufelt hat. – Er ist öfter, und besonders damals als ich Sodmeister war, im Bürgermeisterhaus gewesen, um für seine Dienste das Silberstück in Empfang zu nehmen. Er hatte auch heute sein Arbeitsgerät mitgebracht: Spitzhacke, Spaten und Schaufel. Er ging auch gleich ans Werk. Der Buscherum kam herunter und flog auf die geschälten Stämme. Die Kogel kam hinterher. Und just an der Stelle, wo die alte Glocke gestanden, grub, schaufelte und scharwerkte er sich in die Erde hinein.

Dann kam Gebeke und rief mich zum Essen. Als ich nachmittags noch einmal ans Fenster trat, um zu sehen, was aus der Geschichte geworden sei, war der Kuhlengräber nicht mehr zur Stelle. Aber neben der gesprungenen Glocke lag ein mächtiger Erdhaufen, dem man es ansah, daß der Mann eine ziemlich tiefe Grube ausgehoben hatte. In die Grube selbst konnte ich nicht hineinsehen: man hatte Bretter auf sie gelegt. Aber sie ist lang und schmal und hat die Form eines Grabes."

„Und nun meist du, Vater . . ."

„Ja, ich möchte annehmen, daß man diese gegrabene Gruft für deinen lieben Vater vorbereitet hat. Vielleicht hat man vor, ihn zur Nachtzeit dort in aller Stille zur Erde zu bringen. Komm mit, Klaus, sieh selbst! Den Bauhof dürfen wir nicht betreten, aber von dem schmalen Saal aus können wir sehen, was wir sehen wollen."

In diesem Augenblick kam Wobbeke in die Schreibstube. Sie begrüßte Klaus, blieb mit Gebeke allein zurück und hörte von ihr von Springintguds Tod und des Vaters seltsamem Erlebnis.

Als die beiden die Schreibstube wieder betraten, sagte Hinrich:

„Im Augenblick rührt sich nichts auf dem Bauhof. Aber Klaus möchte bleiben. Er möchte die Nacht abwarten. Ich möchte wohl mit ihm aufbleiben. Wenn ihr wollt, könnt ihr euch schlafen legen. Es kann spät werden."

„Vater!" rief Gebeke.

„Hinrich! Mann!" rief Wobbeke. „Wie stellst du dir das mit uns vor? Keine von uns beiden könnte schlafen, ja, auch nur ein Auge zutun. Es ist besser, du nimmst uns mit nach oben."

„So kommt. Auch mir ist es lieber, wenn ihr dabei seid."

Und so warf Wobbeke ebenfalls einen Blick auf die beiseite gerückte Glocke, auf die schmale, mit Brettern belegte Grube. Sie schüttelte den Kopf. „Und du meinst wirklich . . ."

„Wir werden ja sehen."

Sie trugen Bandstühle herbei. Sie setzten hinter jedes Fenster zwei Stühle, sie stellten sie in einem gewissen Abstand von der Fensterbank auf, aber doch so, daß man von ihrem Sitz aus die Eiche, die Glocke, das geschaufelte Grab übersehen konnte und auch das große Tor des Bauhofs, dessen zwei

Flügel auf die Twiete gingen und auf den kleinen dreieckigen Platz an der Twiete. Klaus setzte sich neben Hinrich. Gebeke saß an der Seite ihrer Mutter. Man wartete und schwieg. Aber dann rückte Klaus ein wenig näher an Hinrich heran und flüsterte:
„Warum gaben die Männer vom neuen Rat uns den Leichnam unseres Vaters nicht heraus, warum erlauben sie nicht, daß wir ihn bestatten?"
„Sie konnten es nicht erlauben. Sie wagten es ganz einfach nicht. Sie konnten es wohl auch nicht wagen. Nimm es nicht als Bosheit, als Unmenschlichkeit von ihrer Seite, wenn sie euch nicht erlaubten, von eurem Vater Abschied zu nehmen, wenn sie einer Bestattung durch die Familie — diesem letzten schweren und doch so tröstlichen Tun, das den Anverwandten bleibt — auswichen, ja, eine solche Bestattung verhinderten. Die Herren haben einen Volksauflauf befürchtet. Eine Beisetzung in der Täuferkirche, bei der eures Vaters schlimmes Ende offenbar geworden wäre, hätte all seine Freunde und Anhänger aufgestört. Sie hätten die Köpfe zusammengesteckt und sich vergangener Zeiten erinnert. Es wäre zu Zusammenrottungen auf Markt und Sand gekommen, vielleicht wären sie aufs Rathaus gezogen. Der neue Rat sitzt nicht fest im Sattel, und die Bürger wollen den Männern vom alten Rat wohl. Das hören wir und wissen wir, wenn wir auch von aller Welt abgesperrt sind. Vielleicht hätte man bei einer solchen Gelegenheit die Männer vom neuen Rat zum Teufel gejagt."
Danach schwiegen sie beide, und auch Wobbeke und Gebeke sagten nichts. Sie blickten durch die Scheiben.
Es war die Zeit der hellen Nächte. Man konnte alles sehen, was sich auf dem Hof ereignete. Im Augenblick ereignete sich nichts. Aber dann faßte Gebeke Wobbekes Arm und rief leise zu den anderen beiden Stühlen hinüber:
„Seht ihr nicht den dunklen Schatten? Er kommt vom Glockenhaus. Es muß ein Tier sein. Jetzt springt es auf die Steine."
Richtig, da lief es auf den aufgeschütteten Kopfsteinen hin, mit denen das letzte Stück der Bardowicker Straße gepflastert werden sollte. Ein Untier, groß und schwarz.
„Es ist Leo, der Wolfshund, der Bauhofswächter", rief Hinrich zu den Frauen hin.
Der große Hund schnupperte an der Glocke herum, an dem Erdhaufen, trappte auf die Bretter, blieb stehen, zog den Schwanz ein und jaulte. Sprang von der zugedeckten Grube, lief etwas näher an das Haus heran und sah zu den Fenstern hinauf. Es war wohl schon vorgekommen, daß Hinrich ihm von oben einen guten Bissen zugeworfen hatte.
Aber nun wurde er vom Glockenhaus aus gerufen. Ja, man pfiff ihm. Da trollte er sich und verschwand in der Dunkelheit.

„Sie sperren ihn ein", sagte Hinrich. „Heute ist er ihnen vielleicht auf dem Bauhof im Wege."
Danach blieb es still. Die Zeit verging. Am Ende wurde es heller. Der Mond mußte aufgegangen sein. Er schien gegen die Bauhofseiche. Es war fast, als tropfte das silberne Licht von Blatt zu Blatt. Und einmal rauschte der Baum auf mit all seinen Blättern, als ginge ein Schauer über ihn hin.
Und dann sang der Vogel. Ein Vogel mitten in der Nacht?
„Es ist die Nachtigall", flüsterte Gebeke ihrer Mutter zu.
Ja, es war die Nachtigall. Da saß sie in der Bauhofseiche und sang. Sie hatte sich die Krone des alten Baumes zu ihrem Singeplatz erkoren und war über die vielen roten Giebel geflogen. Sie lauschten alle zu ihr hinüber. Der nächtliche Gesang des Vogels betörte Gebekes Herz. Sie konnte nicht länger auf ihrem Stuhle sitzen bleiben. Sie stand auf und ging auf Zehenspitzen zu dem anderen Fenster hinüber und blieb hinter Klaus' Stuhl stehen. Hinrich Lange sah zu Wobbeke hinüber, die dort allein war. Da erhob er sich, näherte sich dem anderen Fenster und setzte sich an ihre Seite. Noch einmal sah er zu den beiden jungen Leuten zurück, wandte aber gleich wieder den Kopf ab.
Die Nachtigall aber sang weiter, wie sie schon zu Ilsabens Lebzeiten gesungen hatte. Und wenn es auch nicht dieselbe war, so war es doch die gleiche, sie, die an der Ilmenau in den Gärten der Weißen Mönche brütete und am Abend über die Häuser flog.
„Müssen wir noch lange warten?" flüsterte Wobbeke ihrem Manne zu.
„Doch wohl, wir müssen Geduld haben. Veit Sneebart hat noch nicht geblasen. Es ist noch nicht Mitternacht. Zur Zeit ist noch immer der eine oder andere Bürger auf dem Wege."
Aber dann blies Veit Sneebart. Er blies das Lied von den Wächtern, deren Dienst nichts nütze ist, wenn Gott der Herr nicht die Stadt bewacht. Es war eine Art Nachtgesang, der von der Höhe der Täuferkirche auf die ruhenden Menschen niederging. Bald darauf hörte man ein Sprechen in der Twiete hinter der Bauhofsmauer. Es kam näher. Gespannt horchte Hinrich Lange auf die Stimmen. Aber dann hörte er ein Lachen, ein Frauenlachen. Da sagte er: „Das sind nun wohl die letzten Bürger, die ihr Haus aufsuchen."
Als Hinrich nicht viel später doch einmal zu dem anderen Fenster hinüberblickte, standen die beiden Stühle noch da, einträchtig aneinander gerückt, aber Gebeke und Klaus gingen fast lautlos Hand in Hand in dem großen Saal auf und ab, immer unter den aus Hirschgeweihen zusammengefügten Lichterkronen hin, die wie dunkle Schatten über ihnen schwebten. Von dem rosenroten Brautgewand der Heiligen Jungfrau, von der blinkenden Rüstung des Drachenbezwingers schien zur Stunde nichts aus den Geweihlauben.
Hinrich wartete, bis die beiden jungen Leute wieder nebeneinander saßen und Ausschau hielten, dann stand auch er einmal mit Wobbeke auf und ging

in dem Saale auf und ab. Als sie sich wieder am Fenster einfanden, rief Wobbeke:
„Dahinten kommt jemand gegangen." Klaus und Gebeke beugten sich vor, und Klaus sagte: „Den Mann muß ich schon gesehen haben."
„Natürlich kennst du ihn. Es ist ja der Kuhlengräber von Sankt Lamberti. Es ist derselbe, der heute morgen die Grube unter der Eiche geschaufelt hat."
„Er ist ja fast so groß wie der Dahlenburg", flüsterte Wobbeke, „aber er geht so schlantrig, fast so, als seien ihm Arme und Beine nicht fest genug in die Gelenke geknöpft."
„Ja, schlantrig geht er und schlantrig ist er auch wohl, dabei ein großes Kind, aber seine — man möchte sagen — himmelblauen Augen haben bei aller Einfalt eine gute Prise Schlauheit."
„Er hat Schaufel und Spaten mitgebracht", flüsterte Wobbeke. Die Schaufel lehnte er an den Stamm der Eiche. Den Spaten stieß er mit einem mächtigen Schwung in den Erdhaufen. Dann setzte er sich auf einen der liegenden Stämme und stützte seinen Kopf in die Hand.
„Er wartet, wartet, wie wir warten."
Und dann schwieg die Nachtigall. Es rauschte im Baum. Sie flog zurück in ihre heimatlichen Gärten. Der Kuhlengräber hob den Kopf, in der Ferne knarrte ein Wagen. Sie hörten es alle vier.
„Das könnte ein ausgedienter Salzwagen sein", flüsterte Hinrich.
Sie können den Wagen nicht sehen. Aber sie hören, daß er näher kommt. Er muß in der Twiete sein, die hinter der hohen Bauhofsmauer liegt. Jetzt ist der Wagen ganz nah, und nun verstummt das Geknarr. Ein Schlüssel rasselt in der Bauhofspforte. Jetzt kreischen die beiden Torflügel und gehen langsam, ganz langsam auf. Es kommen drei Männer in schwarzem Gewand auf den Hof. Sie sehen sich um.
„Hinrich! Mann!" flüsterte Wobbeke, „kann man uns denn auch wirklich nicht von unten sehen?"
„Keine Sorge. Der Saal liegt in Dunkelheit." Aber Hinrichs Herz schlägt doch, als der große, der massigste von den dreien, sich umdreht und zu den beiden Fenstern hinaufstarrt. Hinrich denkt: Das ist Hans Dahlenburg. Das muß der Dahlenburg sein.
Der große Mann hob seinen mächtigen, schwarzen Arm auf und winkte damit zur Tür. „Kommt rein!" Da knarrte der Wagen wieder. Und nun kommt er auf den Hof. Aber was für ein Wagen ist es! Wohl ein alter Salzwagen, ein ausgedienter. Aber seine Wagenwände, die beiden Schotten waren schwarz angestrichen, dazu mit kleinen weißen Kreuzen übersät. Es war der Wagen, der die toten Sülfmeister und Sodeskumpane von ihren Häusern abholt, um sie auf den Friedhof hinter Sankt Lamberti zu bringen.

„Der Mann, der jetzt die schwarze Decke vom Wagen zieht“, Wobbeke rückte ihrem Mann etwas näher.
„Das Bahrtuch aus der Lambertikrche mit den Silberfransen“, bemerkte Hinrich. „Mich dünkt, dieser Mann könnte Dirik Schaper sein.“
„Man sieht es schlecht. Er hat sich ganz in einen schwarzen Mantel eingedreht. Aber doch, der Buckel ist da.“
„Und der dritte, Hinrich, der sich jetzt bückt und den Zipfel des Bahrtuchs aus dem Gras aufhebt, ist seiner Statur nach der Bruder, Ulrich der Heringshändler.“
Die beiden Männer warfen das schwarze Tuch, mit dem das Gefährt zugedeckt war, über die geschälten Stämme und sahen hinter dem Wagen her, der weiter auf den Bauhof hinaufknarrte und sich dann von rückwärts gegen die Grube schob.
„Wie wollen die vier Männer wohl mit der schweren Totenlade fertig werden“, flüsterte Wobbeke.
„Vier Männer? Mit dem Fuhrmann sind es fünf, und so sehr schwer ist die Lade nicht, wohl gerade so aus ein paar gehobelten Brettern zusammengeschlagen. Aber, Wobbeke, laß uns schweigen.“
Nun stand der Wagen hinter der Grube. Sie legten zwei Stricke über die Bretter, das alte Zeremoniell, das Hinrich von vielen Bestattungen kannte. Auch der Kuhlengräber half mit, der Fuhrmann hob das hintere Wagenschott heraus. Da sahen sie die Totenlade. Da stand sie auf dem Wagenbrett, notdürftig schwarz angestrichen. Und nun kam das schwarze Ungetüm in die Höhe.
In diesem Augenblick sprang Klaus auf. Er stürzte ans Fenster, als wolle er hinunter. Aber schon war Gebeke bei ihm, faßte ihn am Arm, beschwichtigte ihn, bat ihn und brachte ihn dazu, daß er sich wieder hinsetzte.
Die vier Männer hielten die Lade an den Stricken. Sie hatten die Bretter von der Grube weggezogen. Als der Sarg in die Tiefe fuhr, kam ein Aufschluchzen von dem Fenster her, hinter dem die beiden jungen Leute saßen. Und Hinrich dachte, es wäre besser gewesen, er hätte hier allein gewacht.
Hinrich sah zu dem jungen Paar hinüber. Sie hatten ihre Arme umeinander gelegt. Hielt Klaus sich an Gebeke? Hielt Gebeke sich an dem großen Jungen fest? Sie hielten sich wohl beide aneinander. Gebeke weinte still, weinte sie vielleicht über die Verstörung, die dieser Abschied vom Vater in dem Gemüt ihres Freundes angerichtet hatte? Sie weinte wohl ganz einfach, weil sie Klaus weinen sah.
Hinrich fuhr sich mit der rechten Hand von oben her über das Gesicht. Seine Tochter tat ihm leid. Und sie tat ihm auch wieder nicht leid. Denn dieses hier war die erste Stunde ihres neuen Lebens.
Die schwarzgekleideten Männer hielten sich nicht auf. Es war, als hätten sie

Unruhe wegzukommen. Sie zogen sich in den Schatten der Mauer zurück. Sie überließen es dem Fuhrmann und dem Kuhlengräber, das schwarze Bahrtuch mit den Silberfransen in den Wagen zu werfen. Gleich danach knarrte der Wagen durchs Tor, dann verzogen sich die drei, und das Tor wurde von außen versperrt.

Der Kuhlengräber blieb allein auf dem Bauhof. Er steht da, als sei das, was er eben erlebt hat, ein Spuk gewesen, ein böser Traum. Er sieht auf die beiden Flügeltüren, die sich eben zusammengetan haben. Er hört das Knirschen des großen Schlüssels und hört auch die Geräusche des abfahrenden Wagens, die immer leiser werden. Er schüttelt den Kopf, geht an den Erdhaufen, zieht den Spaten heraus, besieht das stählerne Blatt, das im Mondschein glänzt. Er macht sich an die Arbeit. Als aber die ersten Erdschollen auf den Sarg poltern, erschrickt er. Er horcht hinter ihnen her, ja, er blickt über den Rand der Grube in die Tiefe und schüttelt den Kopf. Es ist ihm etwas nicht recht. Er stemmt den Spaten in die Erde, stützt sich darauf. Er grübelt. Vielleicht denkt er: Ist das eben eine Beerdigung gewesen? Nein, gibt er sich selbst Antwort, das war keine Bestattung. Kein Orgelspiel und kein Glockengeläute gab's, keine brennenden Kerzen, keinen Segen, noch Sprüche aus der Heiligen Schrift. Nicht Pfarrer, Küster noch Ministrant sind dabei gewesen. Sie haben es ja mit dem da unten gemacht, wie wir es mit einem toten Hunde machen, der verscharrt werden muß. – Vielleicht kommt ihm auch der Spruch aus dem Jesus Sirach in den Sinn: Wenn jemand stirbt, so bestatte ihn ehrlich zu Grabe und beweise auch dem Toten deine Wohltat!

Der Kuhlengräber richtet sich auf. Er wirft den Spaten hin, nimmt seine grüne Kogel vom Kopf und klemmt sie sich unter den linken Arm. Er tritt an die Grube heran, er faltet die Hände. Einfältig senkt er sein Haupt. Er betet.

„Er betet ein Vaterunser", flüsterte Wobbeke. Hinrich nickte. Da taten auch Hinrich und Wobbeke ihre Hände zusammen und gemeinsam mit dem Kuhlengräber von Sankt Lamberti empfahlen sie im Vaterunser Johann Springintgud der Gnade und Liebe Gottes.

Der Verspruch

Vierzehn Tage später ist Gebeke auf der Diele. Sie ist Abend für Abend auf der halbdunklen Diele. Sie sitzt auf der großen Truhe. Auch heute hat sie ihr Strickzeug in der Hand. Stricken kann man auch bei wenig Licht. Die Maschen kommen einem ganz von selbst entgegen.

Es hat ihr in der Nacht etwas geträumt. Sie ist nicht sehr erbaut von diesem Traum. Sie hat einen Vogel in der Faust gehabt, meisengrün und blau. Aber

das eine, das sie stört: Der Vogel hatte überhaupt keinen Kopf. Hatte nie einen Kopf gehabt, wie es schien. Der kleine Vogel wurde in ihrer Hand wärmer und immer wärmer, ja, schließlich war er ganz heiß. Sie fühlte, daß er von ihr wegwollte. Und da tat sie ihre Hand auf und sah hinter ihm her. Und nun grübelte sie: Was mag der Traum bedeuten? Ja, wenn der Vogel noch einen Kopf gehabt hätte! Aber so?
Sie will nicht mehr an den Traum denken. Es ist sündhaft, darüber nachzudenken, was Träume zu bedeuten haben. Die Bibel will nichts von Traumdeuterei wissen. Sie verbietet sie.
Aber nun legt Gebeke ihr Strickzeug in den Schoß. Sie hat Schritte auf dem Hof gehört, und da ist das leise Klopfen an der Hoftür, das leise Klopfen, auf das sie wartet, das Klopfen, um dessentwillen sie Abend für Abend auf der Hochzeitstruhe ihrer verstorbenen Mutter sitzt.
„Gebeke, heute muß ich zuerst mit deinem Vater sprechen", sagt Klaus, als sie ihm aufgetan hat. So steigen die beiden gemeinschaftlich die Treppe zur Galerie hinauf, denn die Eltern sind zur Stunde in der Wohnstube. Klaus begrüßt Wobbeke, und er begrüßt Hinrich Lange.
„Klaus", beginnt Hinrich nach einer Weile, „wir haben nichts Gutes gehört. Ist es wahr, daß eine Abordnung vom neuen Rat bei euch gewesen ist? Ist es wahr, daß sich Dirik Schaper in der Flachsburg einrichten will, daß die Flachsburg seine Stadtwohnung werden soll? Frau Engelke, die Bäckersfrau, hat uns berichtet, daß man deine Mutter aus dem Hause treiben will."
„Sie wollten es, aber es ist ihnen nicht geglückt. Die Mutter ist nicht gegangen. Ich war an jenem Morgen nicht zur Stelle. Ich war nach Schloß Lüdersburg hinausgeritten. Ihr wißt wohl, daß man meinem Vater die Verwaltung von Schloß und Gut Lüdersburg nahm, als er im Turm lag. Wir hatten noch Kornvorräte dort, die uns gehörten und die dem Verwalter anvertraut waren. Ich sollte sie an jenem Morgen verkaufen, und der Bäcker, der sie haben wollte, war mit mir gekommen.
Eine Verwüstung fand ich vor, als ich zurückkam. Es war nicht mehr unser Haus, in das ich trat. Alle Schränke hatten sie versiegelt. Dazu die Truhen mit den Kleidern und dem Leinen. Das Korn auf dem Boden, der Wein im Keller waren beschlagnahmt. Die Küche hatte man zugeschlossen. Tische, Bänke, Bankkissen, Näpfe, Grapen, Schüsseln, Vorräte aller Art waren in eine dunkle Kammer geworfen, zu der wir keinen Zugang mehr hatten. Da meine Mutter nicht aus dem Hause gewichen war, da die Abgesandten vom neuen Rat es nicht gewagt, sie mit Gewalt aus dem Hause zu treiben, hatte man ihr und meinen beiden Schwestern zwei Kammern überlassen, von denen die eine dunkel ist, die andere einen kleinen Kamin hat, und an diesem Kamin stand meine Mutter in ihrem schwarzen Kleid und kochte uns in einem geliehenen Grapen ein Essen. Und nun möchte meine Mutter am

liebsten, ich ginge aus dem Hause. Sie sagte: „Du und Dirik Schaper unter einem Dach, das gibt nichts."

„Darin mag sie recht haben. Und hast du vielleicht auch schon daran gedacht, Lüneburg den Rücken zu kehren?"

„Das hab ich. Und es hat sich auch eine Gelegenheit aufgetan. Vor einiger Zeit war Hogeherte bei uns."

„Hogeherte, der Salzschiffer, mein ehemaliger Teilhaber? Das Schiff, auf dem er zwischen Lüneburg und Lübeck hin- und herfährt, gehörte uns beiden zu gleichen Teilen."

„Er war grad von Lübeck zurück. Er hatte einen Brief für mich — von Älardus."

„Älardus wollte doch immer schon gern, daß du zu ihm nach Lübeck kommst."

„Das stand auch wieder in diesem Brief. Ja, es war eine Einladung. Er schreibt, ich könnte bei ihnen in dem Hause seiner Schwiegereltern wohnen."

„In dem Haus an der Trave, mit der Goldkugel auf dem First und den Weintrauben an der Südwand ist allerdings Platz genug", sagte Hinrich.

„Ich glaube, es ist nicht verkehrt, wenn du Älardus' Einladung annimmst. Denn wenn der Lüner Propst erst in der Flachsburg regiert, wenn seine harte Stimme erst über Diele und Galerie schallt, da bist du, der Sohn des Hauses, in der Flachsburg überflüssig. Es ist am besten, du gehst nach Lübeck. Was sagt deine Mutter dazu?"

„Genau das gleiche. Sie fürchtet, wenn der Schaper hier bei uns aus- und eingeht, könnte es über kurz oder lang zu einem Zwischenfall kommen, so daß man vielleicht bald eine Ursache findet, mich wie den Vater in den Turm zu legen, ja, mir vielleicht noch Schlimmeres anzutun. Die Mutter möchte wohl, daß ich nach Lübeck gehe."

„Hast du es einmal mit deinem Oheim Sander Springintgud überlegt?"

„Ich war heut draußen in Bardowick. Auch er hat mir geraten, zu gehen. Auch er hält es für besser, wenn ich sobald wie möglich die Stadt verlasse. Und da er übermorgen mit einigen Kapitelherren vom Bardowicker Dom nach Lübeck muß, möchte er, daß ich mich diesem kleinen Reitertrupp anschließe."

„Und dazu bist du bereit?"

„Ja, und doch, ich gehe nicht gern von hier weg."

Ein Blick flog zu Gebeke hinüber.

„Ich mag auch meine Mutter nicht gern alleinlassen."

„So sehen wir uns heute wohl für längere Zeit zum letzten Mal?"

„Morgen am Nachmittag muß ich draußen in Bardowick sein. Die Herren wollen gleich, wenn es hell wird, aufbrechen. Und so bin ich heute gekommen, um Abschied zu nehmen."

„Von mir?“ Hinrich lächelte.
„Ja, von allen ... und von Gebeke auch.“
Dabei trat er an das Mädchen heran, legte den Arm um seine Schulter und sagte: „Die letzte Zeit hat es ja an den Tag gebracht, daß wir uns liebhaben.“
„Nun, gespürt haben wir es wohl schon seit längerer Zeit. Ihr kennt euch ja auch schon von euren Kindertagen her.“
„Das ist richtig. Ich hab viel mit Boldewin und Älardus im Bürgermeisterhaus gespielt.“
„Ja, ihr drei stecktet immer zusammen. Ihr wart in vergangenen Jahren so oft zu dritt auf der Diele, daß es mir machmal war, als hätte ich drei große Jungen im Haus.“
„Und wie oft war Gebeke auch dabei! Und wenn sie auch einige Jahre jünger war, ich mochte immer gern mit ihr zu tun haben. Und so sind wir wohl schon damals miteinander vertraut geworden.“
„Die Scharnebecker Reise im vorigen Jahr hat wohl alles zum Austrag gebracht?“
„In Scharnebeck haben wir unseren Bund geschlossen. Ich hätte es Euch längst gesagt, hätte Euch längst darum gebeten, diesem Bund zuzustimmen. Aber wer mag in dieser Zeit ans Freien denken? Bei meines Vaters Tode ist es nun offenbar geworden. Und wenn Ihr gutheißt, was wir vorhaben, wenn Ihr mir erlauben wollt, weiterhin an Gebeke zu denken, ja, an sie zu denken wie an eine liebe Braut ...“ er sah Hinrich Lange unsicher an.
„Ja, Klaus, das soll mir recht sein. Und unsere Mutter wird auch nichts dagegen haben. Denn sie ist dir gewogen. Aber das wissen wir wohl alle, es kann noch viel Wasser die Ilmenau hinunterfließen, bevor man euch zusammengeben kann. Doch wenn es euch so ernst ist mit eurer Liebe, wenn ihr beide möchtet, daß eine Ehe daraus wird ...“
Klaus nickte, Gebeke sah ihren Vater gespannt an.
„Dann meine ich, wäre es vielleicht gut, wenn wir, bevor du die Stadt verläßt, den Verspruch hielten.“ Gebeke errötete, und Klaus rief:
„Wenn das möglich wäre! Wenn ich Gebeke zurücklassen könnte als die mir angelobte Braut!“
„Vielleicht wäre es auch Gebeke recht, wenn wir vor der langen Trennung, die euch möglicherweise bevorsteht, Versprechungen austauschen, die uns gegenseitig binden.“
Hinrich sah seine Tochter an, und sie sagte: „Ja, Vater, das möchte ich auch.“
„Doch ich muß hinzufügen, daß es nur ein etwas seltsamer, ein höchst unvollkommener Verspruch werden kann. Ein Verspruch ohne den priesterlichen Segen, ein Verspruch ohne Zeugen und Gäste. Ein Verspruch auf Treu und Glauben, ohne daß notariell beglaubigte Abmachungen vorliegen

über das, was die gegenseitigen Eltern ihren Kindern mitgeben können und wollen. Aber solche Versprechungen können im Augenblick weder von eurer noch von unserer Seite gemacht werden, weil wir zur Zeit ohne Besitz sind, weil wir jedenfalls nicht über das, was unser ist, verfüger können. Wenn du mit einem solchen Verspruch fürlieb nehmen willst?"

„Wenn nur Ihr mit mir als Eidam einverstanden seid, arm und bloß, wie ich zur Stunde bin, dazu ein Sülfmeister ohne Pfannen. Wagt Ihr de: Verspruch, kann ich an Gebeke zurückdenken, als an die mir zugesprochene Braut, oh, wie will ich dann da draußen arbeiten! Es wird sich schon etwas finden."

„Aber da ist noch eins. Was wird deine Mutter dazu sagen? Wird ihr Gebeke als Braut ihres Sohnes recht sein?"

„Meine Mutter hat nichts gegen meinen Bund mit Gebeke. Sie hat schon einige Male durchblicken lassen, daß sie sie wohl als Tochter im Hause haben möchte. Meine Mutter glaubt auch, daß es für uns nur von Vorteil sein kann, wenn unsere Familien sich verschwägern. Mir aber ist es ein Trost zu wissen, daß die Mutter in ihrer Verlassenheit an Euch einen Rückhalt hat."

„Wenn ich auch als gefangener Mann kaum eines Menschen Rückhalt sein kann. — Aber Wobbeke, du bist noch gar nicht zu Worte gekommen, was sagst du dazu? Hältst du es auch für gut, wenn wir es in dieser Stunde mit den beiden richtigmachen?"

„Doch, Hinrich. Es ist besser, wenn die beiden sich versprochen sind. Es ist besonders für Klaus besser. Es war ja schon immer vorgesehen, daß Klaus einmal nach Lübeck reisen solle. Und immer ist dann davon die Rede gewesen, daß er bei Älardus wohnen könne. Wenn er als Gebekes Verlobter erscheint, wird er, glaube ich, in dem Haus an der Trave noch ganz anders aufgenommen."

„Das ist auch meine Meinung. Ich weiß, in dem gastlichen Haus, in dem zur Zeit noch die Eltern der jungen Frau das Regiment führen, sind wohl auch Älardus' Freunde willkommen. Aber wenn Klaus als der Schwager der Tochter dort ist, hat alles noch ein anderes Gesicht.

Auch mir ist damit gedient, wenn zur Stunde alles seine Ordnung bekommt. Ich muß wie ein Bauer auf sicherem Grunde stehen. Ich muß über einen Bund zur Ruhe kommen, der euch beiden so erwünscht ist. Wer kann sagen, was die nächsten Zeiten bringen? Vielleicht bleibst du Jahr und Tag weg, und es ist ungewiß, ob ich dann noch zur Stelle bin, wenn du zurückkehrst. Hat einer von uns das frühe Ende deines Vaters vorausgesehen? — Leider ist deine Mutter nicht hier. Aber ich denke, Wobbeke geht in der nächsten Zeit einmal in die Flachsburg. Den Frauen ist es ja noch nicht verboten, sich zu besuchen. Wobbeke kann sich mit deiner Mutter ins Einvernehmen setzen. Wir bringen danach in Gemeinsamkeit etwas zu Papier, das dann von deiner Mutter und von Wobbeke und mir besiegelt wird... Soll es so sein, Klaus?"

„Ja, so soll es sein, Herr Lange", und er gab dem Bürgermeister zur Bekräftigung seines Versprechens die Hand.

„Gut, Klaus, und nun sage du zu mir und gib auch unserer Mutter das Du! Und jetzt, Wobbeke, sei so gut, geh und hole Wein und was du sonst noch hast, damit wir dem jungen Paar auf eine bescheidene Weise ein wenig Ehre antun, bevor Klaus uns verläßt."

Nun mußten sich die beiden auf Stühlen hinter den Tisch setzen. Gebeke durfte keine Hand rühren. Heute wollte Wobbeke sie bedienen. Sie breitete ein weißes mit Bildern durchwirktes Laken über den Tisch, brachte Kuchen herbei und stellte schlichte Gläser auf das Leinen, und da es keine Silberkanne mehr im Hause gab, holte sie in einem grauirdenen mit blauen Zeichen bemalten Krug Wein aus dem Keller, alten Rotwein vom besten Faß. Hinrich schenkte ein. Und sie tranken auf ein gutes Wiedersehen.

So feierten sie ein wenig, sprachen von Lübeck, von Älardus und seiner Frau. Und Klaus mußte versprechen, von Lübeck aus bald zu schreiben.

„Aber wem gebe ich meinen Brief mit?"

„Hogeherte wird helfen", sagte Hinrich. Er wird auch ab und an einen Brief von Gebeke mit nach Lübeck nehmen."

Nicht lange danach stand Klaus auf und Gebeke mit ihm. Indes Wobbeke in der Stube blieb, um Gläser und Teller ein wenig beiseite zu räumen, geleitete Hinrich das junge Paar auf die Galerie. Von der Brüstung aus sah er hinter den jungen Leuten her, die die Treppe hinabstiegen. Auf dem Treppenabsatz blieb Klaus stehen, als besänne er sich; er ließ Gebekes Hand los und stieg wieder einige Stufen nach oben, hob sein Gesicht zu Hinrich Lange auf, und wenn er auch nichts sagen konnte, so war doch in seinen Augen eine unaussprechliche Dankbarkeit.

Nach einer Stunde kam Gebeke wieder in die getäfelte Stube zurück, mit geröteten Lidern, wie Hinrich, der allein war, bei flüchtigem Hinblicken sah.

„Hast du Klaus über den Bauhof gebracht?"

„Ja, Vater, die Bauhofspforte war verschlossen. Wo die großen Findlinge liegen, ist Klaus über die Mauer gegangen. Die Twiete hinter der Mauer war wie ausgestorben.

Vater", Gebeke trat hinter seinen Stuhl, „ich danke dir", sie umarmte ihn. „Aber", fragte sie nach einer Weile, „ist dir Klaus als Eidam nun auch wirklich recht?"

„Warum sollte er mir nicht recht sein? Ein großer Junge, allzeit munter und guter Dinge. Er mag sich rühren, und auf der Sülze ist er zu brauchen."

„Ich meine nur, weil du doch nie so ganz mit Klaus' Vater zurechtgekommen bist, und er hat dir viele schwere Stunden bereitet."
„Ach, Gebeke, was soll man dazu sagen. Klaus' Vater ist sicher kein schlechterer Mann gewesen, als ich es bin; wenn er auch mit seinem Ungestüm in unserer heutigen Zeit nicht so recht am Platze war. Damals, als die Lüneburger um ihre Freiheit kämpften, wäre er der rechte Mann gewesen. In der Ursulanacht hätte er die Bürger zum Siege geführt. Klaus' Vater hatte viele Freunde. Er hatte zuzeiten einen Glanz an sich, und er verstand es, Feste zu feiern. Wenn Städtetag in Lüneburg war, wenn wir Sülfmeisterköst hatten, war er unser bester Mann. Er konnte die Menschen, wenn er wollte, bestricken. Und das laß dir gesagt sein, als wir zuletzt auf der Laube waren, damals, als wir aus dem Gestühl mußten, hat er es gut gemacht. Und dennoch ..."
„Was dennoch, Vater?"
„Ach, Gebeke, frage nicht! Nur das eine möchte ich dir noch sagen: Für die geduldige Kleinarbeit, die nötig war, um mit den Sülzprälaten zu einem für uns annehmbaren Schluß zu kommen, war er nicht der Mann. Und dann noch eins, Gebeke: Die Pfaffheit des deutschen Nordens, die etwas bei uns auf der Sülze hat, will mit Vorsicht und Rücksicht behandelt werden. Und ist das eine unbillige Forderung? Wollen wir nicht alle vorsichtig angefaßt werden? Du, Gebeke, ich, Wobbeke und die Kinder? Ja, sie auch, wenn es ihnen auch nicht bewußt ist. Und wenn man grob mit ihnen verfährt, werden sie unzufrieden, trotzig, ja, schließlich verstocken sie ganz. Es ist nun mal unsere Christenpflicht, unseren Mitmenschen mit Rücksicht zu begegnen. Aber über diese Pflicht setzte sich Johann, wenn der Übermut bei ihm die Oberhand bekam, gern hinweg. Doch ich will ihn nicht schelten. Er war der Vater dessen, der einmal dein Mann werden soll."
„Klaus ist anders als sein Vater."
„Die Söhne verfallen meistens nicht in die Fehler und Schwächen ihrer Väter. Aber ein Wildfang ist Klaus auch. Und von dem raschen Blut, dem Ungestüm und der Hitzköpfigkeit der Springintguds hat er wohl auch seinen Teil geerbt. Aber das weißt du ja selbst. Und weißt vielleicht auch, daß das alles im täglichen Umgang nicht immer leicht zu ertragen ist."
„Vater, ich hab' keine Sorge. Ich schaff's mit Klaus. Mir wird's zum Guten ausschlagen. Wieviel vierblättrigen Klee habe ich schon draußen auf dem Eichenkamp des Nikolaihofs gefunden."
„Hast du? Was du sagst!"
„Ja, es ist so. Schon als Kind. Aber besonders in den letzten Jahren."
„Du warst in der letzten Zeit wohl auch immer sehr des Glückes bedürftig und hast viel nach den Vierblättrigen ausgeschaut?"
„Das ist nun auch wieder nicht richtig. Gesucht hab' ich nicht nach den

kleinen Glücksblättern. Wenn wir draußen über den Eichenkamp gingen, sah ich sie mir gleich zu Füßen."

Hinrich gab sich geschlagen.

„Ja, Gebeke, wenn du in deinem Leben immer mit dem vierblättrigen Klee im Bunde warst, wirst du wohl auch mit einem Springintgud gut zurechtkommen."

„Klaus' Vater hat gewußt, was wir vorhatten."

„Ja?"

„In den letzten Tagen, als das Wasser ihn einmal nicht so sehr bedrängte, hat Klaus ihm gesagt, daß wir uns liebhaben und daß er mich zur Frau haben möchte."

„Und Johann?"

„Er hat genickt und ein wenig gelacht, und es war ihm recht."

„Er hat wohl auch gedacht: Es ist gut, wenn wir beide in unseren Kindern für Zeit und Ewigkeit unseren Frieden finden."

VIII

Der Herzog von Schleswig

November

Der November macht traurig.
Die Sonne fehlt. Der Sommer. Er drückt den Menschen soviel Spielzeug in die Hand. Bunte Vögel, Blumen und Früchte. Wenn die Sonne, die große Zeitvertreiberin, uns den Rücken kehrt, bleiben wir arm zurück.
Im Bürgermeisterhaus war trübe Zeit.
Wenn auch zehn Männer vom alten Rat – aus ihren häuslichen Gefängnissen befreit –, sich wieder in der Stadt bewegen konnten, (einige von ihnen hatten allerdings Lüneburg heimlich verlassen), Hinrich gehörte nicht zu diesen Bevorzugten. Der ehemalige Worthaltende von Lüneburg war noch immer nicht von seiner Haushaft freigesprochen worden.
So saß er meistens in seiner Schreibstube; grübelte, schrieb und schlug sich mit gewesenen Dingen herum, wie man es macht, wenn man selbst kein rechtes Leben mehr lebt. Auch Wobbeke war nicht recht zufrieden. Sie hatte ihre Plage. Was sollen wir essen? Was sollen wir trinken? Ja, wenn man noch so reingreifen könnte wie früher! Wobbeke und Gebeke hatten viel Arbeit. Sie mußten das große Haus allein versorgen. Nur Jürgen, der halbtaube Treideler, war zur Hilfe da. Er trug ihnen Holz und Wasser in die Küche. Er sah in Hof und Keller nach dem Rechten. – Am besten von allen im Hause waren die Kinder gestellt, wenn auch die Eltern und Gebeke sich kaum mit ihnen abgaben. Sie wußten sich zu helfen. Konnten sie zum Spielen nicht auf den Hof, dann lärmten sie auf der Diele, oder sie saßen alle miteinander auf der Hochzeitstruhe mit den glückverheißenden Vierpassen. Es gab viel zu erzählen. Weihnachten ist nicht mehr weit, aber vorher war noch Sankt Niklaustag. Bald durfte man die Schuhe auf die Fensterbank stellen.
Im November waren sehr viele Mäuse ins Haus gekommen. Sie trieben es bunt. Im Keller, in den Vorratsräumen, ja, auf der Diele. In der Küche hatten sie sich so recht eingenistet. Legte man ein Brot auf den Tisch, so war es am Morgen angenagt. Selbst zum Speiseschrank hatten sie sich Zugang verschafft, sie fraßen vom Speck, taten sich gütlich an Schinken und Wurst.
Gebeke mußte Fallen aufstellen. An einem Abend setzte sie ein kleines Drahthäuslein hinter die Wassertonne, die nicht weit vom Herde stand. Als sie am nächsten Morgen hinter das große Faß guckte, war die Falle verschwunden. Unbegreiflich ...

Sie suchten in der Küche, auf der Diele. Und auf der Diele fanden sie sie. Hinter der Hochzeitstruhe! Hinter der Hochzeitstruhe? Die Maus hatte die Falle dahin transportiert. Die Küchentür hatte in der Nacht etwas aufgestanden. Die Maus saß noch in der Falle. Oder besser: Sie saß noch daran. Die Schwanzspitze war ihr von dem zugefallenen Türchen eingeklemmt worden, da hatte die Maus die Falle hinter sich hergezogen, als sei das kleine, gegitterte Ding ihr Kütschlein.

„Da seht!" Wobbeke setzte Falle und Maus mitten auf die Diele und stellte sich selbst mit untergeschlagenen Armen gegen den Pfeiler. Neugierig kamen die Kinder herbei, wenn es ihnen auch über den Rücken lief. Und Knut, der kleine Mann, der das Ganze nicht begriff, der auch die Maus nicht sah, die wieder am Werk war und mit der Falle auf und davon wollte, schrie „Mutter, die Falle läuft!" Und er stürzte auf Frau Wobbeke zu, die ihn gleich auf den Arm nahm; Knut, glücklich darüber, daß er aus dem Bereich der schlimmen, der laufenden Falle geraten war, schlug seine beiden Arme um ihren Hals.

In diesem Augenblick erschien der Vater, übersah alles, bückte sich über das kleine Tier, das in seiner Angst vor den vielen Menschen, immer die schwere Falle hinter sich herschleppend, ihm entgegentrippelte. Er ergriff das Drahtgehäuse, trat an einen Eimer mit Seifenlauge heran, warf Falle und Maus hinein und rief: „Besser tot als gefangen!"

Besser tot als gefangen? Gebeke erschrak. Die Kinder wurden still. Wobbeke sah ihren Mann an. Hinrich aber verschwand, ohne etwas hinzuzusetzen, in seine Schreibstube und drückte die Tür hinter sich ins Schloß. Die Frauen waren bedrückt.

„Unser Vater . . ." Wobbeke schüttelte den Kopf.

Am Abend, als die Kinder schliefen, stellte Gebeke sich in der Schreibstube ein; sie setzte sich in den Winkel, in dem der beinerne Christus hing.

Hinrich ging ruhelos in dem kleinen Raum hin und her, ja, recht wie ein Löwe hinter Gitterstäben. Einmal trat er an Gebeke heran, sah nach dem kleinen Ärmel, den sie in ein Hemdlein setzte. Da faßte Gebeke sich ein Herz und sagte:

„Vater, warum bist du so niedergedrückt?"

„Bin ich das?"

„Mehr als das. Manchmal, wenn ich zu dir in die Schreibstube komme und stelle dir einen Teller Suppe auf den Tisch, dann ist es mir – ja gerade herausgesagt –, es ist mir, als seist du nur eine wehe Wunde."

„Gebeke!"

„Ich fühl's so, Vater. Manchmal denk ich: Es kommt daher, weil du es nur mit uns zu tun hast. Du kannst nicht immer nur zwischen Frauen und

Kindern leben. Hier bei uns ist immer das gleiche. Dann wird gefeuert und gekocht, und nun riecht es auf der Diele nach Grünkohl. Und am nächsten Tag ist große Wäsche, und weil es nicht aufhört zu regnen, hängt die Diele voller Handtücher und Hemden, und darunter toben die Kinder. Und du kriegst alles mit. Das alles bist du leid, wie ich glaube. Du bist auch gar nicht so recht an unser Frauenleben gewöhnt. Du hast immer nur mit Männern zu tun gehabt, auf der Sülze, im Rathaus. Wenn du dich doch nur einmal mit einem deiner ehemaligen Ratskollegen unterhalten könntest! Ja, manchmal wünsche ich: Lebte doch Klaus' Vater noch! Wenn unser Vater sich wieder einmal richtig mit ihm streiten könnte, würde er ganz anders aus den Augen sehen. Immer nur unsere Gesellschaft . . . Das ist für dich nicht das Rechte."
„Wie genau meine Tochter weiß, was mir fehlt, besser vielleicht als ich selbst. Gebeke, du beschämst mich. Aber wenn ich auch sagen muß, vielleicht hast du nicht so ganz unrecht, so weiß ich doch, daß die Mutter, du und die Kinder, ja, ihr alle miteinander, das Beste seid, was mir blieb. Frau und Kindervolk schaffen dem Manne das Glück ins Haus, sagte Johann Huß auf dem Konzil. Er hatte das priesterliche Zölibat angegriffen und mußte sich auch dafür verantworten. Ich las es in den Briefen des Poggio Florentinus, der, auf einem Esel reitend, nach Böhmen mußte, um Huß nach Konstanz zu begleiten. Du weißt doch, daß ich des Poggio Briefe für Boldewin kaufte, und daß ein lübscher Kaufmann sie vor mehr als Jahresfrist nach Bologna mitnahm.
Ja, so hoch standen dem Huß Ehe und Familie. Und hatte er nicht auch in diesem recht?"
„In anderen Dingen auch?"
„Doch wohl. Säße ich sonst hier gefangen?"
Das war dunkel. Gebeke dachte einen Augenblick nach. Dann sagte sie:
„Du meinst, wenn es nach Huß ginge, hätte die Prälatenschaft euch nicht aus dem Gestühl bringen dürfen. Du meinst wohl auch, die geistlichen Väter bekümmern sich etwas zu sehr um Geld und Gut. Sie sind mehr besorgt um ihren weltlichen Besitz als um Gottes Wort und ihre eigene Seligkeit."
„Gebeke, der Prälatenschaft gehört ja alles! Sie sitzen müßig hinter Klostermauern und schwelgen das Fett der Völker, so hat Huß gesprochen in Konstanz. Und der Florentiner Poggio hat es aufgeschrieben. Uns Lüneburger aber haben sie mit Haut und Haaren übergeschluckt. Aber, Gebeke, wir sind von unserm Weg abgekommen. Sag nur, was du sonst noch auf dem Herzen hast."
„Ach, Vater, ich mag's ja kaum, aber wenn du noch mehr hören willst, dann möchte ich dich wohl bitten: Grüble nicht so viel über das, was ge-

wesen ist! Es ist nichts mehr daran zu ändern. Versuch doch einmal, von deinem Trauerstühlchen hochzukommen. Das wäre gut für uns alle."
„Meinst du?"
„Dann würden wir alle aufleben. Bist du nicht unser Haupt?"
„Gebeke, ich will's versuchen. Aber was ist das? Geschrei? Es kommt von oben! Die Kinder!"
„Das ist Agnese ... Da hat Jutta wohl mal wieder ... Ich lauf schnell nach oben, ich bringe sie zur Ruhe."
„Tu es, Gebeke. Ich glaube, ich habe mich in der letzten Zeit auch um sie zu wenig gekümmert."

Bei den Kindern war Krieg. Agnese schluchzte. Jutta hatte die dicke Wolldecke ganz über sich gezogen, so daß außer einer Locke von ihrem kupferfarbenen Haar nichts von ihr zu sehen war.
„Jutta hat schuld", erklärte Cord. „Sie hat wieder einmal ihre Fäuste in Agnesens Haaren gehabt."
„Und ich wollte euch gerade eine Geschichte erzählen!"
„Gebeke!!!"
Sie riefen es wie aus einem Munde, auch Jutta, die unter ihrer Decke hervorgeschossen war und im Bett aufsaß.
„Wovon handelt deine Geschichte?" fragte Cord.
„Ja, denkt euch, vom Christabend. Mir hat in der letzten Nacht vom Weihnachtsfest geträumt."
„Oh, Gebeke", rief Agnese, „das mußt du uns erzählen! Komm, setz dich hier auf die Bettkante!" Sie rückte ein wenig zur Seite, und Gebeke setzte sich zu ihr und nahm ihre Hand.
„Es war Christabend in meinem Traum. Es war alles anders als sonst bei uns am Christabend. Aber Weihnachten ist immer schön. Nun ja, wir waren arm, arm wie die Holzfällersleute, die am Walde wohnten. Wir wohnten auch am Walde. Wir wohnten in einer Hütte. Da war kein Vater und keine Mutter, kein Knut, kein Brot im Kasten. Nur etwas Milch hatten wir, die stand in einer Kanne auf dem leeren Tisch. Stand! Bis eine von den vier Haselnüssen, die Jutta in der Hand hatte, auf den Boden kollerte. Und als Jutta nun auf der Lehmdiele herumkroch, um sie zu suchen, kippte der Tisch, und die Kanne stürzte um."
„Oh", rief Agnese, „die schöne Milch!"
„Und immer soll ich es gewesen sein!" rief Jutta.
„Da gingen wir nun in den Wald und waren bald so allein wie die Kinder im Märchen. Wir kamen an einen Weihnachtsbaum. Er stand im Moos. Alle seine Nadeln hatten glitzernde Schneesterne. Jutta kniete sich gleich vor ihm hin und faltete ihre Hände."

„Und ich, Gebeke, was tat ich?"
„Du, Agnese, stelltest dich neben mich und griffst nach meiner Hand. Und an meiner anderen Hand hatte ich Cord; und so stand ich da, und ich sang."
„Du sangst?" fragte Cord.
„Und was hast du denn gesungen?" wollte Agnese wissen.
„Ja, hört nur zu, ich bring's wohl noch zusammen." Und dann sang Gebeke:

Christkindlein, Du Gulden,
Wir harren Deiner Hulden.

„Nicht mehr?" fragte Cord.
„Nein, dann stand es schon da."
„Das Christkind?" fragte Jutta.
„Ja, genau."
„Dann hatte es sich hinter dem Baum versteckt."
„Das glaube ich auch."
„Wie sah es denn aus?" wollte Cord wissen.
„Nun, wie andere Jungen auch. Blaues Samtjäckchen, blondes Haar auf den Schultern."
„Wie weißt du aber, daß es das Christkind war", rief Jutta von ihrem Bett herüber.
„Das soll ich wohl wissen. Es hatte einen Stern gerade über dem blonden Scheitel. Gar nicht sehr groß und so bläulich. Und er flackerte auch ab und an wie die großen Sterne, die nachts über dem Nikolaihof stehen, manchmal flackern."
„So . . ."
„Das Christkind war gar nicht so klein: Es trug auf seinem Arm ein Lämmchen . . . und nun kam es zu mir und legte mir das Lämmchen in den Arm. Wir besahen es, und du, Agnese, hast es gestreichelt, und als wir uns bedanken wollten, da war das Christkind wieder hinter dem Baum verschwunden. Nun sollten wir wieder nach Hause gehen. Aber das Lamm auf meinem Arm wurde schwerer und schwerer. Schließlich konnte ich es nicht mehr tragen, ich setzte es in den Schnee; da war es schon ein recht stattliches Schaf geworden. Agnese gab mir ihre beiden blauen Haarbänder, und Jutta gab mir ihr grünes, und ich knotete die Bänder zusammen und leitete das gutwillige Tier. Du, Cord, brauchtest es fast gar nicht mit dem kleinen Zweig anzuticken, den wir auf dem Wege abgebrochen hatten. Als wir nun wieder in unsere arme Stube kamen, da war die Mutter da, und Knut stand am Herd. Und auf dem Herde brannte ein Feuer. Knut lief gleich und faßte das Schaf mit beiden Armen um den Hals, die Mutter aber besah es von allen Seiten. Und dann lief sie und holte einen Eimer."

„Warum denn das?"

„Ja, denkt euch, es war ein Mutterschaf, und sein Euter war voll Milch. Die Mutter kniete sich hin und molk das Tier. Und ihr glaubt ja nicht, wieviel Milch sie im Eimer hatte, als sie fertig war! Sie ging auch gleich an den Herd, um uns eine gute Milchsuppe zu kochen. Ihr drei kamt auf die Bank; ich schob den Tisch zu euch heran, stellte Zinnteller für euch auf den Tisch, und jedes bekam einen Holzlöffel in die Hand. Agnese schnupperte in die Luft, denn die Suppe roch so gut nach Honig und Anis und Zimt. Und da wachte ich auf!"

„Aber, Gebeke, warum hast du denn nicht wenigstens solange geschlafen, bis wir die gute Milchsuppe ausgegessen hatten?"

„Ja, Cord, so ist das nun mal mit den Träumen; wenn man etwas sieht, wenn einem etwas entgegenkommt, woran man sich so recht freuen kann, husch, ist es wieder weg."

Gebeke mußte es wissen. Sie hatte im Augenblick ihre Last mit ihren Träumen.

Am nächsten Tag ereignete sich etwas ganz Außergewöhnliches.

Es gab eine große Überraschung. Ilsabe kam zu Besuch.

Ilsabe, Hinrichs Tochter? Die Klosterfrau und Nonne? Die Benediktinerin von Lüne?

Ja, gerade sie. Da war sie nun bei Hinrich in der Schreibstube. Sie hatte Anneke mitgebracht, das große Mädchen, das vor Jahren in dem eisigkalten Winter in ihrem roten Jäckchen in das Sprechzimmer kam, in dem Hinrich Lange mit Brigitte Schellepeper verhandelte. Sie hatte damals die Feuerschale auf den Estrich gesetzt, und bei dieser Gelegenheit war ihr dunkelbrauner Zopf auf die Fliesen gefallen, gerade Hinrich Lange vor die Füße. Anneke trug nicht mehr ihr rotes Jäckchen. Anneke war eine Klosterfrau geworden. Als sie Profeß ablegte, fiel der lange, schwarzbraune Zopf der großen Klosterschere zum Opfer. Aber sonst war sie noch wie früher. Sie hatte wie damals ihre kindhaften, vollen Wangen und die dunklen, glücklichen Augen. Und auch das war wohl noch so wie früher: Sie und Ilsabe hielten Freundschaft.

Sie waren alle beide mit der Priorin von Kloster Lüne nach Lüneburg gekommen. Selbstverständlich nicht mit dem alten borstigen und putzigen Wesen, das an jenem kalten Januartag immer wieder, neues Unheil verkündend, in Hinrichs Unterhaltung mit der Abbatissa hineingekrächzt hatte. Diese alte Klosterfrau war etliche Jahre nach dem kalten Winter gestorben. Eine jüngere war zur Priorin gewählt worden. Und diese Priorin hatte vor kurzem bestimmt:

„Wenn ich mit der Schaffnerin nach Lüneburg fahre, um zum Weihnachtsfest einzukaufen, kommt Schwester Anneke mit."
Das war ja nun weiter nicht absonderlich. Anneke war die rechte Hand der Schaffnerin und sollte später einmal ihren Platz ausfüllen, und darum mußte sie das Einkaufen lernen. Aber dann bestimmte die Priorin weiter:
„Und Ilsabe Lange mag uns begleiten."
„Warum denn Ilsabe?" fragten sich die Jungen untereinander. Und einige sagten gar: „Und immer Ilsabe." Aber die älteren Klosterfrauen lächelten und nickten. Ilsabe hatte in der letzten Zeit gar zu trübe ausgesehen. Vor einigen Wochen war die Ehrwürdige Mutter von Kloster Lüne gestorben. Brigitte Schellepeper lebte nicht mehr.
So waren die vier an diesem regnerischen Morgen im Äbtissinnenwagen von Lüne abgefahren. Man hatte eingekauft beim Türken in der Altstadt, Rosinen in Hülle und Fülle – eine jede Klosterfrau bekam zum Fest ein ganzes Pfund von dieser Süßigkeit –, dazu Mandeln für das begehrte Mandelmus, französischen Rotwein, Feigen und Datteln. Danach hatte der Wagen vor der Treppe der Ratsapotheke gehalten. In der Infirmerie hatte man den Schwestern einen ganzen Einkaufszettel mitgegeben.
Als die Priorin schon auf der Treppe der Apotheke stand, wandte sie sich unter der vergoldeten Theriakbüchse noch einmal um und sagte:
„Ilsabe, da drüben wohnt doch dein Vater! Du könntest gut über die Straße gehen und guten Tag sagen. Anneke kann dich begleiten. Ihr braucht euch nicht zu übereilen. Hier in der Apotheke müssen wir viel einkaufen, und die Salben, die verschiedenen Tränke und Pillen, die wir brauchen, sind zum Teil nicht fertig. Nachher müssen wir in der Glockenstraße, in unserm Stadthause, nach dem Rechten sehen. Wenn wir von da zurückkommen, holen wir euch ab. Aber das wird kaum vor zwei Stunden sein."
Oh, unverhofftes Glück! So waren sie nun beide im Bürgermeisterhaus. In Hinrich Langes Schreibstube saßen sie nebeneinander auf der hochlehnigen Truhenbank.
Ilsabe sah sich um. Den großen Schrank mit den aufgerollten, geschnitzten Pergamenten an den Türen kannte sie noch. Auch das Kruzifix im Winkel und den Schemel darunter, auf dem sie manches Mal gesessen hatte. Aber es war alles so klein geworden! Auch die Diele war ihr so unbegreiflich klein erschienen und die Treppe, die nach oben führte, auch.
Sie sprachen von Brigitte Schellepeper. Auch von Dirik Schaper, der jetzt wieder als Propst das Regiment führte? Nein. Sein Name wurde nicht genannt, obgleich alle wußten, wie sehr die letzte Lebenszeit der Abbatissa durch seine Gegenwart beschattet gewesen war.
„Die Abbatissa war doch noch gar nicht so alt?" sagte Hinrich. „Wir haben nachgerechnet. Sie kann kaum mehr als zweiundsechzig Jahre gehabt haben.

Ist sie längere Zeit krank gewesen? Wir hier im Bürgermeisterhaus werden nicht viel gewahr. Die Nachricht von ihrem Tod hat uns überrascht."
„Unsere Ehrwürdige Mutter war wohl schon längere Zeit leidend, aber sie ging immer noch zum Stundengebet mit uns in die Kirche. Sie hat wohl nicht länger als acht Tage zu Bett gelegen. Nicht wahr, Anneke?" Und Anneke, die von ihrem dreizehnten Jahr bis zu ihrem achtzehnten Brigittens kleine Dienstmagd gewesen war und mit Ilsabe immer in ihrer Nähe gelebt hatte, nickte, und es wurden ihr die Augen feucht.
„Als sie sich legte, haben wir Schwestern uns nicht viel dabei gedacht. Die Frauen vom Klostervorstand wußten wohl mehr. Sie flüsterten oftmals miteinander. Und daran merkten wir, daß es nicht gut mit unserer Ehrwürdigen Mutter stand. Als dann in der Nacht, lange vor der Matutin, die Glockenläuterin den Zellengang hinunterging, an jede Tür klopfte, durch das Sprechgitter rief und uns aufforderte, zu kommen, wie es immer ist, wenn nächtlicherweile eine Schwester abscheidet; da wußten wir wohl, daß wir diesmal zu unserer Ehrwürdigen Mutter gerufen wurden. Wir haben vor ihrer Türe ihre Lieblingspsalmen gesungen und auch den hundertundfünfzigsten Psalm mit dem großen Halleluja."
„So ist sie vielleicht unter eurem Singen eingeschlafen."
„Das möchte ich fast glauben. Eine Stunde später holte die Priorin mich und Anneke, damit wir noch einen letzten Blick auf unsere Mutter werfen konnten. Ihr Gesicht lag so weiß auf dem Linnen und war so schön und so leuchtend. Ja, schöner als zu ihrer Lebenszeit. War es nicht so, Anneke?" Anneke nickte, und über ihre kindhaften Wangen liefen die Tränen.
„So hell sah sie aus", und leise fügte Ilsabe hinzu: „Ich denke seither immer: Meine Augen haben einen Engel gesehen."
Hinrich erschrak. Plötzlich und unvermittelt drehte er sich zum Fenster hin. Er konnte nicht anders, als sich abwenden. Denn was da in ihm aufbrach, aus einem verschütteten Schacht in ihm hochkam, erschreckte ihn geradezu. Was hatte Ilsabe eben gesagt? Meine Augen haben einen Engel gesehen? Hatten seine Augen nicht auch . . . Nein, er hätte jenem Erlebnis nicht diese Worte verleihen können. Aber in diesem Augenblick sah er Ilsabe, seine Frau, vor sich, wie sie auf ihrem Sterbebette lag, in all ihrem seltsamen Glanz. In einem Punkte seines Herzens war er seiner Tochter dankbar, daß sie auch diesem langverschütteten Bild einen Namen gegeben hatte.
„Im Kreuzgang, wo an den Wänden die Grabsteine der verstorbenen Äbtissinnen stehen, ist sie beigesetzt worden. Sie liegt gerade unter dem Kreuzgangfenster, in dem der gläserne Walfisch zu sehen ist, der durch das blaue Meer schwimmt und den kleinen Jonas in seiner grünen Jacke auf die Wellen spuckt."
Hinrich nickte. Er kannte das Bild und die Stelle des Kreuzganges.

„Einen Grabstein mit ihrem Namen hat unsere Ehrwürdige Mutter noch nicht. Anneke hatte einen Blumentopf mit vielen hellroten Röslein auf der Fensterbank ihrer Zelle, einen unermüdlich blühenden. Den haben wir auf die Platte gestellt, unter der sie liegt. Wenn wir zum Stundengebet in die Kirche gehen, müssen wir immer an ihr und an den Rosen vorbei."
„So seid ihr jetzt ohne Abbatissa und wißt auch wohl nicht, wer für dieses Amt vorgesehen ist?"
„Wir wissen es nicht. Die Frauen vom Klostervorstand aber wohl schon. Vielleicht hat auch der Lüner Propst ein Wort mitzusprechen."
In diesem Augenblick klopfte es; Gebeke kam herein. Sie hatte Ilsabe und Anneke schon vorher auf der Diele begrüßt.
„Vater", sagte sie, „darf ich stören? Unsere Kinder möchten so gern der großen Schwester und ihrer Freundin die Hand geben."
Im nächsten Augenblick brachte Gebeke den ganzen Schwarm in die Stube. Zuerst trat Cord heran; der brachte seine Begrüßung rasch hinter sich. Dann näherte sich Agnese, die nun schon ein recht großes Mädchen war, der Truhenbank. Sie hob ihr kleines spitziges Gesicht und verlegen und ein wenig steif gab sie Ilsabe und Anneke die Hand, knickste dabei, wie sie es gelernt hatte.
Die kleine derbe Jutta machte keine Umstände. Sie legte mir nichts, dir nichts, ihre beiden dicken Arme in Ilsabens Schoß und sah zu ihr auf. Diese Zutraulichkeit erfreute und rührte die beiden Klosterfrauen, und Ilsabe legte ihre Hand auf Juttas glänzendes Haar. Doch nun war Knut von der Schwelle aus unterwegs. Mit dem rostroten Strohdach über der niedrigen Stirn kam er daher. Seine kornblumenblauen Augen, von denen man allerdings nicht viel sah, denn er hatte sie skeptisch zusammengekniffen, hatte er auf Ilsabe gerichtet. Er reichte seine kleine, dicke Hand hin und Ilsabe durfte ihn sogar auf ihren Schoß nehmen.
Aber das war denn doch wohl zuviel für Ilsabe. Heilige Jungfrau, das waren nun ihre Geschwister, und sie durfte sie einmal mit Augen sehen! Sie mußte nach ihrem Tuch greifen.
Hinrich wurde unruhig. Ilsabe sah auch wirklich zum Erbarmen aus. So blaß, dazu die blauen Schatten unter den Augen, die auch seine Frau so oft gehabt hatte. Und alles, was sie hier erlebte, nahm sie hin und nahm sie mit. Wenn doch Wobbeke kommen wollte! Die beiden brauchten nun auch wirklich eine Erfrischung.
Wobbeke war schon auf dem Wege. Sie war die Rettung. Schon hörten sie ihre Schritte auf der Diele. Und nun flog die kleine spitzbogige Tür auf, flog auf, wie mit dem Fuße aufgestoßen. Wobbeke konnte sie ja auch wirklich nicht mit der Hand aufmachen, sie trug mit beiden Händen ein Tablett, auf dem allerlei Eßbares stand.

Da kam sie herein, im weißen Kopftuch. Sie strahlte und lachte und hatte ihre rosigen Knüstchen unter den Augen. Es waren aber auch wirklich gute Dinge, die sie ins Zimmer trug: Leberwurst und Blutwurst vom Schlachten her, dazu geräucherte Gänsebrust. Weiße Zipfelbrotschnitten, dick mit Pflaumenmus bestrichen; kleine, in Schmalz gebackene Kuchen und Würzzucker, aber auch derbes Schwarzbrot.
Auf einen Wink der Mutter ging Gebeke in die Küche, holte die Kanne mit dem Weinpunsch, brachte auch irdene Becherlein mit, und man stellte alles auf den Tisch. Und die guten Speisen waren nicht nur für die beiden Klosterfrauen; alle durften herankommen. Man breitete sich so recht in des Vaters Schreibstube aus.
Hinrich wollte nicht mithalten. Es war auch kein Platz mehr in dem Gedränge um den Tisch. Er stand an seinem Sechzehntürigen. Er sah zu den Tafelnden hinüber und schmunzelte belustigt und vergnüglich.

Die Reise

Sie ritten am Geesthang entlang, der Herzog und seine Reiter. Sie hatten den Hang zu ihrer Linken, der, mit Wald bekleidet oder mit der noch winterlichen Heide bedeckt, an manchen Stellen steil zur Straße abfiel.
Nach rechts hin sahen sie die Marsch. Da lag sie unter dem trüben Märzhimmel, graugrün und eben wie ein stilles Meer; und in der Ferne, wo sie sich mit dem Himmel verspann, mußte die Elbe fließen. Es gab in der weiten Marsch nichts anderes zu sehen als ab und an eine Hauswarft, die einmal näher, dann wieder ferner aus dem graugrünen flachen Gelände hervorbuckelte, von Bäumen beschattet und beschützt, einer Insel gleich, auf einer sich immer gleichbleibenden Meeresfläche.
Sie kamen von Hamburg, Herzog Adolf, der Schauenburger, mit Rittern und Knappen, mit Schildträgern und Gehelmten. Sie wollten nach der Lauenburg. Zwar hat der Herzog von Sachsen-Lauenburg ins Reich reiten müssen, an den Hof des Kaisers. Er hat seinen Burghauptmann vor dem Aufbruch beauftragt, für Alf, seine Ritter und den Troß zu sorgen: sie zu bewirten und ihnen ein Nachtlager zu geben. Morgen will Alf mit den Seinen von der Lauenburg aus auf der Salzstraße nach Ratzeburg reiten. Gleich hinter Ratzeburg mußten sie von der Salzstraße abbiegen und, um die Seestadt Wismar zu erreichen, quer durch Mecklenburg weiterreiten. In Wismar hatten sie zu warten, bis Christian, Alfs Neffe, auf seinem Königsschiff in den Hafen segelte. Der König von Dänemark wollte mit Alf zusammentreffen, und so war es wohl begreiflich, daß der ziemlich an der

Spitze des lang auseinandergezogenen Zuges reitende Herzog sich in seinen Gedanken mit seinem Schwestersohn abgab. Sein Gesicht war von Sorgen beschattet, und im Augenblick legte er sich vielleicht zum tausendsten Male die Frage vor:

War es recht, ja, war es auch nur richtig, daß du ihm zu der dänischen Königskrone verhalfst? Seinem Neffen, dem großen dreiundzwanzigjährigen Jungen, hatte die goldene Krone, mit der die Dänen zu ihm kamen, so mächtig in die Augen gestochen. Gar zu gern wollte er Märchenkönig am Sund werden. Gar zu gern wollte er diese Krone erlangen, die Krone Waldemars des Großen, der Barbarossas Freund gewesen war; jene Krone mit den neun Engeln im Rund, die dastanden, schmal und grade wie die Tannenbäumchen, mit hochgeschlagenen Flügeln, Spruchband und Kerze in der Hand, in schmucklosem Gewand, indessen die neun goldenen Kronzacken zwischen den Engeln von Türkisen und Opalen, Smaragden und Saphiren nur so funkelten.

Alles in allem — das mußte man sagen, Christian war gut anzusehen gewesen, als er unter der Krone stand, denn er war hochgewachsen und wohl das schönste Mannsbild, das es weit und breit gab. Es war wohl kein Wunder, daß Herzog Alf, der kinderlose Mann, diesem Schwestersohn, der in Gottorp unter seinen Augen aufgewachsen war, nicht viel abschlagen konnte.

Also hate er ihm geholfen, daß er König von Dänemark wurde. Und vor mehr als vier Jahren zur Weihnachtszeit war Christian in Lübeck zum dänischen König gewählt worden.

Alf hat nachgegeben. Aber ein Stachel ist geblieben. Er weiß, es ist Verrat und Treubruch. Denn Christian ist sein Erbe in Holstein und Schleswig; und wenn Alf die Augen schließt, kommen Schleswig und Holstein unter dänische Oberhoheit.

Auch muß Alf immer das eine denken: Wie können zwei Menschen, die sich so ähnlich sehen wie Christian und Heinrich, Alfs vor Flensburg gebliebener Bruder, ja, wie können sie im Charakter so verschieden sein. Christian ist nun wirklich so eine Art Märchenkönig am Sund geworden. Denn die Könige in den Märchen können wohl auch nicht recht mit Gulden und Groschen rechnen. Und sie haben es auch nicht nötig, damit zu rechnen. — Es war das ständige heimliche Ach und Weh des guten Herzogs:

Wann endlich wird der Junge begreifen, was eine Mark ist! — Christian hatte die leichteste Hand. Gulden und Groschen glitten ihm wie Gold- und Silberfische durch die Finger. Es gab kein Halten. Drüben in Schweden nannte man ihn schon die bodenlose Tasche. Und wurden ihm nicht — wie es einem Kind des Glückes zukommt, — zuzeiten das Gold und das Silber nur so vor die Füße geschüttet?

Da war die Geschichte, die sich auf der langen, schmalen Insel Öland zugetragen hatte und die vor einem halben Jahre durch die drei nordischen Reiche lief, durch Schleswig, Holstein und die Hansestädte. Mit Rittern und Söldnern war Christian auf der schwedischen Insel gelandet, um sie zu besetzen. Es war ihm auch geglückt, den Hauptmann der Insel zu bestechen. Er war bereit, den Dänen das feste Schloß auf Öland, ja, die ganze Insel zu überantworten, wenn er mit all seiner Habe abziehen dürfe. Als der Mann sein Gut mit Wagen und Pferden zum Schiffe brachte, kollerte eine Tonne von einem der Wagen, rollte auf den Sand und platzte just an der Stelle, wo Christian auf seinem Pferde hielt. Sie brach auseinander und schüttete ihren Inhalt, Silbergeschirre und Goldgulden, Silbergeld und goldenes Geschmeide dem jungen König vor die Füße.
„Das ist Strandgut!" hatte Christian gerufen und seine Hand auf den Schatz gelegt. Alle, die die Geschichte hörten, lachten und gaben dem König recht. Aber auch die Reichtümer des verräterischen, schwedischen Burghauptmannes hatten bei ihm nicht angeschlagen.
Ihm ist nicht zu helfen, dachte Alf. Ihm geht's wie den sieben mageren Kühen am Nil, denen auch nichts fruchtete. Und obgleich sie die sieben fetten Kühe verschlangen, sie blieben so dürr wie sie gewesen.
Alf sah auf. Über der Marsch erblickte er Mast und Segel. Es war, als käme ein Schiff dahergefahren über all das viele Land. Da wandte er sich an seinen bewaffneten Begleiter. Er wies nach jener in der Ferne segelnden Kogge und sagte:
„Rumohr, die Elbe kommt uns näher. Wir haben es nun nicht mehr weit bis Geesthacht."
„Ja, Herr, wir könnten wohl schon die Kirche des Ortes sehen, wenn uns die Heidberge nicht die Aussicht versperrten."
Darauf hüllte sich der Herzog wieder in Schweigen, und seine Gedanken wandten sich wieder dem alten Webstück zu; dem Leben des jungen Dänenkönigs, der wohl mehr die Quelle seiner Sorgen als seiner Freuden war.
Und wenn Christian nun nur nicht immer alles mit Gewalt haben müßte, grübelte er weiter. Da hatten sich die Schweden, die von Anfang an gesagt: „Wir wollen nicht zum dritten Male einen Deutschen zum König haben", aus der Nordischen Union gezogen. Sie hatten sich aus den Reihen der Ihren einen König gewählt. Gut, mochten sie es. Hatte Christian nicht genug an der dänischen und an der norwegischen Krone? — Nein, die schwedische Krone mußte auch daher! Er konnte sich nicht zurückhalten, konnte nicht warten; obgleich es um dieses Anspruchs willen mit den Schweden zum Krieg kommen mußte.
Wäre er doch ruhig in seinem Dänemark geblieben! Wer weiß, vielleicht wären die Schweden schon bald in Schiffen über den Sund gefahren und

hätten ihm ihr Reich angeboten. Denn für den von ihnen erwählten König war im Lande keine Stimmung.
Dieser Krieg mit Schweden! Sein Lebtag wird er ihm wie eine Gräte im Halse stecken. Denn schließlich war er auch noch mit hineingeschlittert. Warum? Ja, warum. Altes Herz ist schwach.
Da war „Christiern", wie ihn die Dänen nannten, und Alf nun wohl auch, in Gottorp, in dem alten Wasserschloß an der Schlei erschienen, erschienen voll Unternehmungsgeist und Leben. Nach Böhmen will er. Im Böhmischen will er für einen neuen Kriegszug gegen die Schweden Söldner anwerben. Sein Oheim soll ihm helfen. Er soll ebenfalls Kriegsmannschaften für ihn zusammenbringen.
Die Landstände, die Schleswig-Holsteiner Ritterschaft, lehnen ab. Die holsteinischen Ritter wollen nicht ihre Haut für den Dänenkönig zu Markte tragen. Was blieb Alf übrig? Er mußte in Mecklenburg und in der Mark Brandenburg Söldner anwerben. Siebenhundert Mann mit ihren Rottmeistern schickte er auf Schiffen nach Schweden hinüber.
Es ging alles verkehrt. Die mecklenburgischen und brandenburgischen Söldner kamen in ein verwüstetes Land. Da gab es nichts zu essen. Zuerst starben die Pferde. Dann starben die Menschen. Als die Überlebenden der Siebenhundert, um jegliche Beute gekommen, mißmutig über die Ostsee zurückfuhren, segelte ihnen ein lübsches Schiff entgegen, das mit flandrischen Tuchen nach Preußen wollte. Die Söldner machten sich an das Schiff heran, enterten es, brachten es in einen dänischen Hafen und verkauften die Ladung. Da hatte Alf es mit den Lübeckern verdorben. Sie verklagten ihn beim Kaiser, und die jahrelange Freundschaft mit der Stadt an der Trave ging in die Brüche. Ja, auch die Freundschaft mit den anderen Städten des Bundes bekam einen Riß.
Nein, durch seinen Neffen Christian hatte Alf noch niemals zugenommen. Und doch, wenn er in dem finsteren Schloß an der Schlei erschien, war es ihm, als ginge in den grauen Mauern die Sonne auf.
In diesem Augenblick hörte Alf ein dünnes Gepingel. In Geesthacht wurde die Betglocke geschlagen. Nun tauchte über dem schrägen Hang einer Sanddüne eine Kirchturmspitze auf; nach rechts hin lag die graue Elbe. Sie näherten sich dem Hafenplatz. Ein Lüneburger Salzschiff lag am Bollwerk. Die Männer, die das Salz in Kiepen ans Ufer trugen, verweilten ein wenig auf dem Uferplatz und sahen dem Reiterzug entgegen. An den Schildbildern erkannten sie, daß Ritter aus Holstein und Schleswig auf dem Wege waren. Man entdeckte das Eichhörnchen der Westenseer, das sich im Schatten seines eigenen Schwanzes seine Nuß knackte, das emporstrebende Wölfchen der Poggwisch. Der Eberkopf der Qualen wurde bemerkt und der Barsch der Barsbeke, der silberhell durch bläuliches Wasser glitt.

Zwischen Schiff und Salzschuppen steht ein Mann in mittleren Jahren. Er trägt einen kirschroten Knierock. Am Ledergurt hängt ihm die Geldkatze. Er überwacht das Ausladen des Salzes.
Der Herzog reitet langsam näher, und langsam folgt ihm sein Troß. Er läßt seinen Fuchs just in dem Augenblick stillstehen, als eine Salzkiepe an dem Mann im roten Knierock vorbeigetragen wird, der diese Kiepe mit einem Strich auf seinem Täfelchen vermerkt.
Der Herzog grüßt, und dann sagt er: „Seid Ihr der Schiffshauptmann?"
„Ja, Herr, ich bins."
„Wollt Ihr mir wohl sagen, wie Ihr heißt, und wo Ihr zu Hause seid?"
„Hogeherte ist mein Name; ich bin Salzschiffer, in Lüneburg beheimatet und wohne daselbst im Wasserviertel nicht weit von Sankt Nikolai."
„Hogeherte, Salzschiffer von Lüneburg, eines möchte ich noch wissen. Gehört Euch das Schiff?"
„Es gehört mir und Hinrich Lange zu gleichen Teilen. Gehörte, muß ich sagen. Hinrich Langes Anteil ist an die Stadt gefallen."
„Wenn Hinrich Lange", so begann der Herzog wieder, „Euer ehemaliger Teilhaber war, so könnt Ihr mir wohl sagen, ob er sich auf freiem Fuße befindet, ob er wieder seine Pfannen besiedet."
„Wie sollte er wohl, Herr? Hinrich Lange hält immer noch Einlager."
„Wie ist das möglich? Im letzten Jahr war Städtetag in Lüneburg."
„Ja, im August."
„Damals versprachen die Herren vom Rat, die ehemaligen Ratsleute von ihrem Einlager zu befreien."
„Bald nach dem Städtetag sind die meisten Männer des alten Rates auch aus ihrer Haushaft entlassen worden. Aber Hinrich Lange, Albert van der Molen und Meinhard Wietzendorff sind noch immer nicht Herr ihrer Schritte. Man sagt, die Herren vom neuen Rat wagen es nicht, sie freizulassen. Hinrich Lange hat, wie ja alle wissen, zu viele Freunde und nicht nur in Lüneburg, auch außerhalb seiner Mauern, diesseits und jenseits der Elbe."
„Er hat zu viele Freunde diesseits und jenseits der Elbe", das klingt dem alternden Manne in den Ohren, während er weiterreitet.
Hogeherte und die Salzträger warfen noch ab und an einen Blick auf den Zug der Gewappneten. Der nähert sich einem waldigen Hange, der aus dem Elbstrom aufsteigt. – Kleiner werden die Reiter und kleiner ihre Wimpel, und die Schildbilder sind schon nicht mehr zu erkennen.
Hogeherte aber war es, als sei eine riesengroße Raupe auf dem Wege, als kröche sie dem Walde entgegen, eine dunkle Menschenraupe; blau, grün, kirschrot und eiergelb gesprenkelt und gefleckt von den bunten Wappenröcken der Ritter; von den hochgehaltenen Speeren und Helmbarten, stachelig, wie Raupen es sind, die im Schmuck ihrer steifen Haarbüschel daher-

kommen. Da schiebt sich diese bunte Riesenraupe in den Wald hinein. Langsam, ganz langsam entschwindet sie den Blicken der Salzträger.

Das weiße Pferd von Flensburg

Der Hauptmann der Lauenburg, ein untersetzter Mann, bärtig und von Gesicht wie ein dunkeläugiger Elch, stand am Tor, als Alf und seine Getreuen in den Burghof ritten. Nach einer kurzen Begrüßung geleitete er den Herzog die Wendeltreppe hinauf in ein Gemach mit niedriger Balkendecke.

Zwei nicht sehr hohe, spitzbogige Fenster warfen ein freundliches Licht auf eine Truhe, auf der allerlei geschnitztes Getier zu sehen war: Langhalsige Vögel; Reiher, wie sie an den Ufern des Stromes fischen, Störche, die die Elbwiesen unter sich haben, dazu Hirsche und Rehe, Elch und Fuchs, Bären und Wölfe, kurz all das jagdbare Wild, das sich in den dichten lauenburgischen Waldungen birgt. – An der gegenüberliegenden Wand sah man das Bett mit den vier hohen Pfosten, die das Gestänge für die Vorhänge trugen. Der Burghauptmann schob diese Vorhänge auseinander. Man sah: Um die tannengrünen Kamelotdecken waren reine Laken geschlagen. Alles war gut vorbereitet, der gescheuerte Dielenboden mit Sand bestreut.

Alf nickte. Der Burghauptmann hängte die Schwertfessel mit dem Schwert an den hölzernen Ständer zwischen Bett und Tür. Die Wände des Gemachs waren unbekleidet. Ziegel und Gebälk traten überall zu Tage.

„Ich will nur hoffen", begann der Hauptmann der Burg, „daß die Käuzchen Euch nicht stören. Sie treiben's manchmal bunt, schreien die ganze Nacht."

Da antwortete Alf: „Die Käuzchen stören mich nicht. Die Käuzchen haben wir in Gottorp auch." Er lächelte, als er in die Fensternische trat.

Das Käuzchen war ihm der liebste Vogel.

Der Burghauptmann brachte Alfs Schild in die Kammer, legte ihn auf die Truhe, so daß man das grüne Nesselblatt sehen konnte. Die Schauenburger stammen aus dem Weserland. Über der norddeutschen Ebene mit ihrem Weserfluß erhebt sich der Nesselberg, auf dem die Stammburg des Geschlechtes steht. Und ein Nesselblatt führen alle Schauenburger im Wappen.

Da sagte Alf vom Fenster her: „Es klart auf. Es ist so hell geworden, daß sogar die Stadt Lüneburg herausgekommen ist."

„Wirklich?" Der Burghauptmann trat an das andere Fenster. Es war so. Die graue Wolkendecke, die tagsüber so reglos über den Reitenden gelegen hatte, war aufgerissen; und der rötliche Abendschein fiel auf das Wasser wie auf das helle Gewölk, das nach Süden über der Elbe hielt.

„Man kann die weiße Klippe des Kalkberges sehen. Den Turm auf dem hohen Berg."

Es war so. Selbst das Dampfwölkchen, das ständig über der Lüneburger Sülze lagert, erkannten sie von hier oben.
„Auch die Kirchen werden deutlicher", begann Alf.
Und wie alle, die von einem hochgelegenen Platz aus die Stadt Lüneburg liegen sehen, zuerst nach der fast vierschrötigen Täuferkirche Ausschau halten – diesem Berg Sinai über der Stadt – so suchten auch die beiden Männer an den Fenstern der Lauenburg zuerst Sankt Johannis, die Kirche der Bürger; faßten dann aber auch das Gotteshaus der Sülzleute ins Auge und das hochgezogene Mittelschiff von Sankt Nikolai im Wasserviertel.
„Wir Lauenburger haben immer gute Nachbarschaft mit der Stadt Lüneburg gehalten", begann der Burghauptmann. „Jahr für Jahr erlegt unser Herzog in den lauenburgischen Waldungen einen Hirsch, der im Februar auf der Sülfmeisterköst der Lüneburger verzehrt wird. Ich habe oftmals den Jäger begleitet, der das Wildbret nach Lüneburg bringen mußte. Nicht in den letzten Jahren. Nein, in den beiden letzten Jahren haben wir der Salzstadt diese Aufmerksamkeit nicht erwiesen. Die Männer vom neuen Rat zählen nicht zu unseres Herzogs Freunden. Es ist auch nicht mehr recht Verlaß auf das, was man in Lüneburg verspricht."
„Darin mögt Ihr Recht haben. Als ich im letzten Sommer zum Städtetag in der Salzstadt war, versprach man uns, die Herren vom alten Rat loszusprechen. Aber wie ich in Geesthacht von Hogeherte erfuhr, sind einige von ihnen, darunter Hinrich Lange, noch immer nicht frei. Kennt Ihr Hogeherte?"
„Den Salzschiffer Hogeherte? Und ob ich ihn kenne! Er liegt ab und an mit seinem Schiff in Lauenburg am Bollwerk, um Holz zu laden. Hinrich Lange bekommt zuweilen Holz für seine Siedekaten aus unseren Wäldern. Wir haben im Schifferhaus am Wasser oftmals miteinander verhandelt. Ja, ja, es ist so, wie Euch der Salzschiffer Hogeherte gesagt hat: Hinrich Lange, Albert van der Molen und Meinhard Wietzendorff dürfen noch immer nicht ihr Haus verlassen."
Dann ging der Burghauptmann. Der Herzog blieb. Und während er über das Wasser der Elbe, über die Wiesen und Weiden am jenseitigen Ufer weg nach dem Geestrand sah, der wie eine bläuliche Schwelle den Gesichtskreis begrenzte, dachte er an Hinrich Lange, dachte er an jene Nacht vor Flensburg, in der sein Bruder erstochen wurde.
Am Abend war Herzog Alf im Rittersaal. Im Kreise seiner Mannen hatte er mit dem Burghauptmann und mit seinen Leuten gegessen und getrunken. Eine Stunde vor Mitternacht erhob er sich, winkte Segeband, seinem Edelknaben, und gleich darauf ging der große Junge mit dem blassen, sommersprossigen Gesicht vor ihm her. Den Leuchter mit den drei brennenden Kerzen wohl balancierend – er hatte, bevor er Alfs Edelknabe wurde, in

Gottorp als Kerzenjunge gedient –, stieg er die ausgetretenen Stufen der Wendeltreppe hinauf. Sie erreichten einen kleinen Vorsaal, in dem Waffenwerk hing, und als er den Leuchter vorübertrug, blinkten Brustharnisch und Beinschienen metallisch auf sowie die zackigen Spitzen der Helmbarten, die man an die Wände gelehnt hatte. Der Junge tat die Tür zu Alfs Gemach auf, die schwer war von Eisenbändern; er trat zurück, um seinem Herrn den Vortritt zu lassen. Doch als der große Segeband nun hinter Alf in die Kammer wollte, kam ein Luftzug vom Fenster her und blies die Kerzenlichter aus. Da sprang Segeband noch einmal die Wendeltreppe hinunter. Im Rittersaal war man noch beim Wein. Die Kerzen flammten auf den Tischen, und an diesen Kerzen entzündete er die Lichte seines Leuchters von neuem.

Der Herzog indes tastete sich in dem kleinen Gemach weiter. Um sich mit seinen fühlenden Händen besser zurechtzufinden, schloß er die Augen. Im gleichen Augenblick erschrickt er, ruft, ruft mit unterdrückter Stimme:

„Mein Gott, der Schimmel!"

Er bedeckt sein Gesicht mit den Händen. Er hat es wieder gesehen, er sah es manchmal, das weiße Pferd von Flensburg, das vom Kriegslärm, vom Feuerschein der brennenden Stadt scheu geworden, dahersprengte und die Männer, die die Leiter mit seinem verwundeten Bruder trugen, erschreckte, so daß einer von ihnen strauchelte. Er hat es eben gesehen. Mit dem Glanz der weißen Narzissen war es vor ihm durch die Nacht geflogen.

Und es ist doch alles so lange her. Aber für jene Nacht gibt es wohl kein lange her.

Alf ließ sich in den Faltstuhl am Fenster fallen. Du bist ein wenig berauscht, denkt er, der Wein vom Rhein, den der Burghauptmann uns auftischte, war gut.

Aber nun kam von der Tür her Licht in die Kammer. Das hohe Bett trat aus der Dunkelheit hervor. Segeband erschien auf der Schwelle und stellte den Leuchter mit den wieder brennenden Kerzen auf die Truhe.

„Segeband", sagte Alf, „du kannst gehen. Leg dich aufs Ohr! Morgen müssen wir früh heraus. Bald nach sechs Uhr magst du mich wecken."

Segeband grüßte seinen Herrn und ging. Aber kaum, daß er die Klinke hinter sich ins Schloß gedrückt hatte, so trat Alf an die Truhe heran und blies das Kerzenlicht aus. Ich werde mich auch wohl im Dunkeln zurechtfinden, dachte er.

Alf hörte die Elbe rauschen. Da unten in der Dunkelheit mußte ein Schiff fahren. Man sah es nicht. Aber man sah das Licht der Laterne, die am Mast aufgehängt war. Es sah aus, als sei das Licht ganz allein in der Dunkelheit unterwegs. Es ist nicht gut gewesen, daß mein Bruder Heinrich so früh dahinmußte, grübelte Alf, während er dem einsam durch die Nacht gleiten-

den Licht mit den Augen folgte. Er hätte Schleswig und Holstein ganz anders in die Höhe gebracht. Und hätte auch nicht zugegeben ...
Er verscheuchte den Gedanken. Und doch, er wußte es, es war nicht recht, daß der junge Christian König von Dänemark geworden ist. Mein gefallener Bruder hätte das nicht geduldet, er hätte Schleswig und Holstein nicht unter die dänische Krone gebracht. Alf ist nicht gern Graf von Holstein und Herzog von Schleswig geworden. Er ist aufgewachsen in dem Gedanken, einmal seinem Bruder zur Seite zu stehen. Aber daß dieser Bruder, als todwunder Mann, noch lebend und leidend von seinem letzten Siechbette stürzen mußte, war grausig, war etwas, das ihn immer wieder quälte. Immer wieder muß er an jene Nacht denken, in der dieser andere Mann auftauchte, Hinrich Lange, von Gestalt seinem Bruder nicht unähnlich. In der schlimmsten Stunde seines Lebens war er ihm nahe gewesen und hatte ihm wohlgetan!
War es Zufall, daß er damals zur Stelle war? Er war da, weil er gebraucht wurde.
Er ist wohl immer da, wo er gebraucht wird. Es ist ein Geheimnis um ihn. Es ist ein göttliches Geheimnis.
Wer war Hinrich Lange? Kein glänzender Mann. Aber ein achtung-, ja ehrfurchtgebietender. Sicherheit ging von ihm aus. Wo er war, gab's keine Scherben. Vielleicht habe ich ihn darum an den Städtetagen immer so gern an meiner Seite gehabt. Wir haben über vielerlei gesprochen. Auch über Hinrichs häusliche Verhältnisse. Hinrich hat viele Kinder. Ein glücklicher Mensch!
Alf sah durch die Nacht. Er gewahrte im Süden einen rötlichen Schein, den Feuerschein von der Sülze. Denn die Feuer in den Siedekaten wurden auch in der Nacht nicht gelöscht. — Immer wuchs das Salz in den Pfannen; wenn die Lübecker auch behaupteten, ihre Salzspeicher an der Trave seien zur Zeit leer. — Das Salz ging wohl jetzt andere Wege.
Alf stand auf, er wollte sich ausziehen. Er wollte zur Ruhe kommen. Er war lange geritten. Aber die Vergangenheit ließ ihn nicht los. Sie griff nach ihm wie mit Armen, wie sie auch manchmal nach uns wie mit Armen greift und uns nicht losläßt.
Er setzte sich noch einmal in den Stuhl und bedeckte seine Augen mit der Hand. Ein leichtes Frösteln überlief ihn. Ein Grauen kam aus dem Dunkel auf ihn zu. Er wußte wohl, warum. Denn jetzt näherte er sich dem tiefsten, dem dunkelsten Tal seines Lebens, seiner schweren Schuld. Bereut, so vielfach begrübelt, betrauert, niemals verschmerzt, niemals sich selbst vergeben. Seine Kainstat ... Wo ist dein Bruder Abel? Die alte Frage.
Alf hatte noch einen Bruder gehabt, Gerhard mit Namen, der jüngste von den dreien, der erst nach dem Tode des Vaters geboren worden war. Als der

älteste Bruder dahin war, hatten Alf und er Seite an Seite gekämpft. An jenem Tag, als man den Danebrog von Flensburgs Mauern riß, hatten sie nebeneinander auf dem Marktplatz der Stadt gekniet, und der älteste Mann der schleswig-holsteinischen Ritterschaft, der alte Krummendiek, hatte ihnen beiden den Ritterschlag erteilt. Hinterher schloß man Frieden mit der Krone Dänemark, und alles war gut. Alf lebte in Gottorp als der Herzog von Schleswig.

Er war vermählt. Und sein Bruder Gerhard, der noch unbeweibt war, wohnte mit ihm in dem alten Wasserschloß. Da kam sie, Agnes, die junge Schwäbin, taufrisch und anzusehen wie eine junge Rose, anmutig im Gehen und Stehen, im Reden und Schweigen. Sie kam aus Baden und war von Herzog Bernhards vielen Töchtern die fünfte. Sie kam mit dem festen Willen, hier im Norden Deutschlands heimisch zu werden. Und sie wurde seinem Bruder Gerhard angetraut. Sieben Monate währte das Glück. Da kam der schlimme Tag, an dem die junge Frau auf der Wendeltreppe der Gottorper Wasserburg stolperte, fiel und einige Stufen hinabrutschte. Von dem Sturze löste sich die Frucht in ihrem Leibe, und sie gebar vorzeitig ein Zwillingspaar, Knabe und Mädchen, recht klein, und es war doch alles an ihnen richtig. Die Nägel an den Fingerlein waren da und das blonde Haar auf den Köpfchen.

Sieben Monate alt? Man tuschelte auf den Treppen und in den Vorsälen von Gottorp, in den Stuben der Frauen. Man zuckte die Achseln. Sieben Monate und schon so ausgewachsen? Aber die Wehmutter sagte: „Es ist richtig. Kindlein von sieben Monaten werden oftmals geboren, können leben und groß werden."

Doch das Getuschel über die Badenserin wollte nicht still werden Alf lieh den bösen Anschuldigungen sein Ohr. Und das Ende vom Liede war, daß man der jungen Frau ihre Kinder nahm. Man schickte Agnes in Unehren zu ihrem Vater zurück.

Gerhard, dem jungen Gemahl, ließ das Gewissen keine Ruhe. Nach etlichen Monaten reiste er – von einer kleinen bewaffneten Gefolgschaft begleitet – hinter seinem jungen Weibe her, um sich mit ihr auszusöhnen. Er erkrankte auf dem Wege, gelangte mit Rittern und Knappen noch an den Rhein. In der Stadt Emmerich legte er sich zum Sterben hin. Sein Leichnam kam nicht nach Itzehoe in die Gruft seiner Väter zu den Gerharden, zu Klaus und Isern Hinnerk. Im Münster von Emmerich wurde er beigesetzt. Da liegt er wie in einer Herberge, für Tag und Ewigkeit begriffen auf der Wanderung zu seiner verstoßenen Frau.

Und die Kinder?

Was kann aus Kindern werden, die zart von Geburt, ohne die Liebe von Vater und Mutter aufwachsen müssen. Die Tochter starb zuerst. Sie starb in einem holsteinischen Kloster. Der Sohn des Bruders ertrank, als er vierzehn Jahre alt war. Damals war Alf Witwer. Er hatte keine Kinder. Auf diesen Sohn seines Bruders hatte er all seine Hoffnungen gesetzt. Nach dem Tode seines Neffen verfiel er in Schwermut.

In der Dunkelheit am Fenster dachte er an diese Zeit der Trauer und Selbstzerfleischung zurück, und wie er sich schließlich zu einer zweiten Heirat entschloß. Aber sein Wunsch, auf diese Weise sein Haus noch einmal wieder zum Blühen zu bringen, schlug fehl. Ihm wurde kein Erbe geschenkt.

Da saß er nun allein in der Nacht. Und wie so oft, so fiel auch heute die Traurigkeit wie ein dunkler Schatten in sein Gemüt. Die Trauer darüber, daß er nicht ausgereicht hatte. Ja, schuldig fühlte er sich in dieser Stunde – wie immer, wenn er an die alte Geschichte dachte –, an dem Tod des Bruders.

Er stand auf, ging ruhelos in der Kammer hin und her, blieb schließlich in der Fensternische stehen. Der Mond war aufgegangen. Er warf einen Silberschein aufs Wasser.

Wie e, wi eee. Alf lauschte. Das war das Käuzchen, von dem der Burghauptmann, der Mann mit dem Elchsgesicht, gesprochen hatte.

Wi e, wi eee. Es mußte ganz in der Nähe sein. Das Käuzchen, ein Unglücksvogel? Ein Totenvogel? Alf schüttelte den Kopf. Die Gottorper Käuzchen hatten mit ihrem Rufen ihm manches Mal gutgetan, in Nächten, wenn er nicht schlafen konnte und ungute Gedanken kamen und ihn quälten.

Wie e e e e.

Wie e eeeeee.

Es mußte eben unter seinem Fenster hingeflogen sein. Alf lächelte. Lächelte sein gutes Lächeln, das er für seine Liebwerten hatte.

Er wußte nicht, daß es ein Käuzchen war, das ihm drei Jahre später in seiner Todesstunde dasselbe Lächeln, das letzte, entlocken würde.

Als Segeband seinen Herrn am nächsten Morgen weckte, sagte Alf:

„Es ist gut. Bring mir ein Handbecken mit Wasser und ein Handtuch. Und noch eins", rief er, als der Junge schon wieder zur Tür hinaus wollte, „sag Rumohr, wir reiten heut nicht, wie es vorgesehen war, auf der Salzstraße. Wir lassen uns über die Elbe setzen. Es geht nach Lüneburg."

Der Herzog auf der Laube

Lauenburg ist der sich bäumende Berg über dem Strom mit Turm und Schloß. Aber auch das Städtchen auf dem schmalen Ufersaum zwischen Berg und Fluß ist Lauenburg, die vielen roten Backsteinhäuser mit den spitzen Giebeln in der engen Straße im Schmuck ihrer Zunftzeichen, dem roten Stiefel, dem goldenen Kringel und dem im Winde sich schaukelnden Fäßchen der Böttcher.

Das ansehnlichste von allen Häusern ist das Schifferhaus. Es liegt dem Bollwerk, an dem Koggen und Ewer vertäut werden, gerade gegenüber. Es ist die Karawanserei für alles, was auf der Salzstraße geht, reitet und fährt, wie auch für Schiffer und Schiffsknappen, die hier an Land gehen und für Bauern und Bürger, die auf die Fähre warten.

Und vor dem Schifferhaus auf dem Uferplatz am Strom warten Alfs Ritter auf den Prahm, der sie und ihre Pferde an die andere Seite der Elbe bringen sollte.

Das Wetter war nicht so gut, wie man am Morgen geglaubt hatte. Große Wolken fuhren in Stößen über den Himmel. Und waren etliche von den hochgeballten auch weiß, so kamen auch ganz andere daher: blaugrau, ja finster, angefüllt mit Regen, Schnee und Schloßen.

Und weiße Hagelkörner prasselten über Alf und seine Männer, die schon auf dem jenseitigen Ufer waren; die auf der Deichkrone auf ihren Pferden hielten und auf den letzten Prahm warteten, der mit Reitern und Pferden von Lauenburg herüberkam.

Das Wetter kam auf sie herunter. Die Hagelkörner klöterten auf den Topfhelmen; und die Pferdemäntel mit den gestickten Wappenbildern waren im Handumdrehen weiß. Alfs Schildträger ritt heran, wollte den Schild mit dem Nesselblatt über seinen Herrn halten. Der wehrte ab.

„Es lohnt nicht“, sagte er, „gleich ist's vorüber.“

Er ließ das Visier seines Topfhelms herunter und sah durch die Augenspalten, wie die dunkle Wolkenwand vom Wind über den Himmel gejagt wurde und wie das Wasser der Elbe aus der Beschattung hervorkam, leuchtend blau wie die Büste eines Pfauhahns.

Als alle Reiter, alle Pferde beisammen waren, ging es auf der Deichkrone weiter. Fahlgelb, vom Frost versengt, vom Wind zerblasen, steht das winterliche Gras an den Wegen. Schon schieben sich die Spitzen der Fünfrippenblätter durch die Wirrnis. An des Deiches Südseite stehen die ersten Marienblümchen. Ihre Stiele sind so kurz. Sie liegen wie helle Augen im Gras, weiße Schloßen um sich herum.

Landeinwärts gab es noch viel winterliches Wasser. An einer dieser Lagunen hatte sich allerlei Gevögel zusammengefunden. Reiher mußten es sein. Sie standen so anmutig auf einer nadeldünnen Landzunge und spiegelten sich im Wasser wie die Erlen und Weiden, die sie neben sich hatten. Alf sah im Reiten nach ihnen und blickte, als er vorüber war, noch einmal zurück.

Sie hatten Bardowick zum Ziel. Dort wollten sie eine kurze Rast halten.

Bei den Bardowicker Domherren wollte Alf sich noch einmal darüber unterrichten, wie es zur Stunde in Lüneburg aussah.
So erblickten sie eine Stunde später die Eichen des Nikolaihofs, ritten zwischen Äckern hin, auf denen Bardowicker Gemüsebauern das Land umpflügten und kamen dem Dom immer näher, der dastand, kleine Trichterhütchen auf den mächtigen Turmstümpfen. Das Bauwerk schien weithin über das flache Land und pries den Glanz und die Schönheit der untergegangenen Stadt.
Alf konnte im Reiten hören, wie Kai Rumohr, der junge blonde Holsteiner, sein ständiger Begleiter, und Segeband miteinander sprachen.
„Und ist es denn wahr", fragte Segeband, „ist es wahr, daß ein Stier die Stadt Bardowick an den Löwen verriet?"
„Ja, der Stadtstier."
„Unmöglich!"
„Und doch ist es so. Einige von den Mannen des Löwen fanden den Stier am sumpfigen Ufer der Ilmenau. Sie gingen hinter ihm her durch Morast und Moor, durch die seichten Stellen des Flusses, den das Tier immer überquerte. Der Stadtstier führte sie geradewegs an den versteckten Einschlupf, durch den er ein- und auswechselte. Da hatte der Löwe leichtes Spiel. Nächtlicherweile drang er mit seinen Leuten durch das gleiche Schlupfloch in die Stadt."
„So kann es gehen."
„Nun mußt du wissen, Segeband, die Bardowicker sind ein Volk für sich, stolz und hoffärtig, aber nicht umzubringen. Von der Höhe ihrer Stadtmauer aus hatten sie den Löwen verspottet. Sie waren nicht müde geworden, ihm ihre Rückseite zu zeigen. Sie hatten es getrieben bis zu seinem letzten, schrecklichen Gelöbnis: Bardowick wird dem Erdboden gleichgemacht.
Und als es dann wirklich soweit war, alle Häuser zerstört, alle Kirchen mit Ausnahme des Domes heruntergebrannt, da setzten sie sich nicht auf die Trümmer, um zu weinen und zu klagen. Die wenigen, die noch geblieben waren, gingen rüstig an die Arbeit; verkauften die gotländischen Kalksteine, woraus ihre Kirchen, ihre Stadtmauern aufgebaut waren, an Lauenburg und Hamburg, an all die größeren Plätze an der Elbe, die des Eisgangs wegen starke Bollwerke an ihren Ufern brauchen. Sie blieben gelassen. Sie wurden Gemüsebauern und überließen andern die Mühe und Plage, eine große Stadt zu sein."

Ludolf Starke, der Lüneburger Rathausvogt, erschien ungerufen in der Laube und sagte über die Schranke des Geheges weg:
„Herzog Adolf von Schleswig steht mit einer ansehnlichen Reitertruppe vorm Bardowicker Tor und begehrt Einlaß."

Die Nachricht schlug wie eine Bombe ein.
„Der Herzog von Schleswig? Und ist schon vor dem Bardowicker Tor?"
Der Ratsschenk nickte.
„Und hat keinen reitenden Boten geschickt?" rief Jan Ribe, „das ist ja wie ein Überfall."
„Weißt du, woher sie kommen?"
„Von der Lauenburg. Sie sind über Bardowick geritten."
„Über Bardowick!" Die Herren sahen sich vielsagend an.
„Er darf nicht in die Stadt!" rief Dirik Schaper.
„Er darf nicht in die Stadt?" wiederholte Sengestake langsam. „Der Herzog von Schleswig, allzeit in Lüneburg als Gast wohlempfangen, soll draußen bleiben? Er, der hier im Norden der mächtigste Mann ist, der immer an der Seite der Städte war, mag es auch in der letzten Zeit zwischen ihm und Lübeck Reibereien gegeben haben. Dazu ist er mit der Krone Dänemark verwandt und befreundet. Wir können doch einem solchen Mann nicht den Weg in die Stadt versperren? Eine derartige Beleidigung würde er nicht ungestraft hinnehmen."
Sengestake las Zustimmung in den Gesichtern der Ratsherren, und so wandte er sich an den Ratsschenk, sagte:
„Laß gleich zwei Reitendiener zum Bardowicker Tor gehen. Man soll dem Herzog sofort die Stadt öffnen."
Was will der Herzog von uns Lüneburgern? Um diese Frage ging es, als der Ratsschenk die Laube verlassen hatte.
„Er hat im Bardowicker Dom die Messe gehört", sagte einer der Herren, „und hat mit Springintguds Bruder gesprochen. In Bardowick hält man zum alten Rat."
„Es ist anzunehmen, daß man dem Herzog in Bardowick einen Floh ins Ohr gesetzt hat", rief Ulrich, der Heringshändler.
„Das wird man kaum nötig gehabt haben", der Sengestake darauf. „Der Herzog hat aus seiner Freundschaft für den alten Rat noch nie ein Hehl gemacht. Und in den Angelegenheiten des alten Rates wird er auch heute zu uns kommen. Aber dies alles steht im Augenblick kaum zur Debatte. Wir müssen unsere Anstalten treffen. Der Herzog muß gut empfangen werden, er, seine Ritter und Leute müssen in der Stadt beköstigt, vielleicht auch zur Nacht beherbergt werden. In wenigen Minuten reitet der schleswig-holsteinische Reiterzug vielleicht schon über den Marktplatz."

Dies alles ereignete sich an einem Mittwoch, also an einem Tag, an dem die Bardowicker mit ihrem Grünzeug in Lüneburg Markt hielten. Und wenig später ritt Alf dann auch an ihren Apfelkörben, an ihren Kiepen mit Grünkohl, Möhren, Meerrettich und Suppenkraut hin.

Der Herzog warf einen Blick auf die Uhr an dem mittelsten, dem höchsten der fünf schlanken Rathaustürme. Sie zeigte die zwölfte Stunde an. Noch stand über Rot- und Weißkohlköpfen, über Butter, Eiern und geschlachteten Hennen die steife dreieckige Marktfahne mit dem gemalten, starkmähnigen Löwen. Als aber die Uhr im Rathausturm zum Schlagen ansetzte, ergriff der Hühnervogt die Fahnenstange, und nach dem letzten Glockenschlag riß er sie hoch und trug sie in den Ratskeller, wo sie aufbewahrt wurde. Der Markt war zu Ende. Die Bardowickerinnen setzten ihre leeren Kiepen ineinander und rüsteten sich zum Aufbruch.

Die Bürgermeister Sengestake und Ribe standen vor dem Rathaus, als der Herzog von Schleswig abstieg. Sie geleiteten ihn die Steinstufen hinauf durch die große grüne Türe, an den Reitendienern vorbei, die in der Vorhalle ihre Helmbarten präsentierten. Alf warf einen Blick auf die Treppe, die zum Festsaal hinaufführte. Er lächelte, dachte:

Hier sind wir einmal hinaufgeritten, Heinrich und ich als junge Kerle. Auf einer hansischen Tagfahrt war's, und oben im Festsaal waren die Sendeboten der Städte versammelt und der Rat der Stadt Lüneburg, allen voran Johann Springintgud. Und einige von ihnen feuerten uns mit ihren Zurufen an.

Man brachte Alf und Kai Rumohr in die Laube. Sengestake und Ribe wagten es nicht, den Rittern, Knappen und Gehelmten, die hinter ihrem Herrn durch die Laubentür drängten, den Eintritt zu verwehren. Der neue Rat hatte sich unter dem Heldenfenster versammelt, und nachdem die Begrüßungsreden gewechselt worden waren, forderte Sengestake den Herzog und seinen Begleiter auf, ins Gestühl zu kommen.

Die Herren gaben ihre Schwerter ab. Niemand darf in Waffen das Gehege betreten. Die Plätze wurden knapp. Mit einer freundlichen Handbewegung verwies Sengestake den Stadtschreiber Dirik Schaper auf das grausteinerne Bänklein, auf dem an Gerichtstagen die Gesetzesbrecher saßen: Diebe, Hehler, Falschmünzer. Mit einem gutmütigen Lächeln schickte sich Heyno Vischkulen an, unaufgefordert neben dem Schaper Platz zu nehmen. Dabei warf er einen Blick über die Schranke des Geheges. Er sah die holsteinischen Ritter in langer gerader Reihe vor dem Pfeiler stehen, die bewimpelte Lanze in der Hand, auf dem Oberarm den Schild. Sie standen da, als wollten sie ins Gefecht. Über den Metallglanz ihrer Topfhelme wallten die vielfarbig eingefärbten Straußenfedern. Die Wappenröcke standen etwas offen, so daß der Brustharnisch zu sehen war.

Heyno Vischkulen, der viel von Bildern hielt, ja, mit den Bildern lebte, wurde es fast träumerisch zumute.

Sieh da, die Helden aus alter Zeit, schmunzelte er, ist es nicht, als seien sie mit Schild und Schwert aus unseren Fenstern gestiegen? Und da stehen sie

nun in gerader Linie vor der Heiligen Ursula, regen und rühren sich nicht und halten die Wache.
Den übrigen Ratsherren war der Anblick der wachehaltenden Ritter, des bewaffneten Kriegsvolks im Hintergrund der Laube durchaus nicht angenehm. Und kann man es ihnen verdenken?
Man muß sagen: Es war eine Situation wie zu Magnus' Zeiten. Auch damals der Herzog zwischen den Ratsherren, die Ritter vor dem Pfeiler und in der dunkelnden Wandelhalle Männer mit Kesselhauben, Morgensternen und Helmbarten, der bewaffnete Troß. Aber welch ein anderer Mann saß heute unter dem Rat! Ein Mann, der wirklich nichts für sich wollte. Ein Mann guten Willens und allem Unrecht abhold. Einer, der das Recht vertrat; der gekommen war, die Erfüllung eines zweimal geleisteten Versprechens einzufordern.
Der Herzog eröffnete das Gespräch: „Geehrte Herren", so begann er, „ich bin auf dem Wege von Hamburg nach Wismar. Es war nicht meine Absicht, Lüneburg zu besuchen. In dem kleinen Elbhafen Geesthacht erfuhr ich, daß einige Herren des alten Rates noch immer nicht aus ihrer Haushaft entlassen sind. Warum, so möchte ich fragen, gab man ihnen nicht die Freiheit? Es liegen feste Zusagen vor.
Gut, Leben und Freiheit sollen die Ratsherren behalten, das gelobtet ihr Wilhelm van Calwen in die Hand, als die Männer vom alten Rat an jenem denkwürdigen Novembertag den Ratsstuhl küssen mußten. — Befreiung vom Einlager, das wurde im Sommer versprochen, als die Abgeordneten der Städte mit mir und einigen Rittern zur Tagfahrt in Lüneburg weilten. Damals sagtet ihr, alle Ratsherren sollten nach unserm Abtritt aus ihrer Haushaft entlassen werden. Warum, so möchte ich fragen, ist es nicht geschehen?"
„Wir haben uns überzeugt, daß es nicht tunlich sei. Die Umstände erlaubten es nicht. Die Stadt Lüneburg ist noch voller Zündstoff. Die Freilassung aller Ratsherren hätte neue Unruhe, ja, vielleicht Aufruhr und Bürgerkrieg im Gefolge gehabt. Das verträgt Lüneburg im Augenblick nicht." So sagte Sengestake.
„Wir haben mit unserer Milde schlechte Erfahrung gemacht", fuhr Jan Ribe fort. „Wo sind die Herren, denen wir die Freiheit gaben? Sie sind fast alle bei Nacht und Nebel aus der Stadt gewichen. Fragt in Hamburg nach und in Lübeck! In diesen Städten halten sie sich auf. Sie arbeiten gegen uns, gegen den neuen Rat, der doch jetzt ihre Obrigkeit ist. Ja, sie möchten am liebsten Kaiser und Reich gegen uns aufbringen, und einige von den Männern sind auch am Hof des Kaisers gesehen worden."
Kann man es ihnen verdenken? dachte Alf. Jede Kreatur wehrt sich ihrer Haut. Laut sagte er:

„Was soll man dazu sagen. Das ist so recht und so recht. Vielleicht ist es für euch nicht zum Schaden, wenn die Männer vom alten Rat nicht in Lüneburg sind. Vielleicht würde ihre Anwesenheit in Lüneburgs Straßen euch ebenso stören. Und sollen die drei ehrenwerten und angesehenen Männer, Hinrich Lange, Albert van der Molen und Meinhard Wietzendorff für das büßen, was ihre Ratskollegen draußen in der Welt vielleicht nicht recht machen? Man möchte ja fast annehmen, daß ihr die drei als Geiseln in der Hand behalten wollt. – Da ich nun einmal hier bin, möchte ich mich wohl erkundigen, ob ihr meinen Brief erhalten habt. Er muß im vorigen Jahr um den Barbaratag in eure Hand gekommen sein. Ich erhielt keine Antwort. Und meine Bitte in dem Brief, die Herren vom Rat, die noch Einlager hielten, freizugeben, wurde nicht erfüllt."
„Den Brief bekamen wir", sagte Sengestake, der Worthaltende. „Wir bitten um Entschuldigung, daß er noch nicht beantwortet wurde."
„Ich glaube wohl, daß es nicht in böser Absicht unterblieb. Ich will nichts dazu sagen. Ich weiß, wie es geht. Einen Tag verschiebt man es zu antworten. Am nächsten Tag vergißt man es. Am übernächsten Tag gerät der Brief in die Masse der Papiere; man denkt nicht mehr an ihn. Das ist uns in Gottorp wohl auch schon so ergangen.
Aber jetzt bin ich hier. Und jetzt in dieser Stunde möchte ich Antwort haben auf die Frage: Wann kommen die drei Herren frei?
Doch das sage ich euch", und er richtete sich zu seiner vollen Höhe auf, während seine Ritter, der Westenseer und der Barsbeke, Herr Wulf, Herr Poggwisch und Herr Qualen nach dem Schwertknauf griffen – „ich gehe heute nicht von der Stelle, bis auch der letzte Ratsherr auf freien Fuß gesetzt ist."
Der Rat befand sich in einer fatalen Lage. Wenn auch die ritterlichen Waffenträger sich nicht mehr rührten, sondern sich damit begnügten, mit strengen Gesichtern zum Gestühl hinüberzusehen, aber die Männer hinter dem Pfeiler in der dunklen Wandelhalle standen nicht so stur und stocksteif da wie die Ritter. In der Dunkelheit wurde es unruhig, Helmbartenspitzen glänzten auf; wohl blieb man hinter dem massigen Pfeiler, aber man schurrte mit den Füßen, ließ die Morgensterne sehen.
Den Männern im Gestühl wurde unbehaglich zumute. Herzog Alf setzte sich wieder.
„Auch mein Neffe Christian, der Dänenkönig, ist an der Freilassung der Herren interessiert. Wir reiten morgen von Lauenburg nach Wismar hinüber. Dort erwarte ich ihn. In wenigen Tagen geht sein Königsschiff unter den Türmen der Stadt Wismar vor Anker. Gern würde ich ihm die Botschaft bringen: Hinrich Lange, Albert van der Molen und Meinhard Wietzendorff sind frei."
Sie horchten auf. Sie sahen Christian, den tollkühnen Mann, schon mit

Schiffen über die Ostsee fahren, ja, sie sahen ihn bereits auf der Ilmenau. Es ging das Gerücht, er wolle eine Wallfahrt machen nach Jerusalem und Rom, er wolle dann auch die Salzstadt mit seinem Besuch beehren. Nein, mit des Herzogs Neffen, der die nordische Welt regierte, wollten sie es nicht auch noch verderben. Es war vielleicht gut, man machte hier reinen Tisch. und als Sengestake fragte: „Was sagt der Rat zur Forderung des Herzogs?" antwortete Ribe:

„Ich glaube, es ist allen recht, wenn du darüber entscheidest."

„Dann möchte ich wohl sagen: Wir erfüllen den Wunsch des Herzogs, der immer ein treuer Freund unserer Stadt gewesen ist."

„Sind alle Herren einverstanden mit dem, was Herr Sengestake mir eben zugestanden hat?"

Zögernd kamen die Hände hoch. Aber schließlich waren doch alle da.

„Verzeiht, aber ich kann damit noch nicht ganz zufrieden sein. Ich bitte um Entschuldigung, aber ich muß dazu bemerken, daß die Städte des Bundes im Augenblick nicht so sicher auf Lüneburg bauen. In einigen der Städte geht die Rede: In Lüneburg ist zuzeiten ein Wort nicht mehr ein Wort. Darum schlage ich vor, wir setzen ein Schriftstück auf in doppelter Ausfertigung, in der das gegebene Versprechen festgelegt wird.

Dirik Schaper", sprach der Herzog weiter, und in diesem Augenblick kam in sein Gesicht das schlimme Lächeln, das von den Seinen gefürchtete Lächeln. — Dem Stadtschreiber lief es über den Rücken. — Er dachte an Springintgud. Er sah Johann tot auf dem zerwühlten Stroh seiner Pritsche liegen.

„Herr Stadtschreiber", begann Alf noch einmal, „wir brauchen Pergament, dazu Feder und Schreibsaft. Ich ersuche Euch, das Nötige aus der Kanzlei zu holen."

Und Dirik Schaper? Er sah nicht einmal zu seinem Worthaltenden hinüber. Der hohe Herr von Lune wurde vor dem Herzog zu einem folgsamen Hündlein. Er sprang auf. Mit langen Schritten ging er in die Kanzlei und erschien gleich darauf — die Gänsefeder in der Aufregung nach alter Gewohnheit hinterm Ohr — mit Pergamenten, mit Schreibsaft, Schere und Sandbüchse beladen, im Gehege. „Zwei Papiere?" fragte er.

„Zwei Papiere!" nickte Alf.

Der Schaper schnitt zwei ansehnliche Pergamentstreifen zurecht und legte sie auf den ehrenwerten Tisch des Hauses zwischen Stadtbuch und Bürgereidkristall. Da rief Sengestake:

„Es fehlt ein Stuhl." Der Ratsschenk trug einen Faltstuhl herbei. Dirik Schaper setzte sich, tauchte seine Feder in den Schreibsaft und wartete. Alf machte es kurz.

„Der neue Rat der Stadt Lüneburg gelobt", so diktierte er, „den ehemaligen

Worthaltenden Bürgermeister der Stadt Lüneburg, Hinrich Lange, den ehemaligen Bürgermeister Albert van der Molen, den gewesenen Ratmann Meinhard Wietzendorff heut und diesen Tag noch vor Untergang der Sonne aus ihrer Haushaft zu entlassen. Gegeben am Mittwoch vor Palmarum."

„Ist es so recht?" Alf sah zu Sengestake hinüber.

„Doch wohl. Ich glaube, daß keiner der Herren etwas dagegen haben kann."

Dirik Schaper streute Sand über das Geschriebene und blies ihn mit der raschen Bewegung des alten Schreibers wieder vom Schriftstück herunter.

„Die Herren siegeln alle." Sollte es eine Frage sein? Es klang wie ein Befehl. Sengestake drückte zuerst seinen Siegelring ins Wachs. Als letzter Heyno Vischkulen. Ihm lachte das Herz, wenn man es ihm auch nicht ansah.

„Ich danke den Herren für ihr Entgegenkommen; muß aber doch gestehen, daß ich mit meinen Wünschen noch nicht am Ende bin. Ich möchte noch eine Bitte vorbringen. Ich habe die Absicht, noch heute von Lüneburg abzureiten. Wir wollen die Nacht auf dem Lauenburger Schloß verbringen, so ist es mit dem Schloßhauptmann, den ihr kennt, verabredet worden. Wenn ich morgen früh an das Fenster meiner Kammer trete, wenn ich über die Elbe wegblicke, Ausschau halte nach dem fernen, bläulichen Saum der Geest, der den Himmelsrand beschließt, wenn ich dann auf dem bläulichen Rande das mir so liebgewordene Getürme der Stadt Lüneburg finde, dann möchte ich sicher sein, daß die drei Herren vom alten Rat, mit denen mich Fäden der Anhänglichkeit und Freundschaft verbinden, Freundschaft geknüpft und geprüft in Zeiten der Not und Gefahr, befestigt in einem langen Leben, ja, daß diese mir nahestehenden Männer nun auch wirklich ihre Freiheit haben, daß sie auf den Straßen umhergehen können nach ihrem Gefallen, daß sie auf der Sülze nach ihren Pfannen sehen dürfen, in den Kirchen ihre Erbauung finden, wenn auch die Glocken im Augenblick für euch noch nicht geläutet werden dürfen. Und so bitte ich: Schickt in dieser Stunde zu ihnen, bringt ihnen die Kunde, daß ihr Einlager aufgehoben ist. Herr Kai Rumohr wird euern Boten gern begleiten. Vielleicht gebt ihr ihm die beiden Schriftstücke mit, damit Hinrich Lange, Albert van der Molen, Meinhard Wietzendorff lesen können, was wir geschrieben und besiegelt haben."

Was war zu tun?

Diese freundliche, mit soviel Wärme und Anteilnahme auch für die Stadt Lüneburg vorgebrachte Bitte konnte nicht abgeschlagen werden. Sengestake sah Heyno Vischkulen an: „Wollt Ihr mit dem Ritter Rumohr gehen?"

Und nicht lange darauf verließ Heyno mit dem blonden Holsteiner Kai Rumohr die Laube. Segeband begleitete die beiden. Er trug die zusammengerollten Schriftstücke. So gingen sie, um im Bürgermeisterhaus, in der „Goldenen Treppe", in dem Hause, das die gekreuzten Heuharken im Kopf der Beischlagwangen hatte, ihre guten Botschaften auszurichten.

IX

Das Mandat des Kaisers

Auf dem Tisch in Hinrichs Schreibstube lag ein Brief. Hogeherte hatte ihn mitgebracht. In seinem kirschroten Knierock war er hereingekommen, um die Leibesmitte den Ledergürtel mit der Geldkatze und der Doppelscheide für Dolch und Messer; das Gesicht gerötet von den feuchten Westwinden, die fast ständig über Elbe und Ilmenau hingehen.
Der Brief, den er gebracht hatte, war mit dem lübschen Adler gesiegelt gewesen; das sah man, wenn das Siegel auch gebrochen war und seine beiden Teile neben dem Leuchter auf der Tischplatte lagen. Hinrich Lange stand an seinem großen, sechzehntürigen Schrank und sah zu dem hellen Papier des Schreibens hinüber. Schließlich trat er noch einmal an den Tisch heran, nahm den Brief auf, besah die festen Züge der Anschrift, öffnete ihn und las ihn zum zweiten Male. Aber dann faltete er das Schriftstück wieder zusammen, stellte es so gegen den Leuchter, daß die beiden kriechenden Löwen unter dem Leuchterfuß ganz von dem hellen Papier verdeckt wurden. Danach ging er mit einander widerstreitenden Gefühlen in seiner engen Schreibstube hin und her.
So fand Gebeke ihn. Sie hatte gleich das Schreiben erspäht. Vielleicht war sie auch gekommen, um nach einer Nachricht aus Lübeck Ausschau zu halten.
„Ein Brief!" rief sie. „Vater, darf ich fragen, hat Hogeherte den Brief mitgebracht?"
„Ja, Kind."
„Dann ist er auch von Älardus!"
„Von Älardus und Maria, seiner Frau, dazu von den Eltern an der Trave."
„Vater, wenn die Eltern auch geschrieben haben, dann weiß ich, was in dem Brief steht. Darf ich raten?"
„Nur immer zu!"
„Sie haben dich gebeten, hier alles stehen und liegen zu lassen und zu ihnen nach Lübeck zu kommen."
„So ist es."
„Und du, Vater?"
„Ich möchte wohl lieber hier bleiben."
„In Lübeck würdest du mit Klaus unter einem Dache wohnen."
„Das denn doch wohl nicht. Klaus – so schreibt mir Älardus – hat eine längere Reise vor. Lies selbst, was sie schreiben!"
Gebeke nahm den Brief zur Hand.

„Vater, das muß ich sagen, wenn man so freundlich eingeladen wird, kann man nicht mit nein antworten! Die beste Stube im Obergeschoß wollen sie dir geben, eine Stube, die nach Süden liegt und von deren Fenstern aus man die Trave sehen kann!"
„Onkel Tzerstede ist nun auch in Lübeck gelandet, sagte mir Hogeherte. Nun sind schon sieben von meinen Ratsfreunden in Lübeck."
„Und du würdest der achte sein."
„An den Wassern Babylons saßen sie und klagten."
„Vater, warum willst du nicht nach Lübeck übersiedeln?"
„Ich soll mich hier losreißen? Mit meinem grauen Haar noch auf die Flucht gehen? Nach Lübeck auswandern? Gebeke, ein alter Salzwagen geht nicht mehr auf große Fahrt. Und bin ich denn viel mehr als solch ein alter Wagen, der gerade noch eben mitknarrt und mit dem wirklich nicht mehr viel Staat zu machen ist? Und ihr wollt mich aus dem Hause haben?"
„Wir wollen dich gar nicht gern aus dem Hause haben. Wenn du nicht da bist, ist es hier wie tot; es fehlt das Beste. Und doch möchten wir, daß du für einige Zeit zu Älardus und seinen Eltern gingest. Du bist den Herren vom neuen Rat im Wege. Es ist besser, sie sehen dich gar nicht. Und in Lübeck hast du Älardus. Du kannst dir sein Söhnchen einmal anschauen, das du noch gar nicht gesehen hast."
„Gebeke, ich mag nicht gern auf längere Zeit irgendwo zu Gaste sein. Es stört die andere Haushaltung. Und das ist bedrückend."
„Aber du gehst doch zu der Schwiegertochter und ihren Eltern, in die eigene Familie."
„Und es muß um so schlimmer sein, wenn man bei den eigenen Leuten einmal fühlen muß, daß man sich nicht auf den rechten Stuhl gesetzt hat."
„Vielleicht könntest du den Lübeckern nützlich sein. Vielleicht könntest du Älardus bei der Buchführung helfen. Deine Sodmeister-Rechnungsbücher werden noch immer gezeigt und stehen auch, wie ich einmal gehört habe, in der Stadt an der Trave in Ansehen. Und ob Älardus sich viel aus der Schreiberei, der Federfuchserei, wie er sagt, macht, weiß ich nicht."
„Älardus will mich mitnehmen, wenn er mit seinem Salzschiff im Juli in die Ostsee muß. Sie laufen auch Hiddensee an."
„Vater, dann mußt du reisen! Mußt das Eismännlein auf seiner Insel besuchen! Mußt mit ihm und dem Bruder Schreiber am Strand entlang gehen, auf dem der Meerschaum wie in weißen Brautschleiern liegt. Sagte das Eismännlein nicht so, als es vor Jahren bei uns zu Gaste war? Ich war noch ein Kind."
„Das muß ich ja sagen: Das Klösterlein im Schutz des Dornberges und seine weinberankte Eiche, den einzigen Baum auf der ganzen Insel, das alles möchte ich wohl auch einmal sehen. Aber ob das Eismännlein noch auf den

Leuchtturm steigen kann, ist wohl recht fraglich. Das Eismännlein – wie ihr den kleinen Inselabt immer nanntet – wird, wenn es überhaupt noch am Leben ist, ein uraltes Greislein geworden sein."

Aber nun horchte Gebeke. Draußen kam etwas die Treppe herauf. Da fiel der Klopfer auf die Tür. Und nicht lange darauf kam Wobbeke in die schon dämmerig gewordene Stube. Sie brachte ihren Bruder mit.

„Heyno, du? Wie mich das freut! Du bist mir heute so willkommen wie vor Wochen, als du dich mit Kai Rumohr und dem jungen Segeband einstelltest, um mir meinen häuslichen Kerker aufzuschließen."

„Ein unvergeßlicher Tag, von dem ich, wie es scheint, immer noch bei dir zehre", sagte Heyno und zwinkerte lustig mit den Augen. „Aber laß gut sein. Ich hatte an jenem Tag ebenfalls meine Freude und nicht zuletzt an der Niederlage, die der Herzog von Schleswig den Herren vom neuen Rat bereitete."

„Heyno", begann Wobbeke, „wenn Hinrich dich so lebhaft begrüßte, so will es was heißen. Ich muß dir sagen, du bist heute nicht der erste Gast, der uns beehrt. Unseres Vaters Schreibstube war heut ein Taubenschlag. Das kam und ging. So war's am Morgen. Und am Nachmittag fiel vor dir schon zweimal der Klopfer auf die Tür. Und beide Male war's Besuch für unsern Vater."

„Und ich bin als der dritte immer noch gern gesehen?"

„Und ob." Hinrich schmunzelte, sagte, „ja, ich möchte hinzusetzen: Das Beste kommt zuletzt."

„Da bin ich meiner Sache doch nicht so ganz sicher." Heyno legte seine Kappe auf den Schemel unter dem Kruzifix und tat seinen leichten Sommerhoiken aus dunkelblauem Seidenserge über die Armlehne der Truhenbank. „Da müßte ich erst einmal wissen, wer die waren, die vor mir erschienen. Und so möchte ich mich, wenn es erlaubt ist, einmal erkundigen, wer von deinen Gästen Nummer eins war."

„Der Pfarrer vom Nikolaistift", sagte Gebeke.

„Der immer gern gesehen ist, weil der Pfarrer das ganze Nikolaistift mit seinen alten Männlein und Weiblein – das Haus mit dem Medusenkopf über der Tür mit eingeschlossen – mit Kirche, Eichenkamp, Hofmeisterei und allem Drum und Dran mit ins Bürgermeisterhaus bringt. Und doch möcht' ich wohl sagen: Mit ihm nehm' ich's noch auf. Aber nun der zweite. Wobbeke, sag du, wer war der zweite Gast?"

„Hogeherte, der Schiffshauptmann."

„Hogeherte? Das stimmt mich bedenklich. Gegen deinen ehemaligen Schiffsteilhaber komme ich, so muß ich befürchten, kaum auf. Wenn Hogeherte hier vorgesprochen hat, mit dem du in jungen Jahren ab und zu nach Lübeck gefahren bist, muß ich die Segel streichen. Der Schiffshauptmann Hogeherte, der so oft am Bollwerk bei Lauenburg vor Anker lag, um Holz für den

Abt, den Dachs und die Goldene Henne zu laden, der Mann, in dem noch immer ein Stück von unserer alten Salzherrlichkeit lebt, schlägt, glaube ich, uns alle aus dem Felde, ausgenommen vielleicht Johann von Minden, der unter unseres Vaters Freunden wohl immer der erste bleibt."

„Es ist wahr", begann Wobbeke, „Hogeherte war im Bürgermeisterhaus immer willkommen. Wenn er sich in früheren Zeiten bei uns einstellte, um Abrechnung zu halten, so war es ein Fest. Abzurechnen gibt es nichts mehr. Dafür hat Hogeherte heut einen Brief mitgebracht."

„Aus Lübeck?"

„Ja. Von Älardus."

„Wie geht es Älardus? Was schreibt Älardus? Wenn man danach fragen darf."

Gebeke antwortete: „Älardus und Maria und die Eltern an der Trave möchten, daß der Vater zu ihnen kommt."

„Hinrich, Vater, wäre ich an deiner Stelle, so würde ich mich hier nicht länger aufhalten. Wirklich, ich glaube, es wäre gut, du kämst einmal in eine andere Luft."

„Auch Hogeherte hält es für besser, wenn ich von hier fortgehe."

„Du könntest ja mit ihm reisen", rief Wobbeke.

„Das hat mir mein ehemaliger Schiffsteilhaber auch vorgeschlagen. Er möchte mich am liebsten am Dienstag nach Pfingsten mitnehmen. Er hofft, daß er sein Schiff bis dahin wieder voll hat."

„Da kriegt man ja Lust, mit auf die Reise zu gehen! Jetzt zur Frühlingszeit mit dem Schiff durch die Marsch, wo alle Wiesen voll Butterblumen stehen und die Luft über ihnen von Störchen, Kibitzen und Lerchen nur so wimmelt! Ja, das muß ein Vergnügen sein! Hast du ihm zugesagt?"

„Nein, Heyno, du kennst mich ja. Ich bin am liebsten in meinen eigenen vier Pfählen. Ich mag auch nicht unsere Mutter mit Gebeke und den Kindern allein lassen."

„Wir aber möchten, daß unser Vater auf einige Zeit aus Lüneburg herauskommt!"

„Wobbeke, was heißt auf einige Zeit? Weiche ich heut oder morgen aus der Stadt, so gehe ich nicht auf eine absehbare Zeit von hier weg. Ich kann nicht zurückkommen, wenn ihr es möchtet oder wenn ich es möchte. Ich muß bleiben, bis das Wetter in Lüneburg einmal umschlägt. Und das kann noch Jahre dauern."

„Und mag es auch noch längere Zeit währen, bis ihr alle zurückkommt, so halte ich es auch auf die Gefahr hin für besser, wenn Hinrich nach Lübeck geht. Soll er sich weiterhin im Hause verkriechen, nachdem er so lange eingesperrt gewesen ist? Aber wenn er nach draußen kommt, unter die Leute, so ist auch das verkehrt. Da läuft Hinrich durch die Bäckerstraße, wie ein bunter Hund von allen angeschaut! Und kommt er über den Markt, stoßen sich die Bardowickerinnen an, sagen zueinander: Sieh da, Hinrich Lange, der gewesene Worthaltende! Und sie recken den Kopf nach ihm, denken: Der hält sich ja noch lange in Lüneburg auf. – Über das Anschauen der Leute und ihr Denken kämen wir wohl hinweg. Aber ich will ganz und gar nicht, daß Hinrich in der Bäckerstraße dem Dahlenburg und Ulrich Schaper, dem Heringshändler, in die Arme läuft. Denn denen ist er ein Stein des Anstoßes, und was sie denken, weiß ich genau."

„Wobbeke, nicht so laut!" Hinrich warf einen Blick durch die Scheiben. Aber die dunkler gewordene Bäckerstraße war wie ausgestorben. Wobbeke fuhr leiser fort:

„Sie denken: Wäre er doch, wo der Pfeffer wächst, oder, hätten wir ihn doch damals in den Turm gelegt wie den Springintgud! Ja, Vater, so lange du Einlager hieltest und sie dich nicht vor Augen hatten, warst du noch einigermaßen geborgen. Aber jetzt, da du gehen kannst, wo du willst, bist du ihnen im Wege. Wenn du einmal bei Dunkelheit noch nicht zurück bist, fürchten wir, es könnte dir etwas zugestoßen sein. Wenn's aber nachts irgendwo poltert oder der Wind am Türklopfer rüttelt, fahre ich aus dem Schlaf hoch, kriege das Zittern und denke: Mein Gott, jetzt kommen sie. Jetzt holen sie Hinrich aus dem Hause!"

„Wobbeke, du übertreibst! So können sie denn doch nicht verfahren! An einen solchen Überfall in der Nacht ist wohl nicht zu denken."

„Meinst du? Aber wir ängstigen uns um dich. Gebeke und ich und Cord wohl auch, wenn er es auch nicht sagt. Jedenfalls, das weiß ich, im Augenblick wärest du in Lübeck besser aufgehoben. Aber, Gebeke, wir wollen die beiden allein lassen. Wir haben zu tun." Und, dachte sie, sie haben auch wohl noch etwas unter sich auszumachen.

„Ich glaube", begann Heyno nach einer Weile, „Gebeke und meine Schwester sind mit ihren unguten Ahnungen gar nicht so ganz auf Abwegen. Du weißt wohl, daß Springintgud oftmals, wenn von Dirik Schaper und seinen Tücken die Rede war, seinen alten Sieder zitierend sagte: Man kann keinen toten Hund fest genug anbinden. Dem Dahlenburg, Dirik Schaper und dem Heringshändler traue ich nicht über den Weg. Diesen Brüdern kann man allerlei zumuten. Sie bereuen es, daß sie dich auf freien Fuß gesetzt haben. Es ist – im Vertrauen sage ich es dir – auf der Laube manchmal deshalb Streit. Vor einigen Tagen sagte Hans von Dahlenburg: Es war ein Fehler, daß wir Hinrich Lange freiließen. Du hättest dem Drängen des Herzogs nicht nachgeben dürfen, warf er Sengestake vor. Ich kann die Sorge der Frauen begreifen. Ich verstehe, daß sie dich lieber in Lübeck wüßten. Hinrich, Vater, ich weiß nicht, aber mir ist immer, für diese drei und ihren Freund, den Vogt Nyebur, könntest du, wenn du bleibst, zu einer Versuchung werden."

„Meinst du das? Ja, dann ist es vielleicht besser, wenn ich, um aus ihrem Gesichtskreis zu kommen, hier verschwinde. Ich muß es überlegen. Ich muß einmal darüber schlafen. Vielleicht wäre es auch für Älardus gut, wenn ich bei ihm bin. Vielleicht kann ich denen an der Trave dabei helfen, zu Salz zu kommen, und das ist im Augenblick für die Lübecker, die mit dem Salz zu tun haben, die größte Sorge. Ja, wenn mein Eidam es mir rät, aus gutem Herzen rät und mit guten Gründen, so wäre diese Reise nach Lübeck, um nicht zu sagen, diese Flucht, in die Schwesterstadt, vielleicht das Richtige!"
„Du wirst in Lübeck nicht allein sein. Dein Schwager Brand ist auch dort."
„So sagte mir Hogeherte."
„Und vielleicht ist van der Molen auch auf dem Weg dahin."
„Van der Molen? Ich dachte, der wäre noch in der Goldenen Treppe?"
„War er bis gestern abend. Er soll zu Fuß nach Scharnebeck gegangen sein. Der lange Franziskaner vom Marienkloster hat ihm eine braune Kutte geliehen, und auf Sandalen, mit Mantel und Kapuze machte er sich bei anbrechender Dämmerung davon. Er soll — so erzählt man auf dem Rathaus — durch das Lüner Tor gekommen sein. Man meint, er sei zu Fuß nach Scharnebeck gepilgert. Die Scharnebecker Mönche werden ihn wohl mit einem Pferd und allem Reisegut ausstatten."

Hinrich in der Täuferkirche

In dieser Nacht kam Hinrich Lange kaum in den Schlaf. Aber er lag still und rührte sich nicht, um Wobbeke mit seinem Wachsein nicht zu stören. Als er an ihren regelmäßigen Atemzügen merkte, daß sie schlief, stand er auf, kleidete sich an und verließ leise die Kammer. Er ging über die Galerie und öffnete die Tür zum langen Saal. Da wanderte er nun ruhelos unter den beiden schwebenden Leuchterkronen hin und her, wenn er auch in der Lichtlosigkeit dieser Stunde nichts von der Muttergottes, nichts von dem Heiligen Georg in den Geweihlauben erblicken konnte. Er dachte an Vergangenheit und Gegenwart, an die hundertmal begrübelten Erlebnisse und Geschehnisse der letzten Zeit. Einmal stand er an dem rechten der beiden Fenster, an des Saales schmaler Seite, sah über den Bauhof, an der Eiche vorbei auf die graugrüne Glocke, unter der Springintgud lag, schüttelte den Kopf, wandte sich ab und nahm wieder sein unrastiges Wandern auf, immer hin und her in dem dunklen Saal, von der Tür zu den beiden Fenstern und wieder zurück zur Tür. Als der Tag graute, legte er sich noch einmal nieder und kam auch noch in einen leichten Schlummer.
Am Morgen suchte er Wobbeke auf, und er sagte ihr, daß er sich entschlos-

sen habe, nach Lübeck zu gehen. Er setzte seine Kappe auf, tat seinen leichten Mantel um. Und auf Wobbekes erstaunte Frage: „Du willst ausgehen?" antwortete er:
„Ich will in die Täuferkirche. Du weißt ja, daß in der kleinen Taufkapelle gleich links vom Chor am ersten Pfingsttag die Messe gelesen wird."
Er trat noch einmal in die Schreibstube. Da fiel sein Blick auf den kleinen Veilchenstrauß, den Gebeke ihm hingestellt hatte. Er nahm ihn an sich, und ohne viel nachzudenken schob er ihn in seinen Ärmel. Er ging durch die Bauhoftwiete. Unter dem Chorfenster der Täuferkirche blieb er einen Augenblick stehen. Er denkt: Du könntest hinter dem Schiff der Kirche hingehen. Da kommst du an Ilsabens Grab vorbei. Wie mag es dort aussehen? Und so trat er wenig später an den kleinen Denkstein, der an der Kirchenmauer lehnte. Moos hatte sich in die Buchstaben ihres Namens gesetzt. Er kratzte es mit einem dürren Zweiglein heraus, so gut er konnte. Er nahm ein paar Hände voll dürrer Blätter aus den Efeuranken, bückte sich und legte den Veilchenstrauß vor den Stein.
Ilsabe, flüsterten seine Gedanken, ich gehe weg von hier. Ich gehe zu Älardus. Wer weiß, wann ich wiederkomme? — Vielleicht nie. — In der letzten Nacht habe ich mich losgerissen von allem, was mein ist. Wenn ich dir's sagen soll, ich habe in meinem vergangenen Leben gesessen wie in einem verlassenen, finsteren Brunnenschacht, habe Stunde um Stunde an seinen rusterigen Wänden herumgeschürft, an den schier trostlosen Wänden. Am Ende fand ich auf dem Grunde ein paar Blumen. Deine Liebe, Ilsabe. Ilsabe, ich danke dir.
Er nahm seine Kappe ab, er sprach ein Vaterunser, verweilte noch ein wenig vor dem fast vergessenen Grabe und ging dann an der Mauer entlang bis zu der großen Kirchenpforte, die unterm Turme lag.
Er öffnete die Tür, die in das linke Seitenschiff führte und erreichte gleich darauf die kleine Kapelle, vor derem Altar sich schon die Andächtigen eingefunden hatten. Heut am Festtag amtierte der Pfarrer in einer weißseidenen mit goldenen Bildern bestickten Casula. Der Weihrauch stieg auf, wölkte sich um des Altares Bilderschrein und schwebte zu der Siegesfahne empor, die man in den Kämpfen der Ursulanacht erbeutete. Sie hing an der rechten Kapellenwand zwischen den Wappenschilden der beiden Bürgermeister, die in den Straßenkämpfen ihr Leben gelassen hatten.
Nein, die Orgel spielte nicht. Seit zwei Jahren hatte niemand ihre Tasten berührt. Aber die Kirchenschüler von Sankt Johannis sangen. Und dieser Gesang wehte vom Lettner her, so hoch, so hell, so lange nicht gehört, zu Hinrich hinüber.

Zwei Tage blieben ihm noch. Da gab es viel zu ordnen. Hinrich schnürte Papiere zusammen, brachte sie auf den Boden und barg sie in einer alten Truhe. Und in dieser Truhe fand er ihn: den großen, hellen Elefantenzahn, an den er so lange nicht gedacht hatte. Er nahm ihn mit nach unten.
Da lag er nun, elfenbeinhell und schimmernd in all dem braunen Holz der Schreibstube, lag auf dem Tisch vor dem zinnernen Leuchter mit den kriechenden Löwen.
So sah ihn sein Sohn Cord. Er stutzte. Trat einen Schritt näher an den Tisch und rief:
„Ein Elefantenzahn! Und hier in deiner Stube? Woher kommt der Zahn?"
„Man schenkte ihn mir. An einem Hansetag in Hamburg war es. Zehn Jahre sind es her. Ich lag damals bei einem Englandfahrer im Quartier. Und dieser Englandfahrer gab ihn mir beim Abschied."
„Man könnte ein Kriegshorn daraus machen, Vater. – Als Hogeherte mich vor zwei Jahren mitnahm nach Lübeck, lag unser Schiff angetäut vor Lauenburg. Da ging Hogeherte mit mir auf das alte Schloß. Ich durfte sogar in die Rüstkammer schauen. Da sah ich an den Wänden große Schwerter, Zweihänder, dazu Morgensterne und Schilde, Eisenhüte und Topfhelme, und bei unseren Schritten auf den knarrenden Dielen fingen diese Eisenhüte an zu nicken und zu ticken. Mitten in all dem Waffenzeug gab es solch einen Zahn. War an einer dickgeflochtenen Seidenschnur aufgehängt. Ein Kriegshorn ist es, sagte mir Hogeherte, es heißt der große Olifant. Hogeherte nahm ihn vom Nagel. Da konnte ich die schöngeschnitzte Kante, die breite Manschette, an seinem unteren Ende besehen. Soll dieser Zahn auch ein Kriegshorn werden?"
„Ein Kriegshorn? Nein, mein Sohn, mit diesem Zahn hatte ich anderes vor. Aber diese Pläne liegen nun in weiter Ferne. Ein Trinkgeschirr wollte ich aus dem Zahn machen lassen. Nicht für uns! Nein, für die Schenkschive auf der Laube. Zwei silberne Elefanten, ein jeder kaum so groß wie eine Frauenhand, müßten dem Zahn als Fuß dienen. So sah ich es in Visby auf Gotland. Auf ihren Sätteln trugen die Elefanten Türme mit spitzbogigen Fensteröffnungen, von feingeschmiedeten Fialen umringt. Und diese Elefanten und die Türme auf ihren Sätteln müssen den Zahn stützen und tragen. Ja, der Zahn, den ich in Visby sah, schlug wie eine weiße Woge über den türmetragenden Elefanten hoch. Und so sollte der Zahn einmal, mit rotem Wein gefüllt, als Trinkgeschirr auf der Schenkschive stehen, wenn die Städte auf einer Tagfahrt hier versammelt sind. Mit dem Elefantenzahn könnte man den Umtrunk halten.
Das weiß ich sicher: Zu meinen Zeiten wird aus dem Zahn kein Trinkhorn.

Meine Zeit ist hingegangen in Streit und Unruhe. Und komme ich wieder zurück und komme ich wieder ins Gestühl, so wird der Rest meiner Jahre Mühe und Arbeit sein. Wir müssen uns mit der Sülzprälatenschaft einigen. Und wenn das geschehen ist, müssen wir versuchen, den Papst zu versöhnen, damit die Stadt endlich vom Banne loskommt. Darüber vergehen Jahre. Und bleibt uns Zeit und Kraft, müssen wir zusehen, daß in der Stadt wieder alles seinen rechten Schick kriegt. Es ist in den letzten Jahren viel liegengeblieben."
„Die Uferwand unter den Speichertüren des Kaufhauses, für die du die Eichen schon vor Jahren gekauft hast, muß gemacht werden."
„Die Uferwand darf nicht zuletzt bedacht werden. Denn wenn sie nicht bald ihr Recht bekommt, sackt uns noch ein Stück vom Kaufhaus weg. Aber wir müssen uns auch um unsere eigenen Hausstände bekümmern. Kisten und Kasten sind in den letzten Jahren leer geworden. Da ist Gebeke. Sie möchte heiraten und muß ausgestattet werden. Für deine beiden jüngeren Schwestern ist ein bescheidenes Heiratsgut zusammenzubringen; Knut muß zu Brot gebracht werden. An das große Trinkhorn, das ich der Stadt schenken wollte, kann ich, sollte ich zurückkehren, nichts mehr verschwenden, keine Gedanken, keine Zeit und kein Geld.
Aber du, Cord, kannst es vielleicht einmal schaffen. — Man weiß nicht, wie alles kommt. Es wird dir wohl nicht ein so rundes Glück zufallen, wie es deinem Bruder Älardus zuteil wurde. Ich denke, du wirst Sülfmeister und wirst hier im Hause bleiben und einmal alles übernehmen. Ich denke, auch auf der Sülze wirst du mein Nachfolger und könntest gut meine eigenen Pfannen besieden und die des Lübecker Domkapitels und die der Klöster Walkenried und Hiddensee. Vielleicht wirst du Ratsherr, und — es ist nicht unmöglich — vielleicht kommst du auf die Bürgermeisterbank. Man weiß nicht, ob man es dir wünschen soll. Aber das wünsche ich dir, daß du ruhigere Zeiten erlebst, als wir sie hatten. Nimm diesen Elefantenzahn! Ich lege ihn schon heute in deine Hände. Wissen wir, ob wir uns wiedersehen? Du bist bald fünfzehn Jahre alt. Mit fünfzehn Jahren wurden die jungen vaterlosen Königssöhne früher freigesprochen und durften schon unter der Krone gehen. So kann man auch wohl von dir etwas verlangen. Daß du, wenn ich weg bin, zu deiner Mutter und deinen Geschwistern stehen mußt, brauche ich dir wohl kaum zu sagen. Daß du, soweit die Schule dir nur irgend Zeit läßt, für sie streben und sorgen mußt, begreifst du, ohne daß man Worte darüber macht. Aber du bist wohl auch alt genug, daß ich dir einen Auftrag geben kann, der sich vielleicht erst in einer ferneren Zukunft ausführen läßt. So nimm du den Elefantenzahn! Verwahre ihn, wo und wie du es für gut hältst, in deiner Kammer oder an einem anderen Ort, und vergiß die Stunde nicht, in der ich ihn dir anvertraute!
Viele Jahre werden vergehen, bevor du so weit bist, daß du dich um ihn

bemühen kannst. Wenn du aber darangehst, so laß dich das Geld, das du ausgeben mußt, nicht gereuen. Statte den Zahn so aus, daß er sich, von Gold gegürtet, von den silbernen Elefanten getragen, auf der heruntergeklappten Platte der Schenkschive mit Ehren behaupten kann! Laß dir Zeit, auch wenn deine Mittel es dir erlauben! Nicht in einem Jahr kann ein solches Trinkgeschirr entstehen. Vielleicht tust du dich mit Klaus Springintgud zusammen, der dein Schwager werden will. Dann laß in die Fensteröffnungen der Türme zwei Wappenschilde setzen aus farbiger Emaille, den einen mit dem halben Bären, der rot über ein helles Feld läuft, den anderen, mit dem Hermelinkragen der Springintguds, weiß mit schwarzen Schwanzspitzen. So werden die beiden Wappenbilder vielleicht einmal einträchtig aus dem silbernen Getürme scheinen."

Der Abschied

Am Abend des zweiten Pfingsttages machte sich Hinrich zur Reise bereit. Er sah noch einmal nach den schlafenden Kindern. Auf der Diele vor dem Pfeiler standen Gebeke und Cord.

„Steh deiner Mutter bei, Cord", flüsterte er und drückte seinem Jungen die Hand. Er neigte sich ein wenig über das Gesicht seiner Tochter und ließ es geschehen, daß sie ihn umhalste und küßte. Wobbeke geleitete ihn über den Hof. Bei dem kleinen Bauhofspförtchen blieb sie stehen.

„Hinrich, hab keine Angst um uns! Denke auch nicht, daß man uns aus dem Hause drängen könnte. In der Flachsburg sind die Frauen auch allein, halten sich tapfer und gehen ihren Weg. Gebeke und ich haben unsere Lektion bei Frau Springintgud und ihren beiden Töchtern gelernt, und die müssen mit Dirik Schaper unter einem Dache wohnen."

„Ich glaube wohl, daß du es schaffst. Aber Sorgen habe ich doch. Und was soll werden, wenn ich noch Jahre wegbleiben muß, wenn ich euch kein Geld schicken kann?"

„Mach dir keine Gedanken! Wir halten uns noch längere Zeit über Wasser. Die Hofmeistersleute lassen uns nicht im Stich, und daß ichs dir nur gestehe, ich hab ein wenig vorgesorgt."

„Du, Wobbeke?"

„Ich bin nicht ganz ehrlich gewesen. Damals vor dem Fest des großen Einsammelns hab' ich ein wenig auf die Seite gebracht."

„Wie das?"

„Ein Beutelchen mit Golddukaten, die ich noch von meinem Vater hatte, hab ich nicht auf die Liste gesetzt, und" — sie zögerte — „meine goldene Kette auch nicht."

„Hast du nicht? Aber wir haben doch, soviel ich weiß, eine goldene Kette abgegeben."
„Meine Jungmädchenkette war's. Schier Messing mit einem leichten Goldüberzug. Sie haben nichts gemerkt."
„Recht war es nicht."
„Bist du böse?"
„Nein, Wobbeke."
„Dann, Hinrich, weil ich nun einmal beim Beichten bin, will ich dir noch sagen, auch die silberne Krudeschale mit den vielen Buckeln und dem kleinen, braunen Hirschlein in der Mitte schrieb ich nicht mit auf."
„Die große, silberne, vor der die Kinder so gerne stehen, das Hirschlein auf der grünen Rasenbank anschauen und die Zacken des Geweihs zählen? Nein, du hast recht, die war an jenem Tag, als sie mit der großen Pfennigkiste zu uns auf die Diele kamen, nicht mit dabei. Die ist nicht mit in die Kiste gekommen."
„Hinrich, du warst immer so weit weg, damals, als du alles aufschriebst, was sich auf der Laube ereignet hatte mit dir und Johann und den anderen Ratsherren. Du dachtest in jener Zeit so wenig in Krudeschalen und Goldschmuck. Du hattest für diese Dinge überhaupt keinen Sinn. Da meint ich, ich könnte es wohl wagen, die silberne Schale zu unterschlagen. Ich will dir's nur gestehen, ich gönnte sie ganz einfach der Vögtin Nyebur nicht, und ich dachte, wenn wir sie hergeben, wird sie einmal auf ihrer Festtafel landen. Das wollte ich nicht. Denn die Schale gehört Gebeke. Ihre Mutter brachte sie ins Haus, und Gebeke soll sie einmal in das Haus ihres Mannes mit hinübernehmen. Bist du nun sehr ungehalten, Hinrich?"
„Nein, Wobbeke, um die Wahrheit zu sagen, ich gehe leichter aus dem Hause, da ich weiß, daß ich euch nicht ganz mittellos zurücklasse. Denn im Notfall kann man die Goldkette . . ."
„Ja, in der größten Not können wir davon Brot kaufen für die Kinder und uns, und das hab ich auch gedacht, als ich sie zurückbehielt."
„Du meinst es gut, Wobbeke", flüsterte er und legte seine Wange auf die ihre. „Leb wohl."
Sie blieb stehen und lauschte, als er über den Bauhof ging. Sie hörte, wie er mit dem großen Hunde sprach, der leise bellte und hinter ihm her sprang, während er zu der Türe nach der Twiete hinüberging. Er hatte den Schlüssel für die Bauhofspforte bei sich. Als er aufgeschlossen hatte sah er sich noch einmal nach Wobbeke um. Sie stand noch an der gleichen Stelle. Sie winkte, und er winkte zurück. In der Twiete und in dem Gäßchen, das an der Klostermauer der Weißen Mönche entlangging, kam ihm niemand entgegen. Auf Umwegen gelangte er an die Ilmenau. Auf der Kaufhausbrücke neben dem Opferstock des Heiligen Nikolaus stand Hogeherte und wartete auf ihn.

Gemeinsam gingen sie an den Fischbänken vorbei. Als Hinrich auf dem Laufbrett zum Schiff hinüberschritt, schlug es vom Nikolaiturme elf Uhr.

Heyno und Gertraudis

An diesem Abend hatte Heyno im Ratskeller einen Lübecker angetroffen, einen ihm bekannten Paternostermacher, der auch mit Bildern handelte. Sie hatten sich unterhalten, und es war spät geworden. Mitternacht war nicht mehr weit, als er zu Gertraudis in die Stube kam. Bevor sie zur Ruhe gingen, trat Gertraudis noch einmal an das mittlere Fenster ihrer bilderreichen Wohnstube, schob die große Zimmerlinde auf die Seite, sah über Ilmenau und Kaufhausbrücke zum Kran hinüber und rief:

„Hogehertes Schiff ist weg."

Hogehertes Schiff hatte noch in den Abendstunden drüben am Kran gelegen, wo man allerlei Stückgut für Lauenburg und Lübeck geladen hatte. Hogeherte hatte diesmal so wenig Salz im Schiff, da war ihm auch diese Ladung erwünscht gewesen.

„Hogeherte liegt mit seinem Schiff bereits an der anderen Seite, am Stintmarkt", antwortete Heyno.

„Ob unser Vater sich schon in seiner engen Schiffsbutze eingerichtet hat?"

„Ich glaube wohl." Heyno trat an die Seite seiner Frau.

„In einigen Tagen ist er in Lübeck", begann Gertraudis.

„So hoffen wir. Aber unser Vater wird Klaus Springintgud dann nicht mehr in der Stadt an der Trave antreffen. Zu der Zeit werden wir hier in Lüneburg einen unruhigen Tag hinter uns haben."

„Warum meinst du das?"

„König Christian kommt."

„König Christian? Zu uns nach Lüneburg?"

Heyno nickte.

„Der schöne dänische König, dem alle Frauen so zugetan sind?"

„Er kommt mit seinen Rittern. Sie wollen nach Rothenburg ob der Tauber. Sie wollen zum Kaiser, der zur Zeit dort Hof hält. Christian und seine Getreuen bleiben wohl einen Tag und eine Nacht hier. Es wird ein ziemliches Getümmel geben. Wenn die Ritter über Sand und Markt reiten, läuft alles zusammen. Aber da ist noch eins, und das magst du Gebeke sagen, im übrigen muß man Schweigen darüber bewahren, denn es soll nicht lautbar werden. In dem Zuge der dänischen und holsteinischen Ritter befinden sich zwei Lüneburger, die wir gut kennen. Der eine ist Sander Springintgud, der Bardowicker Domherr. Der andere ist Klaus, sein Neffe."

„Klaus Springintgud kommt nach Lüneburg? Ja, das muß Gebeke wissen.

Denn wenn der König und seine Ritter einen ganzen Tag hierbleiben, wird Klaus auch Mittel und Wege finden, Gebeke im Bürgermeisterhaus aufzusuchen."

„Die beiden Springintguds wollen, so sagte mir der Lübecker Paternostermacher, beim Kaiser Klage führen, um ihres Vaters und ihres Bruders schmähliches Sterben. Der Dänenkönig selbst aber will wohl ein Wort einlegen für die Herren vom alten Rat."

„Und es nützt alles nichts", sagte Gertraudis mutlos. „Es bleibt alles beim alten. Der Kaiser beharrt auf seiner schlechten Meinung, die er von uns hat, und läßt nicht ab von Acht und Aberacht. Und der Papst löst die Stadt nicht vom Bann. — Und da liegt nun unser Vater nicht weit von uns in seiner engen Butze, zwischen Salz und Stückgut, in stickiger Luft. Ist fast an die Sechzig heran und muß noch mit einem Flüchtlingsstecken in der Hand auf und davon. Er hat heute keine gute Nacht. Alle Herren vom alten Rat sind schon aus der Stadt. Aber glaube mir, für ihn ist die Trennung von uns, von seinem Hause und von Lüneburg am bittersten."

„Das ist wohl möglich. Und dennoch . . . unser Vater wird mit allem fertig. Er hat viel ausgerichtet in seinem Leben. Sieh nur den Nikolaihof an! Was ist aus ihm geworden! Wie steht er da! Alle Gebäude prangen! Die Kirche ist gebaut und ausgestattet. Der große Wirtschaftshof gepflastert, für jede Bequemlichkeit der Prövner gesorgt. Und nicht genug damit. Er hat auch noch Wiesen und Ländereien für den Nikolaihof dazugekauft, Rentenbriefe erworben und auf diese Weise Gut und Geld des Stiftes gemehrt. Hinrich ist unermüdlich und zu jeder Arbeit aufgelegt. Aber da ist noch etwas, was vielleicht noch mehr wert ist. Manchmal, wenn ich ihn sehe, fällt mir ein Spruch ein, den ich in der Michaeliskirche hörte, damals als Boldewin, der gute Abt, begraben wurde. Du weißt wohl noch, Boldewin der Abt und Erzbischof von Bremen, starb in dem gleichen Jahr, in dem wir heirateten. Wir hatten unsere Hochzeit im Herbst, und er starb im Februar in Eis und Schnee. Ich war in Sankt Michael, als man die Leichenpredigt hielt. Ich hatte dich damals schon sehr lieb. Und du mich, glaube ich, auch ein wenig. Und ich erinnere mich, daß ich in der Eis- und Schneezeit dieses Winters in einem so besonders glücklichen Gemütszustand war, und ich muß sagen, auch an jenem Morgen in der Kirche. In jenen glücklichen Tagen fiel alles, was ich hörte, noch ganz anders in mich hinein und so auch das Wort, das der Propst vom Kalkbergkloster über seine Leichenpredigt gestellt hatte."

„Und was für ein Wort ist das gewesen?"

„Ein Wort aus der Bibel, wie es sich von selbst versteht. Ein Spruch aus dem Buch Jesus Sirach. Er lautet: Wen Gott lieb hat, den überschüttet er mit Weisheit. Der Propst von Sankt Michael hätte kein besseres Wort für den abgeschiedenen Abt und Erzbischof wählen können.

An dieses Wort dachte ich, als ich deinen Vater am großen Prälatentag auf der Laube sah und hörte. Hinrich hatte damals keinen leichten Stand. Er hatte den Hauptstoß aufzufangen. Er mußte dem Propst von Doberan antworten. — Aber wie stand er in jener Stunde seinen Mann! Er antwortete mit Festigkeit und ohne jemandem in der großen Versammlung zu nahe zu treten. Seit jenem Tage ist mir öfter dieser Spruch in den Sinn gekommen, wenn ich den Vater daherkommen sah. Und ich meine, von den Männern des alten Rates, die zuletzt auf der Bürgermeisterbank saßen, kann, von ihm abgesehen, niemand diesen Bibelvers für sich in Anspruch nehmen, auch nicht mein Bruder Klaus, wenngleich er ein kluger und geschickter Diplomat ist, nicht Albert van der Molen, der die Rechte studiert hat, und der von allen, die im Gestühl saßen, der Gelehrteste war. Darum, Gertraudis, sei guten Mutes! Laß deinen Vater reisen! Er kommt wieder. Und vielleicht bringt er noch einmal alles zu einem guten Ende."

„Es ist nett von dir, Heyno, daß du mir das alles sagst, vielleicht nur sagst, um mich zu trösten."

„Und ich könnte dich nicht trösten, wenn unser Vater, dieser abgesetzte Bürgermeister, der zeitlebens so wenig von sich hermachte, nicht auch mein Trost wäre, ja, der Trost von vielen anderen. Unser Vater kommt zurück und vielleicht schneller, als wir selbst denken. Denn mir schwant, daß für die Männer vom neuen Rat bald eine bittere Frucht heranreift."

„Heyno, du kannst einem Mut machen. Mich hast du noch immer, wenn ich bedrückt war, auf einen grünen Zweig gebracht, möcht ich sagen. Du hast auch immer so merkwürdige Gedanken. Hast du das eigentlich alles von deinen vielen Bildern?"

„Merkwürdige Gedanken? Und du meinst, daß sie mit meiner Bilderliebe zu tun haben? Es kann schon sein. Übrigens gar kein schlechter Einfall von dir. Es mag sein, daß etwas Wahres daran ist."

Heyno und Gertraudis standen noch immer am Fenster und hatten unter sich den nachtblanken Ilmenaufluß. Gertraudis tat ihren Arm in den ihres Mannes und begann noch einmal:

„Niemand kennt dich richtig. Niemand weiß, wie du eigentlich bist. Nicht dein Bruder Klaus, der frühere Bürgermeister. Nicht Gebeke, und deine Schwester Wobbeke schon gar nicht. Aber mir erzählst du alles."

Heyno Vischkulen lächelte.

„Oder doch beinahe alles. Jedenfalls vieles. Heyno", fuhr sie fort, „ich mag es, wie du bist. Und das muß ich dir jetzt sagen: Ich bin immer noch froh, daß wir uns geheiratet haben."

„Ist das wahr?" Er lief rot an. „Und ich denke oftmals", er fuhr sich mit der Rechten an die Schläfe, „ich kleide schon nicht mehr so recht bei dir. Die weißen Haare!"

„Deine weißen Haare sieht man doch nicht! Weiße Haare fallen bei blondem Haar überhaupt nicht auf! Ich muß schon ganz genau hinsehen, wenn ich sie erkennen will. Eine andere Sache wird es sein, wenn erst bei mir das weiße Haar sprießt. Im dunklen Haar wird das weiße Zeug ganz anders offenbar. Dann werde ich bald gar nicht mehr nett aussehen."
„Schadet nichts, macht nichts", lachte Heyno, „ich jedenfalls will den Tag preisen, an dem ich den ersten silbernen Faden in deinen braunen Locken aufspüre."

Die Fahrt nach Lauenburg

Am nächsten Tag war man auf dem Hogeherter Salzschiff früh auf. Kaum, daß die Sonne heraus war, so löste der jüngere Schiffsknappe, der des Pfingsttags wegen mit einer spitzzipfeligen roten Kogel prunkte, die Taue vom Polder und sprang gleich darauf mit dem Tau in der Hand zum Schiff hinüber. Langsam glitt der Salzewer unter der Kaufhausbrücke durch, an den Holzplätzen der Stadt vorbei und näherte sich den Bleichplätzen von Kloster Lüne. Als sie das Kloster schon wieder im Rücken hatten, erreichte sie das Geläute der Glocke, die im Dachreiter der Kirche hin und her schwang. Und Hogeherte sagte:
„Jetzt gehen die Lüneburger Kinder durch den Kreuzgang, um die Laudes zu feiern."
„In einer Kirche, die heute grün ist von Birken", fiel der junge Schiffsknappe ein. „Ich bin von Kloster Lüne. Hab' noch vor drei Jahren mit Kuhhirt und Schafhirt die Birken für die Kirche der Frauen aus dem Walde geholt."
Bald darauf kamen ihnen die letzten alten Bäume von Kloster Lünes Wirtschaftshof aus der Sicht. Sie waren in dem Wiesenland der Marsch. Hinrich stieg zum hinteren Deck hinauf, wo Hogeherte das Steuer hielt. Er sah nach den Türmen der Stadt zurück, bis Sankt Nikolais hochgebautes Mittelschiff hinter dem grünen Wiesenland versunken war.
Die Morgennebel waren noch nicht vom Lande gewichen. Das Schiff fuhr mit einem leichten Schaumgekräusel am Bug dahin. Die weiße Uferwelle rauschte an den Weidenbäumen der Wasserkante vorbei, an den gelben Schwertlilien und den Dotterblumen im Gras. Hinrich war solange nicht mit Bäumen und Blumen umgegangen, mit den Wolken und den weißen Nebeln der Frühe, nun ergriff dies alles sein Herz.
„Da kommen die beiden stumpfen Türme vom Bardowicker Dom hoch", rief ihm Hogeherte zu. Und nicht lange darauf machte Hinrich die Eichen vom Nikolaihof aus. Und jetzt erblickten sie die Brücke, an der das Holzbild des Heiligen Marianus stand. Es war eine Brücke, die auseinander-

klaffen konnte; die Schiffsknappen drehten ihre beiden Teile in die Höhe. Sie stakten das Schiff noch ein Stück weiter bis zu der alten geborstenen Weide, die gerade an der Stelle stand, wo der Propst Schaper nach seiner eiligen Flucht aus Lüne in aller Einsamkeit seiner Wasserlust gefrönt hatte. An der Weide machten sie ihr Schiff fest, sie brachten die Brücke wieder in Ordnung, und während die beiden Schiffsknappen als Wache zurückblieben, verließen Hinrich und sein ehemaliger Teilhaber das Schiff. Hogeherte hatte noch in Bardowick zu tun. Hinrich wollte zu den alten Eichen des Nikolaihofs hinüber. Vor dem Holzbild des Märtyrers blieb er stehen. Wie sah der Heilige aus! Von seinem Rock war die blaue Farbe heruntergeregnet, und auch von dem Gold seines Mantelfutters war fast nichts mehr zu sehen. Hinrich näherte sich den Bäumen des Eichenkamps und erreichte das aus Findlingen zusammengesetzte Gemäuer, welches das kleine Wäldchen umgab und auf dem auch heute neben den Hungerblümchen die Fetthenne grünte und ihre Polster ausbreitete. Er öffnete die Pforte und betrat den kleinen Hain des Schweigens. Da lag noch der Baum, auf dem er vor zwei Jahren am Pfingstfest gesessen hatte, damals, als er in seiner Lektüre desöfteren von Gebeke gestört wurde. Er setzte sich auch heute auf den Stamm. Die Eichen über ihm waren im Aufbrechen. Ihre jungen Blätter krümmten sich wie grünliches Gewürm aus den Knospen. Hinrich sah nicht viel davon. O Ruhe, o Frieden! Den Kopf in die Hand gestützt saß er lange. Er versann sich. Er wußte kaum noch von sich selbst, bis schließlich ein Kuckucksweibchen, aus vollem Halse lachend, zwischen den Bäumen hinflog, gerade an Hinrich vorbei.
Da erhob er sich, ging noch ein wenig zwischen den Eichenbäumen hin und her und begab sich dann wieder zum Schiff; und nicht lange darauf stellte sich auch Hogeherte ein.

Am anderen Tag kamen sie auf die Elbe. Sie setzten ein Segel und bei dem nordwestlichen Wind glitt das Schiff bald am Geesthachter Hafen vorbei und an den waldigen Höhen hinter Geesthacht. Sie sichteten das Städtchen Lauenburg, das bald darauf in aller Deutlichkeit vor ihnen lag. Über seinem roten Dachgefunkel bäumte sich der grüne Berg auf mit Bergfried und Schloß und einer wehenden Fahne über dem Schloß.
Als sie dem Ufer nahe genug gekommen waren, sagte Hogeherte: „Die kleine Stadt hat sich ja aufgemacht! Über allen Häusern Fahnen, und selbst das alte Schloß über der Stadt tut mit. Und es ist doch, soviel ich weiß, weder Jahrmarkt noch sonst ein Fest.
Wenn es Euch recht ist, gehen wir ins Schifferhaus", begann Hogeherte, als sie am Bollwerk festlagen. „Wir könen dort ein wenig essen und einen Schoppen Wein haben. Dabei wird man uns wohl verraten, was hier los

ist. Seht die Gewinde von grünem Laub! Das geht in der Straße hinüber und herüber, von einem Giebel zum anderen."
Im Schifferhaus begrüßte Hogeherte zwei Lübecker, die vor einer Stunde mit ihren Schiffen angekommen waren. Sie setzten sich zu ihnen an den Tisch.
„Ihr kommt zur rechten Zeit", sagte der jüngere der beiden Lübecker, „in Lauenburg erwartet man morgen Besuch. Und wenn sich die Gäste auch auf dem Schloß angemeldet haben, so hofft die Lauenburger Bürgerschaft doch, daß bei dieser Gelegenheit auch etwas für sie abfällt."
„Und wer ist es, der Schloß und Stadt Lauenburg beehren will? Wer ist es, um den man sich so bemühte?" fragte Hinrich.
„Ein großer Herr", antwortete der Wirt und setzte sich zu seinen Gästen. „König Christian in eigener Person. Da er nun mal die Absicht hatte, uns zu besuchen, mußten wir uns wohl ranhalten und etwas aus unserem Städtchen machen."
„Dann will er doch wohl noch ins Heilige Land reisen, es hieß ja, daß er das vorhatte", warf Hogeherte ein.
„Wollte er, wollte er", sagte der ältere der beiden Schiffer, ein Weißbart mit goldenen Ringlein in den Ohrläppchen. „Als er sterbenskrank daniederlag, betete er: Herr, mach mich gesund! Laß mir mein Leben! Und er gelobte: Ich pilgere ins Heilige Land. Aber wie es so geht. Hinterher tat es ihm leid. Er kann auch nicht lange von Dänemark wegbleiben. Er ist wohl immer noch nicht so richtig Herr im Hause. Und dann die Schweden!
Da ist ihm Papst Calixtus entgegengekommen. Er hat ihm sagen lassen: Gut, ich will dich von deinem Gelübde, ins Heilige Land zu reisen, entbinden, wenn du zu uns kommst."
„Und nun will er nach Rom?"
„Ja. Er soll an Ort und Stelle losgesprochen werden. Es heißt, er hat für den Heiligen Vater ansehnliche Geschenke in seinem Gepäck: weiße isländische Falken, einen Hermelinmantel mit schwarzen Schwanzspitzen, dazu ein Faß mit dem berühmten dänischen Rauchfleisch. Der Papst wird ihm als Gegengeschenk eine geweihte goldene Rose reichen; und so sind sie quitt."
Die Wirtsfrau näherte sich dem Tisch, brachte Schinken und Grobbrot und stellte einen Krug mit Wein auf die Platte. Sie blieb und setzte sich neben ihren Mann, denn sie hatten zur Zeit nur an diesem einen Tisch Gäste.
„Und vorgestern ist Christian durch Lübeck gekommen?" fragte sie die lübschen Schiffer.
„Mit hundertundfünfzig Pferden. In Lübeck war alles auf den Beinen, um den berühmten König vom Sunde zu sehen und die vielen dänischen und schleswig-holsteinischen Ritter in schwarzsamtenen Röcken mit gepufften

Ärmeln; ihre schwarzsamtenen Pferdemäntel, in die weiße Pilgerstäbe gestickt sind."
„Mein Gott", rief die Wirtin, „und damit wollen sie nach Italien, in den Staub und in die Hitze? Das gibt zu bürsten."
„Sie werden das Zeug nicht jeden Tag an- und umhaben", sagte der Wirt, „damit staffieren sie sich wohl nur aus, wenn es durch die Städte geht."
„Ja, ja", begann der weißbärtige Lübecker, „Christian hat es sich was kosten lassen. Man weiß ja, daß das Geld nicht so recht bei ihm bleiben will. Er selbst wurde, wie es sich wohl versteht, von den Lübeckern am meisten gefeiert. Das Hoch- und Heilrufen wollte kein Ende nehmen. Den lübschen Ratsherren war es wohl gar nicht so ganz recht. Die Lübecker Bürger jedenfalls kamen auf ihre Kosten. Und nun erst die Frauen! Immer wieder nahm der junge König seine Kappe ab, um sie zu grüßen."
„Und diese Kappe", fuhr der jüngere der beiden lübschen Schiffer fort, „war, wie die Frauen sagten, ein kleines Wunder. Weißer Samt mit vielen Schlitzen, aus denen die weiße Seide nur so hervorquoll; und über dieser hellen Samt- und Seidenpracht saß ein faustgroßes, goldenes Krönchen mit einer wallenden Feder."
„Bleibt Ihr noch einen Tag?" fragte der Wirt. Und Hogeherte antwortete: „Wir fahren morgen früh weiter." Und der Wirt darauf:
„Vielleicht habt Ihr Glück. Es ist gut möglich, daß sie morgen in aller Frühe schon da sind und durch die Stadt reiten."
„Aber", begann Hinrich, „aus welchem Grunde, wenn man danach fragen darf, wird die Stadt Lauenburg von dem Dänenkönig beehrt?"
„Die Dänen wollen unseren Herzog und seine Ritter und Knappen abholen. Der Lauenburger will mit ihnen reiten."

Am anderen Morgen um die achte Stunde, als der Schiffsknappe den Anker hochgezogen hatte, gellten schon die Hörner der dänischen Herolde durch die Uferstraße, und gleich hinter ihnen und hinter dem Danebrog ritt König Christian, der in jungen Jahren so hochgestiegen war. Hogeherte hatte ein Segel gesetzt. Das Schiff kam in Bewegung. Aber den König erkannten sie doch noch. Sie kamen schnell vom Lande ab. Sie sahen noch die Ritter in ihren schwarzen Samtröcken. Von den weißen Pilgerstäben, die in die Pferdemäntel gestickt waren, konnten sie nichts erkennen.
So fuhr Hinrich an dem großen Jungen vorbei, der einmal sein Eidam werden sollte; denn Klaus Springintgud und Sander Springintgud, der Bardowicker Domherr, waren mit in dem Zug der Ritter. Sie steckten in schwarzem Samt wie die anderen Ritter auch. Auch Klaus Springintgud sah wohl das Schiff, das auf der Elbe fuhr, aber in dem Mann, der nicht weit vom Steuer stand, erkannte er nicht Hinrich Lange. Er erkannte ihn vielleicht

auch darum nicht, weil er ihn zu dieser Stunde in Lüneburg in der Schreibstube des Bürgermeisterhauses vermutete.

Der Propst von Buxtehude zum andern Mal

„Ein Brief!"
Chrysostomos, der Vikar der Buxtehuder Benediktinerinnen, hatte die Schreibstube des Propsthauses betreten.
„Ein Brief aus Bardowick!"
„Dann ist es wohl Sander Springintgud, der Bruder des verblichenen Bürgermeisters, der uns etwas mitzuteilen hat. Richtig!"
Propst Johann hielt seinem Vikar das Wachssiegel hin mit dem Hermelinkragen und seinen in drei Reihen übereinander geordneten Schwanzspitzen, dem Wappenbild der Springintguds.
„Ist denn der Springintgud wieder von Rom zurück?"
„Sander Springintgud? Der ist schon eine ganze Weile wieder im Lande. Der Stadtpfarrer von Buxtehude ist ihm kürzlich in Hamburg begegnet. Ob Sander Springintgud bei Papst Calixtus mehr Glück gehabt hat als Albert van der Molen vor gut zwei Jahren bei seinem Vorgänger Papst Nikolaus, hat mir der Stadtpfarrer nicht sagen können. Es ist wohl anzunehmen, daß man in Rom den alten Standpunkt wahrt und nicht daran denkt, die Stadt vom Banne zu lösen oder gar zu erlauben, daß die alten Herren wieder ins Gestühl kommen. Etwas Seltsames hat Sander Springintgud in Rom erlebt. Eines Tages will er in den Vatikan, nicht zu einer Audienz mit Papst Calixtus, wohl aber zu einer Vorbesprechung für eine solche, zu einer Unterredung mit Silvius Piccolomini, dem päpstlichen Sekretär, der uns Deutschen so besonders wohlgesinnt ist. Als er sich an der Stelle befand, wo sich im großen Jubeljahr das schwere Unglück ereignete –, es kamen damals, wie Ihr wohl wißt, bei einer Ansammlung der vielen nach Rom gereisten Gläubigen zweihundert dieser Pilger ums Leben, sie wurden teils erdrückt, teils in den Tiber gedrängt, so daß sie in seinen Wellen ertranken –, kurz, als der Bardowicker Domherr diese Stelle erreicht hatte, erblickte er einen merkwürdigen Zug. Bischöfe sah er, und sie gingen unter rotseidenen Baldachinen mit Goldquasten. Männer der Palastwache mit Kesselhaube und Helmbarten begleiteten sie. Und hinter ihnen kamen in einer unendlichen Menge römische Bürger und Bauern vom Lande mit ihren Frauen und Kindern.
Mitten in dem Volkshaufen eine Jungfrau, hoch zu Roß, mit schmalem Gesicht; schwärzliches Gelock unter dem blanken Helm. Und auf der Fahne, die sie trug, war Gott Vater zu sehen, wie er die Erdkugel in beiden Händen

hält. Dieses Bild war mit goldenen Fäden auf das weiße Seidenblatt gestickt."

„Das Mädchen von Domremy!" rief der Propst.

„Ja, ja, gerade sie, die vor mehr als zwanzig Jahren die Franzosen zum Sieg geführt hat und die von den Engländern als Hexe verbrannt wurde. Papst Calixtus hat die Prozeßakten von damals angefordert. Nachdem man sie auf das gründlichste studiert hatte, wurde das mutige Mädchen von der Sünde der Hexerei freigesprochen. Ja, mehr noch, Papst Calixtus und sein Kardinalskollegium haben sie zu den Heiligen berufen. Und so steht sie nun neben der Heiligen Elisabeth und der Heiligen Gertrud, die für Gott und den Himmel lebten und den Menschen Gutes taten."

„Das ist ja eine bemerkenswerte Neuigkeit, die unsere Benediktinerinnen interessieren wird. Aber laß uns einmal sehen, was Sander Springintgud uns zu sagen hat."

Propst Johann schnitt das Siegel ab, zog die Pergamentstreifen aus den Schlitzen des Briefes und faltete das Schreiben auseinander. Nach kurzem, stummem Lesen flüsterte er leise, der junge Vikar konnte es kaum verstehen: „Gott bezahlt immer." Und mit erhobener Stimme setzte er hinzu: „Chrysostomos, Kaiser Friedrich hat das Steuer herumgeworfen. Er hat den neuen Rat der Stadt Lüneburg fallenlassen. Er will, daß die alten Herren wieder ins Gestühl kommen."

„Wirklich? Und so über Nacht? Dann hat die Geschichte von einem kaiserlichen Befehl, der dem Rat von Lüneburg vor vielleicht vier Wochen übermittelt wurde, wohl doch ihre Richtigkeit gehabt."

„Ja, ja, gerade das schreibt mir Sander Springintgud. Die Männer vom neuen Rat – allen voran wahrscheinlich Dirik Schaper – haben das kaiserliche Schreiben verschwinden lassen. Weg mit dem Wisch! Was gehen uns kaiserliche Befehle an! Wir halten es mit dem Papst und der Pfaffheit des deutschen Nordens. Und die wollen, daß wir im Gestühl bleiben."

„Wenn auch beileibe nicht alle Geistlichen hier im Lande diesen Wunsch haben", warf Chrysostomos ein.

„Stimmt. – Weil man sich auf dem Lüneburger Rathaus über diesen Brief des Kaisers ausschwieg, hat der Kaiser sich mit seinen Wünschen noch einmal an den Rat der Stadt Lüneburg gewandt und diesmal nicht nur an ihn, auch an andere Städte. Aber da liegt ja noch ein Papier! Was hat denn das zu bedeuten? Chrysostomos, das ist das kaiserliche Mandat!"

„Wohl eine Abschrift von dem Mandat", sagte Chrysostomos.

„Ganz recht, eine Abschrift. Da können wir gleich selbst sehen, was der Kaiser will. Drei Punkte. Da siehst du's. Eins, zwei und drei.

Zum ersten: Genugtuung für Bürgermeister Springintguds schmähliches Sterben.

Zum zweiten: Der neue Rat hat den Ratsstuhl zu räumen.
Zum dritten: Der alte Rat kommt wieder ins Gestühl."
„Kurz und bündig", warf Chrysostomos ein, und der Propst rief: „Chrysostomos, ich will reisen!"
„Da muß ich sagen, Ihr seid schnell von Entschluß. Und jetzt im Augenblick, wo wir es mit den Äpfeln so eilig haben? Und wohin, wenn es mir erlaubt ist zu fragen?"
„Nicht weit. Bin morgen schon wieder hier. Zuerst nach Neukloster, dann nach Harsefeld. Will die gute Neuigkeit gern selbst überbringen."
„Ihr wollt doch wohl nicht allein reisen?"
„Und warum nicht, wer wird mir denn was tun? Wie oft bin ich in jüngeren Jahren von Hamburg allein herübergeritten und hatte oft das ganze Apfelgeld bei mir. Aber mir soll's recht sein. Ottone mag mich begleiten."
In diesem Augenblick klopfte es. Es war der Scholar Ottone in eigener Person; hellrot im Gesicht und pausbäckig, den Kopf etwas vorgestreckt, so kam er verlegen über die Schwelle, Ottone, das Wickelkind, wie ihn Propst Johann in vertraulichem Gespräch mit Chrysostomos bei gegebener Veranlassung nannte.
„Der Bürgermeister von Buxtehude ist da", meldete Ottone. „Er möchte Euch sprechen. Er hat zwei Ratsherren mitgebracht und auch den Pfarrer der Stadt."
„Hochwillkommen! Wir haben ja eine gute Neuigkeit für sie."
„Aber wir können sie doch wohl nicht hier in der Schreibstube empfangen?" Chrysostomos sah auf Siegellack und Schreibsaft, auf die über den Tisch verstreuten Sandkörner, die vielen Papiere, die herumlagen.
„Warum nicht hier? Besuch aus der Nachbarschaft! Sie sind Buxtehuder wie wir auch. — Aber Ottone, du willst noch etwas sagen. Nur heraus mit der Sprache!"
Da begann Ottone: „Der Pfarrer von Buxtehude, der Bürgermeister und die beiden Ratsherren der Stadt kommen nicht allein."
„Nicht allein?"
„Sie haben Detlef Bremer, den Worthaltenden von Hamburg, mitgebracht."
„Detlef Bremer? Detlef Bremer, der Worthaltende der Stadt Hamburg ist hier in Buxtehude?"
Ja, nun sah alles anders aus. Nun war Holland in Not. Wenn die Abgesandten der Stadt Hamburg sich einstellten, war man nicht mehr unter sich. Wenn Detlef Bremer, dieser bewegliche, unermüdliche Hamburger zu Besuch kam, mußte man Umstände machen. Er, der — nebenher — die Borsdorfer aus den Buxtehuder Klostergärten so sehr schätzte, der Jahr für Jahr eine Welt von diesen Äpfeln kaufte und nicht nur für seinen eigenen Haushalt in der Reichenstraße, auch für die Bewirtungen im Hamburger Rathaus.

Propst Johann hatte seinen Feldzugsplan schnell entworfen.
„Chrysostomos“, so begann er, „du empfängst die Herren und führst sie in den kleinen Audienzsaal. Du, Ottone, gehst in die Propstküche. Sie sollen einen Hammel abstechen und sich auf Gäste vorbereiten. Danach gehst du und stellst etwas Wein bereit, bringst ihn uns, wenn wir eine halbe Stunde verhandelt haben! Ich“, er griff an sein Haupthaar und hob den abgescheuerten Ärmel seines Chorrockes auf, „muß mich wohl auch noch ein wenig herrichten.“
Chrysostomos lächelte.
Als Propst Johann etwas später den zu ebener Erde liegenden Saal betrat, hielt der Bürgermeister von Buxtehude ein Pergamentblatt hoch. Es war das vom Kaiser besiegelte Mandat. Propst Johann winkte mit dem seinen, wenn es auch nur eine Abschrift war.
„Was sehe ich? Ist der kaiserliche Befehl Euch vielleicht auch zugestellt worden?“ fragte der Bürgermeister von Buxtehude, ein nicht großer Herr, der in seinem schon wieder auf winterliche Weise mit Pelzwerk abgefütterten Hoiken, fast wie ein kurzbeiniger Igel aussah.
„Wir haben Abschriften des Mandats an den Türen unserer Kirchen angeschlagen, wenn auch nicht an den Türen der Domkirche. Unsere Domherren sehen sauer“, das sagte Detlef Bremer. Und erst jetzt kam es zu einer allgemeinen Begrüßung.
„Der Befehl des Kaisers“, fuhr der Bürgermeister von Buxtehude fort, „kam mit einem Begleitbrief aus der kaiserlichen Kanzlei. In diesem Briefe werden einige Städte des Hansebundes, Lübeck, Hamburg, Bremen, Braunschweig und Buxtehude, aufgefordert, sich für die Stadt Lüneburg einzusetzen. Ja, es wird ihnen geradezu das Amt — ich muß wohl sagen aufgeladen — in Lüneburg die Herren vom neuen Rat zu verabschieden und die alten Herren wieder aufs Rathaus zu bringen. Nun hat man uns aus Lübeck geschrieben, es wäre wünschenswert, wenn die Abgesandten dieser Städte in Lüneburg mit einem einigermaßen stattlichen Gefolge auftreten könnten, wenn die Sülzprälaten, die immer zum alten Rat gehalten haben, sich an unserer Fahrt nach Lüneburg beteiligten.
Dieser Wunsch ist begreiflich, und wir sind gekommen, um Euch, Propst Johann, zu fragen, ob Ihr mit dabei seid, wenn wir reisen. Ihr steht, nicht zuletzt Eurer guten Wirtschaftsführung wegen, hier an der Unterelbe, ja, weit über diesen Landstrich hinaus, in besonderem Ansehen. Ihr habt das Kloster Buxtehude vorbildlich verwaltet, habt es zu Wohlstand gebracht. Es liegt uns allen sehr daran, daß Ihr mit zu unserer Abordnung gehört. Und wenn Ihr Euch auf die Reise macht, so werden der Abt von Neukloster und der Harsefelder Propst auch nicht zu Hause bleiben.“
„Ja, ja, so ist es richtig“, rief Detlef Bremer. „Da werden wir diesmal mit

den Heiligen Drei Königen von der Unterelbe unterwegs sein. Ihr wißt wohl, daß man die Vorsteher der Klöster von Buxtehude, Harsefeld und Neukloster, ihres getreulichen Zusammenhaltens wegen, so nennt. Eine scherzhafte Bezeichnung, die doch auch wieder für alle drei recht ehrenvoll ist."

„Natürlich", lachte Chrysostomos, „schließlich hatten die Drei Heiligen Könige ja einen Stern gefunden und waren auf einer langen und beschwerlichen Reise hinter ihm hergezogen, bis sie das Kind fanden, zu dem der Stern gehörte. Wenn die Reise nach Lüneburg auch nicht so weit ist wie die der Heiligen Drei Könige zum Stall in Bethlehem, ihre Zeit dauert sie auch. Ganz schnell wird man in Lüneburg nicht fertig. Wochen werden vergehen, bis unser Propst wieder den Frieden und die Geborgenheit seiner Klostermauern um sich hat."

„Werden es", rief Detlef Bremer, „es zieht sich hin. Die Männer vom neuen Rat wollen sicher nichts von dem Auftrag, den uns der Kaiser erteilte, wissen. Es wird ein langes Hin und Her geben mit Sengestake, Ribe, Dirik Schaper und allen, die im Augenblick im Gestühl sitzen. Dazu ist es uns noch aufgegeben, die Herren vom alten Rat in den leergewordenen Ratsstuhl zu bringen. Aber wo sind die Herren vom alten Rat zur Zeit? In der Welt verstreut. Einige sollen sogar am Kaiserhof sein. Wir müssen sehen, wie wir sie wieder zusammenfinden. Die Lüneburger werden es sich nicht nehmen lassen, die Männer vom alten Rat, die soviel Unbill erlitten haben, herrlich einzuholen."

„Herrlich einzuholen", wiederholte Propst Johann. „Chrysostomos, du bist von weither, irgendwo aus dem Land, wo Main und Rhein zusammenfließen. Weißt du, was das bedeutet: sie herrlich einholen?"

„Ich kann es mir denken", lächelte der junge Kaplan. „Es wird wohl einen Aufzug und einen Auszug geben wie am ersten Pfingsttag, wenn die Sülze sich aufmacht, um nach Scharnebeck zu reisen. Das habe ich einmal miterlebt."

„So ist es", rief Propst Johann. „Die ganze Sülze wird zur Stelle sein, die Sodeskumpane und die Männer vom Barhaus und der Weißladerei, die Sieder und die Frauen, die in den Hütten das Holz nachlegen; und sie kommen, so denke ich mir, mit ihren goldenen Emblemen daher, mit dem springenden Einhorn, mit Abt, Ziegenbock und Dachs, und tragen all den vergoldeten Krimskrams an langer Stange im Zuge mit."

„Aber bei der Rückführung des alten Rates wird es noch über den Pfingstzug der Sülze nach Scharnebeck hinausgehen", begann Detlef Bremer. „Denn bei dieser Gelegenheit will auch das Handwerk nicht zu Hause bleiben. Diesmal werden auch die Ämter und Zünfte mit ihren Fahnen unterwegs sein."

„Also, Propst Johann, wollt Ihr mitkommen? Wollt Ihr mit dabei sein?" fragte der Buxtehuder Bürgermeister. Als der Propst mit seiner Antwort ein wenig zögerte, erlaubte sich Chrysostomos zu bemerken:
„Wenn es nur nicht im Augenblick eine etwas ungünstige Zeit wäre. Ich will nicht von den Borsdorfern sprechen. Das Apfelgeschäft ist gut eingefahren. Es läuft sich auch wohl mal ohne unseren Propst zurecht. Aber die Jahreszeit ist nicht die beste. Der lange Ritt von Buxtehude nach Lüneburg durch die nebelige Nässe des November tut einem älteren, oftmals von Gicht- und Gliederschmerzen sehr geplagten Mann nicht gerade gut."
„Chrysostomos, wie magst du nur so sprechen! Ist es uns allen von der Unterelbe nicht ein Dorn im Auge, daß dieser Schaper, dieser weitläuftige Mensch – wir wissen doch alle, wie er von Kloster Lüne wegkam – im Gestühl sitzt und wie ein Ehrenmann im Lüneburger Rathaus aus- und eingeht? Und haben wir drei Klostervorstände im Bunde mit der Stadt Buxtehude nicht immer nur den einen Gedanken gehabt: Wäre in Lüneburg doch erst wieder alles beim alten. Säßen die Herren vom alten Rat nur erst wieder im Gehege. Und nun, wo es soweit ist, wo man sie wieder auf die Laube bringen kann, Hinrich Lange und van der Molen, Tzerstede, Garlop, Meinhard Wietzendorff und wie sie alle heißen, wo ich dabei sein darf, nun kommst du mit meinem Gliederreißen daher? Chrysostomos, und magst du mit deinen Gedanken auch immer höher fliegen als ich, aber das muß ich sagen, diesmal, wo es ernst wird, wo es sich wirklich mal lohnt, wo man sich wirklich für eine gute Sache ins Zeug legen kann, diesmal willst du mich zurückhalten, bist du lahm und ohne Schwung? Laß kommen, was will! Und mögen mich Gicht und Reißen im rechten Knie auch hinterher heimsuchen, ja, geradezu überfallen, glaube mir, bin ich mit in Lüneburg gewesen, tut's mir nicht weh. Nein, diese Reise nach Lüneburg mit meinen beiden Klosterfreunden im Bunde lasse ich mir nicht nehmen!"
Chrysostomos lächelte.
„Da ist noch eins", fuhr Detlef Bremer fort. „In Lüneburg wird es viel zu schreiben geben. Die Männer vom neuen Rat werden sich ja nicht wie eine Katze in den Sack stecken lassen. Sengestake und Jan Ribes Gegenreden, Dirik Schapers Ausflüchte und Entschuldigungen: Es muß vielerlei zu Papier gebracht werden. Wir nehmen unseren Stadtschreiber mit. Aber wir hätten gern noch einen federgewandten und verläßlichen Mann dazu. Vielleicht ist der Vikar Chrysostomos bereit, uns zu begleiten und uns gefällig zu sein. Er kann bei dieser Gelegenheit gleich seinen Propst ein wenig im Auge behalten und vor Erkältungen bewahren."
„Das wäre nicht schlecht", rief Propst Johann, „Chrysostomos, was meinst du dazu? Hast du Lust, mit uns zu kommen? Mir wäre es lieb, ich hätte dich gern dabei."

„Da müßten wir Kloster Buxtehude wohl für eine Zeitlang ganz sich selbst überlassen."
„Die Abbatissa nimmt die Zügel in die Hand."
„Dann wird der Ehrwürdigen Mutter viel aufgebürdet."
„Die Frauen haben ganz gern mal das Regiment für sich allein."
„Also gut", sagte Chrysostomos, rasch und wohl auch erfreut, wenn er es auch nicht recht zeigte, „wenn man wünscht, daß ich mitreise, bin ich dabei."
In diesem Augenblick klopfte es. Ottone kam herein. Er brachte einen jungen Burschen mit, blond und gut gestriegelt, den vierzehnjährigen Sohn eines Pächters. Der stellte Silberbecher auf den Verhandlungstisch und eine zinnerne Schale mit Krude, was alles er in seinem Korbe hatte. Ottone indes brachte den irdenen, silbergedeckelten Krug mit Apfelwein herbei und gab ihm seinen Platz in des Tisches Mitte, und eine kleinere Kanne mit hellem Wein vom Rhein setzte er dazu.
Man rückte heran. Ottone und der Pächterssohn zogen sich zurück. Man lobte den klösterlichen Apfelwein, und der Bürgermeister von Buxtehude sagte, indes er ein Stück Würzzucker von der Schale nahm:
„Dann können wir vom Städtebund den Leuten auf dem Lüneburger Rathaus, Dahlenburg, Sengestake, Ribe, Schaper und ihren Freunden bald die Rechnung präsentieren, für das, was sie dem Bund im Sommer geboten haben. Denn wenn wir Buxtehuder das letzte Mal auch nicht dabei waren, das weiß alle Welt, daß der neue Rat von Lüneburg die Städte im Sommer zum besten gehabt hat. Ja, in Mölln — so geht die Sage — seid Ihr doch geradezu von den Herren an der Nase herumgeführt worden. Sie wollten wohl anfänglich in Lauenburg mit Euch zusammentreffen?"
„Wollten sie", bestätigte Bremer und nickte mit dem Kopfe, „wollten sie und sagten ab, als wir am Strande der Elbe auf sie warteten.
Lauenburg — eine offene Stadt — sei ihnen als Treffpunkt nicht genehm, so lautete die Entschuldigung, die uns ein paar Lüneburger Reitendiener überbrachten.
Wollt ihr denn nach Lübeck kommen? Diese Frage gaben wir den Reitendienern als Botschaft an ihre Herren mit. Ja, dazu hatten sie Lust. Sie sagten zu. Also wir am nächsten Morgen wieder auf die Pferde. In Lübeck warteten wir: Bürgermeister und Ratsherren von Wismar, Rostock, Hamburg und Wilhelm van Calven und der lübsche Rat. Schließlich kamen wieder einige reitende Boten aus der Salzstadt. Die Herren ließen sich entschuldigen, sie könnten nicht kommen. Lübeck sei zu weit von der Ilmenaustadt entfernt!
„Laß sie verrecken! Kümmern wir uns überhaupt nicht mehr um sie!" riet ich Calven. Und die Rostocker und die Männer von Wismar stimmten mir bei. Aber Calven wollte nicht. In Lübeck bangte man sich ganz anders um Lüneburg als in den anderen Städten des Bundes. Lübeck kann ohne das

Lüneburger Salz nicht leben und nicht sterben. So ließ Calven anfragen, ob sie nach Mölln kommen wollten. Und sie antworteten: Ja, ein Zusammentreffen in Mölln ist uns recht.

Mölln liegt am See, auf einer Landzunge am See", sagte Detlef Bremer und wandte sich dabei an Propst Johann und Chrysostomos. „Es liegt auf der Spitze einer Landzunge, die in den See reicht. Aber es sieht aus, als hätte man die Stadt mitten im See erbaut. Über dem bläulichen Wasser die roten Häuser, und die Kirche über ihnen sitzt auf den roten Dächern, wie die Henne auf ihrem Nest. Ihr wißt wohl, daß die Möllner Stecknitzfahrer, die in früheren Zeiten Lüneburger Salz zu Schiff von Mölln nach Lübeck brachten, die Kirche bauen ließen. In dieser dem Heiligen Nikolaus geweihten Schifferkirche über dem Möllner See warteten wir auf die Lüneburger, auf Sengestake, Ribe und seine Freunde. Wir warteten zwölf geschlagene Stunden. Von acht Uhr am Morgen bis acht Uhr am Abend.

Was wollt ihr? Mölln ist Eulenspiegels Stadt. In Mölln regiert der Schalk. Und mir ist es immer, als hätte der Unruhgeist unter der Schellenkappe uns Männern vom Städtebund in Möllns dunkler Schifferkirche einen Denkzettel verabreicht.

Wir vom Städtebund sind in der kleinen Stadt am See oftmals zusammengekommen. Nein, Städtetag ist dort wohl nicht gehalten worden, dafür ist Mölln zu klein. Aber zu gelegentlichen Besprechungen mit einzelnen Städten des Bundes hat man sich dort getroffen. Wir Hamburger beispielsweise mit den Lüneburgern oder mit Herren aus Wismar und Lübeck. Immer haben wir in der etwas dunklen Kirche unsere Beratungen gehabt.

In der Möllner Schifferkirche steht Till Eulenspiegels ehemalige Geldkiste. Schwer von Gold und Silber, glaubten die Möllner, als der Schalk noch lebte, und er vermachte die Kiste dem Rat der Stadt. Schwer von Steinen, erfuhren die Bürger des Städtchens, als man sie nach seinem Tode aufbrach. Man stellte die Kiste des großen Spaßmachers dennoch in die Kirche. Und da steht sie noch heute. Und warum soll sie nicht in der Kirche stehen? Lehnt der kalksteinhelle Grabstein mit seiner leichten Gestalt, mit Spiegel, Eule und Schellenkappe doch auch an der Kirchenmauer. – Im Chorumgang unter des Evangelisten Sankt Johannis' samtroten Mantel hat Tills Pfennigkiste noch heute ihren Platz, immer noch behangen mit Vorhängeschlössern und angefüllt mit Gestein und Gesteinskugeln, wie man sie gegen nicht allzustarke Festungsmauern schießen mag. Hab' damals in der langen Wartezeit ab und an auf dem alten Ding gesessen. Trat auch oftmals an Wilhelm van Calvens Seite; der rührte sich kaum aus der dunklen Taufkapelle weg. Diese Taufkapelle ist in der an sich schon dunklen Kirche der finsterste Ort. In den zwölf Stunden haben wir Lübecker, Wismarer, Rostocker und Hamburger die Möllner Kirche fast auswendig gelernt, und vor allem diese kleine, finstere Kapelle! Kaum erkannte man das Taufbecken, das die zwölf Apostel auf ihren gebeugten Nacken trugen, obgleich es so groß war wie eine Braukufe. Kaum erkannte man den glockenartigen Deckel; an einer Kette schwebte er von dem Schlußstein des niedrigen Kreuzgewölbes herab. Es ist eigentlich nur zweierlei hell in diesem finsteren Ort: Die weiße Taube, die Taube des Heiligen Geistes, die am Henkel des Taufdeckels sitzt, als hätte sie sich dort angeklammert und die beiden weißen Kerzen rechts und links auf dem schrägen Pültchen, auf das der Pfarrer bei den Amtshandlungen seine Bücher legt und das nicht viel größer ist als eine Kinderschiefertafel. Wie häufig an diesem Tage standen wir Bürgermeister der vier Städte an dieser Stelle, die Hände auf dem leichten Geländer, das das große Wasserbecken umgab. Wir warteten.

Draußen wanderte dunkles Gewölk über die bewaldeten Höhen, über den See und die Stadt. Es verfinsterte die Sonne und machte die Kirche noch unwirtlicher. Wenn das Gewölk vorüberzog, fiel ein Sonnenfleck auf die Fliesen des Chores, auf den übermannsgroßen, siebenarmigen Messingleuchter, den die Stecknitzfahrer der Stadt schenkten, auf die kriechenden Löwen, die unter den runden Fuß des Leuchters geschmiedet sind. Der Leuchter kann sich sehen lassen und kann gut neben dem siebenarmigen stehen, den Heinrich der Löwe einst seinen Benediktinern vom Kalkberg aus dem Heiligen Lande mitbrachte. Wartend und schauend, manchmal miteinander flüsternd, verbrachten wir den Tag. Gingen auch wohl mal in die Stadt hinunter, um im Lübschen Hause etwas zu genießen. Und wir von Wismar, Rostock und Hamburg plauderten dort auch wohl ein wenig mit den Möllnern, waren aber immer bald wieder in der Kirche an verabredeter Stelle.

Die Zeit verging. Die Sonne wollte schon zur Rüste gehen, da, als der ganze Chor wieder einmal für Minuten hell wurde, hörten wir es vom Turm der Kirche blasen.

Calven gab einem der lübschen Reitendiener, die mit in der Kirche waren, einen Wink. Und der polterte danach die Hühnerstiege zur Turmstube hinauf. Nach einigen Minuten kam er mit dem Türmer zurück. Ja, es war so, der Türmer hatte jenseits des Sees einen Reitertrupp aus dem Wald kommen sehen. Und die lübschen Reitendiener hatten ihn ebenfalls ausgemacht. Es waren vielleicht zehn Mann, alle zu Pferde und alle bewaffnet, und zwei hatten flatternde Wimpel unter ihren Lanzenspitzen.

Gott sei Dank, flüsterte Calven neben mir. Das sind die Lüneburger.

Wohl waren es Lüneburger, aber nicht die Männer vom Rat. Lüneburger Reitendiener waren es, von Sengestake und Ribe geschickt, und sie brachten einen Brief. In diesem Brief stand, stand schwarz auf weiß, daß die Herren vom neuen Rat in dieser unruhigen Zeit sich nicht so weit von Lüne-

burg entfernen könnten, man möchte sie entschuldigen. Man könnte im Augenblick nicht über die Elbe gehen.
Ich las die Botschaft vor und knüllte den Wisch zusammen. Calven begriff nicht ganz.
Kommen nicht? flüsterte er, und die Hand, die nach dem Brief griff, zitterte. Er sah fast grün im Gesicht aus.
Kommen nicht? sagte er noch einmal. Er schüttelte den Kopf.
Wir wußten ja schon längere Zeit, daß in Lüneburg im Augenblick ein Wort nicht mehr ein Wort ist. Aber an eine solche Behandlung, wie sie uns in Mölln widerfuhr, ist man im Städtebund nicht gewöhnt. Von dem Tage an waren – wie Ihr ja wißt, – die Bande zwischen der Ilmenaustadt und den ihnen mit Eiden verwandten Städten zerrissen. Und das ist am schwersten für die Lübecker. Lübeck braucht die Salzstadt. Und Lübeck braucht ihr Salz. Und ohne das Lüneburger Salz haben die Lübecker in der Welt keinen Markt. Darum schickten sie auch bald nach dem Möllner Tag eine Gesandtschaft an den Kaiser, die über den neuen Rat von Lüneburg Klage führen mußte. Man weiß ja, wie es ist. Es geht viel hin und her am Kaiserhof, und jedermann füllt des Kaisers Ohr mit seinen Klagen und Plagen. Aber diesmal hatten die Lübecker Glück. Da war nun Christian, der junge König von Dänemark, gerade vor den Lübeckern dagewesen. Er hatte auch im Namen seines Oheims, des Herzogs von Schleswig, den neuen Rat der Stadt Lüneburg verklagt."
„Entschuldige", sagte in diesem Augenblick der Bürgermeister von Buxtehude, „hatte der dänische König nicht Sander Springintgud und Klaus Springintgud, den Sohn des verblichenen Bürgermeisters, mit in seinem Gefolge?"
„Ganz recht. Die beiden Springintguds klagten unter Christians Schutz den Lüneburger Rat um ihres Vaters, um ihres Bruders schmählichen Tod an. Christian war längere Zeit in Rothenburg ob der Tauber gewesen. Er hatte dem Kaiser gefallen, wie er eben allen gefällt. Er war bei ihm ein- und ausgegangen, hatte auf seinen Festen getanzt und schließlich, als er weiterreisen wollte über die Alpen nach Rom, mit den vielen Geschenken für den päpstlichen Stuhl, hatte er wohl schon das feste Versprechen des Kaisers in Händen: In Lüneburg soll alles wieder werden, wie es einmal gewesen ist. Und wenn die Lübecker auch im Augenblick nicht viel von Christian und seinem Oheim wissen wollen, so kam es ihnen zupaß, daß ihr Acker, als sie in Rothenburg einritten, schon von Christian bestellt worden war. Und bevor nun die Pfaffheit des deutschen Nordens vor Friedrichs Stuhl erscheinen konnte, um sein kaiserliches Ohr zu bestürmen, um Unkraut unter den Weizen des Dänenkönigs zu säen, machte die lübsche Abordnung beim Kaiser alles perfekt."

„Ottone, du? Willst du sehen, ob wir noch etwas brauchen? Laß nur, wir haben genug Wein. Wir sind noch mit allem versehen."
Aber Ottone ging nicht. Blieb vielmehr neben der Tür stehen.
„Hast du noch etwas auf dem Herzen?"
„Es ist Besuch gekommen. Zwei Männer sind da. Sie sind schon auf dem Buxtehuder Rathaus gewesen. Man hat sie hierher gewiesen. Es sind Lüneburger."
„Männer aus der Salzstadt, die uns sprechen wollen!" rief der Bürgermeister von Buxtehude. „Das ist fast unmöglich. Seit zwei Jahren haben wir keine Gäste aus Lüneburg bei uns in Buxtehude begrüßt. Sind es Abgesandte vom neuen Rat der Stadt?"
„Der Lüneburger Rat hat sie nicht geschickt. Sie kommen von der Lüneburger Bürgerschaft. Vom Handwerk, von der Sülze."
„Wirklich?" rief Detlef Bremer. „Wäre es euch beiden recht", er blickte über den Tisch hinüber zu Propst Johann und sah auch den Buxtehuder Bürgermeister an, „wenn sie hierher kommen?"
„Warum nicht!" rief der kleine Bürgermeister. „Es werden ja keine Geheimnisse sein, die sie uns mitzuteilen haben. Und vielleicht ist ihre Botschaft für uns alle, die wir hier versammelt sind, auf die gleiche Weise interessant. Weißt du, wer die Herren sind?"
„Es sind Zunftmeister."
„Haben sie ihre Namen genannt?"
„Der eine ist Obermeister der Weißbäcker, Engelke heißt er und wohnt in der Bäckerstraße."
„Engelke? Weißbäcker Engelke aus der Bäckerstraße?" fragte Bremer.
Und als Ottone nickte, fuhr Bremer fort:
„Von dem habe ich schon gehört. Er ist auch Hinrich Lange wohlbekannt. Ihre Grundstücke liegen nebeneinander, und die beiden Familien haben immer gute Nachbarschaft gehalten." „Und der andere?"
Ottone wurde etwas verlegen. „Ich habe seinen Namen nicht ganz behalten. Er ist Goldschmiedemeister. Er heißt Lafer . . ."
„Lafferde? Der den Bürgereidkristall schmiedete? Der über seine Stadt hinaus bekannte Lafferde?" rief Bremer. „Da bin ich begierig zu erfahren, was die beiden Meister uns zu sagen haben."
„So führe die beiden Herren herein", bestimmte der Klosterpropst.
Und sie kamen.
Bäckermeister Engelke betrat zuerst den kleinen Verhandlungssaal. Er war ein wenig weiß im Gesicht, wie Weißbäcker es oftmals sind. Danach trat der schon recht grauhaarige Goldschmiedemeister über die Schwelle.
„Meister Engelke und Meister Lafferde", begann der Bürgermeister von Buxtehude nach der Begrüßung, „wie sieht es in Lüneburg aus?"

„Gut und auch wieder schlecht", sagte der Weißbäcker.
„Gut für den alten Rat und schlecht für den neuen. In Lüneburg will man wohl nicht länger zu ihm halten. Das Sülzvolk und das Lüneburger Handwerk haben uns geschickt. Wir sollen dem Rat der Stadt Buxtehude melden, daß man sich in Lüneburg anders besonnen hat. Wir sollen bekanntgeben, daß sich die Bürgerschaft der Stadt Lüneburg wieder zu ihrem alten Rat bekehrte."
Daraufhin malte sich auf den Gesichtern der anwesenden Männer Freude und Überraschung.
Und dann rief Bremer: „Wirklich?" Und Propst Johann: „Das müßt Ihr uns erklären."
„Und so schnell und plötzlich und über Nacht ist es gekommen?" wunderte sich der Bürgermeister von Buxtehude, „dann ist das kaiserliche Mandat wohl auch nach Lüneburg gedrungen?"
„Vor Tagen schon", nahm nun Lafferde das Wort. „In den frühen Morgenstunden waren Abschriften der kaiserlichen Anweisung an unseren Kirchentüren angeschlagen. Viele von uns hatten sie gelesen. Eine Stunde später wurden die Abschriften von den Reitendienern der Stadt abgerissen. Kurz danach verabredeten sich die älteren Sülfmeister und die Älterleute vom Handwerk. In der Marienkirche, in der Kirche der Franziskaner, kamen sie zusammen. Ich war auch dabei.
Wir können nicht beiden gerecht werden, sagten wir zueinander. Der Papst will, daß der neue Rat bleibt. Der Kaiser, daß der alte wieder aufs Rathaus kommt. Wir stritten hin und her. Aber schließlich gab es nur eine Meinung. Schließlich dachten alle das gleiche und sagten: In unseren Stadtsachen hat kein Papst zu bestimmen. In Lüneburgs Angelegenheiten hat der Kaiser das erste Wort. Wir beschlossen, ihm zu gehorchen."
„Die Bürgerschaft ist mit ihrem jetzigen Regiment wohl auch nicht so recht zufrieden?"
„Wie könnte sie auch!" rief Bäckermeister Engelke.
„Die meisten Männer vom Handwerk haben wohl nie viel mit dem neuen Rat im Sinne gehabt", fuhr Meister Lafferde fort. Er setzte sich auf ein erneutes Ersuchen der Herren zu ihnen an den Tisch und Engelke, der Weißbäcker, auch.
„Aber was sollten wir machen", nahm Meister Engelke wieder das Wort, „wenn Kaiser und Papst sich einig sind? Nein, der neue Rat hat nicht viel Gegenliebe bei der Bürgerschaft gefunden. Ein gut Teil seiner Freunde verlor der neue Rat, als Johann Springintgud im Turme umkam und die Herren seinen Leichnam nicht herausgaben, so daß man ihn nicht einmal bestatten konnte. Als dann der neue Rat nicht zum Städtetag kam, nicht nach Lauenburg, nicht nach Lübeck, nicht nach Mölln, als er die Städte erzürnte und

unsere Freundschaft mit ihnen auf diese Weise ganz und gar in Scherben ging, da zählte in Lüneburg kaum noch jemand auf die, die im Gestühl saßen."

„Ja, damals hatten die Männer vom neuen Rat schon bei uns ausgespielt", sagte Lafferde.

„Kann man es uns verdenken, daß wir nichts mehr von ihnen wissen wollen?" begann Bäckermeister Engeglke wieder. „Haben wir durch sie gewonnen? Ganz und gar nicht. Wir sind geradeheraus gesagt alle in unseren Hausständen zurückgekommen. Und kann es wohl anders sein? Wenn in der Sülze nicht mehr recht Salz angeschafft wird, wenn der Salzhandel mit Lübeck nicht mehr floriert, haben auch wir vom Handwerk einen schweren Stand."

„Haben die Zünfte vielleicht schon von sich aus etwas unternommen?" fragte Bremer.

„Die Älterleute der Harnischmacher und Schmiede sind auf die Laube gegangen. Sie fingen vom kaiserlichen Mandat an", begann Lafferde, der Goldschmiedemeister.

„Und haben damit wohl bei Sengestake und Dirik Schaper ins Fettnäpfchen getreten", rief Detlef Bremer.

„Das könnt Ihr Euch denken.

Befehle des Kaisers? Befehle des Kaisers! rief man auf der Bürgermeisterbank und auf den Bänken der Ratsherren. Und Sengestake sagte: Die Befehle des Kaisers halten wir in Ehren. Aber das Papier, das heute morgen an die Kirchentüren geheftet gewesen ist – Gott mag wissen, welcher Rebell und Friedensstörer es dahingebracht –, kann man nicht einem kaiserlichen Befehl gleichsetzen. Hat der Kaiser nicht vor zwei Jahren befohlen, daß die Herren vom alten Rat abgesetzt werden? Und nun dieses hier? Da kann etwas nicht stimmen. Ulrich Schaper, der Heringshändler, schrie: Betrug steckt dahinter! Die Herren vom alten Rat stecken dahinter! Die haben in der Fremde etwas zusammengeharkt. Dieser kaiserliche Befehl ist für uns ein Nichts.

Soviel ist uns allen klar, begann Sengestake noch einmal, Lüneburg soll in neue Unruhe gestürzt werden. Eine Überrumpelung ist, wie es scheint, geplant. Wir müssen sehen, wie wir sie abwehren. Jedenfalls müssen wir mit unseren Freunden sprechen."

„Mit ihren Freunden? Haben sie denn noch Freunde? Wer sind denn diese ihre Freunde?" fragte der Buxtehuder Bürgermeister zweifelnd.

„Oh, ja, sie haben noch genug Freunde. Und das merkten wir zwei Tage später. Denn da kamen ihre Freunde."

„Die Sülzprälaten", rief Lafferde, „die ganze Pfaffheit aus dem deutschen Norden, mit der die Stadt im Kriege liegt."

„Sie waren wohl schon in der Nähe wie vor zwei Jahren, als wir sie von Uelzen holten", warf Bremer ein.
„Mag sein. Jedenfalls als wir über Mittag aus dem Fenster sahen, waren in den Straßen der Stadt so viele dunkle Kutten und Chorröcke wie vor vielen Jahren am großen Prälatentag. Die Sülzprälatenschaft war gekommen wie über Nacht.
Und dann stellte sich Herzog Frederik ein, kam aus seinem Schloß auf der Allerinsel und brachte seinen Sohn Bernd mit. Die Herzöge Hinrich und Wilhelm verließen ihr Braunschweiger Schloß und erschienen bei uns in der Salzstadt. – Wir hatten nun vier Welfenfürsten in den Straßen unserer Stadt. Sie ritten mit einem stattlichen Gefolge von Rittern und Söldnern über Sand und Markt, als gehöre ihnen die Stadt mitsamt den Kirchen, mit Kalkberg und Sülze.
Da wurde es uns Lüneburgern heiß und kalt. Die Herzöge hier in unseren Mauern? Wohl bereit, sich wieder in unsere Angelegenheiten zu mischen? Und auf dem Rathaus pfeifen sie aus dem letzten Loch?
Paßt auf: Die Männer vom neuen Rat scheuen sich nicht, die Stadt an die Herzöge zu verkaufen, wenn sie dafür im Gestühl bleiben können. Und die Prälatenschaft leiht zu diesem Handel ihre Hand, so sagten die einen.
Hat Lüneburg dafür eine Ursulanacht gehabt? Haben unsere Großväter darum in der Bäckerstraße gekämpft und geblutet? fragten andere."
Lafferde schwieg. Bäcker Engelke fuhr fort: „Ja, so war es. Nun sind wir wohl die längste Zeit eine freie Stadt gewesen, hieß es in den Schenken und auf den Plätzen. Und wer in meinen Laden kam, fing davon an."
„Als wir auf diese Weise mit Augen sahen", begann Lafferde wieder, „daß Lüneburgs Freiheit in Gefahr war, kamen die Älterleute aller Zünfte zusammen und wurden sich einig. Noch am gleichen Tage ging das Handwerk auf die Straße. Es waren vielleicht nur zweihundert, die sich auf dem Marktplatz zwischen Brunnen und Niedergericht einfanden, und die Reitendiener trieben sie auseinander.
Aber am nächsten Tag war der Marktplatz schwarz von Menschen. Da war auch das Sülzvolk dabei, da waren wir alle aus unseren Häusern gekommen. Da wagten die Reitendiener es nicht, uns auseinanderzujagen, denn viele von uns hatten Morgenstern und Rabenschnabel mitgebracht und trugen sie in den Falten des Leibrocks. Die Herren vom neuen Rat hätten vielleicht gern gesehen, wenn die welfischen Fürsten mit ihren Rittern die Menschenmenge auseinandergesprengt hätten. Und wenn auch am Rande des Marktes ab und an ein bewaffneter Ritter zu Roß auftauchte, so kam er uns nicht zu nahe. Die Fürsten wollten sich, wie es schien, nicht einmischen.
Als nun wir Lüneburger – das Sülzvolk und die Handwerker – das Rathaus umringt hatten, gingen die Ältesten zum andern Mal auf die Laube.

Und ich", sagte Lafferde leise, „war mit dabei. Wir forderten, um Sicherheit zu haben, die Schlüssel für die Türme und Tore der Stadtmauer. Wir unterhandelten mit den Männern vom neuen Rat. Und die Schlüssel wären uns wohl nicht überantwortet worden, hätte sich nicht ein kleiner Zwischenfall ereignet. Es waren an jenem Morgen vielleicht zweitausend Mann unterwegs, und das Rathaus war, wie ich schon sagte, geradezu von ihnen umzingelt. In der Waagestraße hinter der Laube hatten sich die größeren Lehrjungen eingefunden und die jüngeren Gesellen, kurz all das unflügge Zeug, das auch gern mal auf die Straße will, dazu das unstetige Völkchen, das nicht gern in fester Arbeit ist, sondern einmal hier, einmal da seine Hand leiht. Und nach der Waagestraße hin liegt, wie ihr wißt, das große, bunte Laubenfenster mit den Helden aus alter Zeit. Während wir Männer vom Handwerk mit den Herren vom neuen Rat verhandelten, klirrte plötzlich eine Scheibe. Wir im Gestühl blickten alle auf, sahen einen Stein, der durch das Glas geflogen kam, ja geradezu durch die gläserne Scheibe mit König Alexanders etwas gesenktem Gesicht.

Und dann sprang Herr Vischkulen auf, Heyno Vischkulen aus dem Vischkulenhof. Er war rot im Gesicht vor Zorn, und er rief: Mein Gott, das ganze Fenster geht wohl noch zu Bruch! Er verließ das Gehege, bückte sich nach dem Stein, der nicht weit von der Schenkschive auf den Fliesen lag, kam zurück und legte ihn auf den Tisch des Hauses, zwischen Stadtbuch und Bürgereidkristall. Alle schauten den Stein an, und Sengestake sagte:

Es ist ein Kopfstein. Und Ribe setzte hinzu: Also sind sie schon dabei, das Straßenpflaster aufzureißen.

Aber obgleich das Geschrei und Gejohle von der Waagestraße her zu uns in die Laube drang, wollten Sengestake und Ribe und die Schaperbrüder und wie sie alle heißen, die Schlüssel auch jetzt noch nicht herausgeben, bis dann der Älteste der Grapengießer, Jan Godewin, aufstand und sagte: Tut, was ihr wollt! Aber das weiß ich: Kommen wir mit leeren Händen die Rathaustreppe herunter, sind die Männer auf dem Markt und in den anliegenden Straßen nicht mehr zu halten, und sie haben Waffen bei sich. Kommen sie erst einmal in Fahrt, dann ist es nicht unmöglich, daß sie das Rathaus stürmen.

Daraufhin baten sie uns, hinter den Pfeiler zu gehen. Und sie beredeten sich untereinander. Und das Ende war, daß man uns die Schlüssel zu den Türmen und Toren der Stadt auf eine Woche überließ.

Wir haben nun in aller Stille alle Türme und Tore mit den Zunftmeistern und ihren Gesellen und mit Männern von der Sülze bemannt."

„So ist die Stadt Lüneburg im Augenblick in der Hand der Zünfte?" fragte Detlef Bremer.

„Das kann man wohl sagen. Uns" – Lafferde sah Detlef Bremer und den Bürgermeister von Buxtehude an – „hat man zu euch geschickt. Wir sollen fragen: Wer hat das größere Recht in unserer Stadt, der deutsche Kaiser oder der Papst? Wer darf ein Stadtregiment einsetzen, der Kaiser oder der Papst? Und wenn ihr meint, daß der Kaiser der erste Herr in Deutschland ist, daß er das erste Recht in unseren Städten hat, dann kommt, kommt schnell, kommt mit den Abgesandten des Städtebundes und bringt den neuen Rat aus dem Gestühl, wie es der Wille das Kaisers nun einmal ist; und sorgt dafür, daß die alten Herren wieder ins Rathaus gelangen."

Die Heimkehr

Sie waren gestern in Bardowick eingetroffen, die Männer vom alten Rat. Einige kamen von Hamburg. Die Ratsherren, die in Lübeck Gastrecht hatten, waren in Gemeinsamkeit die Salzstraße hinuntergeritten, hatten sich über den grauen Elbstrom setzen lassen und am späten Nachmittag Bardowick erreicht. Hamburger und Lübecker Ratsherren, die beim Einzug des alten Rates dabei sein wollten, waren mit ihnen gekommen. So war es in den Häusern der Bardowicker Domherren eng geworden. Es fehlte an Schlafplätzen. Und Hinrich Lange hatte sich erboten, nach dem Nikolaihof hinüberzugehen und bei dem Pfarrer die Nacht zu verbringen.
Am nächsten Morgen war Hinrich früh auf. Jedoch der Pfarrer war nicht mehr im Hause. Er mußte einen der alten Männer, der im Sterben lag, versehen. So hatte Hinrich allein bei der Morgensuppe gesessen, die man ihm hingestellt. Er stand bald vom Tische auf. Er überquerte den Friedhof der alten Leute, und dann lag die Kirche des Nikolaistiftes vor ihm.
Die Tür war nur angelehnt. Er schob sie auf, trat ein und machte sie hinter sich zu, setzte sich auf der Männerseite auf die letzte Bank und sah auf den Altar und auf das Fensterbild über dem Altar.
Da stand er, der Heilige Nikolaus, die Bischofsmütze auf dem Kopf, den Krummstab in der Hand, und die Fische des Meeres schnappten zu dem einsamen Mann auf der grünen Insel auf. Hinrich sah das alles und sah es doch nicht, denn er war mit seinen Gedanken bei seinen Freunden vom alten Rat, die in Hamburg oder in der Stadt an der Trave gleich ihm einen Unterschlupf gefunden hatten. Schließlich dachte Hinrich nur an den Mann, der gestern in ihrem Kreise gefehlt. Und es ereignete sich in ihm ein Frage- und Antwortspiel.

Tut es dir leid, daß Johann nicht wieder ins Gestühl kommt?
Ich weiß es nicht.
Betrauerst du ihn?
Ich betrauere ihn. Und ich trauere vielleicht mehr um ihn als die jungen, die ihn nicht solange kannten wie ich.
Und doch . . .?
Und doch . . .! Das Herz ist doppelzüngig.
Du meinst, ohne ihn gehst du einer leichteren Zeit entgegen?
Es ist wohl so. Mit ihm zusammen hätte ich nicht den Mut, noch einmal an diese schwere Arbeit zu gehen.
Aber ohne ihn . . .?
Ohne ihn? Ohne ihn sehe ich Land.
Du denkst, sein Tod ist die Rettung? Ja, die Rettung für die Stadt und für dich!
Mein Gott, vielleicht hab' ich auch so etwas schon gedacht.

Hinrich erhob sich. Er ging zwischen den Stuhlwangen durch. Aber diesmal warf er beim Gehen keinen Blick auf die geschnitzten Bilder, auf Eichelhäher und Kuckuck, auf Iltis, Wiesel und Taube, auf all das anmutige Getier, das der lübsche Bildschnitzer in dem langen Saal einst aus dem Holz hervorgezaubert hatte.
Die alten Prövner schliefen wohl noch in ihren Betten. Aber der Priester hatte den Altar schon für sie gedeckt. Patene und Weinkanne waren da. In der Mitte des Tisches stand der Kelch.
Der Kelch? Aber was für ein Kelch! Es war Ilsabens Kelch. Da stand er, geschmiedet aus ihrer Hochzeitskette und war einst ihre stumme Bitte an Gott gewesen, sie nicht zu stören, und sie wußte wohl schon, daß Er zu ihr auf dem Wege war.
Der Kelch hatte einen Fuß, der wie ein Sechspaß war. Sein goldener Knauf war mit winzigen rautenförmigen Schildchen wie gegürtet, und jedes dieser Schildchen trug einen Buchstaben:
J. E. S. U. S. Hinrich stand, versunken in die Betrachtung des kleinen goldenen Gerätes, bis sein Rand zu flimmern begann. Die Sonne schien in den Chor. In ihrem Scheine erglänzte der goldene Becher des Kelches, erglänzten Knauf und Fuß. Dieses plötzliche Aufleuchten bewegte Hinrich:
„Taube des Friedens mit dem Ölblatt im Schnabel", flüsterte er, „Ilsabe, bist du die erste, die mich grüßt? Mich grüßt auf meinem Wege zurück in die Stadt? Ich will's als das Zeichen nehmen für eine glückliche Heimkehr."
Er faltete seine Hände. Und in diesem Augenblick floß sein Herz über von Dank und Lob.
„Herr", flüsterte er, „ich danke dir. Ich danke dir für alles, was du mir

gabst. Für das Gewesene und für das, was jetzt ist. Aber zuallermeist danke ich dir dafür, daß du mir die Stadt gegeben hast, daß du sie mir in die Hände gegeben hast mit all ihren Bürgern, mit Sülze und Laube und mit Sankt Johannis am Sande."
Er ging leise aus der Kirche. Er sah nichts mehr von Pfarrer und Küster, nichts von den alten Leuten, von denen wohl noch nicht viele aufwaren. Und in diesem Augenblick war es ihm so recht.
Im Turmhaus des Bardowicker Domes waren die Herren vom alten Rat versammelt, dazu die Abgesandten der fünf Städte, die schon eine Zeit in Lüneburg geweilt und dort alles nach dem Wunsche des Kaisers geordnet hatten. Sie wollten mit den Herren vom alten Rat, mit ihren Sekretären, Schaffern und Reitendienern die Messe hören, danach alle zusammen nach der Salzstadt hinüberreiten.

Du wolltest noch etwas!
Gebeke sah über ihre drei jüngeren Geschwister hin, die in Mantel und Kappe auf der Truhe mit den glückverheißenden Vierpassen saßen. Auch Gebeke war ausgehfertig. Sie steckte in einem Mantel aus grünem Tuch mit etwas Fehpelz am Halse. Hinter ihr in der Küche brannte Licht. Mutter Wobbeke packte einen kleinen Mundvorrat zusammen.
Du wolltest noch etwas!
Die Geschwister saßen still da. Aber was für ein Leben war es gewesen, als Cord gestern die Nachricht mit nach Hause brachte:
„Sie kommen, sie kommen morgen! Sie sind schon in Bardowick, die Männer vom alten Rat. Morgen werden sie von der Sülze und dem Handwerk herrlich eingeholt."
Nein, da waren die Kinder nicht zu halten gewesen. Und Jutta hätte sich am liebsten mit einer Drommete auf den Beischlag gestellt und durch die ganze Bäckerstraße geschmettert:
Der Vater kommt wieder, der Vater kommt wieder!
Aber nun, wo es soweit war, rührten sie sich kaum. Du wolltest doch etwas, dachte Gebeke noch einmal und legte ihre Hand an die Stirn. Und da fiel es ihr ein. Sie trat in des Vaters Schreibstube, rückte den Tisch etwas beiseite, schlug den Deckel der Truhenbank hoch und nahm ein Büchlein heraus, ein kleines Stundenbuch, das noch von ihrer verstorbenen Mutter stammte. Hinrich Lange hatte es seiner Tochter unlängst geschenkt. Sie hockte sich auf den Schemel unter dem beinernen Christus hin und blätterte in dem Büchlein, bis ihr das Maibild entgegenglänzte mit dem Grün seiner Wiesen, mit dem Grün seiner Bäume. Wie gern schaute sie immer die beiden glücklichen Menschen an! Sie saßen auf einem schön aufgezäumten Pferd. Und der Mann trug auf der rechten Hand den Falken.

Wann immer sie auch das Bild betrachtete, so mußte sie an ihren pfingstlichen Ritt vom Nikolaihof nach Scharnebeck denken. Damals, als es mit ihr und Klaus begann, zweieinhalb Jahre waren es schon her. Und wenn sie auch nicht mit Klaus auf dem gleichen Pferd gesessen hatte, wie die Liebste auf dem Maibild, die sich an ihrem Freund festhielt, ein Schimmel war es auch gewesen, auf dem sie mit Klaus und Älardus unterwegs war.
Wo man das Stundenbuch auch aufschlug, immer hatte man auf der linken Seite ein bunt ausgemaltes Bild. Auf der rechten Seite war die Kalendereinteilung. Jeder Tag des Monats hatte neben sich ein freies Fach, in dem der Name des Heiligen stand, dem der Tag geweiht war. Und der Besitzer des Buches mochte hier allerlei hineinschreiben. Ihre Mutter hatte diese Kalenderseite mit kleinen Zeichen versehen. Sie hatte die Geburtstage ihrer Kinder rot angekreuzt. Nur Gebekes Geburtstag hatte dieses kleine rote Kreuz nicht bekommen. — Was mögen die anderen Zeichen neben den Tageszahlen zu bedeuten haben, grübelte Gebeke oftmals und so auch heute, während sie umblätterte. Schwarze Kreuze gab's und rote. Und manchmal stand ein Buchstabe neben den Kreuzen. Hier im Juni, neben dem Bild des Bauern, der seine Wiese mäht, stand ein rotes Kreuz mit einem kleinen geheimnisvollen M. Aus welchem Grunde mußte dieser Tag rot angekreuzt werden? Was mochte die Mutter an diesem Tag erlebt haben?
Wie wenig wußte sie von ihrer Mutter! Mit Wobbeke konnte sie nicht über sie sprechen. Das gab Gebeke jedesmal bald auf, wenn sie es einmal versucht hatte. Von der alten Frau aus der Schäferkate, die sie mit großgezogen hatte, hatte sie manchmal von ihrer Mutter gehört. Gebeke war jedesmal bei ihr gewesen, wenn sie draußen auf dem Nikolaihof im Garten Obst zu pflücken hatte. Und wenn die alte Frau von ihrer Mutter Ilsabe anfing, kam immer etwas Zartes in ihr Auge. Und das besagte mehr, als Worte hätten sagen können. Die Frau aus der Schäferkate konnte Gebeke nicht mehr fragen. Die Frau aus der Schäferkate war tot.
Und der Vater? Immer wenn sie nach ihrer Mutter fragte, bekam sie eine einsilbige Antwort. Und hinterher sah der Vater meistens in die Luft, und sie merkte, daß er mit seinen Gedanken ins Wandern gekommen war. Die Mutter und er: Das war ein Geheimnis, an das man gar nicht rühren mochte.
Sie hörte Jutta rufen. Den Kindern wurde die Zeit lang. Rasch blätterte Gebeke weiter. Schon blinkte die krebsrote Mütze des Mannes auf, der mit seiner Frau im Bunde das Schwein zur novemberlichen Mast in den Eichenwald treibt.
Der elfte November ist der Sankt-Theoderik-Tag. Und heute war der Tag dieses Heiligen. Er war durchaus kein Novembertag; mit seiner hellen Sonne war er einem Frühlingstag gleich.

Und nun malte Gebeke ihrerseits etwas ins Buch. Sie setzte neben den elften November einen kleinen roten Kreis. War heute nicht ein Freudentag? Der Vater kam von Lübeck zurück. Der Vater kam wieder ins Gestühl. Und auch Klaus war nicht mehr weit. Und was kam dann? Verlöbnis in der Täuferkirche, Hochzeit? Alles Glück der Erde! Gebeke griff nach ihrem Tüchlein.

In diesem Augenblick kam Wobbeke herein.

„Gebeke, du hier und in Tränen?" rief sie. „Es werden wohl Freudentränen sein. Ach, laß nur, auch ich weiß im Augenblick vor Freude und Aufregung nicht mehr genau, was rechts und links ist."

„Ja, Mutter, wir freuen uns. Und haben auch alle Ursache dazu, uns zu freuen. Aber ich glaube, in der Flachsburg hat man heute einen schweren Tag."

Doch da stürmte Cord schon in die offene Tür und rief:

„Veit Sneebart bläst. Sie kommen gleich hier vorbei, die Sülze und das Handwerk. Die Sülze führt, hat mir Bäcker Engelke gesagt. Der Sodmeister und die Sodeskumpane reiten allen voran."

Da barg Gebeke das Stundenbuch ihrer Mutter rasch in die Truhe und verließ mit Wobbeke die Schreibstube. Die Hoftüre war geöffnet, und das Blasen vom Turme war auf der Diele wohl zu hören. So gingen sie nun alle sechs gemeinsam aus dem Hause. Mutter Wobbeke schloß die Haustüre von außen ab. Ein seltenes Unterfangen. Sie tat den Schlüssel in ihren Beutel.

„Wir bleiben auf der Treppe", sagte sie, „wenn der Zug vorüber ist, gehen wir hinterher. Du, Gebeke", bestimmte sie weiter, „bekümmerst dich um die beiden Mädchen. Ich fasse Knut an und kann ihn, wenn das Gedränge groß wird, auf den Arm nehmen."

Die ganze Sülze war unterwegs. Und hinter dem Sodmeister ritten, wie es nun einmal Brauch war, die Männer, die im Quellenhaus mit den schweren Gießeimern hantieren mußten. Die Sieder waren mit den vergoldeten Emblemen ihrer Siedehütten unterwegs. Und da kamen sie mit dem Abt daher. Der goldene Rosenkranz funkelte in den Falten der schwarzen Kutte.

„Und da ist ja Peter Wollermann", rief Gebeke. „Er geht gleich hinter dem Abt."

„Mutter", bat Cord, „laß mich mit! Ich möchte so gern neben Peter Wollermann marschieren."

„So geh! Aber bei der Bank vor dem Walde mußt du bleiben!" rief Wobbeke ihm nach, als er die Treppe hinuntersprang. „Bei der Bank und dem Kreuz wollen wir auf unseren Vater warten."

Die Männer von der Sülze waren vorüber. Schon kam die Brüderschaft der

Schuhmacher mit ihrem vergoldeten Stiefel daher. Und nun folgten die Ämter; man schwenkte die Zunftfahnen. Die Goldschmiede um Meister Lafferde, ihren Ältesten, geschart wanderten vorüber und die Grapengießer, die an einem langen Stock einen kupfernen Grapen schaukeln ließen. Die Bierbrauer waren die letzten. Sie trugen eine blutrote Fahne am Bürgermeisterhaus vorbei. Und auf dieser Fahne war zu sehen, wie Bonifatius die Donnereiche fällte. Bonifatius war der Schutzheilige der Brauer.

Als die kleine Karawane aus dem Bürgermeisterhaus bei der Bank vor dem Walde anlangte, war Cord zur Stelle, wenn er auch gleich darauf in die Eiche kletterte, um Ausschau zu halten. Die ganze Straße vom Bardowicker Tor bis zum Walde war mit Menschen gesäumt. Sie mußten längere Zeit warten. Als endlich Hörner- und Drommetenklänge aus dem Walde schallten, stiegen Agnese und Jutta auf die Bank, damit sie über die Köpfe der Menschen wegsehen konnten.

Es war keine rechte Ordnung mehr in dem Zug, als er endlich mit vielen Fahnen aus dem Walde kam. In des Tages freudiger Aufregung war das Sülzvolk, waren die Männer vom Handwerk durcheinandergeraten. Und die rückkehrenden Ratsleute, obgleich sie sämtlich Sülfmeister waren, hatten sich auch unter das Handwerk gemischt.

Verschiedene Ratsherren waren schon vorbeigekommen. Meinhard Wietzendorff, der grauköpfige Garlop, der junge Stöterrogge mit dem blonden Schulterhaar und auch Klaus Vischkulen, Heyno Vischkulens Bruder. Man hatte sie alle mit Zuruf begrüßt. Auch Wobbeke und ihre Kinder hatten mit ihren Tüchlein gewinkt, hatten aber doch dabei gedacht:

Und unser Vater? Wo bleibt unser Vater? Kommt er vielleicht gar nicht?

Endlich rief Cord aus dem Gezweige der Eiche:

„Mutter, ich sehe ihn! Und Onkel van der Molen reitet neben ihm! Steig auf die Bank, Mutter, dann kannst du ihn auch sehen!"

Nein, Wobbeke stieg nicht auf die Bank, sie nahm Knut auf den Arm, damit er den Vater erblicken mochte. Cord sprang im nächsten Augenblick von dem untersten Zweig der Eiche ins Gras.

Er war es wirklich. Obgleich er anders aussah, als sie ihn in Erinnerung hatten. Er hatte in den letzten Monaten viel Zeit in der frischen Luft zugebracht. Er sah jünger aus und hatte auch mehr Farbe im Gesicht. Und Cord dachte: Mir scheint, unser Vater ist lustiger als früher.

Und wirklich, er hatte sie erkannt. Er winkte ihnen zu. Und Onkel van der Molen aus der „Goldenen Treppe" winkte auch.

Dann lenkte Hinrich sein Pferd aus der Reihe, grüßte Albert van der Molen und ließ ihn allein weiterreiten. Er stieg vom Pferd, gab Cord den Zügel und legte seine Hand auf den blonden Kopf seines Sohnes. Im nächsten

Augenblick waren die Seinen um ihn herum. Er tat seinen rechten Arm auf Wobbekes, seinen linken auf Gebekes Schulter. Dann küßte er die beiden Mädchen, die sich herzudrängten und hob Knut, den stämmigen, vierjährigen Jungen mit dem rostroten Haarschopf, mit beiden Händen in die Höhe.
Da rief Cord: „Vater, warst du mit Älardus auf der Insel Hiddensee?"
„Das war ich!"
„Und hast du auch das Eismännlein gesehen?"
Wenn Cord, Agnese und Jutta auch noch recht klein waren, als der kleine Abt von der Insel im Bürgermeisterhaus zu Gaste war, so kannten sie ihn doch alle drei aus Gebekes Erzählungen. Und manchmal mußte die große Schwester ihnen die Bernsteinkette zeigen, die sie von dem Inselabt und seinen Mönchen als Geschenk erhalten hatte. Und nun lauschten sie alle drei, als Gebeke fragte:
„Ja, lebt der kleine Inselabt denn noch?"
„Er lebt. Aber er ist alt geworden und bresthaft. Er muß viel zu Bett liegen."
„Da konnte er wohl nicht mit dir auf den Leuchtturm steigen?" rief Cord.
„Ich bin mit dem Bruder Schreiber, den Gebeke auch kennt, auf dem Leuchtturm gewesen. Er ist jetzt des Klosters Prior."
„Und ist das Meer vom Leuchtturm aus denn wirklich so unbeschreiblich groß und weit und blau, wie das Eismännlein sagte?"
„Ist es, Gebeke, ist es! Und die Schiffe darin sind wie Nußschalen. Ich bin drei Tage im Kloster gewesen. Älardus hatte viel mit dem Ausladen des Salzes zu tun. Auf der Insel gibt es eine Heringsvitte."
Ja, Hinrich war von den Hiddenseer Mönchen, deren Pfannen er besiedete, freundlich aufgenommen worden, wenn auch die Mönche auf der Seite des lübschen Domkapitels standen. Sie standen zu den lübschen Domherren, weil das kleine Kloster auf der sandigen Insel nicht immer aus eigener Kraft fertig werden konnte. Und wenn man einmal ein neues Boot brauchte, wenn an den Klosterbaulichkeiten etwas getan werden mußte (die Stürme hoben manchmal ein Dach ab), dann taten die reichen Domherren von Lübeck ihren Beutel auf und halfen aus. Aber dafür verlangten sie Gehorsam. Doch nun ergriff Gebeke die Hand ihres Vaters.
„Und was ist mit Klaus?" fragte sie, „was macht Klaus? Wo ist Klaus? Wann kommt Klaus?"
Klaus kommt in zwei Tagen. Er kommt mit Hogeherte. Er läßt dich grüßen. Es wird wohl bald viel Arbeit für ihn geben. Er ist ja Sülfmeister und soll nun auch die Pfannen, die sein Vater besiedete, übernehmen."
In diesem Augenblick rief Agnese, die wieder auf die Bank geklettert war: „Vater, jetzt kommt Onkel Brand."

Onkel Brand Tzerstede ritt zwischen dem Propst von Medingen, dessen Pfannen er besiedete, und dem Abt der Weißen Mönche von Heiligenthal. Der Abt saß in seinem weißen Mantel auf einem schwarzen Pferd und hatte auf seinem Kopf einen weißen, breitkrempigen Hut. Der Abt der Prämonstratenser von Heiligenthal wohnt mit seinem Konvent hinterm Bauhof, und so ist er Hinrichs Nachbar.
„Nun wirds auch Zeit für mich", rief Hinrich, „ich muß weiter. Der Bischof von Verden erwartet uns."
Und während Brand Tzerstede den Frauen vom Pferd herunter die Hand reichte, nahm Hinrich seinem großen Jungen die Zügel aus der Hand, stieg auf, grüßte die Seinen noch einmal, holte seinen Schwager Brand ein und ritt zwischen ihm und dem Abt der Weißen Mönche weiter, immer hinter der hellblauen Fahne her, auf die der Heilige Norbert im weißen Chorhemd gemalt war. Der Heilige Norbert hatte den Orden der Weißen Mönche gegründet.

Drei Wochen später war ein anderes Wetter als am Sankt-Theoderik-Tag. Drei Wochen später tobte ein Nordweststurm, der die Welt mit Regengüssen überschüttete. Er tobte auch über die Insel Hiddensee hin. Und wenn die Wellen im Bodden hinter der Insel auch nicht so hochgingen wie im offenen Meer, so sorgte man sich doch im Kloster um die beiden Klosterbrüder und den Prior, die Butter nach Stralsund gebracht hatten und geräucherte Aale und die für das empfangene Geld Weizenmehl einzukaufen hatten, Wein und Rosinen und was man sonst braucht, damit man, wenn auch auf eine bescheidene Weise, das Weihnachtsfest feiern kann. Der Sturm hatte die Mönche überrascht, als sie sich auf dem Binnenmeer befanden, das zwischen der Insel Rügen und Stralsund liegt. Sie hatten allerlei Wasser ins Schiff bekommen. Aber schließlich langten sie doch mit heilem Mast und heilen Segeln in dem kleinen Hafen von Hiddensee an, der dem Kloster so nahe lag.
Der junge Prior und ehemalige Bruder Schreiber, der am großen Prälatentag in Lüneburg mit seinem kleinen Abt im Bürgermeisterhaus zu Gast gewesen war, suchte gleich nach seiner Rückkehr von Stralsund den Ehrwürdigen Vater auf, das greise Eismännlein, das jetzt zur Herbstzeit fast ständig zu Bett lag. Der junge Prior trat an sein Lager. Das Eismännlein blinzelte mit den Augen und lächelte. Der Prior hatte zwei Phiolen Wein aus Stralsund mitgebracht. Die eine stellte er auf den Tisch, der sich neben dem Bette seines Abtes befand. Er sagte:
„Es ist Wein, der auf den Hügeln Portugals gewachsen ist in immerwährendem Sonnenschein. Er gibt Kraft."
„Bruder Augustinus, du weißt doch, ich will es nicht, daß für mich Geld

ausgegeben wird. Es verlohnt sich nicht mehr. Und ihr habt das Geld nötig."
„Für diesen Wein habe ich kein Geld ausgegeben. Der Händler Corvinus bei der Kirche, der uns jedesmal, wenn wir nach Stralsund hinüberfahren, außer der Butter, zehn Pfund geräucherte Aale abnimmt, hat uns den Wein geschenkt."
„Geschenkt?" fragte der kleine Inselabt ungläubig.
„Ja, als er hörte, daß der Wein für unseren Ehrwürdigen Vater, den Abt, bestimmt sei, wollte er kein Geld nehmen."
„Und Butter und Aale hat er auch bezahlt?"
„Auf Heller und Pfennig."
Das Eismännlein lächelte. Wenn es die Seinen nichts kostete, war er zufrieden. Dem Kaufmann Corvinus an der Kirche traute er eine große Geldkiste zu, in die er nur immer so hineinlangen konnte. Im Vergleich zu den armen Mönchen von Hiddensee war Herr Corvinus auch wirklich ein reicher Mann.
„Es ist ein Wein, der älteren Leuten besonders gut tut. Man war dabei, ihn abzuzapfen, als wir mit der Butter und den Aalen auf die Diele kamen. Ein Flandernfahrer hat das große Gebinde mitgebracht. Er hat in der letzten Nacht mit seinen Leuten bei Corvinus im Quartier gelegen. Ihr wißt wohl, Ehrwürdiger Vater, daß die Männer aus Flandern bei ihrem ewigen Hin und Her zwischen Gent und Reval und Nischnij Nowgorod auch durch Lüneburg kommen."
Das Eismännlein nickte.
„Sie haben eine gute Nachricht aus der Salzstadt mitgebracht. Und darum war Corvinus auch wohl so bei Laune."
„Und wie lautete die gute Nachricht aus Lüneburg, die der Flandernfahrer samt dem Wein von den Hügeln Portugals dem Corvinus ins Haus brachte?"
„Sagt eurem Abt, so sprach er, als er uns die Weinflaschen reichte, in Lüneburg ist wieder gute Zeit. Hinrich Lange ist wieder im Gestühl. Hinrich Lange hält wieder das Wort der Stadt in seinen Händen."
„Gott sei Dank. Ja, das ist eine erfreuliche Nachricht. Nun wird alles gut. Nun geht auch der große Salzstreit zu Ende."
„Ist unser Ehrwürdiger Vater darin so sicher?"
„Das bin ich, und ich will dir auch sagen, warum." Er winkte den jungen Prior zu sich heran. Und als der ihm sein Ohr zuneigte, flüsterte er: „Hinrich Lange hat einen starken Engel."
Danach schloß er die Augen. Die kleine Unterhaltung hatte ihn angestrengt. Als der junge Prior etwas später nach seinem Abt sah, lag er friedlich da mit einem fast schon verklärten Gesicht. Der Prior Augustinus wußte nicht, ob er noch lebte oder schon gestorben war.

X

Die Versöhnung mit der Kirche

Jahre waren dahingegangen. In Rom war ein anderer Papst auf den Stuhl Petri gekommen. Papst Calixtus war nicht mehr. – Nach seinem Tod hatte man Silvius Piccolomini, den Bischof von Siena, zum Heiligen Vater erwählt. Alle Kardinäle hatten ihm ihre Stimme gegeben. Auch der lustige Borgia, der gar kein Italiener war.

Silvius Piccolomini nannte sich nach seiner Wahl Pius. Er war der zweite Papst, der diesen Namen trug. So war nun der ehemalige Kanzler und Freund des deutschen Kaisers auf den ersten Platz in der Christenheit gelangt; er, der weitgereiste Mann, der die Welt kannte und sie wie mit einer Goldfeder beschrieben hatte; er, der in jungen Jahren, um ein frommes Gelübde zu erfüllen, barfuß durch Eis und Schnee zum Gnadenbilde der Mutter Gottes pilgerte und auf diese Weise die Gesundheit seiner Füße zum Opfer brachte.

Auch heute hatte er einen Stock bei sich, der ihm das Gehen erleichtern mußte, wenn er ihn im Augenblick auch nicht in der Hand hielt. Er lehnte an seinem Sessel.

Pius der Zweite war zur Zeit nicht in Rom. In Rom wütete die Pest. Und weil das Kardinalskollegium um des Papstes Sicherheit willen es so wollte, hatte er die Stadt verlassen müssen. So hielt er Hof in der ländlichen Umgebung der Stadt Siena und empfing die Gesandtschaften aus aller Herren Länder unter grünen Bäumen.

Auch heute hatte man ihm den Sessel mit den vergoldeten, sitzenden Löwen, die die Armlehnen stützten, mit den sich bauschenden, mit Purpursamt überzogenen Kissen in eine grüne Wiese gestellt, gar nicht sehr weit von einem bläulichen See und in den Schatten, den eine Pappel warf. Papst Pius liebte diese Pappel. Aber, mein Himmel, was für ein Baum war das auch! Hoch wie ein Kirchenturm und uralt, und ihr Laub loderte wie eine mächtige dunkelgrüne Fackel ins Blaue.

Die beiden Hellebardisten der päpstlichen Palastwache, die den Sessel des Papstes immer wieder in den wandernden Schatten des hohen Baumes rückten, hatten es gestern versucht, die geborstene und zerrissene Rinde der alten Pappel zu zweit mit ihren ausgebreiteten Armen zu umfangen. Es war ihnen nicht geglückt.

Papst Pius war gern hier. Nicht nur, weil er das Leben in der ländlichen Einfachheit, in dieser großen Stille liebte. Er war auch gern in dem Sieneser Land. Denn in Corsignano, einem kleinen Städtchen dieses Landes, war er geboren und hatte dort seine Jugend verlebt, und in der Stadt Siena hatte er studiert. Alles Land um Siena kannte er gut. Er war hier in glücklicher Jugend wandernd und reitend umhergeschweift, hatte gejagt und gefischt. Schließlich war er nach einem langen Leben in der Fremde Bischof von Siena geworden.

Wenn er nach links hinübersah, konnte er einen nebelblauen Schimmer der Stadt Siena erkennen, ein paar geisterhelle Kirchtürme über dem bläulichen Mauerring. Doch im Augenblick hatte er nicht die alte Stadt im Auge, wenn er auch in die Richtung blickte, in der sie lag. Er sah hinter einer kleinen Gesandtschaft her, die nicht weit vom See hinging, die Stadt Siena zum Ziel: Denn in dieser Stadt lagen die Herren im Quartier. Platonius, Pius' Sekretär und täglicher Gesellschafter, gab ihnen am See hin das Geleit. Es waren Männer aus dem deutschen Norden, aus der Stadt Lübeck. Der erste Bürgermeister der Stadt, Wilhelm van Calven, hatte das Wort geführt. Es war ihm erlaubt worden, die Wünsche seiner Stadt in deutscher Sprache vorzubringen, da sich der Papst von seiner Kanzlerzeit her so gut im Deutschen auskannte.

Die Lübecker waren in eigener Angelegenheit hier gewesen, aber wohl noch mehr in den Angelegenheiten der Stadt Lüneburg, die auch mit den ihren zusammenfielen. Die Städte Lübeck und Lüneburg waren, wie es schien, auf Gedeih und Verderb miteinander verbunden. Es war eine alte Sache, in der Papst Nikolaus und Papst Calixtus schon entschieden hatten, schon entscheiden mußten. Es ging immer noch um den großen Salzstreit zwischen der Stadt Lüneburg und der Pfaffheit des deutschen Nordens, ein Streit, der wohl nie ein Ende nehmen sollte.

Der Papst sah, wie sein Schreiber Platonius sich von den Herren verabschiedete. Und es kam ihm ein anderer Abschied in den Sinn. Er dachte an den hochgewachsenen Lüneburger langobardischer Abstammung, der vor bald acht Jahren enttäuscht und ungetröstet aus dem Audienzzimmer des damaligen Papstes kam und dem Pius ein paar aufmunternde und gutgemeinte Worte mitgab. Der Lüneburger hatte lange in Rom warten müssen, da Papst Nikolaus, der alte, von Steinleiden und Gicht geplagte Mann, mit seinen Sinnen und Gedanken einzig und allein mit dem Kreuzzug gegen die Ungläubigen, den er plante, beschäftigt war. Und es war doch nichts daraus geworden.

Auch er selbst, Pius, sorgte und sann um einen solchen Kreuzzug, der die Christenheit vor dem Untergang bewahren mochte. Was der alt gewordene Piccolomini noch an Lebensglut und Lebensmut hatte, ging mit diesen Kreuzzugsplänen und Kreuzzugsvorbereitungen dahin. Aber den großen Streit um das Salz im deutschen Norden nahm er darum doch nicht auf die leichte Achsel.

Platonius kam zurück. In seinem langen schwarzen Rock aus Seidenserge, den breitkrempigen, schwarzen Samthut in der einen Hand, in der anderen eine Schriftrolle, so näherte er sich dem Papste, um in einiger Entfernung von ihm stehenzubleiben.

„Und wie gefielen dir denn die Männer aus der Stadt an der Trave?" redete der Papst seinen Schreiber an, der auch sein junger Freund war.

„Es sind achtungswerte Menschen. Es muß eine bemerkenswerte Stadt sein, die sie vertreten."

„Du hast recht. Lübeck ist wohl die erste und reichste Stadt nicht nur im deutschen Norden. Auch in den drei skandinavischen Reichen: Dänemark, Schweden und Norwegen gibt es keine Stadt, die ihr gleicht. Man nennt sie das nordische Venedig. Und vom Handel lebt man in jener Stadt, wie die Bewohner der Schwesterstadt an der Adria auch vom Handel leben und reich wurden. Dieser Handel droht zu erliegen. Wie sagte doch Herr Wilhelm van Calven?"

Und der junge Sekretär fuhr fort: „Wir Lübecker kommen als Händler in manches Land unseres Erdkreises. Aber in all den vielen Ländern, in denen wir kaufen und verkaufen, benötigen die Menschen das Lüneburger Salz. Und wenn wir das nicht bringen, sind wir nichts."

„Ja", fuhr der Papst fort, „der Lübecker sagte: Gäbe es die Lüneburger Sülze nicht und nicht die Salzstraße nach Lüneburg, so wäre es auch mit Lübeck aus und vorbei."

„Und in diesen Papieren", fuhr der Sekretär fort, „heißt es — ich warf, als ich am See zurückging, einen Blick hinein — geht Lüneburg zugrunde, so geht Lübeck gleich hinterher. Denn die beiden Städte gehören nun einmal zusammen wie die beiden Arme eines Kreuzes.

Wie ist das nur", sagte Platonius, der mehr von seinen lateinischen und griechischen Büchern verstand als vom Handel und Wandel der Welt, „viele von den Briefen, die wir in der papstlichen Kanzlei in Empfang nehmen, stammen aus Deutschland. Aber von denen, die aus dem deutschen Norden kommen, haben die meisten die Herren vom lübschen Domkapitel zu Schreibern und Verfassern. Und in all diesen Briefen beklagen sich die reichen Domherren über die Stadt Lüneburg, aber auch über die Bürger ihrer eigenen Stadt. Muß denn immer Zank sein zwischen der Geistlichkeit und den Bürgern der Städte?"

„Es scheint so. Aber in Lübeck geht es besonders heiß her. Die Ringmauern und ihre trutzigen Türme umschließen zwei Welten. Im Häusergedränge um Markt und Rathaus, neben der Lebhaftigkeit des Hafens, wohnen die Lübecker Bürger, die Freunde der Stadt Lüneburg. Weiter ab von dem geschäftigen Getriebe der Stadt, aber mit den Lübeckern vom gleichen Mauerring umschlossen, hat der lübsche Bischof, haben die lübschen

Kapitelherren ihren Dom und ihre schloßartigen Behausungen. Sie liegen auf der Anhöhe, und von ihren offenen Loggien aus können sie über einen breit aufgestauten Mühlenteich sehen mit seinen Schilfdickichten und seinen Seerosen, mit Haubentauchern, Bleßhühnern und allerlei anderem Wassergevögel. So schilderte mir der Nuntius, als er aus dem Norden zurückkam, den Sitz der Domherren in dieser reichen und hochgerühmten Stadt, in der es im Augenblick so zwiespältig hergeht. So schilderte er mir Lübeck, jene Stadt, die mit den ihr verbündeten Städten den ganzen Norden Europas in Schach hielt, mit Dänemark, Schweden und Norwegen gleichzeitig Krieg führte und den Sieg davontrug.

In Lübeck auf dem Rathaus und in den Bürgerhäusern findest du die besten Freunde der vielgeschmähten Salzstadt an der Ilmenau; ihre ersten Wortführer, die alles daransetzen, die Stadt Lüneburg mit der Prälatenschaft zu versöhnen, mit der Lüneburg seit bald zehn Jahren im Streit liegt. Der Streit geht um Salzpfannen und Sole. Es ist eine verwickelte Sache, durch die ich mich jetzt ziemlich hindurchgesehen habe. Und ich bin nicht gesonnen, dem lübschen Domkapitel den Schild noch länger nachzutragen und für die Domherren den Rufer in diesem Streit zu spielen. Das Kapitel ist so reich wie nicht viele geistliche Orden und Gesellschaften im deutschen Reich. Und da zanken sie sich nun um ein paar Hände voll Salz, und mögen es auch ein paar Fuder sein. Sie sperren sich und wehren sich und führen darum Krieg mit Lüneburg, mit einer Stadt, die ihnen zweihundert Jahre mit ihrer Salzsiederei in Treue gedient hat. Aber, Platonius, was für ein Schriftstück hast du da in den Händen?"

„Es ist eine Bittschrift, die mir Herr Wilhelm van Calven beim Abschied überreichte mit dem Wunsch, sie Euch zu geben. Sie wird die Gedankengänge enthalten, die Wilhelm van Calven mündlich vorgetragen hat."

„Lies du sie zuerst! Und wenn du willst, gleich. Und berichte mir, was darin steht!"

So ging Platonius zum See hinunter, setzte sich auf das Gemäuer an der Seekante und vertiefte sich in das Schreiben.

Papst Pius blieb allein. Er dachte an die Männer von der Trave, die seit Jahren der Stadt Lüneburg zur Seite standen, die, um der Salzstadt zu helfen, nicht Mühe, nicht Kosten scheuten. Nein, auch keine Kosten. Denn von wem kam der kostbare Hermelinmantel, den man ihm zur Krönung schickte? Kam er von Friedrich, seinem kaiserlichen Freund? Kam er aus Frankreich? Von den reichen Städten Italiens? Nein, die Lübecker waren es, die ihm dieses Geschenk über die Alpen sandten.

Man kann über die Männer vom lübschen Dom nur den Kopf schütteln, sinnierte der Papst weiter. Mit den meisten Pfannenherren geistlichen und weltlichen Standes hat sich der Lüneburger Rat bereits geeinigt. Die lübschen Domherren löcken immer noch wider den Stachel. Sie sind nicht zu versöhnen. Sie nicht und die ärmeren Klöster nicht, die sie am Strick haben. Es ist nicht zu begreifen, wie weit die Geistlichkeit sich verlieren, ja, verrennen kann. Nur weil die reichen Herren auf etliche Jahre etwas von ihrem Salz missen sollen – missen sollen, um gerechte Schulden zu tilgen, Schulden, die von allen zu tragen sind, die auch die Pfannenherren mit bezahlen müssen – kommt der ganze deutsche Norden in Unordnung, wird eine Stadt wie Lüneburg ins Unglück gestürzt, muß der Bann über vieltausend Christen ausgesprochen werden. Ich will nur hoffen, daß es noch etliche vernünftige Pfarrer und Mönche in Lüneburg gibt, die trotz des Bannes die Kindlein taufen, die Sterbenden trösten und sie vor dem Abschied noch einmal speisen.

Silvius Piccolomini, der die vielen Landschaften, durch die er gereist war – allein oder als Begleiter seines kaiserlichen Freundes – mit der Goldfeder beschrieben hat, hatte auch in früheren Jahren ein Buch über die Hussiten verfaßt – nicht mit einer Goldfeder, denn die Schrecken, die dieses Buch enthielt, Plünderung, Vergewaltigung, Brand und Mord, konnte man nicht mit einer solchen schildern. Die Hussiten lebten immer noch, und man konnte ihnen nicht beikommen. So war es kein Wunder, daß Pius manchmal dachte: Die Herren vom lübschen Dom verstehen sich nicht auf die Zeichen der Zeit. Hätten sie sich sonst nicht längst mit den Lüneburgern auf gütliche Weise geeinigt?

Ja, in dunklen Nächten, wenn er grübelnd wachte, fürchtete er, aus dem Krieg, der nun schon seit einem Jahrzehnt an beiden Seiten der Elbe die Menschen nicht zur Ruhe kommen ließ, könne sich, ähnlich wie einst in Böhmen, eine schlängelnde Feuerflamme lösen, die den ganzen Norden der Christenheit in einen Flammenherd verwandeln würde.

Papst Pius lauschte. Ein Plätschern hatte ihn aus seinen Gedanken aufgestört.

„Platonius", rief er zu der Seemauer hinüber. Da erhob sich der Sekretär von seinem Sitz, rollte das Schriftstück zusammen und begab sich, den grünen Rasen überschreitend, zu seinem verehrten Herrn.

„Platonius, hörst du es nicht? Was ist es, das da hinter der Seemauer plätschert?"

„Das sind die Wellen."

„Nein, Wellen sind es nicht. Wellen plätschern in einem immer gleichbleibenden Rhythmus gegen das steinige Ufer. Und Wellen gibt es im Augenblick gar nicht. Der See ist glatt wie ein Spiegel. Da ist es wieder! Hörst du es? Es ist hinter den Gebüschen."

„Ich will nachschauen", sagte Platonius, stand im nächsten Augenblick auf der Seemauer und rief:

„Heilige Jungfrau, es sind Fische! Fische, lang und schmal, mit schwarzen Rücken und weißen Bäuchen. Eine unermeßliche Menge! Und sie haben's miteinander. Immer geht's um die Steine herum, die im Wasser liegen. Das knäuelt sich durcheinander und umeinander und gibt keine Ruh. Und manchmal kommt ein weißer Bauch hoch. Ja, so lang wie ein Fuß sind diese Fische, und sie feiern bei den Steinen, wie es scheint, ein dionysisches Fest, wohl eine Art Hochzeit."

„Mag sein", sprach der Papst, „vielleicht führen sie auch Ungutes gegeneinander im Schilde; vielleicht ist da unten bei den Steinen auch so etwas wie ein Türkenkrieg oder Hussitenkrieg im Gange. Auch die Tiere bekämpfen sich. Aber ich kenne diese Fische mit den schwarzglänzenden Rücken und den leuchtendweißen Bäuchen. Ich habe sie schon an Ort und Stelle selbst gefangen. Aber komm, wir wollen ins Haus gehen. Der Abend naht, es wird kalt."

Er erhob sich. Er griff nach seinem Stock. Er ließ es geschehen, daß sein Schüler und Schreiber ihn unter den Arm faßte und führte. Seinen Füßen konnte er nicht mehr viel zumuten. Er blieb noch einmal stehen.

„Hast du in dem Schriftstück noch etwas gefunden, was die Herren mir nicht vorgetragen haben?"

„Kaum etwas. Das dringlichste ist den Herren das Schiedsgericht, von dem sie schon sprachen. Da es ja ganz und gar unmöglich ist, daß der Lüneburger Rat und das lübsche Domkapitel miteinander ins Einvernehmen kommen, so haben die verbündeten Städte vorgeschlagen, die beiden streitenden Parteien sollen sich einem Schiedsspruch unterwerfen. Sie bitten Eure Heiligkeit, einen der Schiedsrichter selbst zu ernennen."

Papst Pius nickte zustimmend.

„Die große Sorge der Lübecker ist", fuhr der Sekretär fort, „werden sich die lübschen Domherren dem gefällten Schiedsspruch fügen? Noch wehren sie sich – dem Bericht nach zu urteilen – gegen ein solches Gericht. Die Domherren wollen keinen Vergleich. Sie wollen ihr Recht."

„Es wird ihnen nichts übrig bleiben", begann der Papst, „sie müssen den Spruch anerkennen. Auf Beistand aus Rom können die Herren nicht mehr bauen. Schließlich sind die Lübecker Bürger ja die Herren in ihrer Stadt. Sie könnten sich ihnen mit Gewalt nahen und könnten das Domkapitel auf diese Weise zum Nachgeben zwingen. Und ich habe schon gehört, daß so etwas geplant ist, sollte es zum Äußersten kommen. Jedenfalls sollen die Herren aus Lübeck, die drüben in der Stadt Siena Quartier genommen haben, einen guten Bescheid mit über die Alpen nehmen."

Der Papst blieb noch einmal stehen. Und Platonius sagte:

„Wenn vom Handwerk kein Einspruch kommt, wenn die Ältesten unter den Zunftmeistern mit unseren Vorschlägen einverstanden sind, bleibt es

„Warum muß immer Streit sein zwischen der Geistlichkeit und den Bürgern der Städte?"
„Ich will es dir sagen: Keiner will nachgeben. Jeder will das, was er für sein Recht hält. Denn so geht es im Augenblick in Italien, in Deutschland und vielleicht in allen Teilen der Welt:
Jeder will stark sein. Keiner will gut sein."
Und damit gingen sie auch schon über die Schwelle des ländlichen Hauses, das Papst Pius im Augenblick zur Wohnung diente.

In Kloster Reinfeld

Fast fünf Jahre waren vergangen seit der Rückkehr des alten Rates. Viel war in der Zeit gewesen. Da mußte, als die Herren vom alten Rat wieder im Gestühl saßen, zuerst Gericht gehalten werden. Auch der Kaiser hatte seine Hand dabei im Spiel gehabt, wenn er sich auch nicht selbst bemühte. Er hatte Albrecht, den Kurfürsten von Brandenburg, beauftragt, in dieser Angelegenheit mit nach dem Rechten zu sehen. Es ging alles ziemlich glimpflich ab. Die Hälfte der Herren, die einstmalig der neue Rat waren, wurden, weil sie unschuldig waren, freigesprochen.
Auch die Anführer des Aufstandes, sie, die an Springintguds Tode schuld waren, an der langen Haft der Ratsherren, kamen einigermaßen gut davon. Sie wurden zwar aus der Stadt gewiesen und mußten versprechen, sich nie wieder in Lüneburg, ja, auch nur an einem Ort, der zum Bunde der Städte gehörte, blicken zu lassen, aber Blut wurde nicht vergossen.
Sengestake, Ribe, der Vogt Nyebur und Dirik Schaper blieben bei ihrem gegebenen Wort. Sie fanden in kleinen Städten ein Unterkommen und auch ihr Brot.
Nicht so Ulrich Schaper, der Heringshändler, und der herzogliche Zöllner Hans von Dahlenburg. Diese beiden gaben nicht auf. Sie ließen sich in Hamburg nieder. Von der Elbestadt aus knüpften sie Verbindungen an zu ihren ehemaligen Anhängern in Lüneburg, ja, sie versuchten von Hamburg aus neue Freunde in Lüneburg zu gewinnen und beunruhigten auf diese Weise die Salzstadt weiterhin.
Als sich die beiden dann wieder in der Ilmenaustadt einfanden und wie vor Jahren versuchten, die Bevölkerung gegen den Rat der Stadt aufzuwiegeln, fackelte man nicht lange. In einer abseitigen Schenke, in der Hans von Dahlenburg das große Wort führte, nahm man sie fest.

Der Rat und die Älterleute der Zünfte waren sich einig, es gab für die beiden keine Milde. Auf dem Markt, auf der Granitquader zwischen dem Niedergericht und dem Brunnen, auf dem Straßenräuber und Mörder gerichtet wurden, ja, auf jener Steinplatte, auf der vor vielen Jahren an einem Frühlingstag Dirik Schapers hellgrauer Seidenhandschuh gelegen hatte, erlitten der Heringshändler Ulrich Schaper und der herzogliche Zöllner Hans von Dahlenburg den Tod. Ihre Köpfe fielen unter dem Richtschwert des Büttels.

Von da an blieb alles ruhig. Und nun drehte sich in Lüneburg alles um die Frage: Wie kommen wir mit der Pfaffheit des deutschen Nordens zu einem annehmbaren Frieden? – Die Verhandlungen zogen sich hin. Endlich war es soweit. Der große Salzstreit konnte zu Grabe getragen werden. Die Stadt Lüneburg und das lübsche Domkapitel wollten sich versöhnen, fast fünf Jahre nach dem Sankt-Theoderik-Tag, an dem die Herren vom alten Rat herrlich eingeholt worden waren.

Und so bewegte sich ein Reiterzug der Lüneburger auf der Salzstraße hin. Drei Herren ritten an der Spitze des Zuges gleich hinter dem Schaffer her: Hinrich Lange, der Worthaltende von Lüneburg, und Albert van der Molen und zwischen den beiden auf einem Fuchs mit falber Mähne und falbem Schweif, er, der langjährige Freund der Stadt Lüneburg, Johann von Atzelt, der ritterliche Bischof von Verden, der auch heute einen leichten Brustharnisch unter seinem Obergewand hatte und ein handliches Schwert an der Seite.

Die Reiter hatten die Stadt Mölln schon hinter sich, und nun ging's unter der Bedeckung von sechs Reitendienern an der lichten Bläue eines länglichen Sees hin, immer dem Ratzeburger Dom entgegen, den Heinrich der Löwe auf einer hügeligen Insel dieses Sees hatte erbauen lassen. In der Stadt Ratzeburg wollte man Rast machen, wollte auf die Abordnung von Wismar warten, sollten sie noch nicht zur Stelle sein, und dann mit ihr gemeinsam weiterreisen. Bald nach Ratzeburg mußte man – um die Straße Hamburg–Lübeck auf dem kürzesten Wege zu erreichen –, von der Salzstraße abbiegen. Hatte man aber erst diese Straße unter den Pferdehufen, war es bis zum Kloster Reinfeld nicht mehr weit. Denn das von einer zwölf Fuß hohen Mauer umgebene Kloster lag nur tausend Meter hinter dieser Straße. In Kloster Reinfeld sollten die mit den lübschen Domherren geschlossenen Verträge gesiegelt werden.

Schon vor einem Jahre waren Hinrich Lange und Albert van der Molen mit Sekretarius, Schaffern und Reitendienern in Kloster Reinfeld zu Gast gewesen. Damals waren Abt und Klostervorstand von Reinfeld bereit gewesen – ungeachtet ihrer langen Freundschaft mit den Herren vom lübschen

Dome –, in der Salzsache ihre eigenen Wege zu gehen. Sie wollten den Salzstreit mit der Stadt Lüneburg für sich aus der Welt schaffen, und die Zisterzienserinnen von Uetersen, Reinbeck und Herwardeshude hatten sich diesem Versöhnungswillen angeschlossen.
Man hatte in Reinfeld Frieden geschlossen, wenn die Zisterziensermönche von Reinfeld und die drei Frauenklöster auch härtere Forderungen auf sich nehmen mußten, als sie in früheren Jahren gestellt worden waren. Die Schuldenlast der Stadt Lüneburg war unter dem Regimente des neuen Rates von fünfhunderttausend Mark auf sechshundertfünfzigtausend Mark gestiegen. Die Besitzer von mehr als hundert Salzpfannen, mit denen die Stadt Lüneburg sich befriedet hatte, bevor sie mit Reinfeld unterhandelte, hatten auf zehn Jahre die Hälfte ihres Salzertrages der Stadt Lüneburg überlassen müssen. Und unter den gleichen Bedingungen war man sich vor einem Jahr auch in Reinfeld einig geworden, wenn auch der Abt von Reinfeld noch einen Einwand gehabt hatte. Er sagte:
„Die Frauenklöster von Herwardeshude, von Reinbeck und Uetersen wollen wohl auf zehn Jahre auf jeden zweiten Pfennig ihres Salzgeldes verzichten. Uns wäre eine andere Lösung genehm. Wir haben, wie ihr wohl wißt, Ländereien in Livland. Ein Lübecker Kaufmann, ein Rigafahrer, hat den Kauf vor Jahren vermittelt. Mit seiner Hilfe ist es uns gelungen, einen Teil dieses an der Düna gelegenen Landbesitzes, der von Reinfeld aus nicht leicht zu verwalten ist, zu veräußern. So haben wir im Augenblick Geld liegen und möchten unsere Pfannen gleich ablösen. Ist es euch recht?"
Natürlich waren die Lüneburger damit einverstanden.
„Wir geben, was andere gaben, die wie wir gleich frei sein wollten. Soviel wir wissen, sind es für jede Pfanne fünfzehnhundert Mark in bar. Das macht für acht Pfannen zwölftausend Mark. Dazu siebenhundertundfünfzig Mark für die halbe Pfanne, die uns auch noch gehört. Macht zwölftausendsiebenhundertfünfzig Mark. Wenn die Verträge besiegelt sind, können wir das Geld gleich an euch auskehren. Seid ihr einverstanden? Gut."
„Und die Stiege?" hatte Hinrich gefragt.
„Nun ja, die Stiege bleiben der Stadt. Die haben euch ja auch die Pfannenbesitzer, die vor uns verhandelten, zugestanden."
So hatte man vor Jahresfrist in Reinfeld die bindenden Verträge austauschen können.
Und diesjährig sollte mit dem lübschen Domkapitel Frieden geschlossen werden. Hatte ein Brief aus der päpstlichen Kanzlei zu Siena den Sinn der Herren geändert? Kurz und gut. Plötzlich und wie über Nacht waren die lübschen Domleute bereit gewesen, sich einem Schiedsspruch zu unterwerfen. Und die Schiedsrichter hatten gesprochen. Sie hatten erklärt: Die Herren vom lübschen Dom müssen die gleichen Bedingungen annehmen

wie Kloster Reinfeld und die Prälatenschaft, die bereits mit der Stadt Lüneburg Frieden geschlossen haben.
Der große Remter der Reinfelder Zisterzienser ist durch eine Pfeilerreihe unterteilt. Auf diese Weise sind zwei Hallen entstanden. Hell war die vordere Halle, die den Fenstern zugewandte. In der hinteren, rückwärtigen befand sich an der langen, fensterlosen Wand ein Kamin, und in seiner Nähe hielten sich besonders zur Winterzeit die älteren Zisterzienser auf.
In dem vorderen, besser belichteten Remterschiff gab es einen langen Tisch, an dem die jüngeren Mönche Tag für Tag hinter ihren Bohnen- und Grütznäpfen saßen, hinter ihren gebackenen Karpfen. Heute lagen auf dem sehr langen Tischblatt die fertiggeschriebenen Verträge, lagen Siegelkapseln und Siegelwachs. Geflochtene Seidenschnüre und schmale Pergamentstreifen, mit denen man die Siegelkapseln an den Verträgen befestigen mochte, waren hier zu finden so gut wie Kerzen auf Leuchtern zum Erwärmen des Wachses.
Einer der ersten Teilnehmer der kleinen Tagfahrt, der einen Blick auf die lange Mönchstafel warf, war Detlef Bremer, der bewegliche Hamburger. Aber danach sah er sich im Remter um. Und er war überrascht. Dieser Remter war nichts anderes als eine größere Ausgabe von jenem, in dem die Herwardeshuder Nonnen speisten und gemeinsam mit der Nadel arbeiteten. Und nun entdeckte er auch hier in Reinfeld handgroße Schildchen, befestigt an den Pfeilerkonsolen, die die Bogen und Rippen der Kreuzgewölbe stützten. Und hier wie drüben in Herwardeshude blinkten ihre Wappenbilder wie farbenbunte Edelsteine von dem grauschwarzen Gestein. Waren Detlef Bremer die hamburgischen Wappenbilder im Herwardeshuder Remter vertraut, ganz unbekannt waren ihm diese hier auch nicht. Es waren die Wappenzeichen der schleswig-holsteinischen Ritterschaft, die Kloster Reinfeld mit Geld und Ländereien begabt hatte. Ihre jüngeren Söhne lebten als Mönche in diesem Kloster und hielten in der Klosterkirche das Stundengebet. Und so erblickte Bremer an dem Pfeiler ihm gegenüber den Schild mit dem silbernen, durch bläuliches Wasser eilenden Fisch der Barsbeke, indes an dem zweiten Pfeiler von der Tür, vor dem der Dekan der lübschen Domherren sich mit Hinrich Lange unterhielt, das rotbraune Eichhörnchen der Westenseer zu sehen war, das die Nuß im Pfötchen hielt. Und nicht weit von ihm prunkte der grüne, mit roten Äpfeln besteckte Baum der Krummendieks.
Von den Männern, die sich jetzt dem Remter näherten, hatten einige diese Wappenbilder auf ihren Röcken und auf ihren Schilden. Sie begleiteten König Christian von Dänemark, der jetzt den Remter betrat. Da kam er herein! Groß, blond und aufgeräumt, geleitet von dem Abt von Reinfeld, blickte um sich wie ein Feldherr, der vor der Schlacht seine Stellungen

mustert. Er begrüßte Detlef Bremer und die Lübecker und Hamburger Ratsherren, schüttelte dem Dekan vom lübschen Dom und Hinrich Lange die Hand, trat ans Fenster, warf einen Blick in den Wirtschaftshof, in dem die Reitendiener der Städte in diesem Augenblick auf die Seite traten, um einem hochbeladenen Heuwagen, der durch das Tor schwankte, Platz zu machen. Danach begab er sich, von dem Abt von Kloster Reinfeld geführt, zu dem mittleren der drei Sessel, die am oberen Ende der langen Tafel für die drei Schiedsrichter aufgestellt waren.

Auch der zweite Schiedsrichter war zur Stelle, der Bischof von Lübeck. Und der dritte, den man vielleicht mit einigem Recht den ersten nennen könnte, weil er der vom Papst berufene Mann war?

Nein, dieser dritte Schiedsrichter war nicht erschienen. Dieser dritte Mann, der Propst vom Bremer Dom, konnte heute nicht erscheinen. Er lag auf dem Krankenbett und hatte den Bischof von Verden gebeten, für ihn nach Reinfeld zu reisen, um an seiner Stelle auf der Versammlung zugegen zu sein und auch zu sprechen.

Es war — und mochten auch einige Weltleute dabei sein — im Grunde eine Prälatenversammlung, ein Prälatentag im Kleinen. Und diesmal war es der Abt von Reinfeld, der seine Gäste von diesseits und jenseits der Elbe begrüßte, ein weltgewandter Mann, rüstig und in dunkler Kutte, auf der Tonsur eine Kopfbedeckung, schwarz und wie ein Eichelnäpfchen. Galt sein erster Gruß dem dänischen König und dem Bischof von Verden, die durch ihre unermüdlichen Bemühungen die Vorbedingungen für die Versöhnung der feindlichen Parteien geschaffen hatten, sowie dem Lübecker Bischof, so hieß der Abt von Reinfeld danach die Herren vom Städtebund willkommen, die als Zeugen geladen waren, Wilhelm van Calwen aus Lübeck, Detlef Bremer, den Worthaltenden der Stadt Hamburg, den Bürgermeister von Wismar, und die sie begleitenden Ratsherren und Sekretäre insbesondere, wie es fast den Anschein hatte, den Sekretär der Stadt Wismar, der kein anderer war als Boldewin Lange, Hinrich Langes ältester Sohn. Er hatte sich in Italien den Doktorhut erworben und lebte und wirkte seit zwei Jahren als Stadtschreiber in Wismar.

Erst danach beehrte der Reinfelder Abt die ehemaligen feindlichen Parteien mit seinem Gruß, die Herren vom Lüneburger Rat und vom lübschen Dom. Er vergaß auch nicht den Propst der Doberaner Benediktinerinnen, die nicht weit von der Ostsee das Stundengebet feierten.

Erst in letzter Minute hatten die Doberaner den Entschluß gefaßt, sich ebenfalls dem Schiedsspruch der drei hochgestellten Personen zu unterwerfen und sich somit ihren geistlichen Freunden in der Travestadt anzugleichen.

Der Propst von Doberan war älter geworden. Sein Haar ergraut, der Rükken leicht gebeugt. Er mochte wohl nicht mehr so kampflustig sein wie in früheren Zeiten. Aber seinem Gesicht sah man es immer noch an, daß er sich gern den Freuden der Tafel hingab.
Da man sich in Doberan so plötzlich zum Nachgeben entschlossen hatte, waren die Verträge, die zwischen Lüneburg und Doberan ausgetauscht werden mußten, noch nicht zur Stelle. Boldewin Lange half. Er schnitt Pergamente zurecht und setzte den Vertrag Lüneburg–Doberan auf. Und da die Verträge sich ihrem Inhalt nach kaum voneinander unterschieden, so war es mehr ein Abschreiben, das der dunkelhaarige Boldewin mit seiner gewandten Feder rasch hinter sich brachte.
Die Verträge wurden verlesen, auch der Vertrag zwischen Kloster Hiddensee und Lüneburg, denn auch Abt Augustinus war zur Stelle, der ehemalige Bruder Schreiber, der seit dem Tode des kleinen Inselabtes dem Kloster Hiddensee vorstand. Da nun alle mit dem, was auf den Papieren stand, einverstanden waren und es nichts mehr zu deuteln und zu ändern gab, forderte Johann von Atzelt die einzelnen Parteien und ihre Zeugen auf, die Dokumente zu besiegeln. Da standen der Dekan des Lübecker Domes und Wilhelm van Calwen fast gleichzeitig von ihren Stühlen auf, und in Freundlichkeit einander zugewandt traten sie näher an die lange Mönchstafel heran. So sah man wieder, wie durch das Nachgeben der lübschen Kapitelherren so mancherlei Friede entstanden und aller Orten Streit aus der Welt geschafft war. Auch der lübsche Rat hatte sich mit dem Domkapitel seiner Stadt ausgesöhnt. Und in einer ganz neuen Einmütigkeit waren Calwen und seine Ratsherren gemeinsam mit den Domherren von Lübeck nach Reinfeld hinübergeritten und hatten sich unterwegs von Pferd zu Pferd auf das friedlichste unterhalten.
Um den langen Tisch der Mönche war alles in Bewegung geraten. Die Sekretäre der Städte, die Schreiber des Domkapitels und der beiden Klöster schossen hierhin und dahin, liefen nach den Stadt- und Klostersiegeln, drängten sich um die brennenden Kerzen, hielten kleine Pfännlein mit dem grünlichen Wachs über die Flammen, gossen das heiße Wachs in die Kapseln, und die Herren drückten ihre Siegelbilder hinein.
Während nun die Sekretäre auf diese Weise um die große Mönchstafel beschäftigt waren, gingen Geistliche und Weltleute in der hinteren Pfeilerhalle ein wenig hin und her. König Christian vollführte vor den leeren Brandböcken des Kamins einen kleinen unterhaltlichen Lustwandel mit Wilhelm van Calwen und Detlef Bremer und benutzte auf diese Weise die Gelegenheit, seine Beziehungen zum Städtebund zu bessern und zu festigen. Als es dann in dem vorderen, besser belichteten Raum still wurde, die Sekretäre sich, während das Wachs in den Holzkapseln erkaltete und er-

starrte, an die Fenster zurückzogen, betraten die Herren noch einmal das vordere Remterschiff.
Und nun war es Johann von Atzelt, der Vertreter des päpstlichen Schiedsrichters, der das Wort erbat.
„In dem Brief", begann er, „den der Heilige Vater an den Propst vom Bremer Dom richtete, sagt er unter anderem:
Es bekümmert mich, daß eine so volkreiche Stadt wie Lüneburg so lange schon unter dem Banne lebt und von den Segnungen unserer Kirche geschieden ist sowie vom Tisch des Herrn. Man muß befürchten, daß ein Teil ihrer Bevölkerung, an den Zustand der Kirchenlosigkeit gewöhnt, nicht leicht zu uns zurückfindet. Darum wünsche ich eines: Sobald das Schiedsgericht gesprochen hat und sobald die neuen Verträge zwischen der Stadt Lüneburg und dem lübschen Domkapitel ausgetauscht sind, soll man sich allsogleich um die christliche Bevölkerung der Stadt Lüneburg kümmern. Man soll ohne Verzug darangehen, sie vom Banne loszusprechen, damit sie wieder in die Gemeinschaft der Christen aufgenommen werden kann."
Da Johann von Atzelt, der Bischof von Verden, den päpstlichen Schiedsrichter vertrat, hatte er hier im Remter zu Reinfeld ein gewisses Vorrecht, und so fuhr er fort:
„Unser Heiliger Vater hat dem Propst vom Bremer Dom nahegelegt, selbst nach Lüneburg zu reisen, um dort die alte kirchliche Ordnung wieder herzustellen. Der Propst wäre auch bereit gewesen, zu diesem Zweck von Reinfeld aus die Salzstadt aufzusuchen. Aber nun ist er krank geworden. Die Befehle des Heiligen Vaters, der die sofortige Lösung vom Banne verlangt, müssen aber ausgeführt werden. Und da möchte ich wohl einen anderen für diese Aufgabe vorschlagen. Ich möchte Johann von Minden vorschlagen. Er gehört zum lübschen Domkapitel und ist dem Dom zu Lübeck verpflichtet. Aber da er längere Zeit der Pfarrherr der Täuferkirche am Sande war, so ist er auch noch seiner damaligen Lüneburger Gemeinde verbunden. Johann von Minden ist mit einigen Herren vom Rat der Stadt Lüneburg gut bekannt, insbesondere mit Hinrich Lange, dem Worthaltenden der Salzstadt. Ich glaube, Johann von Minden ist der beste Mittler zwischen den Kapitelherren des lübschen Domes und der Stadt Lüneburg. Ich möchte bitten, daß man ihm die Aufgabe überträgt, die Stadt Lüneburg vom Banne freizusprechen. Ich reite mit nach Lüneburg, ich möchte mit dabeisein, wenn die Bürgerschaft der Stadt wieder in die christliche Gemeinschaft aufgenommen wird."
So sprach Johann von Atzelt, der Freund der Stadt Lüneburg.
Und man war einverstanden. Man war heute, wie es schien, mit all und jedem einverstanden. Und so erfüllten die Versammelten auch gleich darauf die Bitte des Reinfelder Abtes, der die Anwesenden ersuchte, den Remter

auf einige Zeit zu verlassen und sich in den Kapitelsaal zu begeben oder in dieser angenehmen Jahreszeit außerhalb der Klostermauern zwischen den großen Karpfenteichen ein wenig zu promenieren. Sei es doch geplant, die beiden langen Remtertische in Mittagstafeln zu verwandeln, um die Herren ein wenig zu verköstigen. Da einige der Herren, wie er gehört habe, schon jetzt auf ihren Abritt sännen, sei Eile geboten.
Nein, den Kapitelsaal suchten wenige auf. Man lustwandelte in der weiten parkartigen Landschaft hinter den Klostermauern, in deren Grünflächen die Karpfenteiche eingebettet waren. Man sah über die Schilfdickichte am Ufer weg auf die freie Mitte der Teiche, wo sich allerlei Gevögel herumtrieb, wo Enten und Bleßhühner schwammen, tauchten und sich sonnten.
Johann von Minden ging an Hinrich Langes Seite. Johann von Minden sagte nicht viel. Aber sein oftmals beschattetes Gesicht, das große, weitliniierte, war heut wie von Licht durchschienen.
Und hatte er nicht Grund, zufrieden zu sein? Da war Friede zwischen dem lübschen Dom und der Salzstadt, der er noch immer anhing. Der zehnjährige Krieg mit den Lüneburgern war beendet, und damit war auch ein zweiter Krieg ausgefochten, der Krieg auf den Bänken des lübschen Kapitelsaales. Denn die Domherren hatten sich in den zurückliegenden Jahren auf das heftigste befehdet. Und die geringe Minderheit, die zu der Stadt Lüneburg gehalten, war immer von Johann von Minden angeführt worden.

Die Freisprechung auf dem Sande

„Wie soll es nun am Sonntag bei dem Versöhnungsfest auf dem Sande werden?" fragte Hinrich einige Tage später. Man hatte sich im Gehege versammelt.
„Die Stadt Lüneburg wurde schon einmal vom Bann losgesprochen", nahm van der Molen das Wort. „Man könnte auf die gleiche Weise verfahren wie damals."
„So denke ich auch, Albert. Sechs Lüneburger knieten vor achtzig Jahren im Turmhaus von Sankt Johannis bei geöffneten Türen, stellvertretend für die ganze Bürgerschaft"
„Drei Männer vom Rat", sagte Wietzendorff, der jetzt mit auf der Bürgermeisterbank saß, „und drei von Sülze und Handwerk."
Hinrich nickte, sagte: „So ist es in der Chronik aufgezeichnet, und so hat unser Bischof, Johann von Atzelt, es uns empfohlen."
„Und einer der sechs Bürger ist damals der Worthaltende der Stadt gewesen", setzte Klaus Vischkulen hinzu, „und der Worthaltende unserer Stadt muß auch wohl diesmal dabei sein."

„Ja", bemerkte Hinrich, „das ist vielleicht unumgänglich."
Und Vischkulen fuhr fort: „Ihren Worthaltenden wollen die Bürger bei dieser Gelegenheit vor der Kirchentüre sehen."
„Und Albert van der Molen und du, Vischkulen, ihr müßtet wohl die beiden anderen sein."
„Nein, Hinrich, so nicht. Nicht alle von der Bürgermeisterbank", sagte Klaus Vischkulen. „Du und Albert van der Molen, das ist gut; aber als dritten möchte ich den Ratmann Ludolf Stöterrogge vorschlagen."
Es war allen so recht, und Hinrich begann wieder: „Nun müssen wir die beiden Handwerker wählen."
„Zwei Handwerker und nur einen Mann von der Sülze?" fragte Klaus Vischkulen.
„Einer von der Sülze genügt", erwiderte Hinrich. „Wir drei vom Rat sind Sülfmeister und vertreten damit die Sülze schon ohnehin. Und darum dürfen wir auch keinen Sülfmeister wählen. Ein einfacher Sülzmann muß es sein."
„Man müßte wohl einen Sodeskumpan nehmen", meinte Garlop, der Graukopf.
„Doch wohl", antwortete ihm van der Molen. „Sie sind ja nun mal auf der Sülze die ersten."
„Wie wäre es mit Peter Wollermann, dem Eiderstedter."
„Gegen Peter Wollermann ist kaum etwas einzuwenden", sagte Vischkulen.
„Nur vielleicht das eine, Hinrich. Ein Sodeskumpan ist er nicht!" rief der Ratsherr Stöterrogge mit dem blonden Schulterhaar.
„Ist er nicht mehr", entgegnete ihm Hinrich. „Er hat lange genug im Sodhaus gearbeitet. Schließlich wollte es mit den Gießeimern nicht mehr recht gehen. Da wurde er Sieder und kam zu mir in den Abt."
„Er ist doch auch im Nordischen Krieg mitgewesen", sagte van der Molen.
„Mehrere Male ist er mit den Rotten ausgezogen."
„So ist er ein alter Veteran."
„Gut. Nehmen wir Peter Wollermann", sagte van der Molen abschließend.
„Es wird ja keiner auf der Sülze dagegen sein. Peter Wollermann ist bei allen wohlgelitten."
„Nun zu den Männern vom Handwerk!"
„Ich möchte den Weißbäcker Engelke vorschlagen", rief Meinhard Wietzendorff.
„Mein Nachbar ist ein unbescholtener Mann. Dazu in der Bäckerzunft einer der Ältesten." Man nickte. Im Gestühl war man einverstanden.
„Und der andere?"
„Das könnte gut der Goldschmiedemeister Lafferde sein", sagte van der Molen, „ein Mann, hochgeachtet und beliebt bei allen."

„Wenn vom Handwerk kein Einspruch kommt, wenn die Ältesten der Zunftmeister mit unseren Vorschlägen einverstanden sind, bleibt es bei den beiden. Vischkulen, willst du es übernehmen, mit den Ämtern zu verhandeln?"
„Nun müssen wir uns darüber schlüssig werden", fuhr Hinrich fort, „zu welcher Stunde sich die Bürgerschaft auf dem Sande einzufinden hat."
„Sechs Uhr am Morgen ist wohl etwas zu früh", meinte Wietzendorff.
„Das glaube ich auch", begann Hinrich wieder, „unsere Frauen müssen doch auch dabei sein. Und in den Morgenstunden gibt es in den Haushaltungen und besonders mit den Kindern vielerlei zu tun. Sieben Uhr oder siebeneinhalb Uhr möchte ich vorschlagen, je nachdem es dem Bischof von Verden und Johann von Minden richtig erscheint. — Johann von Minden kommt noch heute zu mir ins Haus, und ich kann's mit ihm besprechen.
Aber da ist noch eines. Es müßten morgen zwei Reitendiener mit Glocke und Fahne durch alle Straßen ziehen und über die Plätze, um die Lüneburger einzuladen, sich zu der festgesetzten Zeit auf dem Sande vor der Täuferkirche zu versammeln."
„Müssen sie beritten sein?"
„Ich denke ja. Des bedeutungsvollen Anlasses wegen ist es besser, sie holen ihre Pferde aus dem Stall. Otto Garlop, möchtest du wohl die beiden Reitendiener auswählen und den Text der kleinen Ankündigung aufsetzen, ja? Gut. Wenn ich am Nachmittag zur Täuferkirche hinübergehe, um mit dem Pfarrer zu sprechen, kann ich auch bei dem Schulmeister anklopfen. Die großen Schuljungen müssen auf den Querhölzern stehen, um die Sonntagsglocke zum Schwingen zu bringen. Man wird ein wenig zu üben haben. Die Jungen sind an diese Dienste nicht mehr gewöhnt."
„Und Veit Sneebart?" begann Wietzendorff. „Unser Bläser aus der Höhe? Unser Wächter vom Turm? Lassen wir den ganz aus dem Spiel? Hat er gar nichts dabei zu tun?"
„Veit Sneebart brauchen wir. Seiner Mitwirkung können wir bei dieser feierlichen Angelegenheit nicht entraten. Aber der Bischof und Johann von Minden haben wohl auch noch ihre Wünsche. Und an welcher Stelle Veit mit seinem Blasen vom Turm einfallen muß, kann man im Augenblick noch nicht festlegen."

„Da haben Albert van der Molen und ich den Lüneburgern ein rechtes Weihnachtsgeschenk aus Reinfeld mitgebracht", sagte Hinrich auf dem Heimweg vom Rathaus zu Meinhard Wietzendorff. „Oder ist die endliche Lossprechung vom Bann etwa kein Geschenk?"
„Ist sie wohl, ist sie wohl, wenn sie auch nicht von allen in der Stadt so gewertet wird."

„Ja, Meinhard, die Kunde, daß wir endlich vom Banne gelöst werden sollen, ist von der Lüneburger Bürgerschaft — ich möchte fast sagen — mit Gleichmut aufgenommen worden. Die Versöhnung mit Rom ist, wie mir scheint, zu lange hinausgezögert worden."

„Hinrich, der Mensch gewöhnt sich an alles. Er gewöhnt sich auch daran, unter dem kirchlichen Bannstrahl zu leben. Und unsere Bürgerschaft hat nun acht Jahre lang außerhalb der Kirche gestanden und in ihrem Schatten."

„Hätte man die Stadt gleich nach unserer Rückkehr ins Gestühl oder bald danach freigesprochen, wär' alles anders gewesen. Aber nach dieser fünfjährigen Katzbalgerei mit dem lübschen Domkapitel, die wir nach der Vertreibung des neuen Rates zu bestehen hatten, nach dieser abermaligen langen Kirchenlosigkeit, die diese Streitjahre im Gefolge hatten, will keine rechte Stimmung aufkommen."

„Hinrich, eine Bitternis wird bleiben und nicht nur in der Bürgerschaft, auch bei uns im Gestühl. Ein Geschenk, das zu spät kommt, ist kein Geschenk mehr. Der eine oder der andere wird denken: Wir sind auch ohne Kirche fertig geworden. Rom wollte nichts von uns wissen, und wir haben auch gelebt."

„Es ist ja auch heute morgen in der Rathauskapelle", begann Hinrich wieder, „als dem Rat der Stadt der Kirchenbann abgenommen wurde, nicht viel Anteilnahme zu spüren gewesen, obwohl Johann von Minden am Altar stand."

„Viel gesagt hat der ehemalige Pfarrherr von Sankt Johannis auch nicht."

„Was sollte Johann von Minden auch sagen?" verteidigte Hinrich seinen langjährigen Freund. „Sollte er uns rügen oder schelten? Uns vielleicht gar die Schuld an dem langen Streit zuschieben? Das konnte er nicht, denn er hat als lübscher Domherr immer auf unserer Seite gestanden. Sollte er uns recht geben und damit sein eigenes Domkapitel bloßstellen und die Prälatenschaft des deutschen Nordens? Das konnte er noch weniger. Was er auch sagen würde, immer hätte er befürchten müssen, bei der einen oder andern Partei Anstoß zu erregen. Also unterließ er das Reden ganz, nahm zu den Psalmen seine Zuflucht. Es gibt ja genug, die heute morgen bei der Lossprechung in der Rathauskapelle paßten. Und am Sonntag wird er es wohl so ähnlich machen."

„Ob sich die Bürgerschaft am Sonntag vollständig auf dem Sande versammeln wird?"

„Sie werden kommen, Meinhard. Daran zweifle ich nicht. Sie werden uns nicht im Stich lassen. Sie sind ja auch zufrieden, wenn alles wieder seine Ordnung hat. Sie wollen auch dabei sein, wenn die große Sonntagsglocke wieder ihren Mund auftun darf. Und nun erst die Frauen: Taufe, Verlöbnis in der Kirche, Hochzeit, alles geht wieder seinen alten Gang."

„Aber hinterher wird die Geistlichkeit ihre Mühe haben, die Bevölkerung an das Kirchengehen zu gewöhnen. In den letzten Jahren ist mancher Bürger eigene Wege gegangen. Und vielleicht auch der eine oder andere von uns im Gestühl. Brand Tzerstede sagte kürzlich zu mir: Es geht ein Riß durch die Christenheit, vielleicht schon seit den Tagen, da man Huß verbrannte; ein Riß, der niemals wieder zuwächst. Und, setzte er hinzu, es gibt genug unter uns, die nicht mehr recht wissen, auf welcher Seite von diesem Riß sie nun stehen."

„So? Sagte Brand das? Nun ja, man kann wohl mal so sprechen." Und mit einem Lächeln setzte er hinzu: „Er wird doch nicht ganz und gar . . ."

„Zu den Hussiten hinüberwechseln?" lachte Wietzendorff. „Nein, da besteht wohl keine Gefahr."

„Nein", sagte Hinrich und richtete sich kaum merklich auf. „Das ist nicht zu befürchten. Wir im Gestühl kennen unsern Weg. Es ist wohl so, wir haben zu lange in unsern Häusern gesessen. Wir haben über vieles nachdenken können. Nun akzeptieren wir nicht mehr alles, was wir früher akzeptiert haben. Und wenn im Gehege ein Schriftstück aus Rom vorgelesen wird, das uns der Dekan von Halberstadt zuschickte; von ihm selbst redigiert und oftmals von ihm mit Zusätzen versehen, dann sehe ich wohl, wie im Gestühl der eine oder der andere lächelt. Aber was will das sagen? Und mag das lübsche Domkapitel die Stadt Lüneburg auch geschunden haben und uns nicht zuletzt; und mögen durch die Prälatenschaft des deutschen Nordens auch Drangsale aller Art über uns gekommen sein, wir im Gestühl halten dennoch zur Kirche. Denn das frage ich dich: Ist das lübsche Domkapitel vielleicht die Kirche? Du lächelst, du weißt, das lübsche Domkapitel ist nicht die Kirche. Und ebensowenig ist die Prälatenschaft des deutschen Nordens die Kirche. Die wahre Kirche, das wissen oder ahnen alle, ist nicht zu greifen. Und sie ist doch da. Man könnte sagen, sie ist in uns. Man könnte sagen, sie ist über uns. Und diese Kirche hüten wir, und zu dieser Kirche stehen wir. Mag der eine oder andere unter uns auch denken, was er will; mag er zweifeln, wie er will: Wir im Gestühl halten an der alten Ordnung fest. Wir wahren das Gesicht und geben das Beispiel.

Und damit Gott befohlen, Meinhard", Hinrich reichte seinem Mitbürgermeister die Hand, „wir haben, glaube ich, schon zu lange vor deiner Treppe gestanden."

„Auf Wiedersehen am Sonntag", rief Wietzendorff ihm zu.

Hinrich sah zu dem verhangenen Himmel auf, sagte:

„Hoffentlich macht uns das Wetter keinen Strich durch die Rechnung."

„Keine Sorge, Hinrich, bis zum Sonntag klärt es sich noch auf."

Der Sonntag war wirklich ein Sonnentag. Früh um sieben Uhr stand der Bischof von Verden, standen Johann von Minden und der Pfarrer von Sankt Johannis vor den Türen der Täuferkirche und blickten über den Sand, auf dem sich eine Menschenmenge eingefunden hatte.
Sie waren alle erschienen, Männer und Frauen. Die Frauen hatten ihre Kinder an der Hand. Die vielen spitzgiebeligen Häuser der Stadt waren an diesem Morgen leer, von allen Menschen verlassen, und nur in den Häusern am Sande, die der Sankt-Johannis-Kirche nahelagen, standen einige Frauen und Kinder an den geöffneten Fenstern.
Sie waren alle zur Stelle, um diesen letzten Akt des großen Prälatenkrieges mitzuerleben, das gute Ende, die Versöhnung, die Versöhnung der Stadt mit dem Heiligen Vater in Rom und mit der Pfaffheit des deutschen Nordens. Aber sie waren auch gekommen, um dabei zu sein, wenn die große Sonntagsglocke wieder ihren Mund auftun durfte.
Ein Leben war's auf dem Sande wie am ersten Pfingsttag, wenn sich die Sülze sammelt, um auf die Scharnebecker Reise zu gehen. Und doch wiederum anders. Es ging alles gedämpfter zu. Auch hatten sich heute, wie schon gesagt, Frauen und Kinder in das Gedränge gewagt. Wobbeke war mit Knut gekommen, mit Agnese und Jutta, die inzwischen zu Jungfrauen erblüht waren. Und nicht weit von ihnen standen Gebeke und Klaus Springintgud.
Vor mehr als vier Jahren hatten sie Hochzeit gemacht. Sie wohnten am Sande, in der Flachsburg. Mußte Gebeke bei ihrem täglichen Hin und Her, ihrem Treppauf, Treppab auch einmal auf den höchsten Boden des Hauses, so trat sie jedesmal an die immer offene Bodenluke und sah über den Sand weg, zu der Täuferkirche hinüber, deren Turm von diesem Adlerhorst aus gesehen so unbeschreiblich groß und mächtig war, ja, wie der Berg Sinai stand er über der Stadt. Und die Menschen, die am Fuß der Kirche vorübergingen, waren klein wie Ameisen. Aber jedesmal, wenn Gebeke an dieser oberen Luke stand, warf sie einen Blick auf die Seejungfrau, der die blonden Haarsträhnen über die rosigen Brüste fielen. Sie drehte sich noch immer über dem Dachfirst zur Rechten, drehte sich im Winde wie zu Springintguds Zeiten. Sie drehte sich unentwegt einmal hierhin, einmal dahin.

Es wurde still auf dem Sand. Die Glocken läuteten. Die große Sonntagsglocke? Durchaus nicht. Diese war noch nicht an der Reihe. Kleinere Glocken läuteten, Glocken, die den Toten das Geleit gaben auf ihrem letzten Gange. Und als sie schwiegen, stiegen Hinrich Lange und Albert van der Molen die Kirchentreppe hinauf, betraten die Vorhalle und legten sich auf ihre Knie, und Peter Wollermann folgte ihnen und kniete sich zwischen den beiden Männern von der Bürgermeisterbank hin. Und dann war auch Ludolf Stöter-

rogge zur Stelle, der zwischen dem Weißbäcker Engelke und dem Goldschmiedemeister Lafferde seinen Platz einnahm.
Die äußeren Kirchentüren blieben weit geöffnet. Die Bürger auf dem Sande konnten Johann von Minden erkennen, den Bischof von Verden und den Pfarrer von Sankt Johannis, die sich ebenfalls in die Vorhalle zurückgezogen hatten. Jetzt trat Johann von Minden an die knienden Männer heran, faltete die Hände und sprach:
„Ich harrete des Herrn, und er neigte sich zu mir und hörte mein Schreien. Er zog mich aus der grausamen Grube und aus dem Schlamm und stellte meine Füße auf einen Fels, daß ich gewiß treten kann. Und hat mir ein neues Lied in meinen Mund gegeben, zu loben meinen Gott."
So betete er vor diesen und für diese sechs Knienden die Verse aus einem Psalme Davids und betete auch mit ihnen zusammen und mit allen auf dem Platze das Vaterunser. Danach sprach er:
„Ihr liegt hier vor der Türe der Kirche als die Gebannten, geschieden von der Christenheit. Ihr kniet hier für all die vielen Menschen, Männer und Frauen, die in eurer Stadt wohnen und an ihrer Stelle. Wenn ihr euch wieder erhebt, ist die ganze Stadt des Bannfluchs ledig, und ihr seid wieder die rechten Glieder der Kirche." Und indes er seine Hand auf Hinrich Langes entblößtes und geneigtes Haupt legte, sprach er:
„So erhebt euch wieder als die Gesegneten des Herrn."
Und er tat seine Hand auf Peter Wollermanns Kopf und auf van der Molens ergrautes Haar, trat an die Handwerker heran, segnete den Weißbäcker Engelke, den Goldschmied Lafferde und Ludolf Stöterrogge mit dem Auflegen seiner Hand und sprach:
„Stehet auf! Von nun an seid ihr und sind alle Bürger eurer Stadt wieder die geliebten Kinder der Kirche."
Danach kamen der Bischof von Verden, der Domherr Johann von Minden und der Pfarrer der Täuferkirche aus der Vorhalle und traten bis an den Rand der Treppe heran.
„Wenn wir sechs wieder auf unseren Füßen stehen", hatte Hinrich am gestrigen Tage zu dem Schulmeister gesagt, „müßt Ihr mit dem Geläute anfangen. Und die rote Fahne, die auf dem Sand geschwenkt wird, mag das Zeichen sein." Jetzt tat der Fahnenschwenker, der auf einen Beischlag gestiegen war, seine Pflicht. Darauf gab der Schulmeister auf der Höhe des Turmes den großen Jungen, die schon auf den Querhölzern standen, einen Wink, und sie schwangen sich hin und her und brachten die große Glocke zum Klingen, die große Sonntagsglocke, auf deren rauher, körniger, graugrünen Wandung Johannes der Täufer in seinem schuppigen Flickenmantel schwebte.
Die große Sonntagsglocke! Da klang ihr solange nicht gehörtes Geläute über

die vielköpfige Menge. Wohl fünf Minuten lang waren die Schüler am Werk, und viele Menschen auf dem Sand sahen zu den Schallöchern im Turme hinauf, durch die das Dröhnen und Klingen zu ihnen herunterkam.

Und Veit Sneebart? Kam Veit Sneebart nicht zu Worte?
Am Sonnabend war Veit im Bürgermeisterhaus gewesen. Da hatte Hinrich Lange zu dem altgewordenen Türmer gesagt, der nun wirklich schon seinem Namen Ehre machte: „Veit, wenn die Stadt vom Banne losgesprochen ist, läutet die Sonntagsglocke. Und wenn sie schweigt, mußt du blasen . – Was du blasen sollst? Du weißt es ja. Das alte Lied, den Ambrosianischen Lobgesang, den du bläst, wenn die Sülze am ersten Pfingsttag sich auf die Reise macht, und wenn die Rotten in den Krieg ziehen."
Und so äugte denn alles, was auf dem Sande stand, als die Glocke schwieg, zum Turme hinauf, bis man das goldene Geröhre der Drommete am grünspanhellen Turmhelm entdeckte, das größer und größer wurde, weil Veit Sneebart es aus der Turmluke schob. Und nun war es soweit. Veit Sneebart blies das alte Lied:

Großer Gott, wir loben dich,
Herr, wir preisen deine Stärke.
Vor dir neigt die Erde sich
Und bewundert deine Werke.
Wie du warst vor alter Zeit,
So bist du in Ewigkeit.

Sie sangen alle mit. Die Frauen und jungen Mädchen an den Fenstern der vielen spitzgiebeligen Häuser. Die jungen Burschen, die Kinder und Dienstmägde, die auf den Beischlägen und Treppen standen. Sie sangen alle. Auch Gertraudis und Heyno, die nicht weit von der Kirchentüre ihren Platz hatten, auch Gebeke und Klaus und Wobbeke und ihre Kinder. Und alle Männer vom Handwerk mit ihren Frauen, mit ihren Gesellen und den Frauen ihrer Gesellen, alle Frauen und Männer, die auf der Sülze schafften mit denen, die zu ihnen gehörten. Der ganze Sand sang, es war eine Stimme. Und die alten Häuser bebten leise. Ja, unter Veit Sneebarts Blasen und dem Singen der Menschen verwandelte sich der große Festplatz der Stadt in ein Kirchenschiff, mit dem blauen Himmel als Decke.

Es war alles vorüber. Auf dem Sande war alles vorüber. Veit Sneebart hatte ausgeblasen und hatte seine Drommete wieder zu sich hereingezogen. Veit Sneebart hängte die große Drommete an den dicken Holzzapfen. Er weiß, jetzt feiern sie unter ihm im Kirchenschiff das Hochamt. Er tritt an eine andere Luke seiner Turmstube. Er sieht nach Norden. Er sieht nach

Osten. Er sieht über die Stadtmauer weg in das offene Land. Im Augenblick steht Veit Sneebart viel an den offenen Luken des Turms. Die Welt ist eine Augenweide. Die grünen Wiesen, die wallenden Felder, die grünrauschende Wälderfülle.
Veit Sneebart kann weit sehen. Er sieht den Bardowicker Dom, seine beiden Turmstümpfe, die Trichterhüte auf ihnen. Er blickt auf den Weg, der nach dem Nikolaihof hinüberführt und weiter nach Bardowick.
Sein Auge ruht auf dem grünen Wald, der wie ein Riegel auf dieser Straße liegt und in dem Buchen, Eichen, Kiefern und Tannen durcheinanderwachsen. Es ist der Wald, durch den Hinrich Lange so oft gekommen ist, in jüngeren Jahren ab und an in Begleitung seiner Frau Ilsabe und später oftmals mit Wobbeke und den Kindern, aber unendlich viele Male allein.
Veit Sneebart, der Bläser vom Turm, sieht nach der Bank, die vor dem Walde steht, nach dem hohen Kruzifix. Und nun nimmt sein Auge einen großen Vogel wahr. Nein, es ist kein Milan. Und ein Habicht ist es auch nicht. Es muß ein Adler sein. So sicher zieht er seine Bahn, schwebt über dem Walde, der zwischen Lüneburg und dem Nikolaihof liegt, schwebt höher und in immer weiteren Kreisen.
So ruhig kreist der Adler und ist ein Bild der Kraft und Schönheit. Er gelangt bei seinem Segeln in höhere Luftschichten, schwebt aber immer noch über jenem Walde, in dem es im Hochsommer so köstlich, so betörend duftet, zur Zeit, wenn die Heide blüht und ihr Honigduft in die Wälder dringt, um sich dort mit dem herben Ruch der Kiefern zu mischen, die in den Abendstunden so stark ausatmen.
Der Adler kreist immer noch über Veit Sneebarts Welt, doch jetzt war er wohl schon über den grünen Marschwiesen. Immer höher tragen ihn die milden Lüfte. Kaum rührt er seine Schwingen. Und so, immer weitere Kreise beschreibend, entschwebt er in fernere Himmel, in die er sich schließlich ganz verliert. So kam er Veit Sneebart aus den Augen. Er konnte ihn nicht mehr erkennen. Aber da war er wohl schon in jenen Gegenden, wo sich der waldige Berg über der blaulaufenden Elbe aufbäumt, jener Berg mit dem Turm und mit dem efeugrünen Schloß, von dessen oberen Fenstern aus man die Kirchtürme der Stadt Lüneburg erkannte und das Dampfwölkchen über der Sülze.

WORTERKLÄRUNGEN

Bademöhme
Frauen aus den Badestuben, die bei den Geburten halfen

Baienflotte
Flotte, die in die Biscaya fuhr

Bare
das Haus, in dem die Bleipfannen umgeschmolzen wurden

Barmeister
Herr der Bare

Beischlagwangen
hohe, schmale Steinplatten, die die Beischläge nach der Straße hin abgrenzen

Bildwerk
weißer, mit Bildern durchwirkter Damaststoff

Buscherum
kurze, bis an den Hals zugeknöpfte Jacke aus blauem Leinen

Dalmatika
Meßgewand

Drömt
ein Hohlmaß, 4 Hektoliter

Einbaum
Boot, aus einem Baumstamm gemacht

Flögel
Wimpel, der an den Mastspitzen befestigt wird

Garbraterei
eine Art Laden, in dem frisch Gebratenes verkauft wurde

Gehege
von der Laube durch Schranken abgetrennter Raum

Gestühl
Sitze der Bürgermeister und Ratsherren

Gewandschneider oder Wandschneider
Tuchhändler

Gießeimer
lange, schmale Eimer, die 3,5 Zentner Sole fassen

Gottorp
Burg an der Schlei bei Schleswig

Grapen
eiserner Kochtopf, dessen Henkel man an die Feuerschere hängen kann

Hellebarde oder Helmbarte
Schlageisen an einem eschenen Stiel

Helme
auch Kriegsleute wurden so genannt

hilde
eilig

Hoiken
kurzer Mantel, der von Männern und Frauen getragen wurde

Infirmerie
Krankenhaus

Inful
Bischofsmütze

Kanonisches Recht
Kirchenrecht

Kesselhaube
Eisenhut mit breitem Eisenrand

Klarett
ein heller Würzwein

Kogel
spitzzipfelige Mütze

Körkammer
kleiner Raum, in dem die Bürgermeister gewählt werden

Köst
kleinere festliche Bewirtung

Krude
Würzzucker

Laube
Versammlungsort des Rates

Niedergericht
eine zu ebener Erde liegende Gerichtslaube, die zum Markt hin offen ist

overheidisch
jenseits der Heide liegend

Pallium
Abzeichen der erzbischöflichen Würde; eine weiße Binde mit schwarzen Kreuzen bestickt, die um die Schultern gelegt wird

Papenschnitt
die saftige Mitte des Schinkens

Paternostermacher
ein Mann, der Rosenkränze und anderes drechselt

Prim
Stundengebet am Morgen

Propst
regiert ein Nonnenkloster nach außen hin

Prövner
Insassen eines Armenstiftes

Refektorium
Speisesaal eines Klosters

Reitendiener
eine Art Polizeitruppe, die zum Rathaus gehört und die den Rat auch auf Reisen zu schützen hat

Remter
eine in Norddeutschland gebräuchliche Bezeichnung für Refektorium

Rotte
bewaffneter Zug

Silberwitten
Silbergroschen

Sodeskumpane
Männer, die im Sodhaus arbeiten

Sodhaus oder Quellenhaus
das Haus, in dem die Sole in einem aus Steinen gesetzten Brunnen aufsteigt

Sodmeister
Herr der Sülze

Sprick
Reisig

Sülzrentenbrief
eine Art Aktie von der Sülze

Schaube
weiter Überrock, von Frauen und Männern getragen

Schlupe
Bettbezug

Schoß
Steuer

Stiege
20 Gießeimer Sole

Theriak
eine sirupartige Flüssigkeit aus achtzig Heilkräutern zusammengestellt

Tumbe
große, meistens aus Steinplatten aufgebaute Totenlade

Vierpaß
gotisches Ornament, dem vierblättrigen Klee nachgebildet

Vigilien
abendliche Feiern in der Kirche

Vitte
Niederlassung von Heringsfängern und Heringshändlern

Wagentraljen
Gitterstäbe

Weißladerei
Salzlagerplätze an der Ilmenau

Wispel
Hohlmaß, 12 Hektoliter = 24 Scheffel je 0,5 Hektoliter

INHALT

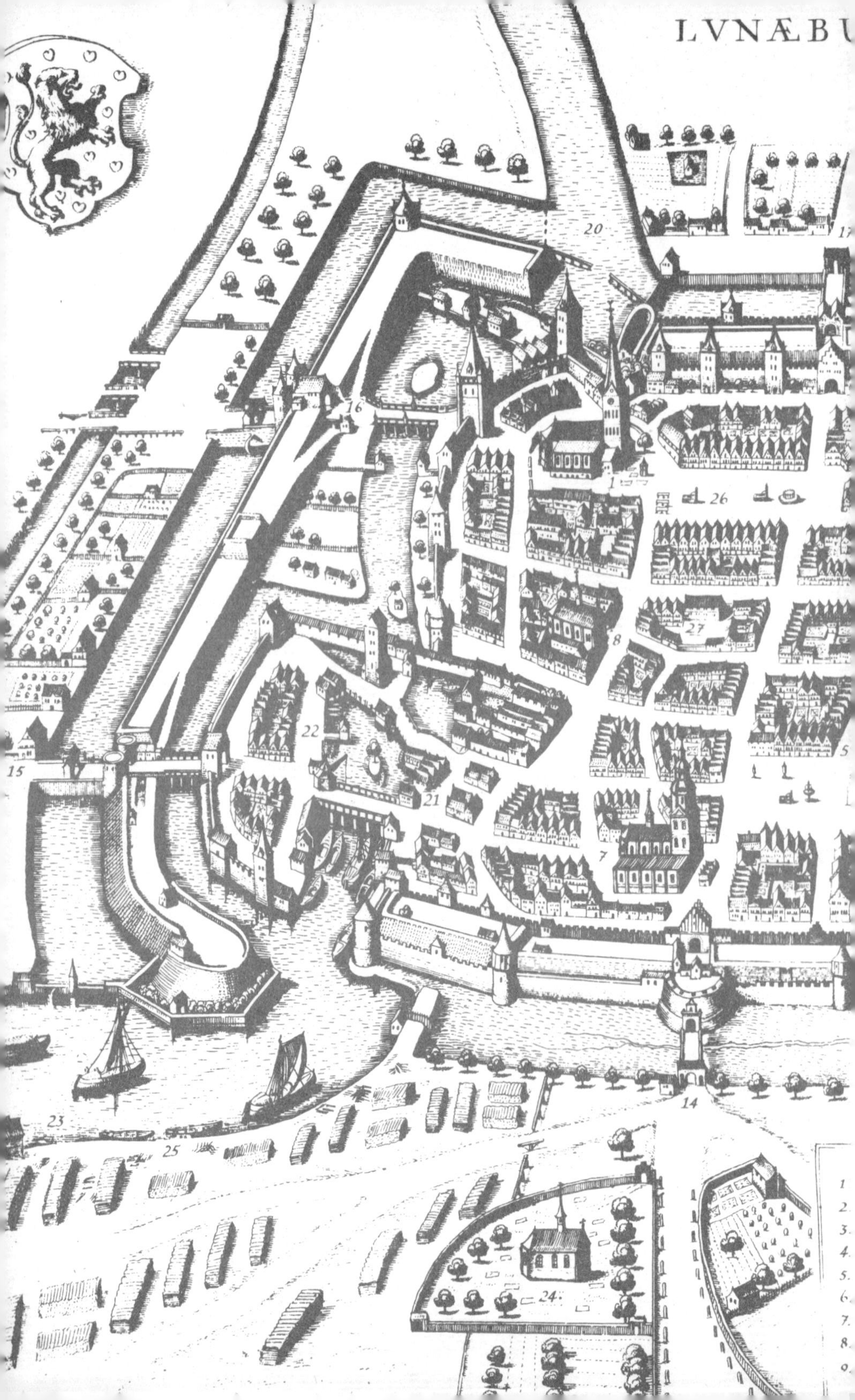
LVNÆBU
20
17
16
1
26
8
27
22
5
15
21
7
14
23
25
24.